JN235783

アトラス
【日本列島の環境変化】

ATLAS
ENVIRONMENTAL CHANGE IN MODERN JAPAN

監修者
西川　治
Osamu Nishikawa

編集者
氷見山幸夫
Yukio Himiyama

新井　正
Tadashi Arai

太田　勇
Isamu Ota

久保幸夫
Sachio Kubo

田村俊和
Toshikazu Tamura

野上道男
Michio Nogami

村山祐司
Yuji Murayama

寄藤　昴
Takashi Yorifuji

朝倉書店

序

　地球の生命の進化史は，想像を絶するほどの試行錯誤の壮大なドラマであり，その神秘さはまさに星辰世界の奇蹟であろう．

　人類史の環境を支える基盤は，地球史の凝集した厚い地殻であり，多彩な生物界，青い空と豊かな海である．その表面は薄絹のような文化層に覆われているが，このわずか2世紀のうちに，ガイアの美しい衣装は汚れ，ほころび，あちこちでささくれ立った地肌をむきだしにしている．

　近代化，それは明るい希望の星に導かれた栄光への道，万民の幸福が約束される唯一の正しい歩みであったとは，今は誰しも断言することを憚るであろう．

　過去2百年あまり，近代文明が残したツケはあまりにも大きかった．人間の限りない物欲とエゴイズム，国家間の忌わしい戦争，企業間の過激な競争は，さまざまな資源，とりわけ化石燃料を大量に消耗し，産地を荒廃させ，大気や海洋を汚し，森林を破壊し，土壌を悪化させ，砂漠を広げてきた．

　不遜にもホモ・サピエンスと自称する人類は，ようやく最近になって自業自得の非を悟り，国際的な協力によりグローバルな環境問題の解決に取り組み始めた．とりわけ急激な経済成長を達成した日本は，旧西ドイツをはじめ先進諸国とともに，"経済の奇跡"に見合う責任を背負い，破壊された環境の修復に向けて尽力せねばならない．そのためにも，今世紀最後の大規模な国際的研究である，「地球圏―生物圏国際協同研究計画（IGBP）」と「地球環境変化の人間次元の研究計画（HDP）」にも積極的に協力する必要がある．

　こうした責務を自覚した，われわれ地理学者たちは，関連科学の研究者たちの協力も得て，1990年度から3カ年にわたり，文部省の重点領域研究助成費のおかげで，「近代化による環境変化の地理情報システム」というビッグプロジェクトに取り組むことができた．このアンビシャスな研究は次の7つの研究班によって実施された（カッコ内は班長）．

（1）　総括班（西川　治）
（2）　原環境の復元（野上道男）
（3）　土地利用の変遷，データベース化と時空間分析（氷見山幸夫）
（4）　水域の変化，データベース化と時空間分析（新井　正）
（5）　環境変化における人間の役割（田村俊和）
（6）　日本経済のグローバル化と環境変化の拡散（太田　勇）
（7）　時空間分析手法としての地理情報システム（久保幸夫）

　この研究成果は，各年次の報告書や，「環境変化と地理情報システム」と題した国際シンポジウム（INSEG, 1991年8月, 於旭川市）の英文プロシーディングスなどで公表された．しかし，研究の当初から，多数のオリジナルな地図作品を体系的に編集し，大アトラスとして刊行することを重要な課題としてきた．そこで1992年11月には，氷見山教授の精力的な編集のおかげで，試作版『日本の近代化と土地利用変化』を作り，広く高評を仰ぐことができた．これを元にして，各研究班員の手になる，さらに数多くの地図と解説を補充することにより，今ここに画期的なアトラスが完成した．

　このアトラスは，まだ世界中でもほとんど類例のない，一種のGISナショナルアトラスであり，内外からの大きな反響が期待される．国内では，国土地理院が刊行した『日本国勢アトラス』や『地域計画アトラス』などとともに，国土総合開発計画，地域・都市・農村計画，公共施設や民間企業の立地計画，交通計画，環境保全や景観育成計画のみならず，地理教育や日本の対外的紹介など多方面にわたり活用して戴きたい．

　こうした新しいタイプのGISナショナルアトラスは，ポストモダン地球社会のビジョンづくりにとっても不可欠である．なぜならば，GISは万人にとって，すべての団体組織にとって，それぞれの行動環境との動的空間システムを即時的確に把握し，記録し，再現し，計画し，よりよい地域環境を創造するために，最も有効で強力な方法とツールになりうるからである．したがって，GISは高度情報化社会において，多元的価値観と多彩な民族文化が競演し合い，より高尚な地球文化の創造をめざすポストモダン人類社会において，その重要性と利用範囲がますます拡大するからである．

　近代文明は，いわば古い地層の化石燃料が咲かせた花であるが，それはまた悪臭と有毒な果実もまきちらした．新時代の地球人は，諸民族が堆積してきた多様で重厚な新しい文化知層の再開発と付加価値の増大，GISを動脈組織とする空間的知的ネットワークの活用を図り，持続的創造的な開発を進めて，ポストモダンの地球社会をGlobal Intelligent Societyへと発展させたいものである．

1995年9月

重点領域研究「近代化による環境変化の地理情報システム」

代表者　西川　治

PREFACE

The evolution of life on the earth is a miracle of the universe. It has been brought about only within the rich environment of the earth's surface. The fair clothes of Gaia, however, have been suffering from pollution and rent in the last two centuries, and the scar on her skin is becoming increasingly evident. The greed and egoism of human being, destructive wars, and reckless business emulations are all responsible for the mass consumption of a variety of resources, especially fosil fuel, devastation of mining areas, pollution of the air and the ocean, destruction of forests, damaging of soils, and expansion of deserts.

Human being, which arrogantly calls itself Homo sapiens, only recently recognized its mistakes, and started to tackle global environmental problems. Japan, together with other world economic powers, is expected to make a major contribution in the mending of the damaged environment. In this regard, Japan should play a positive role in the International Geosphere-Biosphere Programme (IGBP) and in the Human Dimensions of Global Environmental Change Programme (HDP), which are the last two big international research projects of this century.

A bunch of geographers and other specialists of the environment in Japan, who realized the above problems and their roles in tackling them, launched a major research project entitled "GIS for Environmental Change in Modern Japan" in 1990. The project team consisted of the following seven subgroups:

Group 0 Steering Committee (Chair: Professor Osamu Nishikawa)
Group 1 Numerical Estimation of the Proto-Environment (Chair: Professor Michio Nogami)
Group 2 Land Use Change (Chair: Professor Yukio Himiyama)
Group 3 Changes of the Aquatic Environment (Chair: Professor Tadashi Arai)
Group 4 Man's Role in Environmental Change (Chair: Professor Toshikazu Tamura)
Group 5 Industrial Activities and Their Impact on the Environment (Chair: Professor Isamu Ota)
Group 6 Geographic Information Systems for the Environment (Chair: Professor Sachio Kubo)

Research results have been published in the annual reports of the project and in many other publications. Several symposiums, the most notable of which being "International Symposium on Environmental Change and Geographic Information Systems" (INSEG' 91), have also been organized. In addition to all these, the project leaders felt that it was important to show the best maps produced in the project in an atlas which could be read by many. This GIS atlas is the product of such motive.

A GIS atlas of this kind may be regarded as a navigator towards the post-modern global society, as GIS is a useful tool to help people to grasp, record, reproduce and plan dynamic environmental systems. The value and the role of GIS will increase in the post-modern society, where diverse values and cultures coexist and cooperate for a more advanced global civilization.

The modern civilization may be a flower blooming on the fossil fuel extracted from the ancient rock layer, which is now spreading stench and toxic fruits. It is hoped that the globally minded human being living in the coming era makes effort to redevelop the thick layers of cultures accumulated by countless groups of people in human history, makes the best use of spatial information network which is supported by GIS, makes sustainable and constructive development, and leads the post-modern global society to the Global Intelligent Society.

September 1995

Osamu Nishikawa, Project Director

まえがき

　このアトラスは，平成2～4年度に行われた文部省重点領域研究「近代化による環境変化の地理情報システム」の成果公開の一環として刊行されるものである．アトラスという言葉が示す通り，過去1世紀あまりの近代化の中で，わが国の国土環境がどのような条件の下でどう変化してきたのかを，多数の地図と解説により明らかにしている．ここに掲載されている地図の大半は，独自のデータとGIS（地理情報システム）を用いて作製したものである．

　環境も，またそれに影響を与える人間活動も，空間的に多様であり，それらを表現する手段として地図が不可欠であることはいうまでもない．しかし，長期にわたる変化を少しでもくわしく地図に表そうとすると，膨大な地図データや地域データを収集処理しなければならず，容易ではない．今でこそ，官公庁などにより詳細なデータが大量に整備されているが，40年以上過去にまで遡るとなると，データを揃えるだけでも非常な困難がともなうのが普通である．また，データを揃えて分析を行うことができても，地図を印刷する段階で高い費用の壁に阻まれることも多い．本書には多数の地図が掲載されているが，それらの作製は百名近い研究者と多数の研究補助者による膨大かつ緻密な作業，それを支えたコンピュータ技術の発達，それに文部省の研究助成があってはじめてなしえたものである．

　本書は，第1部「近代化と土地利用変化」，第2部「産業・社会・自然的基盤の変化」の2部編成になっており，環境変化に関わるさまざまな事柄が土地利用変化を中心としてまとめられている．土地利用は国土環境の最も基本的な要素であり，植生や動物相などの自然環境を論ずる場合も，また都市化や農地開発などの人工的環境改変を論ずる場合も，そのベースとなるものである．しかるに，これまでの環境論議の中でそれがとかく軽視されがちであったのは，環境研究の多くが工学や自然科学の専門家の手のみに委ねられていたためであろうか．その理由はともかくとして，環境を真に理解するには人文社会科学をも加えた取組みが必要であることはいうまでもなく，土地利用という勝れて学際的な対象を中心におくことによりそれを実践した本書の試みは，今後の環境研究の進め方を考えるうえで参考になるであろう．

　21世紀を目前にした今，未来の国土環境のあり方を語るためにも，もう一度過去をしっかりと検証する必要があると思われる．過去の歩みを正しく把握することなく現状を的確に認識できるはずがなく，まして21世紀を展望することなどできようはずがないからである．本書がそのような取組みのきっかけとなり，また研究の場，教育の場，関係諸機関，そして一般家庭においても広く利用されることを願うものである．もとより，わが国の国土環境の変化がこの小書一冊で論じ尽くされるわけではない．むしろこれを作る過程で，残された課題の多さを痛感した次第である．研究の更なる前進のため，読者諸氏の忌憚のない御意見を賜わりたい．

　この本に掲載されている地図の多くは，旧陸地測量部や国土地理院，国土庁，環境庁，農林水産省などの政府機関が作製した地図や統計，数値情報などを主な情報源としている．5万分の1地形図などの貴重な資料を後世に残してくれた先人の英知と努力に深い敬意を表するとともに，研究の過程でお世話になった関係諸機関および諸賢に厚くお礼申し上げる次第である．また，地図作製にあたり最新の技術を提供して戴いた北海道地図株式会社と，この困難な企画の出版を引き受けて戴いた株式会社朝倉書店に，編著者を代表して深甚なる謝意を表するものである．

　なお，上記の文部省重点領域研究についてくわしく知りたい読者は，下記の当プロジェクト主要刊行物一覧を参照して戴きたい．これらの文献は本文中の「参考資料」欄からは除外してある．

文部省重点領域研究「近代化による環境変化の地理情報システム」主要刊行物一覧

北島晴美編（1993）：積雪データの地理情報システム化，164 p.
久保幸夫訳（1990）：NCGIA Core Curriculum 日本語版「GIS 技術論」，383 p.
久保幸夫訳（1993）：NCGIA Core Curriculum 日本語版「GIS 入門」，382 p.
総括班編（1991）：近代化による環境変化の地理情報システム平成2年度総合報告書（I），318 p.，（II），236 p.
総括班編（1992）：近代化による環境変化の地理情報システム平成3年度総合報告書（I），290 p.，（II），233 p.
総括班編（1993）：近代化による環境変化の地理情報システム平成4年度総合報告書（I），232 p.，（II），227 p.
総括班編（1993）：近代化による環境変化の地理情報システム平成2年度―平成4年度研究成果総括報告書，195 p.
野上道男（1990）：ラスタ型数値地図処理システム（1）（GIS 技術資料 No.1），167 p.
野上道男（1992）：ラスタ型数値地図処理システム（2）（GIS 技術資料 No.2），203 p.
氷見山幸夫編（1992）：日本の近代化と土地利用変化，60 p.
増田耕一訳（1991）：地球変化研究のためのデータマネージメントに関する学際討論会の報告（GIS 技術資料 No.4），43 p.
寄藤　昂，富樫幸一，渋谷伊佐雄（1991）：パーソナル・コンピュータによる地理情報システム：システム構築とソフトウェア（GIS 技術資料 No.3），40 p.

1995年9月

編集代表　　氷見山幸夫

FOREWORD

This historical atlas is a product of a priority project of Monbusho (Ministry of Education, Science, Sports and Culture of Japan) called "GIS for Environmental Change Research Project", which lasted from 1990 to 1993. Over one hundred scholars, most of whom geographers, participated in the project. As the book title indicates, this book discusses the environmental change in modern Japan with a number of maps. Most of the maps have been produced by using the original data and geographic information systems made in the project.

As human activities and the environment are both spatially varied and variable, they are often needed to be expressed in map form. However, the production of a reasonable map is often a heavy task, as it may require the collection and processing of a large amount of spatial data. The difficulty increases for historical maps. The printing of coloured maps, which is rather expensive, is another hurdle to overcome. The production of the many maps in this book has been accomplished only with the immense efforts of the project members and their assistants, computer technology which supported the project, and the grant offered by Monbusho.

This book consists of two parts, namely "Modernization and Land Use Change" and "Changes in Industry, Society and Physical Basis", and the central theme of the whole book is land use change. Land use is the most fundamental element of the environment, and the knowledge on it provides a basis for the studies of natural, as well as artificial, environment. It has been treated relatively lightly, however, in previous environmental studies, One of major reasons for it may be the overwhelming dominance of natural scientists and engineers in those studies. In any case, it is important to include social/human scientists in environmental research. This atlas fulfills this condition by placing land use, which is interdisciplinary by nature, at the core of the research.

The twenty-first century is near. Many say that now is the time to discuss the future state of the country. True, but more importantly, it is the time to reflect upon the environmental history of the country during the turbulent century we still live in. It would be hopeless to achieve a sound perspective for the future without it. I hope that this book is widely used in schools, institutes, laboratories and homes, and contributes to the betterment of the people's understanding in the environmental history of Japan. I do not hesitate to confess that the atlas may have shown only a small portion of what the readers may wish to know. The study still continues, and all the project members are willing to hear comments by the readers on what are, and should have been, discussed in this book.

Many of the maps shown in this atlas are based on the maps, statistics, and digital data produced by governmental agencies, such as Geographical Survey Institute, National Land Agency, Environment Agency, and Ministry of Agricultute, Forestry and Fisheries. I would like to pay my deepest regards to the wisdom and efforts of those who left such invaluable data sources as 1 : 50,000 topographic maps to the later generation. On behalf of all the authors, I also thank all those who kindly helped the project.

Lastly, I would like to express my gratitude to Hokkaido Chizu Co., Ltd. which offered the advanced technique of making maps, and Asakura Publishing Co., Ltd. which dared to accept our request to publish this atlas.

September 1995

Yukio Himiyama, Editor in Chief

監修者 西川　治　立正大学文学部・教授

編集者
(*編集代表)

氷見山　幸　夫*	北海道教育大学教育学部・教授	
新　井　　　正	立正大学文学部・教授	
太　田　　　勇	東洋大学文学部・教授	
久　保　幸　夫	慶応義塾大学環境情報学部・教授	
田　村　俊　和	東北大学大学院理学研究科・教授	
野　上　道　男	東京都立大学理学部・教授	
村　山　祐　司	筑波大学地球科学系・講師	
寄　藤　　　昂	中京女子大学アジア文化研究所・研究員	

執筆者
(執筆順)

氷見山　幸　夫	北海道教育大学教育学部・教授		石　丸　哲　史	琉球大学法文学部・助教授
有　薗　正一郎	愛知大学文学部・教授		藤　田　佳　久	愛知大学文学部・教授
尾　藤　章　雄	山梨大学教育学部・助教授		木　平　勇　吉	東京農工大学農学部・教授
戸　所　　　隆	立命館大学文学部・教授		峰　松　浩　彦	東京農工大学農学部・助教授
正　井　泰　夫	立正大学文学部・教授		安仁屋　政　武	筑波大学地球科学系・助教授
石　井　　　實	日本文化大学法学部・助教授		西　野　寿　章	高崎経済大学経済学部・助教授
洪　　　忠　烈	金泉専門大学・講師		堤　　　研　二	島根大学法文学部・助教授
牧　田　　　肇	弘前大学教養部・教授		関　戸　明　子	群馬大学教育学部・助教授
寄　藤　　　昂	中京女子大学アジア文化研究所・研究員		中　島　弘　二	大分大学教育学部・講師
山　田　　　誠	京都大学総合人間学部・教授		鈴　木　裕　一	筑波大学地球科学系・講師
小長谷　一　之	大阪府立大学総合科学部・講師		松　倉　公　憲	筑波大学地球科学系・助教授
香　川　貴　志	京都教育大学教育学部・助教授		小　林　　　守	筑波大学地球科学系・講師
須　原　芙士雄	立命館大学文学部・教授		吉　永　秀一郎	農林水産省森林総合研究所・主任研究官
古　賀　慎　二	立命館大学文学部・講師		新　井　　　正	立正大学文学部・教授
寺　谷　亮　司	愛媛大学教養部・助教授		目　崎　茂　和	三重大学人文学部・教授
土　居　晴　洋	大分大学教育学部・助教授		斎　藤　　　出	東北大学大学院理学研究科
鈴　木　厚　志	立正大学文学部・講師		平　井　幸　弘	愛媛大学教育学部・助教授
三　膳　紀　夫	(株)キタック地質計測部		肥　田　　　登	秋田大学教育学部・教授
田　村　俊　和	東北大学大学院理学研究科・教授		砂　村　継　夫	筑波大学地球科学系・教授
沖　村　　　孝	神戸大学工学部・助教授		久　保　純　子	中央学院大学商学部・講師
森　山　正　和	神戸大学工学部・講師		野　元　世　紀	岐阜大学教育学部・助教授
緒　方　純　俊	九州工業大学情報工学部・教授		村　山　祐　司	筑波大学地球科学系・講師
元　木　　　靖	埼玉大学教養学部・教授		小野寺　　　淳	茨城大学教育学部・助教授
松　井　秀　郎	立正大学文学部・講師		野　上　道　男	東京都立大学理学部・教授
岡　本　次　郎	北星学園大学経済学部・教授		谷　内　　　達	東京大学教養学部・教授
西　川　　　治	立正大学文学部・教授		葛　西　大　和	山形大学教養部・教授
田　林　　　明	筑波大学地球科学系・助教授		宮　城　豊　彦	東北学院大学文学部・教授
中　川　　　正	筑波大学地球科学系・講師		西　原　　　純	長崎大学教育学部・助教授
篠　原　秀　一	筑波大学地球科学系・助手		大　丸　裕　武	農林水産省森林総合研究所・研究員
島　袋　伸　三	琉球大学法文学部・教授		松　橋　公　治	明治大学文学部・教授
町　田　宗　博	琉球大学法文学部・助教授		富　樫　幸　一	岐阜大学教養部・助教授

Advisory Editor Osamu Nishikawa Rissho Univ.

Editors
(*Editor in Chief)

Yukio Himiyama*	Hokkaido Univ. of Education	Toshikazu Tamura	Tohoku Univ.
Tadashi Arai	Rissho Univ.	Michio Nogami	Tokyo Metropolitan Univ.
Isamu Ota	Toyo Univ.	Yuji Murayama	Tsukuba Univ.
Sachio Kubo	Keio Univ.	Takashi Yorifuji	Chukyo Women's Univ.

Authors

Yukio Himiyama	Hokkaido Univ. of Education	Yukichi Konohira	Tokyo Univ. of Agriculture and Technology
Shoichiro Arizono	Aichi Univ.	Hirohiko Minematsu	Tokyo Univ. of Agriculture and Technology
Akio Bito	Yamanashi Univ.	Masamu Aniya	Tsukuba Univ.
Takashi Todokoro	Ritsumeikan Univ.	Toshiaki Nishino	Takasaki City Univ. of Economics
Yasuo Masai	Rissho Univ.	Kenji Tsutsumi	Shimane Univ.
Minoru Ishii	Nihon Bunka Univ.	Akiko Sekido	Gunma Univ.
Hong Choongryeal	Kim Chon College	Koji Nakashima	Oita Univ.
Hajime Makita	Hirosaki Univ.	Yuichi Suzuki	Tsukuba Univ.
Takashi Yorifuji	Chukyo Women's Univ.	Yukinori Matsukura	Tsukuba Univ.
Makoto Yamada	Kyoto Univ.	Mamoru Kobayashi	Tsukuba Univ.
Kazuyuki Konagaya	Univ. of Osaka Prefecture	Shuichiro Yoshinaga	Ministry of Agriculture, Forestry and Fisheries
Takashi Kagawa	Kyoto Univ. of Education	Tadashi Arai	Rissho Univ.
Fujio Suhara	Ritsumeikan Univ.	Shigekazu Mezaki	Mie Univ.
Shinji Koga	Ritsumeikan Univ.	Izuru Saito	Tohoku Univ.
Ryoji Teraya	Ehime Univ.	Yukihiro Hirai	Ehime Univ.
Haruhiro Doi	Oita Univ.	Noboru Hida	Akita Univ.
Atsushi Suzuki	Rissho Univ.	Tsuguo Sunamura	Tsukuba Univ.
Norio Miyoshi	KITAC Co. Ltd.	Sumiko Kubo	Chuo Gakuin Univ.
Toshikazu Tamura	Tohoku Univ.	Seiki Nomoto	Gifu Univ.
Takashi Okimura	Kobe Univ.	Yuji Murayama	Tsukuba Univ.
Masakazu Moriyama	Kobe Univ.	Atsushi Onodera	Ibaragi Univ.
Sumitoshi Ogata	Kyushu Institute of Technology	Michio Nogami	Tokyo Metropolitan Univ.
Yasushi Motoki	Saitama Univ.	Toru Taniuchi	Tokyo Univ.
Hideo Matsui	Rissho Univ.	Yamato Kasai	Yamagata Univ.
Jiro Okamoto	Hokusei Univ.	Toyohiko Miyagi	Tohoku Gakuin Univ.
Osamu Nishikawa	Rissho Univ.	Jun Nishihara	Nagasaki Univ.
Akira Tabayashi	Tsukuba Univ.	Hiromu Daimaru	Ministry of Agriculture, Forestry and Fisheries
Tadashi Nakagawa	Tsukuba Univ.	Koji Matsuhashi	Meiji Univ.
Shuichi Shinohara	Tsukuba Univ.	Koichi Togashi	Gifu Univ.
Shinzo Shimabukuro	Ryukyu Univ.		
Munehiro Machida	Ryukyu Univ.		
Tetsuji Ishimaru	Ryukyu Univ.		
Yoshihisa Fujita	Aichi Univ.		

目　次
CONTENTS

第1部　近代化と土地利用変化
MODERNIZATION AND LAND USE CHANGE

1.	国土利用変化の概要　　　　　　　　　［解説：氷見山幸夫］	1	LAND USE CHANGE IN JAPAN, AN OVERVIEW
1.1	近代化と国土利用の変化　　　　　　　［氷見山幸夫］	2	Modernization and Land Use Change
1.2	近世末（1850年頃）の国土利用　　　　［有薗正一郎］	4	Land Use in Japan circa 1850
1.3	明治大正期（1900年頃）の国土利用　　［有薗正一郎］	6	Land Use in Japan circa 1900
1.4	昭和中期（1950年頃）の国土利用　　　［氷見山幸夫］	8	Land Use in Japan circa 1950
1.5	現代（1985年頃）の国土利用　　　　　［氷見山幸夫］	10	Land Use in Japan circa 1985
1.6	明治大正期〜現代の国土利用の変化　　［氷見山幸夫］	12	Land Use in Japan, 1900-1985
1.7	官製数値情報に見る国土利用　　　　　［尾藤章雄］	14	Land Use in Japan Viewed from the National Numeric Data
2.	都市化の進展　　　　　　　　　　　　［解説：戸所　隆］	17	URBANIZATION
2.1	市街地の発達　　　　　　　　　　　　［戸所　隆］	18	Urbanization in the 20th Century
（1）	明治大正期の市街地	18	Built-up Area circa 1900
（2）	現代の市街地	20	Built-up Area circa 1985
2.2	東京大都市圏の都市化　［正井泰夫・石井　實・洪　忠烈］	22	Urbanizatiton in the Tokyo Metropolitan Area
2.3	首都圏の緑被の変化　　　　　　　　　［牧田　肇・寄藤　昂］	26	Change in Green Cover in the Capital Region
2.4	京阪神大都市圏の土地利用変化	28	Land Use Change in the Keihanshin Metropolitan Area
（1）	大阪・京都・神戸の都市化の進展　　　［山田　誠］	28	Urbanization in Osaka, Kyoto and Kobe
（2）	大阪市の建造環境（立体的土地利用）の変化　［小長谷一之］	30	Change in Built Environment in Osaka City
（3）	京阪奈地域の住宅地化　　［香川貴志・須原芙士雄・古賀慎二］	32	Expansion of Residential Areas in the Keihanna Region
2.5	地方都市圏の土地利用変化	34	Land Use Change in Provincial Cities
（1）	新開地都市札幌の土地利用変化　　　　［寺谷亮司］	34	Land Use Change in Sapporo
（2）	歴史的都市広島・松江の土地利用変化　［土居晴洋］	36	Land Use Change in Hiroshima and Matsue
（3）	砂丘上の都市新潟の土地利用変化　　　［鈴木厚志・三膳紀夫］	38	Land Use Change in Niigata, a City on Sand Dunes
2.6	高度経済成長期以降の大規模地形改変　［田村俊和・沖村　孝・森山正和］	40	Large-scale Landform Transformation since the Beginning of the High Economic Growth
2.7	産業開発にともなう海岸線の変化　　　［緒方純俊］	42	Change in Coastal Lines due to Industrialization
3.	農地利用の変化　　　　　　　　　　　［解説：氷見山幸夫］	45	CHANGE IN AGRICULTURAL LAND USE
3.1	近世末（1850年頃）の農地利用　　　　［有薗正一郎］	46	Agricultural Land Use circa 1850
3.2	明治大正期（1900年頃）の農地利用　　［有薗正一郎］	48	Agricultural Land Use circa 1900
3.3	明治大正期（1900年頃）の農地開発　　［有薗正一郎］	50	Development of Agricultural Land circa 1900
3.4	昭和中期（1950年頃）の農地利用　　　［氷見山幸夫］	52	Agricultural Land Use circa 1950
3.5	現代（1985年頃）の農地利用　　　　　［氷見山幸夫］	54	Agricultural Land Use circa 1985
3.6	明治大正期〜現代の農地利用の変化　　［氷見山幸夫］	56	Change in Agricultural Land Use, 1900-1985
3.7	明治期〜現代の農地と主要作物　　　　［元木　靖・松井秀郎］	58	Changes in Arable Land and Main Crops in Modern Japan
3.8	市町村別統計に見る農地利用の変化　　［岡本次郎］	60	Change in Agricultural Land Use Viewed from Municipal Statistics
3.9	農地の基盤整備　　　　　　　　　　　［西川　治］	64	Agricultural Land Improvement
3.10	昭和中期〜現代の耕うん機・農業用トラクターの普及　［松井秀郎］	68	Pervasion of Power Tillers and Tractors after World War II
3.11	北海道と関東地方の農地利用の変化	70	Change in Agricultural Land Use in Hokkaido and the Kanto Region
（1）	北海道の農地利用の変化　　　　　　　［氷見山幸夫］	70	Change in Agricultural Land Use in Hokkaido
（2）	関東地方の農地利用の多様化　　　　　［尾藤章雄］	70	Diversification of Agricultural Land Use in the Kanto Region
3.12	扇状地の土地利用変化　　　　　　　　［田林　明・中川　正・篠原秀一］	72	Land Use Change on Alluvial Fans
3.13	沖縄の土地利用変化　　　　　　　　　［島袋伸三・町田宗博・石丸哲史］	73	Land Use Change in Okinawa
4.	林野利用の変化　　　　　　　　　　　［解説：藤田佳久］	75	CHANGE IN THE USE OF FOREST LAND
4.1	林野利用の150年—近世末から現代まで—　［藤田佳久］	76	Forest Use since circa 1850
4.2	近世末（1850年頃）の林野利用　　　　［藤田佳久］	78	Forest Use circa 1850
4.3	明治大正期（1900年頃）の林野利用　　［藤田佳久］	80	Forest Use circa 1900
4.4	第二次世界大戦以前の林野の荒廃と粗放的利用　［藤田佳久］	82	Rough Land Use in Moutain Areas before World War II
4.5	第二次世界大戦以後の育林地の拡大　　［藤田佳久］	84	Afforestation after World War II
4.6	現代（1985年頃）の林野利用　　　　　［藤田佳久］	86	Forest Use circa 1985

4.7	木曽森林の天然林から人工林への変化	[木平勇吉・峰松浩彦]	88	Transition from Natural Forests to Plantations in the Kiso Region
4.8	白峰村の出作りの自然環境と跡地の変化	[安仁屋政武]	90	Physical Environment of "Dezukuri" and Its Abandoned Sites in Shiramine
4.9	林野利用の変化と地域的背景		92	Change in Forest Use in Different Types of Region
(1)	山間村落の林野利用の変化 —群馬県鬼石町の事例—	[西野寿章]	92	Change in Forest Use in a Mountain Village
(2)	地方大都市近郊農村の里山利用の変化 —福岡県太宰府市の事例—	[堤 研二]	92	Change in Forest Use in a Provincial Suburban Village
(3)	旧薪炭地域の林野利用の変化 —福井県今庄町の事例—	[関戸明子]	94	Change in Forest Use in a Former Charcoal Production Region
(4)	牧野卓越地帯の林野利用の変化 —熊本県阿蘇町の事例—	[中島弘二]	94	Change in Forest Use in a Pastoral Region

5.	自然生態系の変化	[解説：西野寿章]	97	CHANGE IN ECOSYSTEM
5.1	自然林の減少と環境保全	[西野寿章・牧田 肇]	98	Diminishing Natural Forest and Environmental Conservation
5.2	酸性降下物に対する感応性・危険度の地域差	[鈴木裕一・松倉公憲・小林 守・吉永秀一郎・新井 正]	100	Regional Variation of Relative Sensitivity to Acidic Deposition
5.3	サンゴ礁の環境変化	[目崎茂和・斎藤 出]	102	Environmental Changes at Coral Reefs

6.	水文環境の変化	[解説：新井 正]	105	CHANGE IN HYDROLOGICAL ENVIRONMENT
6.1	海跡湖の環境変化	[平井幸弘]	106	Environmental Changes at Coastal Lakes
6.2	上下水道の展開	[肥田 登]	108	Change in Water Supply and Sewerage System
6.3	関東地方の海岸環境の変化	[砂村継夫]	110	Change in Coastal Environment in the Kanto Region
6.4	東京低地の水域・地形環境の変化	[久保純子]	112	Change in Topographical and Hydrological Enviroment in the Tokyo Lowland
6.5	東京の水文環境の変化	[新井 正]	114	Change in Hydrological Environment in Tokyo
6.6	濃尾平野の水域の変化	[野元世紀]	116	Change in Aquatic Enviroment in the Nobi Plain

第2部　産業・社会・自然的基盤の変化
CHANGES IN INDUSTRIAL, SOCIAL AND NATURAL CONDITIONS

7.	人口分布の変化	[解説：村山祐司]	119	CHANGE IN THE DISTRIBUTION OF POPULATION
7.1	人口分布の変化（1882～1930年）	[村山祐司・小野寺淳]	120	Change in the Distribution of Population, 1882-1930
7.2	人口分布の変化（1975～1990年）	[野上道男]	123	Change in the Distribution of Population, 1975-1990
7.3	首都圏の人口分布の変化	[谷内 達・寄藤 昂]	124	Change in the Distribution of Population in the Tokyo Metropolitan Area
7.4	1990年の人口分布	[野上道男]	126	Distribution of Population in 1990

8.	鉱工業の発達	[解説：戸所 隆]	127	CHANGES IN MINING AND MANUFACTURING INDUSTRIES
8.1	工場分布の変化	[戸所 隆]	128	Change in Industrial Land Use
(1)	明治大正期（1900年頃）の工場分布		128	Distribution of Factories circa 1900
(2)	現代（1985年頃）の工場分布		130	Distribution of Factories circa 1985
8.2	大正期（1920年頃）の鉱工業	[葛西大和]	132	Distribution of Mining and Manufacturing Industries circa 1920
8.3	鉱山の消長にともなう環境変化	[宮城豊彦・西原 純・大丸裕武]	134	Environmental Degradation Related to Mining Industry
8.4	首都圏の事業所分布の変化	[松橋公治・富樫幸一・寄藤 昂]	136	Decentralizatiton of Establishments in the Tokyo Metropolitan Area
8.5	関東地方の事業所	[西川 治]	138	Establishments in the Kanto Region
8.6	日本の工業領域とその変化	[西川 治]	140	Change in Manufacturing Areas

9.	公共機関の発達	[戸所 隆]	143	CHANGE IN THE DISTRIBUTION OF PUBLIC INSTITUTIONS
9.1	市区町村役場の分布の変化		144	Change in the Distribution of Municipal and Village Offices in the 20th Century
9.2	学校の分布の変化		146	Change in the Distribution of Schools in the 20th Century
9.3	郵便局の分布の変化		148	Change in the Distribution of Post Offices in the 20th Century

10.	近代化初期の交通の変化	[解説：村山祐司]	151	CHANGE IN TRANSPORTATION IN THE EARLY MODERNIZATION PERIOD
10.1	水上輸送の変化	[小野寺淳]	152	Change in Water Transportation
10.2	陸上輸送の変化	[村山祐司]	154	Change in Land Transportation
10.3	鉄道時間距離の変化	[村山祐司]	156	Change in Accessibility by Railway
10.4	鉄道駅の分布の変化	[戸所 隆]	158	Change in the Distribution of Railway Stations in the 20th Century
10.5	大正期の貨物流動	[村山祐司]	160	Commodity Flows in 1919

11.	数値地図でとらえる日本列島の自然と人口　　［野上道男］	163	NATURE AND POPULATION IN THE JAPANESE ISLANDS VIEWED THROUGH DIGITAL MAPS
11.1	日本の自然と人口分布	164	Nature and Human Occupation in the Japanese Islands
11.2	都道府県別に見た各種自然条件	165	Major Environmental Attributes by Prefecture
11.3	気温・降水量・蒸発散量・流出量の都道府県別面積累積値	166	Values of Air Temperature, Precipitation, Evapotranspiration and Surface Run-off by Prefecture
11.4	人口に関する都道府県別集計表	167	Demographic Statistics by Prefecture
11.5	地形と地質	168	Landform and Geology
11.6	気　候	169	Climate
11.7	土地被覆	170	Land Cover and Land Use
11.8	植生帯	171	Vegetation Zones, Present and Glacial Times

付　録		173	**Appendix**
1.	都道府県別に見た土地利用　　［氷見山幸夫］	174	Land Use in Each Prefecture
2.	年　表　　［村山祐司］	177	Chronological Table
3.	アトラス歴史抄　　［西川　治］	180	History of National Atlases
4.	国土利用変化データベースの作製に使用した地形図の測図・修正年次　　［氷見山幸夫］	181	Years of Survey of the Maps Used for the Production of the Land Use Change Data Base
5.	本文用語解説　　［氷見山幸夫］	182	Glossary

索　引	185	Index

第1部 ▌近代化と土地利用変化

1

国土利用変化の概要

LAND USE CHANGE IN JAPAN, AN OVERVIEW

　国土が狭いうえに山がちなわが国において，その国土を荒廃させることなく，安定的かつ有効に利用しつづけるためには，土地利用の長期的展望と合理的な計画をもたねばならないが，その基礎となるのは，土地利用の実態と変遷史の正確な把握である．そこで本章では，新旧の地形図および史料などの詳細な分析により作製した国土利用変化データベースを用い，全国の近世末期以降の土地利用変化を概観する．

　1.1 節はまず，わが国の過去1世紀あまりの近代化の歴史の中で見られた土地利用変化，およびそれらと関わりの深い社会・経済的要因を整理し，次に，本書に掲載されているA3版全国カラーメッシュ地図の基礎となっている国土利用変化データベースの作製手順，構造などを概説している．

　1.2～1.5 節は，それぞれ近世末（1850年頃），明治大正期（1900年頃），昭和中期（1950年頃），現代（1985年頃）の全国の土地利用概況を，カラー地図と土地利用区分別面積集計表で示し，各時代の土地利用のようすと，それに至る経緯を説明している．近世末はわが国の近代化前夜にあたる時期であり，この時期のようすを知ることは，近代化の中でいかなる変化があったかを把握するうえで，不可欠である．また明治大正期は，初めて全国の土地利用のようすが詳細に地図の形で記録された時期であり，近世末の土地利用の復原も，この時期の地図データをもとに行われた．明治大正期と現代の間に昭和中期を加えたのは，高度経済成長期に入る前の国土のようすを示すとともに，それ以前と以後の変化を区別し，変化の時期的特徴をより鮮明にするためである．

　1.6 節は，明治大正期～現代の全国の土地利用変化を地図と数値で示し，解説している．掲載した土地利用変化図は，土地利用を農地，森林，都市・集落，その他の4区分に大別し，変化の概況を示しており，表は土地利用の区分別面積の変化率を示している．

　1.7 節は，国土庁，国土地理院，環境庁などの国の機関により整備された官製数値情報を組み合わせて作製した1970年頃の土地利用概況図を提示し，上述の国土利用変化データベースと官製数値情報の組合せの可能性を検証している．官製数値情報はコンピュータの普及とともに整備と利用が進んでいるが，1960年代以前の土地利用を示すデータはそれらに含まれていない．近世末までさかのぼりうる国土利用変化データベースとの併用が期待されているゆえんである．

　なお，各時代の土地利用のようすを都道府県単位で知りたい読者は，付録にある都道府県別土地利用区分別面積集計表（付表1～3）を参照されたい．

［氷見山幸夫］

PART 1 ▌ MODERNIZATION AND LAND USE CHANGE

1.1 近代化と国土利用の変化

Modernization and Land Use Change

1. 概論

激動の20世紀も間もなく終わろうとしている.世界の人口はこの1世紀の間に16億5千万人から55億人へと大幅に増加し,人々の生活も大きく変化した.人類は2度の世界大戦をはじめとする多くの戦争と東西の厳しい冷戦を経験し,地球環境も大きく変わった.世界の各地で農地の開発が行われ,森林の伐採が進み,また都市化が進んだ.

わが国においても,原野や森林が開墾されて牧場や耕地に変わり,人口稠密な平野部では都市化が一層進み,また海岸部では埋め立てが随所で行われ,レクリエーション施設や工業用地が造成された.このように,過去1世紀の近代化の中で,国土は大きく変貌してきた.

では,この間に見られた諸々の土地利用上の変化の背景は何であったのか.表1.1は,考えられる主な要因とそれに関連する土地利用上の変化を,試行的に整理したものである.ここにあげた事項の中には,飛行機の普及や製塩法の変化など,その時期や影響範囲などの特定が比較的容易なものもあるが,全体としては,いかなる土地利用上の変化がいつ,どこで,どのようにして発生し,それがいかなる意味をもったのかについては,まだ十分に把握されているとはいいがたい.しかし本書は,それらについての理解を多少とも深めるべく,多くの資料と研究成果を提示している.それぞれの事項について,該当する箇所を参照していただければ幸いである.

一般論としては,人口の増大,生活の近代化,産業の近代化などは,より広い森林,より広い農地,そしてより広い都市空間を要求するものであり,国土が狭いわが国では,異なる土地利用間の競合が厳しさを増してきたといえる.そしてこの間のわが国の著しい都市化や工業の発展を考えるならば,農地や森林がその面積を減らしてきたと考えるのが自然であろう.しかし,後述するように,わが国では過去1世紀の間,農地も森林も全く減少していない.これは驚異的なことといわねばならないが,その背景には次のような事情があったと考えられる:

① 北日本,とりわけ北海道に,広大な未開発地を有していたこと.
② 西日本を中心に広大な荒れ地・野草地が存在し,植林のための土地が豊富にあったこと.
③ 埋め立てや干拓により農地や工業用地を造成できたこと.
④ 製造業に支えられた強い経済力により,木材,資源,食料などを潤沢に入手できたこと.

しかしこれらのうち①と②は成立しなくなってからすでに久しく,③も適地がほとんど残されていない.わが国の近年の開発政策は,このような状況の変化をあまり考慮せずに,旧来の発想のまま策定されているのではないか.農地を拡大すべく北海道でなおも続けられている経済性度外視の農用地造成などはその好例であろう.わが国の土地利用は今,これまでと大きく異なるコンテクストで考えねばならない時期にきていると思われる.

2. 国土利用変化データベース

本書には土地利用概況,農地利用,都市的土地利用などの全国分布図が多数掲載されている.これらは文部省重点領域研究「近代化による環境変化の地理情報システム」において構築されたデータベースを用いて作製されたものである.図1.1は,このデータベースの作製手順と構造を示している.このデータベースは9つのパートからなり,a~cは氷見山,d~eは戸所,fは有薗,g~iは藤田が担当した.

a. 基礎データ

国土利用変化データベースの基礎データは,国土地理院発行の5万分の1地形図である.この地図の作製は明治25年に始められ,以後幾度となく更新されている.これを利用し,近世末期(1850年頃),明治大正期(1900年頃),昭和中期(1950年頃),そして現代(1985年頃)の土地利用の復原を行った.

復原に用いた図は次の通りである.

① 明治大正期(1900年頃):『明治大正日本五万分の一地図集成』(古地図研究会編,1983)に収録されている図を主に用いた.なお,この地図集成には,基本測図以前に地方自治体などによって測図された粗い

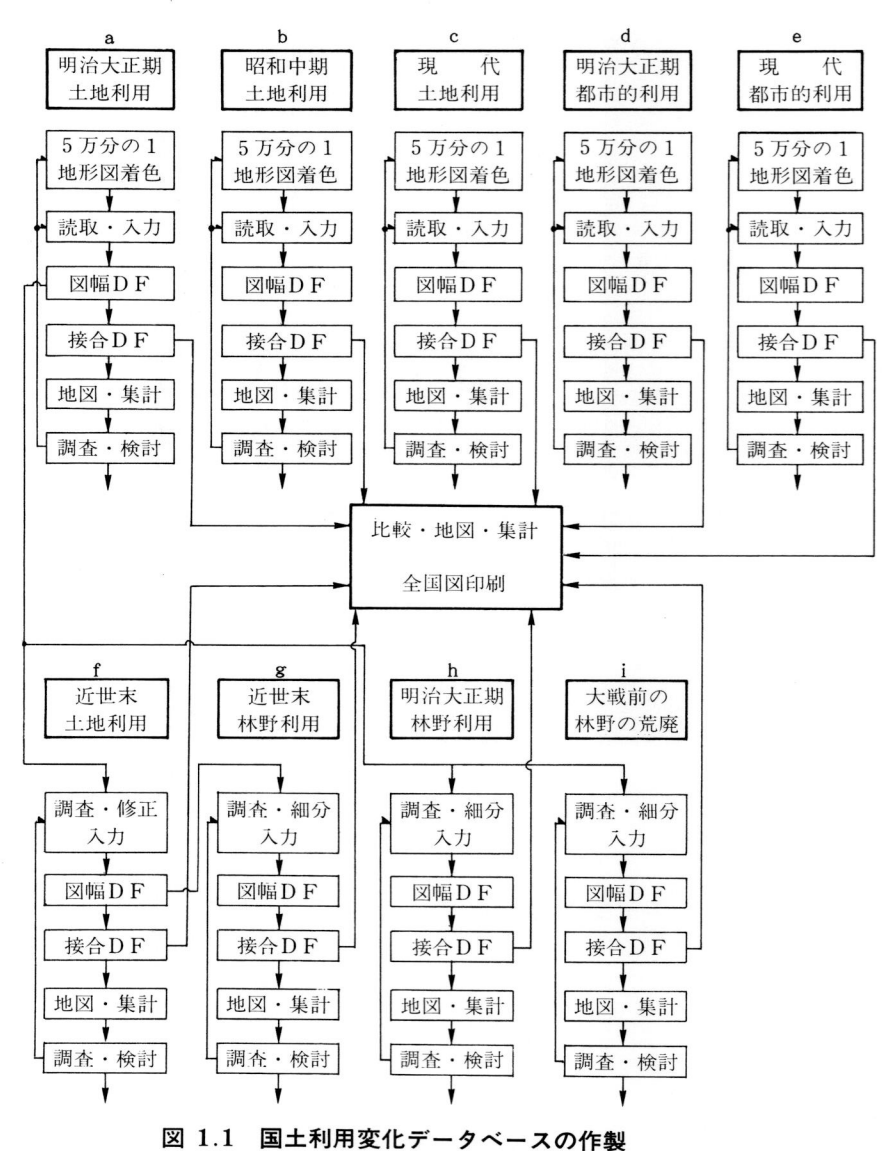

表1.1 近代化と国土利用変化
Table 1.1 Modernization and Land Use Change

社会・経済的変化	関連する土地利用上の変化
人口の増大	都市域の拡大,農地開発,土地生産性の向上
生活の向上と近代化	
都市化	都市域の拡大,大都市への人口・産業の集中,建物の高層化
自動車の普及	道路網の整備,鉄道の衰退,傾斜地の宅地化
飛行機の普及	空港の整備,空港周辺の開発
水消費の増大	貯水池の増大,上下水施設の整備,河川流量の減少
廃棄物の増大	投棄場の増大,処理施設の整備
食の変化	果樹園の増大,牧草地の増大,減反転作
余暇の増大	レクリエーション施設の増大,山林の観光開発
産業の発達と近代化	
農業の近代化	労働・土地生産性の向上,用水施設の整備,機械化と規模拡大,水田の開発,果樹栽培の普及,施設園芸の普及,土地利用圏の変化
工業の近代化	工業用地の拡大・集団化,工場の大規模化・オートメーション化,工業の多様化と再配置,海岸埋め立て
燃料の変化	薪炭林の減少,炭鉱の閉山,石油関連施設の増大
製塩法の変化	塩田の消滅
サービス産業の拡大	消費型都市の発達,大型店の郊外立地
経済の拡大と国際化	
貿易の増大	港湾施設の整備と再配置
木材輸入の増大	林業の後退,森林資源の増大,森林の質的変化
資源輸入の増大	鉱山の閉鎖,鉱山集落の衰退
食料輸入の増大	
その他	
戦争	都市の荒廃と再開発,山林の荒廃と復興,応急的な農地開発
開発事業	都市開発,農地開発,人工林の造成
公共投資の増大	インフラストラクチャーの整備,過剰開発

図1.1 国土利用変化データベースの作製
Fig. 1.1 Construction of Land Use Change Database

図や，空白地域を含む図が一部含まれていたため，それらは基本測図により作られた良質の図で置き換えた．

② 昭和中期（1950年頃）：高度経済成長前夜の全国の土地利用の復原に用いる資料としては，昭和23～28年に米軍撮影の空中写真をもとに作製された，いわゆる応急修正図が有効である．ただし，この図が作製されていない北海道については，昭和27～33年修正の補足調査図を用いた．

③ 現代（1985年頃）：平成3年の時点で市販されていた，最新の5万分の1地形図を用いた．

b. 土地利用の復原方法

図1.1のa～cの作業手順を簡単に説明する．5万分の1地形図には，土地利用や土地被覆の種別を示す情報が記号などで与えられている．しかし現在市販されている古い地図の謄本は単色で，しかも不鮮明な箇所が多いため，そのままでは土地利用の識別は容易ではない．そこで土地利用の読み取りを正確に行うため，まず図の色分けを行う．そして，色分けした図に縦横それぞれ10等分線を引き，土地利用情報を数値化するための地区単位（メッシュ）を設定する．線で囲まれた範囲の大きさは，地上距離ではほぼ2km四方である．データは各メッシュについて，①左肩の格子点の土地利用，②メッシュ内で最大の土地利用，③2位以下のすべての土地利用（大きいものから順に）を読み取り，それぞれ2桁のコード番号で記録し，各図幅ごとのデータファイルを作製する．これらのデータファイルは，1次区画（20万分の1地勢図1葉分）ごとに接合して，その区画の位置を示すファイル名を付す（図1.2参照）．地図作製や面積集計などのデータ処理は，このファイルを用いて行う．

全国の土地利用を復原するには，1時点につき1,400枚前後の地図についてこの作業を行わなければならない．これは大変骨の折れる作業であるが，ひとたびデータファイルを作ると，土地利用の区分別面積の集計や各種地図の作製などをパーソナルコンピュータを用いて容易に行うことができる．

なお本書に掲載した全国メッシュ図は，上述のファイルを多面体投影法で図化したものである．北方領土などデータのない地域は空白とした．

c. 土地利用の区分別面積の算出

メッシュの左肩の格子点の土地利用を読み，その個数を土地利用区分別に集計することにより，各土地利用の面積を算出することができる．ただし，高緯度ほどメッシュのサイズが小さいので，広域を対象としてそれを行う場合，緯度補正をしないと，高緯度地域の土地利用面積が低緯度地域に比べ誇張されてしまう．そこで，次のような方法で面積を補正した．

補正はメッシュ単位で，すなわち緯度間隔1分ごとに行う．そして，補正のために各緯度の格子点に掛ける係数は，現代の土地利用データファイルにより求められる国土面積と，最新の政府統計の示す国土面積とが一致するように定める．そうすると，底辺（南端）の緯度がθ度のメッシュの場合，補正係数は，$5.154947 \cdot \cos\theta$となる．これは，緯度$\theta$度のメッシュの1格子点が代表する面積を表している．

このようにして，全国の都道府県別の土地利用区分別面積を，近世末，明治大正期，昭和中期，現代の4時代別に算出した（付録参照）．なお上の方法は，システマティック・ポイント・サンプリング法という統計学的手法にもとづいており，面積の小さい（したがって，そこに落ちる格子点数の少ない）地区の場合，誤差が大きくなる傾向がある．また，1格子点が4 km²前後を代表することから，10 km²以下の数値の信頼度は低い．これらの数値は地図を直接計測して得たものであり，官庁統計とは必ずしも一致しない．

［氷見山幸夫］

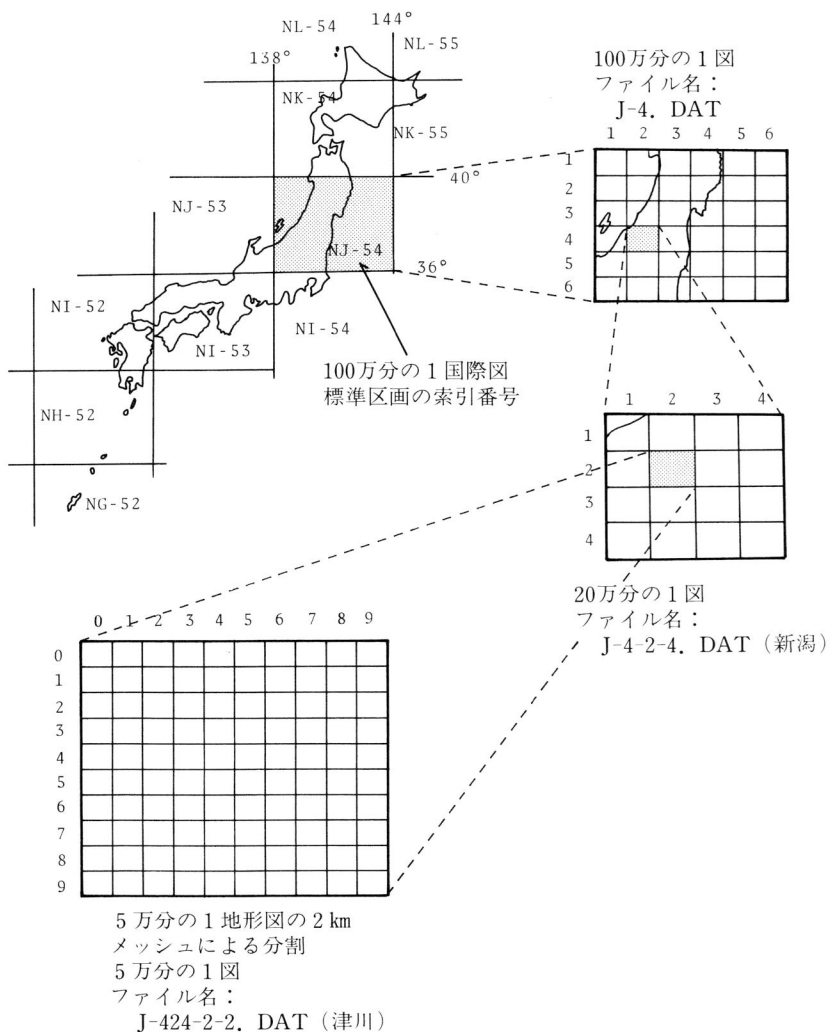

図1.2 メッシュ体系とファイル名のつけ方
Fig.1.2 Coordinate System and File Names

□参考資料
1) 建設省国土地理院編（1970）：測量・地図百年史，建設省国土地理院，673 p.
2) 氷見山幸夫・久原 克・岩城博恵（1990）：明治大正期国土利用データファイルの作成について．北海道教育大学旭川分校地理学研究報告，6, pp. 1-5.
3) 氷見山幸夫・本松宏章（1994）：明治・大正期～現代の東北地方の土地利用変化．北海道教育大学大雪山自然教育研究施設研究報告，29, pp. 1-16.

1.2 近世末（1850年頃）の国土利用
Land Use in Japan circa 1850

　明治時代の中頃から大正末年までに測図された，縮尺5万分の1初版地形図が表示する土地利用の中で，近世末から地形図の測図年までの間にその内容が変化した場所を検索し，そこを変化する前の姿に戻して近世末の土地利用を復原し，これを数値データに置き換えて「近世末土地利用データファイル」を作製した．ここでいう近世末とは，開港にともなう土地利用の変化が始まる1850年代の直前の時期を指す．

　近世末はエネルギーの地域内循環と，サステイナブルな耕地および林野生態系が維持されていた時期である．したがって「近世末土地利用データファイル」は，近代以降の日本における環境変化の原点になるデータを収納したファイルである．

　「近世末土地利用データファイル」は，全国約1,400枚の明治大正期の初版5万分の1地形図ごとに，次の手順をくり返して作製した．

① 5万分の1地形図が表示する土地利用の記号に従って，地形図を色鉛筆で彩色して土地利用図を作製する．土地利用は次の35種類を設定した．
　乾田　水田　沼田　畑と空地　桑畑　茶畑　果樹園　その他の樹木畑　草地　広葉樹林　針葉樹林　混交樹林　竹林　荒れ地　わい松地　砂れき地　湿地　独立樹　枯木　みつまた　シュロ科樹木　苗木畑　塩田　集落　都市的集落　河川　湖沼　海　道路　鉄道　学校　役所　寺院　神社　未区分地

② 地形図を縦横それぞれ10等分する線を引く．これで1辺の長さが約2kmの網目が，1図幅内に100個できる．

③ 編集用ソフトウエアを使って，各図幅の網目ごとに面積が大きい順に土地利用コードを並べた「明治大正土地利用データファイル」を作製する．5万分の1地形図では記号だけが記載されて面積の大小がわからない土地利用は，面積がわかる土地利用の後に並べた．

④ 近世末から初版地形図の測図年までに土地利用が変化した場所を，当時の史料と地図・近代以降の開発に関する文献から検索し，その所在地と面積を明らかにして，変化する前の土地利用に戻す．

⑤ 土地利用が変化した場所が5万分の1地形図のどの図幅の，どの網目に入るかを確認する．

⑥ 「明治大正土地利用データファイル」を図幅ごとに印刷し，土地利用が変化した網目の土地利用コードの添削と並べかえを行う．

⑦ 編集用ソフトウエアを使って「明治大正土地利用データファイル」の土地利用コードの添削と並べかえを行い，「近世末土地利用データファイル」を作製する．なお，「近世末土地利用データファイル」には都市的集落（コード39）を加えた．ここでいう都市的集落とは，当時の人口が2,000人以上の集落，および2,000人未満でも明らかに市街地を形成していた城下町と陣屋町を含む．

⑧ 接合プログラムを使って，縮尺20万分の1地勢図を1ファイルとする「近世末土地利用接合データファイル」を作製する．これを図化プログラムで図示して繋ぐと，近世末の日本の土地利用図ができる．

　35種類の土地利用を11種類にまとめて，各網目で最も面積の大きな土地利用を図1.3に表示した．この図から，次のことが読み取れる．

　北海道を除いて，近世末の日本の土地利用分布は，現在のものとあまり変わらない．すなわち平坦地は田畑に，傾斜地は林野になっている．ただし，都市的集落の面積は小さく，当時すでに人口100万人の大都市であった江戸でも，市街地が卓越する場所は江戸城周辺に限られる．

　近世末の北海道では，海岸と河川沿岸に点在する集落付近を除いて，平地のほとんどは広葉樹林に，山地は混交樹林と針葉樹林に覆われ，河川下流域の後背湿地は，水面と草と広葉樹が混在する湿地であった．

　本州以南の農地の分布は現在のものとほぼ変わらない．地形と土地利用との関係でこの図を見ると，田は低地に分布し，畑は台地上に分布する．

　この図には，桑・茶・果樹などの樹木畑が卓越する場所はない．これらの樹木作物は，地域的な片寄りはあるものの，近世末には栽培されていたが，その多くが田畑の畔や山の斜面に栽植されていたからである．

　本州以南の山林は，人間の手が強く加わった里山が針葉樹林（ほとんどが松林），人間の手が加わった里山が混交樹林（雑木林），人間の手があまりおよばない奥山は広葉樹林に覆われていた．中国地方の山陽側斜面に典型例を見ることができる．里山の多くは，田畑に施す草肥と薪炭の供給源であり，当時のサステイナブルな農業生産の技術と強く結びついていた．

　荒れ地は全国に広く点在していた．里山と同様，これら荒れ地の多くは田畑に施す草肥の供給源であり，当時のサステイナブルな農業生産の技術と強く結びついていた．また東北地方では，馬の放牧にも使われた．

　1辺2kmの網目内で最大の面積を占める都市的集落の数は79あって，ほぼ全国に分散していた（図1.4）．近世末の史料によれば，これらの都市の人口はおよそ1万人以上であるが，江戸・大坂・京都・名古屋以外の都市の人口規模は小さい．しかし，すべて現在まで存続しているので，都市の基本的配置は，近世末にはできあがっていたといえよう．

　5万分の1地形図の100の網目ごとに，左上角の土地利用を読み取って集計し，各土地利用の構成比を表1.2に示した．近世末の日本の国土は，森林が69%，農地が14%，荒れ地が12%，都市・集落が2%弱という構成であった．近世末の日本人は，環境に適応しつつ農地を耕し，サステイナブルに暮らしていたことがうかがい知れよう．

［有薗正一郎］

表1.2　近世末の国土利用の概要
Table 1.2　Land Use in Japan circa 1850

	×10 km²	%
都市的利用　urban	1,064	2.86
都市・集落	612	1.65
道　路	452	1.22
鉄　道	0	0.00
農業的利用　agricultural	5,345	14.38
田	3,592	9.66
畑	1,752	4.71
桑　畑	0	0.00
茶　畑	0	0.00
果樹園	0	0.00
その他の樹木畑	1	0.00
森　林　forest	25,497	68.59
広葉樹林	11,176	30.07
針葉樹林	4,572	12.30
混交樹林	9,426	25.36
竹林・しの地	323	0.87
その他　other	5,265	14.16
荒れ地	4,401	11.84
湿　地	161	0.43
水　面	702	1.89
ゴルフ場	0	0.00
その他	2	0.00
計　total	37,171	100.00

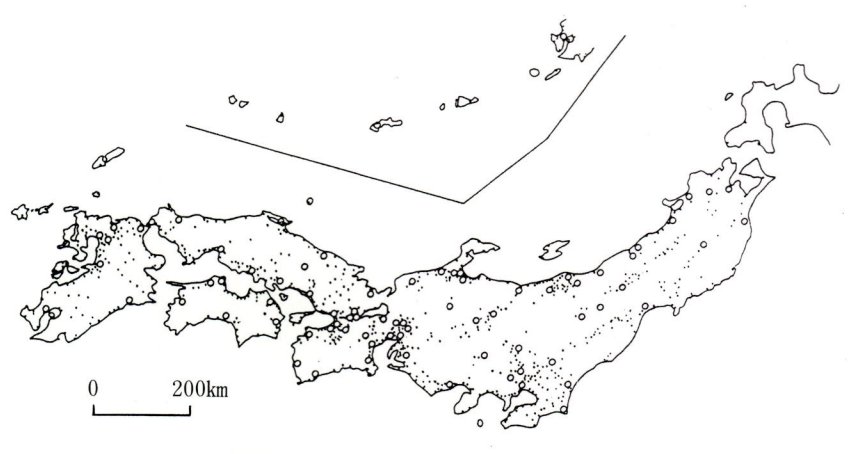

図1.4　近世末の都市的集落の分布
Fig. 1.4　Distribution of Urban Settlement circa 1850
○　網目内で都市的集落の面積が最も大きな場所　major urban settlement
・　網目内に都市的集落がある場所　urban settlement
『角川日本地名大辞典』と『明治八年版共武政表』から作製．

Legend / 凡例

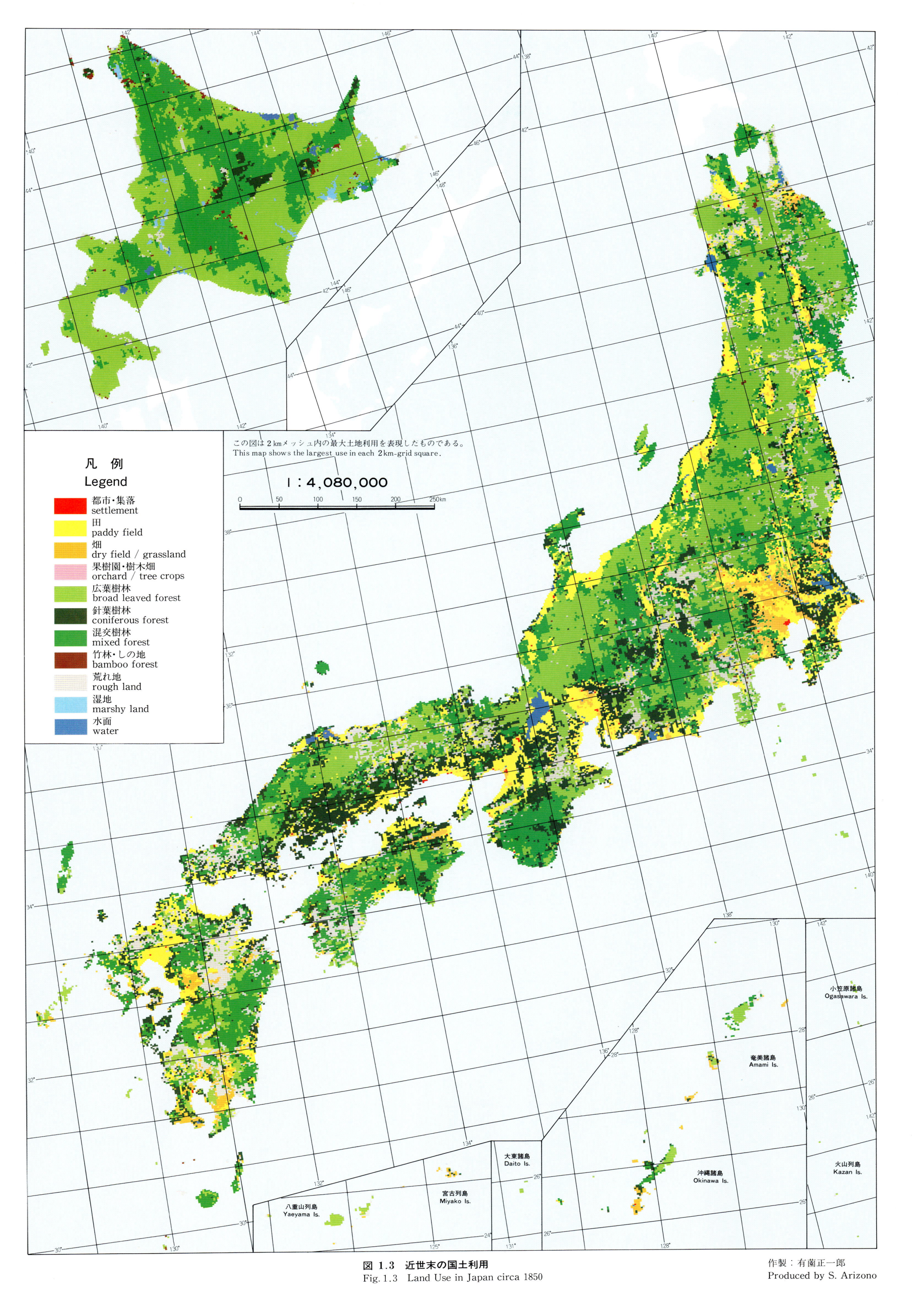

- 都市・集落 settlement
- 田 paddy field
- 畑 dry field / grassland
- 果樹園・樹木畑 orchard / tree crops
- 広葉樹林 broad leaved forest
- 針葉樹林 coniferous forest
- 混交樹林 mixed forest
- 竹林・しの地 bamboo forest
- 荒れ地 rough land
- 湿地 marshy land
- 水面 water

この図は2kmメッシュ内の最大土地利用を表現したものである。
This map shows the largest use in each 2km-grid square.

1 : 4,080,000

小笠原諸島 Ogasawara Is.
奄美諸島 Amami Is.
八重山列島 Yaeyama Is.
宮古列島 Miyako Is.
大東諸島 Daito Is.
沖縄諸島 Okinawa Is.
火山列島 Kazan Is.

図 1.3 近世末の国土利用
Fig. 1.3 Land Use in Japan circa 1850

作製：有薗正一郎
Produced by S. Arizono

1.3 明治大正期（1900年頃）の国土利用
Land Use in Japan circa 1900

明治大正期の土地利用図は，次の手順で作製した．

前ページでのべた土地利用図作製の手順の①～③によって，初版5万分の1の地形図1枚をそれぞれ1ファイルとする「明治大正土地利用データファイル」を作製する．次に，土地利用図作製の手順の⑧によって，縮尺20万分の1地勢図1枚を1ファイルとする「明治大正土地利用接合データファイル」を作製する．

「明治大正土地利用接合データファイル」を使って，1辺2kmの網目ごとに最も面積の大きな土地利用を図化プログラムで表示させる．この図を繋ぐと，明治大正期の土地利用図ができる．

初版5万分の1地形図を作製するための測図は，明治23（1890）年から大正10（1921）年まで，約30年かけて行われている．地方別の測図年は次の通り．

北海道　　　　　　　　大正4（1915）～大正13（1924）年
東北地方　　　　　　　明治34（1901）～大正3（1914）年
関東～中国四国東部　　明治23（1890）～明治44（1911）年
小笠原諸島　　　　　　明治44（1911）年
中国四国西部～九州中部　明治33（1900）～明治35（1902）年
九州南部～奄美大島　　明治35（1902）～大正9（1920）年
徳之島～琉球諸島　　　大正10（1921）年
大東諸島　　　　　　　大正6（1917）年

5万分の1地形図ごとにかけた100の網目の左上角の土地利用の種類を読み取り，各土地利用の面積の構成比を求め，表1.3に示した．これを前節の近世末の表（表1.2）と比べると，この間に構成比が最も低下したのは森林であるが，これは北海道の開拓によるところが大きい．農地は14％から17％に上昇している．これは北海道の開拓のほか，本州以南における森林や荒れ地の樹木作物栽培畑への転換，浅水面の干拓，新たな灌漑水路の掘削による開墾の結果である．しかし，国土の総面積の中では大きな増加ではない．また，荒れ地の面積はほとんど変化していない．明治大正期においても，荒れ地の多くが田畑に施用する草木を刈る場に使われていたからである．都市・集落の構成比は近世と同じであり，都市化現象はこの表からは読み取れない．

図1.5は，「明治大正土地利用接合データファイル」に収録された35種類の土地利用を11種類にまとめて，1辺2kmの網目内で最も面積の大きな土地利用を表示させた図である．この図から，次のことが読み取れる．

近世末から明治大正期までは40～70年が経過しているが，北海道を除くと，この間に目立った土地利用の変化は見られない．

大正時代の北海道の土地利用を近世末のものと比較すると，主として広葉樹林が農地に開発されたことがわかる．広葉樹林から農地になった場所は，低地と山麓緩斜面である．大正期に北海道で畑が存在する網目を画像に表示させると，現在の分布とほとんど変わらない．したがって，すでに大正期には北海道のほぼ全域に開拓の手が伸びていたと思われる．また，石狩川中流域の上川盆地と深川近辺には水田が卓越している．明治～大正期の資料によると，ここではまず広葉樹林が畑になり，さらに畑から水田へと変化している．

本州以南でも，この間に農地が拡大した流域がある．福島県の安積台地では，安積疏水の開削によって荒れ地や山林が水田になり，岡山県の児島湾や九州の有明海沿岸などでは，干拓による水田の拡大が見られた．

近世末には，桑・茶・果樹などの樹木作物畑が卓越する地域はなかったが，明治大正期にはこれらが卓越する地域が点在するようになる．とりわけ関東地方の西部には，卓越する土地利用が畑から桑畑に代わった地域がまとまって出現する．関東地方の西部は，近世にはすでに養蚕の主産地であったが，近世末までは桑は耕地の畦や山の斜面に分散して栽培されており，桑がまとまって栽培される畑はなかった．桑畑が出現するのは明治に入ってからのことである．図1.5に表示された樹木作物畑が卓越する地域の多くは，関東地方西部の養蚕地域と同様，近世には成立していた産地である．ただし，青森県の津軽平野（リンゴ）と静岡県沿岸部（茶）は，明治に入ってから成立した新興産地である．

東京と大阪の市街地は約半世紀の間に2～3倍に拡大し，札幌・函館・横浜・神戸・八幡などの新興都市も出現した．しかし，地方中心都市における市街地の拡大は，まだ見られない．図1.5の中で「都市・集落」が最も多く分布するのは，関東地方中央部である．ここは，近世末には「都市・集落」面積が第1位の網目はほとんどなかった．明治に入ってから，この地域で「都市・集落」面積が第1位の網目が現れる理由は2つある．その1つは，近世にすでに存在していた地方中心都市が，周辺農村の養蚕業の発展にともなって製糸や集荷などの中心機能を高めて，市街地を拡大させたことである．この理由で，関東地方中央部の「都市・集落」出現の半分以上を説明できる．もう1つの理由は，この地域の集落は広い屋敷林に囲まれる疎塊村が多いことである．ここは洪積台地と谷が交錯する地形の場所が多く，そこに畑と水田と雑木林と集落がほぼ同じ面積で並存する場合がある．そのような場所を1辺2kmの網目で区切ると，ごくわずかな面積の差で，集落が第1位の土地利用となることがある．こうして集落が面積第1位の土地利用になる網目が出現する．したがって，関東地方中央部にある「都市・集落」の半分近くは，都市ではなく，集落なのである．近世末の図でここに「都市・集落」がほとんど出てこなかったのは，地方中心都市の市街地が小さかったことと，明治末年までの人口増加による集落の拡大部分を差し引いたからである．

［有薗正一郎］

表1.3　明治大正期の国土利用の概要
Table 1.3　Land Use in Japan circa 1900

		×10 km²	%
都市的利用	urban	1,548	4.16
都市・集落		645	1.73
道　路		862	2.32
鉄　道		41	0.11
農業的利用	agricultural	6,222	16.72
田		3,462	9.30
畑		2,323	6.24
桑　畑		343	0.92
茶　畑		17	0.04
果樹園		40	0.11
その他の樹木畑		38	0.10
森　林	forest	24,348	65.44
広葉樹林		9,856	26.49
針葉樹林		4,410	11.85
混交樹林		9,773	26.27
竹林・しの地		309	0.83
その他	other	5,090	13.68
荒れ地		4,180	11.23
湿　地		152	0.41
水　面		722	1.94
ゴルフ場		0	0.00
その他		36	0.10
計	total	37,207	100.00

作製：氷見山幸夫　Produced by Y. Himiyama

□参考資料
1) 古地図研究会（1983）：明治大正日本五万分の一地図集成Ⅰ～Ⅳ，学生社．
2) 地図資料編纂会（1989）：明治前期関東平野地誌図集成，柏書房．
3) 地図資料編纂会（1989）：明治前期関西地誌図集成，柏書房．
4) 地図資料編纂会（1988）：江戸―東京市街地図集成，柏書房．
5) 角川日本地名大辞典編集委員会（1978-90）：角川日本地名大辞典，角川書店．
6) 陸軍参謀本部（1978）：明治八年版共武政表，青史社．
7) 有薗正一郎（1994）：近世末の土地利用図からみた日本の環境．歴史地理学，167，pp.16-30．

Legend / 凡例

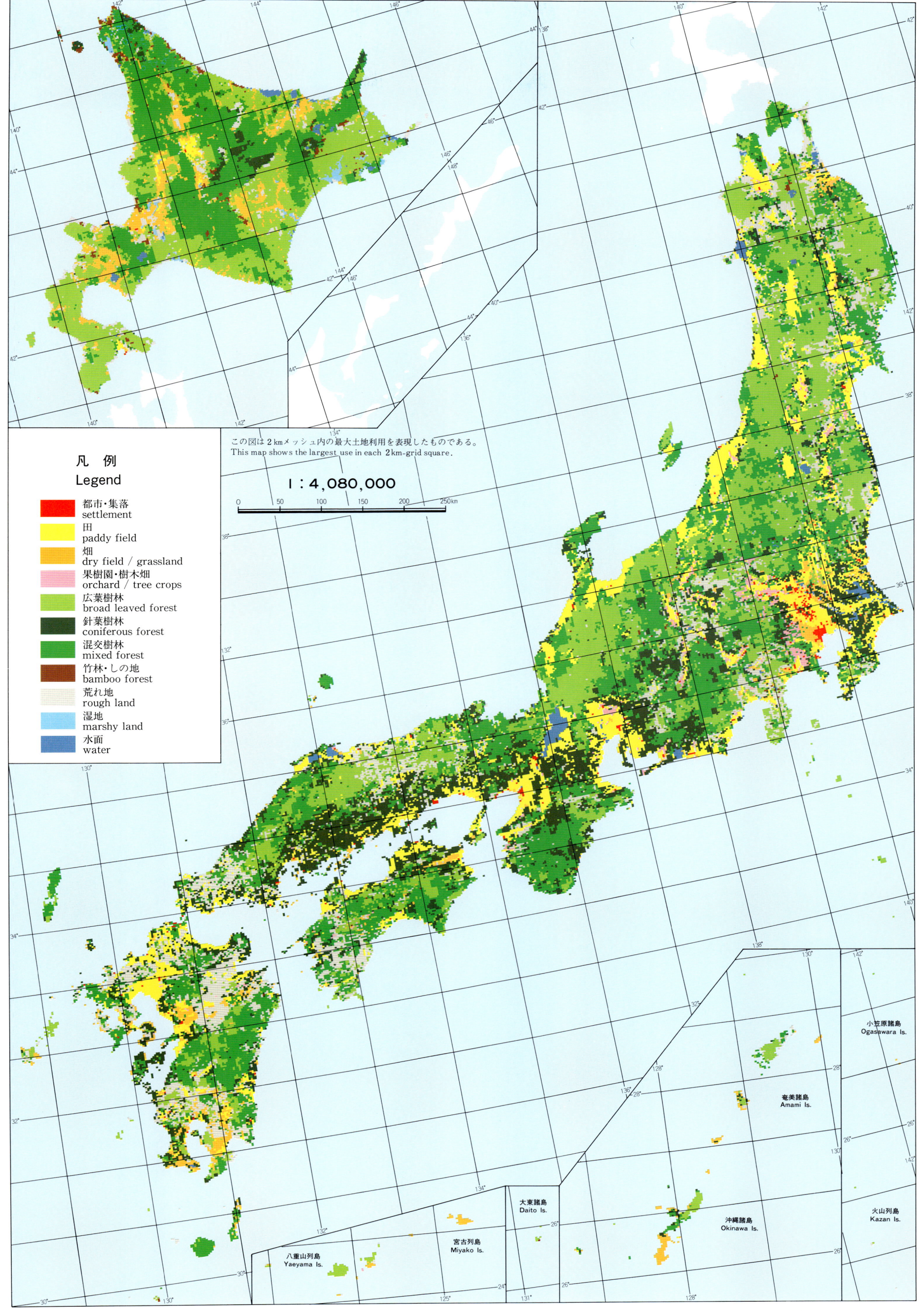

- 都市・集落 / settlement
- 田 / paddy field
- 畑 / dry field / grassland
- 果樹園・樹木畑 / orchard / tree crops
- 広葉樹林 / broad leaved forest
- 針葉樹林 / coniferous forest
- 混交樹林 / mixed forest
- 竹林・しの地 / bamboo forest
- 荒れ地 / rough land
- 湿地 / marshy land
- 水面 / water

この図は2kmメッシュ内の最大土地利用を表現したものである。
This map shows the largest use in each 2km-grid square.

1 : 4,080,000

図 1.5 明治大正期の国土利用
Fig. 1.5 Land Use in Japan circa 1900

作製：氷見山幸夫
Produced by Y. Himiyama

1.4 昭和中期（1950年頃）の国土利用
Land Use in Japan circa 1950

昭和30年頃に始まるいわゆる高度経済成長は，産業・経済活動の面はもとより，人々の生活や価値観にも大きな変化をもたらした．この頃からの国土の変容は誠に急で，都市も，農村も，はたまた山林原野も，その姿を大きく変えている．しかし，土地利用の観点から見たとき，この高度経済成長が始まるまでとその後とで，その変化にいかなる性格上の，あるいは地域的な差異があるのか，これまで十分に把握されていたわけではない．

そこで，わが国の近代化と土地利用変化との関わりを明らかにする作業の一環として，5万分の1地形図を用い，昭和中期（1950年頃）の国土利用を復原した．以下，国土利用変化データベースをもとに作製した土地利用図と土地利用面積集計表を参照しつつ，昭和中期の土地利用と，明治大正期から昭和中期までの変化を見よう．図1.6は昭和中期の全国の土地利用概況を，また表1.4は，計測で得た土地利用種別の面積を表している．

1. 都市的利用

都市的土地利用には都市・集落，道路，鉄道が含まれる．ただし5万分の1地形図上で市街地や家屋の表示のあるところ，工業施設，学校，寺社などはすべて都市・集落に含める．したがって農村集落はこれに含まれるが，道路・鉄道は除外される．

昭和中期，都市的土地利用は22,690 km²と，国土面積の6.1%を占めている．これは明治大正期に比べ，面積にして約7,210 km²，率にして47%の増加である．この増加率は一見高いようにも見えるが，この間に全国の人口はほぼ2倍になっているので，人口当たりの都市的土地利用の面積は，むしろ減少している．

都市・集落に限ってみても，増加率は51%にすぎず，都市・集落における人口密度が上昇していることがわかる．なお，この時期の全国の都市・集落の面積は9,750 km²で，国土面積の2.6%を占めている．都道府県別に見ると東京都の26%が群を抜いており，それに大阪府，埼玉県，神奈川県が続いている．明治大正期以降の増加率は神奈川県の258%が最高で，以下北海道，兵庫県，東京都，栃木県，高知県が続いている．東京や大阪などの巨大都市よりも，むしろそれらと隣接する県の方が増加率が高いこと，明治期以降，開発が急ピッチで進められた北海道における増加が顕著であったことが注目される．

道路は12,020 km²で，国土面積の3.2%を占めている．明治大正期に比べた増加率は39%と，都市・集落と同様に緩慢で，人口の増加率に追いついていない．しかし，人口の集中する東京都とその周辺の県，それに大阪府では，道路の割合は全国平均の約2倍である．

鉄道は125%の増加を示しており，モータリゼーション以前のわが国の近代化の中で，鉄道が担った役割が大きかったことが知られる．鉄道の面積割合は，最高の埼玉県で1.1%，それに大阪府，神奈川県，東京都が続いており，鉄道網にも東京と大阪を中心とする2極構造が見られる．

地形図の上では，道路や鉄道の幅は通常誇張して表現されているが，ここではそれらの上に落ちた格子点はすべてそれらに含めた．したがって，表にある道路や鉄道の面積は実際よりも大きめになっている．ただし道路の場合，市街地内の細かい道路は地形図上で省略されているので，その違いはある程度相殺される．また鉄道については，面積的にも小さいし，その分布の変遷なり地域差を見るかぎりにおいては，ウエイトを掛けてまで実態に近づける必要はないであろう．

2. 農業的利用

農業的土地利用は総面積63,030 km²，国土面積の16.9%で，明治大正期に比べ1%増加している．増加率は国土の北端に位置する北海道（+26%）と青森県（+21%）が突出しているが，その増加分には昭和20年代のいわゆる戦後入植地がかなり含まれている．一方，減少は東京都（−44%）をはじめ，神奈川県，大阪府など，都市化の著しい地域で目立つ．この間に農業的土地利用の面積が増加した都道府県は全体の3分の1に満たないが，それにもかかわらず国全体として増加しているのは，全国の農業的土地利用の3分の1近くを占める北海道における増加の寄与が大きかったからである．

なお，農業的土地利用については，3.4節でさらにくわしくのべる．

3. 森　林

森林は248,850 km²，国土面積の66.9%で，明治大正期に比べ2%増加している．森林は第二次世界大戦終了時までかなり荒廃が進んだが，戦後植林が大規模に行われた結果，戦前の水準を上まわるところまで回復した．増加率は西日本で高い傾向があり，特に山口県（+27%）と佐賀県（+28%）における増加が目立つ．これに対して減少が目立つのは東京都（−6%），京都府，愛知県などで，都市化の影響が強かったことがうかがわれる．

森林のタイプ別割合は，広葉樹林が38%，針葉樹林が18%，混交樹林が43%，竹林・しの地が1%である．明治大正期に比べ広葉樹林の割合が少し減り，混交樹林の割合が少し増えているが，全体としては構成に大きな変化は見られない．なお，ここでいう混交樹林とは，地形図上で針葉樹の記号と広葉樹の記号とが混在している所を指す．したがって，生態学や植物学における定義とは多少異なる．

急激な農地開発と都市・集落の拡大が進んだ北海道における，大正期から昭和中期にかけての森林の減少率は2%で，荒れ地（−29%）や湿地（−35%）の減少率に比べるとかなり小さい．北海道では1920年代の木材価格の高騰を契機に，カラマツやエゾマツなどの針葉樹の植林が本格化し，第二次世界大戦後も坑木やパルプ用材の需要の高まりなどを背景に針葉樹の植林が続けられた結果，針葉樹林が71%も増加し，反対に混交樹林は21%減少している．

［氷見山幸夫］

表1.4　昭和中期の国土利用の概要
Table 1.4　Land Use in Japan circa 1950

	×10 km²	%
都市的利用　urban	2,269	6.10
都市・集落	975	2.62
道　路	1,202	3.23
鉄　道	92	0.25
農業的利用　agricultural	6,303	16.94
田	3,623	9.74
畑	2,224	5.98
桑　畑	352	0.95
茶　畑	14	0.04
果樹園	76	0.20
その他の樹木畑	13	0.04
森　林　forest	24,885	66.88
広葉樹林	9,484	25.49
針葉樹林	4,377	11.76
混交樹林	10,757	28.91
竹林・しの地	268	0.72
その他　other	3,751	10.08
荒れ地	2,917	7.84
湿　地	101	0.27
水　面	724	1.95
ゴルフ場	0	0.00
その他	8	0.02
計　total	37,207	100.00

□参考資料
1) 地理調査所地図部編（1955）：日本の土地利用，古今書院，296 p.
2) 西川　治（1965）：日本における土地利用と土地改良に現われた地域的特色．東京大学教養学部人文科学科紀要，34，人文地理学Ⅰ，pp. 17-41.
3) 氷見山幸夫・岩上　恵・井上笑子（1991）：明治後期～大正前期の土地利用の復原．北海道教育大学大雪山自然教育研究施設研究報告，26，pp. 55-64.
4) 氷見山幸夫・太田伸裕（1993）：大正期～現代の北海道の土地利用変化．北海道教育大学大雪山自然教育研究施設研究報告，28，pp. 1-15.
5) 山口恵一郎編（1958）：日本の土地利用―地方編（1），古今書院，279 p.

Legend / 凡例

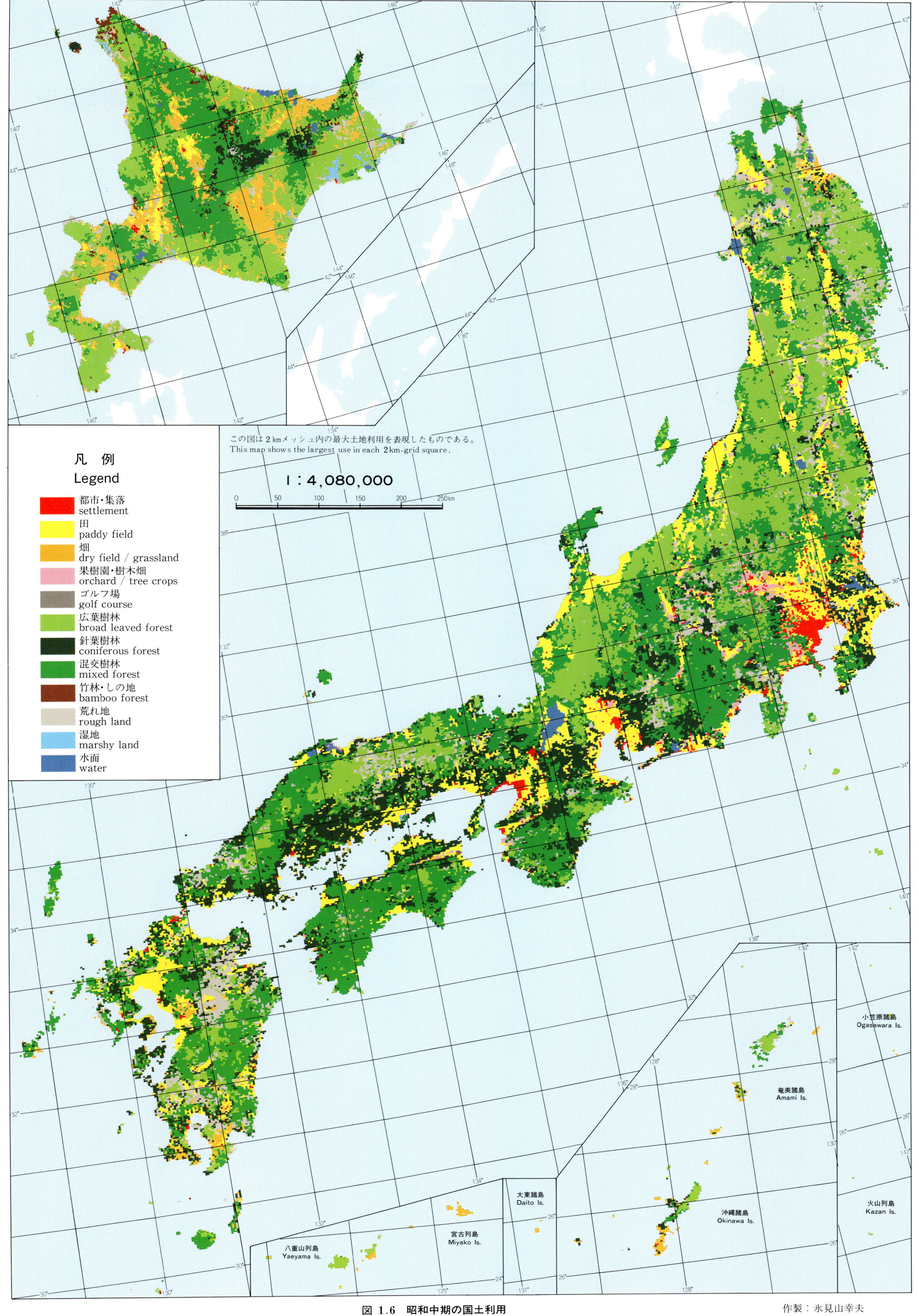

- 都市・集落 settlement
- 田 paddy field
- 畑 dry field / grassland
- 果樹園・樹木畑 orchard / tree crops
- ゴルフ場 golf course
- 広葉樹林 broad leaved forest
- 針葉樹林 coniferous forest
- 混交樹林 mixed forest
- 竹林・しの地 bamboo forest
- 荒れ地 rough land
- 湿地 marshy land
- 水面 water

この図は2kmメッシュ内の最大土地利用を表現したものである。
This map shows the largest use in each 2km-grid square.

1 : 4,080,000

小笠原諸島 Ogasawara Is.
奄美諸島 Amami Is.
大東諸島 Daito Is.
宮古列島 Miyako Is.
沖縄諸島 Okinawa Is.
火山列島 Kazan Is.
八重山列島 Yaeyama Is.

図 1.6 昭和中期の国土利用
Fig. 1.6 Land Use in Japan circa 1950

作製：氷見山幸夫
Produced by Y. Himiyama

1.5 現代（1985年頃）の国土利用
Land Use in Japan circa 1985

国土利用変化データベースの一部として，5万分の1地形図を用い，現代（1985年頃）の国土利用データファイルを作製した．以下，これをもとに作製した土地利用図と土地利用面積集計表を参照しつつ，現代の国土利用のようすを見よう．図1.7は現代の全国の土地利用概況を，また，表1.5は計測により得た土地利用種別の面積を表している．

1. 都市的利用

都市的土地利用は37,670 km²と，国土面積の10.1％を占めている．これは昭和中期（1950年頃）に比べ，面積にして約14,980 km²，率にして66％の増加である．この間の人口の増加率はおよそ44％であるので，都市的利用は人口増加の1.5倍の速さで拡大したことになる．これは，明治大正期から昭和中期までの都市的利用の増加率が人口増加率の半分にすぎなかったのと対照的であり，昭和30年代以降の経済成長やモータリゼーションを反映している．

都市・集落に限ると，増加率は108％で，人口増加率の約2.5倍である．すなわち，昭和20年代までの都市化が都市・集落内の人口の高密度化を招いたのに対し，それ以後の都市化は全般的にはそれを緩和してきたといえる．ただし，高度経済成長とその後の経済発展は，人口の大都市圏への集中を招き，いわゆる過密過疎問題や東京一極集中問題を引き起こしている．1950～1985年の間，東京都の人口は88％増加しているが，都市・集落の面積は39％の増加にとどまっており，人口の高密度化を裏付けている．また反対に，島根県では人口が13％減少しているにもかかわらず，都市・集落は124％増加しており，東京と好対照をなしている．

なお，全国の都市・集落の面積は20,320 km²で，国土面積の5.5％を占めている．都道府県別に見ると，東京都の36％，神奈川県の35％，大阪府の34％が群を抜いており，反対に北海道では1.9％にすぎない．増加率で見ると北海道の372％が突出しており，それに奈良県，沖縄県，広島県が続いている．これらの道県の増加率は，東京都，神奈川県，大阪府などの大都市地域を上まわっている．

道路は，16,450 km²で，国土面積の4.4％を占めている．昭和中期に比べた増加率は37％で，人口の増加率より少し小さい．東京周辺の埼玉県，千葉県，神奈川県，それに大阪府では，道路の割合が9％を超え，全国平均の約2倍になっている．この関係は昭和中期にも見られたが，東京都での道路の割合が7％と，周囲の県よりもやや低くなっている点が異なる．

鉄道はモータリゼーションの中でその役割を縮小してきており，面積的にも2％減少している．明治大正期から昭和中期にかけて125％も増加していたことを考えると，その落差が大きい．

2. 農業的利用

農業的土地利用は総面積64,170 km²，国土面積の17.2％で，昭和中期に比べ2％増加している．昭和中期以降の増加率は福島県の34％が最高で，それに岩手県，佐賀県，鳥取県，茨城県が続いている．反対に大阪府，東京都，神奈川県ではこの間にほぼ半減しており，都市化の著しい地域での減少が目立つ．北海道は18％の増加率で，率では全国第6位であるが，面積的には2,050 km²の増加で，他県を大きく引き離している．

なお，農業的土地利用については，3.5節でさらにくわしくのべる．

3. 森 林

森林は248,180 km²，国土面積の66.6％で，昭和中期に比べわずかに減少している．図1.8は昭和中期と比べた森林面積の増減を都道府県別に見たものである．昭和中期までと同様，大分県（+22％），岡山県，鹿児島県など，西日本で増加が多く見られる一方，都市化の著しい千葉県（-29％），茨城県，神奈川県，大阪府などで減少が目立っている．

森林のタイプ別割合は，広葉樹林が21％，針葉樹林が16％，混交樹林が61％，竹林・しの地が2％である．昭和中期に比べ広葉樹林の割合が17％も減り，それに対して混交樹林が18％も増えているのが目立つ．

第二次世界大戦後も農地の拡大が続いている北海道では，昭和中期以降の森林の減少率は6％，面積にして3,260 km²で，昭和中期までの減少率が2％であったのに比べ，減少がさらに加速している．同じ時期の都市的土地利用の増加は1,520 km²，農業的土地利用の増加は2,050 km²であり，両者を合わせると森林の減少分とほぼ等しい．なお，昭和中期以降の荒れ地の減少率は5％，湿地の減少率は28％であり，昭和中期以前に開発の主な舞台であった開発可能な荒れ地がもうほとんど残っていないこと，湿地の開発が依然としてあまり衰えていないことがわかる．

4. ゴルフ場

ゴルフ場は昭和中期にはほとんど見られなかったが，その後急速に増加し，680 km²，国土の0.2％を占めるまでになっている．北海道，千葉県，静岡県，兵庫県で多く見られる．

［氷見山幸夫］

表1.5 現代の国土利用
Table 1.5 Land Use in Japan circa 1985

	×10 km²	％
都市的利用 urban	3,767	10.11
都市・集落	2,032	5.45
道　路	1,645	4.41
鉄　道	90	0.24
農業的利用 agricultural	6,417	17.21
田	3,573	9.59
畑	2,179	5.85
桑　畑	145	0.39
茶　畑	50	0.13
果樹園	454	1.22
その他の樹木畑	16	0.04
森　林 forest	24,818	66.58
広葉樹林	5,314	14.25
針葉樹林	3,854	10.34
混交樹林	15,138	40.61
竹林・しの地	512	1.37
その他 other	2,274	6.10
荒れ地	1,372	3.68
湿　地	73	0.20
水　面	760	2.04
ゴルフ場	68	0.18
その他	0	0.00
計 total	37,275	100.00

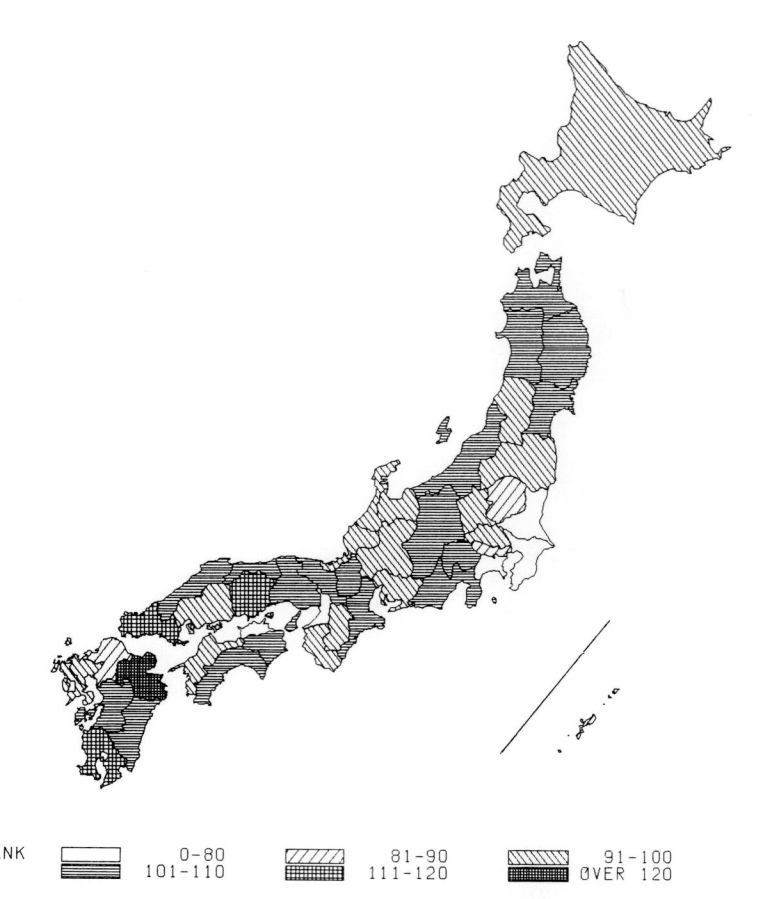

図1.8 現代の森林の面積（昭和中期を100とする）
Fig. 1.8 Forest Area circa 1985 (area circa 1950=100)

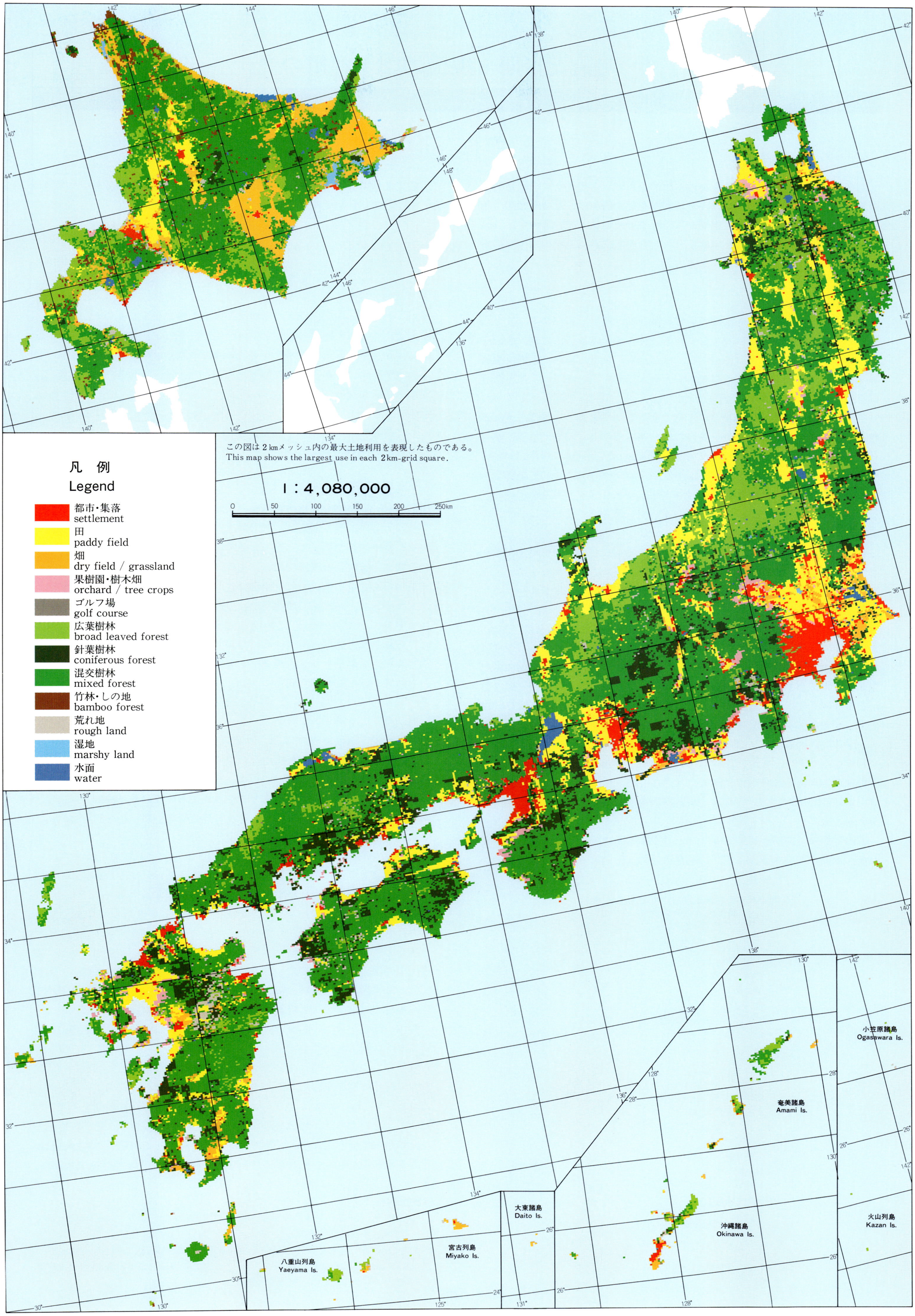

凡 例
Legend

- 都市・集落 / settlement
- 田 / paddy field
- 畑 / dry field / grassland
- 果樹園・樹木畑 / orchard / tree crops
- ゴルフ場 / golf course
- 広葉樹林 / broad leaved forest
- 針葉樹林 / coniferous forest
- 混交樹林 / mixed forest
- 竹林・しの地 / bamboo forest
- 荒れ地 / rough land
- 湿地 / marshy land
- 水面 / water

この図は2kmメッシュ内の最大土地利用を表現したものである。
This map shows the largest use in each 2km-grid square.

1 : 4,080,000

図 1.7　現代の国土利用
Fig. 1.7　Land Use in Japan circa 1985

作製：氷見山幸夫
Produced by Y. Himiyama

1.6　明治大正期〜現代の国土利用の変化
Land Use Change in Japan, 1900-1985

　国土利用変化データベースを用い，明治大正期から現代までの土地利用の変化を概観しよう．図1.9は，土地利用を都市的利用，農業的利用，森林，その他に大別し，明治大正期から現代までの変化を見たものである．また表1.6は，明治大正期を100としたときの現代の土地利用の種別面積を示している．

1．都市的利用

　国土面積に占める都市・集落の面積の割合は，明治大正期の1.7%から現代の5.5%と，約3倍に増加している．都市の発達は特に東京，大阪，名古屋の3大都市圏で顕著に見られ，また札幌，仙台，新潟，金沢，東海道メガロポリス，瀬戸内海沿岸都市群，福岡，北九州をはじめ，県庁所在都市級の都市の発達も明瞭である．

　都市・集落の拡大を都道府県別に見よう．増加率の高い地域は，大都市圏と必ずしも一致しない．最も高いのは，明治期以降に開発が急速に進められた北海道（＋1,163%）で，これに都市化の著しい神奈川県，奈良県，そして沖縄県が続いている．東京都の場合，205%の増加であり，全国平均とほぼ同じである．なお現在，総面積の30%以上を都市・集落が占めているのは，東京都，神奈川県，大阪府だけであり，第4位の愛知県は20%と，かなり割合が低くなる．

　首都圏における都市化は主として田，畑，桑畑などの農地を侵食する形で進行しており，その中心である東京都では，田の占める割合が明治大正期の9.0%から現代は0.2%へと激減し，畑も13.7%から6.7%へと著しく減少している．

　一方，国土の縁辺にあり開発の歴史の浅い北海道の都市・集落の面積は，大正期120 km²，昭和中期310 km²，現代1,470 km²と，大正期から現代にかけて約12倍に拡大している．これは，この間の全国の都市・集落の増加率が約3倍であったのに比べ，著しく高く，都市化が顕著な神奈川県における増加率を超えている．特に昭和中期以降は，人口の増加率がわずか20%にすぎないのに対し，4倍以上の伸びを示している．しかし，都市・集落が全体に占める面積割合で見るならば，まだ1.9%であり，全国値5.5%に比べかなり低い．また，すべての人が都市・集落に住んでいるとした場合の都市・集落1 km²当たりの人口は，全国が5.96千人であるのに対して北海道は3.87千人であり，都市・集落内の人口密度もまだかなり低めであるといえる．

　道路の面積は明治大正期8,620 km²，昭和中期12,020 km²，現代16,450 km²であり，明治大正期に比べ，現在その約2倍になっている．道路の都市的土地利用に占める割合の変化を，この間最も開発が急であった北海道と全国とで比較してみよう．

	明治大正期	昭和中期	現代
全　国	56%	53%	44%
北海道	79%	72%	51%

まず全国の数値に注目すると，道路の伸長よりも都市・集落の拡大の方が速く，かつ昭和中期以降その傾向がますます強まっていることがわかる．北海道についても同様の傾向が見られるが，それがさらに著しい．また，開拓当初から幹線道路の建設が集落の建設に先行していた北海道では，都市的土地利用に占める道路の割合がもともと非常に高かったが，近年は全国水準にかなり近づいてきた．

2．農業的利用

　現在農地は64,170 km²あり，国土面積の17.2%を占めている．明治大正期には62,220 km²で16.7%であったので，少し増加していることになる．増加率は北海道が49%で最も高く，これに東北地方の青森県，岩手県，秋田県，福島県が続き，九州の佐賀県と山陰の鳥取県でも20%を超えている．これらの道県のうち福島県，岩手県，佐賀県，鳥取県は，昭和中期以降の増加が特に顕著であった．増加地域のほとんどが国土の縁辺にあり，いずれも開発が遅れていた所である．これに対し，東京都（－71%），大阪府，神奈川県など都市化の顕著な地域では，大幅な減少が見られる．

　このように，わが国の農地利用は，近代化の過程で面積も，内容も，そして分布も，大きく変化してきた．北海道というかつての未開発地が開発し尽された今，農地の増大はもはや望めない．加えて，都市化や貿易の自由化など，農業をとりまく環境は一層厳しさを増している．

　なお農業的土地利用の変化については，3.6節でさらにくわしくのべる．

3．森　林

　日本の国土面積の66.6%は森林であり，森林の総面積は明治大正期に比べ2%増加している．これは，この間のわが国の著しい工業化と都市化を考えると，驚くべき事実といえよう．地方別に概観すると，北海道における農地開発や関東地方の都市化などにより失われた分を，中国・四国・九州地方で盛んに行われたスギやヒノキなどの植林が補うという構図になる．

　森林を広葉樹林，針葉樹林，混交樹林に分けて，それぞれの分布の変化を見よう．全体としては，広葉樹林の減少と混交樹林の増加が顕著である．広葉樹林は多くが天然林であるため，これは天然林の減少が激しかったことを意味する．混交樹林が増加した主な理由は，元来広葉樹林であった所で小規模な針葉樹の植林が多く行われ，両者の混在が進行したことである．なおここでは，地形図上で針葉樹と広葉樹の記号が混在する所を混交樹林とみなしている．地域別に見ると，北海道で広葉樹林の多くが消滅しており，中部地方から九州地方に至る地域においても著しい減少が見られる．一方，針葉樹林は，植林の盛んな北海道では拡大傾向にあるが，西日本では，瀬戸内海沿岸をはじめとして減少地域が多く見られる．

　森林の減少が著しい北海道について，少しくわしく見よう．北海道の森林の面積は明治大正期60,290 km²，昭和中期59,190 km²，現代55,930 km²と減少している．この間の減少面積4,360 km²は，農地の拡大面積にほぼ等しい．同じ時期，全国では森林が2%増加していることを考えると，北海道における7%の減少は小さくない．そのほとんどが，農地開発と都市開発によるものであり，開発が遅れていた東部の根釧台地や十勝平野などでも，牧草地化などにより，広葉樹林が急速に減少している．これは森林に生息する動物たちにも大きな影響を与えている．

［氷見山幸夫］

表1.6　明治大正期を100としたときの現代の土地利用面積
Table 1.6　Land Use in Japan circa 1985 (area circa 1900 = 100)

都市的利用　urban	243
都市・集落	315
道　路	191
鉄　道	220
農業的利用　agricultural	103
田	103
畑	94
桑　畑	42
茶　畑	301
果樹園	1,127
その他の樹木畑	42
森　林　forest	102
広葉樹林	54
針葉樹林	87
混交樹林	155
竹林・しの地	166
その他　other	45
荒れ地	33
湿　地	48
水　面	105
ゴルフ場	∞
その他	0

□参考資料
1) 西川　治（1965）：日本における土地利用と土地改良に現われた地域的特色．東京大学教養学部人文科学科紀要，34，人文地理学Ⅰ，pp.17-41．
2) 氷見山幸夫・岡本次郎編（1992）：土地利用変化とその問題，大明堂，273 p．
3) 氷見山幸夫・太田伸裕（1993）：大正期〜現代の北海道の土地利用変化．北海道教育大学大雪山自然教育研究施設研究報告，28，pp.1-15．

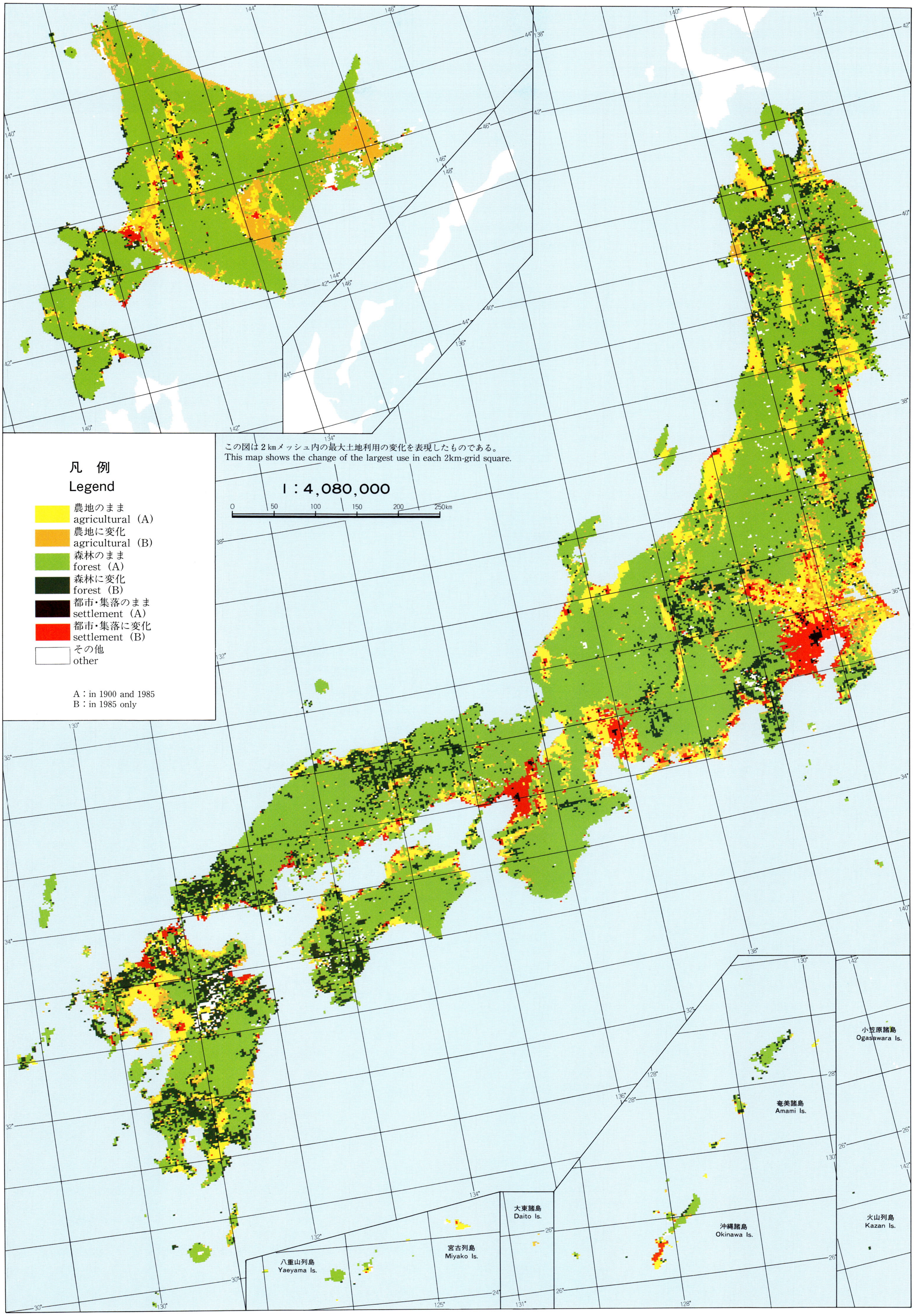

Legend 凡例

- agricultural (A) 農地のまま
- agricultural (B) 農地に変化
- forest (A) 森林のまま
- forest (B) 森林に変化
- settlement (A) 都市・集落のまま
- settlement (B) 都市・集落に変化
- other その他

A: in 1900 and 1985
B: in 1985 only

この図は2kmメッシュ内の最大土地利用の変化を表現したものである。
This map shows the change of the largest use in each 2km-grid square.

1 : 4,080,000

図 1.9 明治大正期〜現代の国土利用の変化
Fig. 1.9 Land Use Change in Japan, 1900-1985

作製：氷見山幸夫
Produced by Y. Himiyama

1.7 官製数値情報に見る国土利用

Land Use in Japan Viewed from the National Numeric Data

1. 国の機関が整備した数値情報

わが国の統計資料は，市町村を単位として整備されてきた．しかし，近年になってより小さな単位地区での整備が必要となり，基本的な枠組みとして「地域メッシュ」が作られ，この枠組みの中で国の諸機関が各種統計資料を整備するようになった．

「地域メッシュ」のうち，経緯度法を用いて作られたものを「標準地域メッシュ」とよんでいる．これは3つの区画からなる．国土地理院の20万分の1地勢図1枚分の広さに相当するのが第一次地域区画，第一次地域区画を東西，南北それぞれ8等分し，2万5千分の1地形図1枚分の広さに相当するのが第二次地域区画，さらに第二次地域区画を東西，南北それぞれ10等分した広さに相当するのが第三次地域区画である．第三次地域区画（3次メッシュ）を用いると，およそ東西，南北1kmのメッシュを単位として，地域情報が整備される[1]．

国の機関が整備した数値情報の中で，土地利用の識別に利用でき，国土全体を網羅するものに，国土数値情報，農業センサスメッシュデータ，自然環境保全基礎調査（植生調査）の3つがある．

国土数値情報は，建設省国土地理院が1974年度から整備したものであり，土地利用のほかに自然的条件，基幹的施設，地域指定状況などに関するデータがある．土地利用に関するデータは1976年度から整備され，「土地利用面積，行政区別土地利用面積，1/10細分区画土地利用，3次メッシュ土地利用別流域・非集水域面積」の4つがある[1]．

農業センサスメッシュデータは，国土庁計画調整局が中心となっておよそ5年ごとに作製している．土地利用の識別に利用できるのは，田，普通畑，飼料作物畑，牧草専用地，果樹園，茶園，桑園の各経営耕地面積および畑作物と果樹の類別収穫面積などである．これにより，野菜，雑穀，ブドウ，ミカンなど卓越する作物の詳細を知ることができる[2]．

自然環境保全基礎調査（植生調査）は，環境庁自然保護局が行った第2回（1979年度），第3回（1983～1986年度）調査の結果を集約したものである．これは森林植生が詳細に明らかにできるほか，公園，工業地帯，造成地，ゴルフ場，休耕地など都市的，農業的土地利用の識別が可能となる．なお，表1.7には，国の整備した数値情報の中で土地利用の識別に利用できる項目をまとめた．

2. 数値情報から土地利用図を作製するうえでの問題点

このように便利な数値情報だが，それぞれの数値情報は作製方法，項目などが異なっており，作られた本来の用途ではなく，土地利用を知る資料として利用する場合には，いくつかの問題点が生じる[3]．

農業センサスメッシュデータは，農家を対象として行われる農業センサスの資料から作製されており，いわゆる属人統計を属地統計に置き換えたものである．つまり各農家の属する農業集落のメッシュに，各農家の調査結果が位置づけられており，集落の位置と農家の所有農地が異なったメッシュにある場合には，土地利用を正確に表現できなくなる．また，個人情報の保護という観点から一部のデータが明らかにされていない．これらは，山間部など農家数の少ない地域での土地利用の識別には問題となる．

さらに，自然環境保全基礎調査〈植生調査〉は，数値情報作製の際にメッシュの中央部にある植生が代表とされているために，各メッシュ内で卓越する植生と一致しない場合がある．図1.6との違いはこのためである．植生を示す群落の分類が700を超えるために，古くから地理学などで利用されてきた土地利用図の凡例と一致させるのが難しい点も指摘できる．

3. 3つの数値情報から作製した全国の土地利用図

図1.10は，この3つの数値情報を重ね合わせることによって，1975（昭和50）年の全国の土地利用を示したものである（北海道の襟裳岬付近，佐渡島，対馬，南西諸島において，データに不備があり除外した）．

異なった数値情報を重ね合わせて土地利用図を作製するには，厳密には上述した問題点を解決しなくてはならない．しかしながら，2倍統合メッシュ（東西，南北およそ2kmのメッシュ）を単位に全国の土地利用図を作製する場合には，このデータで十分と考えられる．

重ね合わせる方法としては，土地利用の属地統計としての性格を具備した国土数値情報の各項目を基準とし，それぞれの土地利用について最も詳細な識別が可能な他の2つの数値情報に置き換えた．第1段階として，国土数値情報の農業的土地利用の「田，畑，果樹園，その他の樹木畑」が卓越するメッシュについて，農業センサスの該当項目に置き換えた．また，国土数値情報で「森林」が卓越するメッシュについては，植生データの該当項目に置き換えた．ただし上述した通り，植生データの区分には検討が必要であり，また各メッシュの代表性にも問題があるので，ここでは概括的ながら国土地理院発行の地形図に準拠して，「牧草畑」，「針葉樹林」，「広葉樹林」，「混交樹林・竹林・野草地」にまとめ，川辺・湿原・塩沼地・砂丘植生を「荒れ地・その他」とした．最後に土地利用図の表す範囲が広いので，上記の手順を行った後にさらに凡例をまとめた．図1.10を見ると，凡例の数は限られているが，1つの数値情報を利用するよりも詳細な土地利用の識別が可能になっている．

4. 数値情報の整備

ここで利用した数値情報のうち，国土数値情報が1989年に更新され，また，農林業センサスも1975年，1980年と2年次にわたる整備がなされている．数値情報の更新，整備には多大な費用と時間を要するが，国土の状況を容易に把握できる貴重な資料であるので，今後多くの年次について整備が進められることを希望してやまない．

[尾藤章雄]

表1.7 土地利用の識別に利用できる官製数値情報の項目
Table 1.7 The National Numeric Data Usable for Land Use Identification

土地利用の種類	国土数値情報	農林業センサスメッシュデータ	自然環境保全基礎調査 植生調査
森林	森林	山林（保有面積）	自然植生，代償植生，植林地植生他（745種）
農業的土地利用	建物用地B	集落	緑の多い住宅地
	田	田	水田
	畑	畑，飼料作物畑，牧草専用地（以上，経営耕地面積） 麦，雑穀，工芸作物，花卉，野菜（以上，収穫面積）	畑地 牧草地
	その他の樹木畑果樹園	茶園，桑園果樹園（以上，経営耕地面積） リンゴ，ブドウ他（収穫面積）	茶畑，桑畑 常緑・落葉果樹園
漸移的土地利用	空地，荒れ地		水田雑草群落，休耕田，ヨシ群落，休耕田・畑雑草群落，畑地雑草，耕作畑雑草群落，耕作放棄地雑草群落他
都市的土地利用	建物用地A・B 幹線交通用地		市街地
その他の土地利用	その他の用地		ゴルフ場，人工草地，飛行場，スキー場，造成地，公園他
	空地，荒れ地		採石場，干拓地，自然裸地，廃塩田他
水面	湖沼，河川地A・B		

□参考資料

1) 日本地図センター (1992): 数値地図ユーザーズガイド，財団法人日本地図センター，494 p.
2) 農林統計協会 (1980): 経済・社会データのメッシュデータ作成調査(1)農業センサスメッシュデータ作成調査報告書，149 p.
3) 尾藤章雄 (1992): 国土数値情報の整備と利用．土地利用変化とその問題，大明堂，pp. 41-57.

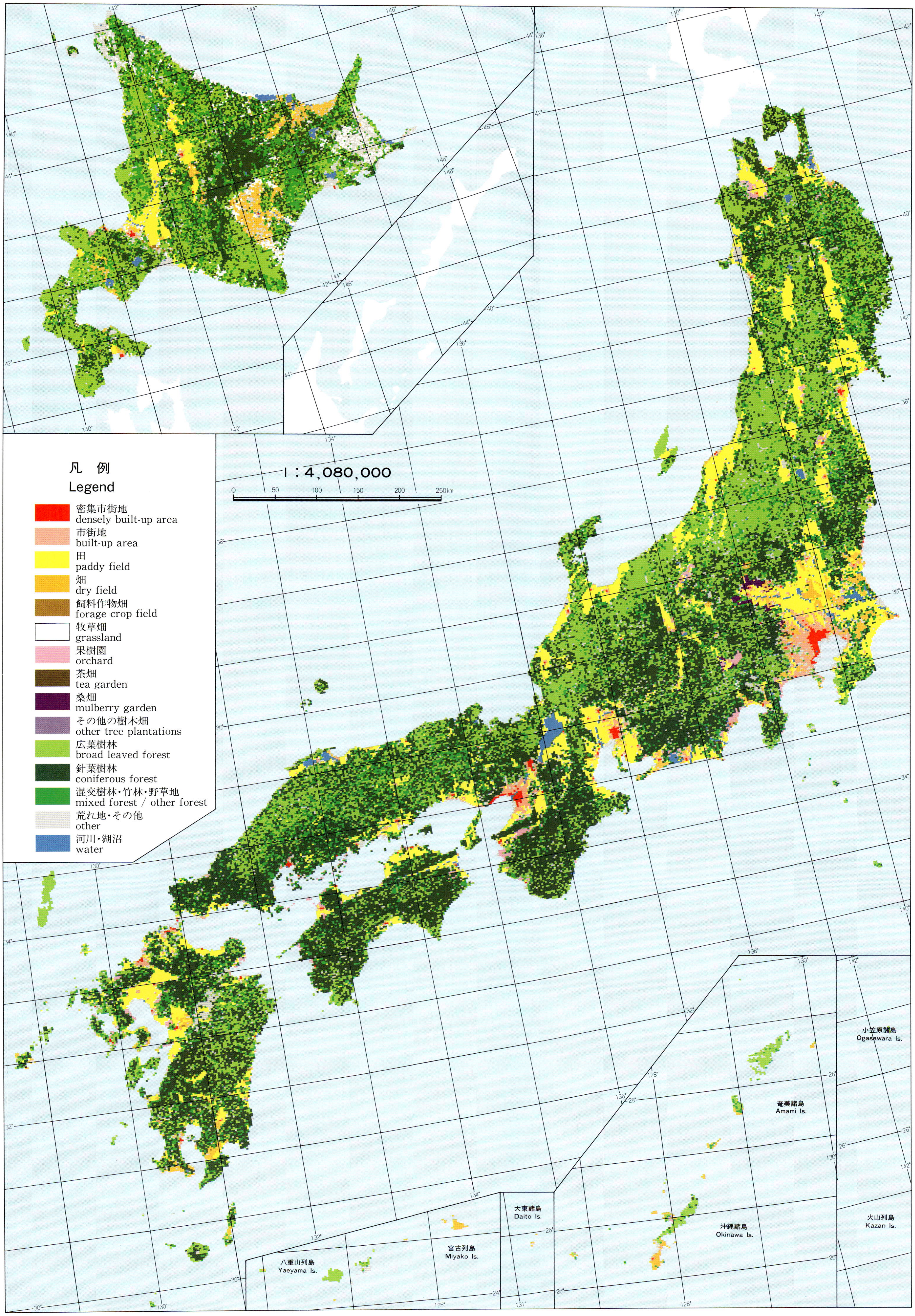

図 1.10 官製数値情報に見る国土利用
Fig. 1.10 Land Use in Japan Viewed from the National Numeric Data

作製：尾藤章雄
Produced by A. Bito

第1部 ▎近代化と土地利用変化

2

都市化の進展

URBANIZATION

　日本は，過去約100年間に，世界で最も著しく土地利用の変化した国の1つである．それは，江戸時代を通じてほぼ3千万人で推移していた人口が，明治以降の約100年間に約1億2千万人へと約4倍に増加したことを反映している．この増加人口の多くは，農村から都市へと流入した．特に，1960年代以降に向都離村傾向は強まり，結果として，市町村制の施行された1889（明治22）年の市制施行都市数36に対し，1992（平成4）年の市制施行都市は663と18.4倍になっている．

　以上の状況は，土地利用の中でも都市的土地利用の変化に最もダイナミックに現れている．また，たとえ都市的土地利用そのものの変化は小さくとも，それが他の土地利用変化に与えた影響には大きなものがあった．日本における明治以降の近代化は，都市的土地利用を拡大させ，それが環境変化にも大きな影響をもたらしてきたのである．

　都市化の概念には，土地利用変化のような目で見てわかる景観的な都市化と，都市的な生活様式やシステムを取り入れようとする内発的・精神的な都市化がある．また景観的都市化も，村落的土地利用から都市的土地利用へ変わるものと，すでに都市的土地利用となっているところが，建造物の立体化などで高密度・高度な土地利用へと変化するものの2つのタイプがある．本章では，これらのうち，景観的都市化，とりわけ村落的土地利用から都市的土地利用への変化について検討し，日本における近代化と環境変化の関係をダイナミックにとらえてみたい．

　まず，明治大正期と現代の市街地の拡がりを比較することにより，その変化の大きさが知られよう（2.1節）．明治大正期には都市と村落との区別が容易にできたが，現代では国土全体に都市化の進展が見られ，都市と農村の区別がしにくくなってきている．また，大都市とそれをとりまく都市群との市街地が連担化し，機能的にも形態的にも複数の都市の一体化が進み，都市圏の形成をみた．

　都市圏の形成は，都市居住者の日常行動圏を拡大し，都市圏を1つの単位とする土地利用をも生み出しつつある．巨大都市圏の土地利用変化の例として，東京圏と京阪神圏を取り上げた（2.2～2.4節）．京阪神圏では，市街地の水平的な拡大過程をミクロに示す以外に，大阪を例に，立体的な空間拡大をも示している（2.4節（2））．これは，低層建造物で一度形成された市街地が，高層建造物への建て替えによって高密度で高度な土地利用・建造環境へ変化する過程を見たものである．また，住宅地化の進展状況と交通機関の関係も，京阪奈地域を例にミクロ分析が行われている（2.4節（3））．

　地方都市圏では，明治以降に発達した札幌（2.5節（1）），それに城下町としての歴史的核をもつ都市が明治以降の近代化の中で再編しつつ発達した広島・松江（2.5節（2））の土地利用変化が示されている．この両者の比較から，日本における地方都市の多様性と歴史性の深さが知られよう．

　都市化は，人間による自然環境の改変作業といえる．その視点から，埋め立てや掘込みなどの海岸線の変化（2.7節）や丘陵地の宅地化など地形改変をともなう都市的土地利用の増加（2.6節）や，砂丘地の自然条件を生かしつつ，都市的土地利用を推進する例（新潟，2.5節（3））がある．

　日本の近代化が進んだ20世紀は，まさに都市化の進展した時代でもあった．そして，都市化の進展により，環境は大きく変化した．近代化と環境変化の関係をとらえる基礎として，都市化の進展を見ることにしよう．

［戸所　隆］

PART 1 ▎MODERNIZATION AND LAND USE CHANGE

2.1 市街地の発達
Urbanization in the 20th Century

（1） 明治大正期の市街地　Built-up Area circa 1900

1．データ
　図2.1および「現代の市街地」（図2.2）の基本資料は，日本国政府が測図・発行してきた5万分の1地形図である．明治大正期の図幅は，最も古い測量図を利用したが，短期間に全国の地形図を作製できないため，各図幅の測量年には，明治中期（1892年）から大正期（1925年）にかけて最大約30年の隔たりがある．しかし，明治大正期の市街地拡大は小さく，このスケールの地図で約30年の隔たりは，ほとんど問題にならない．
　他方，「現代の市街地」のデータは，1991年現在で最新測量・修正の地形図を利用した．この場合も，測量・修正年度に最大約10年の隔たりが見られるものの，市街地拡大の著しい大都市圏域では2～3年ごとに修正されており，10年前の測量図は山間部など変化の少ない地域である．そのため，全体的にほぼ現在の状況が示されているといえる．

2．作製方法
　5万分の1地形図（全国で約1,249面）の市街地や施設など約20種類の都市的土地利用の記号に，異なる色でまず彩色した．次に，一枚の地形図を縦横40等分のメッシュ（地上幅約500m）に区切り，パーソナルコンピュータを用いたデータ処理システムでデータを読み取り，都市的土地利用のデータファイルを作製している．
　市街地の表現は，農村集落を除いた純粋に都市的な集落の広がりを表すようにし，それを3段階で示した．すなわち，1メッシュ内が地形図の市街地記号で100％満たされているものを市街地A（黒），50～99％のメッシュを市街地B（赤），25～50％のメッシュを市街地C（青）とした．
　明治大正期では，都市と村落が景観的にも機能的にも明確に区分できた．また，この時期の市街地はハッチによる総描建物記号，農村の集落は"黒抹家屋"記号に区分されて作図されている．そこで，明治大正期の市街地は，ハッチによる総描建物記号の部分のみに限定した．
　現在の地形図の市街地にもハッチによる総描建物記号で表現された部分がある．しかし，明治大正期に総描記号で示され，今日でも都市的機能の集積する市街地であっても，現代の地形図では黒抹家屋記号で表現されているところが多い．また，明治大正期には農村集落としての表現方法であった"樹木に囲まれた居住地"記号も，現代では東京・田園調布など良好な住宅地の表現にも使用される．そのため，現代の地形図では建物記号で都市的な市街地と農村集落を区分しにくい．
　さらに，現代の都市・農村の区別は，国土全体の都市化の進展によって明治大正期ほど明確でない．また，日本的な感覚で見れば農村集落であっても，都市的な生活様式や機能の立地する日本の農村には，外国の基準でいえば，都市的な集落となるところが多い．そのため，市街地の範囲を地形図から判断することが難しくなっている．そこで，現状と地形図の表現を代表的な地域で対応させて基準を設定し，都市的性格を濃厚にもつ農村集落も市街地に入れるべく，やや広めに市街地設定を行った．
　ところで，市街地Cは1メッシュ内の市街地記号の占める割合を25～50％とし，50％以下としなかった．明治大正期の地形図の場合，統一基準で作製されたものの，地域ごとに分担して測量・製図されたため，今日の国土地理院による一括空中写真測量・製図と異なり，細部において地域ごとに異なっている．市街地も，例えば北海道では本州より大きく描かれ，25％以下も入れると都市域が他地域に比べて多く出現することになる．そのため，25％以下（まとまった市街地が6ha以下）の市街地は除かれており，明治大正期の市街地は純粋に都市的でかなり市街化の進んだ地域である．

3．市街地面積の小さい明治大正期の都市
　明治大正期の市街地面積およびその位置は，現代都市の都心部にほぼ該当し，現代都市に比べて著しく市街地面積が小さい．
　500m四方（25ha）がすべて市街地である市街地A（黒）をもつ都市は少ない．市街地Aをもつ都市はその周囲に市街地B・Cを少なくとも複数有しており，まとまった市街地形態を示す．しかし，圧倒的に多いのは市街地C（青）で，それも1～2メッシュからなる都市が多い．すなわち6～25ha程度の小規模市街地が普遍的に見られる．
　明治大正期でも，地上幅2kmメッシュ内で農山漁村も含めた集落の存在をみると，急峻な山間部を除いて，集落が全国的に連続して分布する．このことから日本列島は，明治大正期までにかなりの部分が居住空間化していたことがわかる．
　また，この時期の都市−農村関係は今日より明確であった．他方で，都市間の相互関連性は薄かった．そのため，市街地面積の規模は小さくても，その都市がもつ周辺の農山漁村への中心性（影響力）には大きなものがあり，両者は一体となって，小宇宙を形成していたといえる．

4．地方分権型の市街地分布
　明治大正期の都市には，旧城下町・宿場町・港町などの歴史都市が多い．中でも市街地の大きな都市は，東京・大阪をはじめ，旧城下町の政治・行政都市である．市街地分布形態から，東京・大阪・京都が格段に大きいことに気づく．また，尾張徳川家の城下町・名古屋と，開港場として明治以降に新しく発達した横浜・神戸の市街地が目立つ．それ以外に，比較的規模の大きな市街地をもつ都市は，札幌，函館，青森，弘前，盛岡，酒田，仙台，会津若松，新潟，長野，松本，甲府，富山，金沢，福井，鳥取，姫路，岡山，広島，高松，松山，徳島，高知，福岡，熊本，長崎，鹿児島などで，この時期の都市は全国的に分散立地の傾向にある．
　明治大正期の市街地分布には，太平洋ベルト地帯への集中的分布構造は今日ほど強くは見られない．幕藩体制下には，江戸（東京）に中央政府である幕府が存在した．他方で地方分権政府としての藩が多数存在し，独自の藩領経済体制を有していた．明治以降，中央集権政府になったものの，この時期の市街地分布構造にはまだ藩政期の地方分権的性格が見られる．

5．今日の国土構造の萌芽期
　明治大正期の市街地分布構造は，全体として分権分散構造である．しかし他方で，札幌−仙台−東京−横浜−名古屋−京都・大阪・神戸−姫路−岡山−広島−熊本−鹿児島の諸都市が相対的に大きくなっていた．これらをつなぐ軸線が，今日の国土軸であり，分権的市街地分布構造の中にも，今日の国土構造の芽がすでに存在していたといえよう．

6．特徴的な地域
　北海道は新しい開拓地のため，測量年により市街地の程度に大きな差をみる．また，アメリカを範として開拓したため，都市と農村の区別が本州よりも明瞭である．利用した地形図の測量年である明治末〜大正期では，開拓使の置かれた札幌と開港場の函館が同規模で，すでに小樽より大きく，それ以外の都市はまだ小さい．
　東北には，大きな市街地はない．そうした中で，日本海側の港町酒田の規模が目立つ．また，今日のJR東北・奥羽線沿線に市街地Cが点在する．
　関東平野では主に北西部で，面的に市街地Cが点在し，市街地密度が高い．これらの多くは，小藩の旧城下町であるとともに，製糸都市として発達した（前橋・高崎・富岡など）．北陸地域は，富山・高岡・金沢・福井の4市を軸に，1つのまとまりのある市街地形態の萌芽が見られる．
　中・四国地方では，山陰の鳥取や四国4県庁所在都市の市街地規模が，今日までに規模拡大した山陽路の都市に匹敵する．また，これらの地域でのこの時期における相対的独自性が知られる．
　九州では，熊本・長崎の規模が福岡，鹿児島より大きい．今日のような福岡一極集中とは異なる市街地分布が目立つ．また，官営の八幡製鉄所や筑豊炭田をバックとした北九州市のエリアにも，若干の市街地形成が始まっている．

［戸所　隆］

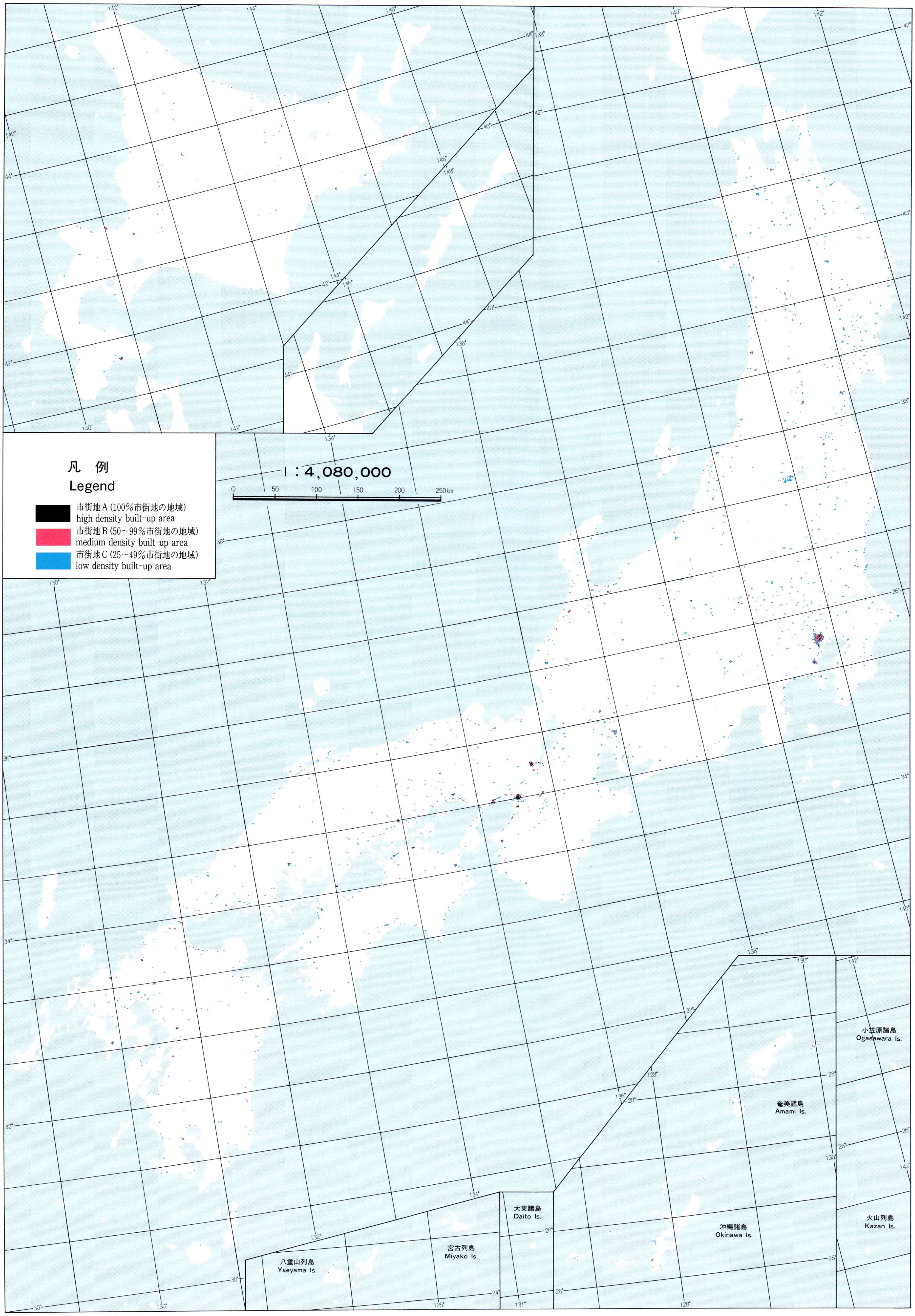

凡　例
Legend

■ 市街地A (100％市街地の地域)
high density built-up area
■ 市街地B (50〜99％市街地の地域)
medium density built-up area
■ 市街地C (25〜49％市街地の地域)
low density built-up area

1 : 4,080,000

図 2.1　明治大正期の市街地
Fig. 2.1　Built-up Area circa 1900

作製：戸所　隆
Produced by T. Todokoro

（2） 現代の市街地　Built-up Area circa 1985

1．大きく拡大した市街地

現代日本の都市・市街地は、明治大正期に比べ何倍にも拡大した．この拡大は特に高度経済成長の始まる1960（昭和35）年前後から顕著になった．すなわち、全国的な工業化の中で多くの農地・林地が工場用地や住宅用地へと転用され、市街地が増加した．また、都市間の人口流動が激しくなり、都市間のネットワークが進展した．その結果、大都市の国土全体に果たす役割が増し、大都市への人口集中も著しくなった．このため、大都市周辺での市街化が進み、いわゆるスプロール現象も著しい．自家用車の普及が、このような現象を助長したこともこの時期の大きな特徴である．

東京・京阪神・名古屋周辺には、多くの衛星都市が生まれた．また、和歌山や姫路、あるいは関東の宇都宮、前橋、高崎、水戸、甲府など地方中核都市の市街地も拡大している．さらに大都市と衛星都市との連坦化（コナーベーション）が進んだ．そのため、明治大正期の図においては、各都市がそれぞれ独立して分布するようすが知られたが、図2.2からは都市の正確な位置をおさえることはできない．さらに東京・川崎・横浜や京阪神のコナーベーションによる一体化の中で、東京・京阪神・名古屋の三大都市圏が出現した．こうして大都市周辺の都市が単独の都市から大都市圏に統合され、都市間ネットワークも構築されつつある．

2．一様でない三大都市圏の市街地拡大

市街地の拡大は三大都市圏で同じように進んではいない．東京大都市圏では、市街地率100％（黒）の地域（メッシュ）周辺に市街地率50～99％（赤）の地域が帯状にきれいに分布する．また、その周辺に青で示された市街地が広がる構造を示す．これは、都心を中心とする同心円構造と主要交通軸に沿う放射構造の組合せで、関東平野一帯に広がる東京大都市圏の均質的な市街地発展構造を物語る．

他方で、京阪神大都市圏は、相対的に見て市街地率100％の黒の地域が圧倒的に多く、赤・青の市街地が少ない．これは、盆地や断層山塊と海に挟まれた狭い平野という京阪神地域の地形条件から、限られた平野部に密度の高い市街地が形成されたことによる．

京阪神と逆が名古屋大都市圏である．市街地率100％（黒）の地域に隣接する赤の市街地が少なく、市街地率25～49％（青）の地域が相対的に多く広がっている．名古屋は、三大都市圏の中では鉄道などの公共交通機関への依存度が低く、自動車利用の多いアメリカ型都市で、郊外化現象が著しいためである．同様のことが、東京大都市圏外縁部の中核都市でも見られる．すなわち、自家用車普及率が全国一の前橋・高崎地区の中心市街地（黒）は小さく、郊外（青）が大きいのに対し、バス・鉄道の充実した宇都宮の中心市街地（黒）は大きく、郊外（青）の発達が小さい．

3．明治大正期から現代への変化の特色

明治から現代まで約100年間に、日本の都市は全体として市街地が拡大した．しかし、その都市発達には大きな格差が生じた．太平洋側の諸都市に比べ日本海側の都市の成長が弱い．また、内陸部において停滞・衰退した都市が見られる．

市街地拡大の格差が過去約100年の間に生じた結果、次の3つの現象が認められるようになった．第1の現象は、前述のように東京・大阪・名古屋・仙台・札幌・広島・福岡などの核的な都市とその周辺都市とが、コナーベーションしたことである．また、都市と都市との結合だけでなく、1つの都市内にあってもかつては独立していた都市内中心地が相互に関係を深め、階層的に統合化される過程をも含んでいる．都市的土地利用の変化だけでは必ずしも明確ではないが、明治大正期には都市相互の関係がさほどなく、多くの都市が同質的かつ独立的に存在した．しかし、今日までに、都市間の発達に優劣が生じ、その地域の中核に成長した都市とその周辺地域が、都市圏という形で1つの機能地域・結節地域に統合してきたようすが知られる．

第2の現象は、市街地規模に明確なランクが生じてきたことである．最大の市街地は横浜・川崎を含む東京圏で、次いで京阪神圏、その次が名古屋圏となる．第4階層の市街地に、札幌・仙台・広島・福岡の地域ブロック中心都市が位置し、県庁所在級都市一地方中心都市一町・村の地区中心地と続く．市街地拡大やその規模から見たこれらのランクは、いわゆる中心地理論や都市システム論のいう都市階層にあたるものである．

第3の現象は、全国的スケールで見た場合、市街地発達や交通路の開設から都市的土地利用を中心として国土軸が形成されてきたことである．すなわち、札幌―仙台―東京―名古屋―大阪―広島―福岡を結ぶ1つの軸が、あたかも日本全体をシステマティックに統合する形で、過去100年間における日本全体の都市的土地利用の結果として生じてきている．少なくとも、明治大正期の都市的土地利用には、こうしたシステマティックな都市間結合は認められない．このことは、まさに日本近代化による国土構造の変質というべきものである．

4．高層建築街区の分布

高層建築街区は、図2.3、図2.4に白点で示され、人口10万規模以上の都市に見られる．また、明治大正期の市街地A・Bの分布とほぼ対応しており、都市の歴史的な核心部が今日の高層建築街区となっている．集中分布するのは東京や京阪神、名古屋などの大都市部である．また、札幌・福岡・広島など広域中心都市に多い．すなわち、市街地の水平的拡大の著しい都市は、他方で垂直的拡大も著しいことが知られる．特異な都市は、霞ヶ浦の西に連なる筑波研究学園都市で、筑波大学、国立の研究機関などの大規模高層建築物の集積が市街地面積に比べて大きく現れている．［戸所　隆］

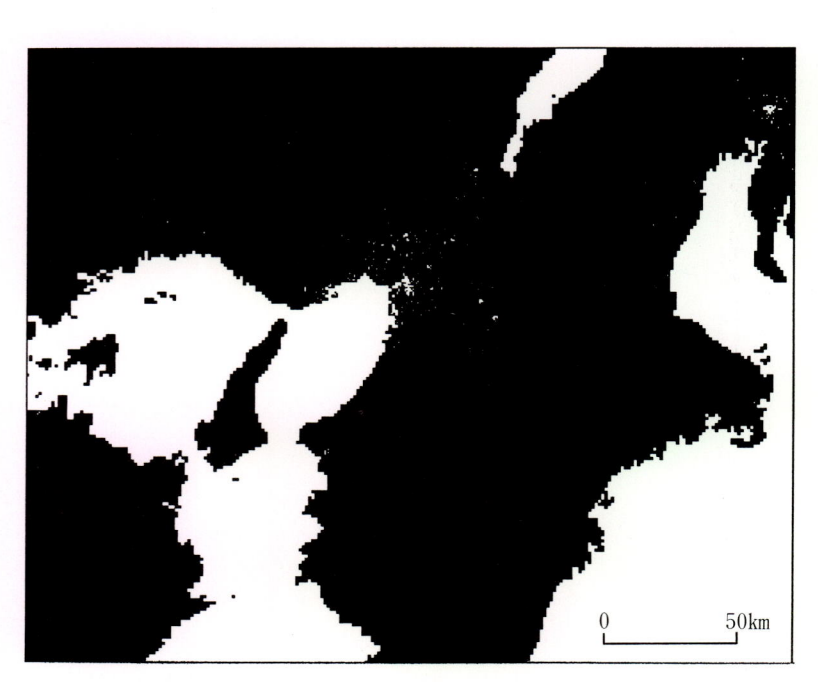

図2.3　近畿およびその周辺の高層建築街区（現代）
Fig. 2.3　High-rise Building District in the Kinki Region circa 1985

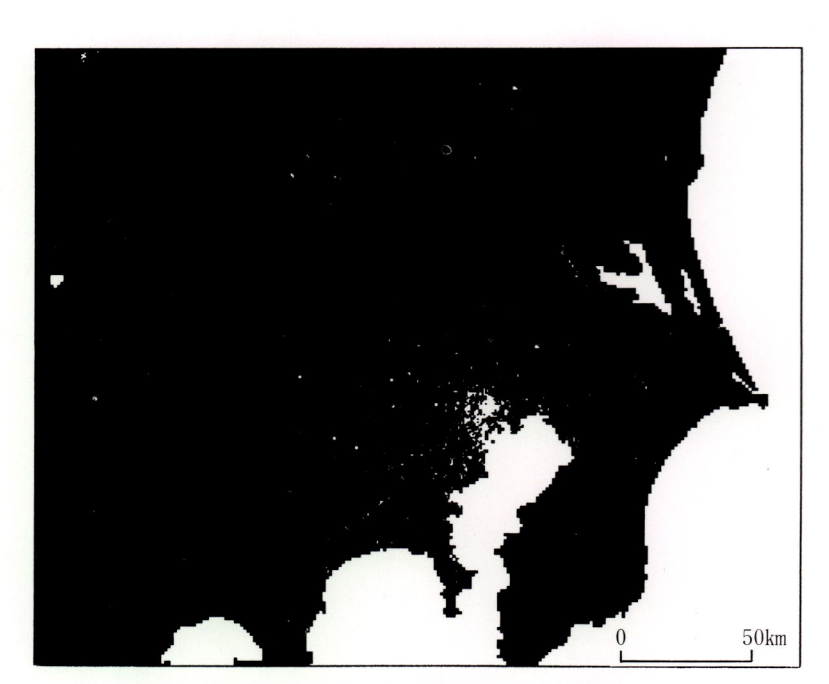

図2.4　関東およびその周辺の高層建築街区（現代）
Fig. 2.4　High-rise Building District in the Kanto Region circa 1985

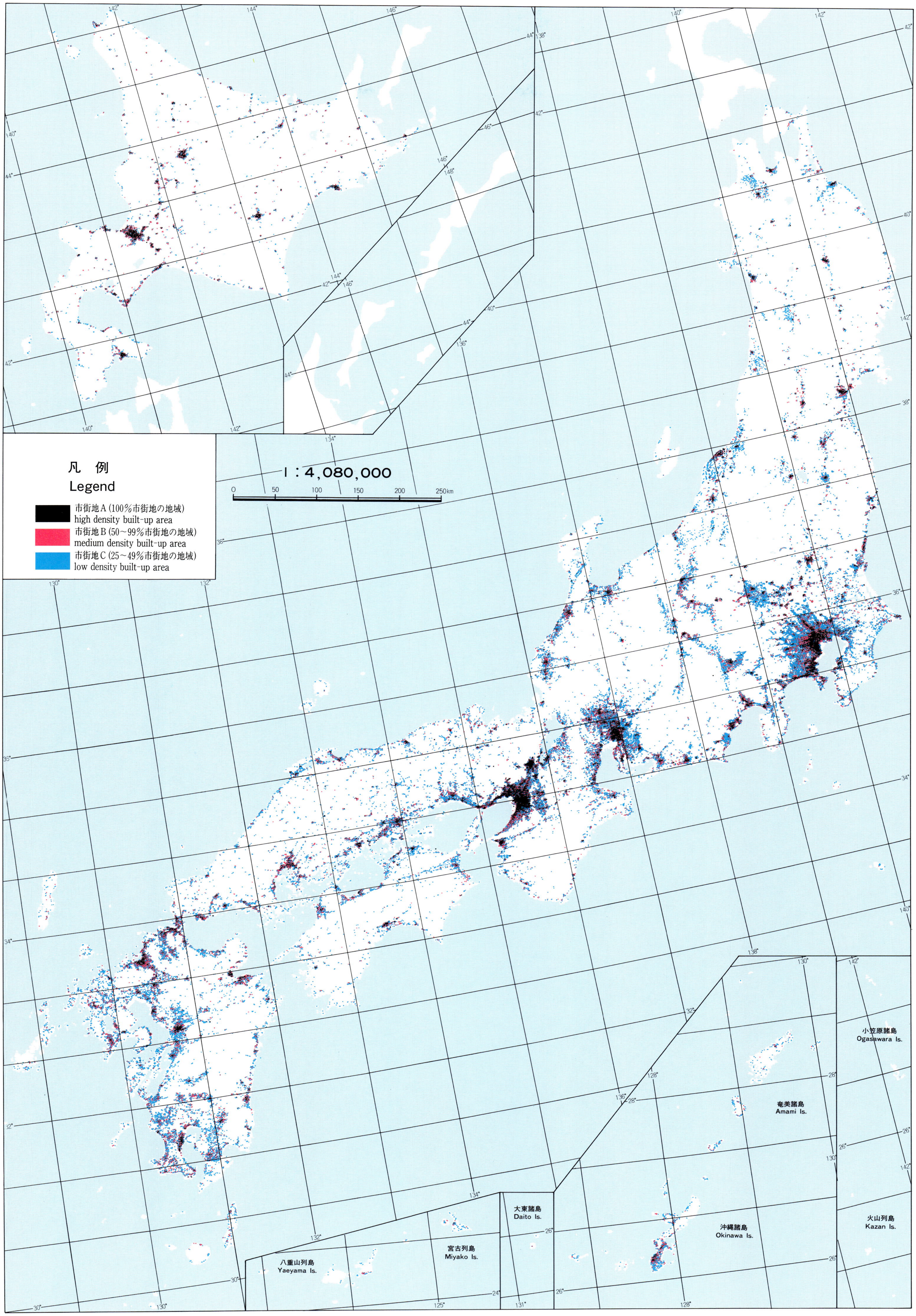

図 2.2 現代の市街地
Fig. 2.2 Built-up Area circa 1985

作製：戸所　隆
Produced by T. Todokoro

2.2 東京大都市圏の都市化

Urbanization in the Tokyo Metropolitan Area

東京の都市化は，その規模において，圧倒的に巨大なものである（図2.8～図2.10参照）．幕末にすでに，隣接する宿場町などを含む大江戸の人口は130万を大きく超し，おそらく170万あるいはそれ以上に達していた．大江戸の町の広がりも，幕末に最大規模に達した．都市交通手段は徒歩が圧倒的であったが，隅田川河口一帯では舟も結構使われていた．中央集権的封建制度を反映して，城を核とした武家地は全体として同心円状をとり，大名上屋敷は内側に，それをとりまくように中屋敷が立地し，市街地の外縁部は下屋敷が連続していた．一般の武士の屋敷や家は各地に分散していたが，全体的には城の北側に多かった．武家地は全市街地面積77km²の64％におよんだが，そこに住んでいた人口は60万程度であった（図2.5，表2.1参照）．

それに対し，100万人前後を数えた商人，職人，人夫などの町人は21％，つまり16km²の土地に密集して住んでいた．1km²当たりの人口密度は6万人程度であった．裏長屋の密集度がもっと高かったことはいうまでもない．町屋が最も集中していたのは日本橋一帯であったが，そこを核とし，主要街道沿いに，不規則ながら放射状に延びていた．寺の大部分は周辺部に分布し，大名下屋敷と似た立地傾向を示していた．

1868年の明治維新後，東京は近代化に突入した．鉄道，工場，皇居，官庁，学校，病院，軍事施設など，それまでの前産業化社会の要素が次々と新しい土地利用に変化した（図2.6，表2.2参照）．

当時の東京の都市的土地利用範囲は，幕末の77km²から，その約1.5倍の119km²へと増加していた．工場や軍事施設を中心に，スプロール型の都市化が進展していたことがわかる．工場が低地に多く建設されたため，市街地の拡大は低地の方が大きかった．徒歩交通に圧倒的に依存していた都市交通システムは，しだいに鉄道への依存度を高めた．都市景観の面でも西洋式の建築が見られるようになり，わずかではあるが公園も見られた．丸ノ内一帯を中心に，将来の大オフィス街を目指した都市計画も進められていたが，古くからの市街地には，まだ江戸の情緒を色濃く残す景観が卓越していた．

関東大震災による壊滅的な被害の後，東京は近代都市づくりのための都市計画を導入した．しかし，抜本的な解決にはほど遠い形で復興が進められた．郊外電車の沿線には，田園都市的な住宅地が建てられ，それまでと大きく違った都市化が見られるようになった．京浜工業地帯が出現した．第二次世界大戦へ向けて，東京大都市圏の人口はさらに増え，市街地の面積も拡大した．

第二次大戦中に，東京大都市圏はきわめて大きな被害を受けた．東京だけでも，70％の建物が灰になった．戦災復興は計画とはあまり関係なく「自由に」進められ，バラック景観が出現した．水平的拡大も急速で，スプロールということばが日常用語になった．一極集中型の国土地域構造がますます顕著になり，経済力の高まりとともに，やがて世界最大の大都市圏へと成長した．こうして23区800万，都1,200万，横浜，川崎，千葉という3政令指定都市を含む東京大都市圏の総人口は1995年現在，3,500万を超す巨大なものとなっており，1つの大都市圏としては世界最大である．戦前とは比較にならないほど，大規模な都市化が進んだのである（図2.7参照）．

［正井泰夫・石井 實・洪 忠烈］

□参考資料
1) 人文社（1966）：嘉永・慶応 江戸切絵図（全）．
2) 参謀本部陸地測量部（1980-84）：2万分の1迅速図．
3) 正井泰夫（1975）：大江戸新地図．
4) 東京書院（1914）：新式商業地図．
5) 大日本帝国陸地測量部（1909）：1万分の1地形図（1914～15年修正）．
6) 東京市編（1907）：東京案内，批評社．
7) 正井泰夫（1987）：城下町東京，原書房．
8) 正井泰夫監修（1993）：江戸東京大地図，平凡社・平凡社地図出版．

表2.1 幕末における江戸の地形別都市的土地利用
Table 2.1 Urban Land Use by Landform in Edo (Tokyo) circa 1860

用途	台地	谷底	低地	合計
江戸城	75 (2.2)	5 (0.4)	13 (0.4)	93 (1.2)
幕府・御三家用地	28 (0.8)	24 (1.9)	151 (4.9)	203 (2.6)
大名上屋敷	267 (8.0)	126 (10.0)	355 (11.5)	748 (9.7)
大名中屋敷	168 (5.0)	33 (2.6)	120 (3.9)	321 (4.2)
大名下屋敷	1,001 (29.9)	237 (21.7)	482 (15.6)	1,756 (22.8)
一般武家屋敷	964 (28.8)	381 (30.3)	473 (15.3)	1,818 (23.6)
町屋	359 (10.7)	207 (16.5)	1,060 (34.3)	1,626 (21.1)
仏閣	440 (13.1)	191 (15.2)	396 (12.8)	1,027 (13.3)
神社	41 (1.2)	16 (1.3)	42 (1.4)	99 (1.3)
孔子廟	5 (0.1)	0 (0.0)	0 (0.0)	5 (0.1)
合計	3,348 (100)	1,256 (100)	3,092 (100)	7,696 (100)
地形別構成比	43.5%	16.3%	40.2%	100.0%

数字の単位はha，（ ）内は％．『大江戸新地図』の計測．

表2.2 20世紀初頭における東京の地形別都市的土地利用
Table 2.2 Urban Land Use by Landform in Tokyo, 1910-1915

用途	台地	谷底	低地	合計
会社・金融機関用地など	0 (0.0)	0 (0.0)	49 (1.0)	49 (0.4)
商業住宅など混在地	133 (2.7)	125 (6.4)	744 (14.8)	1002 (8.4)
住宅商業など混在地	514 (10.4)	361 (18.5)	1,351 (26.8)	2,226 (18.7)
倉庫・河岸・木場など	3 (0.1)	7 (0.4)	440 (8.7)	450 (3.8)
皇室・皇族用地	281 (5.7)	80 (4.1)	59 (1.2)	420 (3.5)
政府・公共・病院用地	297 (6.0)	61 (3.1)	420 (8.3)	778 (6.5)
軍事用地	635 (12.8)	176 (9.0)	108 (2.1)	919 (7.7)
工業用地	46 (0.9)	48 (2.5)	429 (8.5)	523 (4.4)
教育用地	302 (6.1)	60 (3.1)	88 (1.7)	450 (3.8)
宗教用地・墓地	334 (6.8)	119 (6.1)	259 (5.1)	712 (6.0)
公園・緑地	70 (1.4)	30 (1.5)	77 (1.5)	177 (1.5)
大邸宅地（1,500坪以上）	442 (8.9)	154 (7.9)	93 (1.8)	689 (5.8)
一般住宅地など	1,886 (38.2)	730 (37.4)	704 (14.0)	3,320 (27.8)
東京駅前ビル建設予定地	0 (0.0)	0 (0.0)	29 (0.6)	29 (0.2)
未利用海岸埋立地	0 (0.0)	0 (0.0)	184 (3.7)	184 (1.5)
合計	4,943 (100)	1,951 (100)	5,034 (100)	11,928 (100)
地形別構成比	41.4%	16.4%	42.2%	100.0%

数字の単位はha，（ ）内は％．『震災前東京の土地利用復元図』の計測．

図2.8 江戸期のお茶の水橋（『新版 江戸名所図絵』，鈴木棠三著，朝倉治彦校注，角川書店，1980）
Fig. 2.8 Ochanomizu Bridge in the Edo Period

図2.9 昭和初期のお茶の水橋（『日本地理風俗大系2 大東京』，誠文堂新光社，1931）
Fig. 2.9 Ochanomizu Bridge circa 1930

図2.10 現在のお茶の水橋（撮影：石井 實）
Fig. 2.10 Ochanomizu Bridge Today

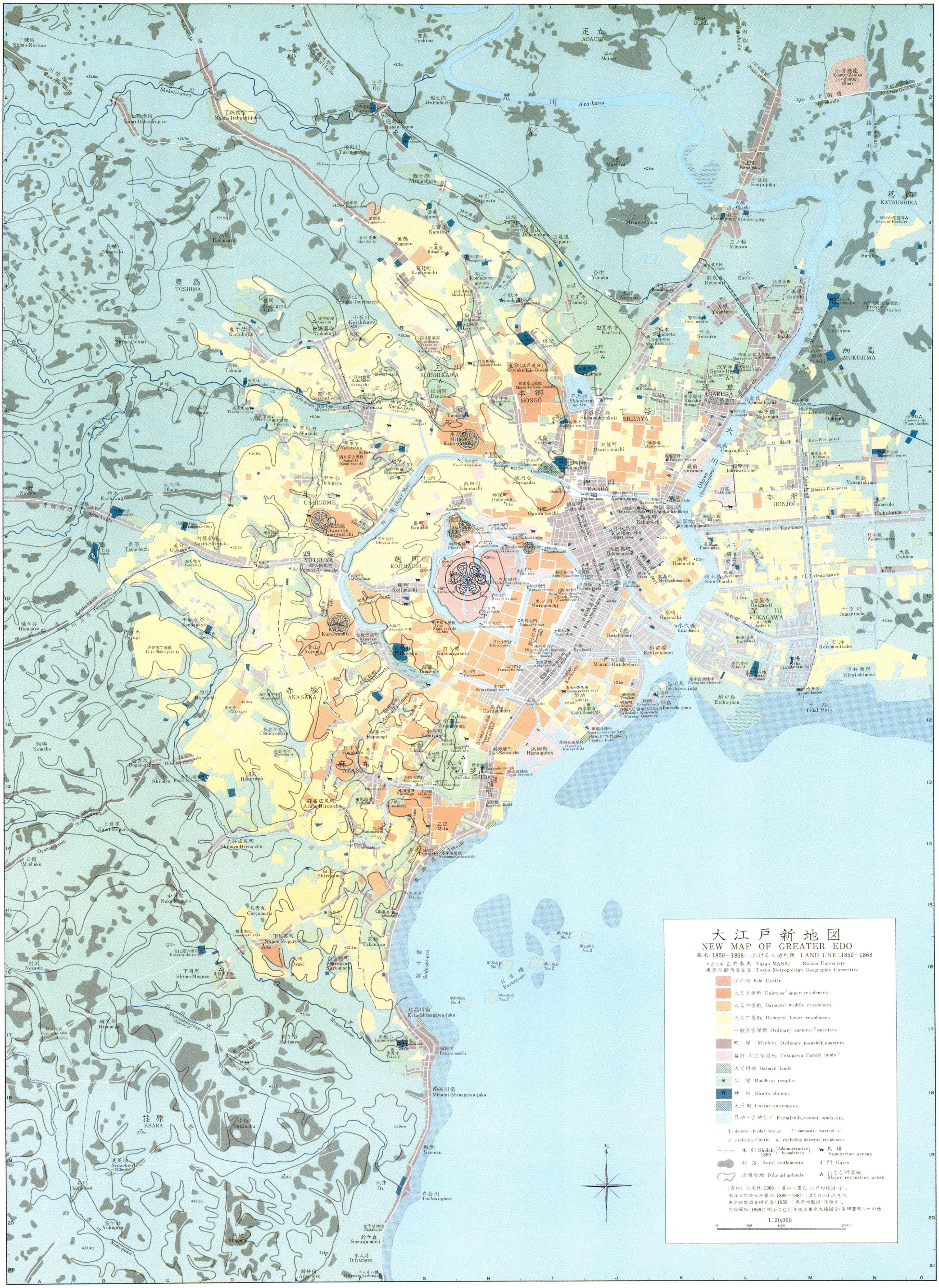

図 2.5 大江戸新地図
Fig. 2.5 New Map of Greater Edo

作製：正井泰夫，東京の街角委員会
Produced by Y. Masai and Tokyo Metropolitan Geographic Committee

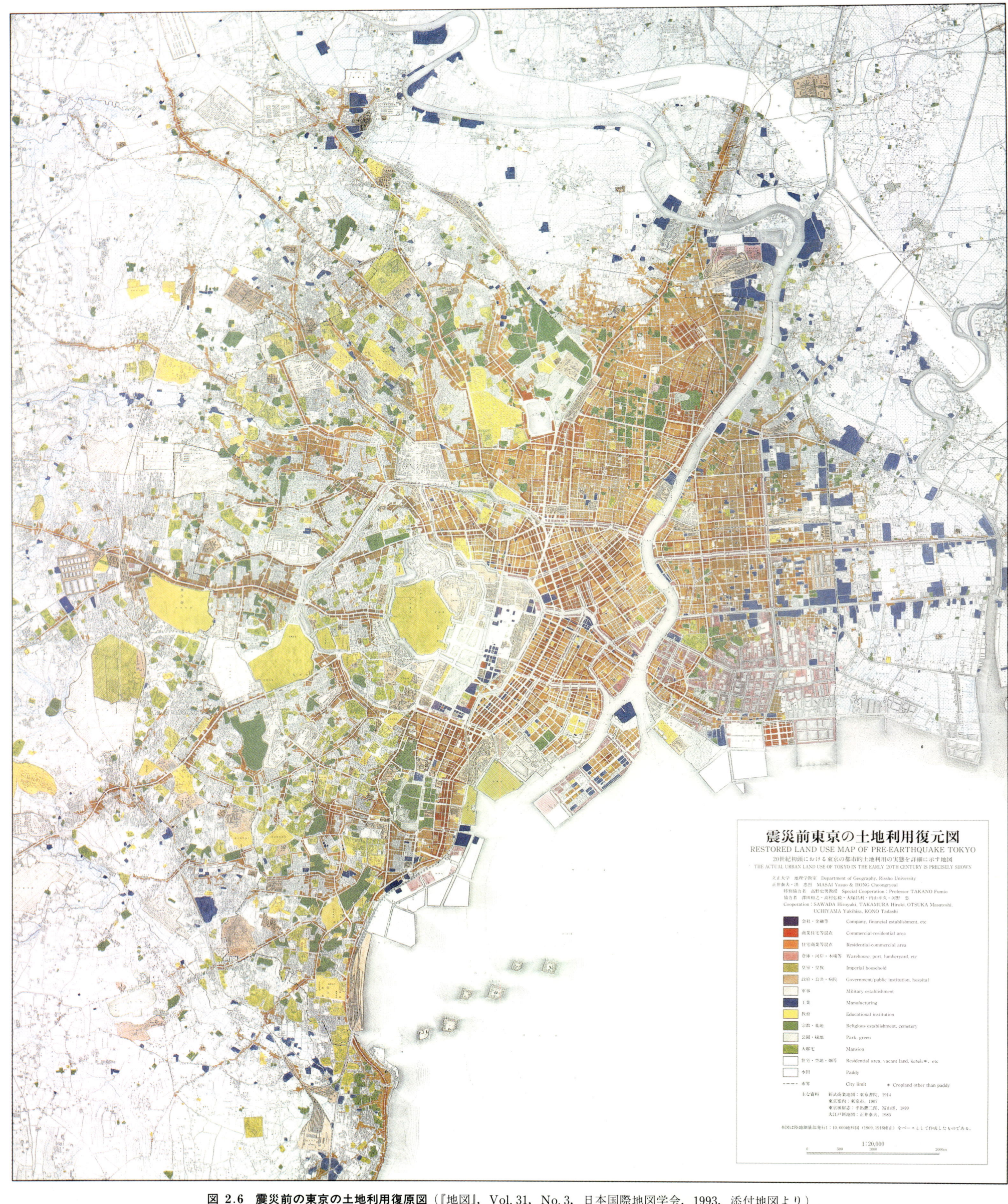

図 2.6 震災前の東京の土地利用復原図（『地図』, Vol. 31, No. 3, 日本国際地図学会, 1993, 添付地図より）
Fig. 2.6 Land Use Map of Pre-Earthquake Tokyo

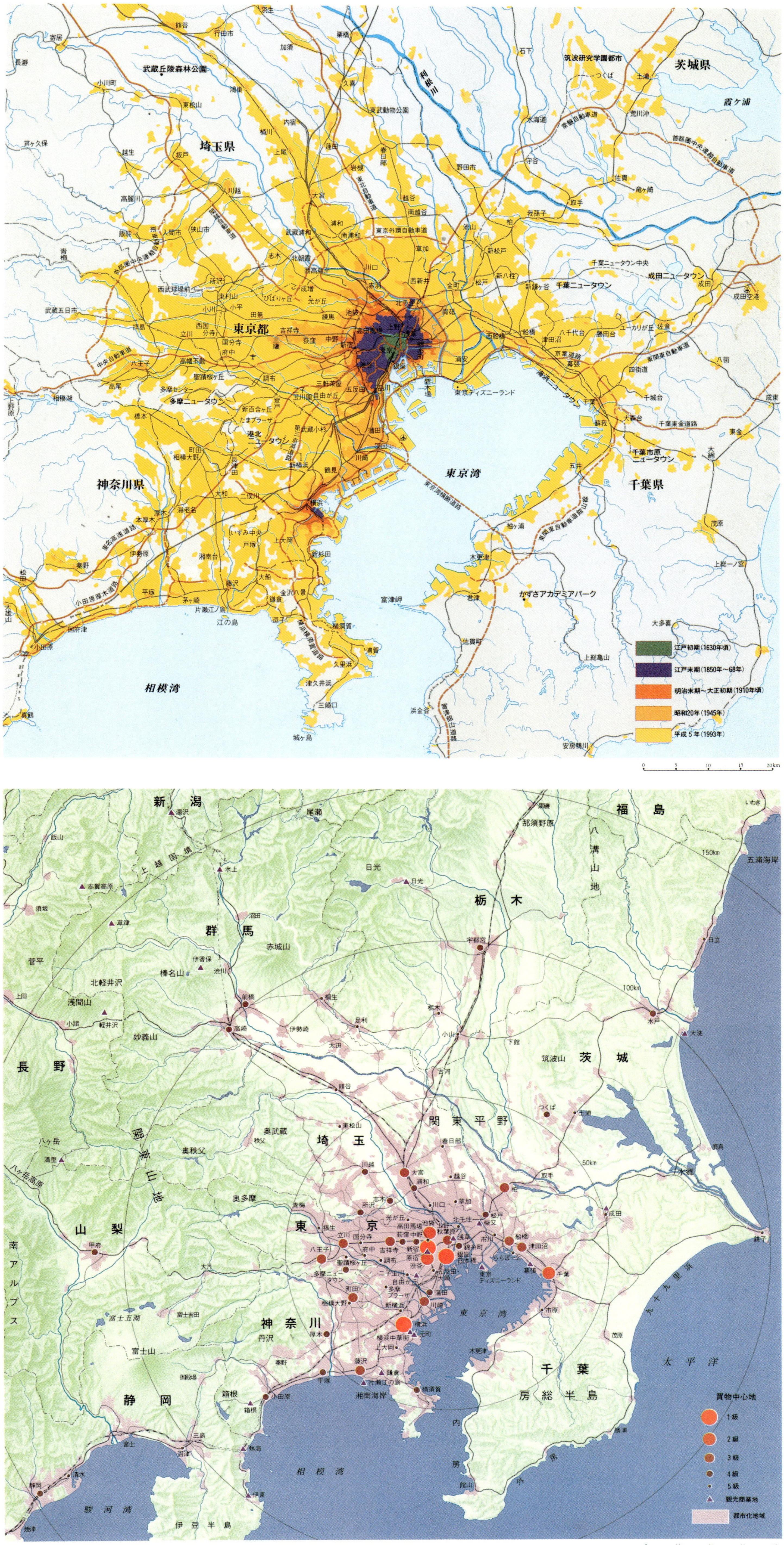

図 2.7　ひろがる東京（上）と今日の東京圏（下）（『江戸東京大地図—地図でみる江戸東京の今昔—』，正井泰夫監修，平凡社，1993，p.173，176 より）
Fig. 2.7　Expanding Edo-Tokyo (upper) and the Hierarchical Framework of Centers within the Tokyo Region (lower)

2.3 首都圏の緑被の変化
Change in Green Cover in the Capital Region

工業化は，人口の増大による住宅地の拡大を含めて，「破壊型」の活動であり，緑被を欠く地表の面積の増大をともなう．したがって，自然緑被の減少や，無緑被地域の増大は，工業化や都市化の度合いと正の相関をもつはずである．しかし，高度の工業化や都市化が進行すると，一方で公園や自然保護地域の確保などによる負のフィードバックが働き，緑被の減少の度合いが鈍化することも考えられる．

ここでは，工業化や都市化の中心から外縁部に向かっての，資本の蓄積，工業生産額，人口の集積などの空間的傾度および時系列的変化と対応させるために，第二次世界大戦以前と最近の 2 年次の緑被の状態を調べ，それをデータベース化した．また，このデータを用いて，各年次の緑被の分布や年代間の増減を地図として描き，変化を読み取ることとした．

1. 緑被メッシュデータの作製

原情報は，地形図上に面的に展開する土地利用・地類の表示，すなわちアナログ情報である．このため，データ化にあたってこれを数値に変換する（A/D 変換）作業が必要となる．また，地理的位置についても，地図上の図形というある意味では究極的な表現になっており，同様に数値化することが必要である．

このような，地図上に図形として記録された情報の読み取り＝データ化作業には，デジタルスキャナなどの機器を用いて画面を微小な点列に分割し，これを位置と属性（色別）をもった単位データ群として記録するラスタ方式，デジタイザなどの機器を利用して個々の塗り分け単位の輪郭の座標値（X，Y）を連続的に読み取り，閉曲線を形成する座標点列とその内部の属性（色別）という構成で記録するベクタ方式，そして，地図上に一定の大きさの格子（グリッド）をかけ，その個々のユニットを統計単位と見なし，その内部の色別の面積比率を適当な方法で読み取り，ユニットの位置情報と内部の色別構成比の形で記録するメッシュ（抽出）方式の 3 方式が考えられる．国土地理院が作製した国土数値情報においては，第 1 のラスタ方式で原データを作製し，第 3 のメッシュ方式の形に集計して提供されている．

ここでは最後のメッシュ，正式には標準地域メッシュとよばれる方式を用いた．このメッシュは，経緯線を等分割して区画するものであり，地表面を連続的に覆うことができること，地形図の図郭線を等分割することで容易にメッシュを引くことができること，といった長所をもっている．また，個々のユニットの位置はメッシュコードから経緯度に直接変換することができるため，点位置座標との重ね合わせも容易である．

実際の読み取り作業にあたっては，地類記号をもとに表 2.3 に示すように地表の状態を分類し，これに従って彩色した 5 万分の 1 地形図上で 25 点のドットテンプレートを用い，1 メッシュあたり 10 項目のポイント数を記録した．

緑被を研究するには，地形図の地類記号よりも植物群落を専門に記録した植生図の方が正確である．また，地形図ではその樹林地が「造林地」であるか否かの区別はできず，正確な意味での「自然緑被」を知ることはできない．しかし，過去にさかのぼって植物群落を知ることは，現実にはほとんど不可能であり，緑被の時系列的変化をより重視する本研究では，地形図を用いることとした．

データ作製は，20 万分の 1 地勢図「東京」図幅に含まれる 16 面，およびその北，東，南に隣接する 5 万分の 1 地形図 14 面，合わせて 30 面の範囲について行った．

資料となる地図の作製時期は，戦前については 1921（大正 10）年から 1935（昭和 10）年，最近については 1979（昭和 54）年から 1990（平成 2）年にわたっている．図幅ごとの新旧間隔は 51 年から 63 年である．これらから読み取ったデータは，人口，工場などの他の分野との比較の都合上，代表年次を設定することが必要であるので，それぞれの中間的な年次をとって，「1930（昭和 5）年」，「1985（昭和 60）年」とした．

2. 分布図の作製と考察

ここでは，まず前出の 10 分類を「森林性緑被」（分類 1〜4），非森林性緑被（同 5〜8），無緑被域（同 10）の 3 分類に集約し，その分布状態が新旧図幅間でどのように変化したかを図化した．

図 2.11，図 2.12 は，それぞれ 1930 年，1985 年の森林性緑被の面積比を，20 万分の 1 地勢図「東京」の範囲で図示したものである．濃い色は 60％以上，薄い色は 20％以上を示す．全体に減少しているのは当然ともいえるが，地域の西端部すなわち 5 万分の 1 図幅の「秩父」から「秦野」にかけて，依然として高い数値を示していることは注目される．個別の 10 分類にさかのぼって見ると，この地域では樹林地全体の面積はあまり減少せず，広葉樹林から針葉樹林へという変化が起こっていることが認められた．

図 2.13，図 2.14 は，それぞれ 1930 年，1985 年の非森林性緑被の面積比を，同じく 20 万分の 1「東京」の範囲で図示したものである．濃い色は 60％以上，薄い色は 20％以上を示す．やはり全体に減少しているが，地域の北部から東部，すなわち 5 万分の 1 図幅の「大宮」から「東京東北部」にかけて激しい減少を示していることが明らかである．

図 2.15，図 2.16 は，1930〜1985 年の森林性緑被，非森林性緑被の面積比の増減を同様の範囲で図示したものである．濃いブルーが 10 ポイント（面積比で 40％）以上の減少を示しているが，森林性緑被については樹林地，特に針葉樹林の減少によるもの，非森林性緑被については主として水田の減少によるものである．

データの検索および図化にあたっては，文部省科学研究費重点領域研究「近代化の環境変化と地理情報システム」A 05 班で開発したソフトウエア「GIS-A 05」を使用した．

［牧田　肇・寄藤　昂］

表 2.3　分類した地表の状態
Table 2.3　Land Surface Categories

1. 針葉樹林（ハイマツ林を含む）
2. 広葉樹林（ヤシ科樹林を含む）
3. 竹林・しの地
4. その他の樹園地（桑畑，果樹園，茶畑など）
5. 荒れ地
6. ゴルフ場
7. 水　田
8. 畑地・牧草地
9. 水　面
10. 上記以外のもの（主に市街地，海岸，河川の氾濫原も含む）

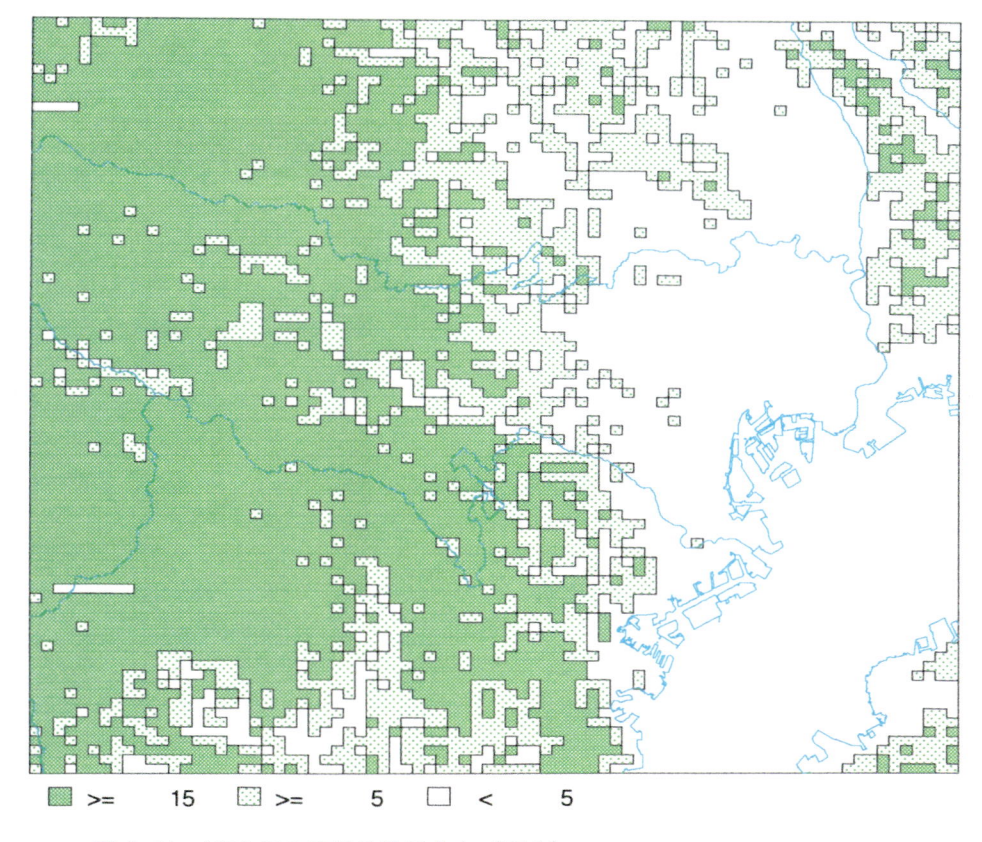

図 2.11 1930年の森林性緑被分布（東京）
Fig. 2.11 Arboric Green Cover in the Tokyo Metropolitan Area circa 1930

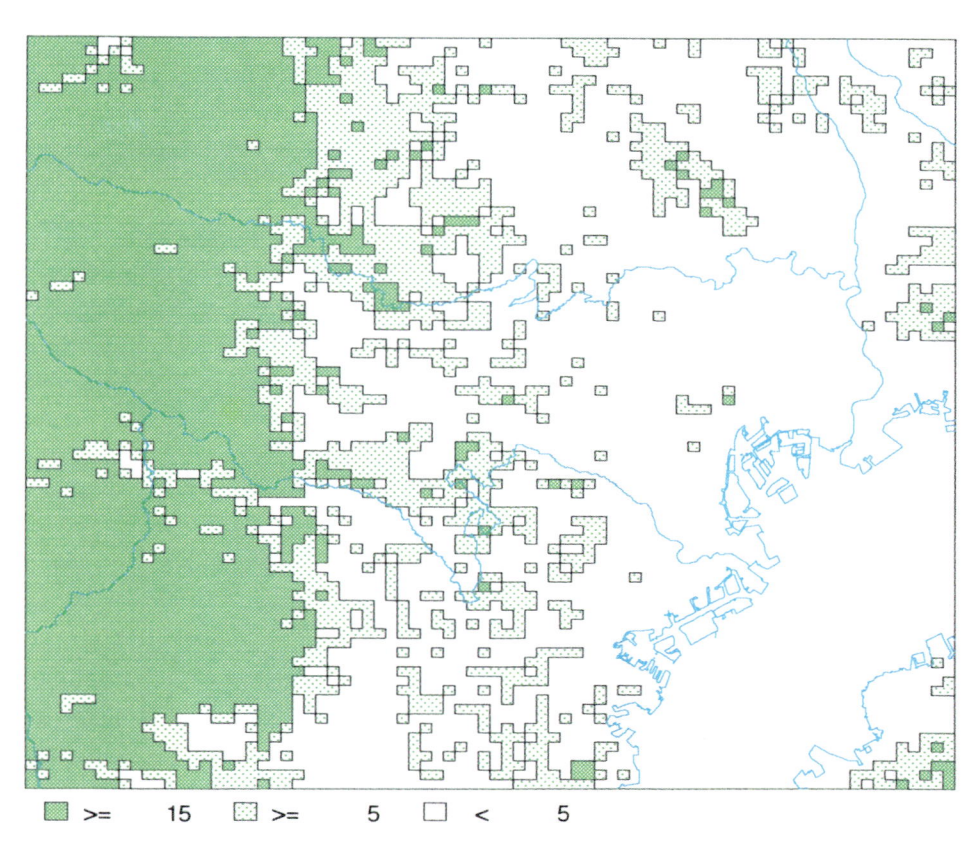

図 2.12 1985年の森林性緑被分布（東京）
Fig. 2.12 Arboric Green Cover in the Tokyo Metropolitan Area circa 1985

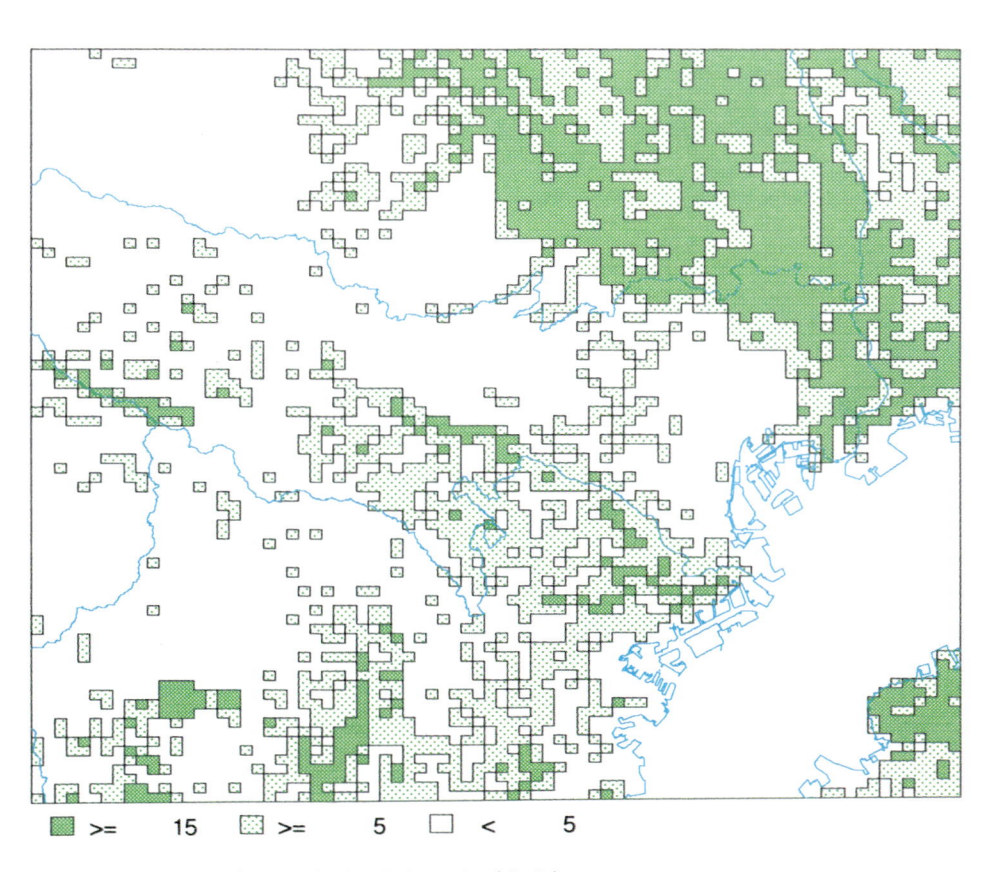

図 2.13 1930年の非森林性緑被分布（東京）
Fig. 2.13 Non-Arboric Green Cover in the Tokyo Metropolitan Area circa 1930

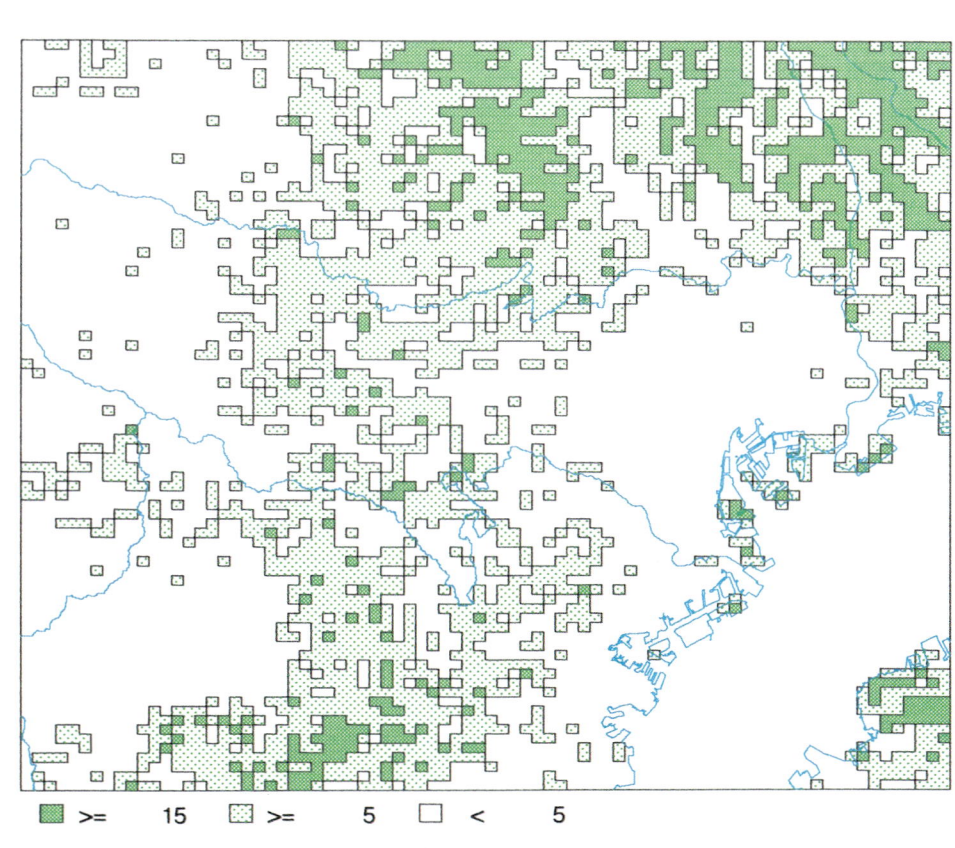

図 2.14 1985年の非森林性緑被分布（東京）
Fig. 2.14 Non-Arboric Green Cover in the Tokyo Metropolitan Area circa 1985

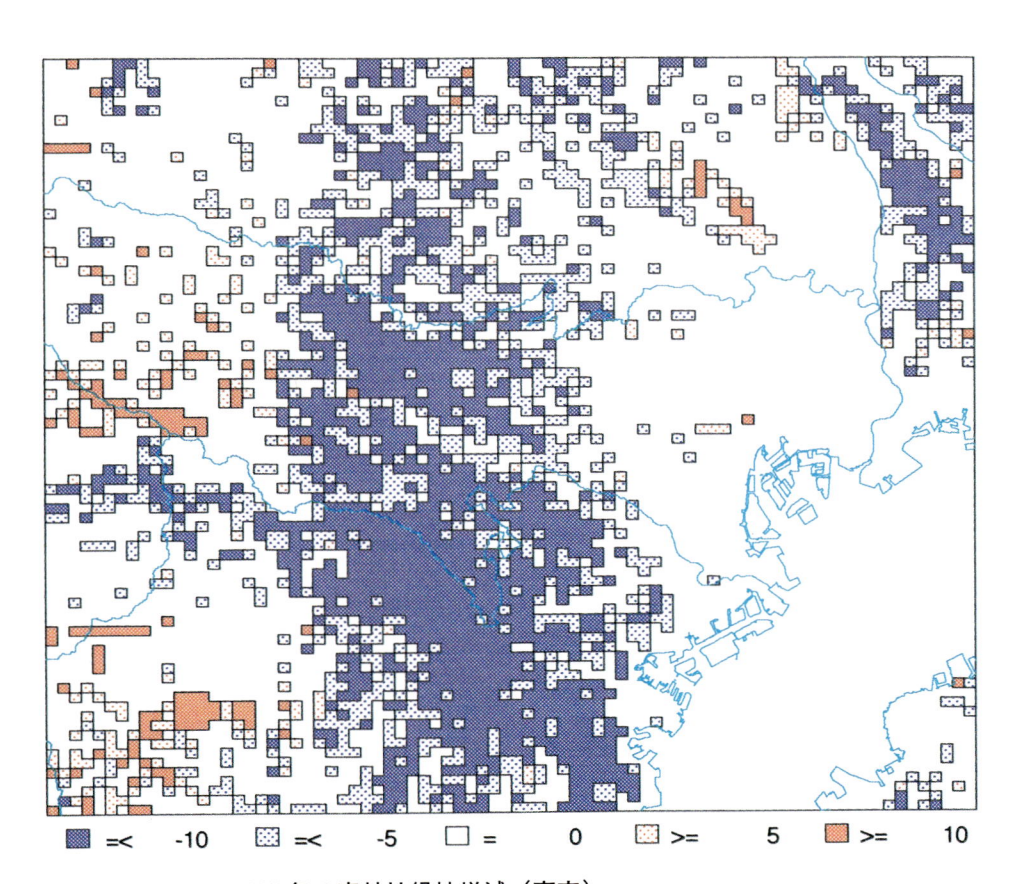

図 2.15 1930～1985年の森林性緑被増減（東京）
Fig. 2.15 Change in Arboric Green Cover in the Tokyo Metropolitan Area, 1930-1985

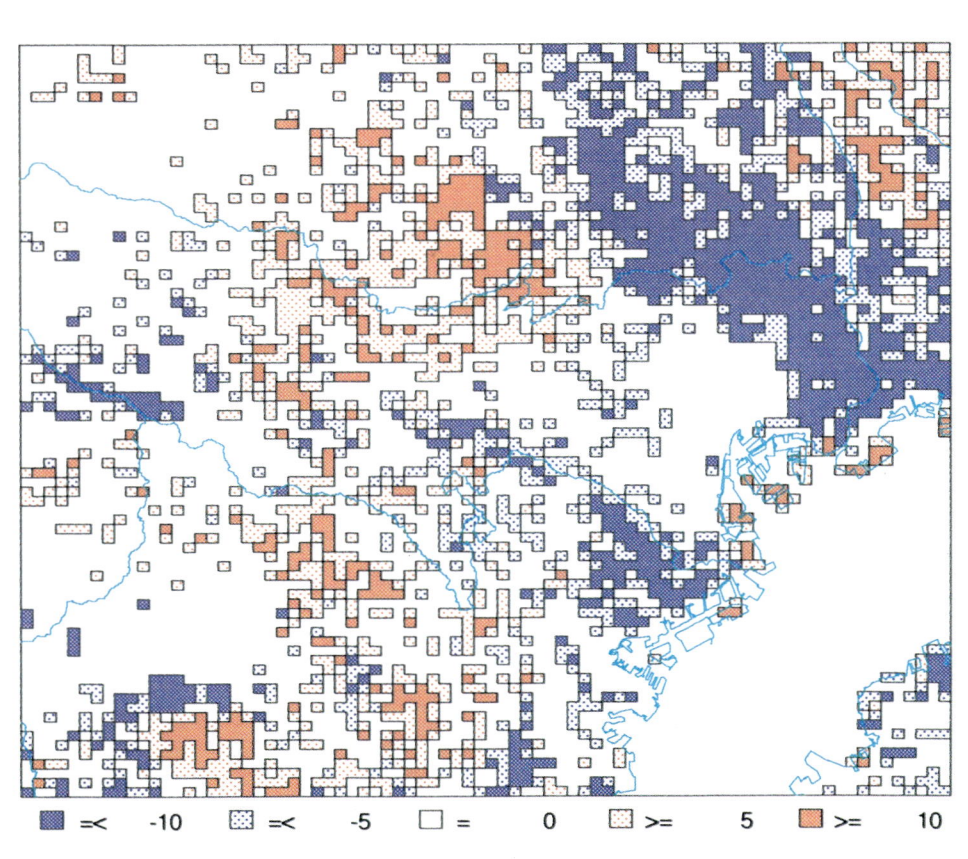

図 2.16 1930～1985年の非森林性緑被増減（東京）
Fig. 2.16 Change in Non-Arboric Green Cover in the Tokyo Metropolitan Area, 1930-1985

作製：牧田 肇, 寄藤 昴
Produced by H. Makita, T. Yorifuji

2.4 京阪神大都市圏の土地利用変化
Land Use Change in the Keihanshin Metropolitan Area

(1) 大阪・京都・神戸の都市化の進展
Urbanization in Osaka, Kyoto and Kobe

1. はじめに

本書の1.3, 2.2節では，全国を通じて同時期に作製された地形図を複数の時点について入手できないという資料上の制約から，明治から昭和戦前期までを1つの時期として取り扱っている．農・山村地域や近年都市化した地域においては，そのことに問題はないが，明治以前からの都市やその周辺地域では，明治から昭和戦前期までの変化も無視できない．

こうした立場に立って，ここでは江戸時代の「三都」のうちの2つである大阪と京都，幕末の開港により急速に都市化した神戸の3都市を対象として，近代化の影響があまり見られない1880年代後半（第1期），工業化を中心とする近代化がかなり進展した1910年頃（第2期），第二次世界大戦前夜ともいうべき1935年頃（第3期），戦後あまり経過していない1950年頃（第4期），高度経済成長期後半の1970年頃（第5期），現代としての1990年頃（第6期）の，計6つの時期に作製された大縮尺地形図をもとに，都市化の進展の状況を検討する．ただし，地形図類を主な資料としたため，商業機能や家内工業的なものの実態は明らかにできなかった．また，スペースの制約と，大阪については1974年国土地理院発行の『2万5千分の1集成図 大阪』の中に「大阪の発展」という図があり，本研究での成果図はそれと類似するものとなったことから，ここでは大阪の図の掲載は省き，以下の解説でも大阪については必要最小限度にとどめる．

2. 資料として用いた地図

第1期については，『大阪実測図』（内務省地理局・大阪府, 1888）と『兵庫神戸実測図』（内務省地理局, 1881）（縮尺はともに5千分の1）があるが，京都に同種の地図がないことから，『仮製地形図』（1880〜90年代に参謀本部により測量・発行，縮尺2万分の1）を利用した．第2期については，『正式地形図』（1911〜13年，縮尺2万分の1）を用いた．第3期については，大阪・神戸地区は『1万分の1地形図』（1929〜32年修正）を主な資料としたが，京都地区は『1万分の1地形図』の発行が遅く，しかもそれは軍需工場などに偽装を施した図であるため，代わりの資料として京都市土木局作製の『都市計画図』（1935年修正，縮尺3千分の1）を用いた．第4期のものとしては，1950年代半ばに発行された1万分の1地形図を資料とした．この図は1947〜48年米軍撮影の空中写真に主にもとづくもので，どちらかといえば，その当時の状況を示している．第5期の図としては，国土地理院発行の2万5千分の1地形図を用い，また第6期のものとしては，同院発行の1万分の1地形図と2万5千分の1地形図を併用した．

3. 結果の概略

(a) 各時期における市街地面積の変化

図2.17および図2.18の原図（縮尺5万分の1）に5mm（現地では250mに相当）間隔の方眼をかけ，その交点がどの時期に市街化したかを読み取って，各時期の市街地面積を測定した（表2.4）．集村形態の農村と真に都市的な市街地との区別がつけにくいこと，図の範囲が市の行政域と一致しないので厳密な都市間比較とはいえないこと，方眼もやや粗く誤差がありうることなど，問題点もあるが，一応の目安にはなる．

これによると，第1期の京都と神戸の市街地面積を比較した場合，神戸のそれは京都の4分の1にすぎなかった．しかし，京都では第2期の新たな市街化がわずかな面積にとどまったのに対して，神戸の市街化の進展は第2期・第3期と著しく，どちらもその間に市街地面積が倍増した．第4期の神戸の市街地増加面積が小さかったのは，主に戦争の影響と考えられる．第4期に続いて第5期・第6期も，京都の方が市街地の拡大が顕著であるような数値を示しているが，これは，神戸の場合，市街地の拡大がこの図の範囲外へも進展したことによるものであろう．

(b) 各時期の地形図に示される都市化の特色

第1期 1880年代作製の地図には，すでに京都−大阪−神戸間の鉄道が描かれており，また司法機関や府庁・県庁などの行政機関も目にすることができる．しかし，近代工業と判定できる工場は，わずかに大阪の造幣局と神戸のごく一部の工場（造船所？）にすぎない．むしろこの段階で目立つのは，大阪城とその周辺に広大な軍用地が展開していることである．近代化はまず，軍事面から始まったといえそうである．

第2期 この時期には，3都市とも，第1期と比較して多くの工場の進出が見られ，特にそれらは既成市街地の縁辺部から郊外部に多かった．その分布は必ずしも連続的ではないが，若干集中が目立つのは大阪の安治川など河川沿いで，これは大阪の港湾設備がまだ不十分であったことと関係している．業種は，よく知られているように綿紡績関係が多かった．また京都においては，各種の高等教育機関が新設されているほか，京都と伏見の市街地の中間に，新たな軍用地が出現した．神戸では港湾施設の発展も見られるものの，まだ臨海工業地帯的なものは出現していない．

第3期 この時期には工業化はますます顕著になり，特に大阪では，工場密集地帯が旧市街地をとりまくような形で，南ないし東南を除くほとんどのセクターで形成された．神戸においては，臨海部の埋め立てがかなりの規模で行われており，そこには鉄鋼・造船など重工業の工場や，第1突堤から第4突堤までの港湾施設などが設けられた．

第4期 終戦直後の状況であり，大阪城周辺や京都の伏見地区などで広大な面積を占めていた軍用地が，他の用途に転換されている．戦争の爪痕は他にも随所に認められ，大阪・神戸では，戦災を受けた地区で空地のままとなっている所があるし，京都では強制疎開跡地が道路とされつつある状況もあった．一方，工業に関しても戦争の影響が見られ，繊維などの軽工業から重化学工業への転換が大阪・尼崎などで顕著に生じた．神戸の港湾施設としては，戦前段階で工事中であった第5・第6突堤が，すでに完成している．一般的な都市化の状況を見ると，この時期に大阪と神戸の間では市街地がほぼ連続し，中でも当時の国鉄東海道本線と阪神国道線の間の市街化が早かった．大阪市内では，大正末期から昭和戦前期に土地区画整理事業などが行われた地区の大部分が，この時期までに市街化している．

第5期 この時期にはすでに都心近くの空地は見られなくなり，「もはや戦後ではない」状況を示している．当時はまた，神戸の海岸部から六甲山麓までの市街化がほぼ完了し，一部では山地部の住宅開発が始まった．一方，運輸施設としては，神戸港の第8突堤までが完成している．

第6期 この時期になると，臨海部では海面の埋め立てが進行し，工業・運輸だけでなくオフィス・居住機能をも含めた総合的な利用が展開している．神戸の山地部での宅地開発はさらに進み，また京都でも，西部（一部は図の外側）の丘陵地に洛西ニュータウンが建設された．

4. むすび

以上，京阪神，とりわけ京都・神戸の市街地の拡大過程をできるだけ細かく復原することをめざしたが，利用した資料の関係で，都市的土地利用の種類を区別して表現することができなかったのは残念であった．また，終戦直後の第4期において，第3期までに市街化した所が空地となっている実態をうまく表現できなかったことも反省すべき点である．それらの点や，標高・傾斜などと市街化の時期との関連などのくわしい分析については，これからも研究を続けていきたい．

[山田 誠]

表2.4 京都・神戸における市街地面積の増加
Table 2.4 The Growth of Built-up Area in Kyoto and Kobe

時期	京都 Kyoto		神戸 Kobe	
	市街地面積	増加面積	市街地面積	増加面積
第1期	33.4	—	8.3	—
第2期	37.9	4.5	17.3	9.0
第3期	53.3	15.4	34.3	17.0
第4期	66.6	13.3	41.9	7.6
第5期	88.3	21.7	52.6	10.7
第6期	118.4	30.1	68.8	16.2

単位：km²

凡 例
Legend

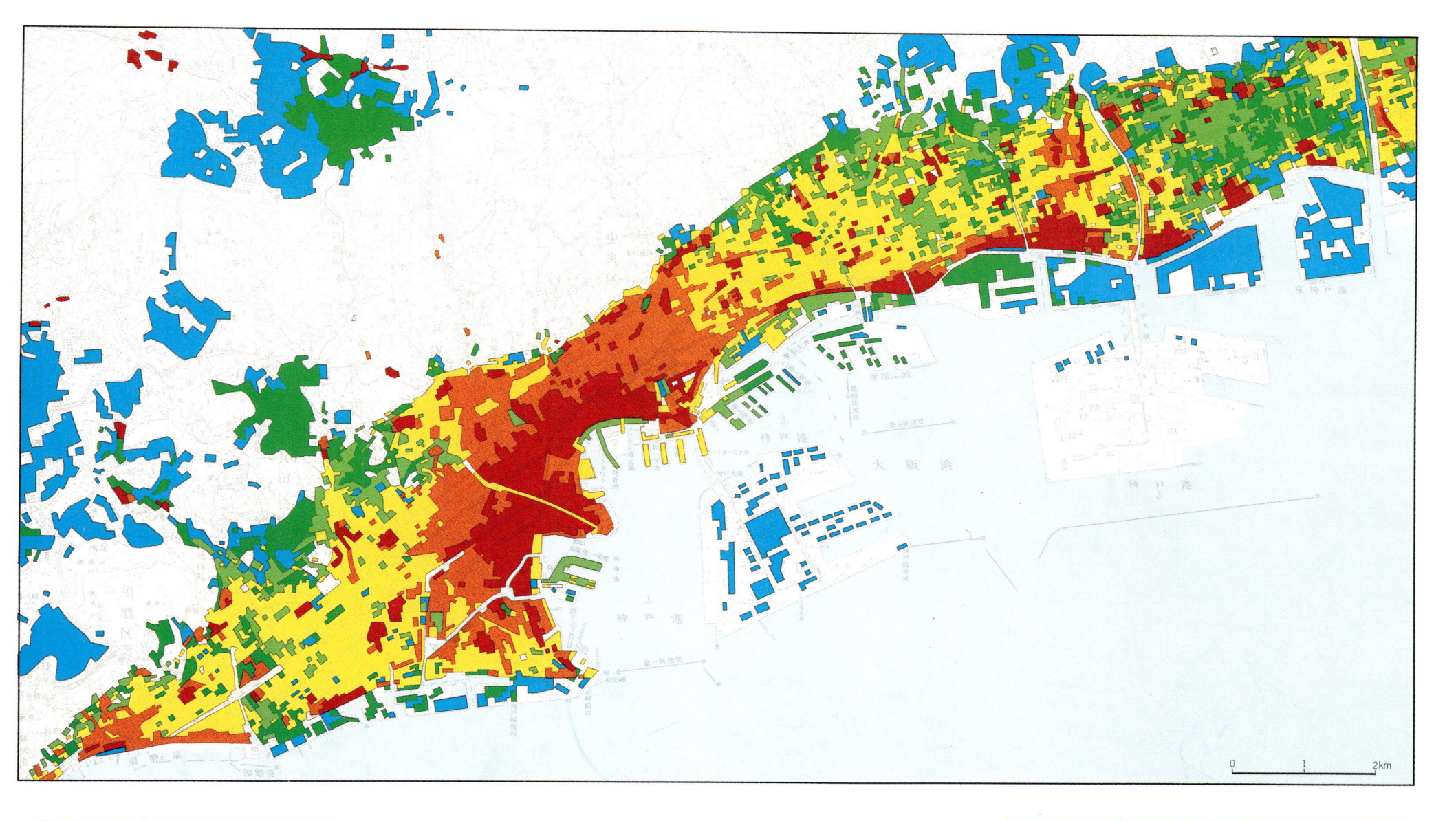

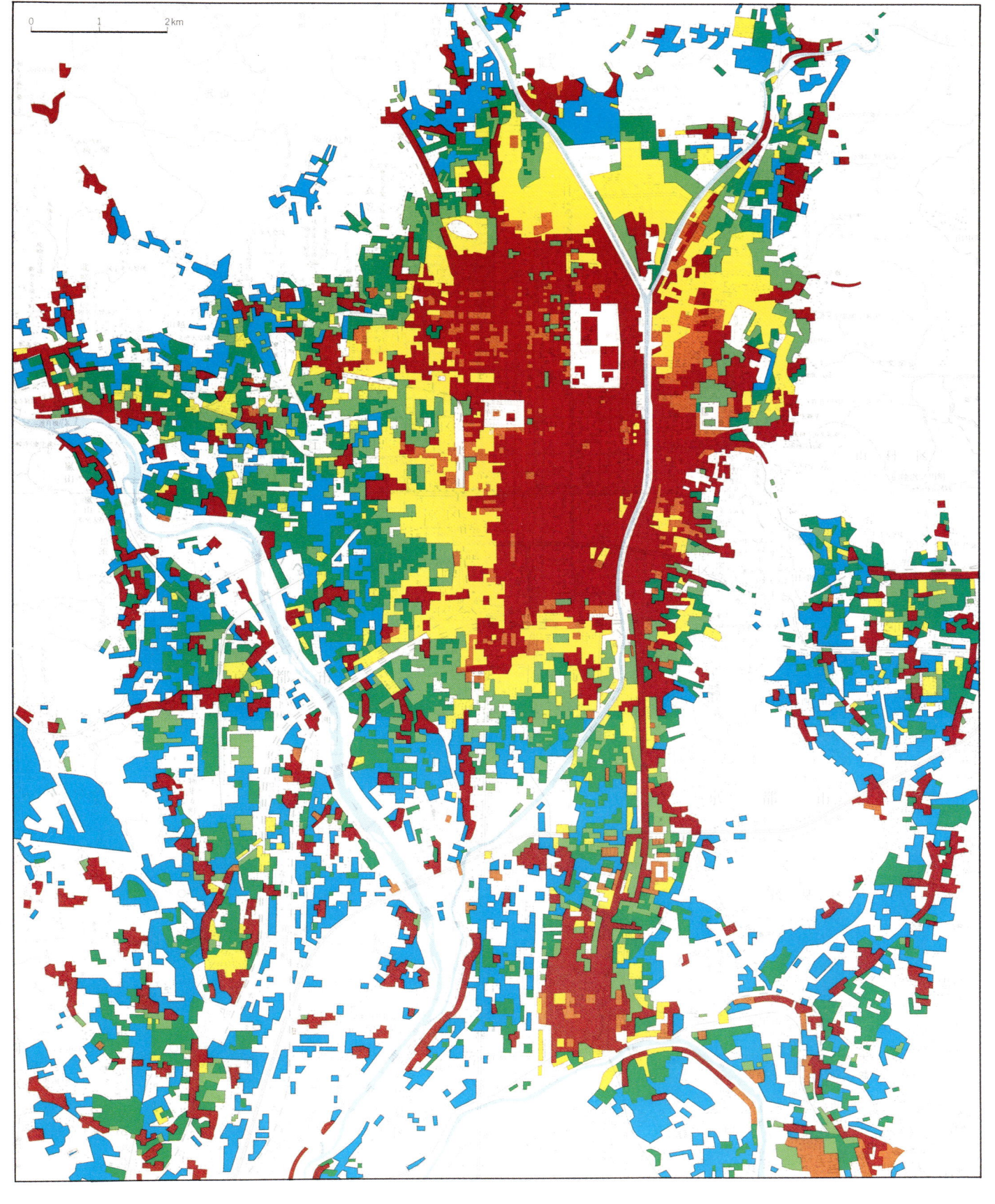

- 第1期までに市街化していた区域
  built-up area in the 1880s
- 第2期に新たに市街化した区域
  newly built-up area between the 1880s-circa 1910
- 第3期に新たに市街化した区域
  newly built-up area between circa 1910-circa 1935
- 第4期に新たに市街化した区域
  newly built-up area between circa 1935-circa 1950
- 第5期に新たに市街化した区域
  newly built-up area between circa 1950-circa 1970
- 第6期に新たに市街化した区域
  newly built-up area between circa 1970-circa 1990

図 2.17（上） 神戸における都市化の進展
Fig. 2.17 Urbanization in Kobe
ベースマップとして，国土地理院発行5万分の1地形図「大阪西北部」「神戸」「須磨」を使用した．

図 2.18（下） 京都における都市化の進展
Fig. 2.18 Urbanization in Kyoto
ベースマップとして，国土地理院発行5万分の1地形図「京都東北部」「京都東南部」「京都西北部」「京都西南部」を使用した．

作製：山田　誠，森図房
Produced by M. Yamada and Mori Cartographic Laboratory

（２） 大阪市の建造環境（立体的土地利用）の変化
Change in Built Environment in Osaka City

1. 建造環境の重要性

現代の大都市を考える場合，地表面の土地利用だけでは十分でない．建造物の高層化によって都市の利用空間が立体化しているため，中心部ほど，地表面の地図では表現できない立体的な土地利用が展開している．

一方，都市では，自然環境だけでなく，人為的な環境が人々の生活に大きな影響を与えるようになってきた．建造物は，そのような都市環境の代表的な要素となっているため，「建造環境」とよばれ，注目されている．

ところで，建造物は土地と異なり老朽化する．そのため，ある時点で観察される建造環境は，過去のさまざまな時点に作られた建造物が並列的に存在する重層的なものである．建造環境を建設年代別に分析し古いものがどれだけ残っているか見れば，都市環境の良悪を評価できる．また，高層化は都市気候など現代への影響を考えるうえでの手がかりとなる．

2. 立体地図の作製

大阪市は，わが国を代表する人口約250万の大都市であるだけでなく，1,700万あまりの人口を擁する京阪神都市圏の中心都市である．ここでは，建造環境の量（ストックとよぶ）を，延べ床面積で測り，建設年代ごとに分類し，地図化してみよう．これによって都市環境の老朽化や高層化の側面がわかる．大阪市の場合，独自の500mメッシュにもとづく資料（『大阪市メッシュデータ集』，大阪市計画局，1969，1977，1985）が整備されているので，昭和44年，52年，60年の3時点で過去に建てられた建造物の量がすべてわかる（同じデータにもとづく通常の土地利用の概観については，成田(1987)を参照）．ここでは，**建造物コーホート法**という考え方を新たに導入して，図2.19のような立体地図のダイアグラムを作製した．17個の小さな立体地図は，大阪市域を分割した1,200個ほどの500mメッシュごとに，3時点で調査された建造環境ストック（すなわち建築物の延べ床面積）を建設年代別に縦に表現したものである．

建造物が老朽化していく性質をもっていることは，人間とよく似ている．人口地理学では，人間の加齢効果を調べるため，「出生年代が同じ人口集団」に着目する人口コーホート法を用いる．すなわち世代のことである．これにならって，**建造物コーホートを「建築年代が同じ建造物の集合」とし，これを分析する建造物コーホート法**（5つのコーホート）を考えよう．

図2.19は3つの方向から読み取ることができる．第1に，3つの縦軸は昭和44年，52年，60年の3つの観測時点を表している．第2に，斜め右上に向いた矢印どうしで結びつけられている立体地図は，同じコーホートの建物が時間とともに変化していくものである．第3に，立体地図を水平に切る破線は，観測時点からさかのぼった築年数を表している．

3. 建造物の減少率（建造物コーホート生残法）

図2.19からわかる最大の特徴は，同じコーホートに属する建物の立体地図の3つの時点どうしの類似性である．建物は，昭和44年→昭和52年→昭和60年と時を経るごとに徐々に取り壊されていくのであるから，同じよう

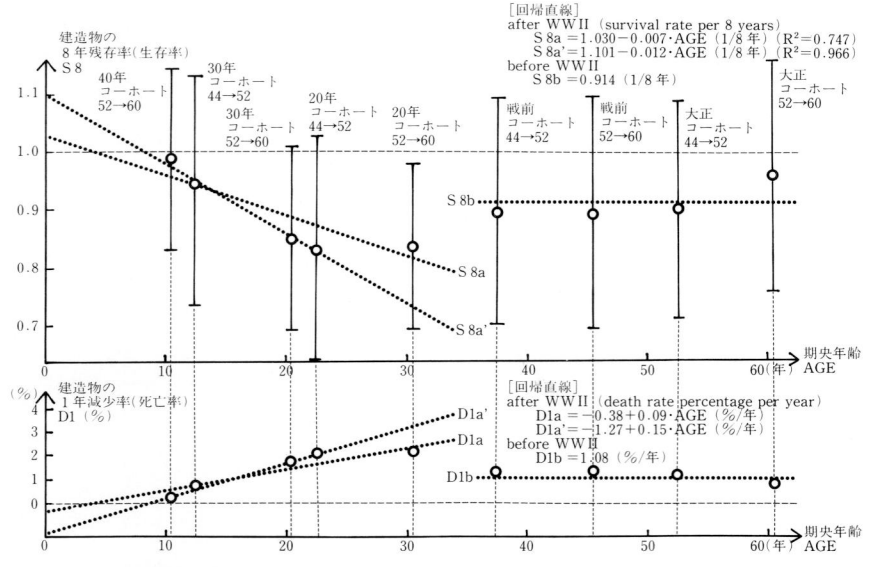

（上）図 2.20 建造物の8年残存率
Fig. 2.20 Survival Rate of Built Environment per 8 years

（下）図 2.21 建造物の1年減少率
Fig. 2.21 Death Rate of Built Environment per year

なパターンを維持しながら減っていくはずである．その残存率を，各メッシュごとに計算した平均値（m）と標準偏差（σ）を矢印の下に示した．

この残存率は，人間の生存率に対応していると考えるなら，建築年数（人間では年齢）の関数になっているという仮説がたつ．8年間の時間差の間の，X年度のZコーホート（平均築年数x）から，X+8年度のZコーホート（平均築年数x+8）への**8年生存率（建築物の生き残っている割合）をS_8とすると，S_8は，築年数の変化期間内の平均=x+4=AGE（期央年齢とよぶことにする）と相関する**と考えられる．図2.20は，図2.19でもとめた，8年を隔てた2つの立体地図の各メッシュごとの8年残存率の平均値を，期央年齢に対してグラフ化したものである．興味深いことに，戦前コーホートと戦後コーホートで傾向がかなり異なることがわかった．

戦後コーホートは，期央年齢が大きくなるほど，すなわち建造物が古いほど残存率が低下する．これは，人間が高齢化するほど死亡率が上がることに対応し，自然である．戦後期のデータで回帰分析を行うと，

$$S_{8a} = 1.030 - 0.007 \cdot AGE \quad (1/8 年)$$

（S_{8a}'は，やや傾向の異なる20年代コーホートの52年から60年のデータを除外した結果である）

おもしろいことに，戦前コーホートは，さらに古いのであるから，残存率がさらに低いはずであるが，そうはなっていない．このことは，戦前から残ってきた建造物は比較的保持されているが，むしろ終戦直後に建てられた建造物の方が減少が激しいことを示している．戦前の平均を求めると，

$$S_{8b} = 0.914 \quad (1/8 年)$$

つぎに，年率換算の消滅率（人間では死亡率）は，8年残存率S_8から，近似式，$D_1 = (1-S_8)/8$ですぐにもとめられ，図2.21のようになる．いいかえると，年率消滅率（人間では死亡率）は，戦後の建築物については，築年数（人間では年齢）が1年増えるごとに0.09%ずつ高くなり，築10年後に年率0.52%で取り壊されていくが，戦前の建築物については年率1.08%の減少で安定しているといえる．

4. 各コーホートの建築物の地理的分布

[大正以前コーホート]

上述のように昭和44年のパターンがそのまま減衰していく傾向を示す．分布は，量的には少ないが，JR環状線に沿ったドーナッツ状の地域に残存が見られる．一方，都心部は中空地帯であるが，西部（福島・西区），南部（西成区），東部（鶴橋周辺の東成区）の3カ所には集積が見られる．北部では旧大淀区，環状線内側の上本町付近にも若干残存している．

[戦前コーホート（昭和1〜20年）]

このコーホートのパターンは，大きく見て，JR環状線内部の1つのクラスターと，環状線外部の複数のクラスターに分布している．したがって，大正以前の建築とはまったく逆のパターンをもち，環状線沿いには集積が少なく，むしろ都心部と周辺部に存在する．環状線の内側では，御堂筋沿いのメッシュに残存が見られる．環状線の外側では，南部（西成・阿倍野・天王寺・生野区），東部（鶴橋付近から東成・生野区へ），北東部（旭区）などに集積がある．

[昭和20年代コーホート（昭和21〜30年）]

このコーホートの量は，すべてのコーホートの中で最小である．最も大きな集積は，御堂筋沿いにあり，都心に集中したパターンを示す．

[昭和30年代コーホート（昭和31〜40年）]

高度成長期前期にあたるこのコーホートは，以前の3つのコーホートよりはるかに寄与が大きい．地域的には，やはり環状線内側に多く，都心・御堂筋沿いで頂点に達する．環状線外側では大阪市西部に多くの集中がある．

[昭和40年代コーホート（昭和41〜50年）]

高度成長期後期にあたるこのコーホートは，すべてのコーホートの中で量的に最大である．パターンは，昭和30年代コーホートとよく似ており，環状線内側，特に都心部で最も大きいが，重要な相違点が1つある．それは，淀川を越え新御堂筋に至る北部地域が，建造環境の大量の蓄積を行うようになったことである．これが万博期以降の大阪の特徴である．

[昭和50年代コーホート（昭和51〜60年）]

オイルショック以降，建造環境は量的に縮小を見せる．この時期の建造環境の集積は，環状線外部では北部に集中している．環状線内部でも梅田を中心としたキタの方が大きな集積を見せるようになり，全般に北部セクターを中心として大阪が高層化の道に進む姿がわかる． [小長谷一之]

□参考資料

1) 成田孝三(1987)：大都市衰退地区の再生，大明堂．

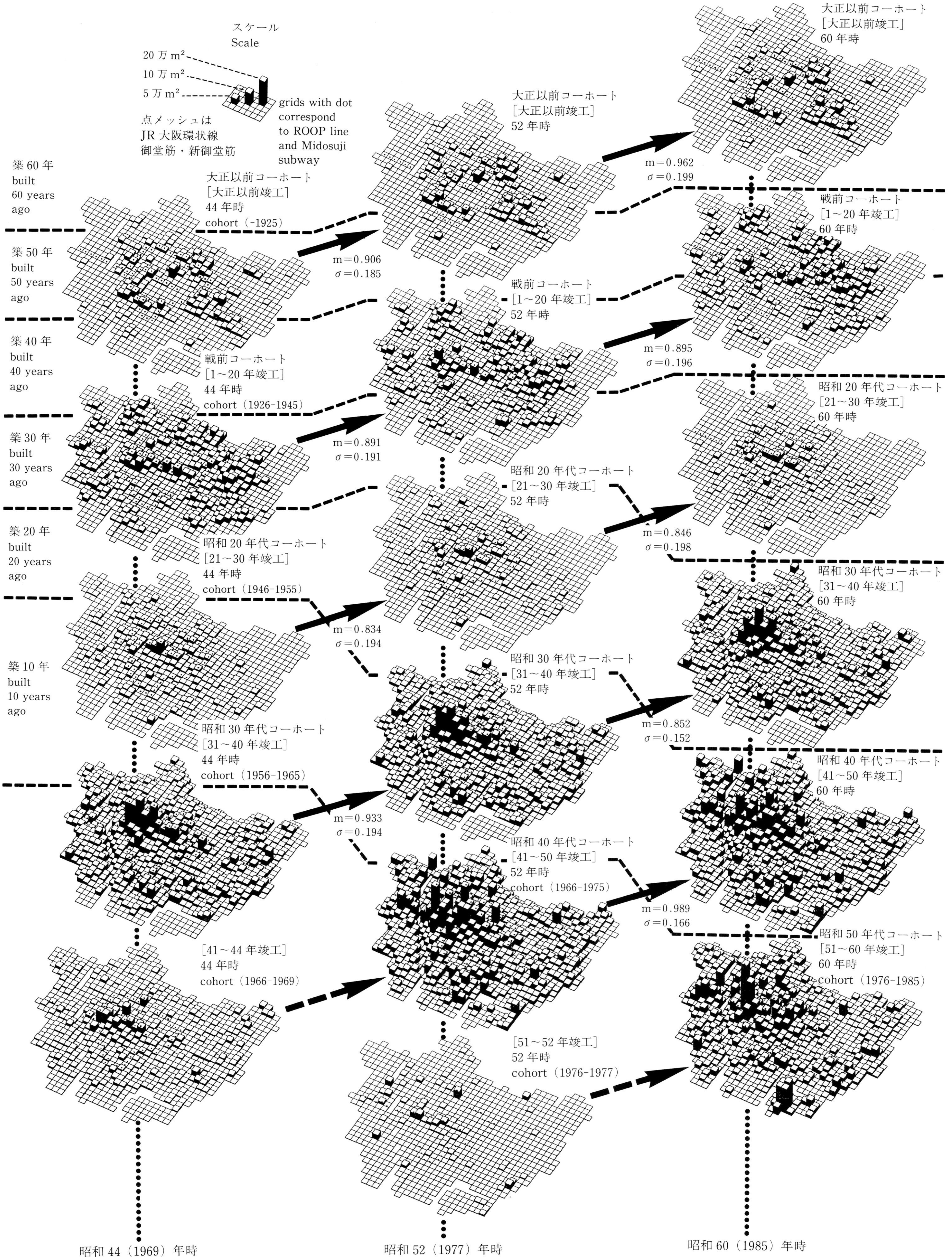

図 2.19 大阪市における建造物の延べ床面積の変化

Fig. 2.19 Change of Floor Space of Buildings by Each Grid in Osaka City

作製：小長谷一之
Produced by K. Konagaya

（3） 京阪奈地域の住宅地化
Expansion of Residential Areas in the Keihanna Region

1. 調査目的と対象地域

この調査の目的は，京阪奈地域における住宅地化の進展状況をデータベース化し，その内容を調べることにある．分析対象とした時期は，表2.5に示した1920年代前半，1960年代後半，1970年代後半，1980年代半ば，以上の4つである．調べた地域は，表2.5および図2.23に示した2万5千分の1地形図8枚分であり，現在開発途中の関西文化学術研究都市のほぼ全域が含まれる．

2. 調査手順

この調査では，住宅地化の進み具合いを細かく調べるために，基準地域メッシュ（2万5千分の1地形図を縦横10等分にして設定される網目）を縦横2等分（仮称・4次メッシュ）し，さらに天地左右で10等分した単位（仮称・5次メッシュ）を設定した．この5次メッシュの大きさは，一辺50m前後の不等辺四辺形である．したがって，2万5千分の1地形図の1枚は，4万個の5次メッシュからなる．この作業に引き続き，5次メッシュを作業単位として，各時期の地形図で住宅地になっているところを着色し（図2.24），それが4次メッシュごとにどのくらいの比率なのかを調べ，パソコンで計算しやすくするためにデータ表を作製した．次に，このデータ表を用いて，①住宅地の分布状況，②住宅地の増加状況，をカラー図に表現した．図2.22では，上半分に上記の①が，下半分に②が示されている．また，図2.25は，上記の①をブロックダイアグラムにしたもので，高い山に見える所ほど住宅地の比率が高い．もちろん，上記の②についても同じような図を作ることができる．

3. 結果の概略

上記のようにして作られた一連の図表から，次のような結論が得られた．

① 住宅地はおおむね鉄道に沿って分布している．このことは，自動車交通が盛んになったとはいえ，日本の通勤・通学流動では鉄道が多く利用されていることを示している．しかし，住宅地化が起こった時期は，最寄駅からの距離，鉄道沿線の違いによって異なっている．例えば，最寄駅からの距離が近いほど住宅地化が起こった時期は早い．また沿線別では，京阪・阪急沿線が比較的早く，一方で近鉄・JR沿線が相対的に遅い．さらに，鉄道の本線と支線を別に見ると，当然ながら本線沿いの方が早くから住宅地化している．

② 最寄駅から1km前後の徒歩圏内がほとんど住宅地になってしまうと，バスまたは自転車・バイク利用圏に住宅地化が進む．その過程は，複数の同心円がつながるように進む．ただ，このことについても，沿線別に時期的な差がある．すなわち，京阪間と阪奈間で複数の同心円がつながり始めた時期に，京奈間では個々の同心円が大きくなり始めている．こうした時期的な差があったために，京阪奈丘陵地域の住宅地化が遅れ，逆にこれが幸いして，関西文化学術研究都市を開発できるようになったと考えられる．鉄道の本線沿いと支線沿いの間でも，このような地域的な違いが見られる．

③ 早くから住宅地化が進んだ地域では，Ⅲ～Ⅳの時期になると住宅地はあまり増加していない．この時期は，土地価格の値上がりが社会問題化し始めた時期にあたるため，たとえ住宅建設が可能な土地があっても価格との兼ね合いでそこに住宅が建ちにくく，相対的に土地の価格が安い地域（例えば京阪間の駅から遠い地域や京奈間など）で住宅地化が進んだと考えられる． ［香川貴志・須原芙士雄・古賀慎二］

□参考資料
1) T. Kagawa, F. Suhara and S. Koga (1992)：Micro-analysis of urbanization in the Keihanna region. 立命館地理学，4，pp. 53-63.
2) 古賀慎二（1993）：乙訓地域における住宅地化の進展―パーソナルコンピュータを用いたGISの利用―．京都地域研究，8，pp. 40-52.

図2.22の索引図の凡例

SE；JR新幹線　　Jt；JR東海道本線（京都線・琵琶湖線）　　Jk；JR湖西線
Js；JR山陰本線（嵯峨野線）　　Jn；JR奈良線　　Jg；JR片町線（学研都市線）
Jy；JR関西本線（大和路線）　　Jr；JR桜井線　　Hk；阪急京都線
Ha；阪急嵐山線　　Km；京阪本線　　Ku；京阪宇治線　　Kk；京阪交野線
Ks；京阪京津線　　Kc；京阪男山ケーブル線　　Nk；近鉄京都線
Nn；近鉄奈良線　　Nh；近鉄大阪線　　Ns；近鉄橿原線　　Ni；近鉄生駒線
Nc；近鉄生駒ケーブル線　　F；京福嵐山線　　C；京都市交通局（地下鉄烏丸線）

表2.5 ベースマップ別に見た調査対象時期（地形図の図歴）
Table 2.5 Year of Survey or Revision of Each Map

地形図名称	図歴（測図・改測・修正などの時期）			
	Ⅰ	Ⅱ	Ⅲ	Ⅳ
京都東南部 (South East of Kyoto)	1922	1968	1979	1986
宇治 (Uji)	1922	1967	1979	1986
田辺 (Tanabe)	1922	1967	1975	1983
奈良 (Nara)	1922	1967	1975	1983
京都西南部 (South West of Kyoto)	1922	1967	1979	1986
淀 (Yodo)	1922	1967	1979	1986
枚方 (Hirakata)	1922	1967	1978	1985
生駒山 (Ikomayama)	1922	1967	1978	1985

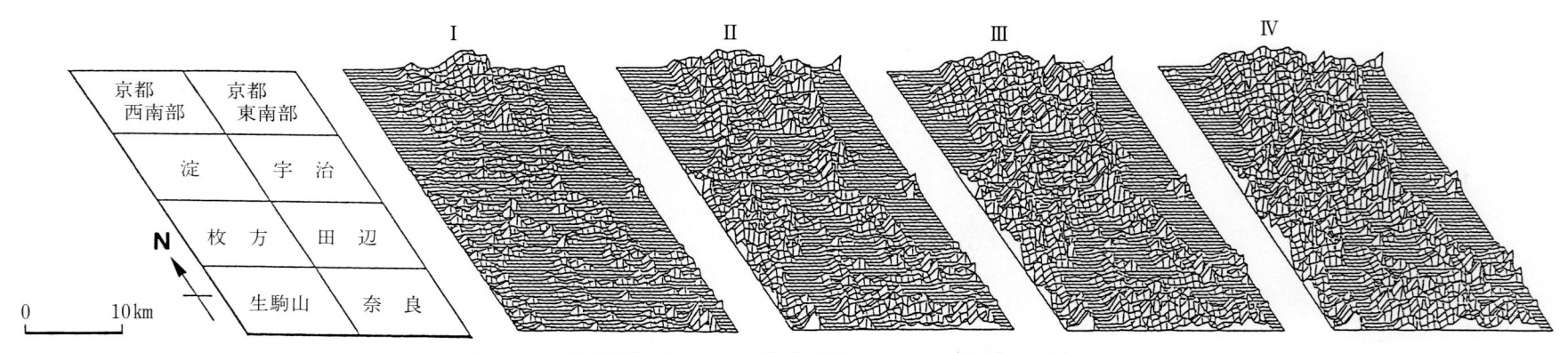

図2.25 京阪奈地域における住宅地比率のブロックダイアグラム
Fig.2.25 Expansion of Residential Areas in the Keihanna Region

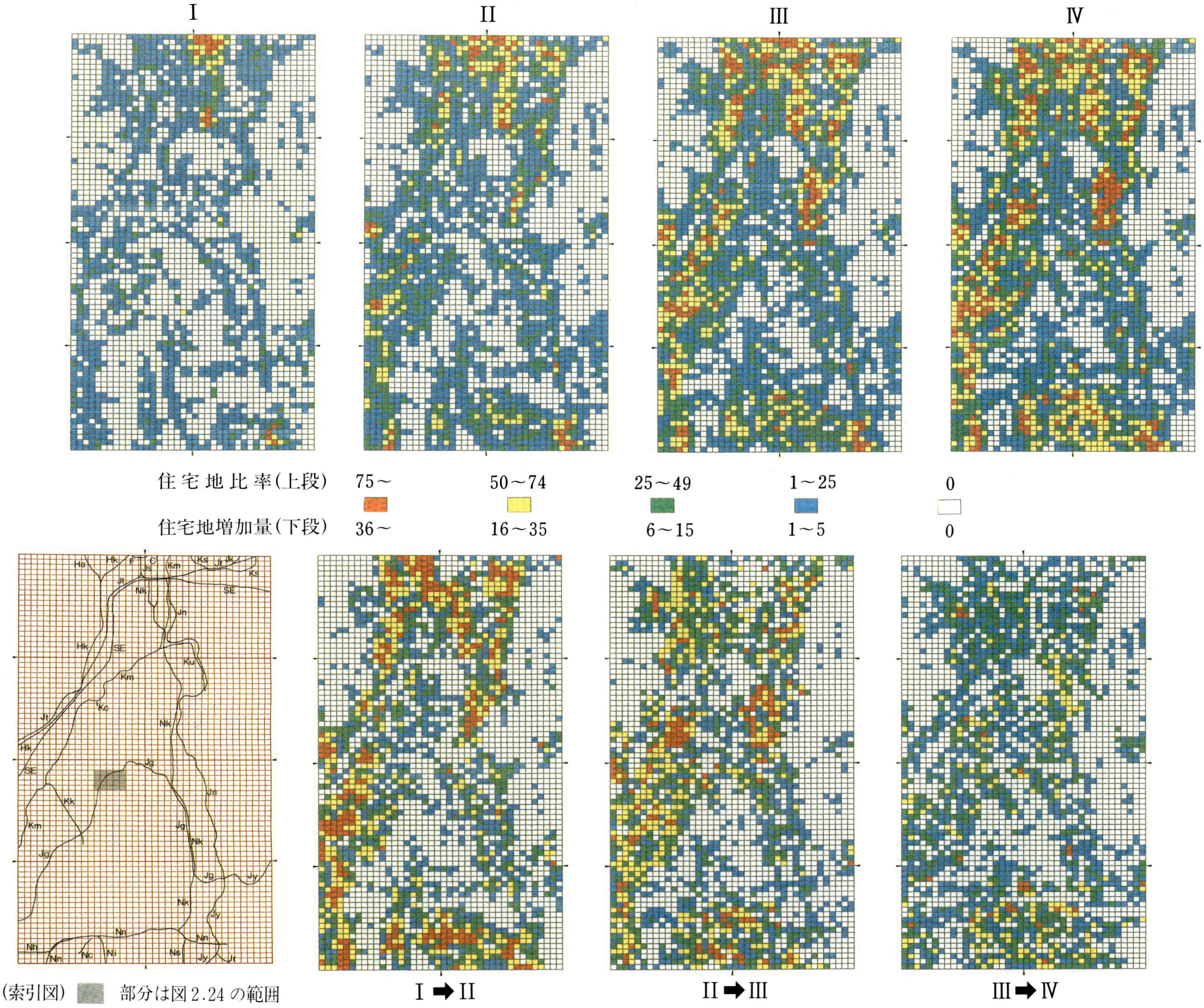

住宅地比率(上段)　75〜　　50〜74　　25〜49　　1〜25　　0
住宅地増加量(下段)　36〜　　16〜35　　6〜15　　1〜5　　0

(索引図)　部分は図2.24の範囲

I ➡ II　　II ➡ III　　III ➡ IV

図 2.22　京阪奈地域における住宅地比率および住宅地増加量
Fig. 2.22　Map Showing Proportion and Increase of Residential Area in the Keihanna Region

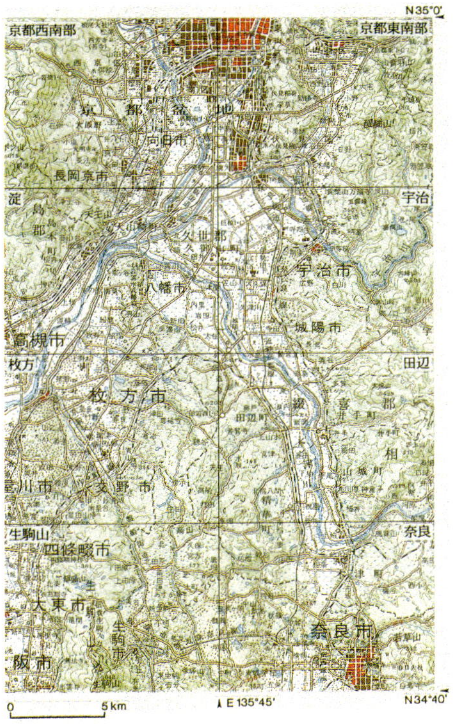

＊20万分の1地勢図「京都及大阪」
(1989年発行)

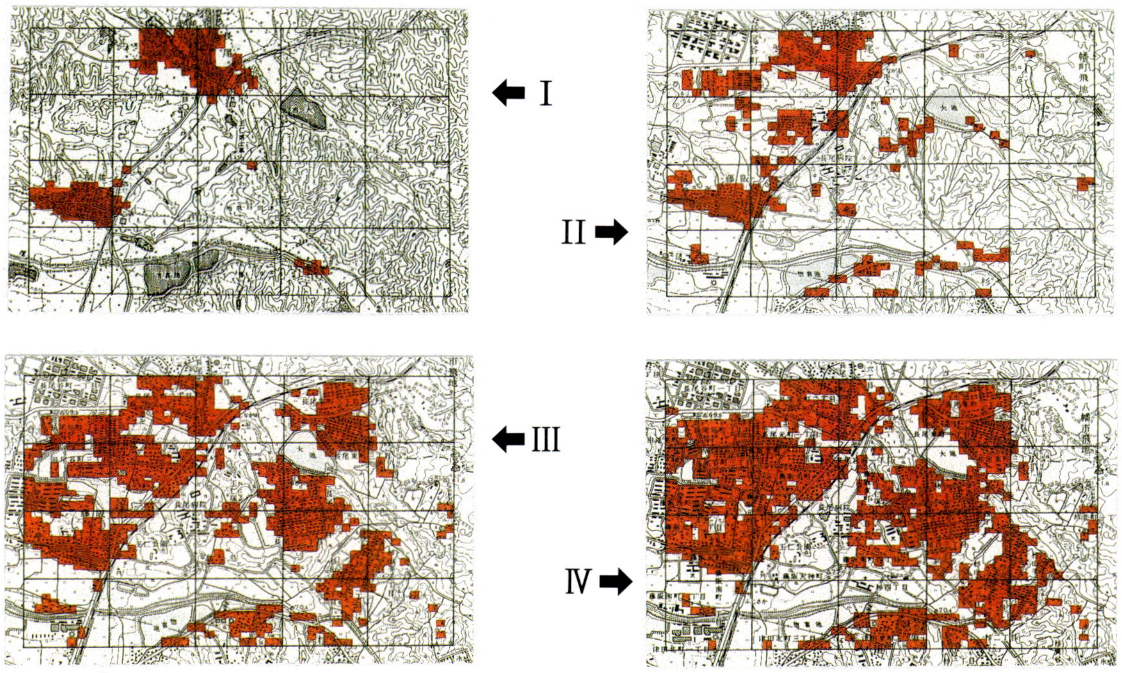

＊2万5千分の1地形図「枚方」　　部分は住宅地を示す

図 2.23　地域概観図
Fig. 2.23　Outline of the Study Area

図 2.24　枚方市東部における住宅地化の進展
Fig. 2.24　Expansion of Residential Area in the Eastern Part of Hirakata City, Osaka Prefecture

作製：香川貴志，須原芙士雄，古賀慎二
Produced by T. Kagawa, F. Suhara, S. Koga

2.5 地方都市圏の土地利用変化
Land Use Change in Provincial Cities

（1） 新開地都市札幌の土地利用変化
Land Use Change in Sapporo

1. 札幌の都市形成史と土地利用図の作製方法

北海道の都市，とりわけその最大多数を占める内陸都市は，本州以南の都市とは大きく異なった都市形成と平面形態の特質をもつ．すなわち，ア）明治以降に本格化した開拓の進展にともなって地域の開拓拠点として成立した歴史の新しい都市であり，イ）中央政府が都市の基礎を造成した計画都市が多く，ウ）碁盤目状の市街地区画，直交道路による方格状の都市平面プランを有する．

札幌は，1869（明治2）年開拓使判官島義勇によって建設が着手され，1871（明治4）年の市街地戸口は211戸637人であった．明治中期以降は函館・小樽市とほぼ同規模の人口をもち，人口20万人を超えた1940（昭和15）年に道内人口首位都市になった．第二次世界大戦後は，函館，小樽両市からの商業機能の奪取，周辺町村との合併，全道からの人口流入などを背景として，人口増加が一層顕著となった．人口は1970（昭和45）年に100万人を突破し，その翌々年には政令指定都市となって冬季オリンピックが開催された．神戸，京都市を追い抜き全国5番目となった人口は，1984（昭和59）年に150万人を突破し，1993（平成5）年3月現在，1,704,135人に達している．

土地利用の復原にあたり，採用した時間断面は，戦前期（1935年），高度経済成長期（1970年），現在（1987年）の3期である．年次の設定理由は資料の制約に負うが，上述のように，名実ともに道内の首都としての確立期（1935年），オリンピック開催にともなう路面電車の廃止，地下鉄・道路網の整備など交通体系の変革直前期（1970年）などを考慮した．

採用した資料は，a）国土地理院：2万5千分の1地形図「札幌」およびそれを取り囲む8図幅（1935，1970年調査），b）国土地理院：1万5千分の1「札幌都市機能図」（1971年編集発行），c）札幌市：札幌市都市計画基礎調査（1987年）磁気テープデータである．土地利用図の作製方法は，以下の通りである．①地図の色分け：資料a）について，土地利用の判定がしやすいように土地利用ごとの色塗りを行う．②メッシュデータの作製：資料a）を縦横20等分してほぼ500m四方のメッシュに分け，各メッシュ内のすべての土地利用を占有率順に並べて，メッシュデータを作製する．資料b）・c）より，同様にして500mおよびさらに細分した100mメッシュの土地利用・建物用途データファイルを作製する．③上記メッシュデータを用いて，メッシュ内の卓越土地利用および建物用途をカラーで示した．

2. 都市的土地利用地域の拡大過程

各年次における500mメッシュの最卓越土地利用図（図2.26～図2.28）に従って，都市的土地利用が最卓越となるメッシュを市街地とみなせば，以下のような市街地の広がりの時間的変化が読み取れる．

1935年の市街地範囲は，南北は南・北24条付近，西部は円山，桑園，東部は苗穂，豊平までの半径約3kmの地域であり，札幌扇状地の範囲とほぼ一致する．飛地的市街地としては，陸軍第7師団25連隊が設置された月寒，札幌の西の玄関である手稲，屯田兵村起源の琴似の3カ所が確認できる．これら市街地メッシュの総数は91である．

1970年の市街地範囲は，北部は新琴似，発寒，南部は真駒内，西部は西野，山の手，東部は白石，南郷の半径約6kmの地域へと拡大した．地形的には，西部の円山・発寒扇状地，北部・東部の泥炭地・三角州性低湿地，南東部の支笏軽石流台地へと市街地が拡大した．北部の篠路，南部の石山，西部の手稲，東部の厚別などの飛地的市街地が見られ，地下鉄南北線と主要国道沿線の突出した市街地拡大も顕著である．この結果，市街地メッシュ総数は522となった．新たに市街地化した423メッシュの1935年における土地利用を見ると，畑地299（70.7%），水田58（13.7%），山林40（9.5%），荒れ地・湿地25（5.9%）の順となる（表2.6）．

1987年の市街地は，前期の飛地的市街地を取り込みながら，北部・東部を中心に一層拡大し，北部・東部の一部では市域境界付近にまで達した．市街地メッシュ総数は1970年に比べて倍増の1,082となり，市街地形態は北西-南東を長軸とする楕円形を呈している．新たに市街地化した555メッシュの1970年における土地利用を見た場合，畑地285（51.4%），山林120（21.6%），水田111（20.0%），荒れ地・湿地39（7.0%）の順となる（表2.7）．これらの数値は，前期に比べて水田と山林の割合が高く，北部・東部の低湿地や西部の山林の宅地化を物語る．

以上のように，札幌の市街地拡大過程は，飛地的市街地を取り込みながら主要交通路沿いに進行し，旧市街地周辺の畑地の市街地化による同心円的拡大の後，北部・東部の低湿地および西部・南部の山林の宅地化によって，楕円形の市街地形態を呈するに至った．

3. 中心部における土地利用・建物用途の変化

札幌中心部（図2.30，図2.31に示される範域）における1970年と1987年の最卓越土地利用100mメッシュを見ると，両年次に共通する10,002メッシュのうち，最卓越土地利用が変化したのは3,457メッシュである．変化メッシュの約6割は，農地および空閑地から建築敷地メッシュへの変化であり，既存市街地内部の残存農地などの宅地化の進展がわかる．また，環状通，札幌新道などの建設・整備による道路用地メッシュの増加（69→555）が顕著であり，図2.29でも確認できる．

最後に，1970年と1987年の最卓越建物用途メッシュの分布とその変化を検討する（図2.30，図2.31）．都心地区に着目すれば，北より順に，都市運営施設：JR札幌駅，業務・官公庁施設：オフィス・官庁街，店舗施設：南1条通，狸小路を中心とした商店街，娯楽施設：薄野歓楽街が並び，平面的機能分化が認められる．この期間に大きく減少した卓越建物用途は，店舗，工業施設と非都市的利用であり，その多くは住居施設へ変化した．他方，分布の変化が少ないのは，都心地区であり，建物用途では官公庁，娯楽，文教施設である．

［寺谷亮司］

表2.6 卓越土地利用メッシュ数の変化（1935～1970年）
Table 2.6 Changes in the Number of Grid-Squares Represented by Different Land Use, 1935-1970

1935＼1970	水田	畑地	山林	荒れ地・湿地	河川・湖沼	都市的利用	不明	合計（%）
水田	128	32	2	13	—	58	—	233（9.3）
畑地	39	295	17	12	—	299	—	662（26.5）
山林	7	37	362	10	—	40	—	456（18.2）
荒れ地・湿地	29	144	74	52	2	25	—	326（13.2）
河川・湖沼	1	1	—	1	6	1	—	10（0.4）
都市的利用	—	—	—	—	—	91	—	91（3.6）
不明	25	67	514	9	—	27	79	721（28.8）
合計（%）	229（9.2）	576（23.0）	969（38.8）	97（3.8）	8（0.3）	541（21.6）	79（3.2）	2,499（100.0）（100.0）

* 1987年のデータ存在メッシュの集計．

表2.7 卓越土地利用メッシュ数の変化（1970～1987年）
Table 2.7 Changes in the Number of Grid-Squares Represented by Different Land Use, 1970-1987

1970＼1987	水田	畑地	山林	荒れ地・湿地	河川・湖沼	都市的利用	不明	合計（%）
水田	1	68	19	21	1	8	111	229（9.2）
畑地	—	134	60	52	15	30	285	576（23.0）
山林	—	—	796	13	3	37	120	969（38.8）
荒れ地・湿地	—	4	17	22	9	6	39	97（3.9）
河川・湖沼	—	—	—	—	7	1	—	8（0.3）
都市的利用	—	—	3	—	—	10	527	541（21.6）
不明	2	7	68	1	2	—	—	79（3.2）
合計（%）	3（0.1）	213（8.5）	963（38.5）	109（4.4）	37（1.5）	92（3.7）	1,082（43.3）	2,499（100.0）（100.0）

* 1987年のデータ存在メッシュの集計．

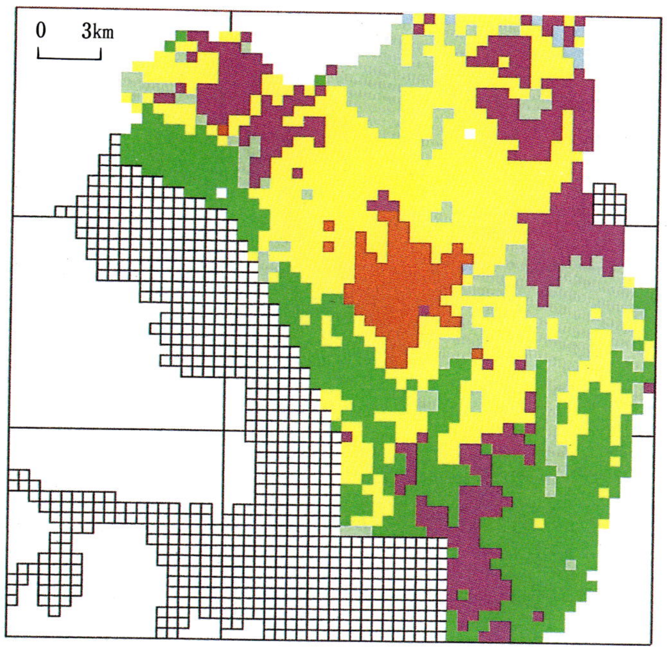

図 2.26 1935年における札幌のメッシュ内卓越土地利用
Fig. 2.26 Land Use in Sapporo in 1935

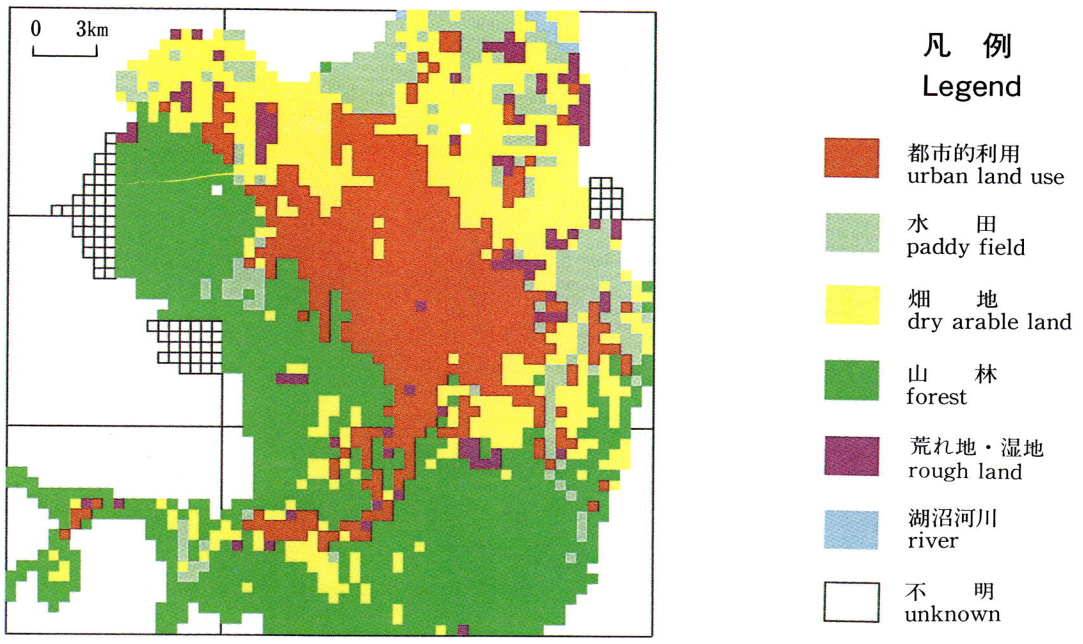

図 2.27 1970年における札幌のメッシュ内卓越土地利用
Fig. 2.27 Land Use in Sapporo in 1970

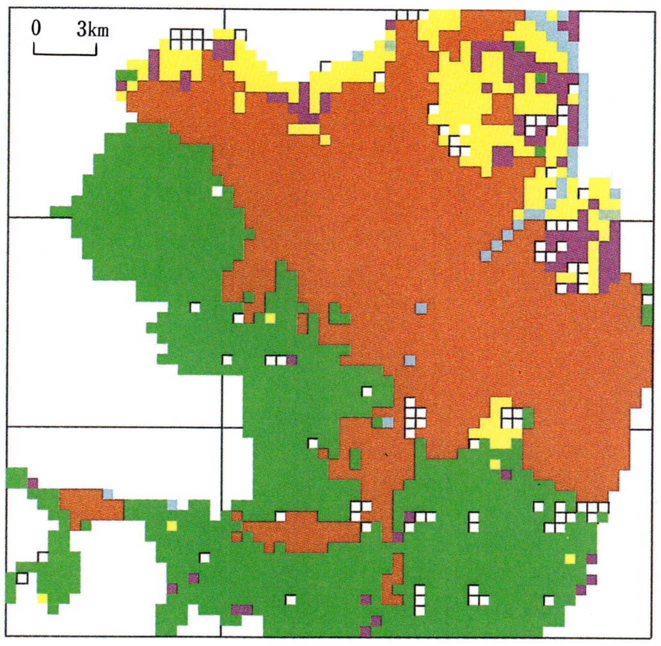

Legend
- 都市的利用 urban land use
- 水田 paddy field
- 畑地 dry arable land
- 山林 forest
- 荒れ地・湿地 rough land
- 湖沼河川 river
- 不明 unknown

図 2.28 1987年における札幌のメッシュ内卓越土地利用
Fig. 2.28 Land Use in Sapporo in 1987

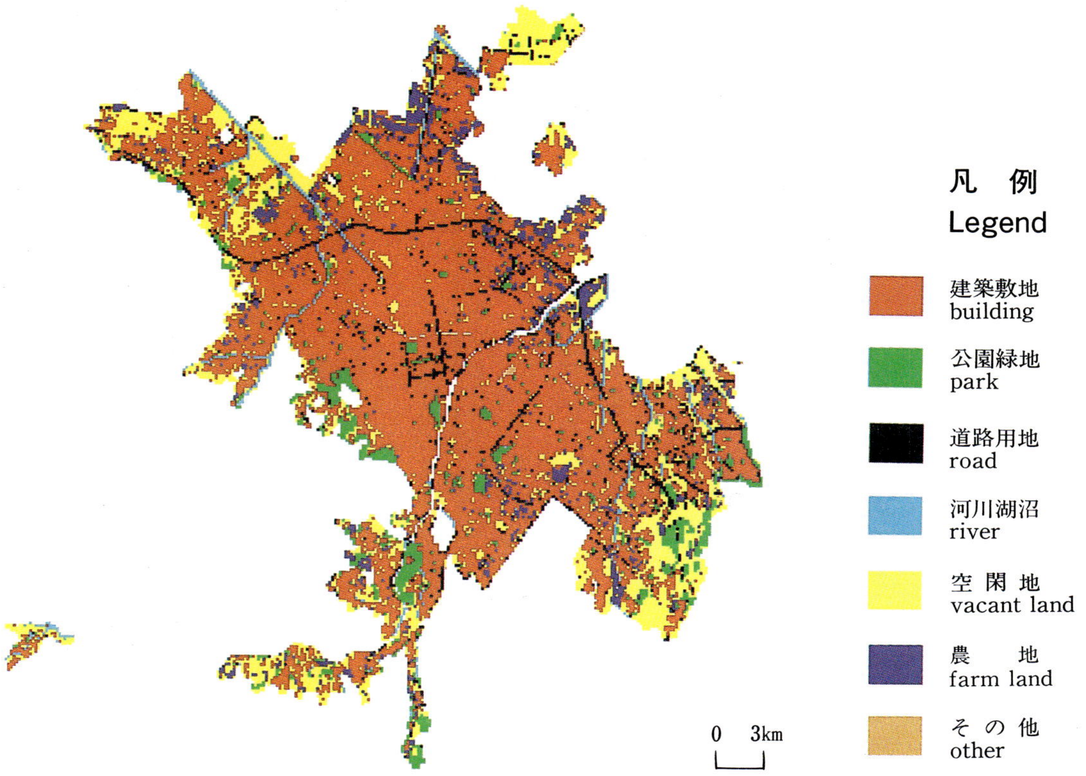

図 2.29 1987年における札幌の微細メッシュ内卓越土地利用
Fig. 2.29 Details of Land Use in Sapporo in 1987

Legend
- 建築敷地 building
- 公園緑地 park
- 道路用地 road
- 河川湖沼 river
- 空閑地 vacant land
- 農地 farm land
- その他 other

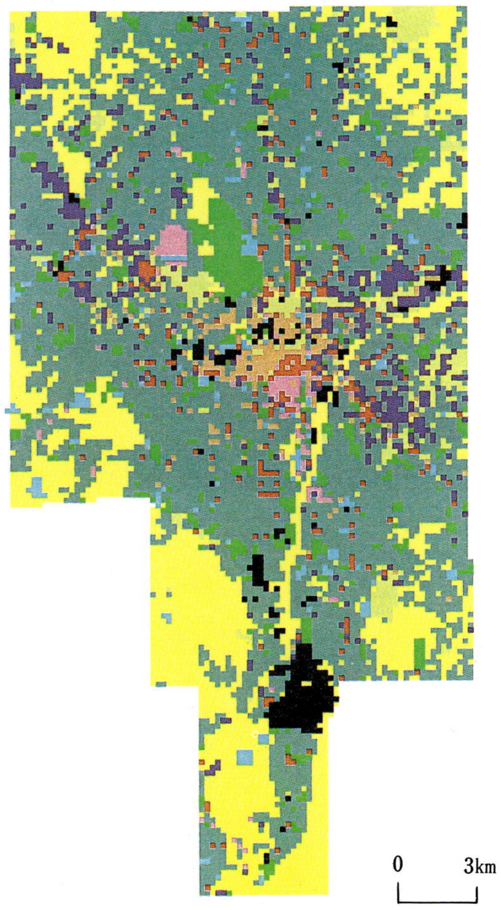

図 2.30 1970年における札幌中心部の微細メッシュ内卓越建物用途
Fig. 2.30 Floor Use in Central Sapporo in 1970

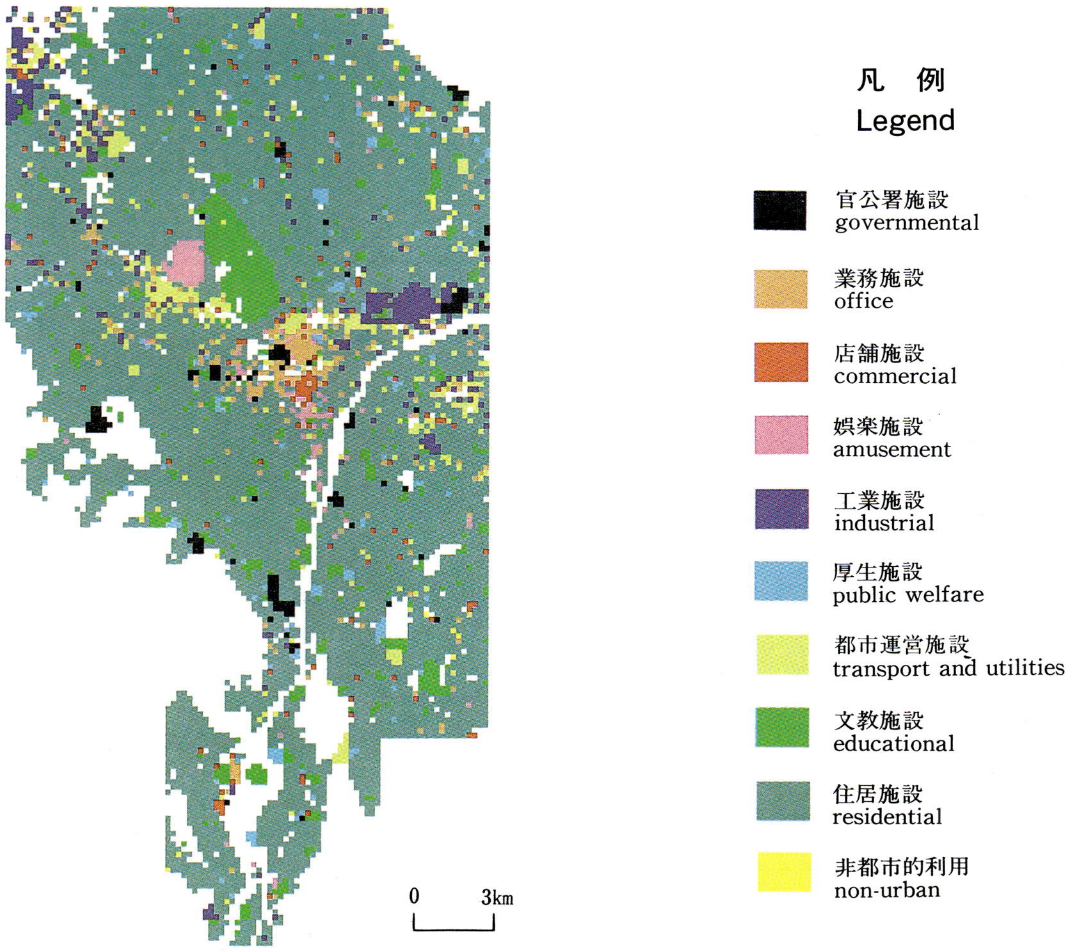

図 2.31 1987年における札幌中心部の微細メッシュ内卓越建物用途
Fig. 2.31 Floor Use in Central Sapporo in 1987

Legend
- 官公署施設 governmental
- 業務施設 office
- 店舗施設 commercial
- 娯楽施設 amusement
- 工業施設 industrial
- 厚生施設 public welfare
- 都市運営施設 transport and utilities
- 文教施設 educational
- 住居施設 residential
- 非都市的利用 non-urban

作製：寺谷亮司
Produced by R. Teraya

（2） 歴史的都市広島・松江の土地利用変化
Land Use Change in Hiroshima and Matsue

1. データの作製と表示

調査地域は広島市，松江市の中心部を含む国土地理院発行2万5千分の1地形図の範囲とし，広島市は祇園，中深川，広島，海田市の4図幅を，松江は松江図幅を用いて土地利用図を作製した（図2.32，図2.33）．使用した地形図は第二次世界大戦直後，高度経済成長期，現在の3期を示すものとしたが，測量年次の関係から松江の第1期は昭和初期を示すものとし，広島の第2，3期は国土地理院発行2万5千分の1土地利用図を使用した．土地利用データは2万5千分の1地形図を縦横40等分した方格（約250m四方）について縦4横5，合計20個のドットを落とし，表2.8の23分類に従って，その個数を記録したものである．

なお，本項においては，表2.8中の左の7分類に集計したデータを使用した．また，図2.34，図2.36は最多数のドット数を有する土地利用を示し，陸地が25％未満の部分は海面として表現した．また，海面を除いたドット数に対する各土地利用の構成比率をもとめ，その分布を図2.35，図2.37として示した．

2. 広島の土地利用変化

広島の都市としての歴史は16世紀末に建設された城下町を起源とする．築城当時の汀線は現在の平和大通付近であり，これより南は近世，近代の干拓や埋立地による新開地である．1886（明治19）年の陸軍第5師団の設置，1889（明治22）年の宇品港の開港などによって，広島は急速に軍都としての性格を強めていく．その際，新開地においては蔬菜栽培とともに，軍用包帯，脱脂綿などの軍用需要を背景として大正末期まで綿作が行われたが，その後，農地は宅地化され，市街地が拡大していった．

1945（昭和20）年8月6日，広島は原子爆弾により20万人以上にもおよぶ死傷者を出した．爆心地が三角州上に広がる市街地のほぼ中央にあたり，爆心地から半径2km以内が全壊全焼，5km以内が半壊と，壊滅的な破壊を受けた（図2.32）．

戦後，当初の予想を覆して広島は急速に復興をとげる．1950（昭和25）年頃の卓越土地利用を示した図2.34aにそのようすを見ることができる．三角州の地先が荒れ地・湿地となっているのは第二次大戦末期に軍用工場などの建設を目的として埋め立てられた地区である．一部は工場用地となっているが，多くは利用されることなく残っている．原爆による被災地域は都市的土地利用と水田や畑の混在地域となっている．都市的土地利用が集中するのは，比治山の陰になり全壊を免れた段原地区，全壊地区の外縁にあたり商業中心となった広島，横川，西広島（己斐）各駅周辺と，急速に復興が進む戦前の都心地域である（図2.35a）．都心周辺地域では，バラック的な簡易住宅を含む建物建設は進んでいるものの，なお空地が多く見られ，畑として利用されていたところも多い．

被災地域の復興は，戦前の街路を基礎として行われていったが，1946（昭和21）年からは特別都市計画法の適用を受け，土地区画整理事業などによって市街地の整備も順次進められた．また，1966（昭和41）年には洪水防止を目的とする太田川放水路工事も完了し，近代的な都市発展の基盤が作られた．

昭和30～40年代はわが国の経済成長にともない，全国的に郊外地域への住宅や工場の進出により，都市的土地利用と水田や畑などの農業的土地利用とが混在したスプロール的な市街化が進展した．広島においても，民間企業を中心とする住宅団地開発により安古市町や高陽町をはじめとする郊外地域において人口急増が起こった．図2.34bにおいて北，東方面への都市的土地利用の拡大が顕著であるが，これらの地域では都市的土地利用と水田や畑，山林が混在した土地利用であった（図2.35b）．また，山麓部や丘陵地において大規模な住宅団地や公共施設の開発が行われており，空地の卓越する地域が多く確認される．このように，郊外地域では無秩序な市街地が形成されていった．

広島市においては，1971（昭和46）年に都市計画法によるいわゆる線引きを行い，市街化調整区域では大規模な開発が行われなくなった．そのため都市的土地利用の急速な拡大は見られないが，反対に市街化区域内においては，農地の転用により宅地化が進展したことが図2.34cにおいて確認できる．

現在，広島都市圏における大規模住宅団地の開発は図の範囲を超え，西方向の佐伯区や廿日市市において顕著である．また，流通や工業などの都市機能の近代化，拡充を図るために，西部開発事業（328ha）や海田湾開発事業（184ha）が行われ，海面埋め立てによる都市的土地利用の新たな創出も行われている．

3. 松江の土地利用変化

松江は，1611（慶長16）年の築城により城下町としての発展が始まり，宍道湖と中海を結ぶ大橋川の周辺に町屋が作られた．当初より低平な地形のため，低湿地への土砂の埋め立てなどによって市街地を拡大させていった．山陰本線の開通は1908（明治41）年であるが，松江駅周辺が市街化されたのは大橋川の浚渫土砂の埋め立てが行われた大正期以降である．図2.36aでは，市街地とそれを取り囲む水田や畑とが明瞭に区別される．

松江は大きな戦災を受けることなく，戦後も1955（昭和30）年，9.8万人，1965（昭和40）年，11.1万人，1975（昭和50）年，12.7万人と人口を増加させ，都市的土地利用を四方に拡大させたが，特に国道9号線に沿う土地区画整理事業などによる東，南方向への拡大が顕著である（図2.36b）．これにより市街地は約3倍に増加した．これらの宅地は水田や畑からの転用が多く，山林の減少は少ない．また，松江温泉旅館団地造成のための湖北，卸商業団地造成のための嫁島の各土地区画整理事業が昭和30年から40年代にかけて行われ，合わせて約70haの湖面埋め立てが行われた．

第3期で第2期と最も異なるのは，乃木土地区画整理事業地区（69.7ha）が空地として表現されていることであり，基本的な市街地形態に変化は見られない（図2.36c）．しかし，宅地化の進展によって都市的土地利用が増加していることを図2.37から読み取ることができる．松江市では1971年に都市計画法による線引きが行われた．都市的土地利用が拡大または増大した地域はいずれも市街化区域内であり，松江市においても都市化の進展と制度的制約の間には強い連関が見られる．

松江は，広域中心都市として発展する広島と比べると人口規模が小さいため，大規模開発も少なく市街地面積も大きくない．しかし，増加する人口に対応して市街地の拡大が続いており，水田や畑と混在した郊外地域の発展が見られる．

［土居晴洋］

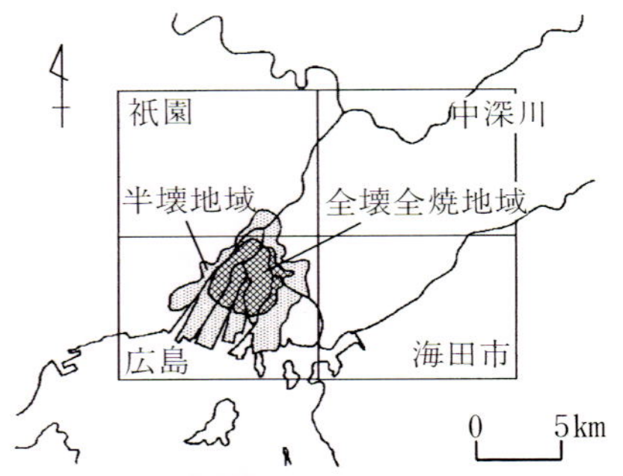

図2.32 調査範囲（広島）
Fig.2.32 Research Area in Hiroshima

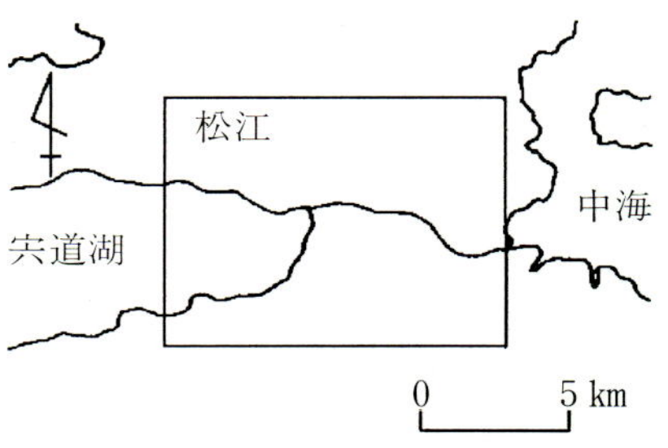

図2.33 調査範囲（松江）
Fig.2.33 Research Area in Matsue

表2.8 土地利用分類
Table 2.8 Land Use Classification

都市的土地利用	21. 高層建築物		畑	13. 牧草地
	22. 建物密集地		山林	14. 広葉樹林
	23. 宅地			15. 針葉樹林
	24. 都市的施設			16. 混交樹林
空地	25. 空地			17. ハイマツ地
水田	26. 水田			18. 竹林
畑	27. 畑（第1期は空地を含む）			19. その地
	28. 果樹園			20. シュロ科樹木
	29. 桑畑		荒れ地・湿地	21. 荒れ地，河川敷
	10. 茶畑			22. 岩石地，砂地
	11. その他樹木畑		河川・湖沼	23. 河川，湖沼
	12. 温室・畜舎など			

□参考資料
1) 広島市役所（1961）：新修広島市史 第1巻総説編，広島市，739 p.
2) 広島市（1983）：広島新史 都市文化編，535 p.
3) 松江市誌編纂委員会（1989）：松江市誌，松江市，1736 p.
4) 山中寿夫・小林township宣（1989）：運命共同体の史的展開—太田川とヒロシマの場合—，東信堂，291 p.

a) 昭和25年頃 circa 1950

a) 昭和25年頃 circa 1950

b) 昭和50年頃 circa 1975

b) 昭和50年頃 circa 1975

c) 昭和63年頃 circa 1988

c) 昭和63年頃 circa 1988

図 2.34 広島の土地利用の変化
Fig. 2.34 Land Use Change in Hiroshima

図 2.35 広島の都市的土地利用の変化
Fig. 2.35 Change in Urban Land Use in Hiroshima

a) 昭和9年 1934
b) 昭和50年 1975
c) 昭和58年 1983

図 2.36 松江の土地利用の変化
Fig. 2.36 Land Use Change in Matsue

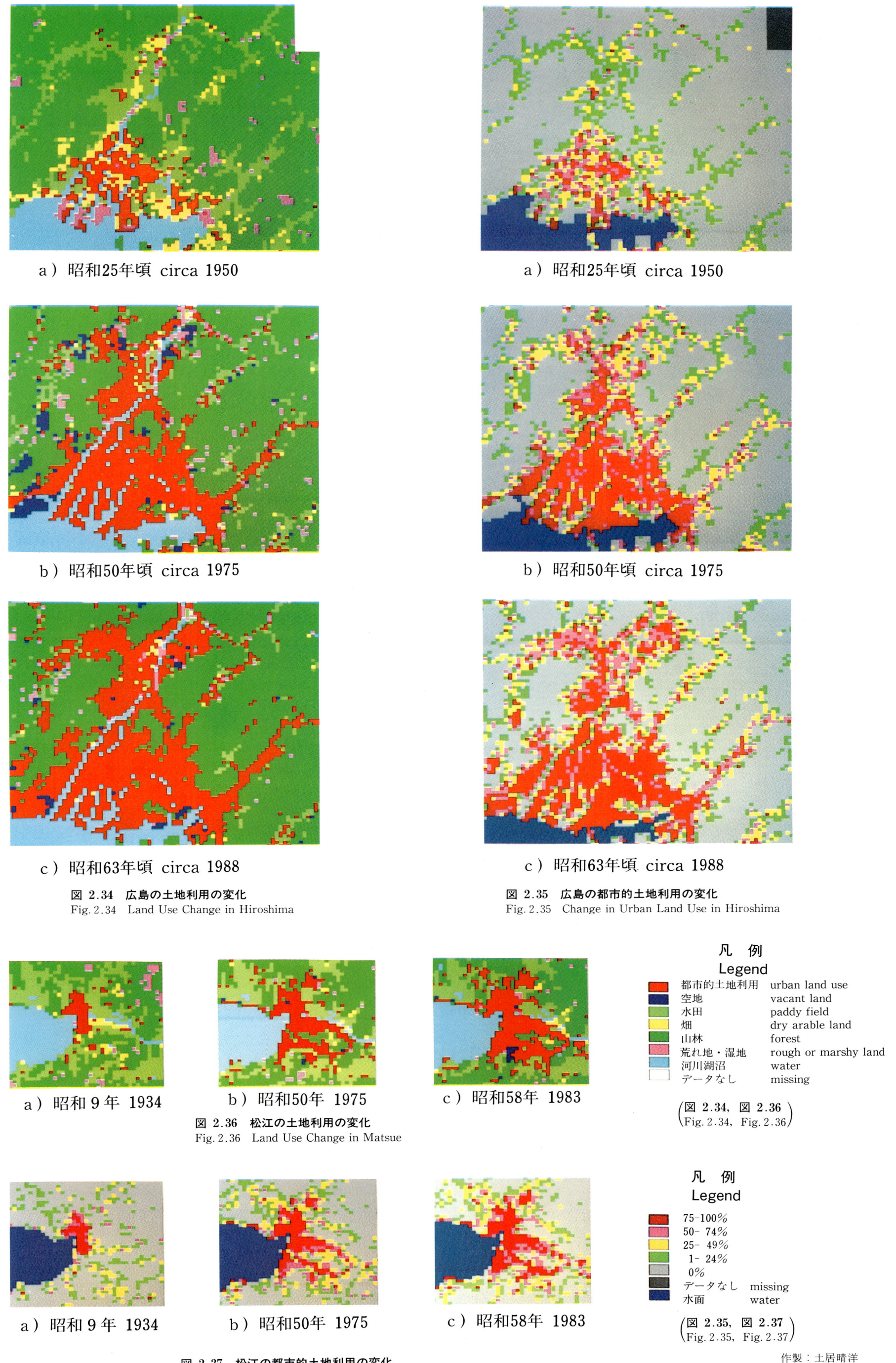

凡 例
Legend

■	都市的土地利用	urban land use
■	空地	vacant land
■	水田	paddy field
■	畑	dry arable land
■	山林	forest
■	荒れ地・湿地	rough or marshy land
■	河川湖沼	water
□	データなし	missing

(図 2.34, 図 2.36)
(Fig. 2.34, Fig. 2.36)

a) 昭和9年 1934
b) 昭和50年 1975
c) 昭和58年 1983

図 2.37 松江の都市的土地利用の変化
Fig. 2.37 Change in Urban Land Use in Matsue

凡 例
Legend

■	75-100%
■	50- 74%
■	25- 49%
■	1- 24%
■	0%
■	データなし missing
■	水面 water

(図 2.35, 図 2.37)
(Fig. 2.35, Fig. 2.37)

作製：土居晴洋
Produced by H. Doi

（3） 砂丘上の都市新潟の土地利用変化
Land Use Change in Niigata, a City on Sand Dunes

1. データの作製方法

新潟平野（越後平野）には，数列からなる砂丘列が海岸線に沿って平行に並び，砂丘列間には低湿地が分布している．集落は自然堤防や砂丘列上に発達し，耕作条件の良い低地は水田として利用されてきた．海岸に最も近い砂丘列は長い間未利用地であり，漁村や農村が一部の地域に点在していたにすぎない．しかし，20世紀後半に入ってからの交通網の整備と住宅地の拡大はそのような地域の都市化をもたらし，今日では乾田化の進んだ水田地帯にも住宅地化がおよんでいる．必ずしも恵まれた土地条件とはいえない砂丘地での土地利用変化を，新潟市を事例に見てみよう．

土地利用状況の復原にあたり，ここでは国土地理院発行の5万分の1地形図「新潟」と「内野」を資料として採用した．分析年次は，1911（明治44）年，1933（昭和8）年，1953（昭和28）年，1967（昭和42）年，1975（昭和50）年，1991（平成3）年である．土地利用図を作製するにあたっては，土地利用種目を次の9つに区分した．

(A) 鉄道
(B) 道路（国道，高速道および幅員5.5m以上の県道・一般道）
(C) 市街地・集落
(D) 工業地
(E) 港・空港
(F) 公共施設（官公庁，学校，公園，競馬場，神社，寺院など）
(G) 農地（水田，普通畑，果樹園など）
(H) 荒れ地・湿地（砂浜，荒れ地など）
(I) 水面（河川，潟湖など）

土地利用データは，前述した地形図に1kmの正方メッシュをかけ（図2.38），その中に100のドットを打ち，ドットの真下に存在する土地利用種目を読み取り，メッシュごとに面積を集計することにより作製した．それらをもとに種目別土地利用と卓越土地利用のメッシュ図を作製し，分布パターンの変化とその特性を考察した．

2. 種目別土地利用の変化

新潟市を中心とする地域は，「農地」が大半を占める（図2.39）．「農地」は土地改良事業や圃場整備などにともない増加してきたが，1967年をピークとして減少してきている．かつて高い割合を占めた「荒れ地・湿地」も年次を追うごとに減少している．特に，1953年と1967年の間に大きな減少が見られた．「水面」は川幅の縮小や潟湖の埋め立てなどにより減少してきたが，新潟東港の掘込みが進んだため，近年増加に転じている．一方，「市街地・集落」は増加の一途をたどる．1911年には全体面積の7.1%にすぎなかったが，1991年には27.9%にまで上昇している．このように，各土地利用種目ごとの面積変化のパターンはさまざまである．以下では「荒れ地・湿地」，「農地」，「市街地・集落」について示してみた．

荒れ地・湿地（図2.40）：「荒れ地・湿地」としての形態は，その大半が砂丘と潟湖である．1911年の「荒れ地・湿地」としての土地利用面積率は35.8%であり，これは「農地」に次ぐ面積であった．「荒れ地・湿地」は研究対象地域に散在的に分布していたが，最も海岸線よりの砂丘列上に多く見られる．この地域は水に乏しく，長い間交通機関に恵まれない状態が続いていた．「荒れ地・湿地」の面積率は年々減少し，1991年には8.2%となった．地域的には，新潟市市街地西部での減少が著しい．農地への転用，さらには，JR越後線や国道116号線の整備による住宅地化の進展などが強く影響している．

農地（図2.41）：研究対象地域の中で最も多くの面積を有する利用形態である．1911年に「農地」の面積率はすでに46.6%を示した．「農地」は，その後の農業技術の進歩や土地改良事業などにより増加を継続し，1967年には，57.8%に達する．しかしその後は減少し，1991年には42.2%となる．それらは海岸線より約3kmほど内陸側に分布し，水田・砂丘地を改良した畑・果樹園などが展開する．高い密度地を示すメッシュが連続して分布するのが特徴である．特に，1953年の分布図にこのような傾向がよく現れている．1967年頃から市街地の拡大にともない「農地」は減少する．特に，鉄道や道路に沿った地域において「農地」の利用度は低下する．中でも，鳥屋野地区や石山地区での「農地」の減少には著しいものがある．

市街地・集落（図2.42）：この土地利用は年々拡大している．1911年から1991年にかけて，面積率は約4倍に増加する．1911年の市街地を除く周辺の集落分布に着目すると，それらは海岸線に沿った砂丘列と信濃川・阿賀野川に形成された自然堤防上に分布している．1967年以降，新潟・沼垂地区や亀田地区に高い面積を示すメッシュが連続するようになり，鉄道や道路に沿ってヒトデ状に拡大する市街地のようすを読み取ることができる．

3. 卓越土地利用の変化

メッシュ内で最も多くの面積を有する土地利用，すなわち卓越土地利用の変化を見てみよう（図2.43，図2.44）．1911年から1953年にかけては，それほど大きな変化は見られない．「農地」の割合が大半を占めており，1911年の141から1953年の158へメッシュ数が増加している．これに対し，「荒れ地・湿地」は徐々に減少し，内陸において「農地」へと変化している．「市街地・集落」，「工業地」，「公共施設」などの卓越土地利用は，新潟駅と沼垂駅を中心とする旧市街地に分布し，徐々に拡大している．

1967年から1991年の卓越土地利用図には大きな変化が認められる．まず，「荒れ地・湿地」の割合が減少する一方，「市街地・集落」の割合が増加する．1967年から1975年にかけての「荒れ地・湿地」の減少したメッシュの数は39であり，これは「市街地・集落」と「農地」の増加したメッシュ数とほぼ同じである．「市街地・集落」の割合は，1975年の48から1991年の75へと増加する．これに対して，1967年まで増加を継続した「農地」のメッシュ数は減少へと転じ，その数は増加した「市街地・集落」とほぼ一致する．すなわち，宅地化できる荒れ地や湿地が減少し，その後に農地が宅地として利用されたためである．「工業地」を表す卓越土地利用は山の下地区を中心に分布していたが，新潟東港付近にも分布するようになった．「公共施設」も1991年には4つのメッシュへと増加した．官公庁や大学の移転にともない，周辺地域への分布が見られるようになった．

［鈴木厚志・三膳紀夫］

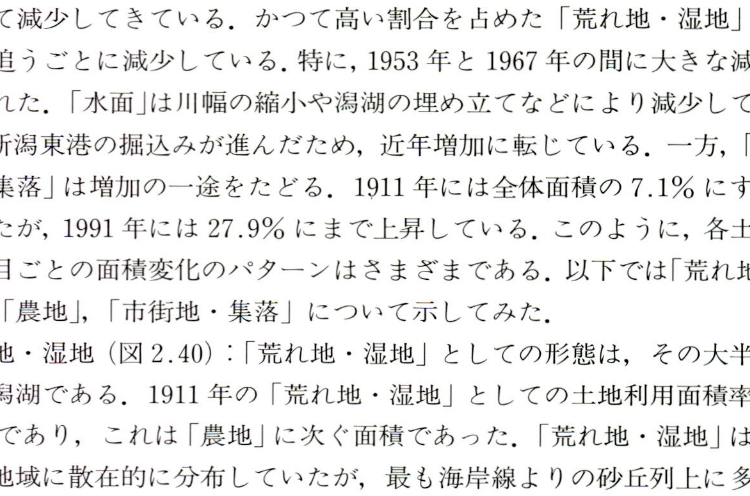

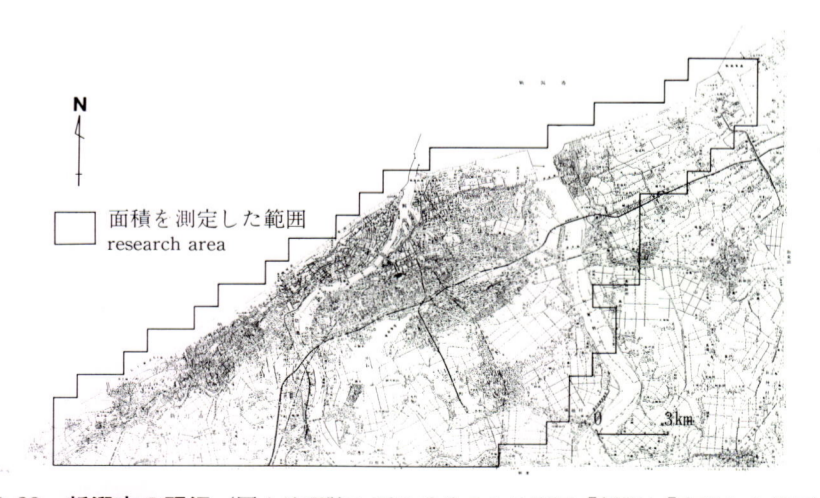

図 2.38 新潟市の現況（国土地理院1万5千分の1地形図「新潟」「内野」を使用）
Fig. 2.38 Research Area in Niigata City

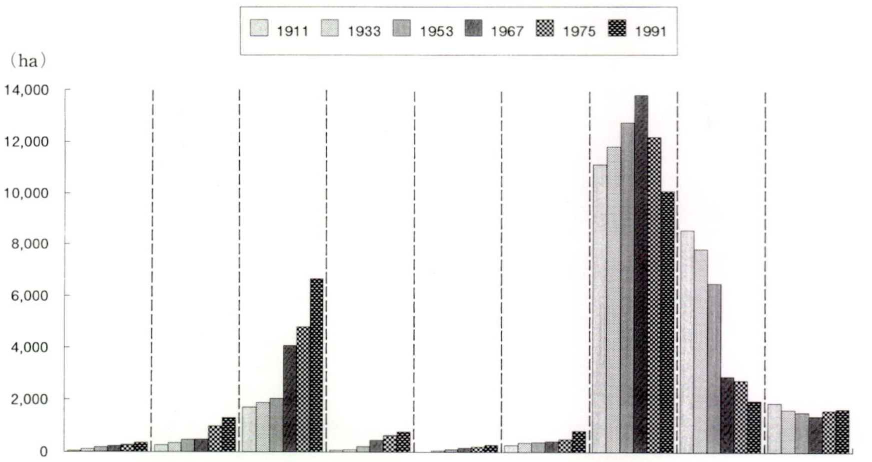

図 2.39 新潟市における土地利用種目別面積変化
Fig. 2.39 Changes of Land Use in Niigata City

A：鉄道 railway, B：道路 road, C：市街地・集落 urban land use and settlement, D：工業地 industrial, E：港・空港 harbor and airport, F：公共施設 governmental, G：農地 agricultural, H：荒れ地・湿地 rough or marshy land, I：水面 river and lake.

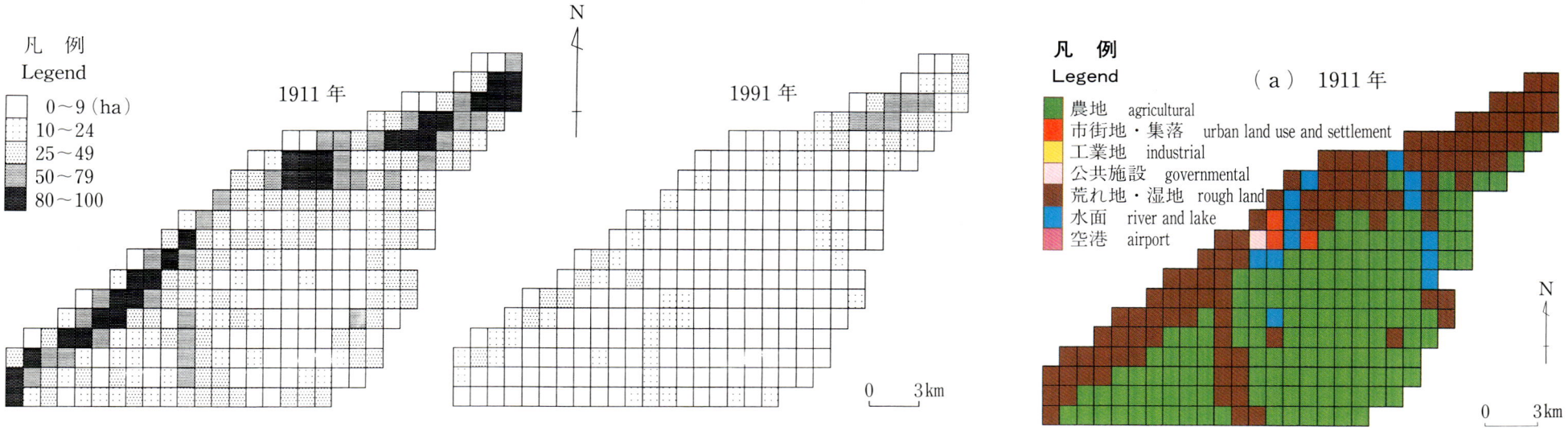

図 2.40 新潟市における「荒れ地・湿地」分布の変化
Fig. 2.40 Change in Rough Land Use in Niigata City

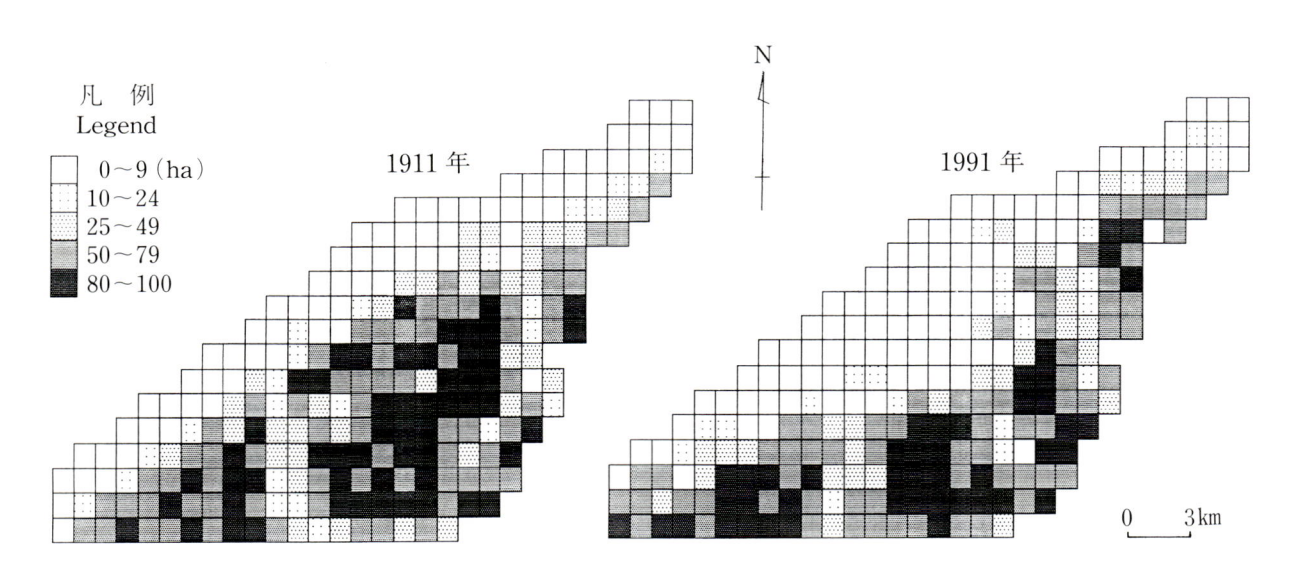

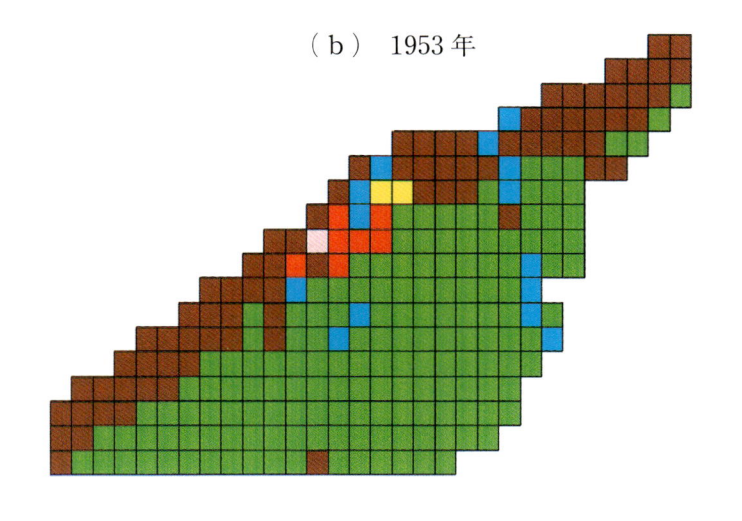

図 2.41 新潟市における「農地」分布の変化
Fig. 2.41 Change in Agricultural Land Use in Niigata City

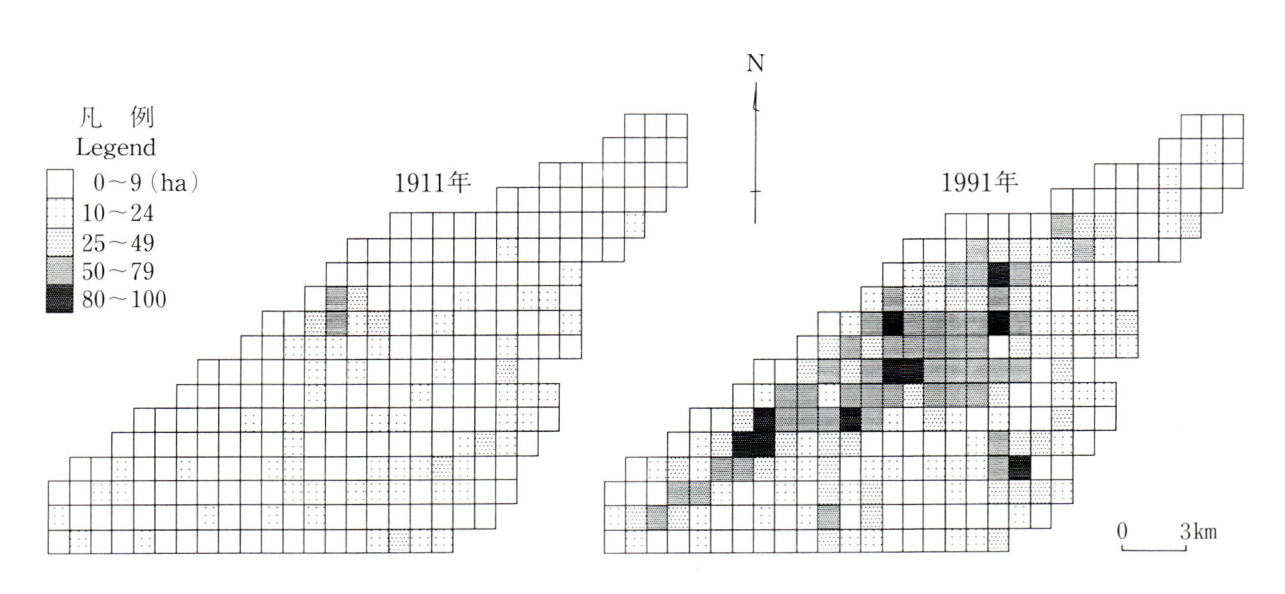

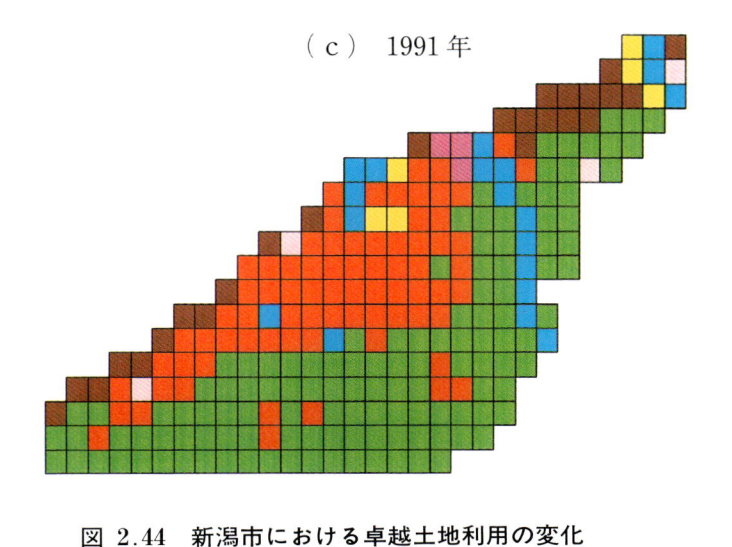

図 2.42 新潟市における「市街地・集落」分布の変化
Fig. 2.42 Change in Urban Land Use and Settlement in Niigata City

図 2.44 新潟市における卓越土地利用の変化
Fig. 2.44 Change in Land Use in Niigata City

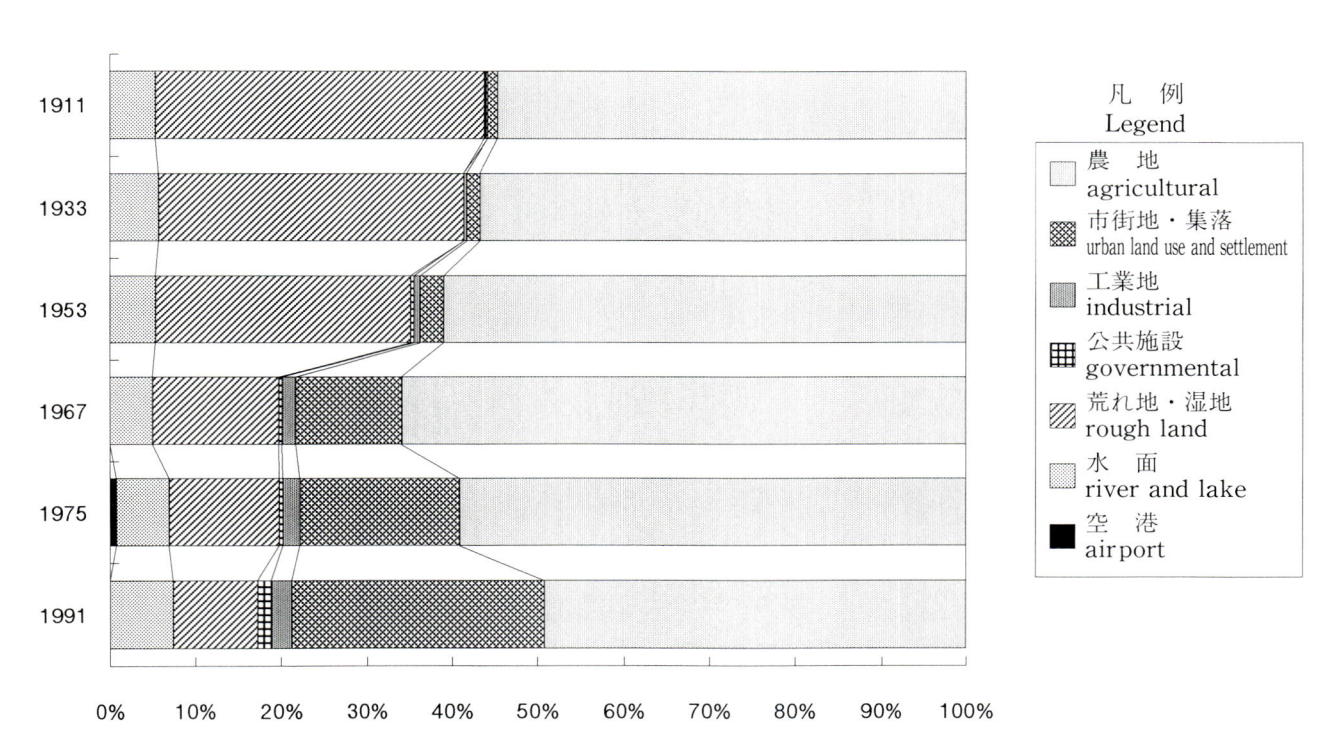

図 2.43 新潟市における卓越土地利用メッシュ構成比の変化
Fig. 2.43 Change in the Percentage of Grid-Squares Represented by Each Land Use Category in Niigata City

作製：鈴木厚志
Produced by A. Suzuki

2.6 高度経済成長期以降の大規模地形改変
Large-scale Landform Transformation since the Beginning of the High Economic Growth

人間活動による土地環境の変化を端的に表す現象の1つに，各種用地開発にともなう人工的地形改変があげられる．住宅用地，農用地，工業用地，レクリエーション用地（大半がゴルフ場）などの大規模開発は，1960年代に入ってから全国的に盛んになった．これらにともなう地形改変の規模を切土・盛土の総量で，また地形改変の強度を平均切土深・盛土厚で表すことができる．

一件50ha以上の大規模住宅用地開発（1960年からの20年間に全国で約950km²）の場合，平均切土深・盛土厚は，低地で1m，台地で3m，多くの丘陵地で8m，大起伏丘陵地・低山地では10m内外である．この値と，それぞれの地形域での開発面積から，切土・盛土の総量を概算し，全国の大規模住宅用地開発にともなう地形改変規模・強度の推移を求めると，図2.45のようになる．同図B1から明らかなように，1960年に入ると大規模住宅用地開発が活発化し，同時にそれが丘陵地で行われる割合が急増したため（同図A），改変規模・強度が飛躍的に増大した（同図B2，C1）．その要因としては，高度経済成長にともなう都市圏での宅地需要の急増が第1にあげられるが，加えて，丘陵地の地形・地質特性と，そこでの在来の土地利用傾向（かなりの部分が雑木林），および燃料革命（1950年代後半に進行）など，および大型建設機械の進歩・普及を考慮する必要がある．機械の進歩・普及のようすは同図C2に示す．1970年代中頃になって，オイルショックの影響で開発総面積・規模は半減したが，改変強度はわずかしか低下しなかったのも，上記の自然的および技術的要因を考慮すると理解できる．

大規模住宅用地開発にともなう地形改変強度が全国一大きいのは神戸である．ここでは，丘陵地での平均切土深が全国平均の2倍を超す．これは，大規模住宅用地開発が，海面埋め立てのための土砂採取を兼ねて行われているからである．神戸での大規模住宅用地開発（図2.46～図2.48）は，六甲山地背後の半固結堆積岩（神戸層群）からなる丘陵地を深く削り取って行われ，その土砂は，特別に掘られたトンネルを通るベルトコンベアによって海岸へ，さらに特殊な運搬船（バージ）で埋立現場に運ばれた．これら各種機械の稼働状況から，土砂掘削・移動量すなわち地形改変規模の推移がもとめられる．その解析の一例を図2.49，図2.50に示す．ここでも，社会経済状況の変動が地形改変の規模によく反映されていることがわかる．そもそも，この事業は，世界の海上輸送のコンテナ化に対応するための新しい大型埠頭の建設を1つの目的として始められたものである．なお，この事業で造成された土地のうち，海面埋め立てによる大型埠頭や関連業務用地では，1995（平成7）年1月17日の兵庫県南部地震で地盤液状化などの被害が多発し，コンテナ流通の機能はある期間停止した．

［田村俊和・沖村 孝・森山正和］

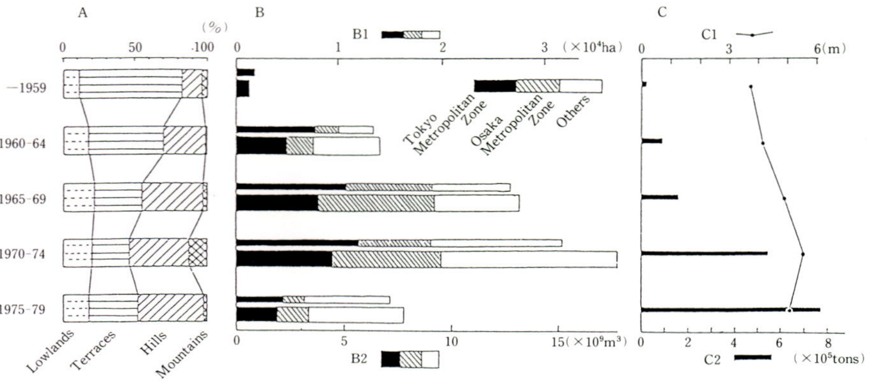

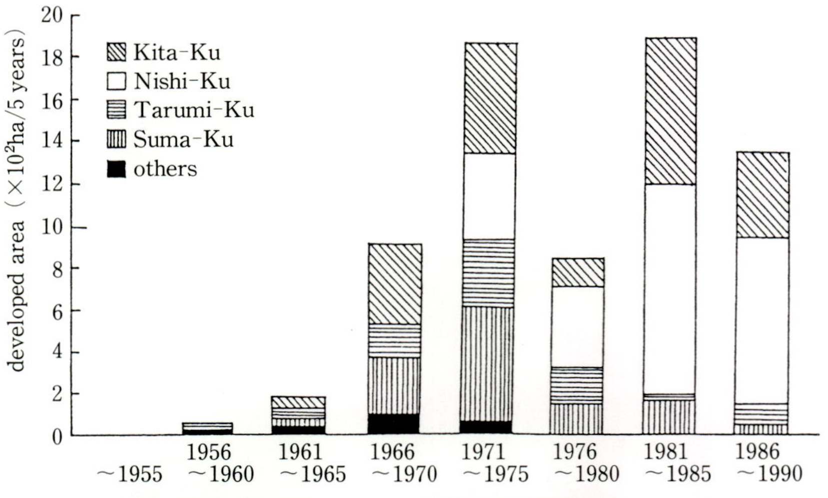

図2.48 神戸市内の区ごとの住宅用地開発面積の変遷（図2.46も参照）
Fig.2.48 Change in Area of Residential Development by Ward in Kobe (see also Fig.2.46)

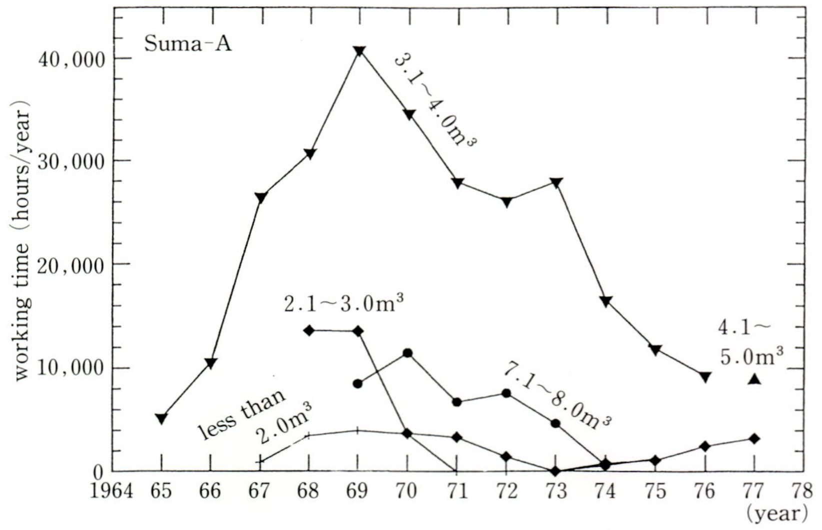

図2.49 神戸市須磨A地区におけるホイールタイプ・トラクターショベルの稼働時間
Fig.2.49 Working Hours of Wheel-type Tractor Shovels for Residential Development in an Area in Kobe

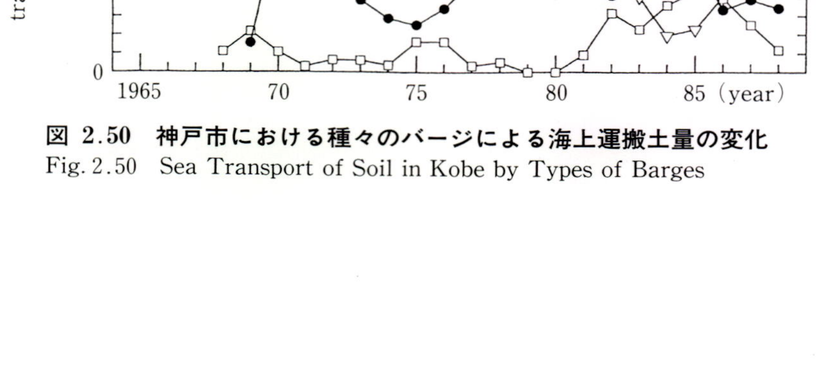

図2.45 全国の大規模住宅用地開発にともなう地形改変規模・強度の変遷と建設機械の進歩・普及
Fig.2.45 Changing Magnitude of Landform Transformation for Large-scale Residential Development and its Technological Backgrounds in Japan

A 全国の大規模住宅用地開発（一件50ha以上）の中地形別面積比（田村ほか，1983）
B それにともなう地形改変の規模
　B1 開発総面積，B2 開発にともなう切・盛土量（AおよびB1から算出）
C 地形改変強度と建設機械の進歩・普及
　C1 平均切土深，盛土厚（B1，B2から算出），C2 稼働中のショベル型掘削機の総重量（通産省生産動態統計などをもとに推定）

A Areal proportion of landforms for large-scale residential development sites (bigger than 50ha in a site) in Japan
B Magnitude of landform transformation in large-scale residential development
　B1 Total area developed
　B2 Total volume of earth moved artificially
C Technologic background for large-scale earthwork
　C1 Average cut depth or fill thickness in large-scale residential developments
　C2 Total weight of shovel-type excavators at work (average of five years)

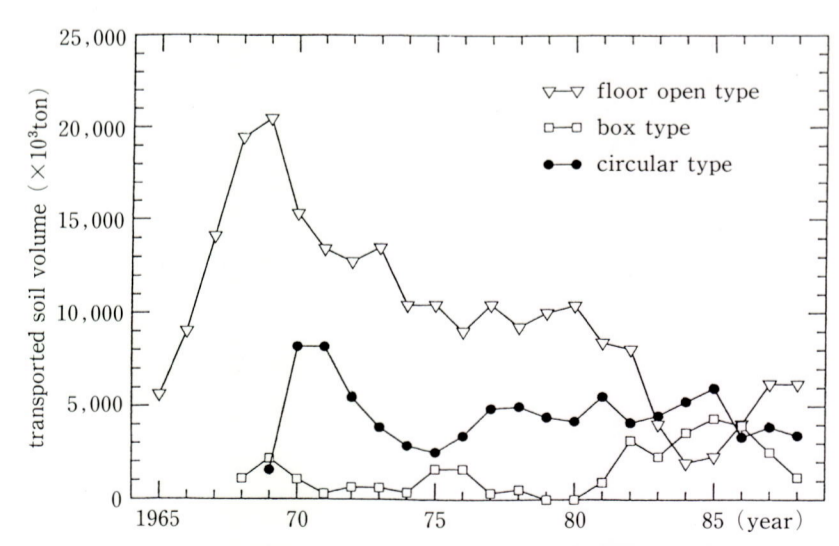

図2.50 神戸市における種々のバージによる海上運搬土量の変化
Fig.2.50 Sea Transport of Soil in Kobe by Types of Barges

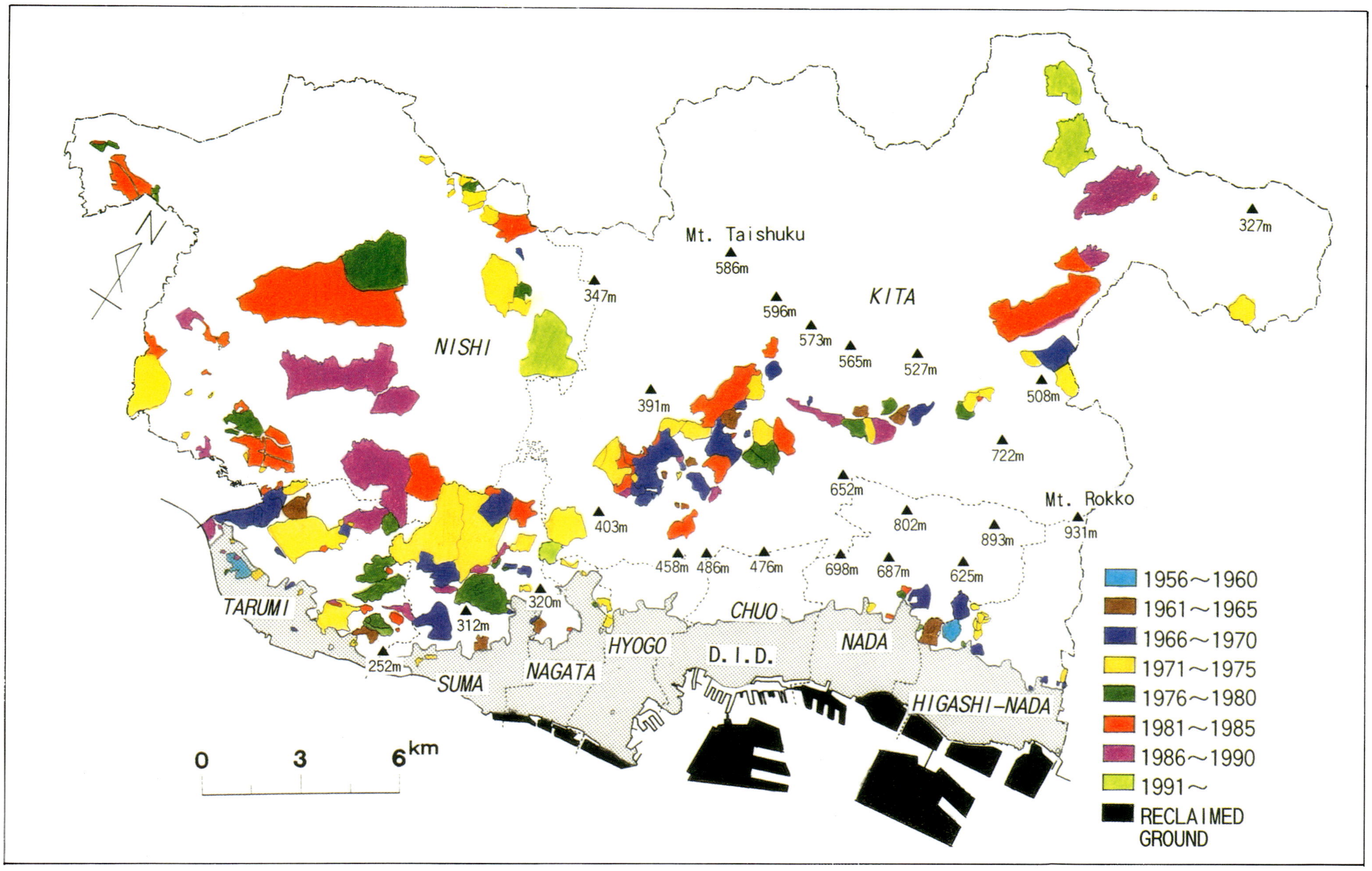

図 2.46 神戸市の宅地開発進展状況（1件1ヘクタール以上）
Fig. 2.46 Areal Distribution of Residential Development Sites (over 1 hectare) in Kobe City

神戸市市街地域のナチュラルカラー表示(ランドサットTM)
1984年9月6日午前10時頃（パス110-36、バルク補正）
Natural Color Image of Kobe Urban Area
(LANDSAT TM, Sept. 6, 1984, 10:00 am)

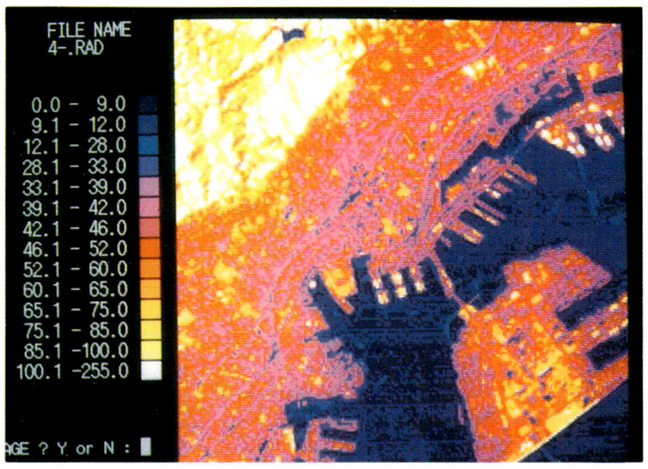

TMバンド4（近赤外）
TM band 4 (near-infrared)

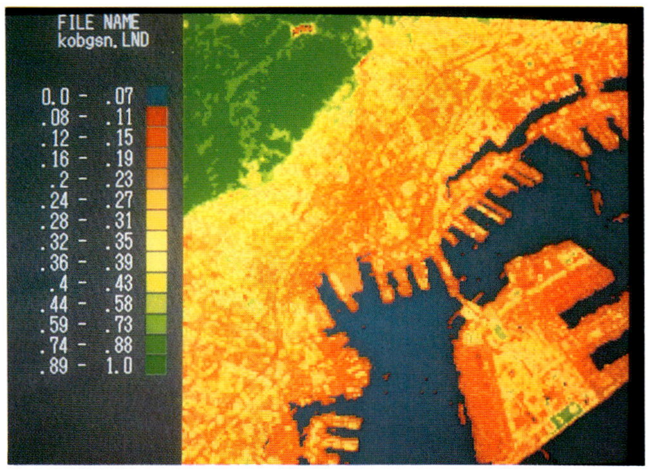

ND(正規化バンド差)による土地被覆状況図
Land-cover Feature by NVI Image
(NVI: Normalized Vegetation Index)
NVI=(band4−band3)/(band4＋band3)

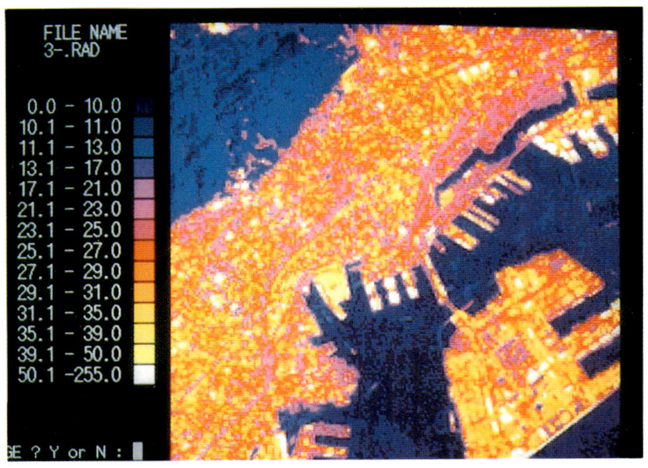

TMバンド3（可視）
TM band 3 (visible)

図 2.47 神戸市市街地域の土地被覆状況
Fig. 2.47 Land Cover in the Urban Center of Kobe City

作製：沖村 孝，森山正和
Produced by T. Okimura, M. Moriyama

2.7 産業開発にともなう海岸線の変化
Change in Coastal Lines due to Industrialization

1. 図2.51～図2.56の作製方法

各図の背景画はランドサットTM画像データである．TMの7バンドから熱映像を除く残り6バンドをtasselled cap法[1]とよばれる変換法を用いて変換画像を作製し，水域（青），植生域（緑），および土壌（黒）に分類したものである．水域に青，工業地帯に黒，田畑と樹木地に濃緑をあてている．地図と重ね合わせるために，ランドサット画像は幾何学的な補正の後，真北を向くように変換してある．このようにして，水島（図2.51～図2.53）および北九州（図2.54～図2.56）の分類画像に国土地理院の古地図を重ね合わせて，海岸線の時系列的な変化を明らかにした．

1900（明治33）年のはじめから1971（昭和46）年までの間に両地域とも約25km²陸地を延ばしている．しかし，その埋め立ての過程は著しく違っている．北九州では戦前に洞海湾を中心に埋め立てが始まり，戦後は戸畑地区，さらに響灘に面する若松地区へと段階的に陸地が広がっている．響灘の埋め立ては現在も引き続き行われており，北九州市は企業誘致に意欲的に取り組んでいる．

これに対して，水島地区の陸地伸長は戦後の約20年間に集中している．しかも1984（昭和59）年（水島の衛星画像データ収得年）以降，海岸線はほとんど変化していない．高度経済成長時代に当初の開発計画が完了した結果であろう．

2. 水島コンビナート

水島は倉敷市の南部，高梁川の河口域に開けた新産業都市である．1902（明治35）年の高梁川の東岸一帯には干拓によって造られた新田が広がり，一寒村にすぎない．新田が海に向かってわずかに延びた以外，1949（昭和24）年までこの状態が続く．高度成長期に高梁川と東高梁川の間の浅瀬を浚渫して陸地を延ばし，1971年の地形ができ上がった．1971年から1984年までの埋立地の増加は図2.53に見られる通りである．1984年以降は，1992（平成4）年12月現在までほとんど同じ地形を保っている．

1971年の時点で，すでに川崎製鉄，三菱石油，日本興油，三菱重工，中国電力，東京製鉄，三菱化成，日本鉱業などの旧財閥系大企業が造成地に進出している．石油化学化の勢いはその後も衰えず，平成3年度の地図では新たに関東電化工業，日本合成化学工業，荒川化学工業，旭化成，日本ゼオン，旭ダウ，山陽モノマーなどが，残された造成地あるいは新たに干拓した造成地に立地している．

水島から東へ山一つ隔てた児島には大規模な塩田が存在したが，今日まで目立った開発がない．同様のパターンが山口県の三田尻塩田と山口-小郡塩田の間でも見られた（文部省科学研究費重点領域研究の平成2年度報告を参照）．児島と山口-小郡に共通していることは，①幹線鉄道，幹線道路から外れている，②隣接地（水島，三田尻）に集中的に開発投資が行われている，③後背地に恵まれていない，である．

しかし，児島地区は山口-小郡塩田跡地と違った展開が期待される．図2.57に水島-児島地区のランドサットTM画像（1990年3月22日）を示す．本-四架橋（図の右下）が実現したことで，児島-坂出間に陸上の物流ルートが開けた．将来，児島地区に立地する産業は，これまで塩田跡地に進出した重厚長大型の産業とは全く異なったものになる可能性が高い．

3. 北九州市洞海湾周辺

かつて北九州は工業都市として繁栄し，戦前の最盛期にはわが国の全工業生産高の約10%を占めていた．戦後は石炭から石油に変わるエネルギー変換政策をまともに受けて衰退の一途をたどり，工業都市としての地位は著しく低下している．現在，多彩な国際的産業学園都市計画が打ち出され，活性化のきっかけをうかがっているところである．

洞海湾は北九州工業地帯のへそにあたり，20世紀を通して生産を支えてきた．京阪神との開きはなお拡大の一途にあるが，響灘の埋め立てと企業誘致の努力は依然続けられている．北東アジア諸国の近代化のモデルとして見落とすことのできない地区である．

4. 石炭重工業と石油重化学工業

文部省科学研究費重点領域研究の平成3年度報告でのべたように，1972～88年にわたるランドサットMSS画像による時系列観測から，韓国・仁川のこの間のすさまじい土地被覆変化が明らかになった．開発の速度は，1985年以降が特に顕著であった．この事実もまた瀬戸内の再開発と重なるところがある．すなわち，石炭産業の足かせのあった北九州工業地帯が石油化学化できなかったのに対して，過去の遺産のない瀬戸内は石炭から石油へのエネルギー変換に効率よく対応できた．

朝鮮半島にあっては，北の興南をはじめとする石炭重工業地帯が北九州のパターンを踏襲する可能性が高い．一方の韓国西海岸では，仁川はすでに石油化学化の過程にあり，また，この地域は石油の宝庫である黄海，渤海の油田地帯に近いことから，近未来的に石油化学化する条件を有している[2]．

[緒方純俊]

□参考資料
1) Jensen, J. R. (1986): Introductory Digital Image Processing, Prentice-Hall Chapter 7.
2) 猪俣 靖，安部桂司，緒方純俊（1989）：日本リモートセンシング学会第9回学術講演会論文集，p.87.

図2.57 ランドサットTM画像，水島-児島地区（1990年3月22日）
Fig. 2.57 Landsat TM Image, Mizushima-Kojima Area (March 22, 1990)

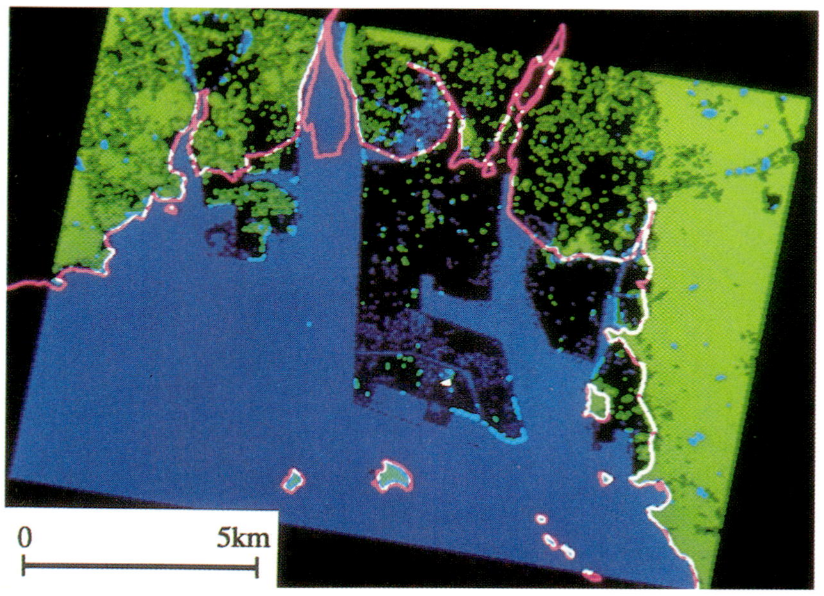

図 2.51 1902年の地図とランドサット TM Tasselled Cap 変換画像 (1984) の重ね合わせ
Fig. 2.51 Tasselled Cap Transformed Image of Landsat TM (1984) Overlayed by Map of 1902

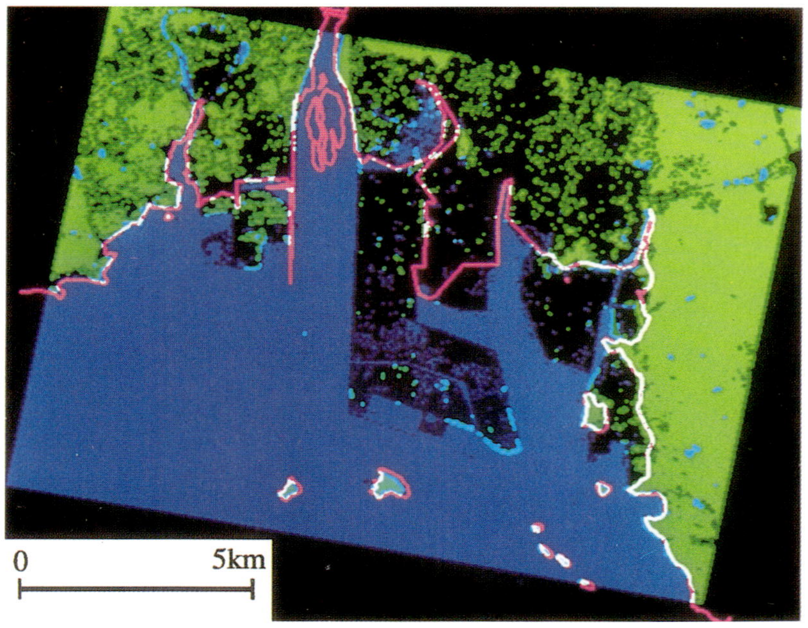

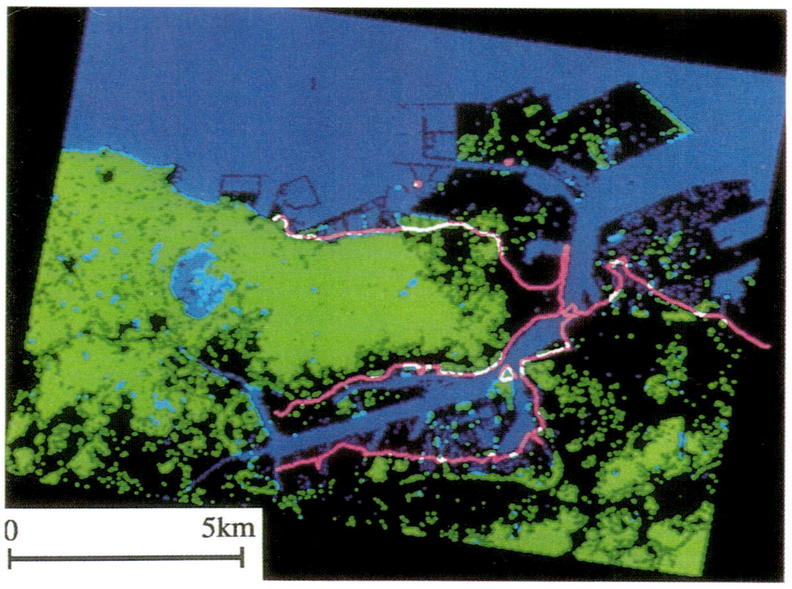

図 2.54 1900年の地図とランドサット TM Tasselled Cap 変換画像 (1988) の重ね合わせ
Fig. 2.54 Tasselled Cap Transformed Image of Landsat TM (1988) Overlayed by Map of 1900

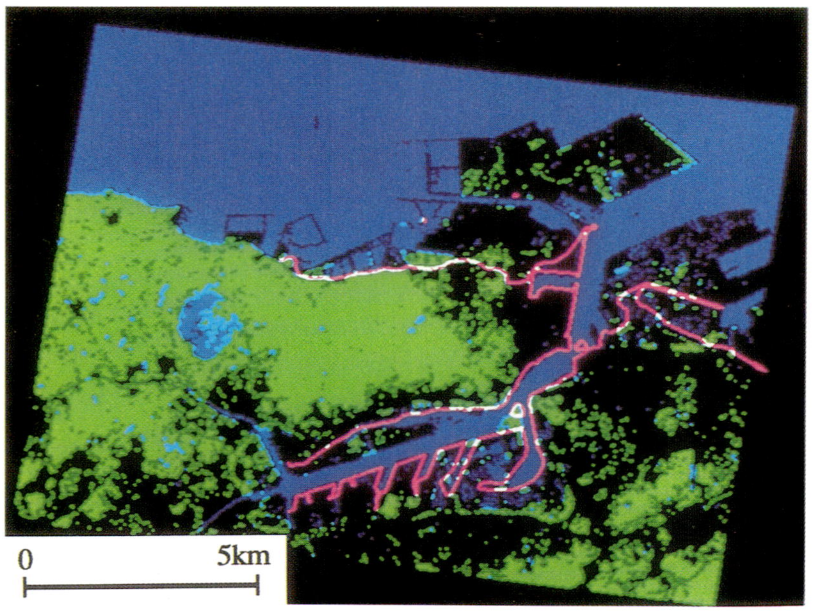

図 2.52 1949年の地図とランドサット TM Tasselled Cap 変換画像 (1984) の重ね合わせ
Fig. 2.52 Tasselled Cap Transformed Image of Landsat TM (1984) Overlayed by Map of 1949

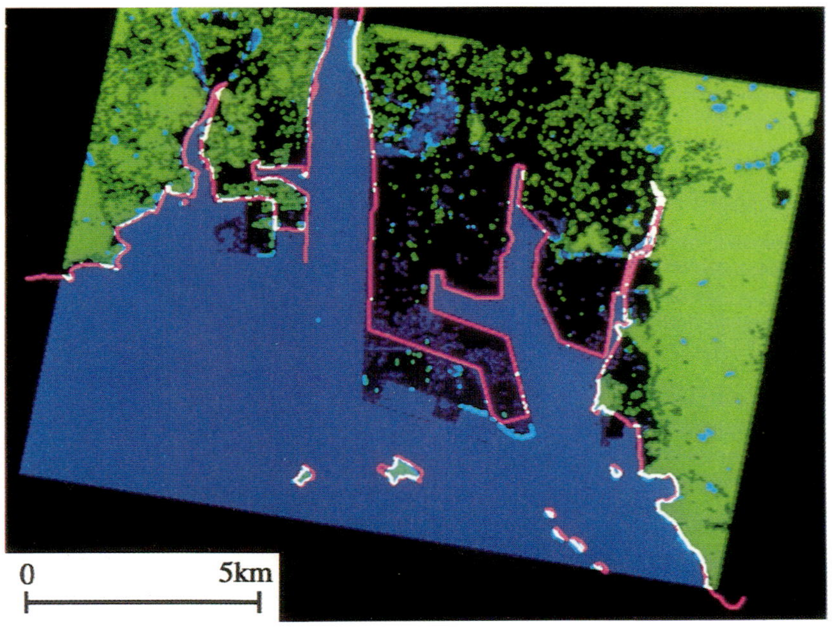

図 2.55 1948年の地図とランドサット TM Tasselled Cap 変換画像 (1988) の重ね合わせ
Fig. 2.55 Tasselled Cap Transformed Image of Landsat TM (1988) Overlayed by Map of 1948

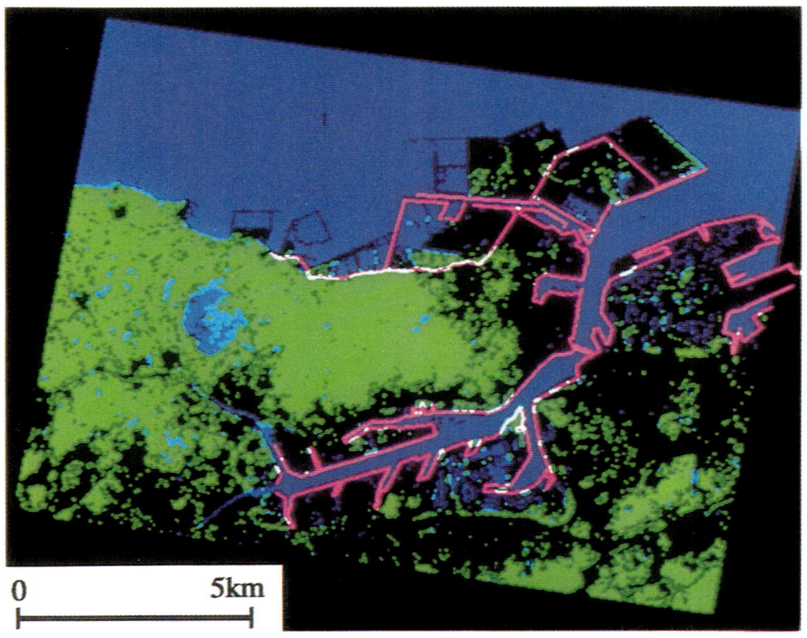

図 2.53 1971年の地図とランドサット TM Tasselled Cap 変換画像 (1984) の重ね合わせ
Fig. 2.53 Tasselled Cap Transformed Image of Landsat TM (1984) Overlayed Map of 1971

図 2.56 1971年の地図とランドサット TM Tasselled Cap 変換画像 (1988) の重ね合わせ
Fig. 2.56 Tasselled Cap Transformed Image of Landsat TM (1988) Overlayed by Map of 1971

作製：緒方純俊
Produced by S. Ogata

第1部 ▌近代化と土地利用変化

3

農地利用の変化

CHANGE IN AGRICULTURAL LAND USE

　第1章で見たように，わが国の現在の全農地面積は，今世紀初頭とほとんど同じ水準にある．しかしそれは，農地利用の変化が小さいものであったということを意味しない．逆に，農地利用の内容，生産性，分布パターンなどは大きく変化してきた．本章では，前出の国土利用変化データベースや各種統計，文献などを用い，近世末期以降のわが国の農地利用の変化をさまざまな角度から検討する．

　3.1，3.2，3.4，3.5節は，それぞれ近世末（1850年頃），明治大正期（1900年頃），昭和中期（1950年頃），現代（1985年頃）の全国の農地利用概況を，カラー地図で示し，各時代の農地利用のようすとそれに至る経緯を説明している．近世末はわが国の近代化前夜にあたる時期であり，この時期のようすを知ることは，その後の近代化の歴史の中でわが国の農地利用にいかなる変化があったのかを把握するうえで，不可欠である．また明治大正期は，初めて全国の土地利用のようすが詳細に地図の形で記録された時期であり，近世末の農地利用の復原も，この時期の地図データをもとに行われた．明治大正期と現代の間に昭和中期を加えたのは，高度経済成長期に入る前の農地利用のようすを示すとともに，それ以前と以後の変化を区別し，変化の時期的特徴をより鮮明にするためである．3.3節は，明治大正期の農地利用の変化の中で主要な位置を占めている農地開発について，くわしくのべている．また3.6節は，明治大正期〜現代の農地利用の変化を，各種の地図と数値で示し，解説している．掲載した農地利用変化図は，農地利用を田，畑，果樹園，桑畑，茶畑，その他に区分し，変化の概況を示している．

　3.7〜3.10節は官製統計などの資料にもとづき，農地利用変化をさまざまな角度から分析している．まず3.7節は明治期〜現代の農地と主要作物生産の変化を分析している．また3.8節は，1960年以降の可住地面積に占める農地面積率の変化を，市町村別統計をもとに地図化し，解説している．3.9節は詳細な土地改良区の規模別事業別分布図を示し，第二次世界大戦後の農業の近代化に大きな役割を果たした基盤整備事業について説明している．3.10節は，昭和30年以降急速に進んだ農業の機械化についてのべている．

　3.11節は，明治期以来，農地利用変化が特に顕著であった北海道と関東地方について，その変化を詳細に検討している．また3.12節は，中央日本に多く見られる扇状地における農地利用変化を，扇状地の種類別に比較検討している．3.13節は他の都道府県と大きく異なる歴史的，自然的条件をもつ沖縄における土地利用変化を扱っている．

［氷見山幸夫］

PART 1 ▌MODERNIZATION AND LAND USE CHANGE

3.1 近世末（1850年頃）の農地利用
Agricultural Land Use circa 1850

　図3.2に示すように，近世末の日本の総耕地面積は約360万haであった．1721（享保6）年の耕地面積が約296万haであったから，およそ150年の間に約64万ha増加しているが，近世初頭の1598（慶長3）年の約180万haから1721年までの約116万haの増加に比べると，増加率は小さい．近世後期は，耕地の拡大よりも，二毛作などの既存耕地の高度利用や，単位面積当たりの収穫量の増加によって，農業生産力を向上させる時代であった．近世末の農地の利用状況を土地利用図から考察する場合は，このことを知っておく必要がある．近世末の田畑別の面積がわかる史料はないが，1721年の田畑構成比を適用すれば，田が約200万ha，畑が約160万haであったと推察される．

　ここでは，農地を田・畑・桑畑・茶畑・果樹園・その他の樹木畑・草地の7種類に分類し，近世末にそれらがどこに卓越していたかをのべる．ただし，近世の農業技術書や村誌類を見るかぎり，桑・茶・果樹などの樹木作物は，畑にまとまった面積で栽培されることはなく，田畑の畔か山の斜面に分散的に植栽された場合がほとんどであった．また，近世には自然生の草が生える牧は全国に分布していたが，栽培牧草からなる草地はなかった．したがって，上にあげた7種類の農地のうち，近世末の図に表示されるのは田と畑だけである．

　図3.1は，明治大正期の縮尺5万分の1地形図が表示する土地利用の中から，近世末から明治大正期までに土地利用が変化した場所を，近世末の土地利用に戻して「近世末土地利用ファイル」を作製し，農地が卓越する場所を種類別に図示したものである．近世末から明治大正期までの間に土地利用が変化した場所の検索には，本州以南では都府県と市町村の史誌や，近代以降の農地開発に関する史料を用いたほか，現地調査も行った．また北海道の近世末の土地利用は，当時の探検家の記録，近代初期の開拓関係史料，自然植生図，現地調査にもとづいて復原した．

　近世末の日本全体の農地利用を概観するに，近代に入って開発が始まる北海道を除いて，田畑の分布は現在とほとんど同じである．田は河川の下流域に形成された平野か，中流域の盆地に広く分布するほか，中国山地など比較的風化が進んだ山地にも散在している．他方，畑が卓越する場所は，田よりもまとまって分布している．地形との関わりで畑の卓越地を見ると，火山灰や火砕流が堆積する台地である場合が多い．また東北地方と中部地方には，田の分布地の縁に畑が並んで分布する．これらは山麓の扇状地を開発した畑である．このほか，四国東部の吉野川河谷と沖縄島の南部にも，まとまった畑の卓越地がある．

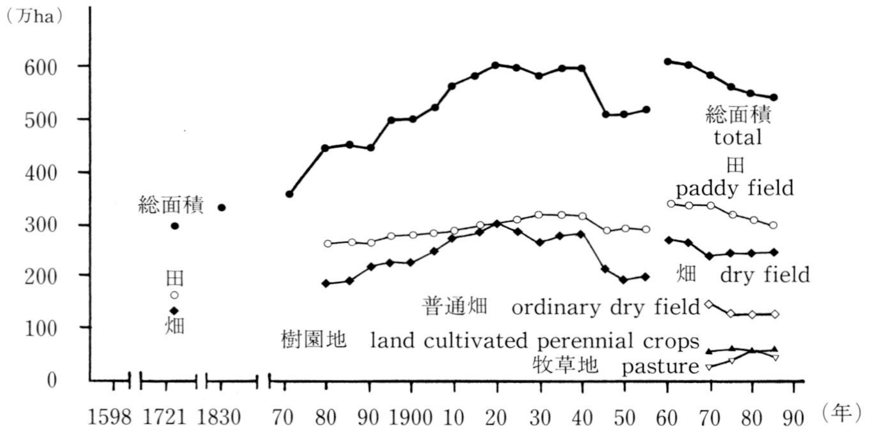

　近世末の北海道には農地が卓越する場所はなく，近代に入ってから開発される平坦地と緩傾斜地の多くは，落葉広葉樹林で覆われていた．ただし，北海道に農地が全くなかったわけではなく，河川の河口部や合流点に散在していた先住民の集落付近にはわずかながら畑があり，また渡島半島南端には本州からの移住者が開いた畑もあった．しかし北海道の大半は，まだ森と藪に覆われた未知の世界であった．

　東北地方と北陸地方は田が卓越する地域である．田は南北いずれかに流下する河川沿いに形成された平野と盆地に列状に配列する．富山平野を除くと，ここの田の多くは湿田か半湿田であった．沿岸部では，土砂が中流域の盆地に堆積して，河口部への土砂の供給量が少ないことに加えて，河口部にできた砂州によって排水が阻まれるからであり，中流域の盆地では，出口の狭隘部での排水が十分でなかったからである．したがって，田のほとんどは一毛作田であった．他方，畑は青森県と岩手県にまたがる台地にまとまって分布し，各河川の渓口部に列状に並ぶ扇状地上にも点在する．このうち，阿武隈川中流域は近世中期以来，日本でも最大規模の蚕種の産地であり，当時としてはかなりの桑が栽培されていたが，それでも桑畑とよぶほどの広さではなかった．

　関東地方は，日本で最も畑の卓越が目立つ地域である．関東ローム層の上に立地する畑のほぼすべてが普通畑であり，養蚕と局地的な茶業は行われていたが，桑と茶は畑の畔に栽植される作物であった．ただし近世末の史料によると，関東西部の相模原には桑畑もあったようである．田が卓越する場所は，各河川の中流域から河口部にかけて帯状に分布する．このうち，利根川下流域の台地を刻む谷底の田の多くは湿田であり，籾を直播するなどの特殊な方法で稲が栽培されていた．

　中部地方の沿岸部と河川中流域の盆地には田が卓越する．田が広く展開する濃尾平野の田のうち，河口部に近い田の多くは，近世に開発された新田である．畑が卓越する場所は多くはないが，細長い盆地に列状に並ぶ扇状地，木曽川の扇状地，太平洋沿岸の台地上に点在していた．

　近畿地方の中央部は，ほぼ水田のみが卓越する地域であった．奈良盆地や大阪南部のように灌漑水源に乏しい場所では，近世に多くの溜池が造成されて，稲作が行われたが，それでも水源が不足する場合には，稲と畑作物との輪作が行われた．また大阪と京都近郊の田では，稲の後，野菜と麦を栽培する二毛作以上の高度な利用がなされていた．

　中国地方は水田のみが卓越する地域であり，かつ田は風化しやすい花崗岩山地の谷あいに分散している．花崗岩が風化した土は水はけがよいので，ここでは稲と麦の二毛作が普及していた．

　四国では吉野川河谷の畑卓越地が目立つ．ここは中央構造線の破砕帯から土砂が大量に供給されるからであり，吉野川の両側に並ぶ扇状地と自然堤防上の畑では，明治中頃まで藍が栽培されていた．

　九州では，中央部を東西方向に走る中央構造線沿いと南九州に，畑が広く分布する．ここは大規模な火砕流か火山灰の堆積地であり，いずれも地下水面が低い．水田は九州北部の平野に多く分布する．このうち有明海沿岸の田の多くは，近世に開発された新田である．

　南西諸島には農地が卓越する場所はあまりなく，かつ農地のほぼすべてが畑である．沖縄島南部と宮古島では畑地開発がかなり進んでいるが，ここは卓状の地形のために開発が比較的容易であった．しかし，水源を欠くために田はほとんどない．

［有薗正一郎］

図3.2　近世末の農地利用
Fig.3.2　Agricultural Land Use circa 1850

1872年までは『角川日本史辞典』巻末付表「石高・耕地面積」から作製．
1880～1955年は『日本農業百年』（農林統計協会，1969）から5年ごとに前後3年間平均で作製．
1960年以降は『耕地及び作付面積累年統計』（農林水産省統計情報部）から作製．
1955年以前の数値は属人統計，60年以降の数値は属地統計である．
1970年以降は，普通畑・樹園地・牧草地の合計が畑の面積である．

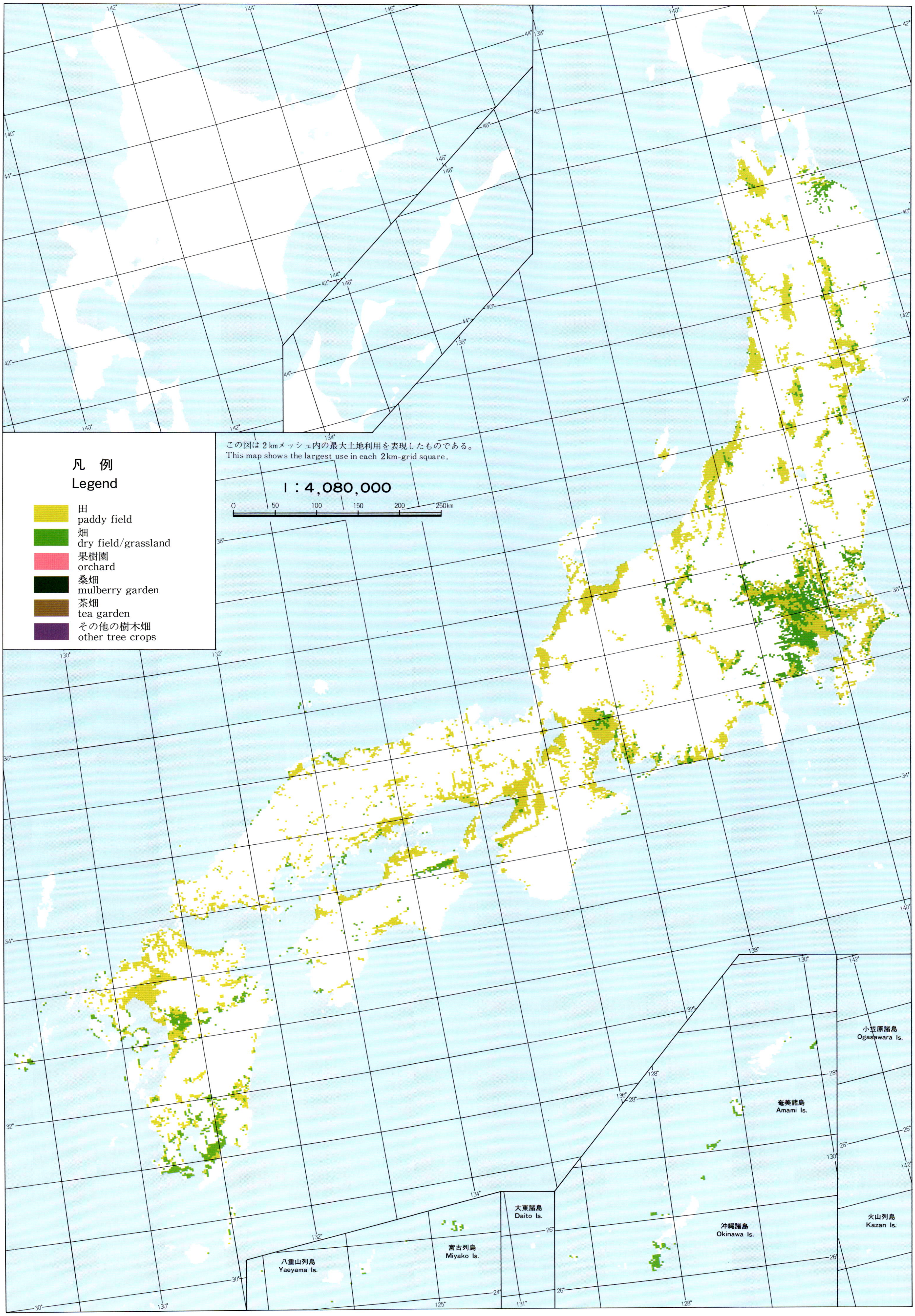

図 3.1 近世末の農地利用
Fig. 3.1 Agricultural Land Use circa 1850

作製：有薗正一郎
Produced by S. Arizono

3.2　明治大正期（1900年頃）の農地利用
Agricultural Land Use circa 1900

　日本の耕地面積は明治大正期にかなり増加し，大正時代末には近世末の面積の1.7倍近くなる（図3.2）．明治大正期は，日本の歴史の中で耕地開発が最も活発に行われた時期の1つである．田畑別に見ると畑の増加が目立ち，1920（大正9）年には畑地面積は302万haになって，田の面積を上まわった．近世末から大正9年までに増加した畑地面積は約140万haであるが，そのうち北海道が約5割を占め，この間の耕地面積の拡大に北海道が寄与した度合いは大きい．しかし，北海道を除けば，個々の農地の開発規模は日本全図で一見してわかるほどの面積ではない場合が多い．北海道以外で農地開発が行われて土地利用が変化した地域については，3.3節を参照されたい．

　図3.3は，農地を田・畑・桑畑・茶畑・果樹園・その他の樹木畑の6種類に分類して，明治大正期にそれらが卓越する場所を描いた図である．前ページの近世末の図と比較すると，北海道を除いて，田と畑の分布はほとんど変わらないことがわかる．ここでは，近世末から明治大正期までの間に卓越する土地利用として新たに出現した樹園地について説明してから，地方ごとに農地利用の変化をのべる．

　近世末と明治大正期の農地利用図を見比べてまず気づくことは，東北・関東・中部地方に桑畑が卓越する場所が出現したことであろう．明治大正期に桑畑が卓越するようになる場所の近世末の土地利用は，畑または山林であった．桑畑の卓越地は，いずれも山地から平坦地に地形が変わる接点に位置しており，扇状地や台地など，利水に不便な場所である．これら明治大正期に桑畑が卓越するようになった地域は，近世末にはすでに養蚕業の主産地であった所が多い．しかし，近世までは，桑は耕地の畔や川沿いに栽培されるか，里山に植えたものを採取する程度で，桑だけを栽培する畑はなかったと考えられる．近世の農書（営農技術書）や地誌書に桑畑の記述がないからである．日本に桑畑が出現するのは，絹製品が大量に海外に輸出されるようになる明治に入ってからのことである．したがって，明治大正期に入ってから養蚕業が成立したために桑畑が突然出現したのではなく，養蚕業は近世にはすでに行われており，桑も栽培されていたが，桑だけを栽培する畑が出現したのが明治大正期なのである．このように，樹木作物栽培が近世にはすでに経営部門として成立していたという意味では，近畿の果樹園卓越地も同様である．

　ただし，新たな経営部門として樹木作物が出現した地域もある．青森県西部の果樹園（リンゴ）は，明治に入ってから出現した．ここは近世までは水稲の一毛作地域であって，果樹栽培の伝統は全くない．また静岡県の茶園も台地上に新たに出現した産地である．近世でも静岡は茶の産地ではあったが，それは山地斜面に半ば自生する「山茶」であって，明治大正期の茶の卓越地は，新たに形成された産地である．

　北海道における本格的な農地開発は明治初年から始まり，5万分の1地形図作製のための測図が行われた大正時代中頃には，現在の農地分布の原型はすでにでき上がっている．この間，主として平坦地と緩傾斜地を覆っていた落葉広葉樹林を伐り開いて，畑地の開発が行われた．その結果，石狩川流域の平野と盆地，十勝川流域の平野と台地，網走と常呂川流域の平野，後志と胆振の緩傾斜地では畑地開発がほぼ終わっている．そして，石狩川流域の上川盆地と深川近辺や函館北郊では，田が造られていることがわかる．ここでは，60年あまりの間に落葉広葉樹林から畑へ，さらに畑から田へと土地利用が変化した．また，小樽近辺には小規模な果樹園の卓越地が出現している．

　東北地方と北陸地方の5万分の1地形図は大正初年前後に測図されたものが多いので，近世末からは60年前後が経過している．ここは近世以来，水田が卓越する地域である．また，この間の田畑の分布はほとんど変化していないが，福島県の安積台地では，猪苗代湖から取水する安積疏水が明治15年に開削され，荒れ地と林野であった台地上の水田化が進んだ．畑は青森県と岩手県にまたがる台地と，各河川の扇状地上に分布する．この間の最も大きな変化は，樹木畑の出現である．桑畑は，近世中期以来の蚕種の産地であった阿武隈川中流域のほか，山形盆地の扇状地上や，新潟県北部の緩傾斜地にも分布するようになる．また青森県の津軽平野南部には果樹園（リンゴ）が出現する．いずれも畑・荒れ地・林地からの転用である．

　関東地方の5万分の1地形図は明治40年前後に測図されたものが多いので，近世末からは約60年が経過している．関東地方は畑が卓越する地域である．この間，田の分布に変化はないが，畑の卓越する場所は減少している．ここでは畑から桑畑に転用された場合が多く，中でも相模原や武蔵野など関東地方西部の台地上には，桑畑が広く展開するようになる．また，群馬県の利根川流域の河岸段丘上と埼玉県西部の山麓では，畑のほか山地斜面の森林を伐り開いて桑畑が造成された．この間，東京では市街地が拡大し，また横浜などの新興都市も出現して，都市化の動きが見られるが，拡大した市街地の多くは農地から転用されたものである．関東地方は近世末から明治大正期にかけて，農地利用が日本で最も変化した場所であった．

　中部地方の地形図は平坦地が明治20年代，山間部は40年代に測図されたものが多いので，近世末から40～60年前後が経過している．ここでも田畑の分布はほとんど変わらない．この間の変化で目立つのは，樹木畑の出現であり，かつては畑地であった内陸部の盆地や木曽川下流域が，桑畑に転換されたことが読み取れる．これらの桑畑卓越地域は，いずれも扇状地上に立地している．また規模は小さいが，駿河湾西岸の台地上には茶畑が卓越するようになり，富士山の南西麓には三椏（みつまた）畑が出現する．これらの多くは林野から転換された．

　近畿地方の5万分の1地形図は，明治20年代から40年代に測図されているので，近世末から40～60年前後が経過している．ここは水田卓越地域であることに変わりはないが，この間の変化で最も目立つのは果樹園の出現である．果樹園（ミカン）は，和歌山県の有田川下流域と大阪府の南部にまとまって分布する．多くは林野から転換された．

　中国地方の5万分の1地形図は，明治30年代に測図されたものが多いので，近世末からは約半世紀が経過している．ここも水田のみが卓越する地域であり，この性格は明治時代も全く変わらない．中国地方はこの間の農地利用にほとんど変化がなかった地域の1つである．岡山県の児島湾では，明治時代に入っても干拓による水田の拡大が継続する．

　四国の5万分の1地形図は，明治30年代に測図されたものが多く，近世末からは約半世紀が経過している．この間の変化で目立つのは，四国山地に「その他の樹木畑」が点状に出現したことである．これは三椏であり，文献によれば，従来の焼畑の耕作放棄地に明治中頃から栽培され始めた．吉野川河谷の畑では，近世から栽培されてきた藍が19世紀末頃まで広く栽培されていた．

　九州の5万分の1地形図は，明治30年代の測図のものが最も多いので，近世末からは約半世紀が経過している．九州におけるこの間の田畑の分布は，ほとんど変わらない．水田は筑後川中下流域など，九州北部の平野に多く分布する．有明海沿岸では，近世初頭以来の干拓による水田の拡大が近世末以降も続くが，図からはよく読み取れない．畑は九州の中央部を東西方向に走る中央構造線沿いと，南九州に広く分布する．ここは大規模な火砕流か火山灰の堆積地であり，いずれも地下水面が低い．近世末の図と対比して目立つ変化は，九州北部における「その他の樹木畑」の出現である．これは櫨（はぜ）の栽培地である．ここでは，すでに近世中頃から灯火用の櫨蠟の原料になる櫨を耕地の畔に栽培していたが，明治時代に入ると，電灯が普及するまでの一時的な需要の拡大にともない，畑にまとまって栽培されるようになり，櫨畑が出現したのである．

　南西諸島の5万分の1地形図は，大正10年前後に測図されたものが多いので，近世末からはほぼ70年が経過している．南西諸島の農地の多くが畑であることは近世末以降変わらず，またその分布地もほとんど変化していない．沖縄島南部と宮古島と八重山諸島と大東島で，森林と荒れ地の一部が畑に転換されたことが読み取れる程度である．沖縄島の畑地開発は，南から北に向かって進展した．沖縄島における近世末と大正10年前後の農地分布を比較すると，わずかではあるが，この間に島の中部で北に向かって農地開発が進んだことが読み取れる．

［有薗正一郎］

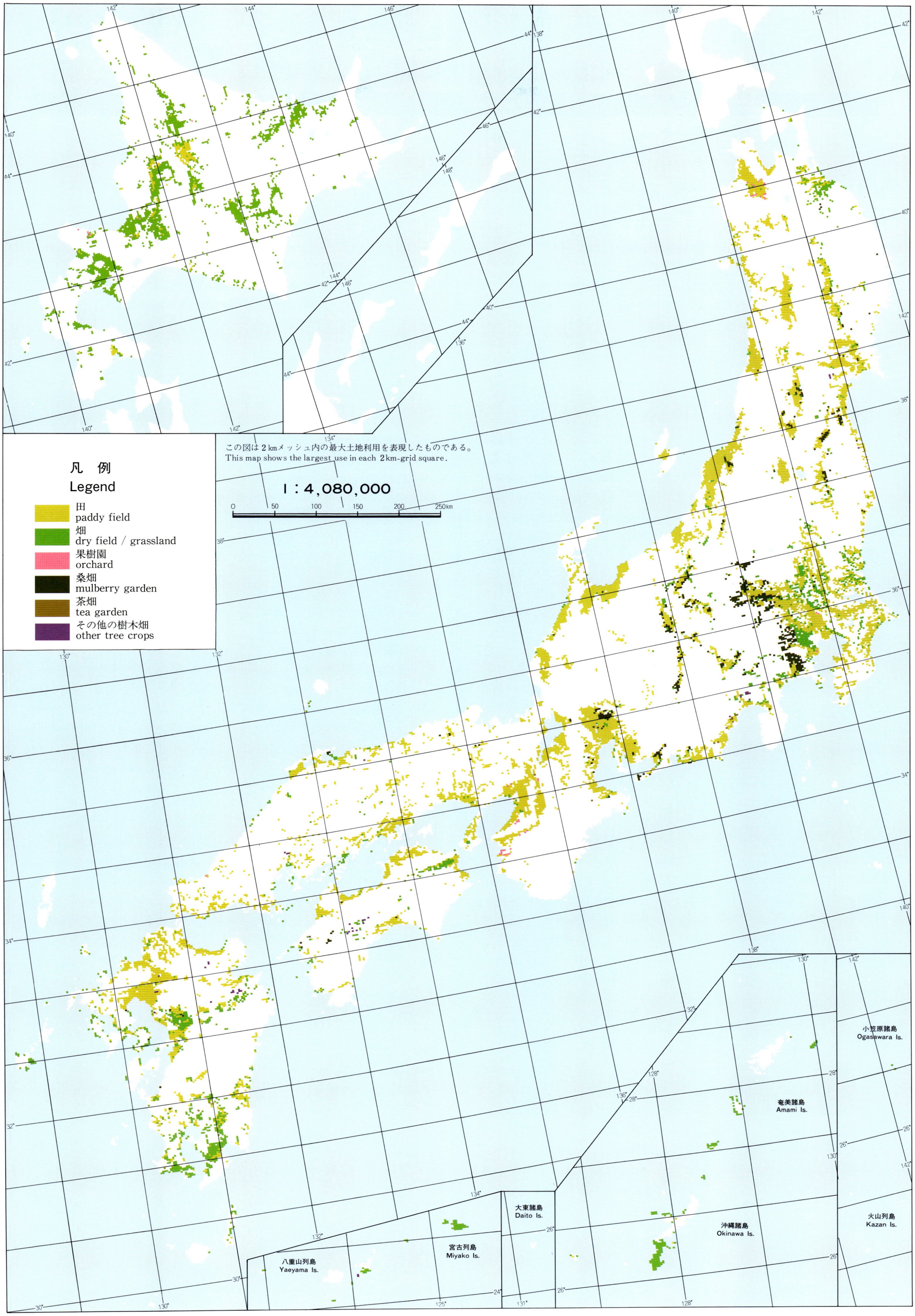

凡例 Legend

- 田 paddy field
- 畑 dry field / grassland
- 果樹園 orchard
- 桑畑 mulberry garden
- 茶畑 tea garden
- その他の樹木畑 other tree crops

この図は2kmメッシュ内の最大土地利用を表現したものである。
This map shows the largest use in each 2km-grid square.

1 : 4,080,000

図 3.3 明治大正期の農地利用
Fig. 3.3 Agricultural Land Use circa 1900

作製：有薗正一郎
Produced by S. Arizono

3.3 明治大正期（1900年頃）の農地開発
Development of Agricultural Land circa 1900

　日本の総耕地面積は，近世末から明治期末までの半世紀の間に，およそ360万haから500万haに増加しており，国土面積中に耕地が占める構成比は，14.4%から16.7%に拡大した．開発された耕地の種類別では普通畑の増加が目立つ．また普通畑を樹木作物栽培畑に転換するなど，既存耕地の利用形態の変化も見られた．

　ここでは，近世末から明治大正期にかけて，農地開発や既存耕地の利用形態の変化が顕著に見られた地域を6ヵ所選んで，この間の土地利用変化の一端を紹介する．図3.4は，いずれも縮尺5万分の1地形図の1辺2kmの網目内で最も面積の大きな土地利用を表示した図であり，左側が近世末，右側が明治大正期である．A～E図の凡例は左下に，F図の凡例は図の下に示してある．

1．函館付近（図3.4 A）

　近世末の北海道は，ほとんどがミズナラなど落葉広葉樹の森林に覆われた自然の世界であった．本州に最も近い函館付近でも，開発の手はほとんどおよんでいなかった．函館平野の開墾は，近世末にはすでに始まっており，わずかの畑と試験栽培段階の水田もあったが，1辺2kmの網目で農地が最も大きな面積を占める場所はなかった．65年後の1915（大正4）年の図を見ると，函館平野の開発はほぼ完了の段階にあり，しかも畑よりも水田が卓越する網目の方が多く，現在の景観とほとんど変わらない．水田はいったん畑に開いた土地に，あとから灌漑施設を造る手順で造成されていった．この間，本州から北海道に持ち込まれた耐寒性の水稲品種を，さらに選抜する努力も並行してなされた．容器（水田）と充填物（耐寒性品種）が揃うことにより，北海道内の稲作地域は20世紀中頃まで拡大を続けた．

2．安積台地と裏磐梯（図3.4 B）

　阿武隈川中流域の郡山盆地の西斜面に位置する安積台地は，灌漑水源に恵まれなかったために，近世までは荒れ地と畑と水田が交錯する場所であった．水田は河川が台地を刻む谷底と，台地上の小規模な溜め池の灌漑範囲に，帯状に分布していた．B図の近世末図中の右下部分に，荒れ地の記号が15ヵ所描いてある場所が安積台地である．ここは田畑もあったが，荒れ地が最も大きな面積を占めていた場所であり，この荒れ地のほとんどは周辺集落の入会採草地であった．これら台地上の未開墾部分の開発は，明治に入ってから士族授産を主目的にして始まる．ここに水田用の灌漑水源を提供するための水路が造られた．B図の左端にある阿賀野川水系の猪苗代湖から取水し，分水嶺をトンネルで通して，阿武隈川水系の安積台地に水を引く工事は，1882（明治15）年に完成した．それによって既存水田の水利事情がよくなり，また新たな水田の開発も行われた．1903（明治36）年の受益面積は，既存水田が3,074ha，開墾田が2,214haであり，本州以南では最も大きな開田の事例である．1908（明治41）年の図の該当箇所を見ると，近世末の荒れ地が水田に変わっていることが読み取れる．他方，ごくまれではあるが，農地が減少した場所もある．B図（明治41年）の左上部分に内水面がある．これは，1888（明治21）年の磐梯山の大爆発時に流出した溶岩によって塞がれてできた裏磐梯の湖沼群であり，ここにあったいくつかの集落と田畑は溶岩に埋まるか，水面下に没した．ここは自然災害によって農地が消滅した例である．

3．群馬県南部（図3.4 C）

　関東地方北部から東北地方南部は，すでに近世から養蚕がさかんに行われていた地域であった．その技術は当時の日本の中では高く，また蚕種（卵）や桑苗を他産地に出荷していた．C図に示す群馬県南部も，近世からの養蚕業地域の1つであった．ただし，蚕の餌にする桑は近世までは畑にまとめて栽培する作物ではなかった．桑にかぎらず，樹木作物は近世までは耕地の畔に植えておく作物であった．例えば，1869（明治2）年に蚕種輸入のために養蚕業の先進地であった群馬県前橋を視察したイタリアの公使は，畑のまわりに植えられた桑しか見ていない．C図の1909（明治42）年の図が表示する広大な桑畑が展開する景観は，明治中期以降に出現している．これらの桑畑はかつて普通畑であった所が多く，また一部は山林であった．近世末の図はその状況をよく表している．近世末の図では畑に，明治42年の図では桑畑になっている所は，利根川とその支流が作った河岸段丘上であり，水利に乏しい場所であった．大正期の養蚕業最盛期には水田にまで桑畑が進出するが，この図には一部にその兆しが見える．

4．東京および東京西郊（図3.4 D）

　近世末の図で畑が広く展開する場所のうち，江戸から北西に広がる場所が武蔵野台地，下半分の中央部が相模原台地であり，いずれも水の便に乏しい洪積台地である．近世末には台地上の開発はほぼ終わっており，その多くが普通畑であった．明治42年には台地上のかなりの部分が，普通畑から桑畑に変化している．東京の市街地の西隣が普通畑のままであるのは，東京市民向けの農産物の生産を行っていたからである．東京市街地の拡大は，農産物需要量の増加を意味する．明治42年の普通畑と桑畑の境界は，東京の市街地縁辺部から20km前後西方に位置するが，ここは都市近郊農業地域と養蚕業地域との境界でもあり，また東京市民の糞尿が下肥の原料として搬出される範囲の西縁でもあった．

5．児島湾（図3.4 E）

　岡山県の児島湾では，干潟を干拓して水田を造成する工事が近世以来，行われてきた．近世末から1897（明治30）年までの約半世紀の間にも湾内西部で水田開発が進んでいることが，E図から読み取れる．干潟の干拓事業は，伊勢湾・大阪湾・瀬戸内海・有明海・八代海など西日本各地で近世から行われて，水田面積拡大のかなりの部分を占めてきた．しかし，干拓によって1辺2kmの網目が干潟や海面から何個も陸地に変わる事例はあまりない．児島湾は当時としては干拓による最大級の水田開発の例である．干拓事業の多くは，児島湾のように水田造成が目的であったが，塩田になったり，水田ではあっても，近代初期までは夏作に水稲と綿花などの商品作物を輪作する地域もあった．

6．沖縄島（図3.4 F）

　沖縄島の農地開発は，南から北に向かって進行した．近世末から1921（大正10）年までの約70年の間でも，南部の農地開発がほぼ完了し，中部に向かって開発の手がのびつつあることが，F図から読み取れる．沖縄島の土地利用で興味をひくのは，島の南から北に向かって，耕地→針葉樹林（松林）→混交樹林→広葉樹林と，植生が水平方向に変化することである．これらのうち，北部の広葉樹林は植生の遷移から見ると極相の照葉樹林であるから，沖縄島では人間の植生への介入度が南部ほど強く，北に向かって小さくなることを意味する．日本では上記の植生の変化が，里山から奥山に向かって垂直方向に見られるのが普通であるが，沖縄島ではこれが水平方向に展開するのである．沖縄島の農地開発の歴史が読み取れる図である．

　　　　　　　　　　　　　　　　　　　　　［有薗正一郎］

□参考資料
1) 日本地誌研究所（1967-80）：日本地誌，全21巻，二宮書店．
2) 児玉幸多監修（1969-74）：県史シリーズ，全47巻，山川出版社．
3) 山田龍雄ほか編（1977-83）：日本農書全集，全35巻，農山漁村文化協会．
4) 金巻鎮雄（1982）：屯田兵物語，総北海．
5) 渋谷四郎（1983）：北海道写真史 幕末明治，平凡社．
6) 有薗正一郎（1994）：近世末の土地利用図からみた日本の環境．歴史地理学，167, pp.16-30.

近世末
circa 1850

大正4年
1915

A 函館付近
Hakodate

近世末
circa 1850

明治41年
1908

B 安積台地と裏磐梯
Asaka Upland and Ura-Bandai

近世末
circa 1850

明治42年
1909

C 群馬県南部
Southern Part of Gunma Prefecture

近世末
circa 1850

明治42年
1909

D 東京および東京西郊
Tokyo Metropolitan Area

近世末
circa 1850

明治30年
1897

E 児島湾
Kojima Bay

近世末
circa 1850

大正10年
1921

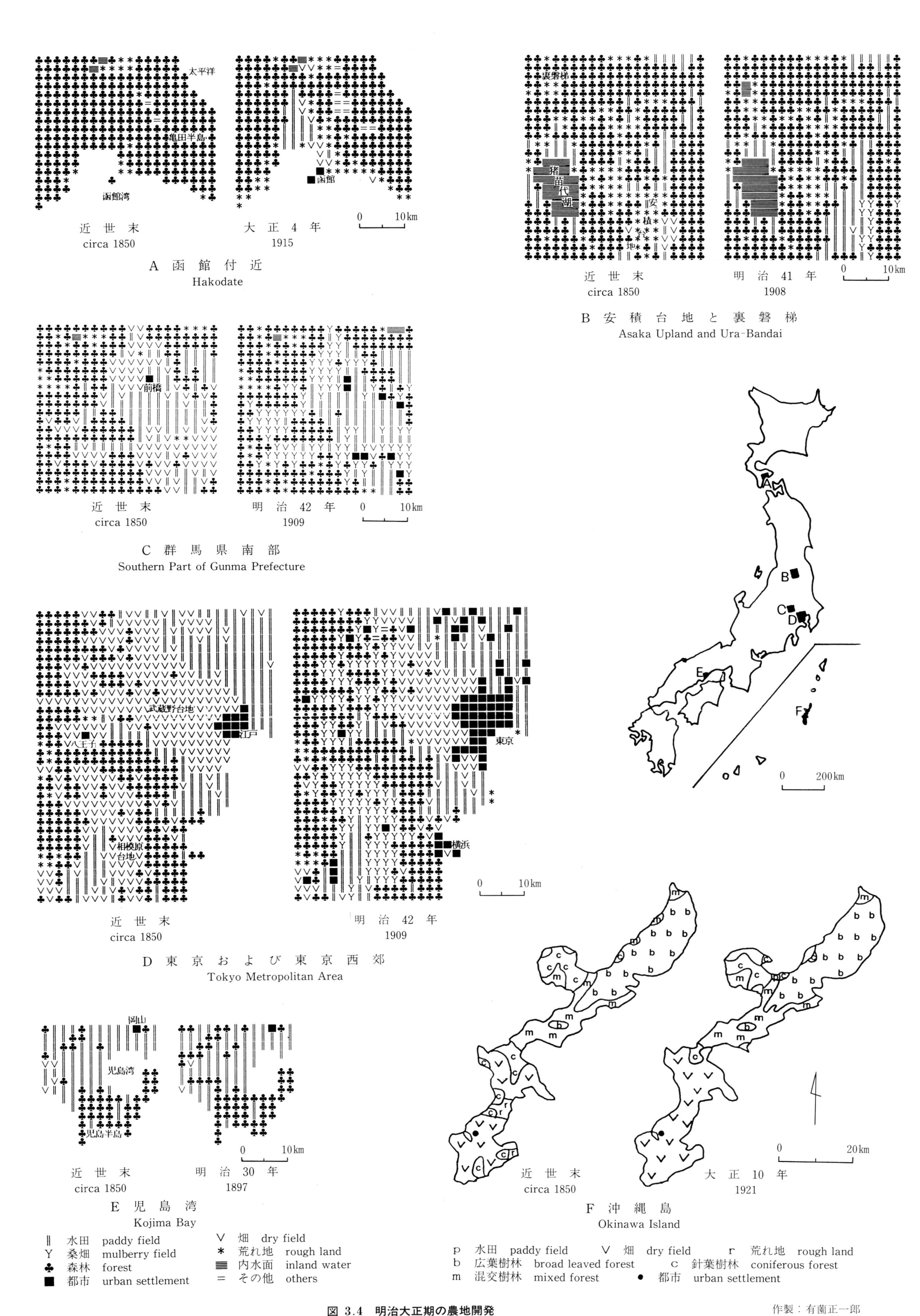

F 沖縄島
Okinawa Island

			水田 paddy field	V	畑 dry field
Y	桑畑 mulberry field	*	荒れ地 rough land
♣	森林 forest	≡	内水面 inland water
■	都市 urban settlement	=	その他 others

p	水田 paddy field	V	畑 dry field	r	荒れ地 rough land
b	広葉樹林 broad leaved forest	c	針葉樹林 coniferous forest
m	混交樹林 mixed forest	●	都市 urban settlement

図 3.4 明治大正期の農地開発
Fig. 3.4 Development of Agricultural Land circa 1900

作製：有薗正一郎
Produced by S. Arizono

3.4 昭和中期（1950年頃）の農地利用
Agricultural Land Use circa 1950

5万分の1地形図をもとに作製した国土利用変化データベースを用い，昭和中期（1950年頃）の農業的土地利用と，明治大正期（1900年頃）から昭和中期までのその変化を見よう．ただし文中の数値を読むにあたっては，次の点に留意していただきたい．

① 当時の農業統計には沖縄が含まれていないため，ここに示す数値（沖縄を含む）と比較するときは，それを考慮する必要がある．
② 昭和20年代は農業的土地利用が急激に変化した時期であるので，測量用の空中写真の撮影の時期に注意する必要がある．

図3.5は，昭和中期の主な農業地域を種別に示したものである．昭和中期の農業的土地利用は総面積63,030 km²で，国土面積の16.9%を占めている．明治大正期には62,220 km²であったから，面積で810 km²，割合で1%増加している．

1．田

田の面積は36,230 km²であり，全農地面積の58%を占めている．田の面積が最大の都道府県は，全国の田の7%を占める新潟県で，北海道がそれに続いている．明治大正期以降の田の増加面積は1,610 km²で，率にして5%である．図3.6は田の増減を都道府県別に示している．特に増加率が高いのは北海道（+187%）であり，2位の青森県（+22%）を大きく上まわっている．反対に減少率が最も高いのは東京都（-52%）で，大阪府，奈良県がこれに続いている．図から，北日本や九州南・西部など，開発が比較的遅れていた国土の縁辺地域で水田開発が進んだことが読み取れる．

次に，農地に占める田の割合を見よう．最も高いのは富山県の94%で，これに福井県，滋賀県，石川県が続き，北陸豪雪地帯における割合の高さが際だっている．この4県は明治大正期にも同程度の高い割合であった．

2．畑（牧草地を含む）

畑の面積は22,240 km²であり，全農地面積の35%を占めている．面積は，第二次世界大戦以前から豆類や馬鈴薯などの商品作物の生産が盛んであった北海道が8,670 km²で全国の39%を占め，群を抜いている．しかし県土に占める割合で見ると，沖縄県（30%），鹿児島県，茨城県，長崎県，千葉県の方がむしろ高い．明治大正期，畑は国土面積の6.2%を占めていたが，それは昭和中期には6.0%に微減している．減少率が高いのは，都市化の影響が大きい東京都（-33%），桑畑への転換が多い徳島県（-55%），石川県，埼玉県，岡山県，果樹園への転換が多い山梨県（-52%），山形県，水田化が進んだ佐賀県（-33%）などである．反対に京都府（+121%），大阪府，愛知県など，野菜類の大消費地を擁する府県で増加率が高いのが目立つ．農地に占める畑の割合は，沖縄が90%で最も高く，それに北海道の78%が続いている．

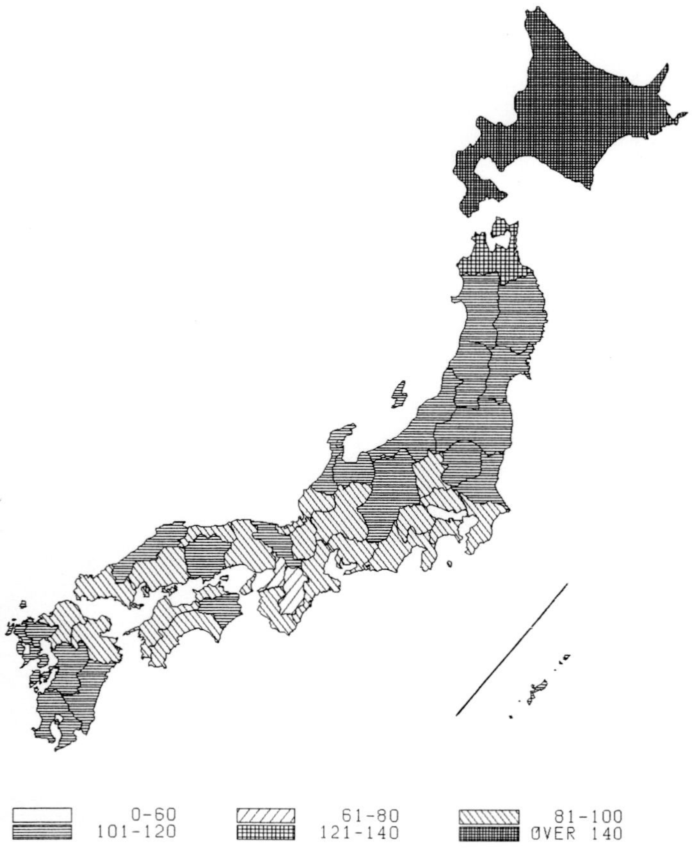

3．果樹園

果樹園の面積は760 km²で，全農地面積の1.2%を占める（農業統計では1950（昭和25）年に820 km²）．農地全体から見るとまだそれほど多くはないが，明治大正期の400 km²に比べ，増加率88%と，農業的土地利用の中で増加がひときわ目立つ．面積が大きいのは和歌山県，愛媛県などのミカン産地，青森県，北海道などのリンゴ産地，ブドウ産地の大阪府などである．全国で果樹園の面積が2番目に広い和歌山県は，農地に占める果樹園の割合では最も高く，明治大正期に15%であったのが，昭和中期には23%にも達している．主な果樹栽培地域は明治大正期以降，変わっていない．しかし，規模的にはまだ小さいものの，山梨県のブドウや福岡県のミカンなど，10以上の県で産地形成が認められる．山梨県のブドウ栽培は古くから知られてはいたが，明治大正期にはごくわずか見られただけであった．

4．桑畑

桑畑は全国で3,520 km²あり，全農地の5.6%を占めている．明治大正期に比べ3%増加している．農業統計によれば，昭和25年の桑畑の面積は1,820 km²と，上の数値よりもかなり小さい．当時桑畑は急速に減少しており，土地利用の復原に用いた応急修正図には，昭和25年の時点で利用されなくなっていた桑畑も一部含まれていたと考えられる．とにかく，ここでは応急修正図をもとに桑畑の分布を見よう．

桑畑が多く見られるのは長野県，群馬県，埼玉県，福島県，山形県など内陸の盆地を抱える地域で，特に群馬県と埼玉県では県土の8%近くを桑畑が占めている．農地に占める桑畑の割合で見ても，群馬県は47%と非常に高く，それに山梨県，長野県が続いている．

明治大正期に比べると，茨城県の+175%を筆頭に，千葉県，栃木県など，関東地方の主産地周辺部で増加が顕著であるが，東北地方では減少した所が多い．また西日本の奈良県，島根県，広島県では，明治大正期に桑畑はほとんど見られなかったが，昭和中期にはわずかに見られる．

桑畑は昭和初期まで急速に拡大し，最盛期には72万町歩（7,140 km²）に達したが，その後，世界恐慌，国際関係の悪化，人絹の発明による絹の需要の低下，戦中・戦後の食糧自給の必要性などのために減少に転じ，昭和中期には明治大正期と同水準，すなわち最盛期の半分になったという．明治期から昭和中期にかけて非常に大きな変動を経たわけであるが，その詳細については，参考資料を参照されたい．

5．茶畑

茶畑は全国で140 km²あり，全農地の0.2%を占めている．明治大正期に比べ面積は13%減少している．これは，第二次世界大戦中，茶の輸出が途絶していたことの影響が大きいと思われる．しかし全国の茶畑の77%を占める静岡県では，この間37%も増加しており，戦後いち早く復旧が図られたことがうかがわれる．これは，全国各地に散らばっていた零細な産地の多くがいまだ復旧していないのと対照的である．静岡県では，茶畑の農地に占める割合が明治大正期7%，昭和中期9%であるが，これは他の府県に比べ，著しく高い割合である．

［氷見山幸夫］

図3.6 昭和中期の田の面積（明治大正期を100とする）
Fig. 3.6 Paddy Field Area circa 1950 (area circa 1900=100)

RANK: 0-60, 61-80, 81-100, 101-120, 121-140, OVER 140

□参考資料
1) 地理調査所地図部編（1955）：日本の土地利用，古今書院，296 p.
2) 那須 皓編（1933）：本邦土地利用の研究—桑園の部—，岩波書店，291 p.
3) 西川 治（1965）：日本における土地利用と土地改良に現われた地域的特色．東京大学教養学部人文科学科紀要，34，人文地理学I，pp. 17-41.
4) 氷見山幸夫・岩上 恵・井上笑子（1991）：明治後期—大正前期の土地利用の復原，北海道教育大学大雪山自然教育研究施設研究報告，26，pp. 55-64.
5) 山口恵一郎（1958）：日本の土地利用—地方編（1），古今書院，279 p.

凡 例
Legend

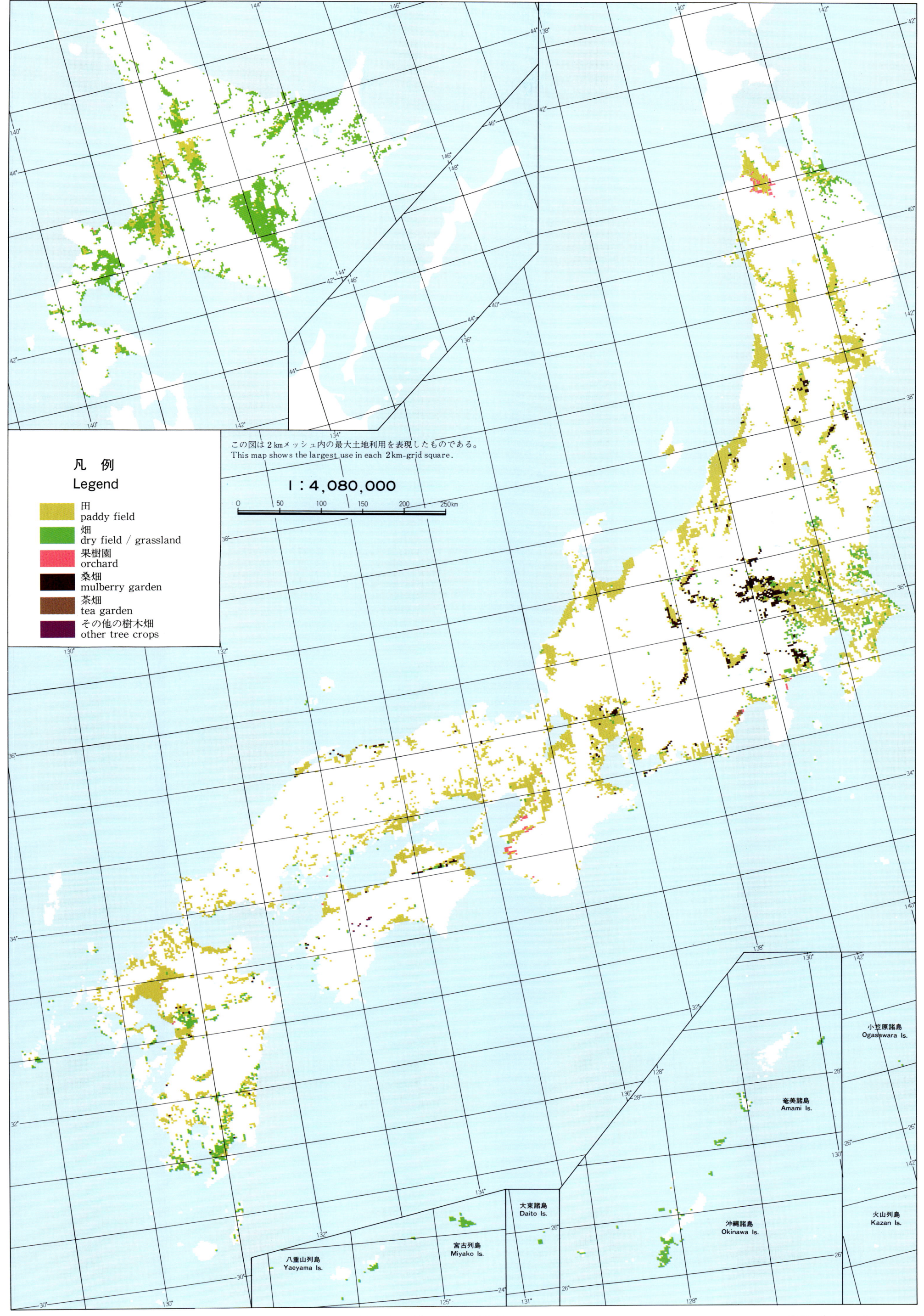

- 田 paddy field
- 畑 dry field / grassland
- 果樹園 orchard
- 桑畑 mulberry garden
- 茶畑 tea garden
- その他の樹木畑 other tree crops

この図は 2 km メッシュ内の最大土地利用を表現したものである。
This map shows the largest use in each 2km-grid square.

1 : 4,080,000

図 3.5　昭和中期の農地利用
Fig. 3.5　Agricultural Land Use circa 1950

作製：氷見山幸夫
Produced by Y. Himiyama

3.5 現代（1985年頃）の農地利用
Agricultural Land Use circa 1985

5万分の1地形図をもとに作製した国土利用変化データベースを用い，現代（1985年頃）の農業的土地利用と，昭和中期（1950年頃）からのその変化を見よう．図3.7は，1985（昭和60）年頃の主な農業地域を種別に示したものである．

農業的土地利用は総面積64,170 km²，国土面積の17.2%で，昭和中期に比べ2%増加している．農地が最も多いのは北海道で，全国の農地の21%を占めている．県土に占める農地の割合は茨城，佐賀，千葉の3県で非常に高く，いずれも40%近い．これら3県の農地の割合はいずれも昭和中期よりも高くなっており，激しい都市化にもかかわらず，農地が拡大していることがわかる．

昭和中期以降の農地の増加率が特に高いのは福島県（+34%）と岩手県で，それに佐賀県，鳥取県，茨城県が続いている．北海道は18%の増加で，率では全国第6位であるが，面積的には2,050 km²増加しており，他県を大きく引き離している．北海道におけるこの増加の大半は，国営および道営の農用地開発事業によるものである．都市化の激しい大阪府，東京都，神奈川県では，農地面積はほぼ半減している．これは，大都市圏縁辺に位置する千葉県や茨城県などで農地が拡大しているのと対照的である．

1．田

田の面積は35,730 km²（農業統計では29,520 km²，1985年）であり，全農地面積の56%を占めている．田の面積が最大なのは，全国の田の8%を占める北海道で，面積では北海道が米どころの新潟県を上まわっている．田が農地に占める割合が高いのは富山県（94%），福井県，滋賀県などで，明治大正期以来ほとんど変わっていない．図3.8は日本海側の地域で田の割合が高いことを示している．

田は昭和中期以降500 km²，率にして約1%減少しているが，増加している地域も少なくない．特に増加率が高いのは岩手県（+54%）で，それに福島県，栃木県，茨城県，熊本県が続いている．岩手県では，藩政時代以来の後進性や夏の北東風（ヤマセ），地理的条件などのために開発が遅れていた北上地域において，第二次世界大戦後，北上川特定開発によるダム建設などにともなう大規模な水田開発が，官主導で行われた．冷涼なこの地域における水田開発は，稲の耐冷品種や栽培技術の開発の成果に支えられたものではあるが，いまだ冷害の危険性から脱却しているとはいいがたい．福島県における水田開発は，郡山盆地西部を中心に行われたが，これは主に1951（昭和26）年完成の新安積疎水と1968（昭和43）年完成の五百川用水にともなうものである．

高度経済成長期以降の著しい都市化を反映し，東京都では田の面積がそれ以前のわずか5%にまで激減した．神奈川県，大阪府，それに沖縄県でも，田の面積はこの間半分以下になっている．神奈川県と大阪府における減少はもちろん都市化によるが，沖縄県の場合は，主に田がさとうきび畑に転換されたことによる．

2．畑（牧草地を含む）

畑の面積は21,790 km²（農業統計では18,780 km²，1985年）であり，全農地面積の34%を占めている．面積は北海道が10,400 km²，全国の48%を占め，群を抜いている．北海道のシェアは昭和中期には39%であったので，その後かなり上昇したことになる．県土に占める割合が最も高いのは沖縄県（21%）で，それに茨城県，千葉県，北海道が続いている．また農地に占める割合で見ても，沖縄県が93%と際だっている．反対に和歌山県，富山県，佐賀県では，畑の割合が5%に満たない．

昭和中期以降，畑は全国で約2%減少している．減少に最も大きく影響したのは果樹園への転換であり，それは愛媛県（-81%），山口県，佐賀県，長崎県で顕著に見られる．都市化の影響が目立つのは兵庫県（-49%）と大阪府で，東京都では-25%と，減少の勢いが弱くなっている．

3．果樹園

果樹園の面積は4,540 km²（農業統計では5,490 km²，1985年）であり，全農地面積の7%を占めている．昭和中期以降面積で3,780 km²，率にして500%も増加している．面積が最大なのはミカン産地の愛媛県で450 km²，農地の46%を占める．昭和中期には農地の4%を占めたにすぎず，その後の拡大が著しかったことがわかる．愛媛県に次いで多いのは青森県，和歌山県，佐賀県，静岡県，熊本県，長崎県，福岡県であるが，リンゴ産地の青森県を除くといずれもミカンの産地である．県土に占める割合では佐賀県が最も高く，11%に達している．佐賀県をはじめミカンの長崎県，香川県，宮崎県，ナシの鳥取県，ブドウとモモの山梨県など，昭和中期以降に果樹栽培が急速に発展した所が多く，果樹栽培の広域化が見られる．現在果樹園がほとんど見られないのは東京都と沖縄県だけである．なお，沖縄県で広く見られるパイナップル畑は，果樹園ではなく畑に分類した．

4．桑畑

桑畑は全国で1,450 km²（農業統計では970 km²，1985年）あり，全農地の2.3%を占めている．昭和中期に比べ59%減少しており，衰退が著しい．多く見られるのは，群馬県の320 km²を筆頭に長野県，福島県，埼玉県などであり，農地に占める割合で見ると群馬県の30%が最高で，それに山梨県，長野県が続いている．いずれも昭和中期以降，大幅に減少している．

5．茶畑

茶畑は全国で500 km²あり，全農地の0.8%を占めている．昭和中期に比べ，面積は246%増加している．全国最大の茶の産地である静岡県には220 km²の茶畑があり，全国の43%を占めるが，昭和中期に比べそのシェアは大幅に低下している．シェアのうえでは静岡県に遠くおよばないものの，鹿児島県，三重県，京都府，熊本県，佐賀県など西日本を中心に茶畑の増加が顕著である．

［氷見山幸夫］

図3.8 現代の農地に占める田の割合（%）
Fig. 3.8 Rate of Paddy Field in Agricultural Land circa 1985 (%)

□参考資料
1) 江波戸昭（1965）：日本農業の地域分析，古今書院，192 p.
2) 地理調査所地図部編（1955）：日本の土地利用，古今書院，296 p.
3) 那須 皓編（1933）：本邦土地利用の研究―桑園の部―，岩波書店，291 p.
4) 氷見山幸夫・太田伸ял（1993）：大正期～現代の北海道の土地利用変化．北海道教育大学大雪山自然教育研究施設研究報告，28, pp.1-15.
5) 氷見山幸夫・本松宏章（1994）：明治・大正期～現代の東北地方の土地利用変化．北海道教育大学大雪山自然教育研究施設研究報告，29, pp.1-16.
6) 山口恵一郎編（1958）：日本の土地利用―地方編（1），古今書院，279 p.

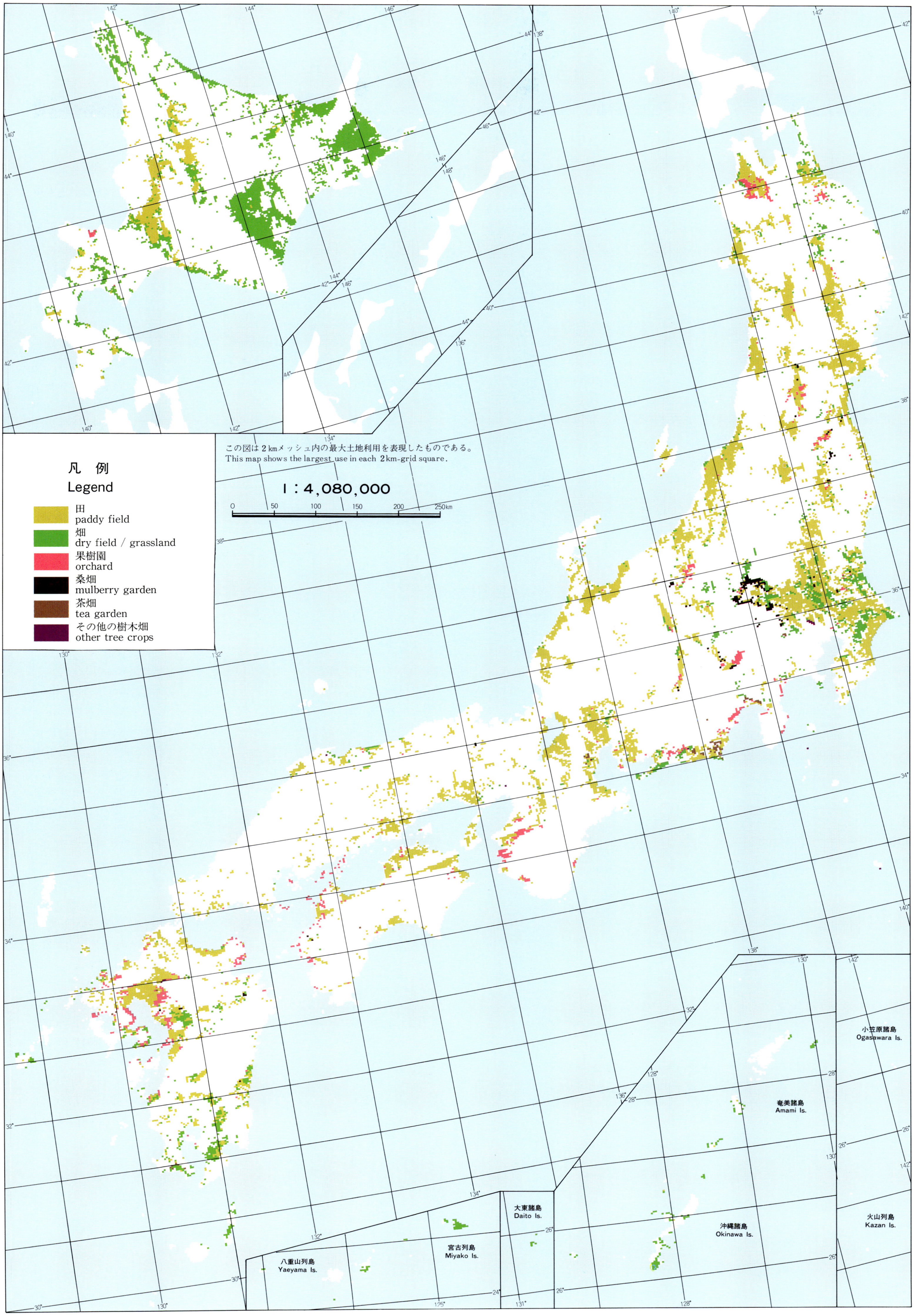

Legend / 凡 例

- 田 paddy field
- 畑 dry field / grassland
- 果樹園 orchard
- 桑畑 mulberry garden
- 茶畑 tea garden
- その他の樹木畑 other tree crops

この図は2kmメッシュ内の最大土地利用を表現したものである。
This map shows the largest use in each 2km-grid square.

1 : 4,080,000

図 3.7 現代の農地利用
Fig. 3.7 Agricultural Land Use circa 1985

作製：氷見山幸夫
Produced by Y. Himiyama

3.6 明治大正期〜現代の農地利用の変化
Change in Agricultural Land Use, 1900-1985

5万分の1地形図をもとに作製した国土利用変化データベースを用い，明治大正期〜現代の農地利用の変化を見よう．3.5節でのべたように，現在，農地は 64,170 km² あり，国土面積の 17.2% を占めている．明治大正期には 62,220 km² で国土面積の 16.7% であったので，少し増加していることになる．図3.9は，明治大正期と現代の農地利用の変化を大まかに示している．また図3.10は，明治大正期と現代の農地面積を都道府県別に比較し，増減を見たものである．北海道をはじめとして，北日本における増加傾向が明瞭である．以下，農地利用の変化を種別に見よう．

1. 田

明治大正期，田は国土面積の 9.3% を占めていたが，現在それは 9.6% に増加している．増加率は北海道の +222% が突出しており，それに岩手県，栃木県，熊本県，福島県，茨城県，徳島県，青森県，秋田県が続いている．これら以外のほとんどの都府県で田の面積は減少しており，特に，東京都（-98%），神奈川県，大阪府における減少が顕著である．言いかえると，本州以南で都市化などにより減少した田の面積を，北海道をはじめとする北日本が補っている．北海道では，大正期，黄色で示されている田は，上川盆地と石狩平野北部にわずかに見られただけであるが，現在それは石狩平野全域と北の名寄盆地にも広がっている．

2. 畑（牧草地を含む）

畑の面積は 21,790 km² であり，全農地面積の 34% を占めている．明治大正期，畑は国土面積の 6.2% を占めていたが，現在それは 5.8% に減少している．増加率が高いのは三重県（+66%），鳥取県，群馬県，滋賀県，秋田県などであり，反対に減少率が高いのは愛媛県（-80%），山梨県，山口県，佐賀県，岐阜県，和歌山県などである．減少の理由としては，水田化と果樹園化が重要である．関東地方では，千葉県北部から茨城県にかけて畑が増大している一方で，都市化の著しい武蔵野台地東部では減少が激しい．

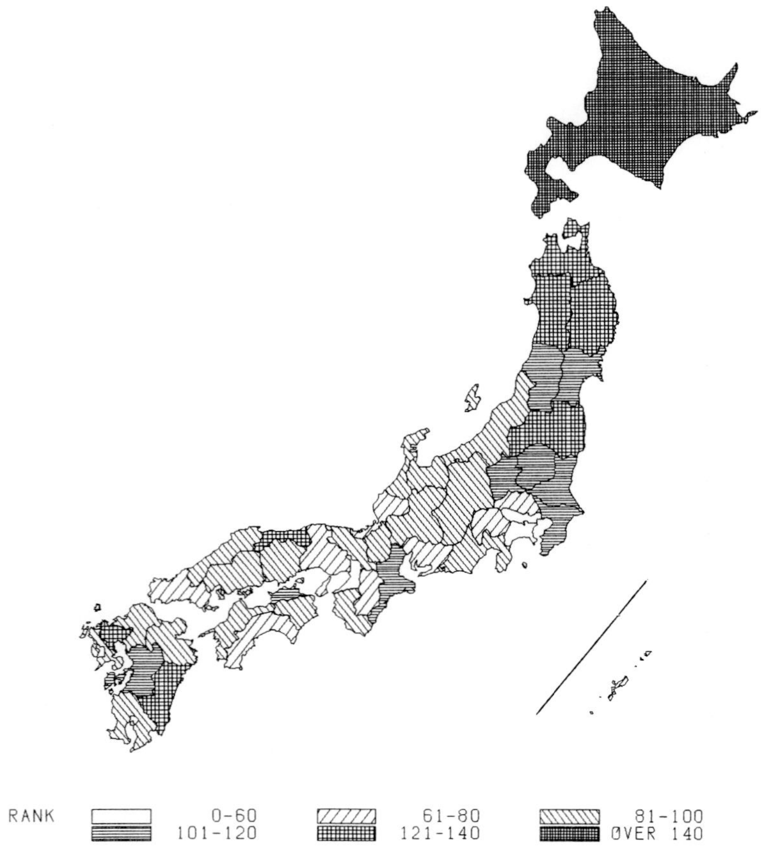

3. 果樹園

明治大正期，果樹園は国土面積の 0.1% を占めるにすぎなかったが，現在では 1.2%，全農地面積の 7% を占めるまでになっている．面積で上位を占めているのは，ミカン産地の愛媛県，和歌山県，佐賀県，静岡県，熊本県，長崎県，福岡県，リンゴ産地の青森県などである．果樹園の面積の動向から，現在の主な果樹栽培地域は大きく次の2つのグループに分けることができる．

a) 明治大正期にすでに果樹園がかなり見られた所
    青森県，山形県，長野県，静岡県，和歌山県，愛媛県，佐賀県，熊本県
b) 新たに発展した所
    福島県，山梨県，広島県，福岡県，長崎県，大分県

このように，果樹栽培地域は西日本を中心にかなり広域化してきており，その傾向は昭和中期以降，特に顕著になっている．

4. 桑畑

桑畑は現在農地の 2.3% を占めるが，明治大正期に比べ 58% も減少している．現在多く見られるのは群馬県，長野県，福島県，埼玉県，山梨県などで，中央日本から東北地方にかけての内陸部が中心である．特に顕著に見られるのは群馬県から埼玉県にかけてであり，両県では県土の 3% 以上を占めている．全般に減少が目立つが，熊本県，茨城県，島根県，高知県では明治大正期よりも多い桑畑が今も残っている．東京都，福井県，静岡県，滋賀県，京都府，和歌山県では，明治大正期に見られた桑畑が現在ほぼ消滅している．愛知県においても，明治大正期に 240 km² あった桑畑が，現在は 10 km² まで激減している．減少の顕著な地域は，都市化の顕著な地域と，果樹園が増大した地域に大別される．

5. 茶畑

明治大正期に比べ茶畑の面積は 3 倍に増加している．多く見られるのは静岡県，鹿児島県，三重県，京都府，熊本県，佐賀県，福岡県などで，静岡県が全国の半分近くを占めている．これらの府県のうち静岡県，京都府，三重県は，明治大正期にすでにかなりの茶畑を擁していたが，鹿児島県，熊本県，佐賀県，福岡県は，新たに産地形成したものである．このように，果樹園の場合と同様，茶畑の場合も西日本を中心にかなり広域化してきている．

［氷見山幸夫］

図 3.10 現代の農地面積（明治大正期を 100 とする）
Fig. 3.10 Agricultural Area circa 1985 (area circa 1900=100)

RANK 0-60 61-80 81-100 101-120 121-140 OVER 140

□参考資料
1) 地理調査所地図部編 (1955)：日本の土地利用，古今書院，296 p.
2) 西川 治 (1965)：日本における土地利用と土地改良に現われた地域的特色．東京大学教養学部人文科学科紀要，34，人文地理学 I，pp. 17-41.
3) 氷見山幸夫・岩上 恵・井上笑子 (1991)：明治後期—大正前期の土地利用の復原．北海道教育大学大雪山自然教育研究施設研究報告，26, pp. 55-64.
4) 氷見山幸夫・太田伸裕 (1993)：大正期〜現代の北海道の土地利用変化．北海道教育大学大雪山自然教育研究施設研究報告，28, pp. 1-15.
5) 山口恵一郎 (1958)：日本の土地利用—地方編 (1)，古今書院，279 p.

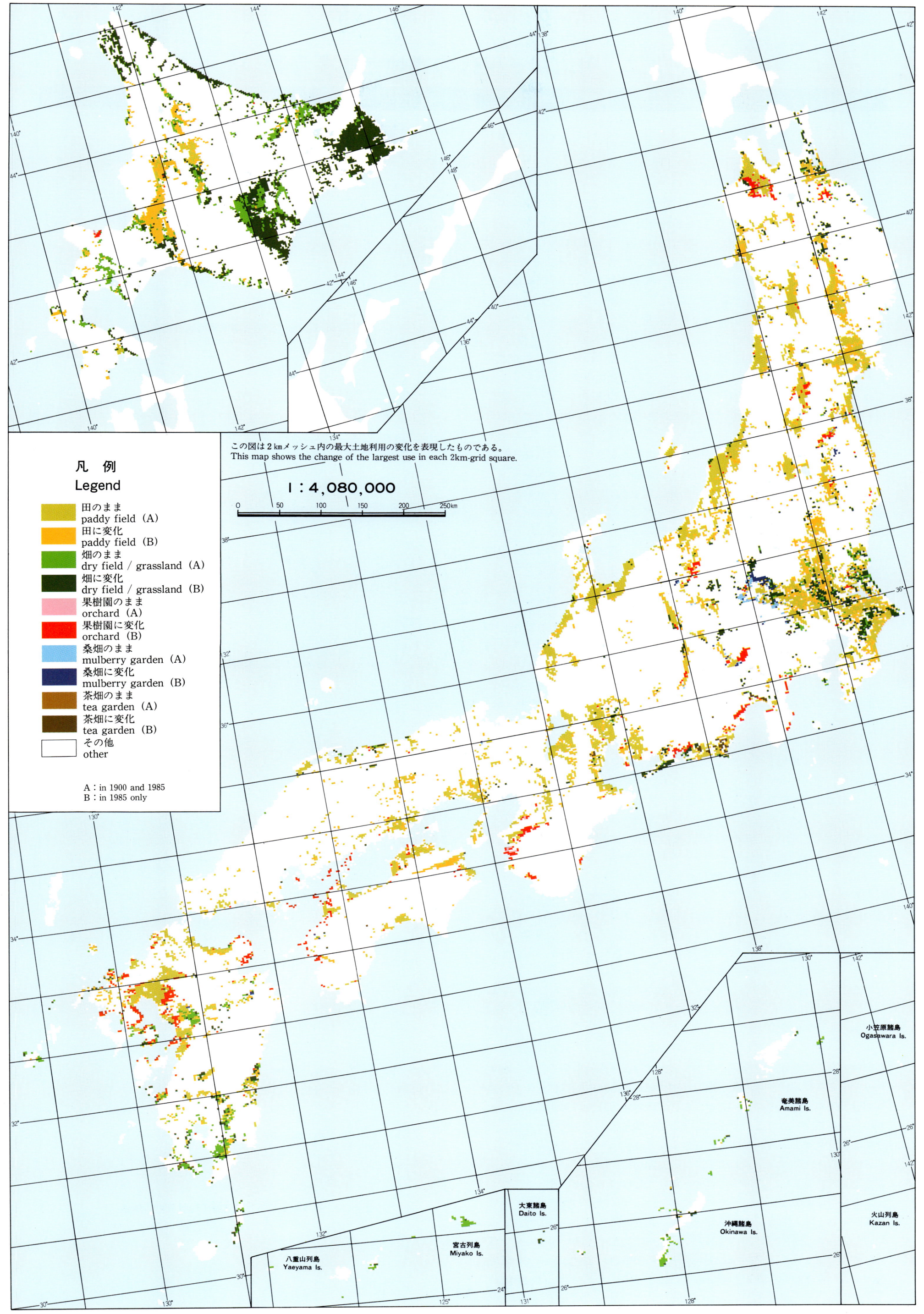

図 3.9 明治大正期〜現代の農地利用の変化

Fig. 3.9 Change in Agricultural Land Use, 1900-1985

作製：氷見山幸夫
Produced by Y. Himiyama

凡 例 / Legend

- 田のまま / paddy field (A)
- 田に変化 / paddy field (B)
- 畑のまま / dry field / grassland (A)
- 畑に変化 / dry field / grassland (B)
- 果樹園のまま / orchard (A)
- 果樹園に変化 / orchard (B)
- 桑畑のまま / mulberry garden (A)
- 桑畑に変化 / mulberry garden (B)
- 茶畑のまま / tea garden (A)
- 茶畑に変化 / tea garden (B)
- その他 / other

A : in 1900 and 1985
B : in 1985 only

この図は 2 km メッシュ内の最大土地利用の変化を表現したものである。
This map shows the change of the largest use in each 2km-grid square.

1 : 4,080,000

3.7 明治期～現代の農地と主要作物
Changes in Arable Land and Main Crops in Modern Japan

1. 農地の動向

わが国の農地（耕地）面積について，過去約100年間（1883～1990年）の変動過程を見ると，拡大期（1883～1922年），停滞・変動期（1922～1962年），縮小期（1962～1990年）の3期に区分できる（図3.11）．

拡大期には全国で155万haの農地が増加したが，このうち78万haは北海道の開拓によるものであった．停滞・変動期には3万haの農地が増加し，この期末には歴史上で最多の611万haを記録した．しかし縮小期には81万haの農地が人為的な改廃や耕作放棄などにより失われた．現在，全国の農地面積は530万haであるが，これは明治末期頃の水準に等しい．

このような変動過程を田・畑別に見ると，拡大期には畑中心に農地の増加が進み，停滞・変動期には田の増加を主として農地が維持された．しかし縮小期には畑と田ともに減少に転じた．特に，1970（昭和45）年以降の米の生産調整政策は，全国的に田の減反を本格化させ，農地は大幅な減少を示すようになった．

図3.12によれば，過去約100年間を通して農地が増加したのは北関東以北の東北日本であったが（左図），今日の縮小期に限って見ると明瞭な増加を示すのは北海道のみで，東北の変動量は少なく，一方，他の大部分の都府県において農地が減少したことがわかる（右図）．図3.13は，全国の農地面積に占める各都道府県の農地面積の割合がどのように推移してきたかを示したものである．この100年あまりの間に，農地の地域的分布は大都市を含む都府県から周辺の道県へ，全国的には西南日本から東北日本へ，大きく変動してきたことが明らかである．この動きは，畑において先に現れたが，近年では田においても加速されつつある．

以上は，わが国の近代化（政策）が農地の分布におよぼした影響としてとらえることができる．これには農業技術の進歩に代表されるプラスの要因と，都市化や工業化にともなう農地の転用などのマイナス要因が作用している．しかし，今日の動向には，さらに近代化の帰結としての経済の国際化（特に大量の農畜産物輸入）の影響が強く現れている． ［元木　靖］

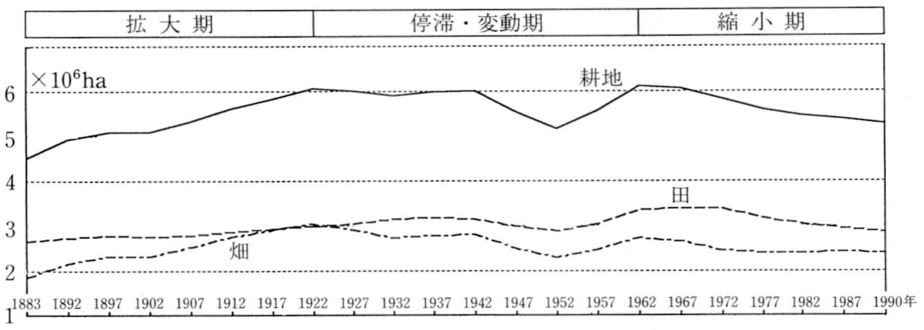

2. 主要作物の変動

わが国の主要作物である米・小麦・大麦・裸麦・大豆・小豆の作付面積について，1877（明治10）～1987（昭和62）年の110年間にわたる変動パターンを見ると，それぞれ米と小麦，大麦と裸麦，大豆と小豆に類似性がある（図3.14）．米と小麦の作付面積は第二次世界大戦前にはほぼ一貫して増加傾向を示している．大麦・裸麦においては，まず1900年代初期に戦前のピークがあり，その後，米や小麦より早くに減少に転じた．また戦後には，第2のピークを迎えた後に戦前よりも急激な減少を見ている．大豆・小豆の作付面積は，米・小麦や大麦・裸麦と比べて穏やかな変動を示している．この傾向を見ると，大戦前後には急減し，戦後の一時期には戦前の水準まで回復したものの，その後には減少に転じている．なお，作物によっては1980年代に若干の作付面積の増加が見られるが，これは1978（昭和53）年の水田利用再編対策の実施によるものである．

図3.15は，米・小麦・大麦について，1889（明治22）年と1988（昭和63）年の2時点における都道府県別収穫量の分布を表したものである．1889年における地域的分布では，米は小麦や大麦と比較して全国的な分布形態を示している．これに対し，小麦では関東地方から瀬戸内海沿岸地域・北九州地方などにかけての地域に，また大麦では関東地方を中心として東北地方の太平洋側地域から北九州地方などの地域に，比較的収穫量の多い諸県が分布する．1988年においては，米では西日本と比べて東北日本に収穫量の多い諸県が見られる．小麦では北海道・関東地方・北九州地方に，大麦では北関東地方・北九州地方に収穫量の比較的多い諸県が見られる．この2時点間の変動では，米の生産では新規開田や品種改良・育苗技術の進展などを背景として，中部地方以北の諸県で収穫量の増大が著しく，ことに北海道では顕著である．小麦の収穫量では，生産地域の収斂の中で，春小麦を主体とする北海道の伸びが大きい．大麦の収穫量では全国的に減少傾向が見られるが，例外的に北海道や北九州の諸県のように増加を示す県もある．このように，全国的には米・小麦・大麦のいずれにおいても収穫量の地域的遍在傾向が強まっているといえよう． ［松井秀郎］

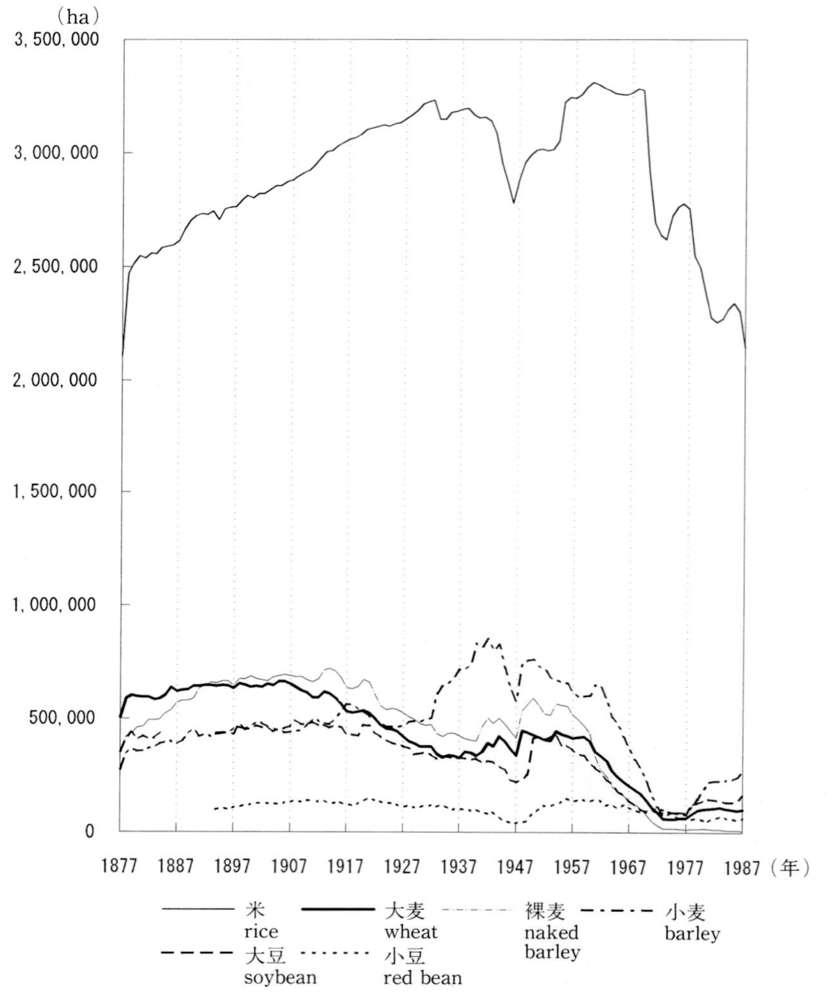

図 3.11 日本における耕地面積の変動過程
Fig. 3.11 Changing Areas of Arable Land

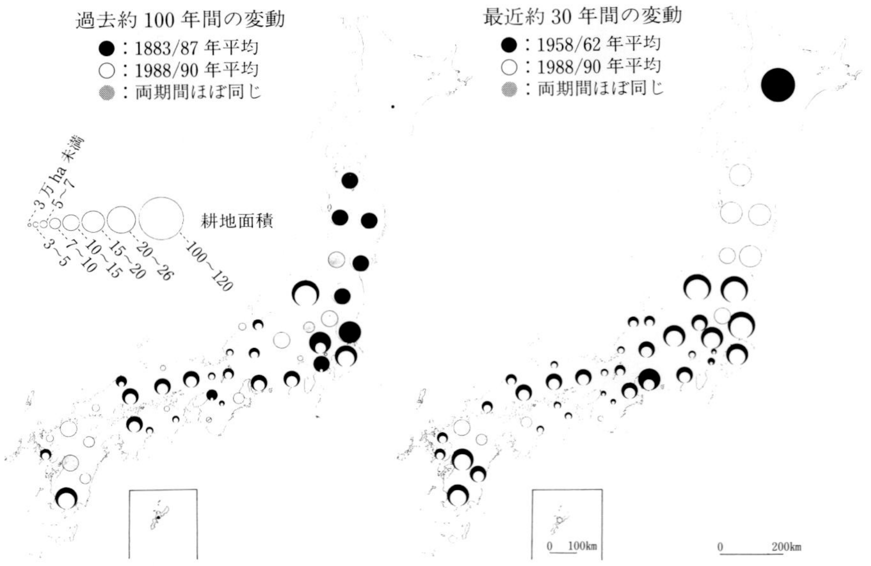

図 3.12 日本における耕地面積変動の地域差
Fig. 3.12 Change in Area of Arable Land by Prefecture

図 3.14 日本における主要作物の作付面積の推移
Fig. 3.14 Changing Areas of Main Agricultural Crops

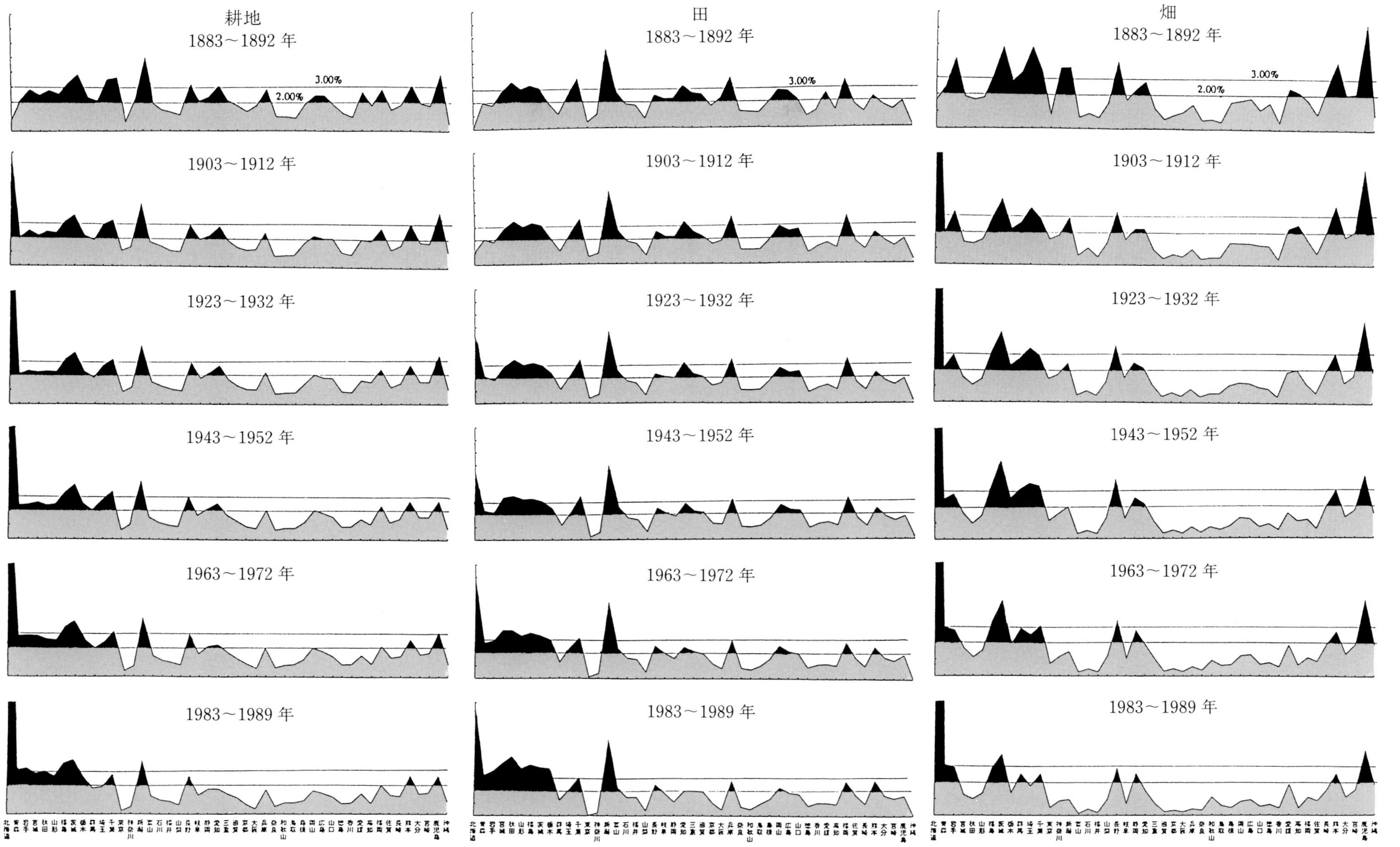

図 3.13　日本における耕地面積の地域的構成の変遷　　　　作製：元木　靖
Fig. 3.13　Change in Areal Structure of Arable Land by Prefecture　　Produced by Y. Motoki

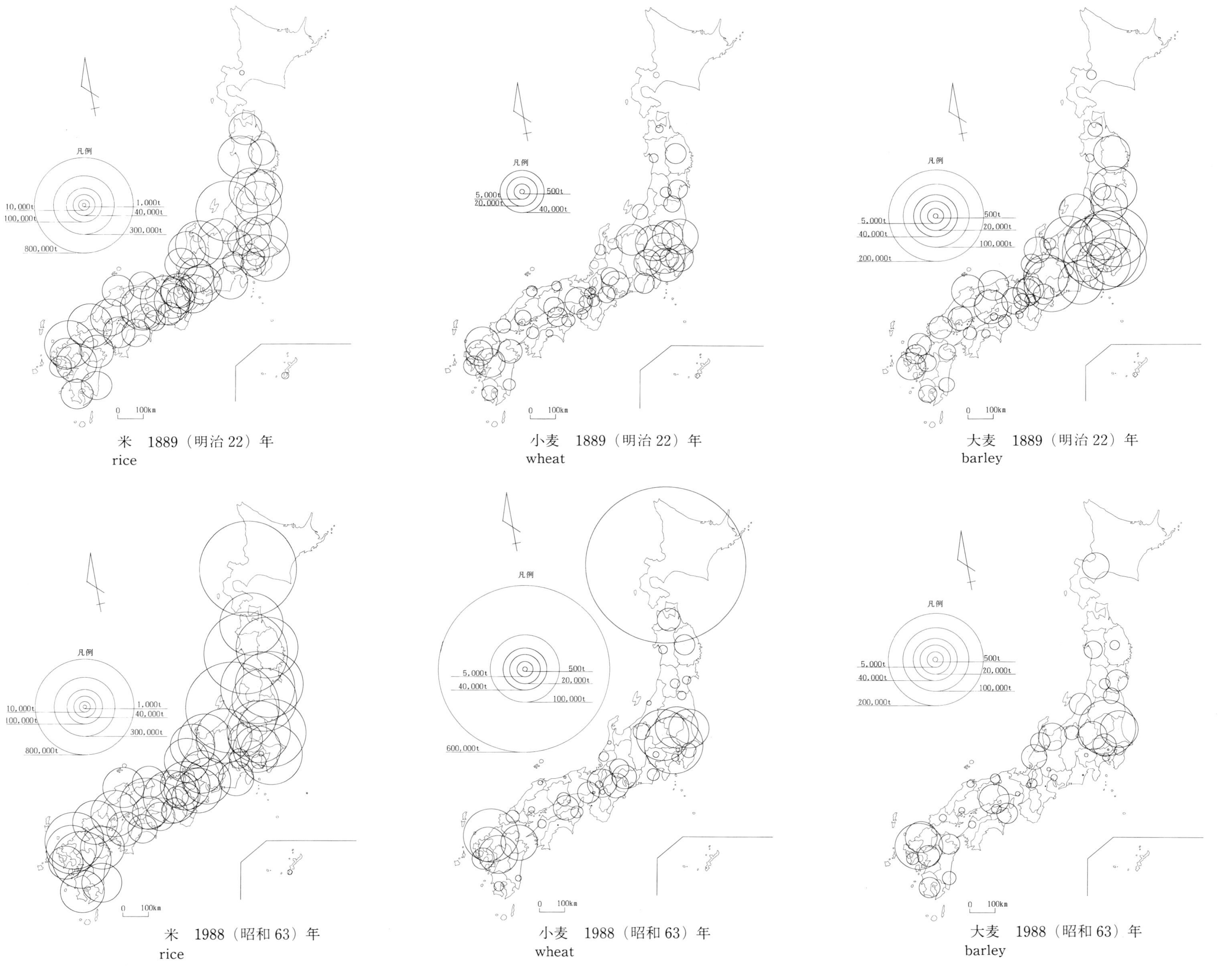

米　1889（明治22）年
rice

小麦　1889（明治22）年
wheat

大麦　1889（明治22）年
barley

米　1988（昭和63）年
rice

小麦　1988（昭和63）年
wheat

大麦　1988（昭和63）年
barley

図 3.15　米と麦（小麦・大麦）の収穫量の変化　　　　作製：松井秀郎
Fig. 3.15　Changes in Rice, Wheat and Barley Production by Prefecture　　Produced by H. Matsui

3.8 市町村別統計に見る農地利用の変化
Change in Agricultural Land Use Viewed from Municipal Statistics

高度経済成長期以降の日本経済の展開は，農地利用にもきわめて大きな変化を与えた．農地自体が工業化・都市化の進展と交通手段の発展に対応して，農業外の利用目的に大規模に転用され，また，過疎化の進行は中山間地域の耕地減少を惹き起こした．他方，大型土木機械の導入によって，農地の造成と水田化などの土地改良とが大規模に推進された．

この時期の農業的土地利用の実態を詳細に把握できる資料としては，土地利用図や地形図の地類表示もあって，地域的状況の把握には他に代えがたい長所があり，土地利用研究には不可欠な資料である．しかし，作物種類や田の利用形態などは示されていないうえ，図幅によって編集年が異なり，長期間改訂が行われないという欠点もある．市町村別統計は，分布域の具体的状況を知るうえでは限界があるが，必要ならば毎年のデータを利用することもでき，統計処理による全国的状況の詳細把握には，まず利用されるべき資料であろう．

ここには，全国の市町村別統計による長期的な土地利用解析のためのデータベース作製の概要と解析手法をのべ，図化例について解説する．

1. データベースの作製

長期的な土地利用変化の様相を全国的展望で把握するためには，まず表頭を年次を異にする耕地面積・作付面積など解析に必要な統計項目とし，表側を3,000余の市町村とするデータファイルを作製する必要がある．

データベースの作製には，農林水産省経済局統計情報部から提供を受けた数種の市町村別統計データファイルを利用した．これらは作製の年次が異なるため，一部の市町村については，ファイルごとの市町村区分が一致しない．このため次の措置をとった．

① 古い時期の統計には現れず，のちになってから加わった市町村に沖縄県の53市町村と東京都小笠原村・秋田県大潟村があり，また，合併編入をともなうわけではないが，農家戸数の減少により統計に現れなくなった市町村として，千葉県浦安市，長崎県高島町がある．このたびのデータベース作製では，これら市町村は，いずれも全期間にわたって省いた．

② 市町村の合併編入・市制の施行・郡の改変などに対応するコード変更はきわめて煩雑であり，しかも，その処理は不可欠であるから，プログラムによって自動的に処理することにした．

筆者の利用したデータファイルのうち，1970(昭和45)年頃に作製されたものには，60年以降のデータも遡及入力されており，すべて1970年の市町村に組み替えてある．しかし，その後のデータファイルには，一部の市町村にコードの変更があるため，異なった年次の間では，データの対比ができない場合がある．そこで，1970年以降の市町村コードに導かれているものであれば，いつのデータであれ，1985(昭和60)年を基準年次とするデータファイルに自動的に組み替えるプログラムを作製した[1]．

これによって，いくつかのファイルから，1960(昭和35)年以降1985年に至る5年ごとの耕地面積と田の面積，1960年の畑の面積，1965年以降1985年に至る5年ごとの普通畑・樹園地・牧草地の面積，各種作物の作付面積などを抜き出し，また，作製しておいた市町村の地図上の位置を示す座標値など解析に必要なデータを加え，1985年の市町村に組み替えたSPSSのシステムファイルを作製した．

農林水産省の統計機関によって調査される「耕地面積調査」，「作付面積調査」は，サンプル調査と推計学的手法とが用いられているため，実態に近い高精度を期待でき，市町村の領域内の面積を示す属地統計であるため，土地利用変化という課題を解明するうえからは，論理的にも望ましい条件を備えている．それゆえ，このデータベースでは，耕地面積・作付面積については，すべて「耕地面積調査」，「作付面積調査」のデータを用いた．

こうして得られたデータベースは次の特徴をもっている．

① 1960年以降のものであるから，磁気媒体上のデータの編集によって得られる市町村別統計としては，最も長期間にわたるものである．

② 市町村別統計であるから，属地統計としては，最も詳細である．

③ 沖縄県を除く市町村をほとんど含み，1960年以降，長期間の対比データを含みうる範囲としては，最も広域をカバーしたものである．

④ SPSSで書かれたデータ読み込み・ファイル編集のプログラムにサポートされているから，1970年以降1985年までの市町村コードに導かれている磁気媒体上のデータであれば，いかなる数値コードで書かれたものであれ，任意の年次の任意のデータを容易に読み込んで，統計項目を増やし拡張することができる．

2. 読み取りの手法としての地図化

地域統計データの解析と解釈には，数値解析，地図化，グラフ化，地誌的知識の援用などが用いられるが，3,000を超える市町村となれば，グラフ化には限界があり，地誌的知識の援用も限られた市町村だけとなる．

全国を対象として市町村別ないし郡市別統計を利用した研究は，農業地理学またはこれに関連した分野に限っても，これまでにかなり見られるが，市町村別統計は，それ自体として解析されることは少なく，多くの場合，地域区分の資料として取り扱われたり，都道府県をいくつかに分割した農業地帯などを設定して，その区分ごとに集計するまでの資料として利用されている．農林省が以前に刊行した農業地域経済地帯別統計書では，全国を152の農業地帯に分けているが，この程度の地域数であれば，津軽，上北下北，浜通り，中通り，会津というような地域名を見れば，解析結果の解釈に地誌的な知識を援用することもできる．市町村別統計を用いたこれまでの研究が，このような比較的粗い区分を用いてきた所以であろう．

数千の基盤に関するデータの一括処理は，現在では当然電算処理となるが，解析の手法には，それなりの創意を必要とする．まず，地図を用いる考察の有効性は，電算解析においても失われない．むしろ，地図化によって考察を容易にすることが不可欠であるといってよい．

筆者が解析の過程で用いるプリンタによる地図化は，横軸に100字，縦軸に50行をあてる座標を用い，これに適合するように日本全域の市町村の位置を座標値で定めたもので，この地図的表現法には2つの方法がある．

1つは市町村を示すドットが互いに重なり合わないように表示する方法であり，この場合は，地方別ならば1枚または2枚の出力用紙で足りるが，日本全体を被うには何枚もの出力用紙を用いなければならない．このタイプのものは，古くは岡本[2]，石井[3]によって用いられている．

他の1つは，日本全域を用紙1枚に表示させるもので，これはドットの重なり合いは問題とせず，単に一定の条件を満たす市町村を示すドットがどの位置に落ちるかを示させるもので，日本全域における分布の概要を示すことができる．

これらの方法による地図化はきわめて能率的であり，作業者自身が読図を行うためには十分役立つものであるが，一見して把握できるものではなく，必ずしも市町村名が特定できるわけでもないから，図化するだけでなく，同時に，特定の条件に適合する市町村を，市町村名と市町村の性格を考察するうえで役立つデータとを，1行に示しうる程度書き出しておく．

例えば，減反政策が実施された後の1970～1975(昭和50)年に水田率が高まっている市町村名を，5年ごとの耕地面積・水田面積とともに書き出してみると，1960年代の大規模造田地帯の周知の地名が出てくるだけでなく，地名だけではわからない場合も，多くの市町村が60年代に大きく水田面積を拡大していることがわかる．これによって，1970年代前半の水田率増大の市町村の多くが，60年代の大規模造田事業の継続によるものであることを知ることができるのである．

ここに示した2枚の図は，このような地図化によって得られた多数の図の中から選んで，カラー版に改め，耕地分布の長期変化の一端を示したものである．

3. 可住地面積に対する耕地面積率

農業的土地利用を論じるとき，まず耕地の分布が問題となる．市町村別統計によって耕地分布の長期的な変化を考察するには，耕地面積の変化に関する諸指標の分析が必要である．ここでは，可住地面積に対する1960年

の耕地面積率（図3.16）と，同じく可住地面積に対する耕地面積率について，1960年の値と1985年の値との間に見られる増減を示した（図3.17）．

可住地面積とは，市町村の総土地面積から湖沼の水面面積と森林面積を除いたものである．耕地面積分布の考察に，耕地面積を総土地面積で除した耕地率を用いると，山間町村では，大部分が森林であるため，その値が著しく小さくなり，分布や変化の様相を的確に示さない恐れがある．ここでは，除数に可住地面積を用いることを試みた．森林も，開墾・植林などによって，その面積が変動するが，ここでは，いずれの場合も1975年の森林面積によって算出された可住地面積を用い，図3.17に示す1960年と1985年との間の変化が，森林面積の変化とは関わりなく，もっぱら耕地面積の変動を表現するようにしたものである．

1960年には，耕地面積率の低い（40%以下）市町村は，山間部・漁村地帯と大都市周辺とに多く，耕地面積率の高い（60%超過）市町村は，平地部に集中しているが，大都市周辺の耕地面積率の低い市町村もその数は多くない．高度経済成長期に入ろうとする時期の耕地分布の状況はこのようなものであった（図3.16）．

1990年に定められた「農林統計に用いる地域区分」（農林水産省経済局統計情報部）の「農業地域類型」と60年の耕地面積率との対比を求めると，都市的地域と中間農業地域では40～60%に過半が集中し，山間農業地域では20～60%に大部分が集中するのに対し，平地農業地域では60～80%に過半が集中している（表3.1）．

「都市的地域」は，①DID面積が可住地面積の5%以上あり，人口密度500人以上またはDID人口2万人以上の市町村，②宅地などの面積が可住地面積の60%以上，林野率が60%以下で，人口密度500人以上の市町村という条件を基準指標として定めたものである．その第二次分類である水田型，田畑型，畑地型，それぞれ水田面積率70%，30%で区分されている．

1960年の対可住地耕地面積率を見ると，率の低い市町村は畑地型に多く，高いものは水田型に多い傾向が認められ，全体として，40～60%，60～80%のランクに大部分が属している．これは今日都市的地域と見なされる市町村の多くが，この時期にはまだ活発な農業地域であったことを物語っている．1990年の設定による「都市的地域」には，仮に1960年当時のデータを基準指標に適用するならば，そのうちのかなりの市町村が，「都市的地域」からは除かれるはずのものである．

設定時期に近い1985年の場合は，60～80%の市町村は例外的な数となり，20～40%のものが中心となって，都市的地域の名にふさわしい分布を示し，この25年間における，都市部とその周辺のドラスティックな変動を表すものとなっている．

山間農業地域は，林野率80%以上で耕地率10%未満（いずれも総面積に対して）の市町村である．林野率の増加，耕地率の減少は過疎地域でかなり進行したと思われるので，「都市的地域」と同様に，60年を基準とすれば設定時点では該当市町村は増加しているはずである．1960年と1985年の値の対比では，20%以下・20～40%ランクの市町村数が激増し，40～60%ランク以上が減少して，この間の大きな耕地減少を物語っている．

以上の2つの類型と対照的なのは平地農業地域である．これは耕地率が20%以上で，①林野率50%未満，傾斜1/20以上の田と傾斜8度以上の畑との合計面積が耕地の90%未満の市町村，②林野率50%以上，上記の地形をもつ田畑の面積が10%未満の市町村という基準指標で定められたものである．ここでは，対可住地耕地面積率40～60%の市町村数が増加し，60～80%の市町村数が減少しているが，その動きは他の類型に比べて著しいものではない．特に畑地型においては，80%超過の市町村が増加し，20%以下・20～40%ランクの市町村が減少して，耕地拡張型の変動が見られるが，これには北海道における草地酪農の発展と本州の高冷地野菜栽培地域の耕地増が関わっている．

図3.17には，1975年の可住地面積に対する1960年と1985年の耕地面積率を比較し，この間の耕地面積の変化を示してある．

両年次の間で耕地面積の増加した市町村は527，全国の市町村数の2割にも満たない．そのうち10%以上増加の173市町村は，北海道に66，東北に49，関東に11，九州に32あり，その他の地方は合わせて15にとどまる．

北海道では，その大部分は東部・北部と日高地方にあり，全体として，夏季冷涼なため広い未墾地があったところであるか，かつては沿岸漁業や林業が栄えて農業開発が遅れていた地域に多く，泥炭地改良によって水田造成が進められた石狩川流域にも見られる．東北地方の北部では，津軽地方西部と十和田市周辺から岩手県にかけての台地，北上川流域に見られ，また，秋田，山形，阿武隈山地周辺に分布する．北関東には台地一帯の開拓が進んだ黒磯市・西那須野町など栃木県北部や茨城県に多く見られる．また，群馬県嬬恋村や長野県南佐久郡の高冷地野菜生産地での耕地増加が注意をひく．これに対し，九州では，特に福岡県八女郡，熊本県阿蘇郡など中部の山麓・台地に見られ，また有明海などの臨海町村にも多い．

以上のように，東日本の各地には，耕地拡大の著しい地域が各地にあるが，北陸，東海，近畿，中四国には柑橘の栽培地域などにわずかに見られるものの，顕著な耕地の拡張市町村はほとんど見られない．

これら耕地の拡張地域の中には，北海道の草地酪農地域や高冷地野菜生産地のようにもっぱら畑が増加したところもあるが，石狩平野や東北・北関東の大規模造田地域にしばしば見られるように，田の面積増加と畑の面積減少をともないながら，全体として耕地面積が増加したところも少なくない．

これに対し，耕地面積率減少の著しい市町村は，都市化，工業地域化の進行の著しい諸地域と，過疎化の進行した山間村・漁村などのほか，南九州など低生産農業地域にも広く見られる．

関東地方では，西部一帯から房総半島中部以南にかけての耕地面積減少地域と，北部から東部一帯にかけての増加ないし10%未満の微減地域とがおおむね利根川の線で境されて，鮮やかな対照を示している．全国的には，九州中部を除き，北関東以北とその他の地域に見られる東西対照としてとらえることもできよう．

データ処理は，北海道大学大型計算機センターで，KHSPSSを用いて行った．

[岡本次郎]

□参考資料
1) 岡本次郎（1992）：耕地利用変化に関する市町村別データベースの作成と解析手法．北星学園大学経済学部北星論集，29．
2) 岡本次郎・西 勇（1978）：学校統廃合をめぐる社会環境の統計的分析（I）．僻地教育研究，25-1．
3) 石井素介（1979）：日本農業地域構造の統計的分析—兼業化進行パターンを指標とする社会地理学的一考察—．明治大学人文科学研究所紀要，18．
4) 農林水産省経済局統計情報部（1990）：農林統計に用いる地域区分．

表3.1 可住地面積に対する耕地面積率（1960年，1985年）と農業地域類型
Table 3.1 Cultivated Land/Unforested Land (1960, 1985): Regional Types of Agriculture in Municipalities

	可住地面積に対する耕地面積率 cultivated land/unforested land	都市的地域 urban area				平地農業地域 core agricultural area				中間農業地域 intermediate agriculture area				山間農業地域 marginal agricultural area				合計 total
		水田型 P≧70%	田畑型 P 30～70%	畑地型 P<30%	計 total	水田型 P≧70%	田畑型 P 30～70%	畑地型 P<30%	計 total	水田型 P≧70%	田畑型 P 30～70%	畑地型 P<30%	計 total	水田型 P≧70%	田畑型 P 30～70%	畑地型 P<30%	計 total	
1960	≦20%	4	3	8	15	0	0	3	3	5	0	21	26	14	27	39	80	124
	20%< ≦40%	51	22	23	96	3	8	9	20	28	45	43	116	46	130	68	244	476
	40%< ≦60%	149	118	64	331	137	85	28	250	260	237	115	612	125	116	45	286	1,479
	60%< ≦80%	115	60	17	192	276	155	57	488	121	113	42	276	58	44	16	118	1,074
	80%<	0	0	0	0	8	2	5	15	1	6	7	14	2	1	3	6	35
	計 total	319	203	112	634	424	250	102	776	415	401	228	1,044	245	318	171	734	3,188
1985	≦20%	59	37	43	139	1	0	1	2	10	15	31	56	28	80	67	175	372
	20%< ≦40%	132	107	47	286	10	4	12	26	122	93	58	273	110	155	57	322	907
	40%< ≦60%	123	55	19	197	224	141	49	414	265	251	93	609	101	74	39	214	1,434
	60%< ≦80%	5	4	3	12	185	95	32	312	18	39	37	94	6	8	7	21	439
	80%<	0	0	0	0	5	1	16	22	0	3	9	12	0	1	2	3	36
	計 total	319	203	112	634	424	250	102	776	415	401	228	1,044	245	318	171	734	3,188

P：水田（paddy field）．農業地域類型は農林水産省経済局統計情報部「農業統計に用いる地域区分」(1990)による．1985年以降の合併市町村を除く．可住地面積は1975年の森林面積による．

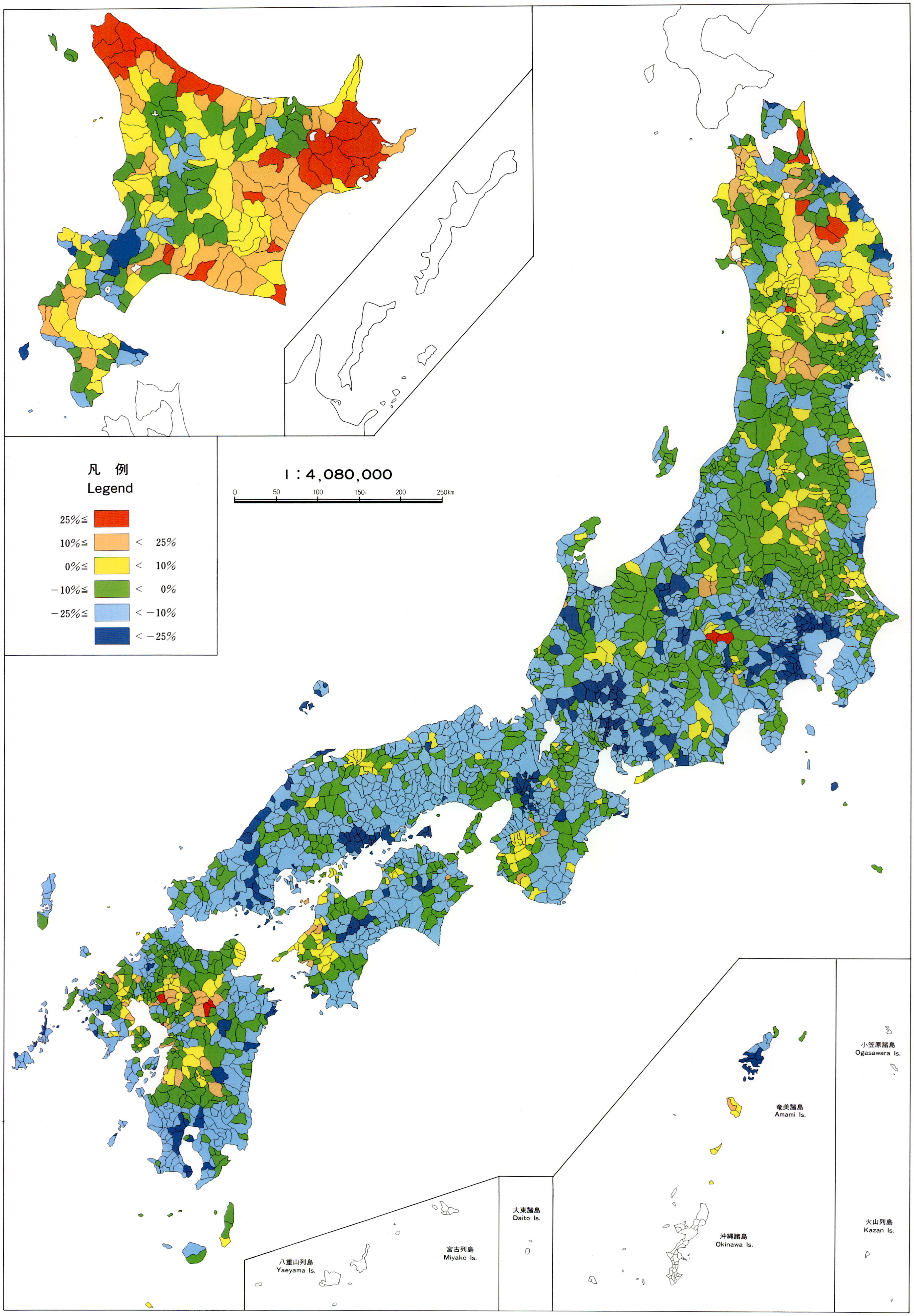

凡 例
Legend

- 25% ≦ (red)
- 10% ≦ < 25% (orange)
- 0% ≦ < 10% (yellow)
- −10% ≦ < 0% (green)
- −25% ≦ < −10% (light blue)
- < −25% (dark blue)

1 : 4,080,000
0 50 100 150 200 250km

小笠原諸島 Ogasawara Is.
奄美諸島 Amami Is.
大東諸島 Daito Is.
宮古列島 Miyako Is.
沖縄諸島 Okinawa Is.
火山列島 Kazan Is.
八重山列島 Yaeyama Is.

図 3.16 可住地面積に対する耕地面積率（1960年）
Fig. 3.16 Cultivated Land per Unforested Land in 1960

作製：岡本次郎
Produced by J. Okamoto

凡例 Legend

- 80%<
- 60%< ≦ 80%
- 40%< ≦ 60%
- 20%< ≦ 40%
- ≦ 20%

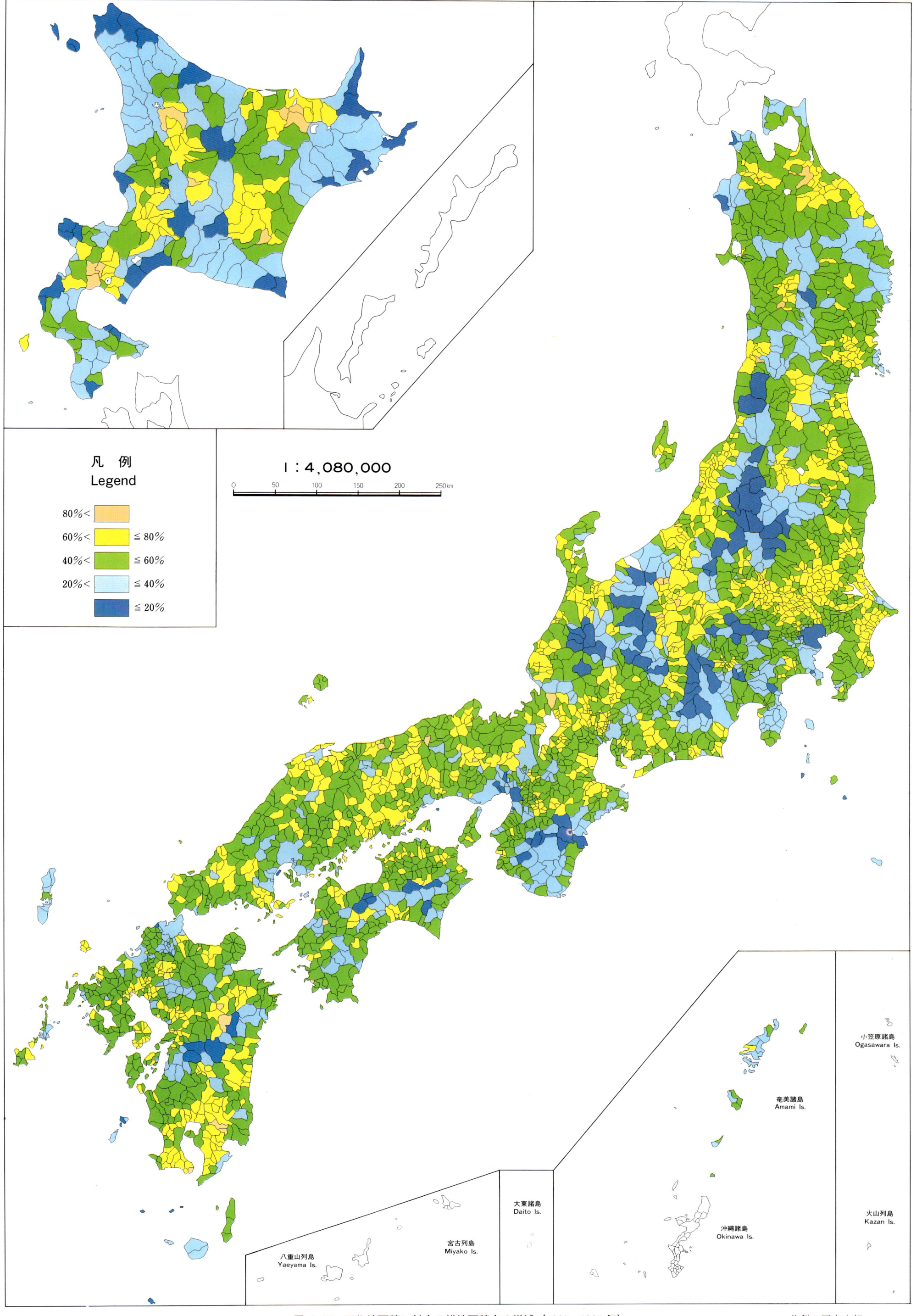

1:4,080,000

小笠原諸島 Ogasawara Is.
奄美諸島 Amami Is.
大東諸島 Daito Is.
宮古列島 Miyako Is.
八重山列島 Yaeyama Is.
沖縄諸島 Okinawa Is.
火山列島 Kazan Is.

図 3.17 可住地面積に対する耕地面積率の増減（1960～1985 年）

Fig. 3.17 Change in Cultivated Land per Unforested Land, 1960–1985

作製：岡本次郎
Produced by J. Okamoto

3.9 農地の基盤整備
Agricultural Land Improvement

農業の近代化にとって，単位面積当たりの土地生産性と労働生産性を高めるために，土地改良，農地基盤整備は重要な事業である．わが国における近代的な農地の基盤整備は，耕地整理法が公布された1899（昭和32）年以降に，その進展が見られた．

1949（昭和24）年には土地改良法が公布され，それにもとづき，従来の耕地整理組合や普通水利組合などに代わって新たに土地改良区が組織されてきた．土地改良区は全国にわたり多数設立され，それらの規模や事業内容は多種多様であって，地方的差異を示し，それはまた自然条件と農業経営との複合をなんらかの形で反映している．そのみならず，土地改良区は15人以上の農民と水・土地・施設などを把握している法人として，農業協同組合とならんで国家権力につながる重要な団体である．特に数千ha以上の受益面積を擁する大土地改良区は，いくつかの市町村にわたることもまれではなく，地域開発や地方政治とも深い関係を有する．また，経済の発展や都市化にともない，農業外の労働・土地・水需要が高まり，あるいは都市排水による農業用水の汚染などが土地改良区に深刻な影響を与えつつある．そこで，土地改良区の規模別・事業別に全国分布を概観するために，1956（昭和31）年3月31日現在で農林省の各地方農地事務局が作製した，全国土地改良区の名簿を用いて，1万余にのぼる土地改良区の主要事業別，受益面積規模別の絶対分布図を，50万分の1のスケールで作製した．

ところで，大規模な農地造成（500ha以上），灌漑排水事業（3,000ha以上，末端支配面積500ha以上）は国営により，また中規模の灌漑排水・畑地灌漑・客土は都道府県営として施行されているが，それらの地区とほぼ40％ぐらい重複して，団体営，とりわけ土地改良区による各種の関連事業が行われている．そして，国営・都道府県営の事業の完了後は，それらが設けた施設は土地改良区の管理に委ねられるのが普通である．したがって，土地改良区およびその連合との分布を見ることによって，全国耕地面積の半分以上とその付帯施設が各地でどのように改良され，維持管理されているかの大要を把握することができる（図3.18）．

この分布図の原図では，同一面積の正方形または円で，一定の階級に属するものをすべて表現した．そのために，大・中規模の土地改良区が密集している平野では，地図上で重なりあうような場合もあるので，その際には，やむをえずいくつかの小改良区を省略した．次に，事業の種類については，受益面積600ha未満のもので，灌漑排水事業にあわせて施行された他の事業があれば，それによって地区を代表させた．しかし，それも2つ以上あるときは，開田，開畑，溜池，索道，客土，区画整理，農道の順序で初めの1つを選んだ．また，600ha以上では，2種の事業を，さらに4,000ha以上の土地改良区または連合は3種類の事業までを図示した．なお，正方形と円によって新規事業と維持管理とを区別した．ただし，この図では，印刷の都合上，スケールを小さくして，規模の階級数と事業種類をかなり減らし，2種の区別を排した．また円形のみに統一して，新規の事業と維持管理との区別も省略した（表3.2）．

この分布図によって，まず土地改良区の規模別分布を見ると，大規模なものは，信濃川と阿賀野川の下流低湿地の水田地帯にあって，区画整理と客土を実施している3万haおよび土地改良区連合を筆頭に，大河川の下流域に多く存在する．それらの中には，国営による大規模な用排水事業，あるいは合口事業などを行った土地改良区が含まれている．また，紀伊半島の吉野川や，東北の北上川などの総合開発に関連した大規模な土地改良区もある．一方，本州の盆地内では，本流沿いの沖積地でも1,000ha以上まとまった土地改良区は少なく，周辺の山地から流出する中小河川ごとに成立した灌漑区が多いことを示している．一方，北海道では大規模な土地改良区の多いことが目立つ．

次に事業種別に考察すると，まず開田事業は中部地方から東北地方にかけて主に分布し，特に北上山地周辺や三本木原，福島県下の諸盆地に多いことがわかる．東北地方には，八郎潟・岩手山麓・田沢・新安積など国営の開墾建設事業が多いが，団体営による水田造成事業も，耕地整理組合時代に引き続き進展してきた．

灌漑排水事業については，まず利根川・渡良瀬川や荒川のように，改修工事が早くから行われた河川の沿岸平野部では，用排水施設を維持管理する土地改良区が最も多く，その間に，用・排水機の導入など新規の事業を目的とした比較的小規模な土地改良区が点在することに気がつく．濃尾平野の輪中地帯では，国営による木曽川の改修工事と大規模な排水事業が行われた高須輪中をはじめとして，用排水設備の新改修をなす土地改良区の存在が注目される．

地下水灌漑は，一般に小規模であるが，動力揚水機の普及とともに，各地の扇状地や湖岸付近などにおいて普及している．特に，近江盆地・大阪平野・濃尾平野などで盛んである．また，埼玉県の北部から群馬県にかけての自然堤防や扇状地上，あるいは茨城県西部の台地において，個々の農家または少数戸が協同して地下水を汲み上げる動力ポンプを設置して，地目変換をせずに畑を季節的に水田化し，あるいは畑地灌漑を行っている．このような一時的水田は陸田とよばれるが，これらは，畑の夏作に対して稲作が相対的に有利な地方で，京浜地区への野菜の個人出荷圏を超えた所に分布している．

溜池関係の土地改良区は，近畿・中国・四国に多い．その中でも，老朽溜池の増改築が目立つのは，広島県下の吉備高原や盆地である．しかるに岡山県下では溜池の維持管理が多いのは，耕地整理組合時代の溜池工事がまだその効果を持続しているためであろうか．讃岐平野にはこの種の土地改良区が密集しているが，ほとんど維持管理にとどまる．一方，奈良盆地には溜池関係の土地改良区が意外に少ないが，これは盆地内に多数存在する皿池などは，申合団体などにより慣行的に管理されているせいである．因みに，溜池について興味深い問題は，都市化の進展による転用である．例えば，大阪周辺には市街地の拡大によって宅地化されたり，遊園地化された溜池が，すでに少なくない．その際に，溜池の敷地の所有権をめぐる訴訟問題がしばしば発生した．奈良盆地においては，吉野川の水をもたらす国営の幹線水路（大和用水）と県営の支線水路が完成すれば，合計13,000個，総敷地面積3,000haに近いといわれる尨大な溜池の一部が転用可能となる（1956年現在）．

客土は農地の地力増進対策として，あるいは泥炭地の水田化のために国営や県営により大規模に行われてきたが，土地改良区によっても各地でかなり多く実施された．これは，火山灰に厚く覆われることなく，表土が浅くて漏水による老朽化の進んだ扇状地（特に隆起扇状地）や段丘上の水田において重要な増産対策である．大型土木機械による用土の採掘，軌道・トラック・ケーブル・流水・送泥パイプによる客土の能率向上，コストの低下がこの事業の促進に貢献した．

表3.2 事業別の全国土地改良区数（1956年）
Table 3.2 Number of Land Improvement Districts by the Types of Works in Japan (1956)

灌漑排水	4,700	客土・床締	486
用・排水機	394	畑区画整理	4
暗渠排水	443	畑地灌漑	104
溜池	1,201	索道	134
温水溜池	31	農道・橋梁・護岸	2,333
水田区画整理／交換分合	1,765	災害・保全	512
		ボラ排除	8
開墾	249	その他	17
干拓・埋め立て	27	延地区数	12,408

客土とは反対に，農地利用に有害な堆積物，粗い火山砂・火山礫などの排除を土地改良区が行う場合もある．南九州におけるシラスやボラ対策がその例である．

耕作能率や運搬条件の改善のために，区画整理事業や農道・橋梁建設も各地で活発に実施されてきた．農道の敷設は，中国地方の山間地帯をはじめとして，小水田の分布するところにも盛んに行われた． ［西川　治］

3.10 昭和中期～現代の耕うん機・農業用トラクターの普及
Pervasion of Power Tillers and Tractors after World War II

日本における農業近代化の中で，機械化の果たした役割はきわめて大きいものであった．とりわけ，日本の農業の根幹をなす稲作における農業用機械の普及は，農家労働力の兼業化を促進し，日本の農業の変革と農村地域の変貌に著しい影響を与えてきた．明治以降における農業用機械の普及には，農業技術の発達や技術革新によりいくつかの段階が見られるが，ことに1960年代以降の日本の経済高度成長と期を一にして，著しい進展が見られた．

水力や風力といった自然の力を利用した農業用機械から本格的な動力を用いた農業用機械の利用への移行は，1892（明治25）年の蒸気機関による水田の排水や，石油発動機による圃場排水に始まるとされている．明治以降大正期頃までは，湿田の乾田化や河川改修の振興に付随して，排水への機械力の利用が先行してきたが，その後には小型ポンプの普及と相まって，灌漑労力の軽減のために揚水への機械力利用の拡大が見られた．大正期に至って籾摺機が普及し，次いで脱穀機や原動機の普及が盛んとなった．第二次世界大戦後には，農地改革と自作農家の増加によって，農業生産意欲の増進と高い小作料から脱却した農業所得の向上とがもたらされ，耕うん機・農業用トラクターや動力防除機の導入と普及とが進行した．そして，稲作では最も労力を要する刈り取りや田植えに関わる農業用機械の開発は，この作業の複雑な動作のゆえに遅れ，稲作の機械としては後発の普及過程をたどり，バインダーやコンバインおよび田植機の普及は1970年代に入ってからのことであった．

ここでは，第二次世界大戦後に本格的な導入がなされ，圃場作業における移動作業の機械化を最初に実現し，農業労働の軽減化に著しい効果を上げた耕うん機・農業用トラクターについて，台数の推移および都道府県別の台数の変動などについて示す．

日本における耕うん機の実験的導入は，1920（大正9）年頃の外国製小型農業機械の輸入とその改良に始まるが，統計に現れるような一般農家への導入は1930年代に至ってからのことである．この台数の推移を見ると，典型的な成長曲線を描いており，1930年代から1950年代までの増加はきわめて緩やかであり，1960年代になると急激な増加が見られ，1960年代の末からは緩慢な増加へと変化している（図3.19）．1931（昭和6）年の統計ではわずかに98台であった耕うん機・農業用トラクターは，1950（昭和25）年には1万台を超え，1961（昭和36）年に100万台を超えると爆発的に普及が進み，1967（昭和42）年には300万台に達した．1967年の総農家数が約540万戸であったことから，この年の耕うん機・農業用トラクターの普及率は，約57％にもおよんでいたことがわかる．このような耕うん機・農業用トラクター台数の変動過程は，富裕層や先進地域での初期導入期，一般農家への普及期，乗用型トラクター・自脱型コンバインなどの他の農業機械との競合期と考えることができよう．

図3.20は，耕うん機・農業用トラクターに関して，初期導入期から一般農家への普及期への変換点の1954（昭和29）年と，急激な増加から緩慢な増加への転換点の1967年，および最近の1988（昭和63）年の3時点における都道府県別台数を円積で表した分布図である．

まず，1954年の分布を見ると，農業機械化の先進地域といわれた岡山県，北陸地方や東北地方の日本海側の諸県，北九州の諸県で導入台数が多い．水田単作地域の北陸地方や，東北地方の日本海側での普及が進んでいた理由としては，①いわゆる早場米地帯で耕うん作業の速さが望まれた，②第二次世界大戦後の土地改良事業やこれにともなう区画整理事業や暗渠排水の改良などにより，耕うん作業の機械化のための耕うん条件が整った，③この土地改良事業や農業技術の改良・普及による農業所得の増加が機械購入資金を生み出した，④小型トラクターの改良により水田作業への利用が可能となった，⑤富山県や石川県などでは煩わしい借馬慣行を機械導入によって解消できた，などがあげられている．また，第二次世界大戦後の機械化の進展が水田地帯に先行し，その後，青森県や長野県の果樹地帯へと浸透してきた理由としては，当時のリンゴ栽培地域では一般的に果樹と水稲との複合経営が支配的であり，春先の摘花や袋かけの作業が田植え作業と重なり，この時期の農作業の労働過重を緩和するために導入が進んだとされている．ところで，一般的な耕うん機と農業用トラクターとの区分では，耕うん機は作業部をエンジンで駆動するタイプであり，農業用トラクターは作業機を牽引することによって起耕・砕土・運搬などの作業を行うタイプとされている．この普及地域の差異については，比較的畑作率の高い関東地方およびその周辺の諸県では，農業用トラクターが卓越するとされている．この理由としては，畑作地帯においてはいろいろの作業機を牽引することによって多目的利用の図れる農業用トラクターが有利であることからだといわれている．

1967年の分布図は，耕うん機・農業用トラクターの普及が一般農家にまでおよび，全国的に導入された状況を示している．この状況は，また，1960年代以降における日本経済の高度成長期に顕著になってきた農家労働力の農外流出をも反映している．都市地域における労働力需要と，農村地域における近代化にともなう現金収入の必要性が，いわゆる三ちゃん農業や日曜農業を生み出してきた．このような基幹労働力の農外流出による農業労働力不足を補い，効率的な農作業をするために機械化が推進され，これらの機械購入資金の捻出のために，さらに農業労働力の流出が進むといった悪循環がくり返された．

ここで，この耕うん機・農業用トラクターに関する，1954年から1967年までの普及期における都道府県別の台数の増加率を見ると，太平洋側の諸県や大都市近郊の諸県での導入台数が伸びており，導入の先進地域での増加率は相対的に低いものとなっている（図3.21）．

1988年の分布図は，農家への普及が一巡し，急速な普及が一段落して緩慢な増加へと移行している状況を示している．またこの時期は，耕うん機・農業用トラクターなどの小型農業機械が，乗用型トラクターやコンバインなどのより高度の中型農業機械に代替される競合期の状況をも表している．1967年から1988年までの間では各県の増加率は普及期に比べて相当に低下したが，相対的には，普及期に増加率の高かった大都市近郊諸県の外縁にあたる地域や，太平洋側に増加率の高い諸県が分布している．

次に，普及期にあたる1960（昭和35）年の耕うん機・農業用トラクターの農家普及率と，同年の水田区画整理事業の進展状況とを見よう（図3.22，図3.23）．水田の区画整理事業では，本庄平野・庄内平野・越後平野・金沢平野などの日本海側の地域や，北上高地南東部の地域に区画整理率の高い地域が存在している．一方，耕うん機・農業用トラクターの農家所有率では，津軽平野・横手盆地・本庄平野・庄内平野・越後平野・富山平野・金沢平野・豊岡盆地などの日本海側の諸地域や，高知平野・筑紫平野などに所有率の高い地域が見られる．

この耕うん機・農業用トラクターは必ずしも稲作農業にのみ利用されるものではない．また，農業機械の共有形態は，経済の高度成長期以降には全体として低下し，個人所有に移行していったが，耕うん機・農業用トラクターにおいては，普及初期にあたる1960年には14％もの共有化率を示した．このように，稲作以外への耕うん機・農業用トラクターの利用や，耕うん機・農業用トラクターの農家所有率が必ずしもこれらの利用農家率とは同一ではないことなどを考慮に入れても，北陸地方や東北地方の日本海側の水田単作地帯では，水田の区画整理率の高い地域と耕うん機・農業用トラクターの農家所有率の高い地域とには一致性が認められ，水田区画整理事業の進展と耕うん機・農業用トラクターの普及とにはかなりの関連性が認められよう．

[松井秀郎]

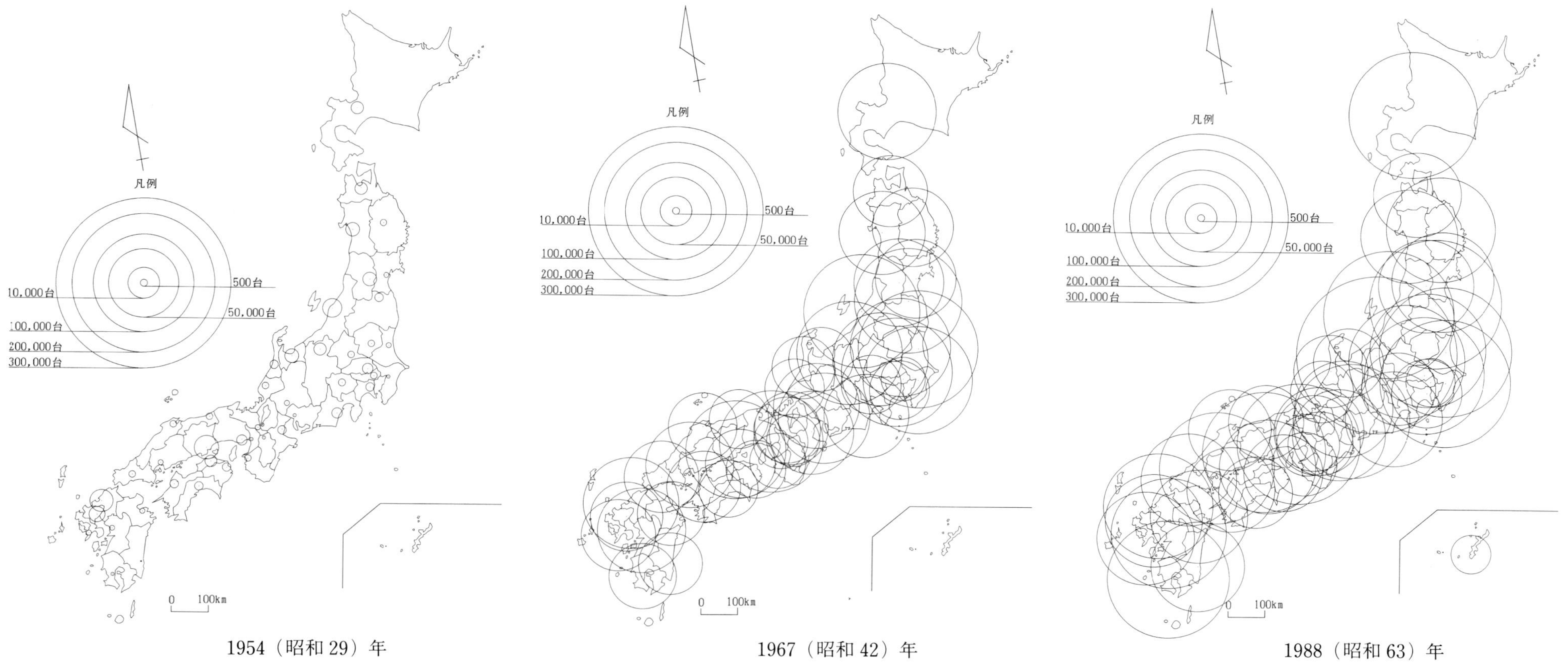

1954（昭和29）年　　　　　　　　　　　1967（昭和42）年　　　　　　　　　　　1988（昭和63）年

図 3.20　都道府県別耕うん機・農業用トラクター台数　　　　　　　　　　　　　　　　　　　　　　　作製：松井秀郎
Fig. 3.20　Number of Power Tillers and Tractors, 1954・1967・1988（by prefecture）　　　　　　Produced by H. Matsui

1954（昭和29）～1967（昭和42）年　　　　　　　　　　　1967（昭和42）～1988（昭和63）年

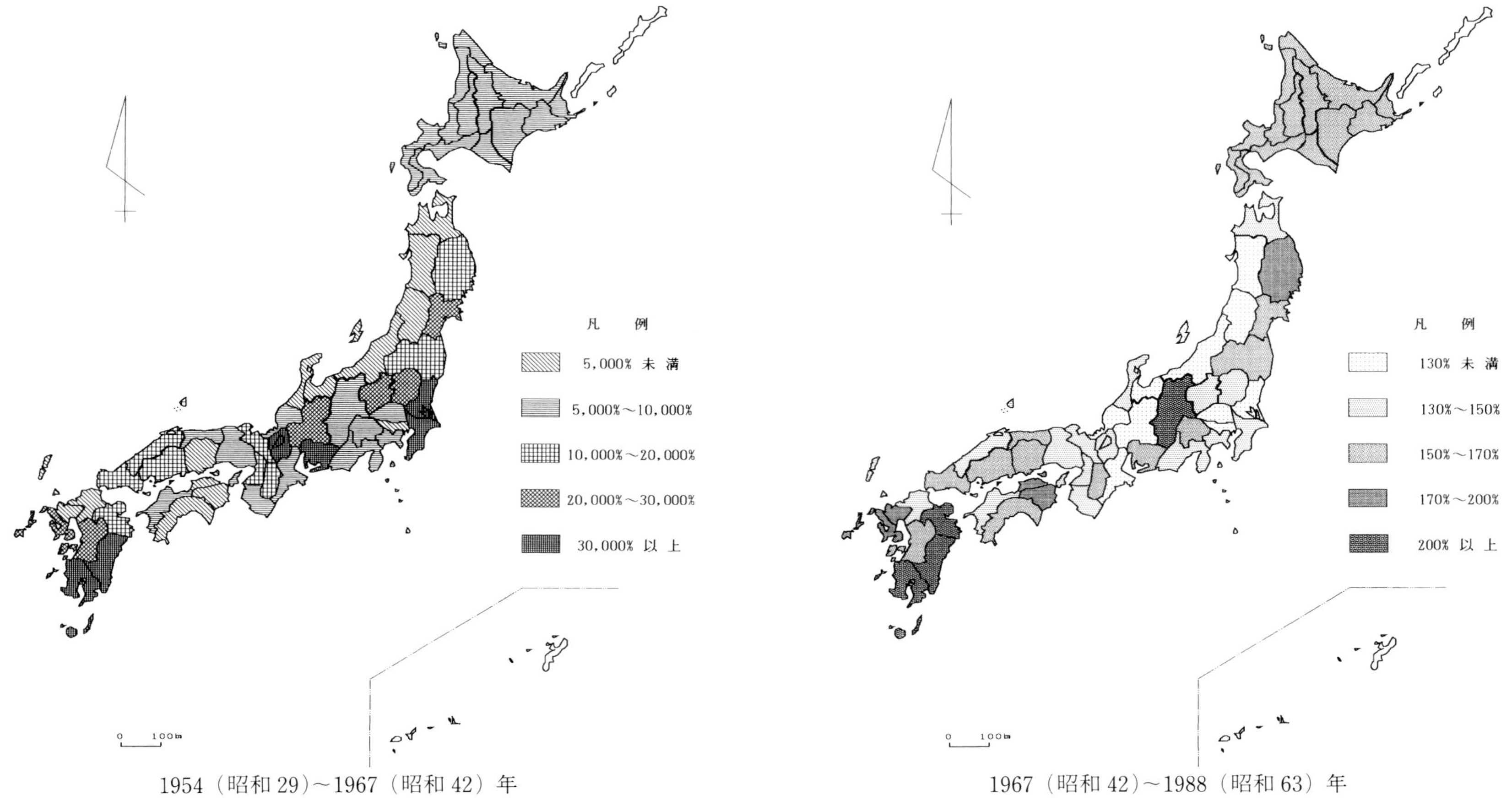

図 3.21　都道府県別耕うん機・農業用トラクターの増加率　　　　　　　　　　　　　　　　　　　　作製：松井秀郎
Fig. 3.21　Growth Rate of Power Tillers and Tractors, 1954-1967・1967-1988（by prefecture）　Produced by H. Matsui

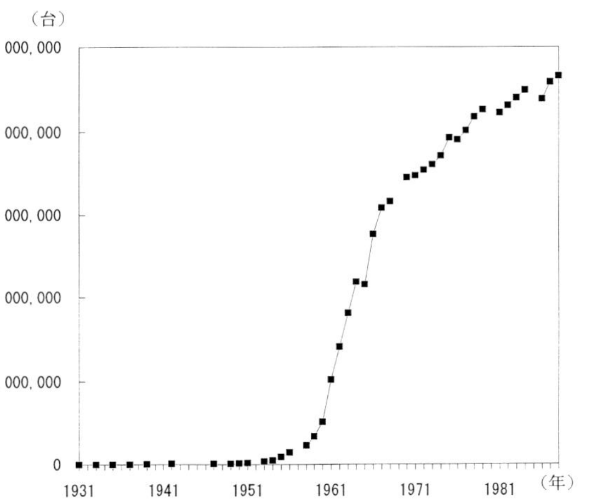

図 3.19　耕うん機・農業用トラクター台数の推移
Fig. 3.19　Growth in the Number of Power Tillers and Tractors, 1931-1988
作製：松井秀郎
Produced by H. Matsui

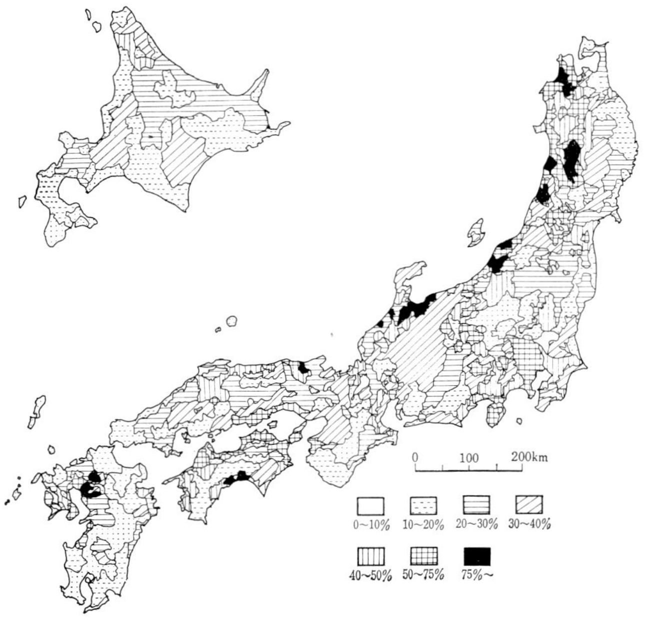

図 3.22　耕うん機・農業用トラクターの農家所有率（1960年）
Fig. 3.22　Percentage of Farm Households Using Power Tillers and Tractors in 1960（by economic zone）
作製：西川　治
Produced by O. Nishikawa

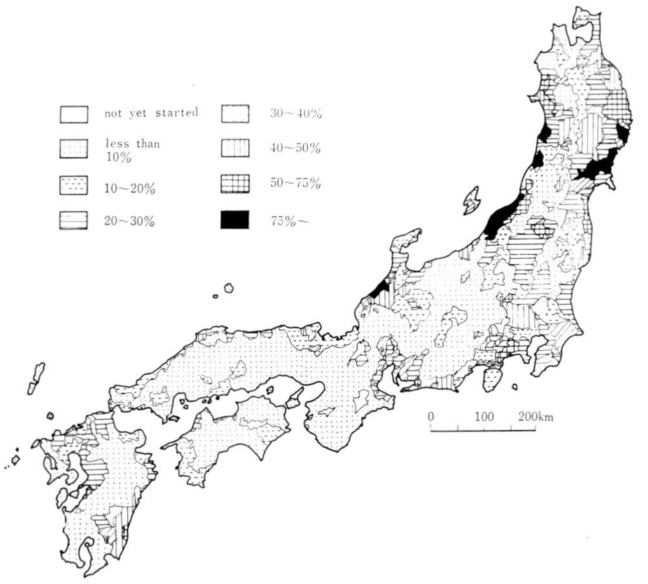

図 3.23　水田の区画整理率（1960年）
Fig. 3.23　Percentage of Rearranged Paddy Field in 1960（by economic zone）
作製：西川　治
Produced by O. Nishikawa

3.11 北海道と関東地方の農地利用の変化
Change in Agricultural Land Use in Hokkaido and the Kanto Region

(1) 北海道の農地利用の変化
Change in Agricultural Land Use in Hokkaido

北海道の農地開発は明治期に緒につき，大正期以降，著しく進展した．わが国有数の食料基地に発展した北海道における農地利用の変化を，国土利用変化データベースを用いて検討しよう．

北海道の農地は，大正期 8,870 km²，昭和中期 11,140 km²，現代 13,190 km² と，拡大を続けている．大正期からこれまでに増加した面積 4,320 km² は，富山県の面積に匹敵する．この間，全国では農地が 1,950 km² 増加しているが，北海道を除けば 2,370 km² の減少であり，北海道において官主導で進められた農地開発が，本州以南の農地の減少を補ってきたといえる．

以下，農地のほとんどを占める田と畑・牧草地についてくわしく見る．

1. 田

田の面積は 840 km²，2,410 km²，2,700 km² と変化している．すなわち，大正期から昭和中期にかけての増加が非常に急激であったのに対し，その後の増加は割合ゆるやかであった．図 3.24 (a) は北海道における大正期，昭和中期，現代の田の分布の変化を示している．

大正期，田の卓越地域は上川盆地と石狩平野北部にわずかに見られただけであるが，現在それは石狩平野全域と北の名寄盆地にも広がっている．大正期から今日まで一貫して稲作が盛んであった地域（黒）としては，上川盆地，石狩平野の北部，東部，南部から太平洋岸にかけての地域が重要である．大正期～昭和中期に開田された地域（紫）は，それまでの稲作地域を囲むように分布しているが，特に石狩平野中部でそれが顕著に見られる．開田が新しい地域（赤）としては，積丹半島から渡島半島にかけての地域と日高山脈西麓が特筆される．稲作が早期に導入されたもののその後放棄された所（黄，緑）には，都市化の進んだ札幌と旭川，気候条件の厳しい名寄盆地以北とオホーツク海沿岸地域，十勝平野縁辺部などがある．昭和中期に稲作が見られたがその後消滅した地域（青）としては，十勝平野南部，札幌北部などがある．

2. 畑（牧草地を含む）

畑の面積は 8,000 km²，8,670 km²，10,400 km² と変化しており，大正期以降 2,400 km² 増加している．田に転換される畑が少なくない中でのこの増加は，農地の拡大をめざす国策に強く支えられたものであった．世界銀行の融資により 1956（昭和 31）年に始められた根釧パイロット・ファームの建設，そしてそれに続く新酪農村計画はその例である．図 3.24 (b) は北海道における大正期，昭和中期，現代の畑の分布の変化を示している．

畑は大正期，全道の面積の 10% を占めていた．特に集中していたのは十勝平野，石狩平野，羊蹄山麓，名寄盆地である．現在畑の面積は若干増え，全道面積の 13% を占めている．十勝支庁には，その 1/4 以上が集中している．増加が最も顕著であったのは，根釧台地を抱える根室支庁（約 17 倍）と釧路支庁（約 8 倍）である．石狩平野と後志の平地部にある稲作地域では，畑の減退（黄，緑，青）が顕著である．空知支庁でも，大正期から現代にかけて畑が半分以下に減り，その大半が田に転換された．大畑作地域である十勝平野の畑地開発は，昭和初期～中期に多く行われた．また根釧台地の牧草地は，昭和中期までに開発されていた地域を核として，その後大幅に拡大した．冷涼な道北地方と紋別以北のオホーツク海沿岸地域でも，昭和中期以降畑（主に牧草地）の開発が盛んに行われている．

[氷見山幸夫]

□参考資料
1) 氷見山幸夫・綿木尚弘 (1990)：大正期の北海道の土地利用の復原．北海道教育大学大雪山自然教育研究施設研究報告，25, pp.25-34.
2) 氷見山幸夫・太田伸裕 (1993)：大正期～現代の北海道の土地利用変化．北海道教育大学大雪山自然教育研究施設研究報告，28, pp.1-15.

(2) 関東地方の農地利用の多様化
Diversification of Agricultural Land Use in the Kanto Region

1. はじめに

関東平野を中心とした地域では，大きな消費市場に近いためにさまざまな商品作物生産が行われており，市街化にともなう農地潰廃と相まって複雑な農地利用が進展している．この地域の農地利用について，国の機関が整備した数値情報（メッシュデータ）を利用してその実態を見る．

2. 関東甲信越地方の農地利用

左上の図 3.25 (a) は，1975（昭和 50）年の農林業センサスメッシュデータの「農家の作物の類別収穫面積」の中の項目から，国の定めた 3 次メッシュの中で卓越するものを示している．収穫面積は，厳密には農地利用そのものを示さないが，各農家が最も多く収穫する作物が特有の農地利用を作り出すことは明らかであり，農地利用を知るよい指標になる．

畑作物の分布はすでに関東の平野部に集中し，非常に多様性に富んでいる．下総台地と筑波稲敷台地および常陸台地の北部には野菜，多摩丘陵から武蔵野台地には野菜，花卉，工芸作物（茶），関東山地東縁部では雑穀が顕著である．

果樹は関東周辺の盆地地域を中心に見られる．これは東京への近接性に加えて日照時間が長く雨が少ないという有利な気象条件によるところが大きい．欧風の食生活の拡大による果樹の商品価値の上昇により，生産地域はそれぞれの盆地内で急速に拡大している．例えば，甲府盆地西部の御勅使（みだい）川扇状地では，スモモ，サクランボ，ブドウ，キウイを組み合わせた果樹栽培がこの時期以降，急速に拡大し，盆地東部に次ぐ果樹生産地域に発展している[1]．

3. 市街地内部の農地利用

関東地方の農地利用をさらに細かく見てみよう．市街地にとり囲まれた農業地域については，鮮度の高い商品作物の生産で高収益をあげる農家がある一方で，通勤労働者となって農地を手放し離農する農家があり，農家階層の分化が進んでいる．右上の図 3.25 (b) は，国土数値情報と重ねあわせることにより市街地の内部における農地利用を示している．

これによると，東京 23 区を中心にほぼ 20 km 圏に都市近郊の野菜生産地域がとり囲み，西郊では花卉，狭山丘陵では特産の茶，千葉市北方では落花生が工芸作物生産として，また市川では梨の生産が市街地内部に残存している．

4. 水田・畑地の農地利用

米の生産調整で転作の進む水田と畑地の利用を見るために，国土数値情報で「田，畑」とされている所の農地利用を左下（図 3.25 (c)）および右下（図 3.25 (d)）に示した．高崎付近で水田の畑地転換による麦，本庄北部で陸田の転換による野菜生産地域が形成され，休耕田は大宮台地と北総台地北縁の谷地に点在する．畑地では陸田の転作が進んでいない茨城，栃木南部を中心に水稲が分布する一方，水戸南部，古河東部，本庄北部，千葉東部など，台地上の畑作地域に集約的な野菜生産地域が島状に形成され始めている．

鹿島灘に面する茨城県の鉾田町，旭村では，施設を用いたメロンとイチゴの生産で高い収益をあげるようになった．陸田の存在と畑地灌漑設備に加えて，農外就業先がなく労働力の流出が少なかったことが，集約的な野菜生産を可能にしたのである[2]．

[尾藤章雄]

□参考資料
1) 尾藤章雄 (1992)：八田村における果樹栽培．山梨大学教育学部研究報告，42, pp.96-104.
2) 山本正三ほか (1985)：鉾田町徳宿地区における園芸農業地域の形成と条件．地域調査報告，7, pp.111-132.

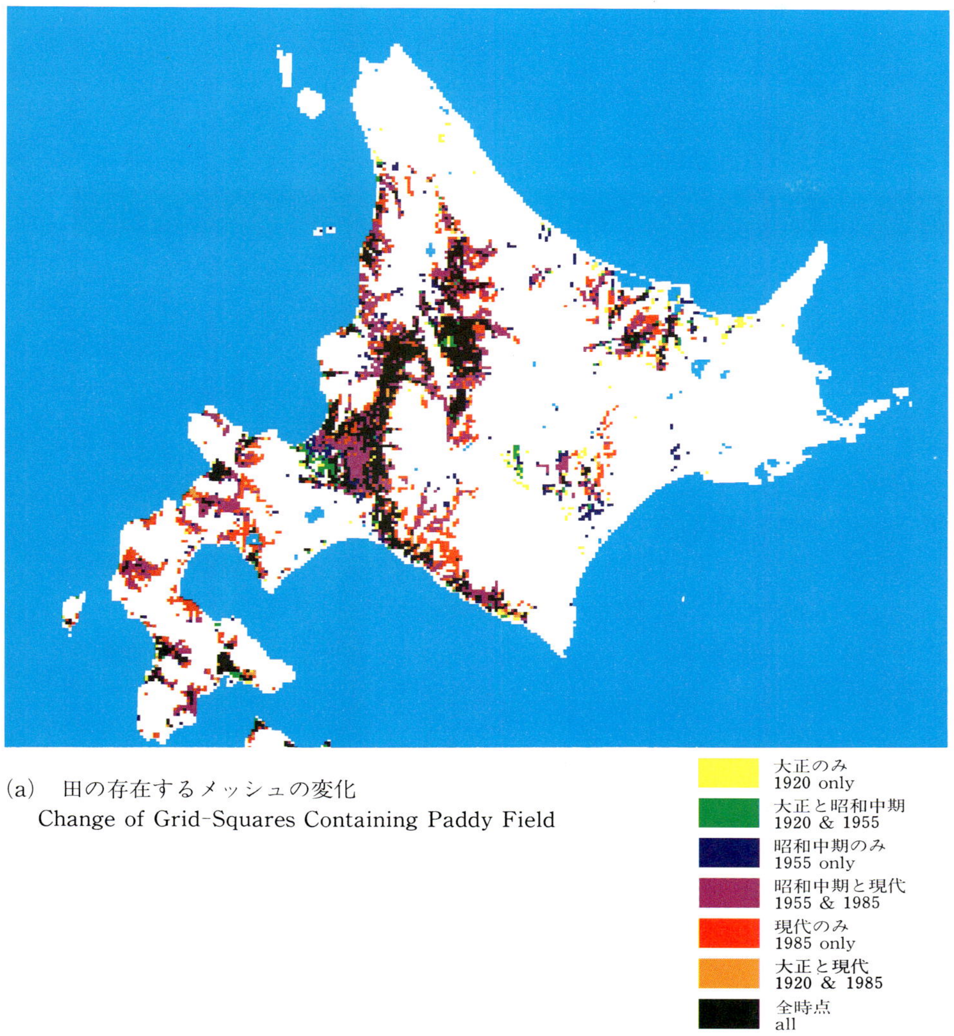

(a) 田の存在するメッシュの変化
Change of Grid-Squares Containing Paddy Field

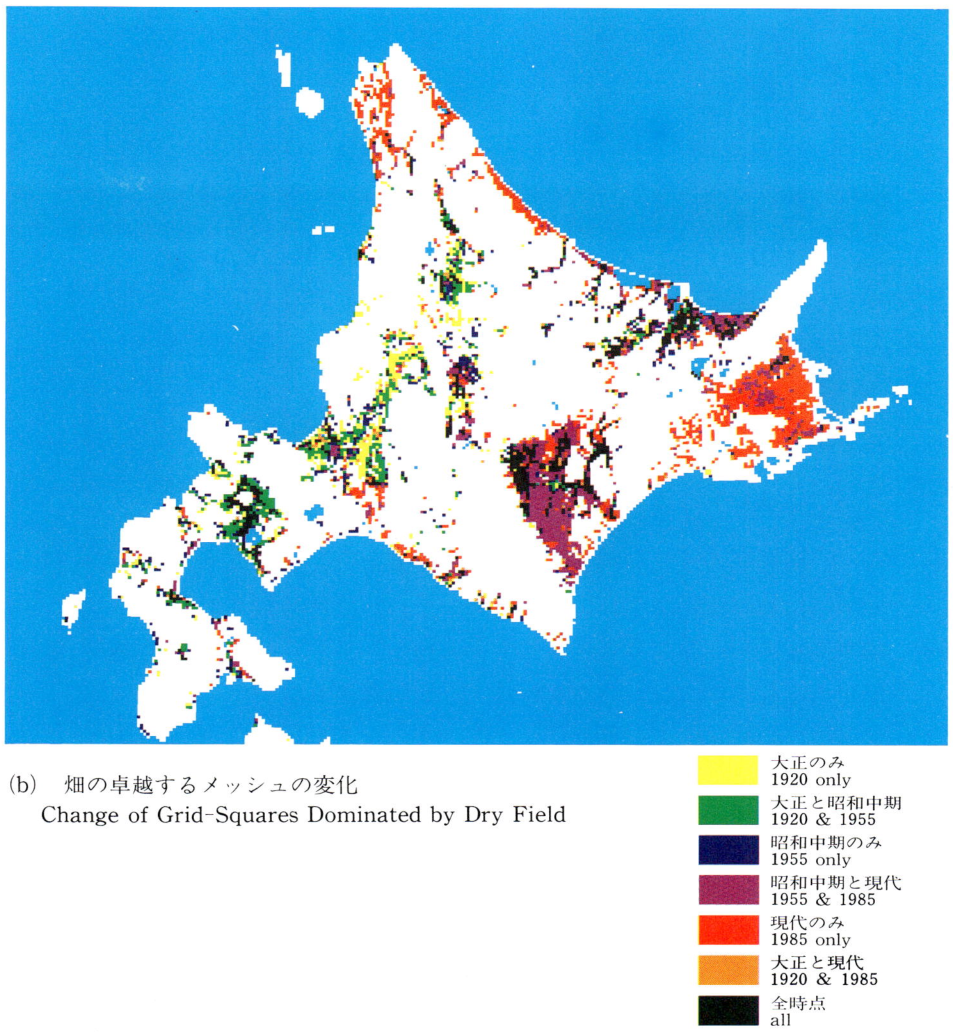

(b) 畑の卓越するメッシュの変化
Change of Grid-Squares Dominated by Dry Field

大正のみ 1920 only
大正と昭和中期 1920 & 1955
昭和中期のみ 1955 only
昭和中期と現代 1955 & 1985
現代のみ 1985 only
大正と現代 1920 & 1985
全時点 all

図 3.24 大正期～昭和中期～現代の北海道の農地利用の変化
Fig. 3.24 Change in Agricultural Land Use in Hokkaido circa 1920-1955-1985

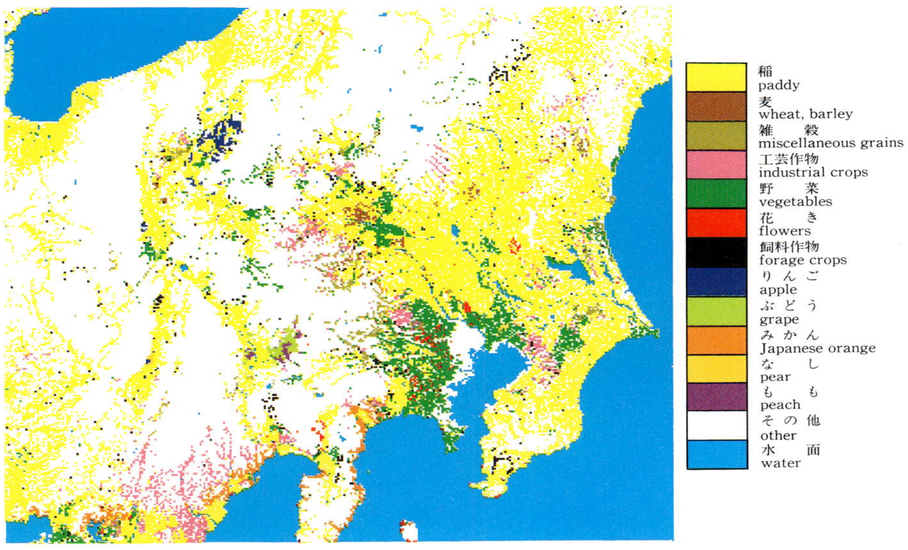

(a) 関東甲信越地方の農作物
Crops in the Kanto-Ko-Shin-Etsu Region

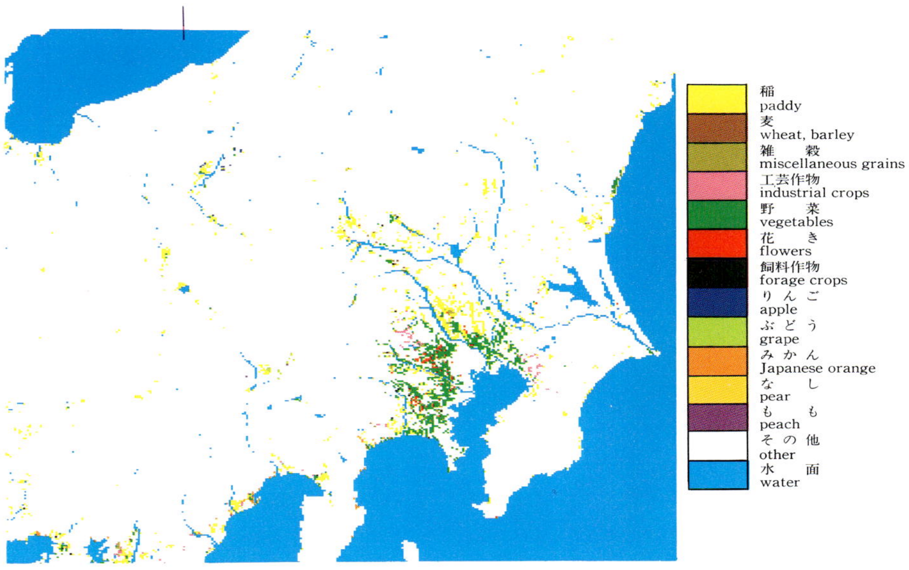

(b) 市街地内部の農地で生産される農作物
Crops Produced within Built-up Areas

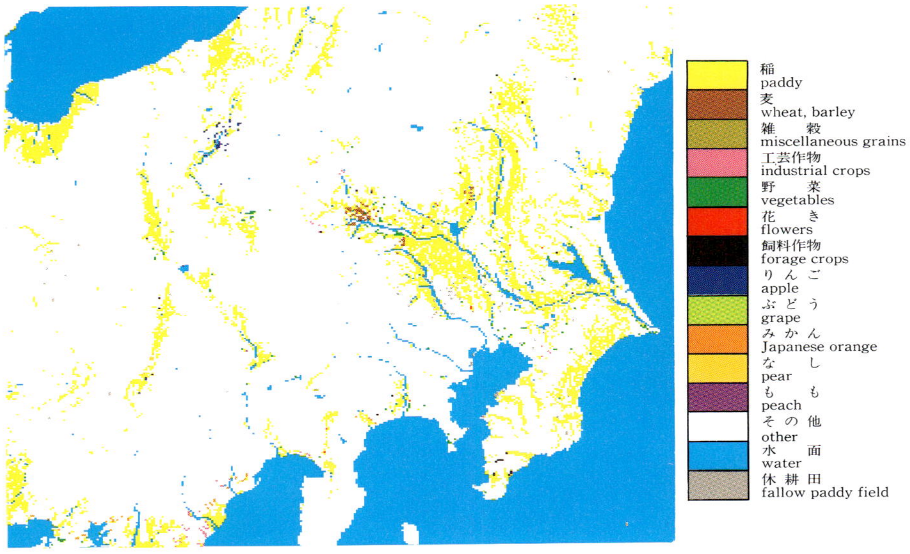

(c) 水田で生産される農作物
Crops Produced in Paddy Fields

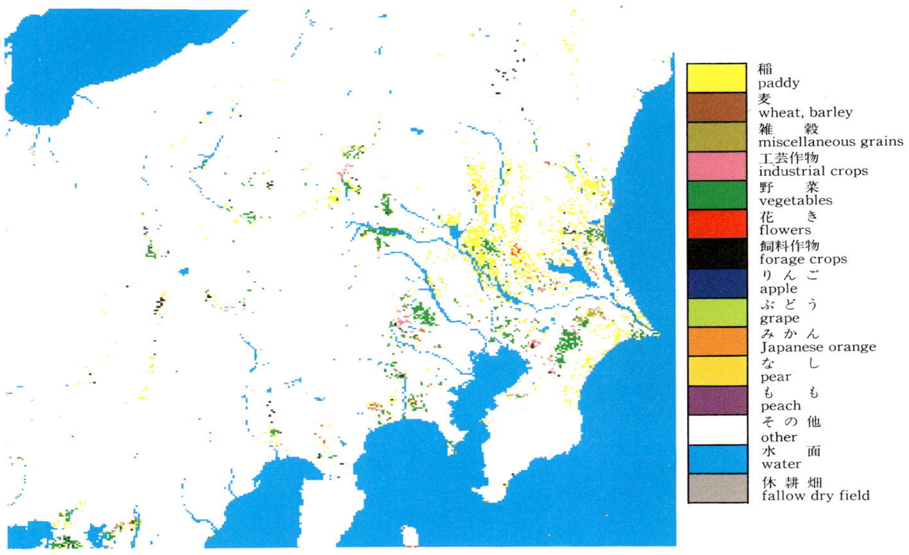

(d) 畑地で生産される農作物
Crops Produced in Dry Fields

図 3.25 関東甲信越地方の農作物
Fig. 3.25 Crops in the Kanto-Ko-Shin-Etsu Region

作製：尾藤章雄
Produced by A. Bito

3.12 扇状地の土地利用変化
Land Use Change on Alluvial Fans

1. 土地利用の地図分析

扇状地とは，河川によって形成された谷の出口を頂点とする半円錐形の砂礫からなる堆積地形であるが，日本の経済活動が主に行われている平野の特徴は，このような扇状地性の地形が発達していることである．したがって，典型的な扇状地の土地利用を分析することによって，日本の農業的土地利用の時間的変化と地域差の傾向，さらにそれが生ずるメカニズムを解明する手がかりが得られると考えられる．日本にはおおよそ490の扇状地があるとされるが，そのうちの133が中部地方に集中している．そこで中部地方の扇状地を対象として，1930年代と1960年代，そして1980年代の5万分の1地形図から土地利用図を作製し，メッシュ分析を行うことによって土地利用の時間的・空間的変動を明らかにした．

ここで取り上げた土地利用種目は，水田と畑・牧草地，果樹園，桑畑，茶畑，その他の樹木畑，荒れ地，針葉樹林，広葉樹林，竹林，その他の樹木，集落，工業用地の13種である．現実に扇状地上に広く見られた土地利用に着目したり，類似のものをまとめたりして簡略化すると，水田と普通畑，桑畑，林地（荒れ地を含む），果樹園，都市（集落と工業用地）の6種になり，これらによって土地利用変化を検討した．

2. 中部地方の扇状地の土地利用変化

1930年代の土地利用で最も重要であったのは水田であり，133の扇状地のうち75において水田が卓越していた．これに次いで桑畑が多い45の扇状地があげられ，さらに林地に覆われた13の扇状地があった（表3.3）．水田が卓越する扇状地は，日本海側と太平洋岸東部に集中しており，桑畑が多い扇状地は六日町盆地と長野盆地，松本盆地，甲府盆地に主に見られ，林地が広く残されている盆地は，長野県大町市周辺と伊那盆地北部に多かった．1960年代になると桑畑や林地の重要性が低下し，それに代わって水田や普通畑，果樹園が卓越する扇状地が増えた．ことに，従来の扇状地の農業的土地利用の代表的存在であった桑畑が後退し，水田が増加したことが大きな特徴である．1980年代になると水田が卓越する扇状地が1960年代の93から79に減少した．桑畑や林地はますます減少し，これに代わって普通畑や果樹園が卓越する扇状地が増加した．甲府盆地と長野盆地の諸扇状地は果樹園によって，松本盆地南部と伊那盆地北部の扇状地は普通畑によって特徴づけられるようになった．また，太平洋側の諸扇状地はほとんど都市化され，宅地や工業用地が主要な部分を占めるようになってしまった．

3. 扇状地の土地利用から見た中部地方の地域区分

1930年代から1980年代までの土地利用変化により扇状地を分類すると11の類型が得られたが（表3.4），それらの分布状況から中部地方を地域区分とすると，両年次とも水田が卓越する「水田継続型」の北陸地方と，都市化が進行した「都市化型」の東海地方，林地や桑畑が果樹園や普通畑に転換された「農業的土地利用集約型」の中央高地に分けることができる．「農業的土地利用集約型」の地域はさらに3つのやや性格の異なった部分に分けることができる．それは，桑畑が果樹園に転換された長野盆地や甲府盆地と，桑畑や林地の多くが普通畑に変わった松本盆地から伊那盆地にかけての地域，そして桑畑や林地が水田に転換された松本盆地と上田盆地である（図3.26）．「水田継続型」の事例として富山県黒部川扇状地，「農業的土地利用集約型」の事例として山梨県甲府盆地，「都市化型」の事例として静岡県大井川扇状地を検討した．

黒部川扇状地では1930年代には扇状地全体の面積の61.2%が水田であったが，1980年代にはその割合はさらに増加して71.1%となり，両年度とも水田が圧倒的に多かった（表3.5）．甲府盆地の金川扇状地を例にとると，1930年代には桑畑が41.9%，水田が30.2%であったが，1980年代には果樹園が63.0%を占めるようになった．さらに大井川扇状地では1930年代の水田卓越の状態から，都市的土地利用が卓越するようになった．

4. 土地利用変動の地域的条件

事例地域の検討によって，扇状地の土地利用の時間的・空間的変動は，それぞれ地域の自然的・位置的条件や社会・経済・文化的条件によって大きく規定されていることがわかった．例えば黒部川扇状地では扇状地の地形や土壌，積雪などの自然条件，江戸期に加賀藩によって支配されたという歴史的条件，そして大都市圏から遠隔地にあり，労働市場にも農産物の販売市場にも恵まれないという位置的・経済的条件，さらに土地所有が固定しているといった社会的条件などが土地利用に大きくかかわっている．また，甲府盆地でも自然条件や歴史的条件，そしてなによりも繭から果実への需要の転換という経済的条件が大きな意味をもっており，大井川扇状地では大都市圏への近接性という位置的条件が大きくかかわっていた．このように，自然的条件や大消費地からの距離といった位置的・経済的条件，さらに歴史的伝統といった文化的条件が，扇状地の土地利用変化とその地域差にとって特に重要である．

［田林　明・中川　正・篠原秀一］

表3.3　卓越する土地利用から見た中部地方の扇状地の変化
Table 3.3 Land Use Types of Alluvial Fans in the Chubu Region

	水田	桑畑	林地	普通畑	果樹園	都市	合計
1930年代	75	45(1)	13(1)	—	—	—	133
1960年代	93	9	5	12(2)	13	1	133
1980年代	79	1	—	17	17	19(2)	133

（　）内は天竜川の開析扇状地の三方原と磐田原で，全体の集計では，現扇状地に含めて1つとした．

表3.4　中部地方の扇状地の土地利用変化類型
Table 3.4 Land Use Transformation of Alluvial Fans in the Chubu Region

1930年代の土地利用	1980年代の土地利用	扇状地数（%）
水　田	水　田	64　（48.1）
	果樹園	1　（ 0.8）
	都　市	10　（ 7.5）
桑　畑	水　田	11　（ 0.8）
	普通畑	8　（ 6.0）
	桑　畑	1　（ 0.8）
	果樹園	17　（12.8）
	都　市	8[1]　（ 6.0）
林　地	水　田	7　（ 5.3）
	普通畑	6　（ 4.5）
	（都　市）	[1]
合　計		133[2]　（100.0）

［　］内は天竜川の開析扇状地の三方原と磐田原で，全体の集計では，現扇状地に含めて1つとした．

表3.5　事例地域の土地利用変化（%）
Table 3.5 Land Use Change in Sample Areas (%)

扇状地	年代	水田	普通畑	果樹園	桑畑	都市	林地	その他	合計
黒部川（水田継続型）	1930	61.2	0.0	0.0	0.0	15.0	9.8	14.0	100.0
	1980	71.1	0.1	0.0	0.0	19.1	1.4	8.3	100.0
金川（農業的土地利用集約型）	1930	30.2	0.0	0.0	41.9	17.7	2.0	8.2	100.0
	1980	2.7	0.0	63.0	1.3	21.7	3.6	7.7	100.0
大井川（都市化型）	1930	60.0	3.2	0.1	0.1	18.1	3.1	15.4	100.0
	1980	35.0	0.3	0.0	0.3	41.8	6.6	16.0	100.0

□参考資料
1) 斉藤享治（1988）：日本の扇状地，古今書院，280 p.
2) 田林　明（1991）：扇状地農村の変容と地域構造―富山県黒部川扇状地農村に関する地理学的研究―，古今書院，286 p.
3) 矢沢大二・戸谷　洋・貝塚爽平編（1971）：扇状地―地域的特性―，古今書院，318 p.
4) 日本地誌研究所編（1989）：地理学辞典改訂版，二宮書店，803 p.

3.13 沖縄の土地利用変化
Land Use Change in Okinawa

1. 沖縄の土地利用の特徴

沖縄は，わが国の中でも独特の自然環境を形成しており，文化的にも日本の基層文化を温存しながら，中国大陸や南方の影響を強く受けてきた．このような中で独自の社会環境が形成され，そのため土地利用も独自の形態を有し，変化してきた．とりわけ，戦後，沖縄においては，広大な軍事基地の建設や土地開発などによって土地利用が急速に変化している．

そこで，沖縄島を中心に大正期から現在までの土地利用変化を概観し，亜熱帯地域において独特なサトウキビ，パインアップル栽培など，主として農地利用の変化や沖縄において決して無視することのできない米軍基地への転換について，土地利用変化を明らかにした（図3.27）．

2. 沖縄島北部の土地利用変化

山地，丘陵地が卓越する沖縄島北部は，森林率65%，県下の36.5%の森林面積を占めている．山地が海岸に迫っている地域が多いため耕地の開発が進まず，河川に沿う沖積低地，海浜からわずか数百メートルの傾斜地に耕地が分布しており，海岸部分で浜堤に立地した集落の背後には，かつては後背湿地が水田として可能なかぎり利用されていた．

集落は，本部半島北海岸一帯から名護地溝帯にかけて多く分布し，この本部半島に位置する今帰仁村・本部町と金武町・宜野座村は琉球石灰岩が発達した台地段丘に集落が発達したものである．この中でも湧水による水資源の豊かな金武町は大規模な集落が発達していた．このように山林・原野が卓越していた沖縄島北部は，戦後森林の一部が米軍の演習場として使用されるようになり，国頭山地のかなり広い地域が軍用地となった．このことが，他の用途への土地利用転換を阻害しているともいえる．

軍用地への変化から見れば大きくはないが，その他の土地利用の変化としては，山林・原野から農用地への変化がある．山地が海岸に迫る地域では耕地の開発が困難であるため，河川に沿う沖積低地，海浜からわずか数百メートルの傾斜地を除いて耕地化がそれほど進行していないが，本部半島を中心とする一帯には山林・原野から農用地への変化が著しい．

戦後，自給作物中心の農業から換金作物中心の農業へと転換したことにともない，一部では1950年代後半から1960年代にかけて行われた，いわゆる「山地開発」によって森林が畑地化し，パインアップルやサトウキビが栽培されるようになった．特に，傾斜地の多い狭小な未整備の畑地が広く平坦な耕地へと開発され，同時に丘陵台地の開発も行われ，耕地は大きく拡大した．また本土復帰後は，畜産団地建設による草地化も進行している．しかし，1963（昭和38）年の干ばつや復帰時の休閑補償政策の導入により水田は決定的消滅の一途をたどった．水田の減少は，市街地の拡大によっても進行し，都市化にともなう都市的土地利用の増加によって農用地も減少している．特に北部の中心都市である名護市の市街地縁辺部では，この傾向が顕著である．

北部地域は沖縄島の中で縁辺地域にあたるため，人口の集積は小さく集落の大きな拡大は見られず，山林・原野から市街地への変化は小さいが，人口集積の著しい沖縄島中南部の水資源確保のためダム建設による山林の減少も見られる．また近年，リゾート開発が進展し，特に西海岸を中心とした沿岸部では，沖縄県を代表する大規模リゾート施設が分布し，ホテル，ゴルフ場などの各施設が山林あるいは既存の農地を廃して立地している．

3. 沖縄島中部の土地利用変化

沖縄島中部地域は，山地・丘陵地を除く低平な台地と海岸低地に広く農村が見られた．特に，琉球石灰岩が分布する地域において古い集落が多く立地して，屋取集落とよばれる開拓集落が各地に発達しており，海岸低地においても水田耕作が見られた．水田は，石川市，北谷町，具志川市，沖縄市の海岸低地に分布していたが，一部の地域に限られ，面積はそれほど広いとはいえなかった．したがって，地域全体としては，畑地が卓越する地域であり，主としてサトウキビが栽培され，嘉手納には近代設備の製糖工場が立地していた．

この地域は沖縄島の中で大正期から現在までの土地利用の変動が最も大きく，土地利用を大きく変化させたものは，米軍の基地を中心とした軍用地への転換である．第二次世界大戦に突入すると，軍当局は各地に基地建設を行い，嘉手納，読谷，浦添，西原に飛行場を建設した．沖縄本島への米軍の上陸がこの地域から開始されたため，いち早く米軍基地の建設が行われ，朝鮮戦争を契機に基地の拡大が急速に行われた．廃墟と化した農村は，米軍基地として強制接収され，多くの集落が基地の中に消滅した．

一方，米軍基地は最大の雇用の場となり，県内各地から人口が流入し，隣接して「基地の街」が発達した．こうして米軍基地，「基地の街」，農村が複雑に混在した土地利用が見られるようになった．沖縄県にある米軍基地の大半がこの地域に集中して建設されたが，その分布は現在も大きく変化していない．基地は幹線道路によって連結され，基地間の道路に沿って集落が発生し，やがて隣接する農村を包括し，市街地が拡大していった．

山地は弾薬基地，ダムに使用されているほか，ゴルフ場となっており，基地に使用されない集落間の林地・草地は市街地・農地となっている．また，人口の集積にともなって，使用可能な空間を求めて海岸地先の公有水面の埋め立てが各地で行われ，東海岸の沖縄市，西海岸の北谷町から宜野湾市，浦添市において，港湾施設などの立地により市街地が拡大している．

4. 沖縄島南部の土地利用変化

沖縄島南部は高燥な琉球石灰岩台地と，比較的肥沃な土壌の分布する低起伏状の丘陵，および狭小な海岸低地から構成されている．大正末期から戦前においては，石灰岩の露出する台地と丘陵の急傾斜部が山林・原野となり，台地の一部と丘陵地の緩傾斜部は，灌漑施設の不備なことから畑地として利用され，サトウキビや甘藷の栽培が盛んに行われていた．一方，水田は谷底低地と海岸低地にわずかに存在していたが，むしろ台地縁辺の湧水が豊富な玉城村や知念村に多く，そこでは棚田をつくり，稲や田イモの栽培が盛んであった．

集落は，糸満市や具志頭村・玉城村・知念村などの台地の卓越する地域では水の得やすい湧泉周辺に，豊見城村や南風原町・東風平町・大里村などの丘陵地域では水はけのよい丘陵緩斜面に塊村形態を示す在来伝統村落が立地し，これらの村落の間隙に屋取集落が散在している．一方，旧王都の首里市とその外港として発展した那覇市が，第二次世界大戦前から沖縄県の政治経済・交通通信・教育文化などの中心として，それぞれ市街地を形成していた．沖縄島中部に次いでこの地域は土地利用変動が大きく，那覇市を中心とした西部地域，とりわけ沿岸部において変化が著しい．この変化の中で最も顕著なものは，農用地から市街地への変化である．

第二次大戦末期から米軍の占領が開始されると，速やかに多数の基地がこの地域にも建設され，主として那覇市を中心に平坦な台地と海岸低地の市街地や村落，農用地および山林・原野が軍用地（基地）として接収された．それにともない基地関係の雇用需要が高まり，県内各地から那覇市とその周辺地域への人口流入が増大した．また，基地に接収された村落は移動を余儀なくされ，那覇市の過密化を促進した．その結果，那覇市周辺の農用地や山林・原野が急速に市街地化し，新しい郊外部に住宅地区や都心部に国際通りなどの商業地区，沿岸部には工業地区などの機能地域が形成された．また，那覇市の急速な都市化のため，土地需要の増大からサンゴ礁の公有水面の埋め立てが那覇市や糸満市で開始された．

米軍は沖縄占領後，中・南部の基地を結ぶ多数の道路を整備した．その結果，モータリゼーションが進行することとなり，主要幹線道路沿いに各種事業所が進出し，那覇市から中部にいたる市街地が形成された．農用地は，戦後食料増産のため水田が増加したが，キューバ革命を契機に全県的なサトウキビブームが起こり，玉城村と知念村を残し水田は急減した．

1972（昭和47）年の日本復帰後，那覇市をはじめ周辺市町村への人口流入は一層加速され，南部におけるスプロールが顕著となった．その結果，豊見城村や糸満市，南風原町，大里村，与那原町などでは，一部農用地を含む山林・原野の公営および民営の住宅団地への転用が盛んになっている．また，一部の軍用地（基地）の返還も開始され，玉城村や具志頭村ではゴルフ場への跡地利用が行われた．一方，国・県の補助による農用地の整備も進行し，土地改良事業にともなう，台地・丘陵地における山林・原野の農用地への利用が図られている．

［島袋伸三・町田宗博・石丸哲史］

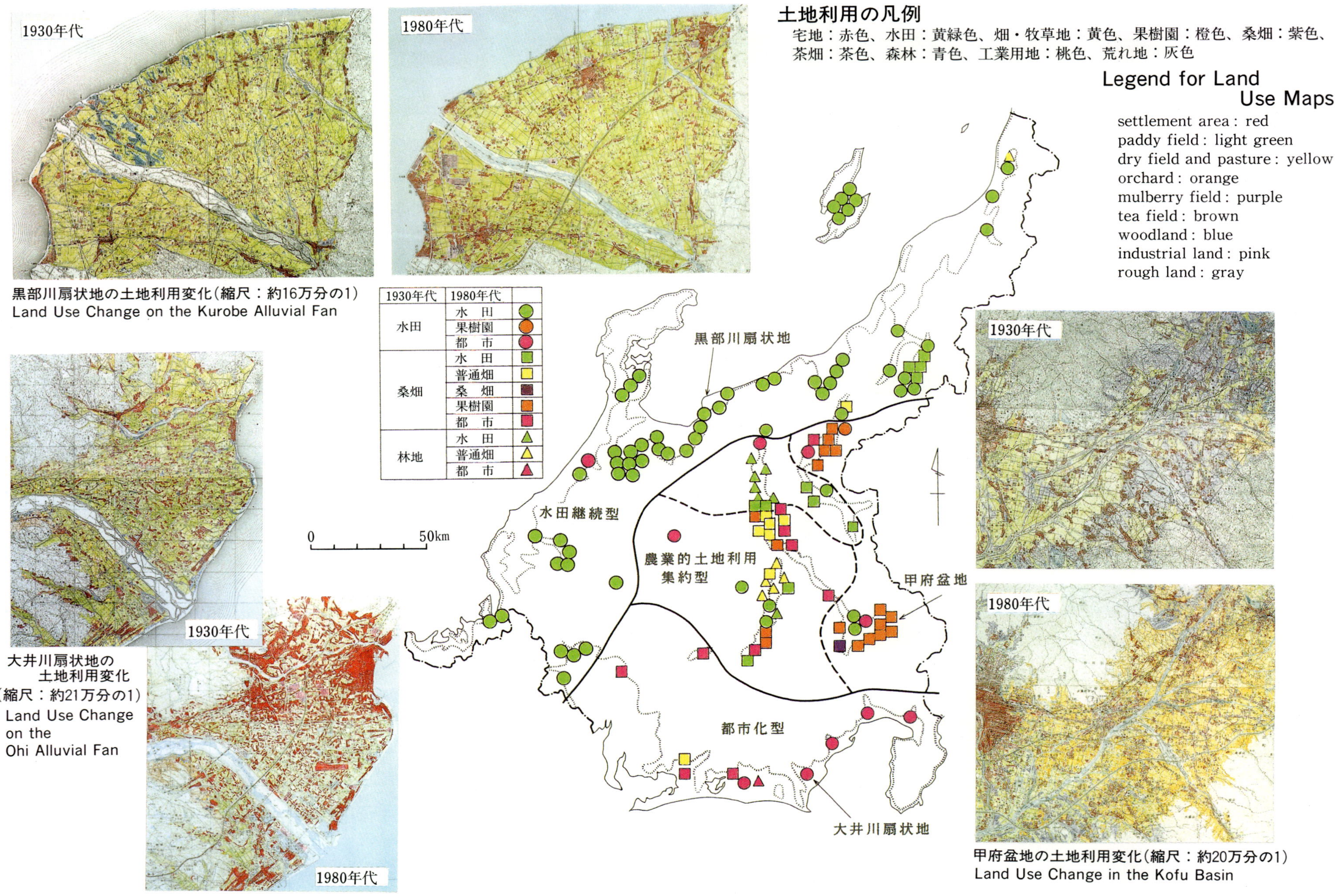

1930年代 1980年代

土地利用の凡例
宅地：赤色、水田：黄緑色、畑・牧草地：黄色、果樹園：橙色、桑畑：紫色、
茶畑：茶色、森林：青色、工業用地：桃色、荒れ地：灰色

Legend for Land Use Maps

settlement area : red
paddy field : light green
dry field and pasture : yellow
orchard : orange
mulberry field : purple
tea field : brown
woodland : blue
industrial land : pink
rough land : gray

黒部川扇状地の土地利用変化（縮尺：約16万分の1）
Land Use Change on the Kurobe Alluvial Fan

大井川扇状地の土地利用変化（縮尺：約21万分の1）
Land Use Change on the Ohi Alluvial Fan

甲府盆地の土地利用変化（縮尺：約20万分の1）
Land Use Change in the Kofu Basin

図 3.26　中部地方における扇状地の土地利用変化
Fig. 3.26　Land Use Change on Alluvial Fans in the Chubu Region

作製：田林　明
Produced by A. Tabayashi

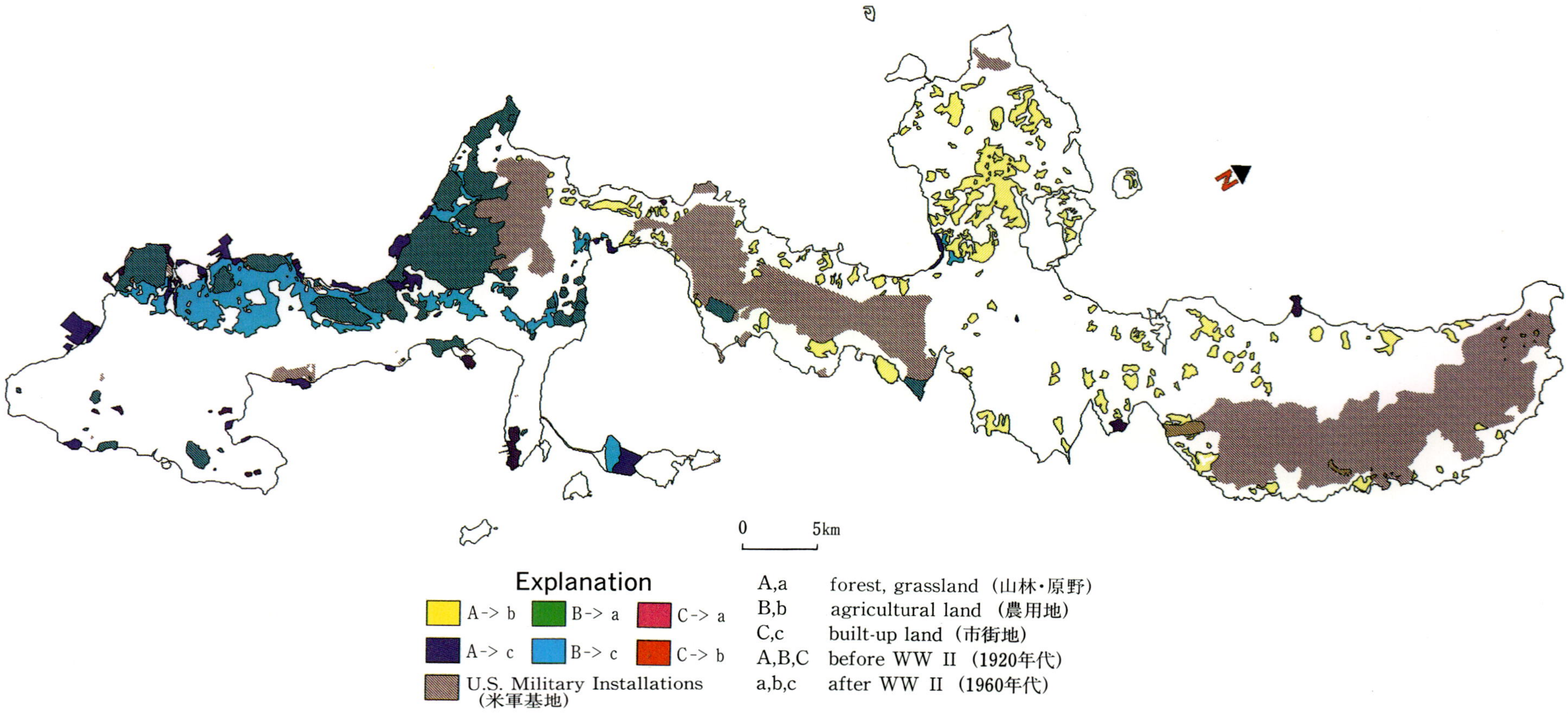

Explanation

A -> b	B -> a	C -> a
A -> c	B -> c	C -> b
U.S. Military Installations（米軍基地）		

A, a　forest, grassland （山林・原野）
B, b　agricultural land （農用地）
C, c　built-up land （市街地）
A, B, C　before WW II （1920年代）
a, b, c　after WW II （1960年代）

図 3.27　沖縄島の土地利用変化類型
Fig. 3.27　Types of Land Use Change in Okinawa Island
作製：島袋伸三，町田宗博，石丸哲史
Produced by S. Shimabukuro, M. Machida, T. Ishimaru

第1部 ▎近代化と土地利用変化

4

林野利用の変化

CHANGE IN THE USE OF FOREST LAND

　今日，その多くが緑で色濃く覆われている日本の林野も，そのような姿を見せるようになったのは，戦後の高度経済成長期以降のことにすぎない．これは皮肉にも，高度経済成長にともない急増した林材需要は，戦中・戦後の乱伐によって優れた森林資源を失ったわが国の国内では賄えず，安価な外材の流入による木材供給に仰がねばならなかったため，国内の森林地の伐採量が激減し，戦後植栽された森林資源が温存されることになったためである．

　このようなわが国の森林資源の温存は，その一方で日本へ流出する熱帯林などの枯渇をもたらすとともに，国内的には林業生産の不振をもたらし，多くの人々が山間地域から去ったことによる産業構造の問題や地域問題を派生させたことは周知の通りである．

　ここでは，林野利用の歴史過程を見る（4.1節）ため，データ的には復原可能なギリギリ限度の近世後期，1850年頃（4.2節）までさかのぼって，林野利用の復原を試み，次いで明治大正期，1900年頃の林野利用の復原を試みた（4.3節）．その際，従来試みられたことのない具体的な育成林，禿げ山，焼畑，柴草山などの復原をめざした．その結果，近世後期には自然林を残しつつも，広大な林野が焼畑や柴草山などに利用されており，それが明治大正期にも継承され，少なくとも過度な林野利用による林野荒廃が，第二次世界大戦まで見られた（4.4節）ことをあらためて確認することができた．このような荒廃林地は，戦後になっても，地域によっては，昭和30年代まで続いていた．

　その一方，近世における関西や江戸の局地的な木材市場に対応して，市場の近傍に小規模な育林地が形成されるが，それは明治以降の木材需要の増大にともなう木材価格の上昇の中で，しだいに面的な拡大を見せ，特に戦後の木材不足と木材価格の高騰の中で，造林運動もともないながら植栽が進められ，今日では，林地の実に40%を超える面積が育林地へ転換した（4.5節）．この育林地は今日の育林地の中では，最も目立つ林野利用になっており（4.6節），林野利用の多くの部分が経済原理によって規定されることになった．

　したがって，そのような動きは，本来，自然環境によって規定されていた自然林を大幅に減少させることになった（4.7節）．それは，かつての乱伐で，徹底的な保護政策によって，自然林として保護されてきた天然木曽ヒノキについても同様であった（4.8節）．これは，戦後の国有林経営が独立採算制の途を選び，戦後まもなくの木材価格の高騰期はともかく，その後の外材卓越期に入ると，木材市場価格の伸び悩みによって，窮迫販売を余儀なくされたからである．それはそのまま，今日および今後の国有林問題になっている．

　以上のような林野利用の大きな変化の流れは，じつは小地域，それもミクロな集落単位での林野利用の集合でもある．

　ここでは，さまざまな地域的条件を有するミクロな集落空間における，約100年間の林野利用の変化も明らかにした．群馬県の旧養蚕地帯の山村（4.9節(1)），福岡都市圏の急速な拡大の中に呑み込まれることになった太宰府市内の里山（4.9節(2)），旧薪炭生産地帯であった福井県今庄町の山村（4.9節(3)），伝統的牧野利用が見られた阿蘇山麓地帯（4.9節(4)）がそれである．それぞれが置かれた位置と土地条件を反映しつつ，いずれも大きな変化を遂げたことに目を見張るものがあり，あらためて，日本の近代化過程の中で林野利用変化をもたらした共通のメカニズムの存在を知ることができる．

［藤田佳久］

4.1 林野利用の150年—近世末から現代まで—
Forest Use since circa 1850

1. 林野所有形態と林野利用

近世後期以降の林野利用の変化を見るうえで，林野所有の形態との関係が重要である．今日のわが国において，農地に比べても林野の所有形態は，国有林，公有林，私有林と多様であり，私有林の中にさらに共有，個人有，また法人有などの形態もある．それらの形態の多くは，近世における林野所有の形態にその起源を有している．

近世の幕藩体制下で，林野は幕府と各藩によって管理され，さまざまな所有形態が生み出された．幕府は木曽山や天竜川流域，飛騨，奥吉野など天然の豊富な森林資源の存在する地域や鉱山周辺の林野を直轄し，特にその中でも用材生産が見込める林野を御林として囲い込み，地元住民の利用を排除した．また各藩も，のちに名古屋藩領になった木曽山や秋田藩による天然秋田杉の森林資源が存在する林野を藩の直轄林や御林とし，利用目的によってさまざまな名称をつけた．そのほか，管理主体が村にあり，農民達の入会利用も行われた野山，個人の農民が所有する百姓山も認められた．これらの林野は各藩によって名称がさまざまであった．

近世初・中期の木材需要増大期には乱伐が進み，木曽や秋田では森林保護政策が実施されたし，新田開発とともに林野利用が進むと，野山の荒廃が進む一方，奥山では焼畑による利用も進んだ．

明治政府は，地租改正後，官林（のち国有林へ名称変更）造成のために林野の官民有区分を行い，幕藩の直轄林のみならず野山の多くも強引に官有化した．そのため，当初は全林野面積の過半を占めるほどであった（図4.1）．当然，明治後半以降，農民達からの林野返還運動が活発化すると，一部は返還したものの，優れた森林資源のある林野は御料林（皇室財産）に編入して返還運動を封じた．その際，返還した林野についても，町・村有林や県有林などの公有化を進めた．大災害に見舞われた山梨県では，官有化されたかつての野山が県有林として返還されたため，町や村による直接的な利用は制約された．

私有林は近世の林野利用が個別的に進んでいた場合にのみ認められたため，認定基準は厳しく，関西を中心にした中部日本にその多くが認められ，東北地方や南四国，南九州などの周縁部の地域は官有化され，私有林はあまり多くは認められなかった．その結果，中部日本では私有林を中心とした多様な林野利用が進んだが，周縁部の地域では私有林での利用は進まず，国有林内へ分収契約を進める部分林制度が少し見られたにすぎなかった．

こうして国有林はわが国最大の経営体となり，明治期後半からプロシヤから学んだ施業計画による経営計画を進めた．第二次世界大戦後，御料林と北海道国有林を編入し，独立採算方式による経営をスタートさせた．戦後の木材不足をカバーし，木材の供給源として重要な役割を果たしたが，昭和30年代末から始まる外材輸入の本格化の中で，販売が伸びず，赤字経営に転落，その分を大量伐採することで対応したため，奥山部分での環境破壊が指摘されたりした．労働力も削減され，合理化が進む中で，本来国有林が果たすべき役割は何であるかについて議論が始まりつつある．

2. 林野利用の進展とその背景

一方，私有林野では，近世後期にそれまでの採取林業に代わって，吉野（現在の奈良県）で実生苗による大面積での植栽が可能になる形で，本格的な育成林業が芽生えた．この新しい育林方式は，明治に入り，日清戦争や日露戦争にともなう木材価格の上昇と，折から発足した新町村の財政基盤強化策のための造林運動によって全国から注目された．しかし，結果的には東京，大阪などの大市場の周辺地域でしか定着しなかった．木材の重量による運送コストに制約されたためである．

しかし，毎年5〜10万haが造林され，天竜，久万，日田，八溝など大都市周辺に新しい育林地が形成された．そして第二次世界大戦へ突入すると同時に，国策により造林面積は急増するが，労働力不足で急減，戦後の復興需要の中でピークを迎えることになった（図4.2）．戦後の造林運動を造林補助金，そして高騰する木材価格がそれを支えた．

ところで，戦前において，造林面積が急増しなかった理由には，林野の多くが薪炭林として利用され，また入会的な採草利用もかなり活発であったことがある．特に木炭は輸送条件もよく，北上山地，阿武隈山地，伊豆半島，美濃山地，中国山地，九州山地など周縁地域の山林の多くが木炭生産に特化し，一般家庭などのエネルギーの重要な供給源となっていた．

しかし，昭和30年代後半から始まる経済の高度成長は，安価な石油の大量輸入を可能にしたため，薪炭生産は一気に縮小した．折からの大都市を中心にした労働力需要の増大もあって，多くの人々が山を去ることになった．ただ，その当初はまだ国産材時代で木材の市場価格も高かったため，薪炭林の木種転換による造林が進み，周縁部でにわかに新興の育林地域が形成され，その後，植栽面積の比率は林野面積の実に40％に達するほどになった．

しかし，木材価格高騰の対策として輸入された外材は，安価さと大径木（太い木材）の有利性が発揮され，国内林業を不振化することになった．造林面積はみるみる減少し（図4.3），その影響でまた人々が山を去り，放置された造林木が残ってしまう事態となった．

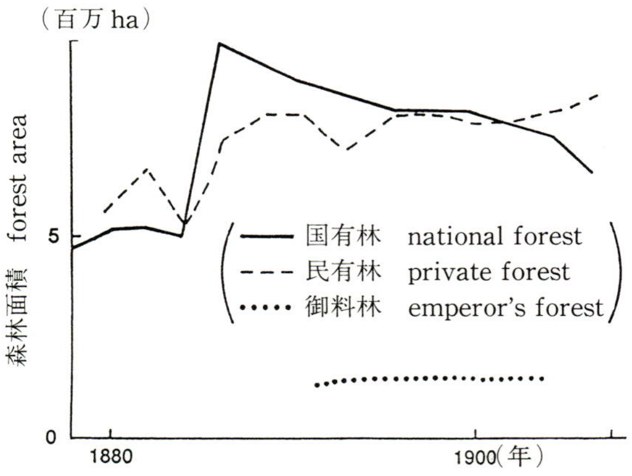

図 4.1 明治期の林野所有形態別面積の変化
Fig. 4.1 Change in Ownership of Forest during Meiji Era

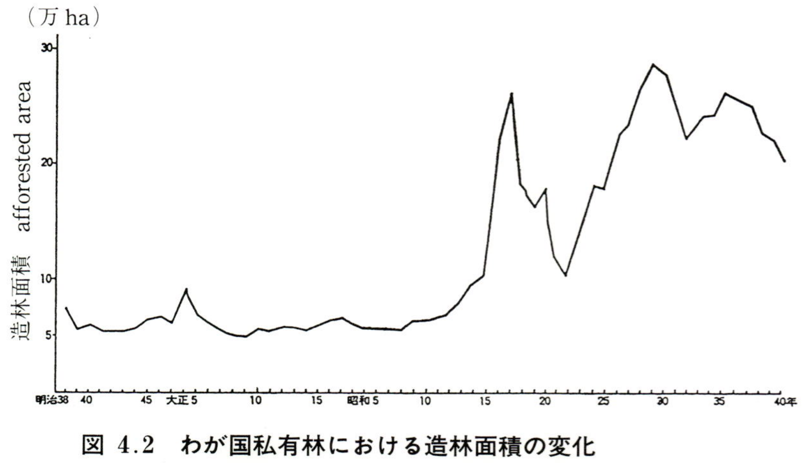

図 4.2 わが国私有林における造林面積の変化
Fig. 4.2 Change in Area of Afforestation from 1905 to 1965

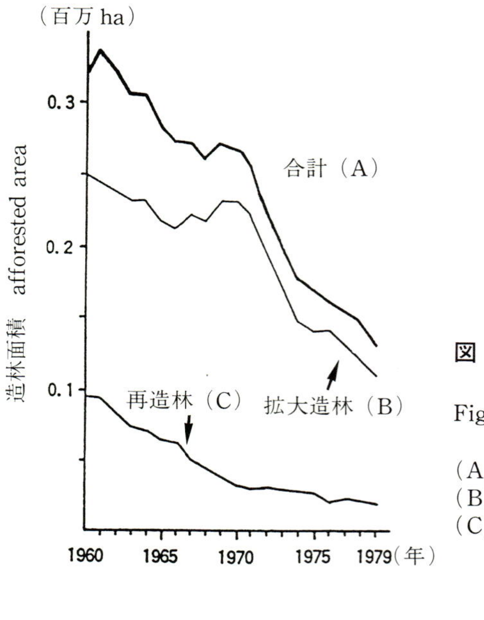

図 4.3 高度経済成長期以降の造林面積の変化
Fig. 4.3 Change in Area of Afforestation
(A) total area
(B) cut-over natural forest area
(C) cut-over area of artificial forest area

3. 林野利用から見た育林地域のタイプ

その結果，現在林野面積の40％を超える育成林が実現したが，その内容は一律でなく，さまざまなタイプの育林地域が共存することになった．その成立過程の時間軸と，木材消費市場からの距離の空間軸をそれぞれ縦と横にとって，各育林地域のタイプ化を示したのが図4.4である．

同図の左側には最も古く成立し，今なお生産を維持している吉野地域など若干の先進的タイプが位置し，その右隣には明治期に成立し，今日選択的な生産が行われている中進的タイプが位置する．そして，さらにその右側には，戦後初めての育林地域を形成しながら，育林が放棄された新興のタイプが並ぶ．このうち，大都市圏ではゴルフ場や住宅地などへの転換が進んだ非林野利用のタイプ，大都市圏外では人口流出と高齢化によって育林地が完全に放棄され，「社会的空白地域」となったタイプがそれぞれ特徴となっている．面積的には圧倒的に新興の育林地であるタイプが多い．

図4.5は以上のそれぞれのタイプを地図上に示したものである．明らかに先進的なタイプから順に，東京，名古屋，大阪，福岡などの木材市場をとりまく形で配列しているようすがわかる．つまり，この図そのものが日本の育成林地域形成のプロセスをはっきり示しているといえる．

4. 森林資源をめぐる問題

にもかかわらず，わが国の森林資源量は年々増大中である．特に，育成林の成長が全体の資源量を押し上げている（図4.6）．おそらく，今日の森林資源量は，近世以来の歴史の中で最高記録を更新中だといってよい．その最大の理由は，戦後の木材価格上昇期に夢中になって植栽した森林が，外材輸入によって伐採されず，そのまま温存されつつあるという特殊事情による．それだけ，薪炭生産も用材生産も必要がなく，林業全体が低迷している．

しかし，この点は経済林をめざして植栽した育成林が保育管理されずに放置され，経済林として失格中であることにもなる．外材輸入によって温存された国内森林に対して，植えすぎたのではないかという批判の声とともに，残された天然林の価値を守ろうとする動きも活発である．また，森林のもつ多機能性を評価して，国土保全の観点から山間地域を保護しようとする考え方も出ている．

今や国際経済の中に組み込まれてしまった日本の森林資源を小手先で変えることはできない．国際的な視点をもちつつ，わが国の森林資源のあり方を総合的に検討する必要がある．山を守る人があと少しでほとんどいなくなることを考えると，それは緊急の課題である．

［藤田佳久］

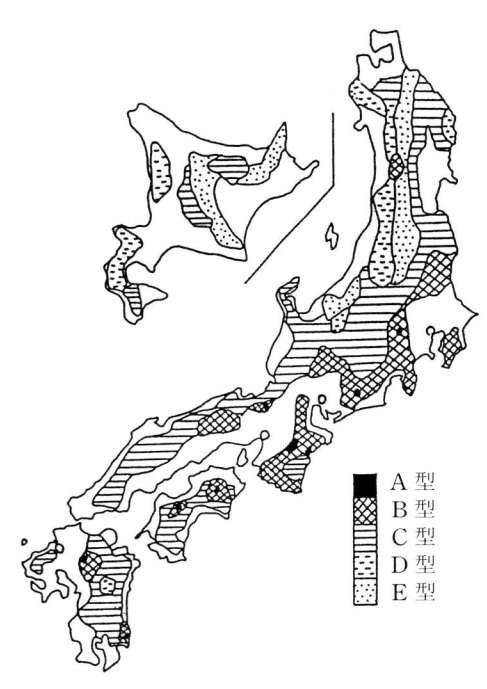

図 4.5 フローチャートによる育林地の地域類型の分布概念図
Fig. 4.5 Distribution of the Types of Afforestation Areas Shown in Fig. 4.4.

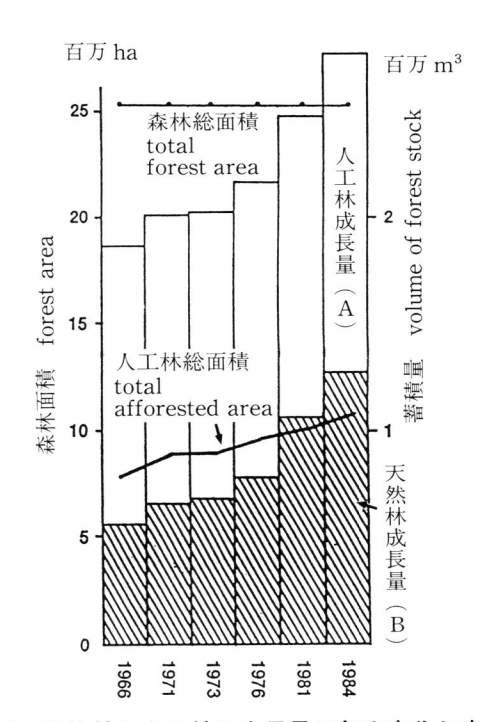

図 4.6 天然林と人工林の生長量の年次変化と森林面積
Fig. 4.6 Change in Areas and Stock of Artificial (A) and Natural Forest (B)

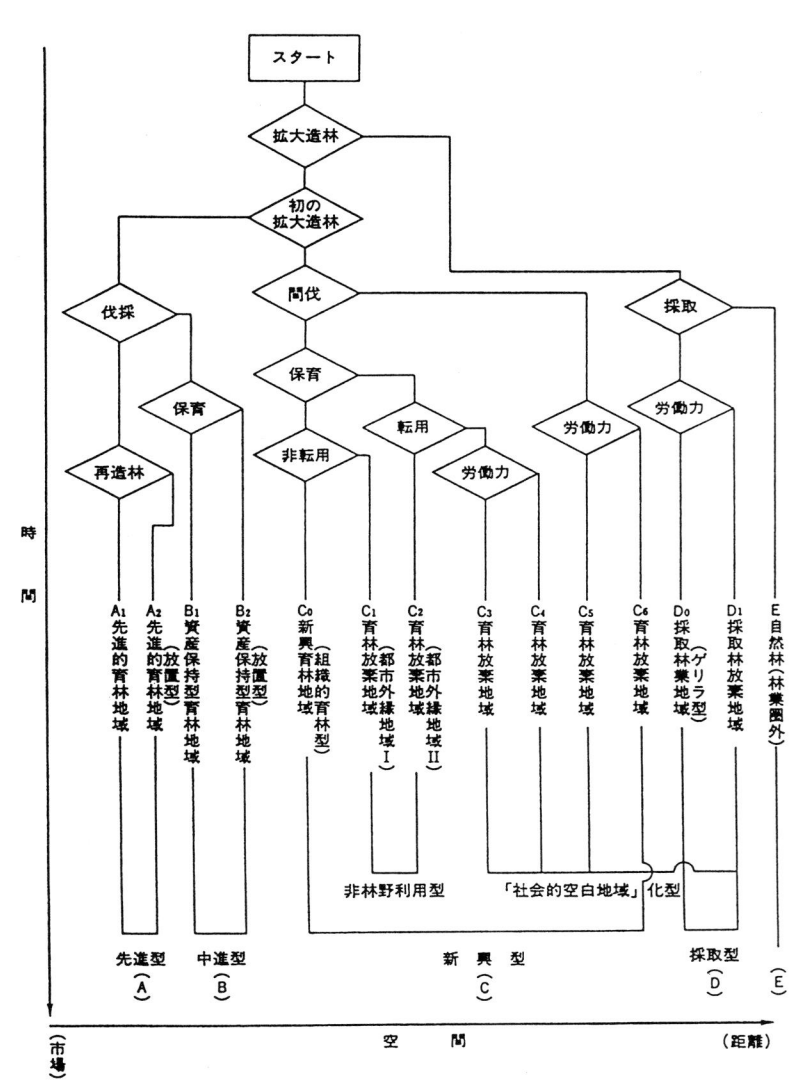

図 4.4 高度経済成長期における育林過程から見た育林地域類型化のフローチャート
Fig. 4.4 Flow Chart of the Divertivication of Forestry Areas

［写真］愛知県の奥三河山地の一部．かつて広大な入会山が広がり，多くの木地師も入りこんでいた．明治以降，里山から植林が進み，天然林が奥山に少し残る程度になったようすがわかる．
Increasing Green Cover by Afforestation, Aichi Prefecture (photo, 1992)

4.2 近世末（1850年頃）の林野利用
Forest Use circa 1850

1. 図4.7の作製方法

図4.7は，明治20年代から同30年代（北海道や沖縄は大正期）に作製刊行された5万分の1の地形図に示された概括的な林野利用の状況をベースにして，それよりも約50〜60年前の1850年頃の江戸時代後期における林野利用の状況を，同地形図に示された概括的な凡例をさらに細分化する形で区分し，復原したものである．

復原にあたっては，各県の県史（誌），郡史，場合によっては市町村史（誌），林業史にかかわる類書，旧藩林制史，江戸期の林業史蹟，営林局（所）関係資料，農書，関係写真誌，その他の資料のほか，筆者のこれまでの聞き書き資料を用い，また，あらためて現地での聞き取りや観察などによって確認したうえでの作業を行った．それでも完璧を期せなかった部分も残るほか，林野利用のあり方から，必ずしも林野利用を特定できないケースもあるが，それらの部分は，周囲の状況との関わりから判断し処理した．

2. 林野利用の特色

こうして復原された近世末期の林野利用を見ると，全国的に共通して見られる卓越的な林野利用として，焼畑と採草地・萱山の広がりが見られる．

焼畑はおそらく古代以来の伝統的な林野利用で，山間に住む人々の最大の食料確保の方法であり，縄文時代以来の山間の生活と社会を基本的に支えてきた農法である．その詳細は省くが，植生の回復を前提としたいわば林畑とでもいうべき自然環境の循環系の中で存在しえた農法で，その生産性は近世中期頃まで平地の水田・畑のそれに大差はなかった．それだけに自然の生産力の高い地域に維持されることになった．同図で示されるように，大きくは太平洋沿岸に近い山地と，日本海沿岸に近い山地の2つのゾーンがその分布地域として顕著である．いずれにせよ，わが国近世後期には，奥山のかなりの部分までが焼畑地として利用され，縄文時代以来の山地の人々の文化と人口を支えてきたことがうかがえる．それは，今日の日本の多くの森林が，すでに当時までの山間の人々によって循環的に管理・運営されていたことを示すものであり，保続的な森林資源を維持するための知恵が発揮されていたことを示すものである．

それに対して，もう1つの卓越的な林野利用である柴草山，萱山部分は，江戸時代に入り，徳川政権によって実施された石高制を背景に，山野が開墾され新田が開発されたことにともない，それらの地力維持のための肥料源としての林野利用であったことに特徴がある．このような中で，全国の里山地帯を中心に，江戸時代を通じて入会林野が次々に形成された．入会林野の形成は必ずしもスムーズではなかったが，こうして形成された入会林野は新たに形成された村落にとって不可欠な存在であった．柴草山・萱山の全国的な広がりは，近世における村落が成立するための条件をはっきりと示すとともに，それらの荒廃が村落存続の危機につながることから，さまざまな入会慣行を生み出すことによって，里山を維持管理する方法も作り出された．

しかし，それにもかかわらず林野が荒廃するケースも見られた．「禿げ山」や「荒れ地」，「矮松地」の分布がそれで，とりわけ「禿げ山」は，その多くが村落社会や経済政策によって生み出された点で，人間の知恵が行き届かなかった部分である．図4.7によれば，林野荒廃地は，瀬戸内海沿岸から近畿地方中央部を経て，東海地方の西三河にまでつながるゾーンを形成している．この一帯は，元来，花崗岩性土壌からなり，植生回復力が弱いうえに，瀬戸内海沿岸では塩田経営にともなう製塩用燃料として，マツの過伐が進み，禿げ山化が進んだことによる．したがって，林野の荒廃は人間の力による自然生態系の破壊によるものであり，近世においてもすでに，経済活動の先進地帯において，広範囲な自然破壊が進行していたことは注目される．

このような林野荒廃の予備軍も存在した．1つは四国西南部，もう1つは中国山地西部に見られる薪炭林の伐採跡地の広がりである．ここでは長期的には天然更新による自然植生の回復が見られるものの，中国山地西部では，たたら製鉄用の地形改変や農地への転換も見られ，人間の側の力が自然を圧倒しがちであった．四国西南部はカツオブシ生産の燃料確保によるもので，ここにも経済原理の優位性が見られた．

このような経済原理の優位性が，森林資源の積極的な創出・復原を目的とするケースも見られるようになった．経済林をめざした育成林がそれであるが，その成立地はまだわずかである．とりわけ関西市場に対応して成立した吉野（大和）や，江戸市場に対応して成立した秩父（武蔵）にやや核的部分が見られるが，全国的にはまだ特殊な存在といえる．しかし，このような育成林の形成とその存在自体が，山間地域での経済原理の芽生えを示すとともに，全国的な天然性森林資源の枯渇化の進展を表すものと見てよい．

以上のように，近世後期における林野利用は，伝統的な林野利用が存続する一方で，石高制や新たな経済原理の進展の中で，森林資源の利用が一気に進み，経済の先進地帯を中心に森林資源の荒廃さえ見られるようになった状況が知られ，森林生態系のバランスが地域によっては早くも崩れつつあったことを示した時期ともいえる．

ところで，わが国の自然植生を暖帯林，亜寒帯林に区別して示すと図4.8のようになる．それは潜在植生の分布図を示したものでもある．うち，寒帯林は針葉樹林を主とし，温帯林と暖帯林は広葉樹を主とする．また両者の漸移地帯は混交樹林も見られる．このような自然植生を近世末期の林野利用図と比較すると，大枠は自然植生の分布とかなり整合するが，林野利用図のうち，針葉樹であるマツが瀬戸内沿岸を中心に西南日本の暖帯林のゾーンにかなり広く分布することが，そのズレとして見られる．この場合，マツは針葉樹であるが，西南日本の花崗岩地帯における林野の過剰な利用が進む中で出現したもので，二次林である．その点で，西南日本では近世末期には過度に林野利用の進んでいたことがわかる．

次に，近世末期の代表的な林野利用の1つである焼畑は，ほぼ温帯林のゾーンに一致することもわかる．マツが多くを占める暖帯林地帯では植生がかえって乏しく，花崗岩をベースとした土地条件もよくなかった．その点で，焼畑耕作はかなり生産力の高い林地において成立するという条件を確認することができる．

［藤田佳久］

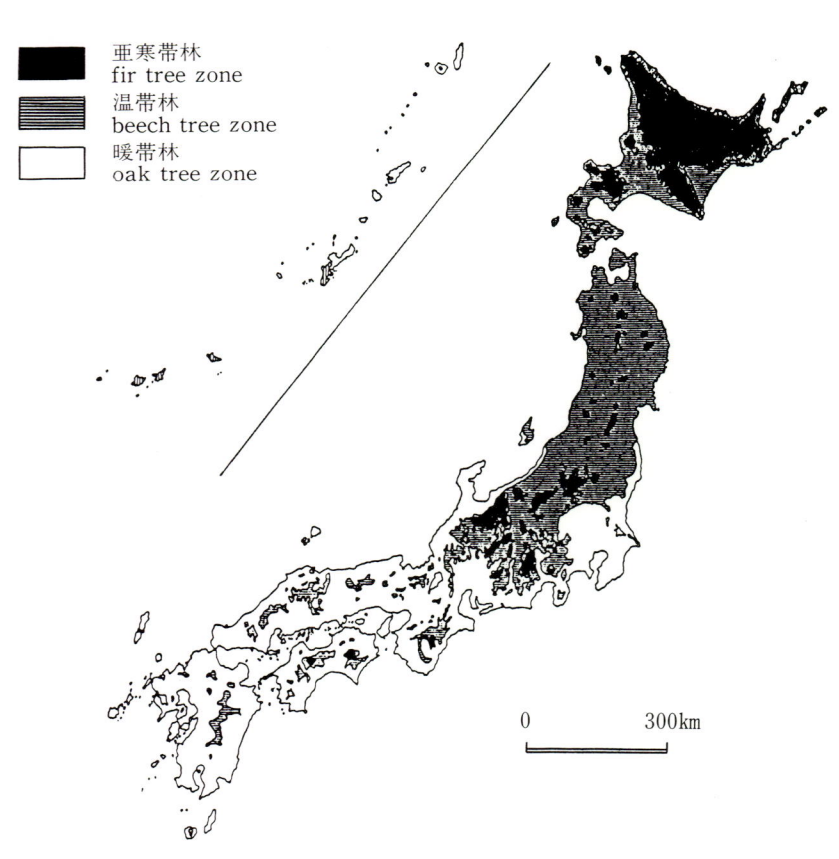

図4.8 日本の森林帯図（原図：本多）
Fig. 4.8 Climax Forest in Japan (after Honda)

凡例：
- 亜寒帯林 fir tree zone
- 温帯林 beech tree zone
- 暖帯林 oak tree zone

□ 参考資料
1) 本多静六（1912）：本多造林学，三浦書店．
2) 山中二男（1990）：日本の森林植生（増訂版），築地書館．
3) 農林省編（1932）：日本林政史資料，各藩，朝陽会．
4) 日本学士院日本科学史刊行会（1959）：明治前日本林業技術発展史，同会刊．
5) 林野庁（1954）：徳川時代における林野制度の大綱，林野共済会．

Legend / 凡例

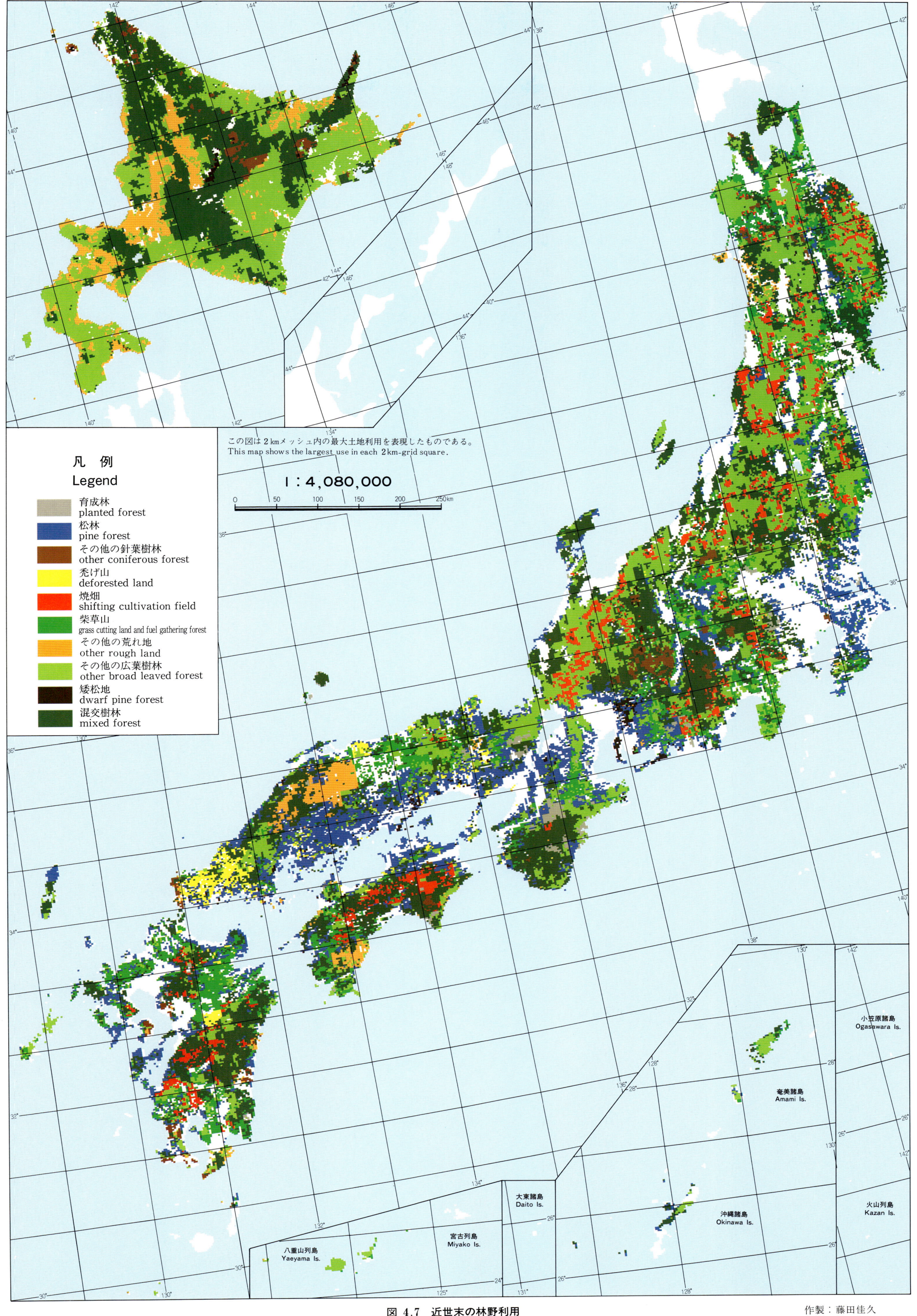

- 育成林 / planted forest
- 松林 / pine forest
- その他の針葉樹林 / other coniferous forest
- 禿げ山 / deforested land
- 焼畑 / shifting cultivation field
- 柴草山 / grass cutting land and fuel gathering forest
- その他の荒れ地 / other rough land
- その他の広葉樹林 / other broad leaved forest
- 矮松地 / dwarf pine forest
- 混交樹林 / mixed forest

この図は2kmメッシュ内の最大土地利用を表現したものである。
This map shows the largest use in each 2km-grid square.

1 : 4,080,000

小笠原諸島 / Ogasawara Is.
奄美諸島 / Amami Is.
大東諸島 / Daito Is.
宮古列島 / Miyako Is.
八重山列島 / Yaeyama Is.
沖縄諸島 / Okinawa Is.
火山列島 / Kazan Is.

図 4.7　近世末の林野利用
Fig. 4.7　Forest Use circa 1850

作製：藤田佳久
Produced by Y. Fujita

4.3 明治大正期（1900年頃）の林野利用
Forest Use circa 1900

1. 図4.9の作製方法

図4.9は，明治20年代から明治40年代（北海道や沖縄は大正期）にかけて作製刊行された5万分の1の地形図に示された土地利用の状況をベースにして，明治末期の林野利用について，近世後期の林野利用図と同一の凡例を用いて復原作製したものである．ベースとした地形図の作製時期は，本図の目的とする時期に近いものの，地形図に示された凡例のレベルを林野利用の観点から，再構成し，細分化して表現するため，近世末期の林野利用図の作製と同様に，各種の史資料を用いたほか，現地での聞き取りや観察によって作製した．もちろん，そのすべてが完璧ではなく，またベースとした地形図も同一年次の作製にかかわらず，林野植生が図幅によって異なるケースも見られるため，そのような場合は，現地での確認のほか，周辺の林野利用を考慮して修正した．

2. 林野利用の特色

こうして作製した同図によれば，明治末期の林野利用の状況は，近世末期の状況に比べてそれほどに大きな変化を示すわけではない．

しかし，明治政権が新たに誕生し，富国強兵政策が進められる中で，日清，日露の両戦争にともない，国内経済の発展が，近世の生産力のレベルを大きく超える形で見られるようになった点は大きな変化であった．それが農山村に与えた影響は，生糸輸出にともなう製糸業の発展を支えた桑園面積の増大と，工業化の進展にともなう木材需要の増大に対応した造林（育成林化）地の拡大への試みであった．とりわけ，日本経済に疲弊をもたらした日露戦争後における農山村振興策の1つとして打ち出された造林運動が，先進地である吉野林業方式をモデルとして各地に造林地をもたらしたこと，既存の近世後期に成立していた各育林地がこの時期さらに育林地を拡大する形で対応したことが，強いていえば目立つようになった新たな林野利用といえる．

しかし，これはそれまで育林技術をもたなかった各地の農山村が，初めてそれを受容したという点で，その後の第二次世界大戦後の本格的な育林地の全国的な拡大時におけるそれを可能にさせた伏線になっていくことは重要である．

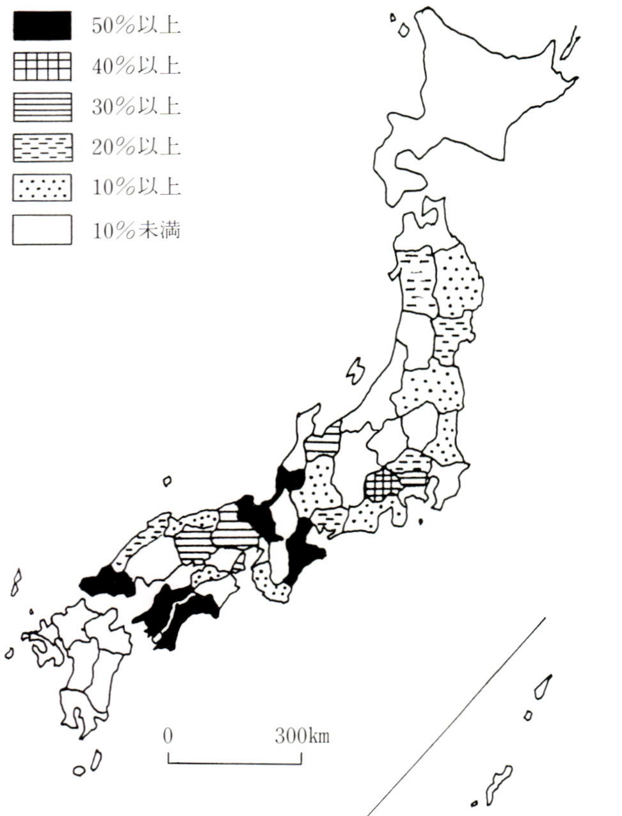

明治末期における育成林の分布を見ると，全体としてはまだ萌芽的レベルにとどまっている（図4.9参照）．しかし，それがまだ局地的分布にすぎないとはいえ，いくつかの傾向をそこに見出すことができる．1つは，形成過程にある育林地が，京阪神や東京を中心とした二大市場の周辺部のみに著しい集中が見られ，林業圏が経済原理によって一層明確に成立するようになったことを十分にうかがわせること，もう1つは，それに関連して，太平洋岸のうち東海道筋の焼畑が減少傾向を示し，それに代わって新たな育林地が成立したことである．食料源である焼畑を育林地へ転換した背景には，山間の人々を巻き込む形で貨幣経済の波が山間地帯へも急速に浸透し始めた状況があった．

その一方で，なお維持された柴山や採草地の広大な存在は，里山を中心とした農業用肥料源がさらに重要になったことを示している．明治政府はすでに入会林野の官民有区分事業を進めたうえで，明治期後半からこのような入会林野の公有林化をめざす政策を打ち出したため，所有形態の変更や一部に造林地の成立が見られるなど，同図からはうかがえない入会林野の分解方向が確実となった．それが林野利用に現れるのは，明治末期以降のことである．

しかし，農民側はそのような政府の入会林野に対する強行姿勢に対して，必死で抵抗し，多様な所有形態を工夫した．図4.10は，そのような動きが一段落した大正後期における道府県別の入会林野面積比率を部落有林野面積比率で示したものである．それによれば，九州中北部，近畿，中部日本，東北南部になお高い比率で認められ，採草地，牧野，柴山として農耕地とも密接な関係をもちつつ，林野が農民によって積極的に利用されていた状況がわかる．

また，豊かな森林資源に富んだ奥山でも，明治政府の官林（のち国有林）化が進み，一時は林野面積の過半を官林化するなど，林野所有の大幅な変更が進んだ．しかし，それらの施業が本格化し，林野利用に変化をもたらすようになるのは明治40年代以降であり，この図にはそのような変化はまだ明確には現れていない．

ところで，明治政府は伝統的に維持されてきた焼畑耕作にも次々に制限を設けた．特に火入れ制限や火入れ禁止は，焼畑の多くに食料源を依存する山間の人々にとっては重大で，その制限を一部受け入れざるをえなかったものの，なお焼畑耕作は維持せざるをえなかった．この時期に焼畑を存続した地域は，主に東海道筋をのぞく太平洋岸と日本海沿いの山地であり，それらの山地ではなお自給的生活レベルが維持され，経済発展の波がまだ弱かったことを示している．

近世以来の森林荒廃を示した瀬戸内沿岸から美濃・三河までのゾーンは，この時期さらに荒廃化の道を歩んだ．全国の藩営塩田がなくなり，塩田が瀬戸内に集中し，より多くの燃料源が地元山地の森林に求められたこと，美濃・三河の丘陵性山地では木地物に代わる「瀬戸物」と称されるようになった窯業生産が国内外の需要増加に対応すべく，いずれも燃料源の需要を増大させたためである．さらに過剰な入会林野利用も含め，明治期にはこのような林野荒廃にともなう災害がそれら地域の各流域で続出した．それらに対処するために，治山治水政策が本格化するのは明治末期のことである．

この林野荒廃地の外側をマツがとり囲む．温帯性マツは本州の青森県を北限とし，西南日本に広がる．日本の風土のシンボルを示すマツではあるが，人間の手が入れば一気に荒廃が進みやすい二次林としての存在を示し，人間の手がかなり入ったことを裏付けている．

この時期，最も大きな変化は，北海道における本格的な開拓による林野の変化で，海岸部と各河川流域は，荒れ地や原生林野が耕地や牧野へと急速に転換した．

［藤田佳久］

図 4.10　府県別民有林のうち部落有林面積比率（1921年）
Fig. 4.10　Ratio of Common Forest Land in Each Prefecture (except national forest, 1921)

□参考資料
1) 林業発達調査会編（1951-59）：各林業地域発達史シリーズ，林業発達史調査会．
2) 日本林業技術協会（1976）：林業技術史，1～3巻，日本林業技術協会．
3) 地方史研究協議会（1960）：日本産業史大系，東大出版会．
4) 松波秀実（1919）：明治林業史要，明治林業史要発売元．

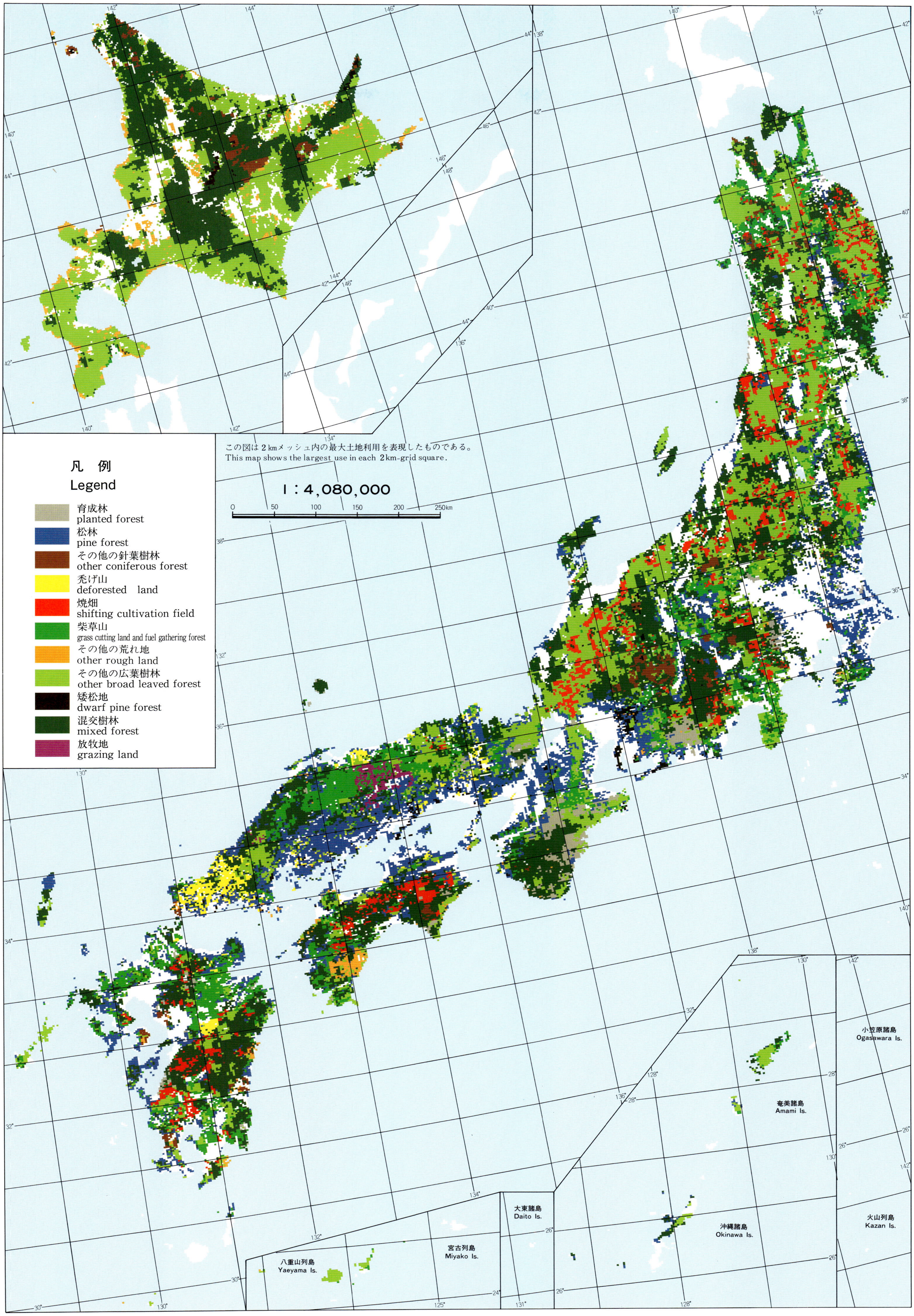

凡例 / Legend

- 育成林 / planted forest
- 松林 / pine forest
- その他の針葉樹林 / other coniferous forest
- 禿げ山 / deforested land
- 焼畑 / shifting cultivation field
- 柴草山 / grass cutting land and fuel gathering forest
- その他の荒れ地 / other rough land
- その他の広葉樹林 / other broad leaved forest
- 矮松地 / dwarf pine forest
- 混交樹林 / mixed forest
- 放牧地 / grazing land

この図は2kmメッシュ内の最大土地利用を表現したものである。
This map shows the largest use in each 2km-grid square.

1：4,080,000

小笠原諸島 / Ogasawara Is.
奄美諸島 / Amami Is.
大東諸島 / Daito Is.
宮古列島 / Miyako Is.
八重山列島 / Yaeyama Is.
沖縄諸島 / Okinawa Is.
火山列島 / Kazan Is.

図 4.9　明治大正期の林野利用
Fig. 4.9　Forest Use circa 1900

作製：藤田佳久
Produced by Y. Fujita

4.4　第二次世界大戦以前の林野の荒廃と粗放的利用
Rough Land Use in Mountain Areas before World War II

1. 図4.11の作製方法

図4.11は，明治期後半（一部は大正期）に刊行された全国の5万分の1の地形図幅のそれぞれのメッシュを作製し，各メッシュのうち，凡例に示された「荒れ地」を「**禿げ山**」，「**焼畑**」，「**柴草地・採草地**」，「**荒れ地**」（薪炭伐跡地）に区分，また凡例の「広葉樹」の一部から「**焼畑**」を区分，さらに凡例の「**矮松地**」はそのまま「**矮松地**」として区分し，合計5つの新たな凡例に組み変えてその分布を示したものである．その際，この5つの土地状況が少しでも含まれるメッシュについてすべて取り出して示したため，その広がりについてはやや強調されている．

ここで取り上げた5つの凡例は，当時の林野の荒廃状況を示すものとして取り上げた．このような形に組み変えるために多くの県郡史誌，市町村史誌，治山治水関係の資料を用い，復原につとめた．

2. 荒廃林野の分布とその特色

第二次世界大戦直後までのわが国の山地には，今日では想像できないほどのかなりの規模で荒廃林野が西南日本を中心に広がっていた．その荒廃林野は荒廃の過程によっていくつかのレベルに区分できる．最も荒廃の進んでいたのが「禿げ山」であり，そこでは植生がないかきわめて少ない状況にあった．次いで「矮松地」であり，土地条件と過度な土地利用によって矮松が散在的に認められる状況を示す．「荒れ地」として例えば「薪炭伐跡地」は，皆伐による一時的な禿げ山であるが，下草や雑木がなお存在し，その後の植生や天然更新によって植生が回復しうる林野である．その点で焼畑もそれに類似する．焼畑は火入れによって植生をなくした後，3～4年雑穀用の耕作を行うが，その後の植生回復はめざましいケースもある．

まず「禿げ山」の分布を見ると，瀬戸内海沿岸沿いから近畿地方中部，さらに美濃から三河の西部に広がっており，その分布にはかなりの地域的なまとまりが認められる点に特徴がある．このような分布状況は近世末期においても変化はなく，近世中期以来，しだいに形成されたものと見られる．当時，すでに禿げ山化が進みつつあった岡山藩の熊沢蕃山は，17世紀後半に，「山林は国の本なり」あるいは「山川は天下の源なり」と主張しつつ，治山治水論を展開し，一般民衆の貧しさが乱伐を引き起こしているとする現実把握のうえから分析を行っている．もちろん，瀬戸内沿岸では塩業用の燃料源としてマツの伐採が進んだことも指摘されるが，近世の塩業は各地でも行われており，それも含みつつ，むしろ瀬戸内での新田開発にともなう急増する肥料源としての里山一帯に形成された入会林野の過度な利用がより直接的な理由であったと見てよい．近畿中部の琵琶湖南方の里山に広く形成された「禿げ山」も同様であり，美濃・三河高原に現れた「禿げ山」も，明治以来急増する窯業生産のための燃料採取という条件も加えつつ，共通していた．いずれも，稠密な農村人口と農業生産力の上昇の中で形成されたといってよい．

そして，これら一帯の山地がそのような過度な林野利用に耐えられない特性も有していた．それはこの一帯が花崗岩性風化土壌からなり，いったん，植生を欠くと，自然の状態では風化がさらに進化し，「禿げ山」化を確実に呈するからである．このような状況では降雨のたびに土砂石礫が流出して下流に被害をもたらすだけでなく，山地の侵食とともに「禿げ山」化がますます進み，自然に放置されるほど植生回復がきわめて困難になることを示している．このような「禿げ山」化が阻止されるには，戦後の大規模な治山事業の実施まで待たねばならなかった．

したがって，このような「禿げ山」化の予備軍には入会林野があり，同様な予備軍として「矮松」の植生の見られるケースがある．ただし，この「矮松」には2種類の分布が見られ，1つは中部山岳地帯などの高山における森林限界直下の部分であり，もう1つは渥美半島などの洪積台地の丘陵のうちできわめて乏水性の強い土地のために，マツの疎林状を呈するケースである．とりわけ後者は，過度な利用によって「禿げ山」化する可能性を十分に含んでいた．

一方，「焼畑」は，わが国の林野利用の中では東北地方から九州地方まで，かつて広い範囲にわたって存在した．「焼畑」はカノ，ソーリ，ソーレ，アラキなどとこの呼称は多様で，今日でもそれらの地名が付された林野を各地で見出すことができる．「焼畑」は火入れの季節によって，春焼き方式と夏焼き方式があるが，雑木を伐採して火入れをし，それを肥料や防虫に利用し，その跡地を自給用の雑穀物の栽培に利用する方法で，3～4年間利用したのち放置され，自然の回復力を待つ農林循環方式の林野利用だといってよい．したがって，10～20年後には再び元の焼畑地へ戻ってそこを焼畑として利用するという循環システムによる合理的な林野利用でもある（図4.12）．栽培作物は地域によって差があるが，アワ，ヒエ，ダイズ，ソバ，トウモロコシなどがその主なものである．

焼畑は，全体としては太平洋岸沿いの山地と日本海沿いの山地に集中的に分布するが，東海地方の山地（大井川・富士川流域を除く）と紀伊山地にはあまり見られない．これは，これらの山地が明治以降，日露戦争や工業化の進展の中で焼畑地を造林地へ転換したことによる．

太平洋岸では南アルプス東南部や四国山地，九州山地で焼畑利用が卓越し，とりわけ四国山地の焼畑利用はわが国では最大規模を示した．しかしこの四国山地の一部にも明治の後半から，焼畑地に和紙の原料である三椏（みつまた）や楮（こうぞ）が導入され，商品経済の波がおよぶようになった．そして，そのような商品作物を受け入れつつ，四国山地の焼畑は戦後の昭和30年代まで維持された．一方，日本海沿いの山地や九州では，自給経済用の焼畑耕作が同時期まで続いたが，昭和30年代後半から本格化する日本経済の高度成長下でもたらされた山地からの人口流出と，商品経済の一般化の中で，残された全国の焼畑は一斉にその姿を消した．太平洋岸の山地ではその多くにスギ，ヒノキが植栽され，日本海岸の山地ではそのまま放置され，雑木林へ更新された．

焼畑耕作は水田耕作に比べて手がかからず，それゆえ原始的農法とか粗放的農法などと称されたが，長期的に見れば，農林を交互に循環させる合理的な林野利用のシステムであったといえる．

［藤田佳久］

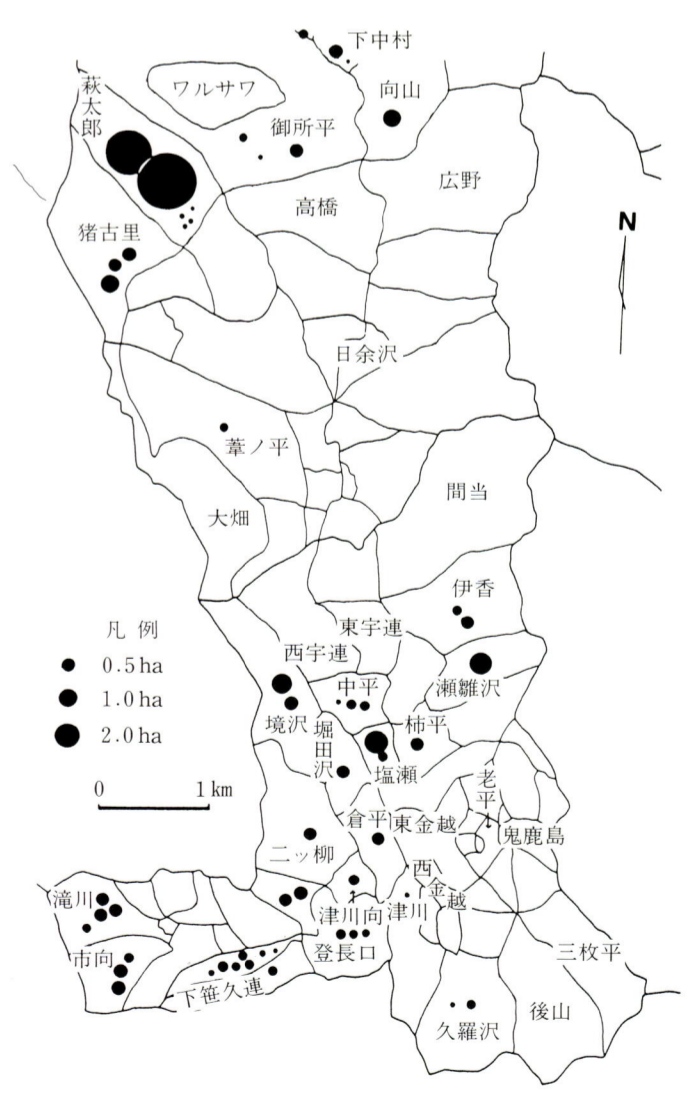

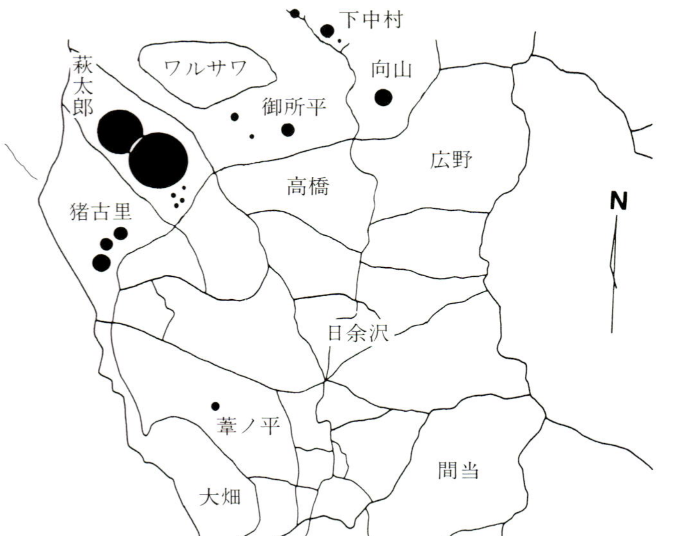

図4.12　愛知県豊根村上黒川および板宇場両地区における小字別焼畑の規模別分布（明治26年）
Fig. 4.12　Distribution of Shifting Cultivation in Kamikurokawa and Sakuba Districts, Toyone-mura, Aichi Prefecture, 1893

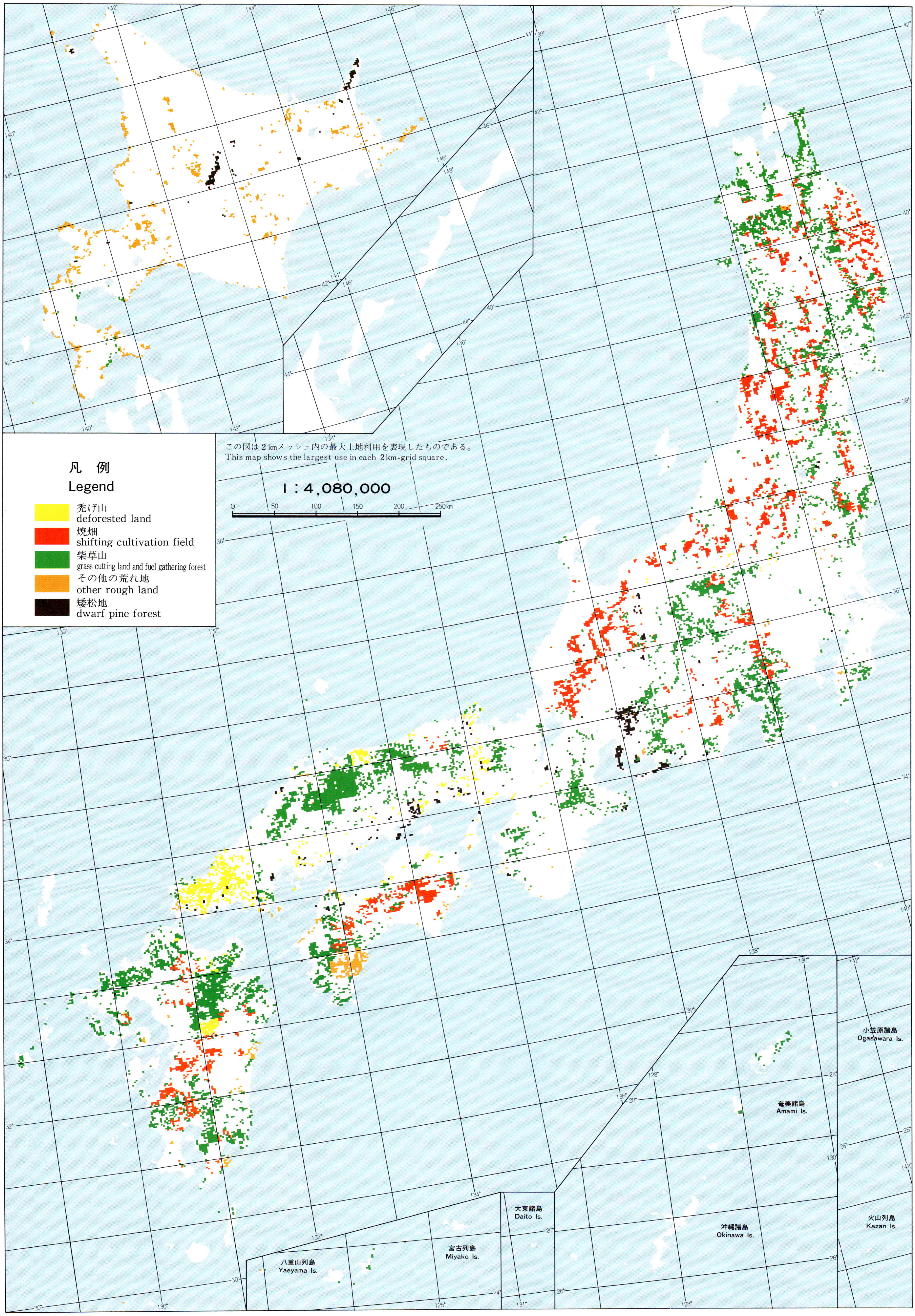

図 4.11　第二次世界大戦以前の林野の荒廃と粗放的利用
Fig. 4.11　Rough Land Use in Mountain Areas before World War II

作製：藤田佳久
Produced by Y. Fujita

4.5　第二次世界大戦以後の育林地の拡大
Afforestation after World War II

1. 図4.13の作製方法

図4.13は，第二次世界大戦後における育林地の著しい拡大を示すために，明治末期における育成林の分布と現在の育成林の分布を示している．前者の図の作製方法は4.2節の図4.7と同じであり，また後者の図の作製方法は4.3節の図4.9と同様である．

2. 育林地の拡大

第二次世界大戦後のわが国における林野利用の大きな変化は，植栽された育林地の大幅な増大である．

戦前までのわが国の育林地は，当初，阪神市場の木材需要に対応した奈良県吉野川流域や，東京市場の木材需要に対応した荒川上流域など東西の両市場にそれぞれ直結できる位置に形成され，やがて，しだいに天竜川流域などその外縁部への拡大傾向が見られた．また，愛媛県久万地方や大分県日田地方のように，各地方の市場に対応する形での局地的な育林地も成立した．このような育林地の外縁的な拡大は，日本海沿岸沿いの林野には見られず，当時，河川の流送による木材搬出に依存していた輸送技術水準によって規定されていた．しかも，これらの新しい育林地は，それまでの焼畑跡地を利用する形で広がり，その際の育林技術は，当時の育林先進地で，すでに近世の後半から独自の育林技術体系を確立していた，奈良県吉野川上流域のいわゆる吉野林業地域から吉野林業方式を学んだ．

当時の吉野林業は，多間伐用の密植栽培が中心であり，このような集約的な方式が，全国各地で一斉に受け入れられるはずはなく，この吉野林業方式を導入した地域もあったが，それをそのまま受容するわけにはいかなかった．しかし，実生苗の栽培による吉野の植栽方式は，全国各地に一斉的な植栽を可能にした．特に日露戦争後の農山村の経済的疲弊から脱却するために生み出された造林運動は，それまでの既存の大市場と結びついて形成された育成林業圏の外側に新たな育林地を散在的な形で成立させた．

第二次世界大戦直後のわが国の国土は，戦時中の都市部の空爆による消失のみならず，労働力を奪われた農山村においても荒廃が著しかった．そのため，戦後の昭和20年代には相次ぐ洪水が各流域を襲い，財政力を欠いた当時のわが国ではなすすべがなかった．それだけに，明治末期と同様に治山治水思想が唱えられ，造林運動がスローガンの1つとして浸透した．

しかし，戦後の復興の進む中で，建築材としての木材はその供給力を欠き，木材価格は高騰を続けた．そのため，昭和20年代の後半から，そうした木材価格の高騰を意識した造林が各地で進められるようになったが，同時に当時のエネルギー源である薪炭需要も増大し，北上山地や阿武隈山地，北関東の山地，伊豆半島の山地，北陸地方の山地，飛騨山地，中国山地，四国山地，九州山地などの市場から遠隔地の林野では，一部に焼畑耕作を維持しつつ薪炭生産に特化し，いわば薪炭生産地域の形成をみた．

このような状況は昭和30年代に入っても続くが，昭和30年代に入ると，直前の朝鮮戦争に誘発された日本経済の成長が本格化するようになった．やがて所得培増計画にともなう重化学工業化政策によって，新たなエネルギー源に石油がクローズアップされると，各山地の薪炭生産は一気に衰退し，経済的基盤を失った山間の人々が村を去り，新たに形成されつつあった都市部の労働力市場へ吸収されることになった．

その際，なお木材価格は高騰していたため，薪炭生産地域では，薪炭林をスギ，ヒノキの植栽へ林種転換するケースが目立った．政府も折から造林補助金政策を援用し，そのような動きを強力に支えたため，特に太平洋沿岸地域の山地では，ほとんどの焼畑跡地が育成林地へ転換した．

図4.14は，この時期の育成林面積の比率の増加率を都道府県別に示したものである．そこでは明らかに，周縁地域において育林面積の増加率が高いことを示している．それらの地域は，まさに「新興育林地域」と称することが可能な地域であった．

しかし，国内材を中心とした木材価格の高騰は，昭和30年代末に外材輸入を本格化する契機にもなった．その結果，安価な大径木の外材が市場価格の主導権をにぎり，昭和40年代に入ると外材の占有率は過半を超え，70％にも達した．

その結果，木材市場価格は半値近くまでダウンし，昭和40年代半ばから，国内林業は不況になり，伐採面積の急減とともに，それまで上昇していた造林面積も下降の一途をたどった．こうして，育成林面積率が戦後20％から30％，さらに40％へと上昇した戦後の造林ブームは終了することになった．そのため，新興育成林地は育成林業圏の外側にとり残され，育林過程が欠落し，育林地の荒廃が進むことになった．

こうして，林業不況は新たに山村問題を引き起こし，政府は山村維持のために分収造林方式を積極的に導入した．図4.15はそのようにして進められた分収造林の面積を，中部地方の各市町村において1980（昭和55）年について示したものである．それによれば，分収造林は既存の先進的な育林地のその外側をとり囲む形で分布し，育成林の地域的な拡大が組織的な分収造林方式によって進められつつあることがわかる．しかし，このような動きも，1985（昭和60）年以降は急速に弱まり，わが国の育成林化の時代が終わったことを示している．

［藤田佳久］

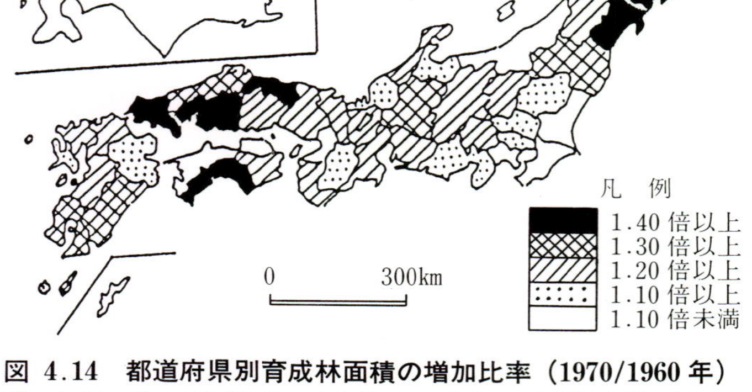

図 4.14　都道府県別育成林面積の増加比率（1970/1960年）
Fig. 4.14　Growth Ratio of Afforested Area in Each Prefecture (1960–1970)

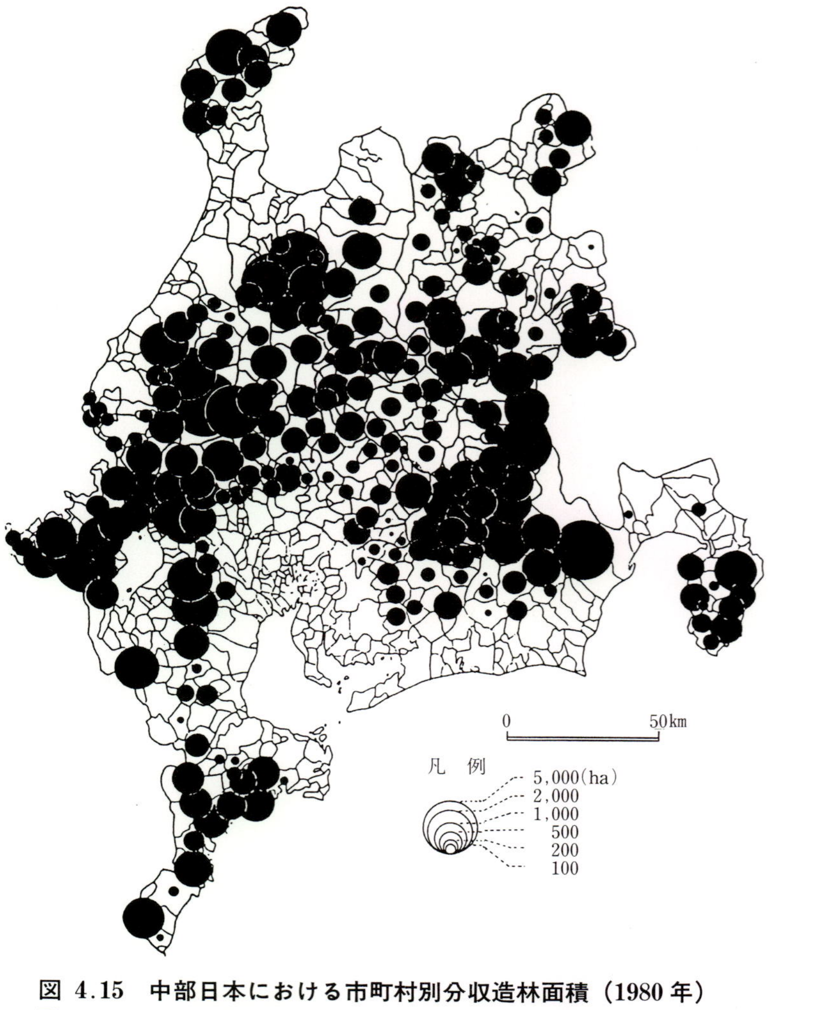

図 4.15　中部日本における市町村別分収造林面積（1980年）
Fig. 4.15　Area of Afforestation by Share Crop System in Each Municipality, Central Japan (1980)

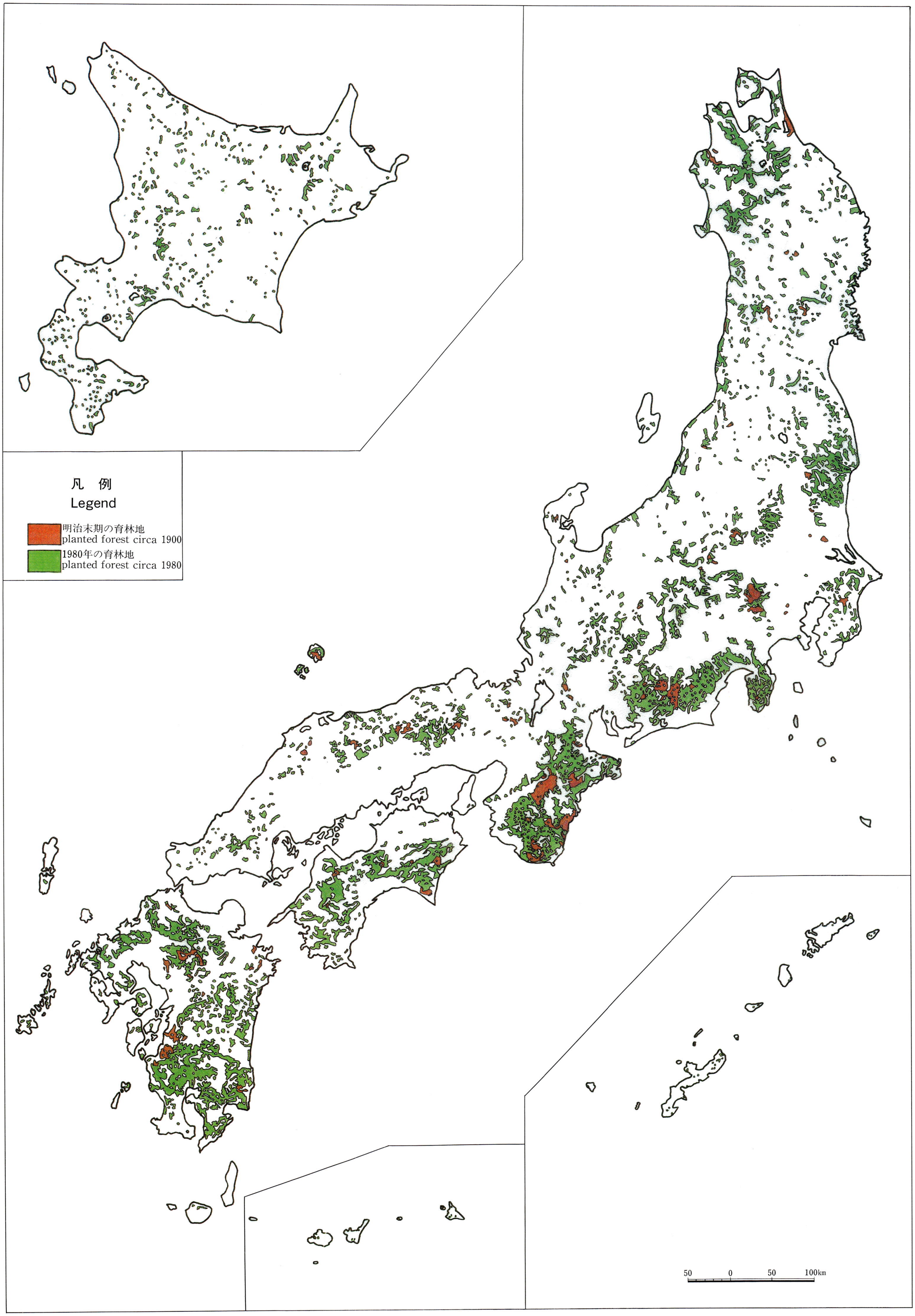

凡 例
Legend

- 明治末期の育林地
  planted forest circa 1900
- 1980年の育林地
  planted forest circa 1980

図 4.13 明治末期以後の育林地の拡大
Fig. 4.13 Afforestation after circa 1900

作製：藤田佳久
Produced by Y. Fujita

4.6 現代（1985年頃）の林野利用
Forest Use circa 1985

1. 図4.16の作製方法
図4.16は，わが国の現在の林野利用を示すために，1970年代から1980（昭和55）年にかけて地方別に作製された植生図や国勢図，地区別の標本調査による植生や現地調査をふまえ，作製したものである．

2. 林野利用の特性
本図を近世末期および明治末期の林野利用図（図4.7, 図4.9）と比較すると，日本の林野利用がこの100〜150年のうちに大きく変化したことがわかる．

まず第1は育成林地の大幅な拡大であり，今日では林野面積に占める育成林地の面積は40％を超える．第2は，かつての伝統的な林野利用であった焼畑耕作がほとんどその姿を消したことである．第3は，第2とも関係するが，入会林野の性格が強かった採草地や柴山，萱山が姿を消したことである．この第2，第3の変化は，わが国の農山村がかつてのような自給自足的レベルから，貨幣経済のレベルへ全面的に再編成され，その際，多くの住民が農山村から都市地域へ移動するという大変動が同時進行したことの現れでもあった．第4は，それらの結果，かつて西南日本を中心に見られた禿げ山や荒れ山が大幅に減少し，その代わり，それらの山地はマツによってカバーされたが，その後の工業化，都市化の中で，マツ枯れが拡大することになったことである．

第1の育成林地の増大は，第二次世界大戦中および大戦直後に，大量の森林が伐採されたため木材価格が高騰し，それに対応すべく農林家が造林を積極的に進めた結果である．このような傾向は，1950（昭和25）年から1975（昭和50）年頃まで続いた．これによって育成林面積は3倍以上に拡大し，今日では1,000万haを占めるに至った．この面積と育成林面積比率は，世界でもトップクラスにある．政府も植栽を進めるため，造林補助金制度を確立し，それも育成林面積を拡大する大きな要因となった．

その結果，かつては関西および東京（江戸）市場の近傍にのみ成立していた育成林地が，木材価格の高騰に支えられて，さらにその外側へ拡大した．これらの地域では，その一部を除き，それまで育成技術をもたず，育林が全く初めての経験であったため，その後のこの地域からの人口流出の中で，保育過程が欠落する大きな問題をかかえることになった．

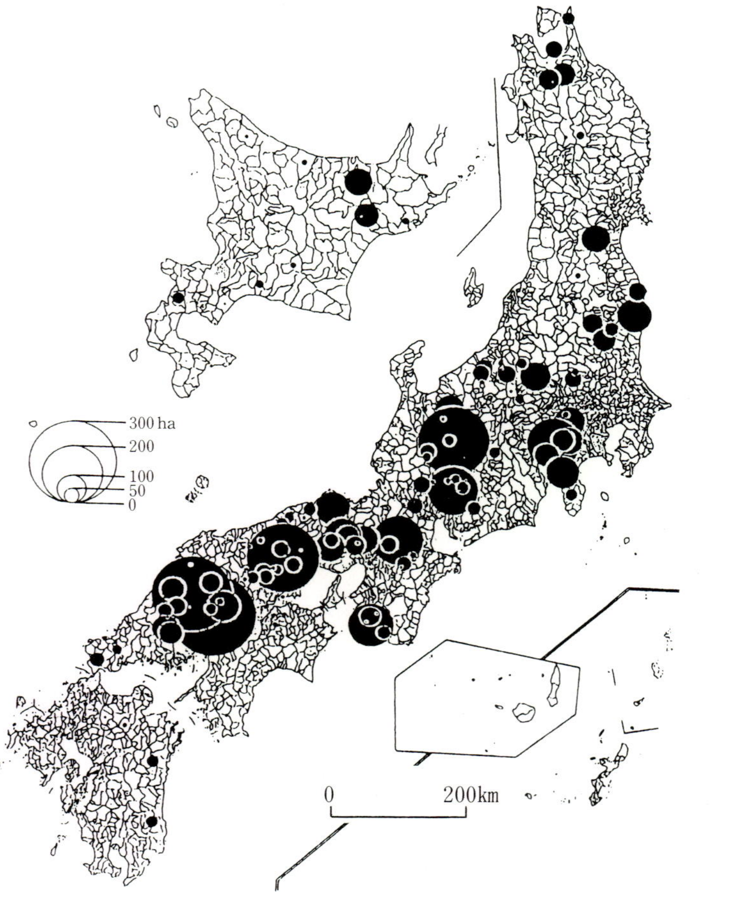

高度経済成長と外材輸入の本格化は，人口流出にともなう山間地域での労働力不足と，また木材価格の低迷による造林の不振を招き，林業を不況に追い込んだ．ここでの農林家による造林は大幅に減少し，政府の補助による分収造林のみが目立つようになり，農林家に代わって森林組合が労働力を提供し，林業公社や林業公団によって雑木からスギ，ヒノキへ転換する拡大造林を支えた．

第2の焼畑の消滅は，ほぼ昭和30年代のことであった．急速に消滅してからまだ25〜30年しか経過していない．太平洋岸の焼畑のうち，東海地方は明治期に消滅し始め，四国や九州の各山地は昭和30年代まで存続した．消滅理由の多くは，焼畑における経済林としての育成林への転換である．かつて最大規模を誇った四国山地の焼畑も，楮，三椏など和紙用の商品作物が導入され，戦後さらに造林地へ転換した．日本海側の山地は育成林への転換が見られず，多くは昭和30年代まで続くが，人口流出が相次ぐ中でその幕を閉じた．今日，焼畑が観光目的などで維持されているケースもあるが，昔日の面影は全くない．

第3の採草地や柴山の消滅は，戦後の農地改革による自作農家の増大と，米価支持政策の中で，農家による化学肥料の購入が可能になり，燃料も薪炭からプロパンガスへ転換し，萱ぶき屋根もトタン屋根や瓦屋根に転換することによって，その役割を終えたことによる．多くはそのまま放置されたため，政府は入会林野近代化法を施行し，入会林野の解消をもくろんだ．当初は育成林野への転換が図られたが，今日ではその動きも鎮静化している．その結果，入会林野の積極的な利用にともなう入会慣行の意味も失われ，入会林野を不動産業者へ売却したりするケースも見られる．また，管理が不十分となり，西南日本の花崗岩地帯ではマツが卓越するようになった．その結果，第4としてマツ枯れ現象がこの地域に現れ，その後，東海地方から関東，さらには東北日本へ北上中である．主な原因にはマツノザイセンチュウの拡散が主張されるが，高度経済成長期に生じた入会利用や入会慣行の消滅にともなう入会林野の生態系の大幅な変化によることは，まちがいない．

このようなマツ枯れ現象は，太平洋戦争中から同戦争直後の国土の荒廃期にも全国的に生じ，それが戦争直後の林野管理のうえで大きな問題になった．しかし，その後，つかの間の農山村の安定期には大きな問題にはならなかった．そのつかの間の時期には林野が再びきめ細かく利用され，管理されたからである．このような経過から見ても，今日の全国的な大量のマツ枯れは，新たな生産活動や排気ガスなどによる大気汚染が，マツ林の生育条件を急速に弱めた結果と見ることができ，その点で，マツ枯れは，わが国に進行しつつある環境変化の重要なサインだと見てよい．

その一方で，非林業的林野利用の進出が目立つようになった．1つは高度経済成長期を通して進められた里山を中心にした果樹園化であり，とりわけ西日本を中心に拡大したミカン栽培はその代表的なものである．

もう1つは，ゴルフ場やスキー場などレジャー用施設の立地とそれに関連した別荘住宅の立地，広島市周辺に見られる都市的土地利用の里山への拡大などである．図4.17は1980年における林野の転用面積を示したものである．大都市圏周辺の林野がゴルフ場を中心に転用され，それ自体が今後の林野や流域の生態系を変える恐れがあるとする指摘も多い．このような林野の転用地は，利用度が急減した旧薪炭林や旧入会林野などの里山であり，前述のような林野利用をめぐる変化もその背景にある．一方，奥山では著しい人口流出によって，林野管理が放置され，造林地が荒廃するとともに，そのような林野所有者の村外流出や林野の売却による林野所有者の不在村化も進行している．

［藤田佳久］

□参考資料
1) 国土地理院（1980）：日本国勢地図帳，国土地理院．
2) 宮脇　昭編（1980-85）：日本植生誌，全10巻（沖縄・小笠原〜北海道），至文堂．
3) 環境庁編（1980）：日本の重要な植物群落，全12巻（南九州・沖縄〜北海道），環境庁．
4) 吉岡邦二（1973）：植物地理学，共立出版．

図4.17　林野率70％以上の市町村における林野の転用面積（1980年）
Fig. 4.17　Area of Forests Converted to Other Use in Each Municipality (1980)

凡例
Legend

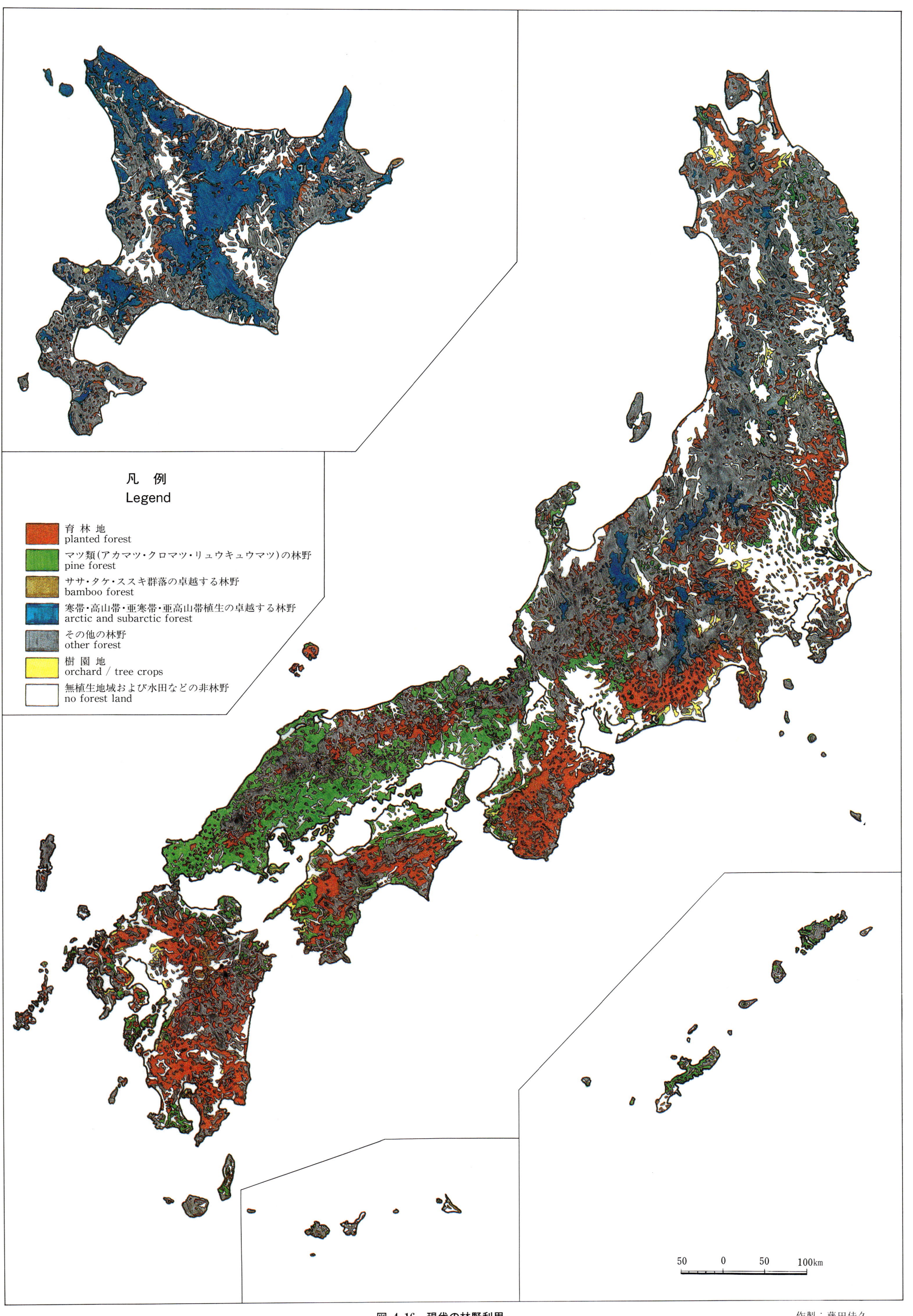

- 育林地 planted forest
- マツ類（アカマツ・クロマツ・リュウキュウマツ）の林野 pine forest
- ササ・タケ・ススキ群落の卓越する林野 bamboo forest
- 寒帯・高山帯・亜寒帯・亜高山帯植生の卓越する林野 arctic and subarctic forest
- その他の林野 other forest
- 樹園地 orchard / tree crops
- 無植生地域および水田などの非林野 no forest land

図 4.16　現代の林野利用
Fig. 4.16　Forest Use circa 1985

作製：藤田佳久
Produced by Y. Fujita

4.7 木曽森林の天然林から人工林への変化
Transition from Natural Forests to Plantations in the Kiso Region

1. 木曽森林の歴史

木曽は日本を代表する森林地帯である．「木曽路はすべて山の中である」と島崎藤村の『夜明け前』に描かれた木曽地方とは，今日の長野県木曽郡と岐阜県恵那郡の一部を含めた地域で，その大半が急峻な山岳で森林に覆われている．木曽郡の総面積は 168,109 ha で，そのうち森林が 158,555 ha を占めている．実に 94% が森林であり，まさにすべて山の中である．これらの森林は，国有林が 99,019 ha で森林全体の 62% を管理している．残りは県有林 69 ha，市町村有林 8,471 ha，財産区有林 55 ha，部落共有林 10,560 ha，団体有林 2,387 ha，個人有林 37,996 ha となっている．

木曽の森林は長い歴史をもっている．この地域の所有者の変遷は表 4.1 の通りである．豊臣秀吉以降，今日まで日本の支配者により直接管理されている．江戸時代は尾張藩有林，明治維新以降は官林，御料林と引き継がれ，今日ではその大半が国有林として長野営林局のもとで管理されている．

江戸時代初期の大きな木材需要に応じて，木曽地域全体にわたり伐採が進められ，その跡に一斉に発生した天然の幼木が今日の天然林である．江戸時代中期以降の保護政策により育てられたものが明治政府，御料林，国有林と引き継がれている．その結果，木曽森林は日本を代表するヒノキ美林としての地位を占めるに至った．

戦後，国有林となり長野営林局により管理された．1950 年代後半に入ると，日本の経済復興，発展にともなう木材需要の急増に対応して，木曽森林の管理方針は大きく変化した．大面積皆伐と成長の早い人工林への転換が積極的に進められた．また，1959（昭和 34）年の伊勢湾台風，1961（昭和 36）年の第二室戸台風による大量の風倒木被害はこれらの天然林の伐採を加速し，年間の伐採量は 50 万 m³ に達した．これらの風倒木処理による大量の伐採は木曽の林業，林産業を急速に活発化したが，天然林資源の消滅を加速した．1970 年代に入ると，資源保護，山地災害防止などの原因により伐採量は減少したが，国有林の重要な財源として伐採への圧力は続いた．1980 年代以降，天然林の生産量は少量安定へ方向づけられている．

2. 過去の森林図の復原方法

ある時点における森林の林相（森林の種類）ごとの位置を地図上に描いたものは森林図，その内容を記述するノートは森林簿とよばれる．近代的な森林管理制度が確立されて以来，これらは 5 年ごとに定期的に作られるようになった．しかし，制度導入以前の地図はほとんどない．また制度ができた後も過去の地図資料の多くは散逸して，入手は容易でないのが実状である．そこで筆者らは，過去の地図資料が少ない場合にも，現在の地図から過去の森林の姿を森林図として復原する方法を開発した．地理情報システム（GIS）とよばれる地図情報を解析するプログラムを用いた．

ところで古い時代の森林を再現するとき，古い地図の精度は低いため，その精度を最近の地図の精度に修正する必要がある．まず最新の森林図をポリゴン法により数値化する．これが最も精度が高いとして，過去の森林図を修正する．森林簿には小班ごとに，その林相，人工林の場合はその植栽年が記述されている．したがって，木曽ヒノキ天然林が林小班ごとに消滅した時期が整理できる．その結果をそれぞれの時代の地図上に色塗りすることができる．

3. 天然林から人工林への変化

森林が伐採された跡地は，①森林には戻らず荒れ地や農地や住宅地となる場合と，②再び樹木が生育してやがて森林に戻る場合とに大別される．

前者は森林の破壊であり，後者は森林の更新とよばれる．木曽で生じた森林伐採の歴史はすべて森林の更新である．明治以降，更新は苗木の植栽によって行われるようになり，生育する樹種は林業用樹種で生育がよく，材質もよくて市場価値が高いものが選ばれるようになった．このようにしてできた森林が人工林である．その結果，天然林から人工林への変化が時代とともに進んでいく．この変化の過程を時系列的に地図上に表示したのが，図 4.18，図 4.19 である．

対象地は，木曽国有林を代表する上松営林署国有林である．1987（昭和 62）年の森林地図と森林簿を出発点として，過去 90 年間をさかのぼり，林相の変化を GIS により再現した．その中から 1987 年，1940（昭和 15）年，1900（明治 33）年の 3 時点を選び図示した（図 4.18）．資料は長野営林局より借用した．1900 年においては森林のほぼ全域が天然林であった．天然林が江戸時代から厳重に保護されてきた結果である．御料林による管理が行われるようになると，近代的な森林保育技術が発展し，皆伐と植栽による人工林の育成が行われるようになった．天然ヒノキ林はゆっくりしたペースでしだいに人工林ヒノキ林と変化した（1940 年までの図を参照）．戦後，日本の経済発展は木材需要を増大させ，林業活動を急激に活発化させた．天然林は大量に伐採され，その後にヒノキ人工林，そしてカラマツ人工林が作られた．

1900 年から約 90 年たった今日，木曽の天然林はすっかり人工林に変わった（図 4.20，図 4.21）．伝統的に木曽の特産であった天然ヒノキを失った．そして，代わりに植栽された成長のよいヒノキや早成樹のカラマツの若い林がこの地域を覆った．ここでは，過去の森林の変化を地図上で表現する時系列資料を提示した．

［木平勇吉・峰松浩彦］

□参考資料
1) 長野営林局編 (1979)：木曽ヒノキ総合調査，長野営林局，234 p.
2) 長野営林局編 (1980)：木曽ヒノキ成因解明調査，長野営林局，98 p.
3) 原田文夫 (1984)：木曽ヒノキ林と木曽林業史の概要．トヨタ財団研究報告書，pp. 1-81．
4) 長野営林局編 (1987)：森林調査簿，長野営林局．

図 4.20 天然林が伐採されて幼齢人工林（手前）となる
Fig. 4.20 Cut-Over Natural Forest Becomes Young Plantation (foreground)

図 4.21 天然林から人工林へ変化する森林の遠望
Fig. 4.21 Overview of Transition from Natural Forest to Plantation

表 4.1 木曽森林の所有の変遷
Table 4.1 Ownership of Kiso Forest

所有者	年代	期間
豊臣秀吉	1590(天正 8)年～1599(慶長 4)年	10 年
徳川家康	1600(慶長 5)年～1614(慶長 19)年	15 年
尾張藩	1615(元和元)年～1868(明治元)年	254 年
官林	1869(明治 2)年～1888(明治 21)年	20 年
御料林	1889(明治 22)年～1946(昭和 21)年	58 年
国有林	1947(昭和 22)年～	

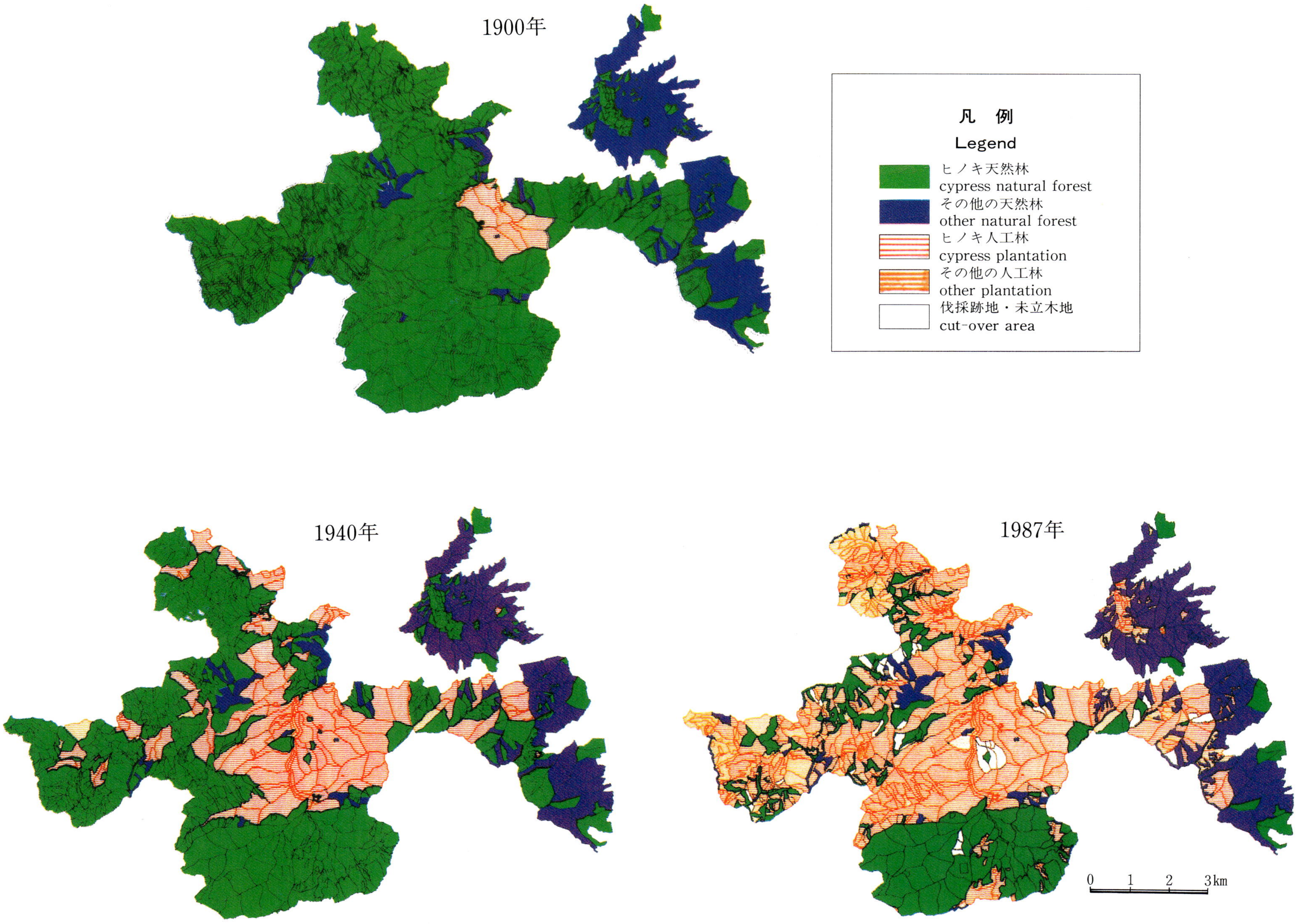

1900年

Legend 凡例
- ヒノキ天然林 cypress natural forest
- その他の天然林 other natural forest
- ヒノキ人工林 cypress plantation
- その他の人工林 other plantation
- 伐採跡地・未立木地 cut-over area

1940年

1987年

図 4.18　木曽森林の天然林から人工林への変化（木材生産地域の場合）
Fig. 4.18　Transition from Natural Forests to Plantations in the Kiso Region（timber production area）

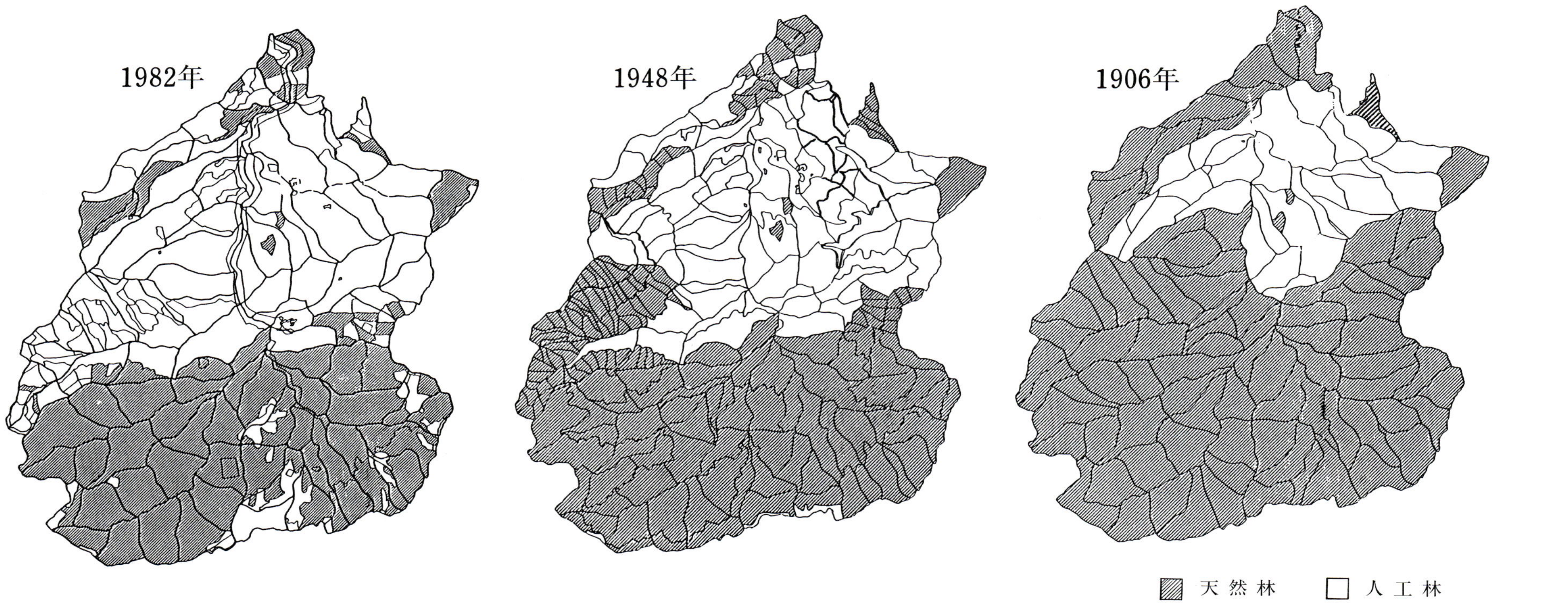

1982年　　　　1948年　　　　1906年

天然林　　人工林

図 4.19　木曽森林の天然林から人工林への変化（保護地域の場合）
Fig. 4.19　Transition from Natural Forests to Plantations in the Kiso Region（protection area）

作製：木平勇吉
Produced by Y. Konohira

4.8 白峰村の出作りの自然環境と跡地の変化
Physical Environment of "Dezukuri" and Its Abandoned Sites in Shiramine

1. はじめに

石川県の白峰村を中心とした白山麓周辺で1960年代まで大々的に行われてきた"出作り"は，厳しい自然環境への適応の好例として多くの研究の対象となってきた．しかし，その後は衰退の一途をたどり，現在ではほとんど姿を消している．

本節では，白峰村（面積222km²）の出作りがどのような自然基盤のうえに成り立っていたか，そして放棄された耕作地がどのような土地利用（被覆）に変化したかを，地理情報システムとリモート・センシング・データを使って空間分布として図示し，効果的に視覚化することで明らかにする．

2. データ

出作り分布図：この研究で使う出作りの分布図は，旧版の5万分の1の地形図に示されている山間部の畑を出作り地として見なして作製した．白峰村を含む図幅の1912（大正元）年版と1953（昭和28）年版を使ってディジタル化の作業を行った．これによると，1912年は238カ所，合計面積3.4km²，1953年は143カ所，面積2.9km²となった．旧版のコピー上で畑地を示す点線が不明瞭であったりして，実体とは異なることは否めないが，傾向をつかむことは可能である．この図を他の図と重ね合わせる際に問題となるのは，作図法の違いによる位置のずれであるが，分布を補正することは，それ自体が大変な作業になるので今回は行わなかった．

リモート・センシング・データ：跡地の変化を抽出するために使用したデータは，分解能が20mのスポットHRV（1988.10.8）である．幾何補正は5万分の1地形図で18の基準点を選定し，最終的に4点を使いUTMに合わせて1次のアフィン変換でピクセルサイズ1の許容誤差で行った．分類のためのトレーニング・エアリアは，1990年秋撮影の白黒空中写真を使い，衛星画像と比較しながら選定した．

植生は基本的には針葉樹と広葉樹を分けるだけであるが，影の影響が強いため，それぞれ4方位別にトレーニング・エアリアを抽出した．植林地は年数が経ったものと植林後間もないものに区別した．広葉樹も同様に，若い二次林と天然林とに分けた．その他，水域，河原，道路（アスファルト/コンクリート），崩壊地（裸地）のクラスを設け，合計17クラスで最尤法分類を行った後，最終的な色表示の段階で同じクラスをまとめた．

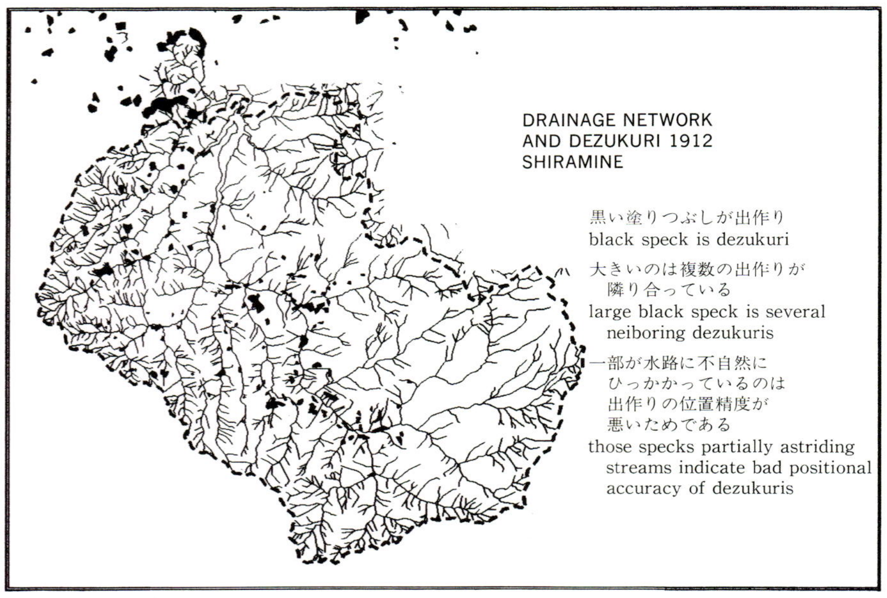

GISデータ：自然環境特性の把握には，植生図，地質図，土壌図，地すべり分布図，水系図，DEM（標高分布図，斜面傾斜図，斜面方位図）を使用した．植生図，地質図，土壌図は既存の地図をディジタル化した．地すべり分布図は，空中写真を判続して作製した．水系図は2万5千分の1地形図で一次谷を書き加えて作製した．DEMは同じ地形図を使い，10mの等高線をディジタル化した．これをもとにARC/INFOで標高分布図，斜面傾斜図，斜面方位図を作製した．

3. 出作り跡地の土地被覆変化

図4.22はスポットの分類画像に，1912年の出作り分布図を重ねたものである．跡地の被覆は，53%が広葉樹林，39%が針葉樹林である．また約5%が崩壊地（裸地）となる．スポット画像の幾何補正精度があまりよくないうえ，出作りの位置精度もよくないと考えられるので，この統計はあくまでも概略である．

4. 出作り地の自然環境

植生：植生図と1912年の出作り分布図を重ねてみると（図4.23），チシマザサ-ブナ群団に出作り地の24%が，ナラ-ミズナラ群落に25%，そしてスギ-ヒノキ-サワラ植林に21%が分布しており，この3カテゴリーに全体の75%が含まれる．出作りが実り豊かなブナ帯に分布していたことが視覚的にわかる．

地質：出作りの72%が手取層群の礫岩・砂岩地域に分布している．次に多いのが頁岩および頁岩・砂岩の互層からなる地域であるが，これらの地層は広く分布しているので当然といえよう．分布はしているが出作りが皆無または少ないのが，安山岩質岩・火砕岩と片麻岩質岩の地域である．

土壌：広く分布している褐色森林土壌に出作り地の72%が立地している．次に続くのは，乾性褐色森林土壌の15%，そして湿性褐色森林土壌の9%である．標高が高くなる南部では，一部にポドソル化土壌の所にも見られるが，一般的ではない．

地すべり：出作り地は斜面中腹の緩斜面に多く見られるが，地すべり分布図と重ね合わせたところ，かなりの出作りが地すべり地に立地していることが明らかになった．地すべりによって急斜面が緩くなっていること，また動きによって土壌が攪乱され周りに比べて豊かになっていること，場所によっては保水性がよいこと，などを考えれば当然の場所選択といえる．地すべりのタイプにはスランプと平行すべりが見られる．かなり古いものが多く，現在も活発に動いているのは少ない．

水系：出作りは起伏の小さな谷沿いの南東斜面に多く分布しているが，水系図と重ねると（図4.24），地形と分布傾向の関係が一目瞭然となる．手取川の左岸側の支流に沿って分布しているものが多いが，市ノ瀬と白峰の中間に位置する右岸の支流，三杉谷の北側（南向き斜面）が例外的である．市ノ瀬から三杉谷の間の本流沿いでは両岸に分布している．

1953年の出作り分布図を重ね合わせて同じような統計をとると，どのような自然条件のところが放棄されたかが明らかになる．社会・経済条件の方が放棄に強く働いたと考えられるが，自然条件も無視できないだろう．

［安仁屋政武］

図4.24 水系図と出作りの重ね合わせ
Fig.4.24 Superimposition of Drainage Network and "Dezukuri"

□参考資料
1) 環境庁（1975, 1976）：自然環境保全調査報告書，現存植生図．
2) 経済企画庁総合開発局（1976）：土地分類図（石川県）．

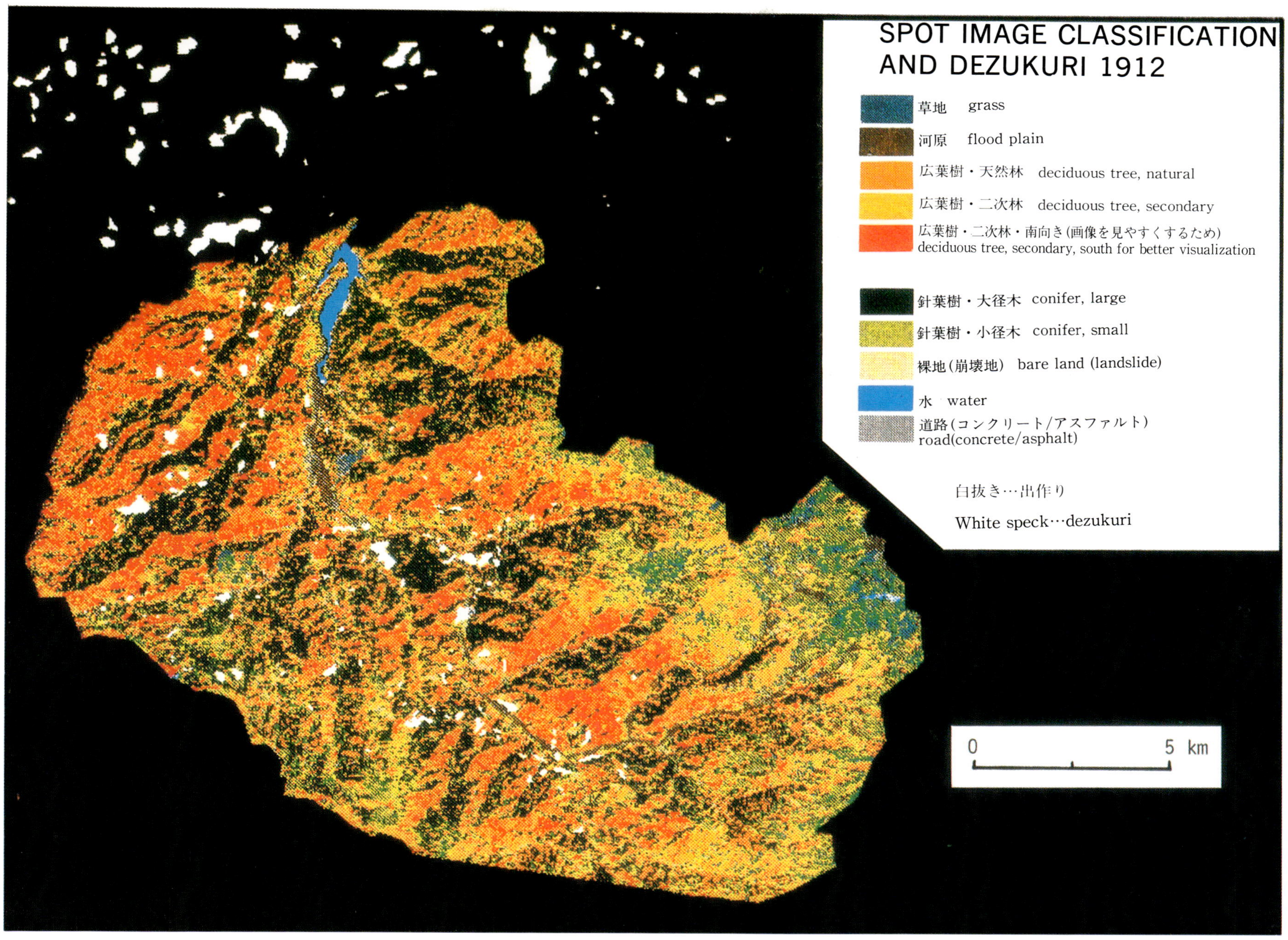

図 4.22 スポット分類画像と出作りの重ね合わせ
Fig. 4.22 Superimposition of SPOT Image Classification and Dezukuri

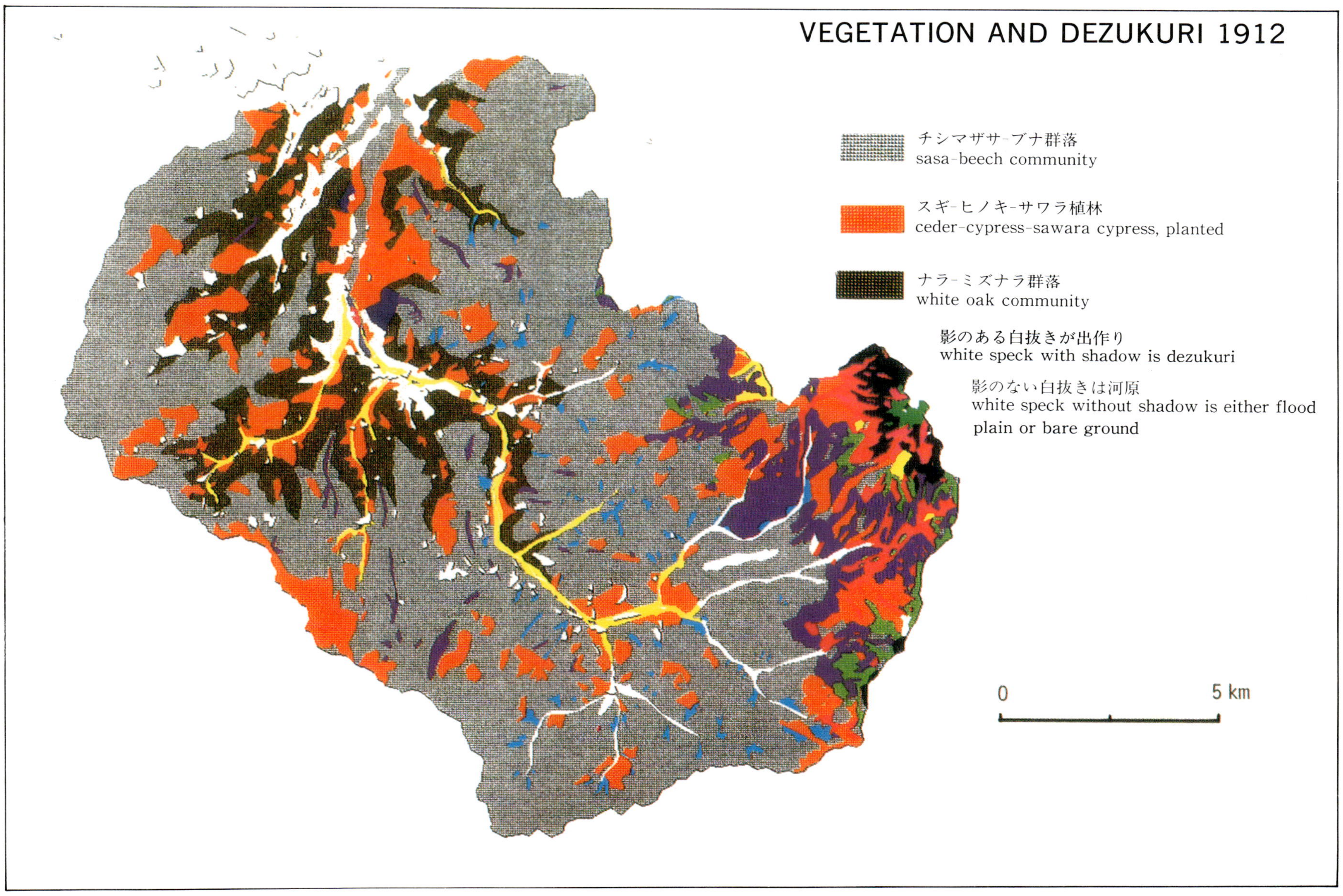

図 4.23 植生図と出作りの重ね合わせ
Fig. 4.23 Superimposition of Vegetation and Dezukuri

作製：安仁屋政武
Produced by M. Aniya

4.9 林野利用の変化と地域的背景
Change in Forest Use in Different Types of Region

(1) 山間村落の林野利用の変化
―群馬県鬼石町の事例―
Change in Forest Use in a Mountain Village

群馬県鬼石町坂原（旧美原村大字坂原）は，利根川支流神流川の中流部に位置する山村である．鬼石町付近の地質構造は三波川変成帯となっており，山間部においては神流川が深いV字谷を形成し，西南日本外帯に類似した地形となっている．そのため，多くの集落は神流川左岸の南向き斜面に立地している．

1910（明治43）年に編纂された『美原村郷土誌』には「本村ハ山間ニ位スルヲ以テ水田皆無ニテ急峻ナル山腹ヲ開墾シテ穀菽類根菜類及二三ノ工藝作物ヲ栽培スルニ過ギズ」と記載されており，地形条件からまとまった耕地の確保も難しく，安定した農業生産が望めなかったことが理解される．そのため，古くは焼畑を行って農地を確保したといわれている．また，山の利用については，「主ニ杉ヲ栽培盛ニシテ之ガ伐採スレバ其ノ他ニ多クハ桑樹ヲ植付ク是レガ繁殖衰フルニ至レバ又杉ヲ植クルト云フガ如ク切替式ニ栽培行ハル其ノ他ハ薪炭トスル雑木林培養セラルニ過ギズ」と記載され，伐採跡地が一時桑畑として利用されていたことは，この地域がいかに耕地に恵まれていなかったかを示すとともに，林野利用の点で興味深い．

図4.25は，1889（明治22）年，1955（昭和30）年，1990（平成2）年における坂原の土地利用を示したものである．それによれば，明治22年では，北方の稜線付近の地目はほとんど原野となっている．聞き取り調査によれば，この原野の一部はクリやナラの雑木林となっていて，製炭材採取場，桑畑の肥料用採草地，昭和25年頃まで地域産物などの運搬を担っていた馬の飼料用採草地として利用されていた．一方，集落近傍の斜面には畑地が広がり，ほとんどは桑畑になっていた．この地域は戦前，小規模な製糸工場が数カ所立地して，養蚕が盛んに行われた．

昭和30年になると，それまで原野となっていた北方の稜線付近は，植林が進み，この時期になると原野の大部分で植林が終わっている．聞き取り調査によれば，この地域では大正期から昭和35年頃まで，戦時中の強制伐採も含めて，伐採が積極的に行われ，木材需要が逼迫した終戦後しばらくの間は，間伐材で生計が成り立っていたという．戦後は，再造林と拡大造林が行われ，人工林化が進むことになる．一方，畑地は昭和大恐慌以降の生糸輸出の低迷から養蚕が衰退したため，桑園跡にも植林が進んだようすがうかがわれ，畑地の広がりが縮小し，作物の主力もコンニャク芋へと移行した．この地域にコンニャク芋の栽培が本格的に普及するのは，昭和30年代に入ってからのことで，聞き取り調査によれば，養蚕の衰退後，換金性の高いコンニャク芋栽培は，農家のおよそ8割が取り組んだという．

さらに，1967（昭和42）年には水資源公団・下久保ダムが竣工し，坂原の一部が水没し，生活空間の狭小化を余儀なくされた．平成2年の土地利用を見ると，昭和30年時点において残存していた原野のすべてに植林が行われ，地目上の原野は消滅している．また，一部の畑にも植林の行われたことが理解される．その結果，鬼石町の人工林率は群馬県下で最も高くなり，今日ではおよそ80％に達しているが，外材卓越下の林業不況の現状において，生産意欲の低下，後継者の他産業への人口流出が進み，放置される山林が目立ちつつある．また，昭和30年頃からこの地域に普及したコンニャク芋栽培は品種改良，技術改良によって平地農村部での栽培が本格化すると，地形的条件から規模拡大に限界のある山間地域ゆえ，競争力を失い衰退することになった．平成2年の土地利用に現れている畑地はほとんどが自給用畑地である．

このように，傾斜地という条件を有した坂原では，戦前における蚕糸業の発展期には原野が卓越したものの，畑地を中心としたきめの細かい土地利用が行われ，その後の蚕糸業の衰退と戦後の造林ブームは原野と畑地に植林を促した．林業不況下の現状において，人工林化の進んだ山林を今後どのように利用するかは，地域にとっても，国土保全という観点からも重要である．

［西野寿章］

(2) 地方大都市近郊農村の里山利用の変化
―福岡県太宰府市の事例―
Change in Forest Use in a Provincial Suburban Village

福岡県太宰府市は，人口約6万人で福岡市の東南に位置する福岡市の衛星都市である．当市は，同じ旧筑紫郡の衛星都市である春日・大野城の二市に比べて住宅地化の進展は当初鈍く，近年まで田園的な色彩の濃い地域であった．市内では1970（昭和45）年頃から住宅地化が始まったが，その初期において水城地区ではすでに住宅地が展開し始めていた．しかし，その後の住宅地化は水城地区外の，主として市南部で展開することになった．

現在の水城地区は，国道3号線およびその南バイパス（筑紫野市と福岡空港をむすぶ），九州縦貫道路が通り，その太宰府インターが立地し，地区外のすぐ西側をJR鹿児島本線，西日本鉄道大牟田線が走る交通の要衝となっている．ここでは，1889（明治22）年と1989（平成元）年の地籍図（図4.26）や現地調査などをもとに，この100年間の水城地区の林野その他の土地利用の変化を概観していく．図4.26によれば，明治中期の水城地区東部では山林・原野が広がっていた．水田は西部の沖積地および山裾に広がる溜池の周辺に見られるが，前者には路村・集村形式で集落が立地している．1802（享和2）年に記された庄屋文書『明細記』によれば，三笠川流域の郷村では，薪山・草山を有しないところでは，燃料の確保に難儀し，また，山持ちの所も燃料不足に見舞われ，大城山の北側に位置する宇美村（現在の粕屋郡宇美町）の炭焼地区へ石炭を買入れに行くことがあったという．聞き取りによれば，水城地区の燃料も不足しがちで，昭和30年代まで石炭（含水し泥状になった粉炭）を炭焼地区から購入し，練炭状の団子を作り，燃料としていたという．また，草，特に緑肥・堆肥に用いる草の入手は，それらを山のかなり上部や溜池沿いの堤防から刈って来なければならなかったため，労力を要したという．これらの草山（秣場）は，図4.26の原野地区であったと思われる．一方，林野は明治期の陸地測量部発行の地形図によれば，広葉樹も広く見られるが，昭和30年以降には南向き斜面に用材用のマツ，北向き斜面にスギ，ヒノキが植林されていたという．しかし，マツクイムシの大量発生でマツは昭和40年代までにほとんど姿を消した．当地区では，適度な森林資源の利用が行われており，燃料としての粉炭の併用もあって，山地が禿げ山となることはなく，また，原野は数十年放置後には雑木林化した．

水城地区の土地利用が大幅に変化していくのは，住宅団地ができ始めた1970（昭和45）年頃以降のことである（図4.26，平成元年参照）が，現在までの土地利用の変化は，次のようにまとめられる．① 東部の山林・原野の西寄りの林野・原野の領域が住宅団地化し，溜池やその周辺の水田も一部改変され宅地化し，② 旧来の集落は路村・集村形態を維持する一方，その周辺の水田は個別的に宅地化・林耕地化・畑地化し，あるいは細かく分筆され，③ 幹線道路である国道3号線沿いや九州縦貫道路太宰府インターチェンジの周辺には，郊外型の事業所（中古車販売店，地方営業所・支所，コンビニエンス・ストア，建設資材置場，工場）が展開するようになった．特に林野の場合，①のような変化が見られるが，その背景として，高度経済成長期以降，薪炭，まぐさ，緑肥の利用がそれぞれ石油・ガス，配合飼料，化学肥料の利用へと移行し，農家が兼業化ないし脱農化していく状況があげられる一方で，福岡市の通勤圏内に巻き込まれていくことによって急速な宅地化が進展していった点がある．こういった中で，林野利用も粗放化していった．

本研究では，都市近郊地域の里山における近現代の土地・林野利用の変化の一例を紹介した．その背景としての全国規模での近代資本主義の展開ないし産業化・工業化の趨勢を否めないものの，各地区ごとに見られる，近隣都市地域との関係，林野利用の入会的慣習，植林・林野育成の効用などのさまざまな社会経済的諸条件の果たした役割についても興味深い調査結果が得られた．さらに各地区の調査を続け，比較研究の視点と事例の拡大を今後の課題としたい．

［堤 研二］

明治22年(1889)　　昭和30年(1955)

平成2年(1990)

凡　例
Legend

	山林 forest
	畑 dry field
	原野 grass cutting field
	宅地 settlement
	その他 other
	河川 river

図 4.25　群馬県鬼石町坂原における土地利用
Fig. 4.25　Land Use in Sakahara, Onishi-machi, Gunma Prefecture

作製：西野寿章
Produced by T. Nishino

明治22年(1889)　　平成元年(1989)

0　　500 m

凡　例
Legend

田 paddy field
畑 dry field
山林 forest
原野 grass cutting field
宅地 settlement
水面 water
新興住宅地 new residential area
その他 other

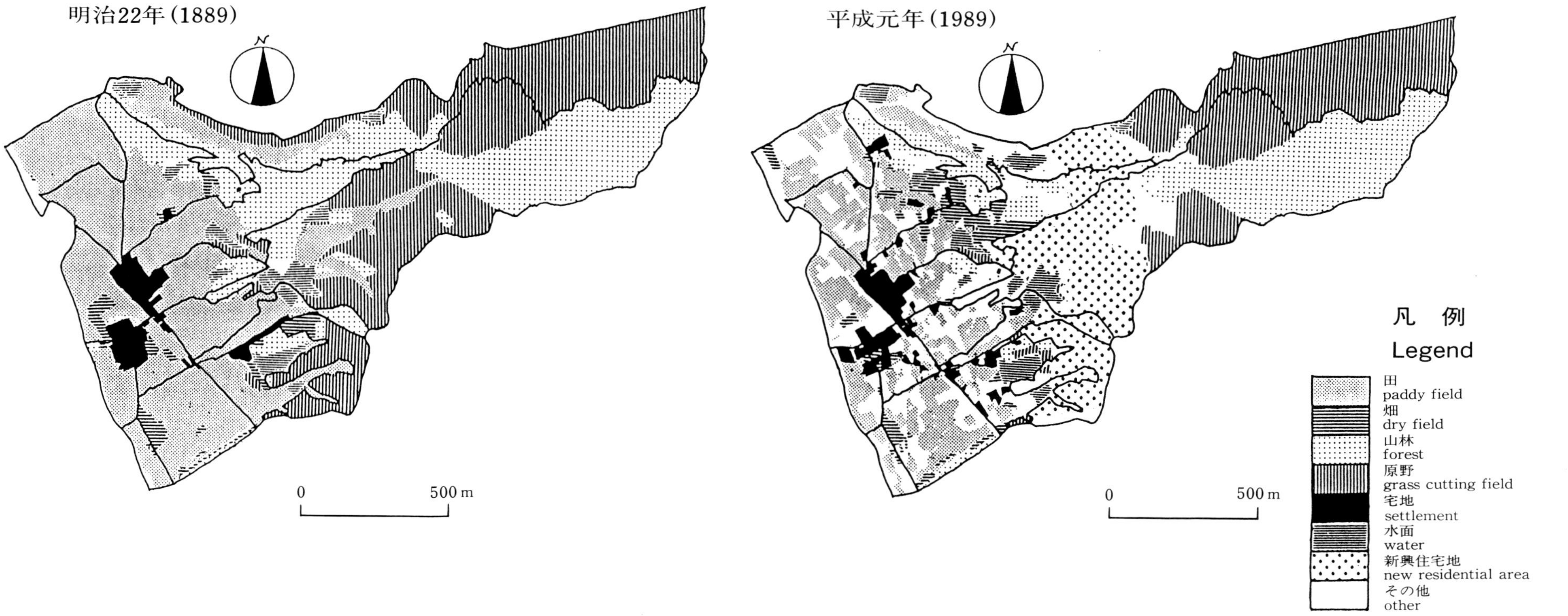

図 4.26　福岡県太宰府市水城地区における土地利用
Fig. 4.26　Land Use in Mizuki, Dazaifu City, Fukuoka Prefecture

作製：堤　研二
Produced by K. Tsutsumi

（3）旧薪炭地域の林野利用の変化
　　―福井県今庄町の事例―
Change in Forest Use in a Former Charcoal Production Region

　今庄町は，岐阜県・滋賀県と境界を接し，福井県のほぼ中央に位置する．町の総面積の94％が森林で占められており，県内でも有数の木炭生産地として広葉樹林が卓越していた．造林の開始が遅れた今庄町では，これまで，1969（昭和44）年度より第一次林業構造改善事業が，1979（昭和54）年度より第二次林業構造改善事業が行われ，事業前に10.4％であった人工林率は，1985（昭和60）年にようやく21.8％となった．今庄町は，平均積雪期間が118日と長く，特別豪雪地帯の指定を受けており，湿った重い雪が林業経営の障害となっている．

　事例とする杉谷と栃木俣は，日野川の支流である田倉川流域の北東部に位置する．田倉川の流域は，東西に長い旧宅良村の村域でもあり，北と南は，標高500〜800mの山地で限られている．この周辺は秩父古生層からなり，植生にも恵まれ，田倉川源流部には芋ケ平・高倉という木地屋集落も見られた．

　杉谷と栃木俣の明治中期の土地台帳では，林野はすべて「山林」として登記され，奥山が「保安林」となっていた．保安林は，明治初期の山林の乱伐によって水害が頻発したため，福井県が防災対策上，指定したものである．また，土地台帳には，1898（明治31）年から1912（明治45）年にかけて，山林での「畑開墾許可」の記事が多く見られる．この許可地を示した1907（明治40）年の図を見ると（図4.27），その分布は，水田として利用されている小さな谷に隣接した部分に多いことがわかる．また，谷底の平坦部は水田となっているが，ここでは同じ時期に「荒地免祖」の記事が頻出する．したがって，山林の開墾は，荒れ地となった米の減産を補い，飽和状態に達した人口を支持するための食料生産を目指したものといえる．

　しかし林野の開墾は成功せず，1908（明治41）年から1919（大正8）年にかけて，ほとんどが再び「山林」に戻された．1912（大正元）年には，杉谷36戸・203人，栃木俣26戸・148人を数えたが，この後，人口流出が進んでいくことになる．大正期以降の林野は，一部が農用採草地として利用されたが，ほとんどは薪炭材の採取地となっていた．その採取の後には，火入れが行われ，ソバを初年作とする夏焼き型の小規模な焼畑が1960（昭和35）年前後まで営まれていた．

　1950（昭和25）年の宅良村の農産物販売金額によれば，総額2,356万円，そのうち米232万円，木炭1,860万円となっており，木炭生産の比重の大きさを知ることができる．杉谷・栃木俣でも，製炭への依存度が高く，薪炭材採取地として，林野が積極的に利用されてきた．そのため，過度の利用によって生じた荒れ地が多く，大規模な造林地を見ることはできなかった．また，造林地の分布は「畑開墾許可地」と重なる部分もあり，畑の跡地に植林されたものと考えられる．

　高度経済成長期以降，今庄町では，過疎化が顕著となった．製炭業の衰退にともない，1955（昭和30）年には杉谷35世帯・184人，栃木俣20世帯・103人の規模であったのが，1988（昭和63）年には杉谷28世帯・105人，栃木俣11世帯・20人となり，栃木俣でより大きく減少した．杉谷・栃木俣とも従来より林野の所有規模は零細で，その所有地は分散化していたが，流出者が不在地主となったこと，林業労働者が激減したことで，造林地の拡大も進展しなかった．1987（昭和62）年の図では，小さな谷に位置する水田が放棄され，谷底に近接した部分に新しい造林地が見られる．そして，荒れ地では植生の回復が進んだが，その他の部分は天然更新の雑木林で覆われたままである．

　かつて，薪炭材採取地であった雑木林は，現在，全く利用されていない．ただし，こうした林野は，保安林に指定されている土地が多く，砂防・水源涵養・雪崩防止といった機能を果たしている．木材価格の低迷が続き，経済林としての価値が見いだせない中で，このような機能は，今後とも高く評価されねばならない．

　　　　　　　　　　　　　　　　　　　　　　　　　　　　　［関戸明子］

（4）牧野卓越地帯の林野利用の変化
　　―熊本県阿蘇町の事例―
Change in Forest Use in a Pastoral Region

　阿蘇山麓に展開する広大な原野地帯では，畜産業および耕種農業と結びついた牧野利用が現在もなお広く行われている．明治以降の近代林野政策のもとで，日本の多くの林野が近代林業の進展と入会地の解体という歴史的過程をたどった中で，阿蘇の牧野卓越地帯では放牧・採草を中心とした非企業家的な集団的土地利用が存続し，景観的にもまとまった牧野が維持されてきた．本項では，そうした事例として熊本県阿蘇町黒川地区の牧野地帯を取り上げ，近代以降の土地利用変化を検討するとともに，伝統的牧野利用が存続した社会・経済的背景に言及する．

　熊本県阿蘇町黒川地区（旧黒川村）は，阿蘇山中央火口丘の山麓に位置する農村地帯であり，畜産業と耕種農業の複合経営を柱とする．図4.28によれば，1889（明治22）年では，とりわけ山麓部の私有林野地帯において，畑地と山林および原野が混合する土地利用状況が読み取れる．しかし，1940（昭和15）年，1986（昭和61）年と時代が下がるにつれて，しだいに山林が卓越的となり，畑地と原野が減少してくるのがわかる．一方，標高650m以上の町有林野は明治以来，黒川地区の入会牧野とされ，一部を除いてほとんどの原野が山林化されることなく放牧・採草利用の対象とされ，原野が維持されてきた．

　このような土地利用変化の状況を農業経営面から見ると，明治初期においては肥料および畜力供給源としての牧野と水田・畑とを結びつけた耕種農業が主であったが，商品経済の進展にともなう金肥需要の増加と畜産業の進展が，近代の林野利用の様式に少なからぬ影響を与えたことが指摘される．金肥需要の増加は，厩肥供給源としての採草地への需要を減少させ，畜産業の進展は放牧地への需要を増加させた．このことは，私有原野の山林化と一方での町有入会牧野の存続を促すこととなった．また，平地と比べて相対的に生産性の低い山間畑地は，積極的に土地集積を図る地主層と上層自作農によって，植林による林地化が進められるところとなった．

　また，土地台帳より山林化の進展した時期を見ると，原野および畑地より山林への地目変更の半数以上が1927（昭和2）年から1940（昭和15）年の10数年間に集中していることがわかる．明治後期に始まる部落有林野統一事業によって多くの公有林野が売却・払い下げの対象となり，また大正期には日露記念林や御即位記念林など各種の記念植林事業が行われたことにより，私有原野や畑地においても，すでに昭和初期には林地化の下地が形成されていたと考えられる．

　一方，標高650m以上の牧野地帯は，明治初期の林野官民有区分時に官有地化され，明治30年代の官有地下げ戻しによっていったん入会村落に払い下げられた後に，入会集落による従来通りの牧野利用慣行を維持するという条件で村自治体に寄付された．これによって一部の地主層による林地化への歯止めが設けられたとともに，村（町）有地の管理に対する入会集落の強い関与の余地を残すこととなった．こうした状況は戦後の高度経済成長下においても大きな変化はなく，景観的にも野草からなる広大な牧野が存続することになった．しかし近年，草地改良事業にともない，外来種を中心とした草地への転換が図られており，従来のような粗放的な牧野利用から，耕起―播種―施肥―除草―刈取という集約的土地利用へと変わりつつある．また同じ阿蘇山麓の他の牧野地帯では，大手デベロッパーによるゴルフ場開発やホテル建設なども一部で行われたが，黒川地区に関しては，入会組織の強力な主導権のもとで開発業者の参入は阻止され，牧野利用の維持存続が図られている．

　　　　　　　　　　　　　　　　　　　　　　　　　　　　　［中島弘二］

□参考資料
1) 高崎経済大学西野ゼミナール（1992）：過疎山村の現状と地域社会の変動―群馬県鬼石町を事例として―，西野研究室．
2) 堤　研二（1992）：ドイツ社会地理学の一系譜：社会地理学論争の周辺．人文地理，44-2．
3) 藤田佳久（1981）：日本の山村，地人書房．
4) 今庄町誌編さん委員会（1979）：福井県今庄町誌，今庄町．
5) 松山利夫（1986）：山村の文化地理学的研究，古今書院．
6) 古島敏雄（1955）：日本林野制度の研究，東京大学出版会．
7) 近藤康男（1959）：牧野の研究，東京大学出版会．
8) 中島弘二（1991）：近代林野制度の展開と林野利用―阿蘇山中央火口丘の官有林下げ戻しと林野統一事業―．大分地理，5．
9) 関戸明子（1992）：奈良県曾爾村における林野所有と林野利用の変容過程．地理学評論，65 A-5．

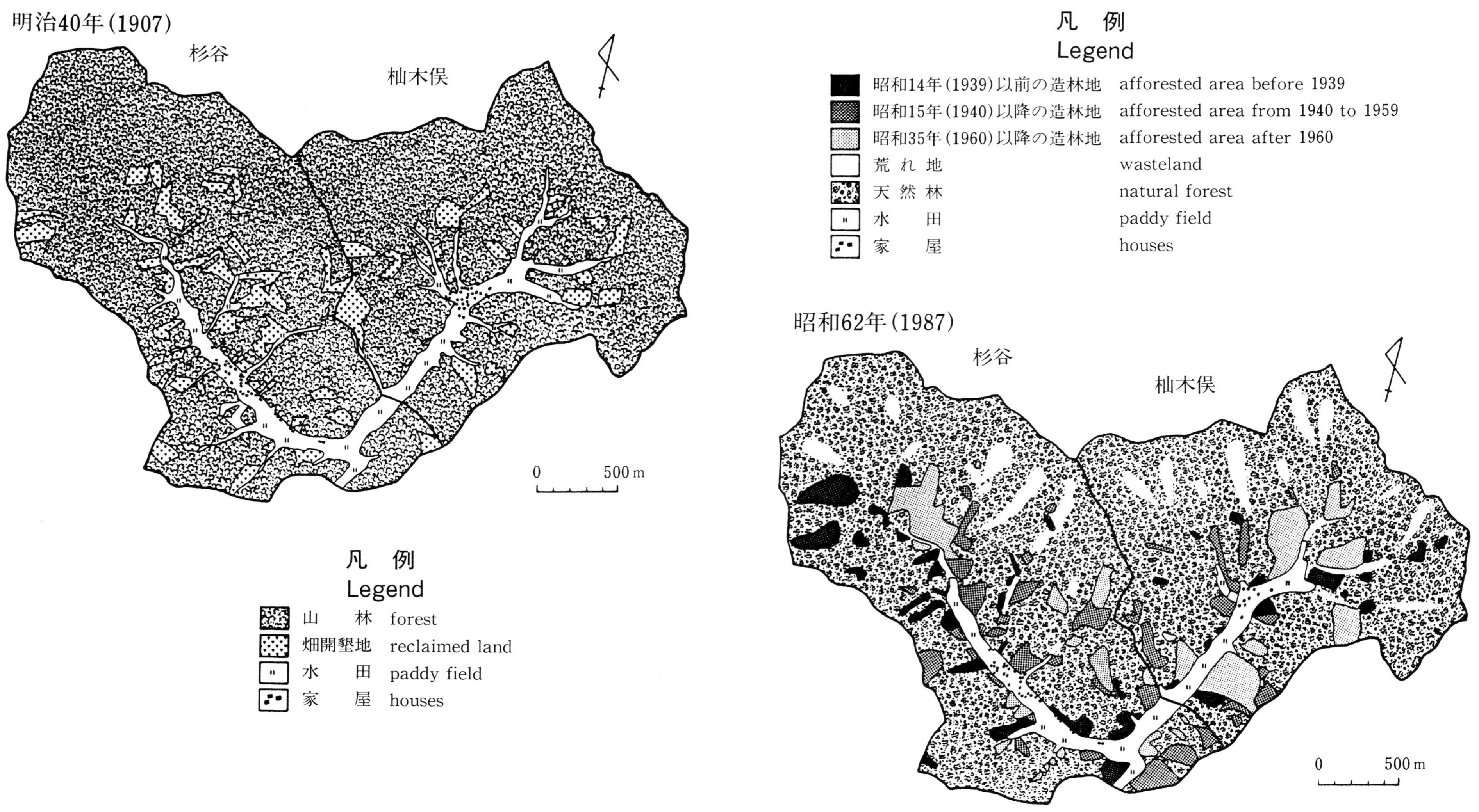

明治40年(1907)
杉谷　杣木俣

凡　例
Legend
山　林	forest
畑開墾地	reclaimed land
水　田	paddy field
家　屋	houses

凡　例
Legend
昭和14年(1939)以前の造林地	afforested area before 1939
昭和15年(1940)以降の造林地	afforested area from 1940 to 1959
昭和35年(1960)以降の造林地	afforested area after 1960
荒れ地	wasteland
天然林	natural forest
水　田	paddy field
家　屋	houses

昭和62年(1987)
杉谷　杣木俣

図 4.27　福井県今庄町杉谷・杣木俣地区における土地利用　　　作製：関戸明子
Fig. 4.27　Land Use in Sugitani and Somakimata, Imajo-cho, Fukui Prefecture　　　Produced by A. Sekido

明治22年(1889)　　昭和15年(1940)　　昭和61年(1986)

凡　例
Legend
宅　地	settlement
畑　地	dry field
山　林	forest
原　野	grass cutting field
墓　地	graveyard
改良牧野	improved pastureland

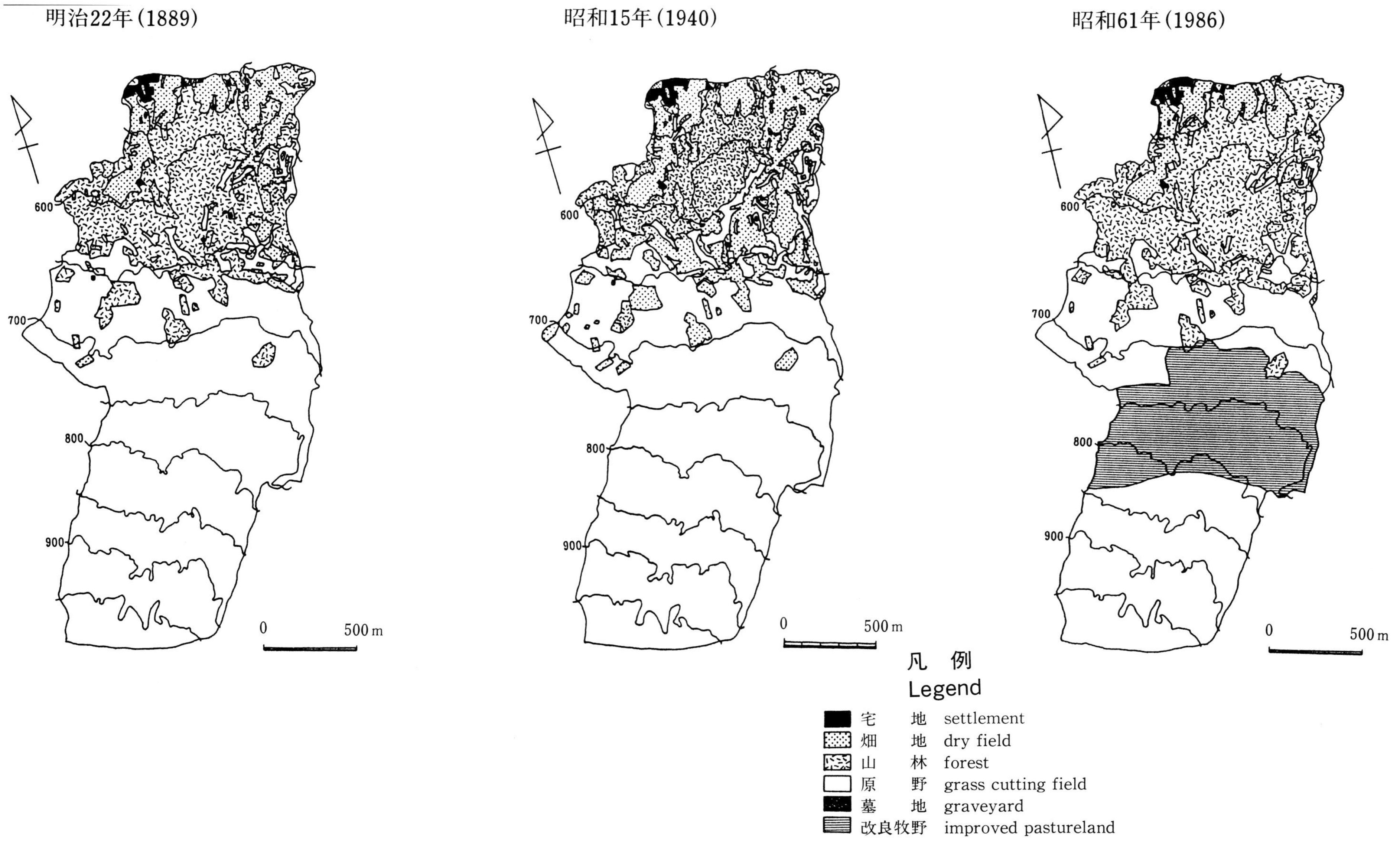

図 4.28　熊本県阿蘇町黒川地区における土地利用　　　作製：中島弘二
Fig. 4.28　Land Use in Kurokawa, Aso-machi, Kumamoto Prefecture　　　Produced by K. Nakashima

5 自然生態系の変化

CHANGE IN ECOSYSTEM

　人間の経済活動は，われわれに「豊かさ」をもたらしたが，その一方で，自然生態系の破壊を進めてきた．地球温暖化，オゾン層の破壊，熱帯林の破壊，砂漠化，酸性雨による環境破壊など，地球規模での環境問題の議論の高まりは，刻々と変化する自然生態系への人間の対応であり，資本と技術があれば何でもできると思ってきた人間に対して，自然生態系は，経済優先の人間活動への反省を迫り，開発のあり方を見直す中で，自然との共存をいかに進めるのかという課題を人間に課している．工業国である日本の責任は大きく，国内問題だけにとどまらず，日本が多くを依存している海外の自然生態系の破壊の問題も含めて，その対応を迫られている．

　日本においては，戦後，多くの自然環境破壊にかかわる問題が発生した．まず，高度経済成長期においては，重化学工業を主軸とした工業化の進展は，大気汚染，水質汚濁などの問題を発生させ，無秩序な都市化の進展は，生活環境の悪化をもたらした．そして，四大公害裁判に見られるように，人間の生活にも大きな影響をもたらした．高度経済成長期以降においては，国土開発，地域開発にともなう自然環境の破壊が進展し，自然生態システムを無視した環境破壊に対する議論の高まりを見せてきた．「開発」と「自然環境の保全」をいかに進めるのかが，今問われているといえよう．

　本章では，森林，酸性雨，サンゴ礁を取り上げ，それぞれの有する現況や問題点について考察した．まず，環境保全の観点から森林をとらえた（5.1節）．日本は，森林が国土面積のおよそ7割を占め，人工林率も41%に達している一方で，日本は世界最大の木材輸入国となっており，東南アジアの熱帯林を破壊してきた．結果として，日本には豊かな緑が残されたが，森林の経済的機能を追求したために，自然林の大幅な減少をみ，国土保全の観点から森林の生態的機能の見直しがなされるようになってきた．日本の森林は今，山村地域の過疎化・高齢化の高まりとともに，生態的機能，経済的機能のバランスをどう図るのかという課題を有している．

　次に，日本における酸性雨に対する被害の感応性・危険度（sensitivity）について分析した（5.2節）．酸性雨は，工場の排煙や自動車の排ガスに含まれる汚染物質であるSO_x（イオウ酸化物），NO_x（窒素酸化物）を，大気中で雨や雪が取り込み酸性化することによってもたらされるものである．工場排煙による大気汚染は，規制が強められたため減少しているが，自動車から排出されるNO_xの排出量は自動車の普及とともに増加しつづけている．関東地方では，群馬県・赤城南麓，栃木県・奥日光，神奈川県・丹沢東麓などにおける木枯れが著しく，その原因は首都圏で発生するNO_xによるものと推測されている．酸性雨は最終的には土壌や水の酸性化をもたらす．この過程では土壌や岩石の酸性化に対する強さ，弱さが問題となる．図は定性的ではあるが，酸性化に関わる要素を組み合わせ，土地の危険性を示した．

　最後に，サンゴ礁をとりまく環境変化について分析した（5.3節）．サンゴ礁の環境変化は，その原因を特定することは難しく，ヒトデの食害も無視できないが，沖縄県・石垣島における空港建設にともなうサンゴ礁の破壊が議論を呼んだように，大規模な埋立事業にともなってサンゴ礁の破壊が進められ，これらがサンゴ礁の消滅・壊滅の主因となっていることは否めない．図ではサンゴ礁の形態と，埋め立て，土砂流出，ヒトデの食害などのサンゴ礁被害要因とをまとめて示した．

[西野寿章]

5.1 自然林の減少と環境保全
Diminishing Natural Forest and Environmental Conservation

1. はじめに

国立公園のあり方をめぐって大きな議論を巻き起こした北海道・知床半島の国有林伐採問題と，貴重なブナ原生林を分断するとして積極的な保護運動が展開した青森・秋田県境の白神山地における林道建設問題は，わが国の代表的な原生林保護運動として知られている．

このような原生林保護運動が展開された背景には，次々と原生林を伐採してスギ，ヒノキの人工林化を進めた戦後の拡大造林政策や，近年においては，リゾート法の制定以降，ゴルフ場やスキー場の造成などを核としたリゾート地域の形成が全国的に行われ続けていることから，国民の森林に対する認識が変化したこともある．

2. わが国の主要な極相自然林の分布

図5.1は，環境庁が1979（昭和54）年と1983（昭和58）～1986（昭和61）年の２回にわたって実施した「自然環境保全基礎調査（緑の国勢調査）」結果にもとづいて作製された植生データファイルから，主要な極相自然林の分布を示したものである．この植生データファイル作製に際しての読み取り・数値化は，約$1×1km^2$のメッシュ（３次メッシュ）を用いて，そのメッシュ内に約5haの測定円を設けてメッシュを代表する植物群落を読み取る方法で行われた．したがって，データは実際のメッシュより狭い範囲の森林における優占種を代表群落としている．また，数値化は植物群落コードへの置き換えにより行われ，メッシュを代表する植物群落の自然度も同時に数値化が行われた．

植生データファイルを用いての作図に際しては，わが国における気候帯とそれに対応する代表的な樹種（優占種）を選定し，植生自然度9（自然林）および8（天然更新による自然林）の群落コードを選定した．

図5.1によれば，現代における自然林の分布は，亜寒帯常緑針葉樹林ではエゾマツ，トドマツが北海道大雪山系に目立って分布し，中部地方の飛驒山脈（北アルプス），木曽山脈（中央アルプス），赤石山脈（南アルプス）の高地にオオシラビソ，シラビソが分布している．また，冷温帯夏緑広葉樹林は，北海道から北陸地方にかけて広く分布し，紀伊半島，中国地方，四国地方，九州地方の高地に分布している．その際，ブナの北限は北海道渡島半島にあり，渡島半島以北の分布はミズナラである．さらにカシ，シイに代表される暖温帯照葉樹林が房総半島南部，紀伊半島南部，四国地方南部，九州地方の大半の地域に広がっている．

自然環境保全基礎調査結果によれば，人為影響が全く加わっていない自然植生は国土の19.3％となっている．これには自然草原，湿原などが含まれており，これらを差し引いた自然林の面積は，国土面積の14％以下にとどまるとされている．図5.1では，広葉樹林，針葉樹林の代表的な樹種の自然林の分布を示したが，広葉樹林に関しては，特に戦後，大幅に面積を減少させてきた．今日，その価値が見直されつつある広葉樹林は，戦後の拡大造林の全国的な広がりの中で急速に減少した．

3. 自然林の人工林化と問題点

1990（平成2）年現在，わが国の人工林率は41％に達している．この背景には，1960年代から推進された原生林・天然林を伐採して，スギ，ヒノキなどを植林して人工林に転換していく拡大造林政策があった．

第二次世界大戦中の乱伐によって，わが国の木材資源は枯渇し，戦後復興，朝鮮動乱以降の高度経済成長期における木材の需要と供給にアンバランスが生じた．そのため，拡大造林政策がとられることとなった．それ以前の1955（昭和30）年頃まで森林の伐採は，択伐方式が多くを占めていたが，拡大造林時代に入って，原生林・天然林の伐採は効率中心の大面積皆伐方式に転換された．

この政策によって，地域の自然条件を無視して一律に林地の人工林化が進められ，自然生態系の大幅な改変はもとより，植林された人工林が成育しない地域さえ出てきている．その成育しない部分は，人工林化によって低下した保水機能をさらに低下させることにつながり，森林としての機能を果すには程遠い状況ともなっている．

4. 白神山地における原生林保護運動

白神山地は，わが国有数のブナ原生林であるばかりでなく，本州では絶滅したと思われていた日本最大のキツツキ・クマゲラ（国の天然記念物）の本州でただ１カ所の生息地として知られる．白神山地の広大なブナ原生林は，戦後の木材需要の急増にともなう拡大造林計画の中で次々と伐採され，現在，原生林の姿をとどめているのは17,000ha あまりとなっている．

1981（昭和56）年，この原生林の中を通って青森県と秋田県を結ぶ広域基幹林道（青秋林道）の建設が具体化された．林道建設の目的は，林業や観光の開発など地域振興を図るというものであったが，地元青森・秋田両県の自然保護団体などからは，林道の必要性に疑問があるばかりでなく，林道建設のために水源涵養，防災に役割を果たしてきた保安林の安易な指定解除が行われることへの疑問，さらに，林道がブナ原生林を分断するために原生林の生態系（エコシステム）が壊れ，保水能力の低下，動植物への影響が大きいと指摘して，林道建設中止運動が急速に広まりを見せた．

白神山地の一角をなす米代川支流・秋田県藤里町は，秋田スギの産地として知られている．藤里町の山の大半は国有林となっており，聞き取り調査によれば，国有林内における戦前の造林は，秋田スギ伐採跡地への再造林，また製炭用広葉樹伐採跡地への造林が主流をなしていたが，戦後は天然秋田スギの大量伐採が進み，拡大造林政策の中でブナ伐採跡地への造林が進められた．しかし，一律的な拡大造林を進めたため，海抜の高い拡大造林地ではスギが十分に成育せず，完着率は50％程度にとどまっている．

ブナ林はスギ林よりはるかに大きい保水力をもち，下流農村への水供給に大きな役割を果たしてきたが，戦後，ブナ林の伐採が進むと米代川支流・藤琴川の水量が減少を見せ，水量は終戦直後の20％程度に減少したといわれている．そのため，現在では広葉樹林の伐採に際して，跡地に針葉樹の植林をせず，保水力を高めるために，広葉樹の母樹を残して天然下種更新によって森を再生する方式へと変わってきている．

1987（昭和62）年には，林道建設に対して，全国から約14,000通の異議意見書が農水相宛に提出された．このような世論に対応して林道建設工事は中断され，1990（平成2）年３月15日，事業主体の青森・秋田両県は林道建設を正式に断念した．

自然保護団体の積極的な運動と原生林保護の世論の高まりから，白神山地の林道建設は中止されるに至り，白神山地は林野庁の「森林生態系保護地域」，環境庁の「自然環境保全地域」に指定された．

そして政府は，白神山地を世界的に重要な文化遺産，自然遺産を保護するために，1972（昭和47）年のユネスコ総会で採択された「世界の文化遺産及び自然遺産の保護に関する条約」（世界遺産条約）の候補地に推薦し，1993（平成5）年12月8日，第17回世界遺産委員会は，屋久島とともに白神山地を「世界遺産」とすることを決定した．白神山地は，今後，世界の自然遺産として保護していくこととなった．

5. おわりに

生態学者・吉良竜夫は，「人間の影響の加わっていない生態系の構造や機能の研究は，人間が自然を利用するためにも，環境の安定を図り悪化を防ぐ方策をたてるためにも必要であり」，原生的な自然のシステムは，これらの最も必要な情報を提供してくれることから，その保護が重要であると指摘している．そして，自然のシステムは，かなり広大な面積として残さなければ維持されず，道路による原生林の分断は，自然のシステムを断ち切ってしまうと指摘する．白神山地のブナ原生林における林道建設反対運動にも，このような視点があった．

この意味で，近年，国民の余暇時間の増大と地域振興，さらに内需拡大を背景として制定されたいわゆるリゾート法による森林開発は，あまりにも無秩序に行われているといわねばならない．一方，戦後の拡大造林政策の中で生まれた新興造林地の多くでは，過疎化・高齢化が進展している点にも留意する必要がある．わが国の林業をとりまく環境から，人工林を自然林へ回帰させる方向も提唱されている．本来の森林の機能をふまえた森林の活用が，国土保全の観点から今後の重要な課題である．

［西野寿章・牧田　肇］

凡例

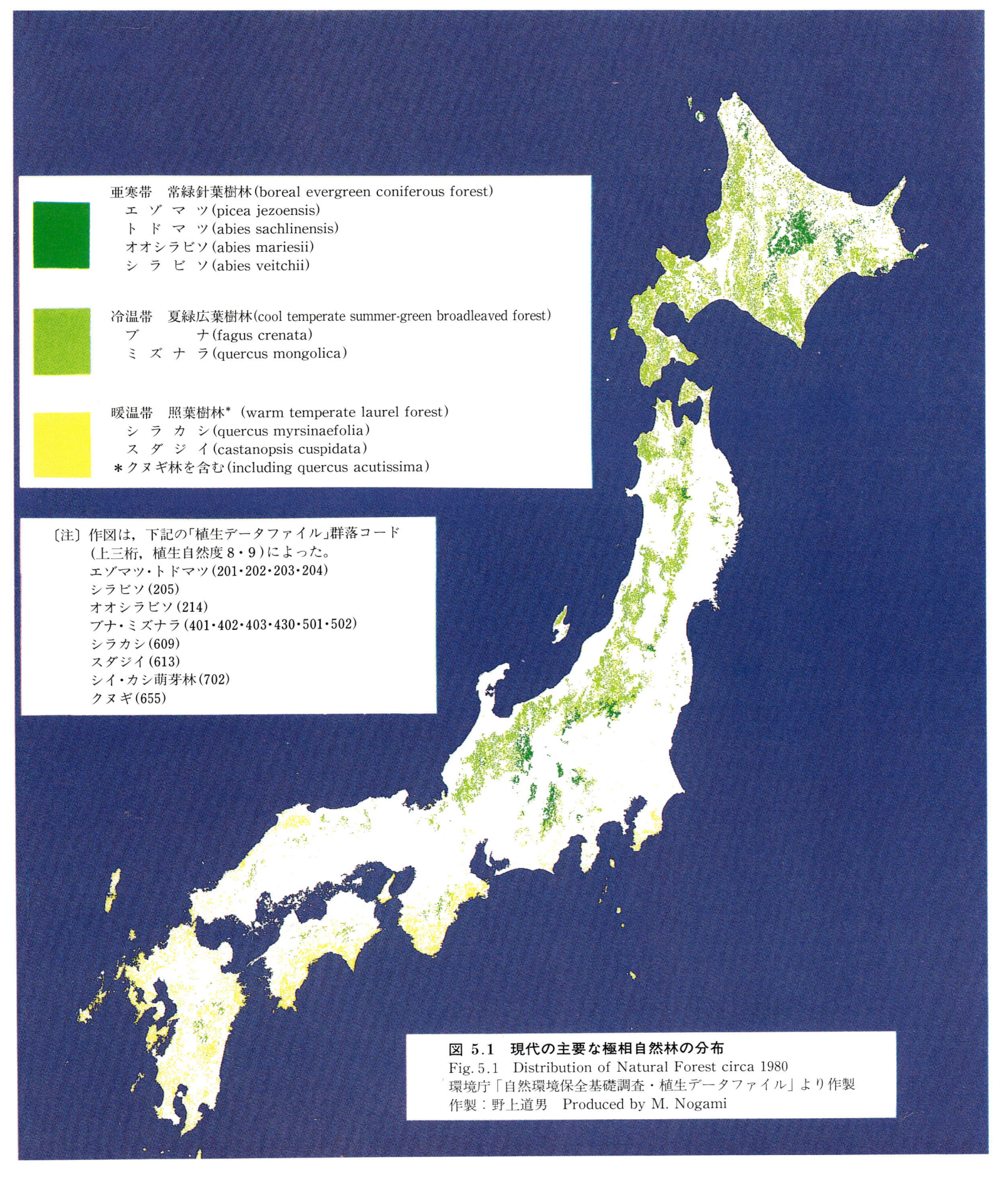

亜寒帯　常緑針葉樹林 (boreal evergreen coniferous forest)
- エ ゾ マ ツ (picea jezoensis)
- ト ド マ ツ (abies sachlinensis)
- オオシラビソ (abies mariesii)
- シ ラ ビ ソ (abies veitchii)

冷温帯　夏緑広葉樹林 (cool temperate summer-green broadleaved forest)
- ブ　　ナ (fagus crenata)
- ミ ズ ナ ラ (quercus mongolica)

暖温帯　照葉樹林* (warm temperate laurel forest)
- シ ラ カ シ (quercus myrsinaefolia)
- ス ダ ジ イ (castanopsis cuspidata)
- *クヌギ林を含む (including quercus acutissima)

〔注〕作図は，下記の「植生データファイル」群落コード（上三桁，植生自然度 8・9）によった．
- エゾマツ・トドマツ (201・202・203・204)
- シラビソ (205)
- オオシラビソ (214)
- ブナ・ミズナラ (401・402・403・430・501・502)
- シラカシ (609)
- スダジイ (613)
- シイ・カシ萌芽林 (702)
- クヌギ (655)

図 5.1　現代の主要な極相自然林の分布
Fig. 5.1　Distribution of Natural Forest circa 1980
環境庁「自然環境保全基礎調査・植生データファイル」より作製
作製：野上道男　Produced by M. Nogami

写真（撮影：西野寿章）

（左）ブナ原生林（秋田県藤里町白神山地　1991 年 9 月）
青森県と秋田県にまたがる白神山地は，わが国有数のブナ原生林であるばかりでなく，本州では絶滅したと思われていた日本最大のキツツキ・クマゲラ（国の天然記念物）の本州でただ一カ所の生息地として知られている．白神山地の広大なブナ原生林は，戦後の木材需要の急増にともなう拡大造林計画の中で次々と伐採され，現在，原生林の姿をとどめているのは 17,000 ha あまりとなっている．林道建設を契機として，白神山地の保護の必要性が提唱され，林道建設は中止に至った．白神山地は，林野庁の「森林生態系保護地域」，環境庁の「自然環境保全地域」にそれぞれ指定された．さらに「世界遺産」となり，今後は，世界の自然遺産として保護される．

（中）人工林化の進んだ山間村落の林野（群馬県藤岡市 1991 年 11 月）
山間村落では，集落近傍の山を採草地や薪炭材の採集場，また地域によっては畑地として利用してきた．戦前より造林が行われていた地域も多いが，戦後，木材需要の急増を背景として，全国的に造林が行われ，新興造林地が形成された．しかし，1960 年代から，安価な外材の輸入が本格化し，わが国の林業が抱える構造的な問題も相まって，不況に見舞われることとなった．そのため，戦後の新興造林地の多くでは，山林が放置された状態となっている．

（右）人工杉林（秋田県藤里町 1991 年 9 月）
優れた育林技術によって育てられた国有林内の 99 年生の人工杉．林野庁では，これまでの国有林経営を転換し，目的に応じた森林づくりをして，木材生産と自然保護の両立を図るとしている．

5.2 酸性降下物に対する感応性・危険度の地域差
Regional Variation of Relative Sensitivity to Acidic Deposition

1. はじめに

近年，問題になっている湖沼，河川，地下水などの陸水の酸性化は，酸性雨にその原因がある場合が多い．しかし，酸性雨が降り注ぐすべての地域において，酸性水が発生するわけではない．酸性水の形成には，その土地の条件が重要な意味をもっている．

陸地上に降った雨は地中に浸透し，地下水となり，最終的には河川や湖沼に流出することになる．この過程で，雨水は地中の岩石や土壌などのアルカリ物質により中和される．しかし，土壌が薄かったり，アルカリ物質が少ないときには，酸性化が起きる．したがって，酸性水の形成には，土壌の緩衝能（中和能）が重要な鍵をにぎっており，緩衝能とそこに住む生物の耐性などによって，酸性雨に対する「感応性・危険度（sensitivity）」が決まってくるものと考えられる．

以上のような基本的な考え方のもとに，ここでは日本全国を対象に，酸性降下物（酸性雨を含む）に対する被害の受けやすさ，すなわち「感応性・危険度（sensitivity）」に関する分布図の作製を試みた．

2. 作製方法

酸性降下物に対する「感応性・危険度」の評価を計算するにあたっては，National Institute of Public Health and Environmental Protection (1991)が，ヨーロッパを対象に分布図を作製したときに考案されたものと同様な方法を用いた[1]．

酸性降下物に対する感応性・危険度について考える場合，降水量のほかに，土地条件を分析し，評価することが不可欠である．土地条件として，地質，地形，土壌，植物，土地利用など，多くの要素が考慮されなければならない．また，それらの要素は複雑な相互関係をもっていると考えられる．ここで採用した評価方法は，それらの中から，地質（岩質），土壌，土地利用の3つの要素を選んでいる．

分布図の作製にあたっては，降水量，地質，土壌，土地利用に関する「国土数値情報」のデータが用いられた．それらは，国土庁の「国土情報」（KS-156-1 地形分類・表層地質・土壌ファイル，MCDR 気候値メッシュファイル（降水量）），および環境庁の「第2・3回自然環境保全基礎調査」の植生調査ファイルである．

データ処理において用いたプログラムは，東京都立大学の野上道男教授が作製したものを利用させていただいた．また，最終的な画像出力においては，野上研究室の近藤昭彦氏（現 千葉大学）の御協力をいただいた．

実際の分布図の地図化の手順は次のようなものである：

① 岩質，土壌型，土地利用，降水量に対する感応性・危険度を，以下の表5.1に従って評価する．

実際の評点を与える作業において，「岩質」のところでは，以下の区分が用いられる．Ⅰの分類には珪質岩など風化速度の遅いもの，すなわち花崗岩，閃長岩，花崗-片麻岩，珪質砂岩（およびその変成岩）やその他の珪質岩，第四紀の堆積物などが含まれる．またⅡの分類には風化速度の速いもの，すなわち砂岩，頁岩，集塊岩，石灰石，ドロマイト，超塩基性岩，泥岩などが含まれる．

また，「土壌」の分類については，日本の土壌型分類にあてはめる過程において，環境庁水質保全局（1984）の資料を参考に，以下のように分類することにした[2]．Ⅰの分類には砂丘未熟土，岩屑土，高山岩屑土，火山放出物未熟土，泥炭土，赤黄色土，乾性褐色森林土，準黒ボク土，泥炭土（水田）などが含まれている．またⅡの分類には淡色黒ボク土（淡黒色土），褐色森林土（乾性のものを除く），灰色低地土，褐色低地土，黒ボク土（黒色土），グライ土，沖縄の暗赤色土（ジャーガルを含む）などが含まれている．

② それぞれの地点で与えられた評点を加算し，その合計のポイントが0の場合にクラス1とする．同様に，1ポイントをクラス2，2ポイントおよび3ポイントをクラス3，4ポイントおよび5ポイントをクラス4，6ポイントおよび7ポイントをクラス5とし，最終的に5段階評価とする．

具体的な例として，花崗岩地域で，土壌が褐色森林土，落葉樹林，年降水量が1,500mmの地域を考えてみる．上の表に従って，花崗岩地域は2ポイント，褐色森林土の地域は0ポイント，針葉樹の地域は3ポイント，年降水量が1,500mmの地域は1ポイントとなる．これらを加算すると，6ポイントとなる．したがって，この地域はクラス5と評価されることになる．

このような計算を，国土数値情報のデータを用いて，日本全国について計算し，地図化したものが，図5.2である．

3. 結果および考察

クラス1（分布図中の青色の部分）は，酸性降下物の影響を最も受けにくい（すなわち危険度が低い）地域であり，クラス2（緑色），3（黄色），4（橙色）と，徐々に酸性降下物の影響を受けやすい（危険度が高い）地域となり，クラス5（赤色）は最もその影響を受けやすい地域であることを示す．また，このクラス分けは，土壌鉱物の風化速度を超えない酸性降下物の量，すなわち「限界負荷量（critical loads）」と対応している．

この図から，以下のようなことが読み取れる．

全体として，西南日本において，酸性降下物の影響を受けやすい（危険度が高い）地域が多い傾向が認められる．少し細かく見ていくと，おおむね次のようなことがいえる．

① 酸性降下物の影響を受けやすい（危険度が高い）地域は，北上山地，阿武隈山地の花崗岩地域，木曽から三河，近畿，四国にかけての領家花崗岩地域，富山県の船津花崗岩地域などのいわゆる花崗岩類の分布する地域とほぼ重なっている．
② 一般的には，クラス4は花崗岩類以外の岩石が分布する山岳地域に，クラス3は北海道，東北の日本海側の第三紀堆積岩類の分布地域に重なるようである（ただし，関東平野の一部，濃尾平野，大阪平野，佐賀平野などにも分布する）．
③ クラス2と1の危険度の低い地域は，主に沖積平野の分布と一致している．

［鈴木裕一・松倉公憲・小林 守・吉永秀一郎・新井 正］

表5.1 各地点の土地条件（要素）から見た評価区分
Table 5.1 Enviromental Conditions and Their Sensitivity Scores

要素		分類	評点
岩 質	Ⅰ	珪質岩など風化速度の遅いもの	2
	Ⅱ	風化速度の速いもの	0
土 壌	Ⅰ	緩衝作用がpH 4.5以下にあるもの	1
	Ⅱ	緩衝作用がpH 4.5以上にあるもの	0
土地利用	Ⅰ	針葉樹林	3
	Ⅱ	荒れた牧草地	2
	Ⅲ	落葉樹林	1
	Ⅳ	耕地	0
降水量	Ⅰ	年平均降水量1,200mm以上	1
	Ⅱ	年平均降水量1,200mm以下	0

□参考資料
1) National Institute of Public Health and Environmental Protection, the Netherlands (1991): Mapping Critical Loads for Europe: CCE Technical Report No.1, 197 p.
2) 環境庁水質保全局 (1984): 酸性雨の土壌への影響予察図, 日本土壌肥料学会.
3) 吉永秀一郎・鈴木裕一・松倉公憲・小林 守・新井 正 (1994): 国土数値情報を用いた酸性雨に対する感受性分布図の作成. 日本土壌肥料学会誌, 65, pp. 565-568.

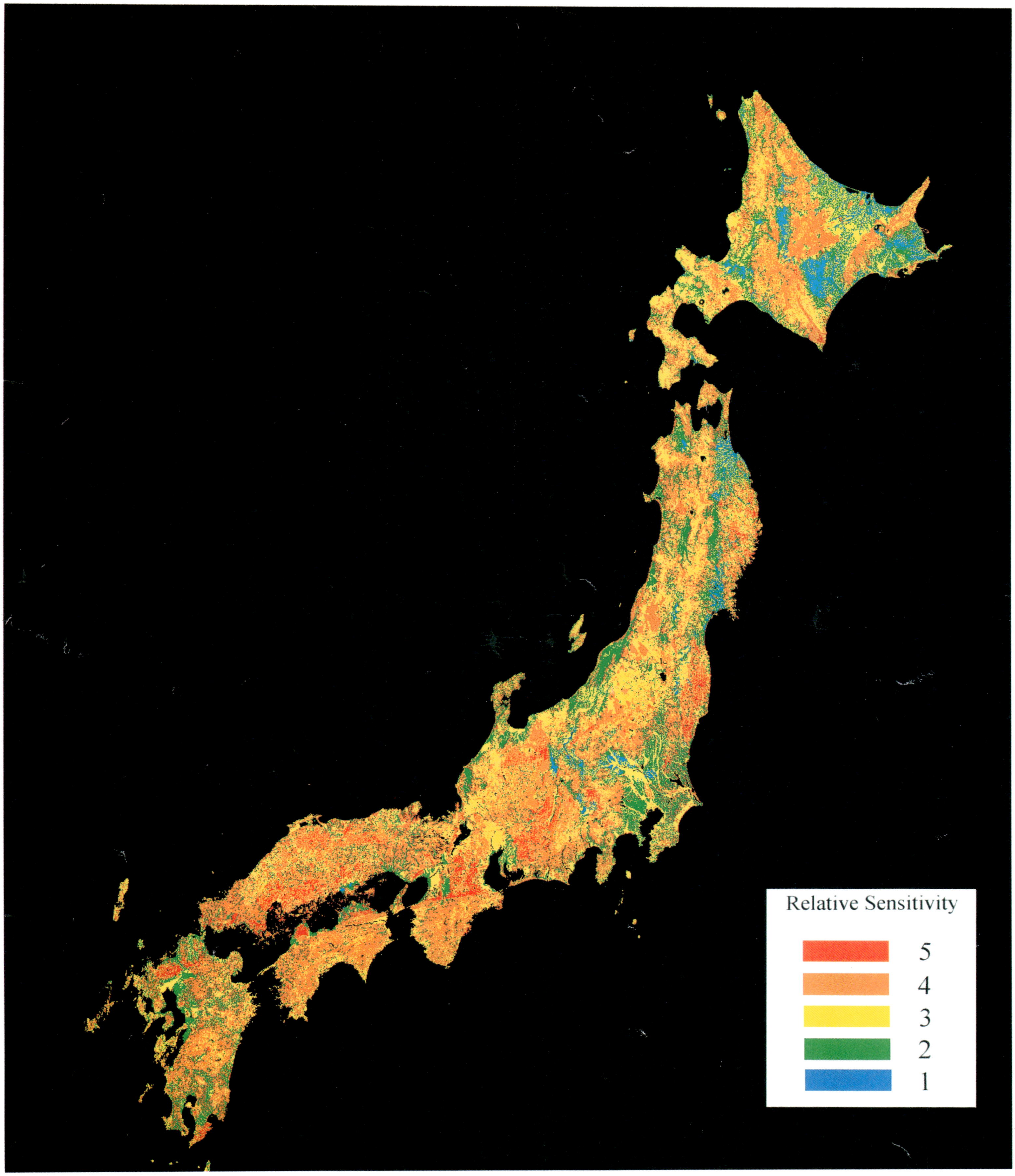

図 5.2 酸性降下物に対する感応性・危険度
Fig. 5.2 Relative Sensitivity to Acidic Deposition
作製：鈴木裕一，松倉公憲，小林　守，吉永秀一郎，新井　正
Produced by Y. Suzuki, Y. Matsukura, M. Kobayashi, S. Yoshinaga and T. Arai

5.3 サンゴ礁の環境変化
Environmental Changes at Coral Reefs

1. はじめに

サンゴ礁は、造礁サンゴを中心にした、多くの生物群集の石灰質遺骸が集積して、海面近くまで発達した岩礁である。造礁サンゴの生育条件が、水温や照度・塩分濃度などのほか、海底地形や底質に規制されるため、その分布は熱帯・亜熱帯の浅海域に限られる。日本では、北緯30度以南の南西諸島と小笠原諸島に分布し、日本全体の海岸線の約8%を占めるほどである。日本でのサンゴ礁の北限は、種子島である。しかし造礁サンゴやその群集は、黒潮・対馬海流の影響を受ける九州・四国・本州の沿岸部と伊豆諸島に生育しており、日本海側では能登半島、太平洋側では房総半島(館山周辺)まで、日本全体で約400種が確認されている。

日本のサンゴ礁は、この20年ほどの間に、激烈ともいえる環境変化をとげてきた。1972(昭和47)年の沖縄県の本土復帰が、1つの契機であることは明白で、サンゴ礁環境の危機は、沿岸域の大規模「開発の波」による、埋め立てなどの消滅・破壊、汚水・土砂流入などの水質・底質汚染、またはオニヒトデなどのサンゴの大量食害による生物的攪乱として、認知される。

2. 地図作製について

サンゴ礁環境図作製には、資料の制約が多く、特に水中調査による生物情報は不可能であるし、図化できる資料はきわめて限定される。図5.3の作製に利用したものは、例えば環境庁の第2回(1978年)、第4回(1989～92年)自然環境保全基礎調査であるが、これにしても、サンゴ群集の広域的な把握を主体とする非サンゴ礁地域と、サンゴ礁分布の把握のためのサンゴ礁地域(鹿児島県,沖縄県)とで、調査の性格が大きく異なる弱点がある。そのほか、サンゴ礁環境に関する広域図の作製は、ほとんど実施されていない。例えば、水路部発行の海図類にしても、港湾部の大縮尺図は別にして、正確なサンゴ礁環境を把握するには不十分である。また、国土地理院発行の地形図類では、その輪郭すら不明瞭である。そのため、これら一部などを利用しながらも、まず日本全体のサンゴ礁分布図を作製することが必要であり、簡単なサンゴ礁タイプに分類した図をベースにして、図5.3では、サンゴ礁環境に大きく影響を与えた埋め立てなどによる大規模な消滅地点、環境悪化の原因となる土砂流出源地域、オニヒトデの大量駆除実績の海域などを取り上げ、すべて沖縄県、鹿児島県の多くの統計資料をもとに、今回独自に作図した。

3. サンゴ礁の環境区分

一般にサンゴ礁の分類は、裾礁・堡礁・環礁の大分類があるが、日本ではほとんどすべて裾礁であり、一部に堡礁がある。そのほか、小規模なものでは、離礁・台礁・卓礁がある。これらの分類よりも環境区分では、裾礁の地形的特性によって細分する方が適格である。

サンゴ礁を構成する地形要素は、浜・礁池(イノー)、礁原(干瀬・ヒシ)、礁斜面のほか、礁の切れ目(水道と外水道)がある。なお礁池がある場合、礁原は、浜に連続する後方礁原とイノー沖にある前方礁原とがある。これら要素の組合せから、サンゴ礁環境を考慮して、日本のサンゴ礁を大きく分類すると、図5.3に示すように以下の3区分となる。

(Ⅰ) 干瀬型

低潮時に干出する礁原と礁斜面だけから構成され、礁原幅は一般に300m以下である。礁原には、サンゴなどの生物群集は貧弱であるため、人為的な利用は少ない。

(Ⅱ) 干瀬・イノー型

礁縁部に礁原(干瀬)があり、その内側に水深1～3mほどの礁池(イノー)をもち、全体幅は300m以上で最大2～3kmにもなる。幅が大きいほど礁池の幅が広くなるのが特徴である。礁池の水深が大きいほど、サンゴなどの生物群集の生育がよく、漁場としても利用されるが、人為的改変によって、その環境悪化を受けやすい。

(Ⅲ) イノー型

礁原(干瀬)の発達が不明瞭なもので、波の弱い内湾域などに形成される。浜から徐々に水深を増し、礁斜面との境界も一般に明白でないが、孤立した小規模な離礁群をもつことがある。

そのほか、島から孤立して沖合部に台礁がある場合でも、その規模に応じて(Ⅰ)型、中央に礁池(イノー)を抱くような(Ⅱ)型の台礁が形成される。なお、石垣・西表島間と久米島東部の2カ所の日本の堡礁は、(Ⅱ)型の幅の規模が大きく、イノーの水深10m以上になったもので礁湖とよべるが、(Ⅱ)型の範疇に含めることも可能である。

サンゴ礁環境は、北限に近いほど、冬の最低水温が低くなるので、礁形成が弱くなるため、サンゴ礁幅が狭くなり、(Ⅰ)型が卓越する。そのため、小笠原諸島はすべて(Ⅰ)型で、南西諸島では北限の種子島からその南のトカラ諸島はすべて(Ⅰ)型であり、島の海岸の断片的に分布するので、エプロン礁とよばれる。それ以外の地域で(Ⅰ)型が出現するのは、海底勾配が比較的急傾斜で海底段丘(水深30m以浅)が欠如する外洋に面する海岸に限られる。なお、(Ⅰ)型も発達しないサンゴ礁の欠ける海岸は、海底が急勾配などの地形条件によって、約1万年前以降の海面上昇期に、その形成が阻害されたためと考えられる。奄美大島以南の島々には、(Ⅱ)型の発達が認められ、一般に南の島々ほど、その幅は広くなる。しかし(Ⅱ)型の発達地域では、内湾性が強く砂泥床となるため、(Ⅲ)型が出現するのが特徴で、沖縄本島や八重山諸島の大きな湾で明瞭である。

4. サンゴ礁の消滅地域

図5.3では、サンゴ礁が直接埋め立て・浚渫などによって消滅した地域を、数十ha以上の大規模な港湾をともなう市街地・空港建設などの事例(■印)と、数ha規模の港湾・漁港の事例(▲印)に分けて図化した。

歴史的に見れば、第二次世界大戦前の埋め立ては、那覇市域などに限られ、それによって市街地の拡大をもたらしてきた。港湾建設や整備は、離島発展のための必須の条件であり、いずれの有人島でも、1970年代頃からサンゴ礁の埋め立て・浚渫・突堤建設などが局所的ながら各地で実施された。大規模な埋め立て例は、那覇新港、糸満市、新奄美空港建設などに認められる。また漁港の建設・整備も、復帰後に沖縄・奄美各地で実施され、港湾より面積は狭いが、同様なサンゴ礁の消滅・攪乱を進行させた。

特に埋め立ては、港湾・漁港のほか市街地拡大のためにサンゴ礁の礁池部・内湾域に建設されてきた。1972(昭和47)年以降、沖縄県だけでも、その陸地面積の増大分約1,200haは、言葉をかえればサンゴ礁の消滅面積といえるものである。このうち、全体の約70%は沖縄本島中南部に集中しており、これまでに、本地域のサンゴ礁の約20%が消滅したと推定される。

5. サンゴ礁環境悪化の土砂流出源

サンゴ礁環境の悪化は、そのほか一般に「赤土流出」とよばれるサンゴ礁への島からの土砂流出である。その大規模な土砂供給源を本図の赤丸印で示した。その大半は、国営、県営などの公共工事による農業基盤整備事業である。この地域の海域は、土砂流出の激しい河口部を中心に干潟化されたり、サンゴ礁イノーが土砂で汚染され富栄養化されて、サンゴ生育がほとんど不可能になっている。主に、徳之島、沖縄本島北部、久米島、石垣島で、この現象が顕著に認められる。

6. オニヒトデの大量駆除海域

1970年代に入ってから沖縄では、サンゴを食害するオニヒトデの異常発生が各地で瀕発し、さらに奄美、そして日本本土の太平洋沿岸まで波及した。小笠原諸島を除けば、日本の大半のサンゴ礁やサンゴ群集域が、なんらかのオニヒトデ食害を1985(昭和60)年頃までに受けた。その結果、サンゴ礁全面積の90%以上が、サンゴが一時的に死滅した「死した礁」となったと考えられる。そして今日でも、その回復が遅々として進んでいない所や、回復後に再食害を受けた所も少なくない。そのため、環境庁の海中公園や水産庁関係での駆除が、1974(昭和49)年以降沖縄・奄美各地で実施されてきた。特に八重山の石西礁湖で、これまで総計で約150万匹が駆除された(図の大きな★印)以外は、1万匹以上で10数万匹までの駆除海域(小さな★印)を、本図に示した。

[目崎茂和・斎藤 出]

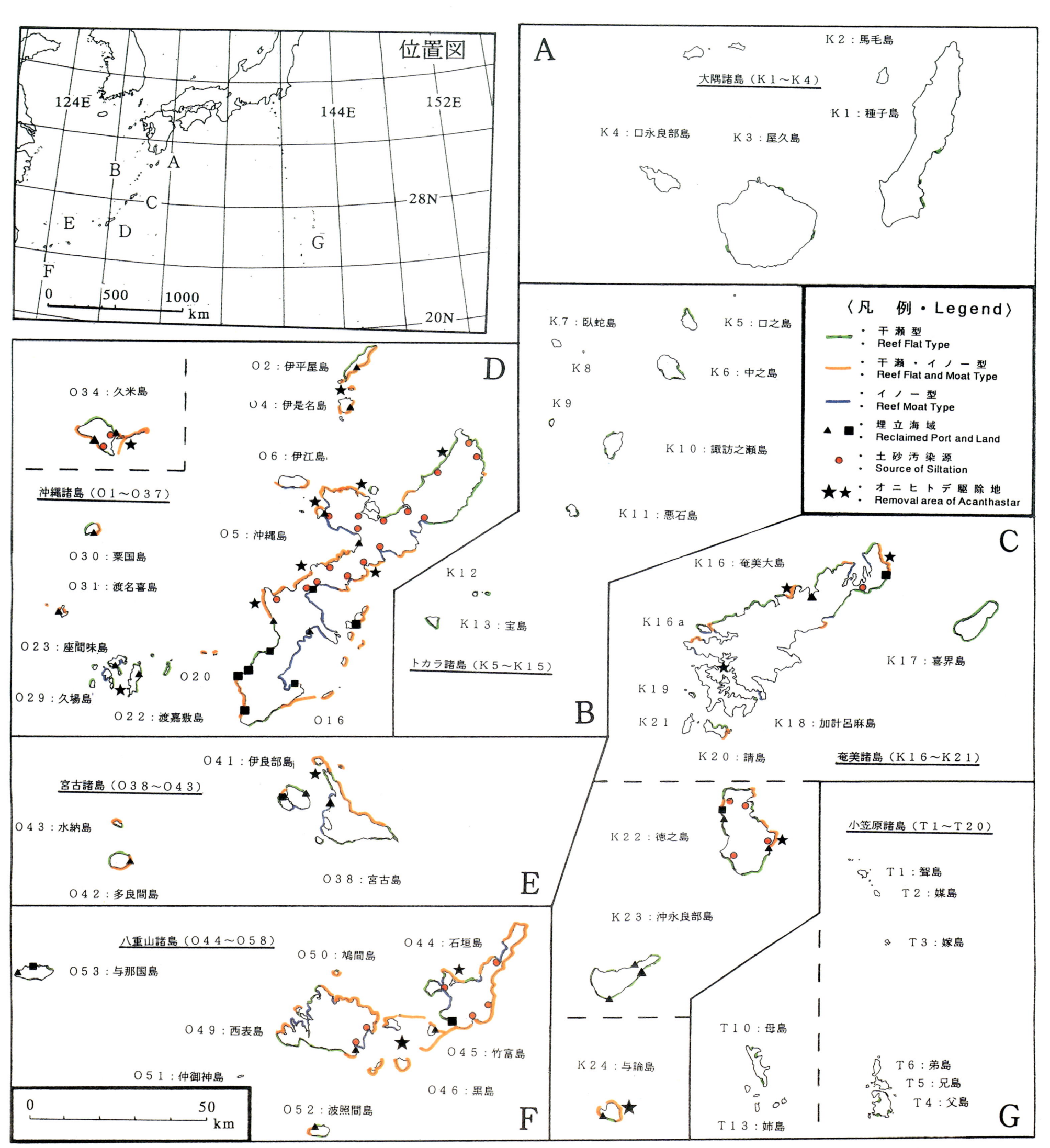

図 5.3 日本のサンゴ礁の環境変化
Fig. 5.3 Environmental Changes at Coral Reefs in Japan

作製：目崎茂和，斎藤 出
Produced by S. Mezaki, I. Saitoh

第1部 ▍近代化と土地利用変化

6

水文環境の変化

CHANGE IN HYDROLOGICAL ENVIRONMENT

　水辺は古来から人間活動に不可欠な場所であった．灌漑，舟運，水力，生活用水など，水は単に生命を維持するだけでなく，生産の拡大を助けてきた．水を高度に利用するために，河川が改修され，水路が開削され，井戸が掘られた．海岸や湖岸も，これと同じように水利用の接点として機能してきた．しかし産業構造や輸送手段の変革とともに，水辺にも大きな変化が起こった．かつては都市の主要な交通路であった運河の多くは埋め立てられ，湖岸や海岸も農地や工場用地などとして造成された．日本の水辺の変化は非常に急で，最も変容が顕著な景観の1つである．本章では，河川・水路，湖岸，海岸の変化をたどるほか，水利用の変化や土地利用変化と水環境についてもふれる．

　日本の湖沼の中で変化が激しいのは，平野に位置する海跡湖である．干拓でほとんど失われた八郎潟や水質悪化に悩む霞ケ浦などは，いずれも海跡湖である．本章では霞ケ浦の湖岸，湖底の詳細な地図によって，どこに，どのような変化が生じたかを示す（6.1節）．関東地方の海岸はかなりの部分が人工化され，自然保護とウォーターフロント開発の間におかれている．ここでは海岸の変化を全国，関東，九十九里浜とズームの視野で分解し，海岸変化の全体像と地域実態を説明する（6.3節）．

　上水道，下水道の普及は，直接に水利用の形態を変える．これらは，水の移動経路をも変えるばかりではなく，河川水質にも影響をおよぼす．上下水道は，水文環境の変化を総合的に把握するためには，ぜひとも必要な要素であるので，全国規模の変化を示した（6.2節）．

　河川・水路の変化は，地域の機能の変化を反映している．ここでは東京（6.4，6.5節）と濃尾平野（6.6節）を取り上げ，海岸線，河川などの変遷を示す．近年，都市の河川・水路は親水機能として見直されているが，あまりにも減少が顕著であり，さらに水源不足という問題もあり，この機能の維持は決して安心できない．

　水辺の見直しが盛んに行われているが，ここに掲載した図で示す変化・変遷をたどることにより，理解が深まるのではないであろうか．

［新井　正］

6.1 海跡湖の環境変化
Environmental Changes at Coastal Lakes

1. 湖沼の大規模干拓および埋め立て

第二次世界大戦以降1960年代にかけて，わが国では特に食糧増産を目的として，琵琶湖の内湖や海跡湖など，平野部に位置し湖盆全体が浅く平坦な湖沼を中心に，国営や県営の大規模な干拓が進められてきた．1945（昭和20）年以降1985（昭和60）年までに干拓や埋め立てが行われた湖沼は，57湖沼，総面積約344 km²にのぼる（図6.1）．これら湖沼干拓は，当初湖盆を干し上げて農地（水田）を創出するという目的のために進められたが，1967（昭和42）年度からの米の生産過剰を背景に，農林省は1970（昭和45）年に新規開田抑制策を打ち出し，米の生産調整（いわゆる減反政策）が開始された．そのため，本来水田耕作を前提として計画されたこれらの干拓地では，土地利用計画の変更や，農業経営上のさまざまな深刻な問題が生じている．また残存水域（調整池）は，堤防と防潮水門に囲まれた調整池となり，農地や周辺集落・都市から流入する農業・生活排水によって水質が悪化し，富栄養化によるアオコの発生などで，農業・都市用水あるいは漁業への影響が懸念されている．

さらに近年は，湖沼周辺の都市化の進展にともなって，干拓地での都市的な土地利用が行われるようになる一方で，最初から都市的土地利用を目的とした小規模な埋め立てが，各地の湖沼で進められている．個々の埋立面積はおよそ1 km²（100 ha）以下であるが，港湾・下水処理などの公共施設，公園・ゴルフ場・ヨットハーバーなどのレジャー施設のほか，住宅・工場用地としても利用されている．

2. 湖沼景観の人工化

1970年代に始まった霞ケ浦や琵琶湖の「総合開発」に象徴されるように，主として都市化の進展，都市域の拡大にともなって，これらの湖沼では水質汚染や生態系の変化などさまざまな重大な環境変化が引き起こされた．1980年代以降は，関東以西の平野に位置する湖沼で，水質汚染や湖岸における湖沼景観の人工化など湖沼環境の急激な変化が起こっている．

図6.2は，環境庁（1989）の資料[1]を利用して，日本における面積4 km²以上の海跡湖34の湖岸の改変状況（1985年）をまとめたものである．湖岸を，水面（流入流出河川の河口部，潟湖（せきこ）の海への開口部など湖岸の存在しない部分），自然湖岸（水際線とそれに接する陸域約20 m以内が人工によって改変されておらず，自然の状態を保持している湖岸），半自然湖岸（水際線は自然状態だが，水際線より約20 m以内の陸域に人工構築物が存在する湖岸），人工湖岸（水際線がコンクリート護岸，矢板などの人工構築物でできている湖岸）の4類型に分けて，実測された距離（km）で示した．

この図を見ると，霞ケ浦，北浦，浜名湖，中海，宍道湖など日本の湖沼の中で面積上位を占める海跡湖において，湖岸の人工化が顕著に進行していることがわかる．また，北海道の12湖沼および下北半島の鷹架沼・小川原湖，津軽半島の十三湖では自然湖岸が60～90％以上残されているのに対し，関東地方以西の湖沼ではいずれも人工湖岸の割合が50％を超えている．特に涸沼，北浦，手賀沼，浜名湖，八郎潟，若狭湾の阿蘇海，山陰の東郷池，中海，宍道湖では，それぞれの湖岸総延長の約80％以上が人工湖岸となっており，自然湖岸は約1割以下しか残されていない．

このような湖岸の人工化の進展は，湖盆をとりまく湖岸低地の土地利用のあり方と深く関連している．人工湖岸の割合が高い湖沼では，農業地や市街地としての土地利用の割合が約70％以上を占める．さらに，これらの湖沼の中で特に中海，浜名湖，猪鼻湖，涸沼などの湖岸では，1979年時の調査結果と比較して，市街地としての土地利用が急速に進んでいる．

3. 霞ケ浦湖沼環境図

湖沼環境の変化を総観的にとらえ評価するため，人為による環境変化の著しい霞ケ浦南岸および土浦入り北岸を対象として，湖岸・湖底の微地形分類，湖岸低地・沿岸帯での土地・水域利用，地形改変，および湖岸の景観写真を「湖沼環境図」としてまとめた（図6.3）．

対象とした湖岸では，低地の約70％が水田や蓮田として利用され，顕著な地形改変は認められない．しかし，沿岸帯では堤外の挺水植物群落地を切り開いた蓮田，漁港・養殖施設，砂利採取地などの地形改変地が45％に達し，湖岸低地に比較して改変をともなう土地・水域利用の割合が高い．

一方，対象とした湖岸のうち，挺水植物群落地が良好に発達しているのは31％で，36％の湖岸では部分的で，残りの33％の湖岸では全く認められない．湖岸低地，沿岸帯とも顕著な地形改変が行われていない場合は，その約8割の湖岸で挺水植物群落地が良好に発達している．しかし，湖岸低地で顕著な地形改変が認められなくとも，沿岸帯でなんらかの地形改変が行われている場合は，その約7割の湖岸で挺水植物の分布は部分的であり，約3割の湖岸では全く認められない．また大規模改変地のうち，もとの湾入部を干拓した部分では挺水植物群落は良好に発達しているが，湖棚の部分に張り出して造成された干拓地や掘削地・埋立地の湖岸では，挺水植物は全く認められない．すなわち，沿岸帯でのさまざまな人工施設の構築や地形改変が，挺水植物群落地の良好な発達を阻害している．［平井幸弘］

□参考資料
1) 環境庁（1989）：日本の湖沼環境，大蔵省印刷局，196 p.
2) 平井幸弘（1993）：戦後日本における都市化にともなう湖沼環境の変貌．愛媛大学教育学部紀要（III）自然科学，13(2).

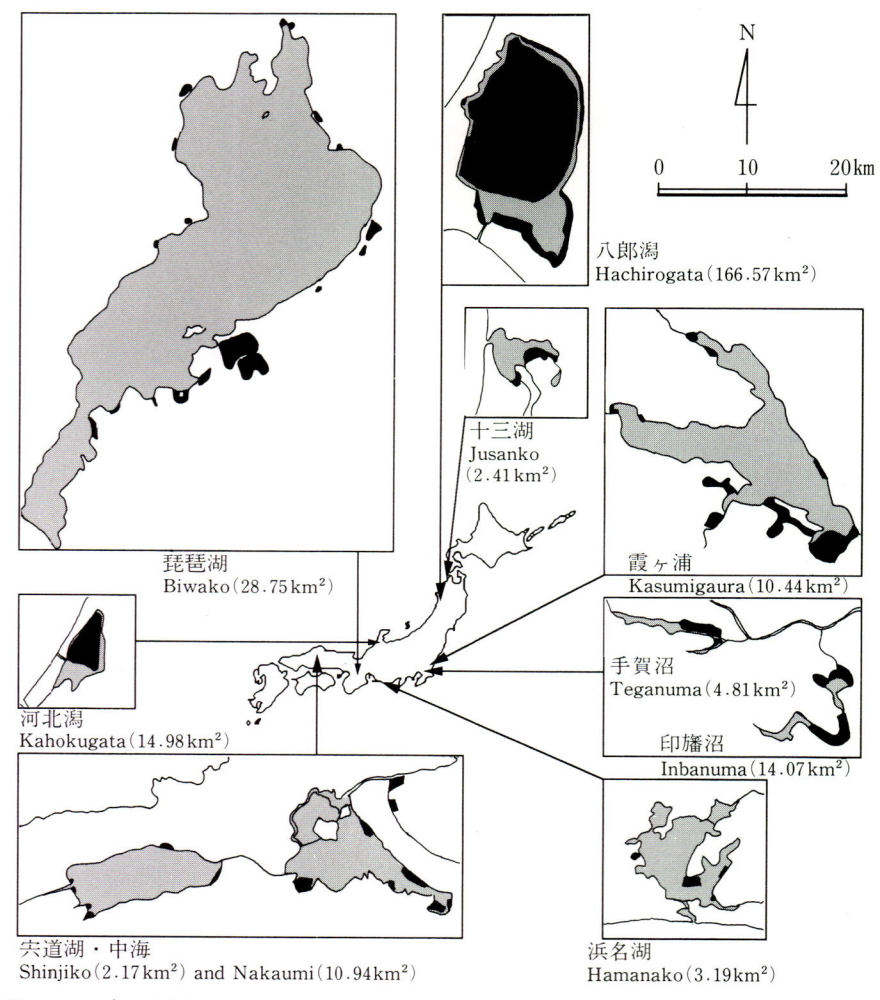

図 6.1 主な湖沼における1945～1985年の干拓・埋立地（黒塗部分）
（数値は環境庁（1989）資料，地図は新旧地形図による）
Fig. 6.1 Reclaimed Areas at Major Lakes, 1945-1985 (after Environment Agency (1989) and topographic maps)

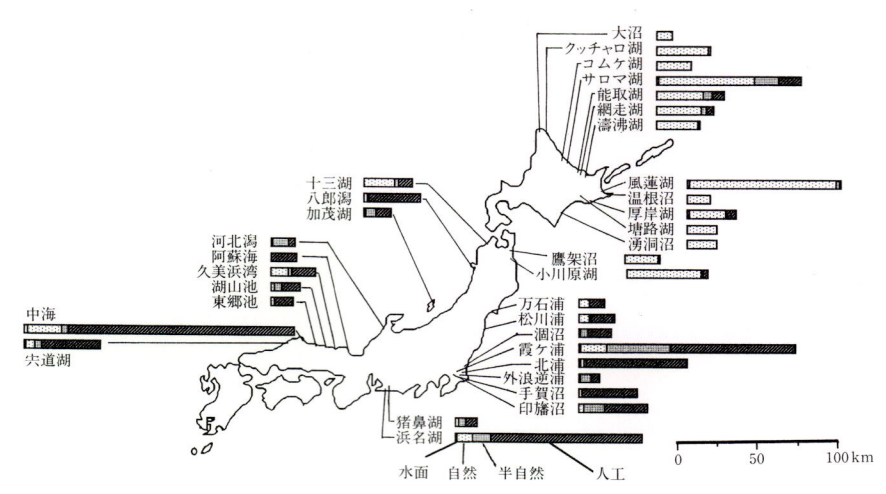

図 6.2 海跡湖（面積4 km²以上）における湖岸の改変状況
Fig. 6.2 Length of Four Types of Shoreline at Major Coastal Lakes

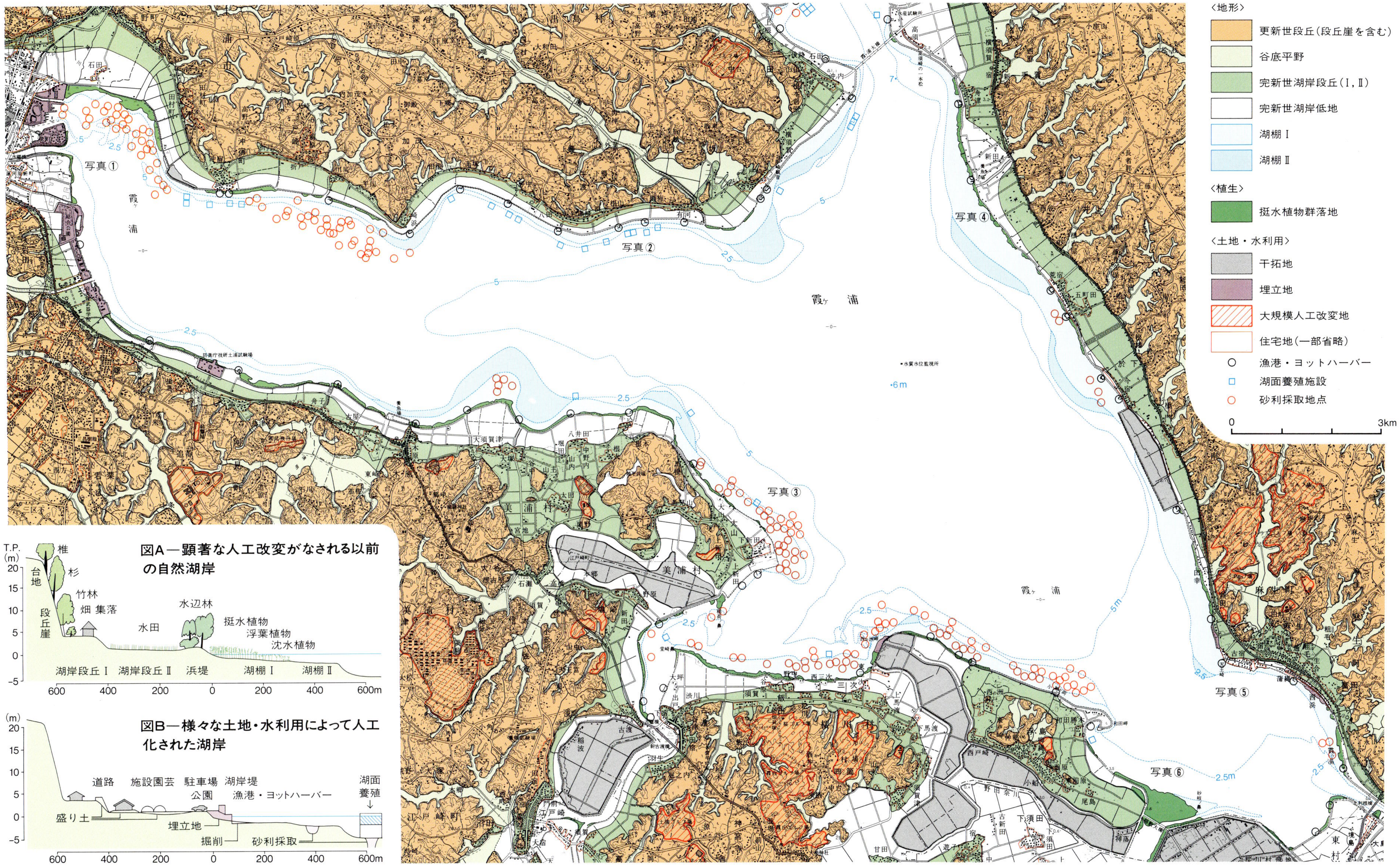

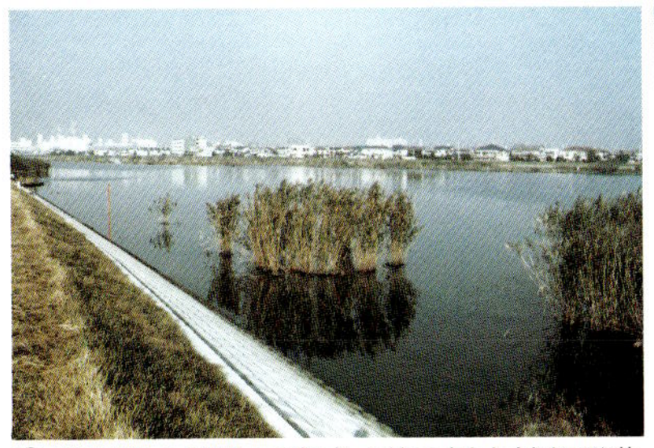
① 新堤防の建設で消滅寸前の挺水植物群落(桜川河口). 1990年11月撮影.

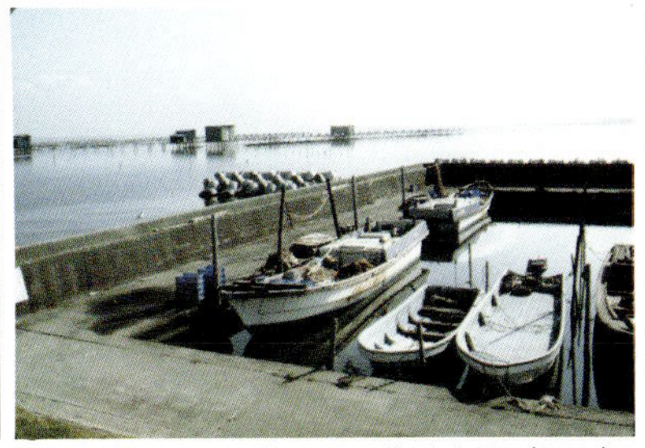
② 改修された漁港と湖面養殖施設(根山). 1990年11月撮影.

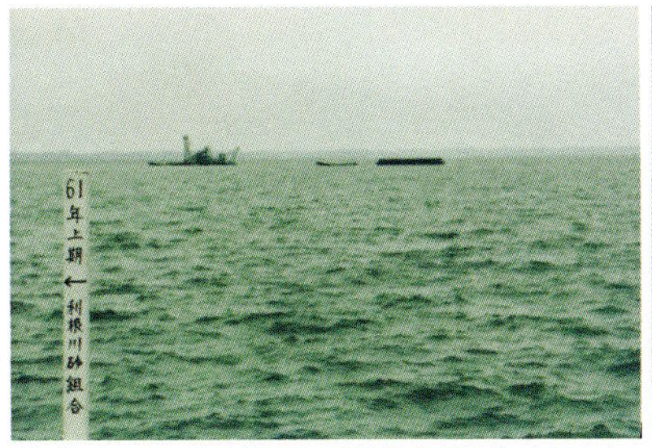
③ 湖底での砂利採取が顕著な湖岸(大山). 1986年7月撮影.

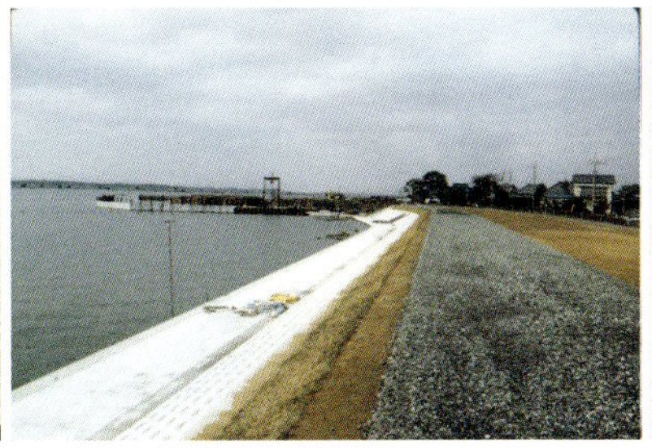
④ 消滅した挺水植物群落地と改修された湖岸堤防(玉造町新田). 1990年11月撮影.

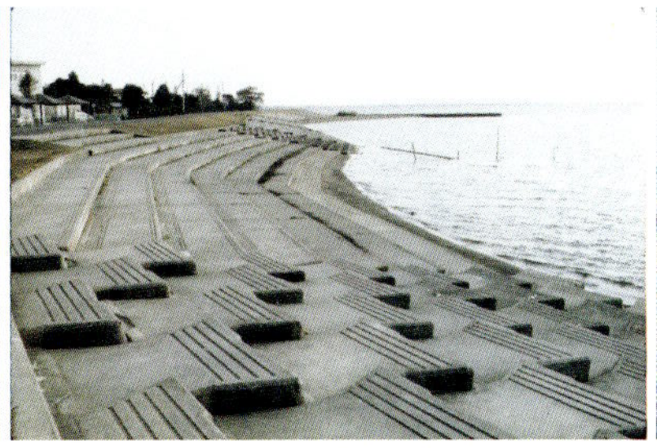
⑤ コンクリート製の「親水護岸」となったかつての砂浜(天王崎). 1990年11月撮影.

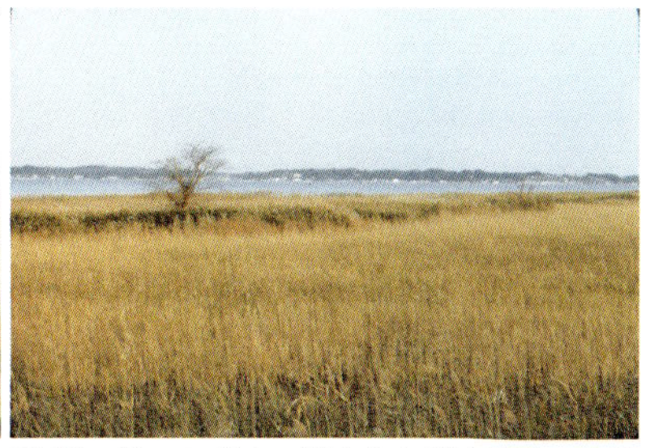
⑥ 霞ヶ浦にわずかに残された挺水植物の大群落地(浮島・妙岐ノ鼻). 1990年11月撮影.

図 6.3 霞ケ浦湖沼環境図(出典:『アーバンクボタ』Vol. 32, 1993, 株式会社クボタ)

Fig. 6.3 Environmental Map of Lake Kasumigaura

作製:平井幸弘
Produced by Y. Hirai

6.2 上下水道の展開
Change in Water Supply and Sewerage System

　人間の生活にかかわる水を例に，「取る」，「使う」，「捨てる」の一連の人為的な水の流れが，日本の国土の中で時空間的にどのように変化したのか，またそのことが環境論的な視点においてどのような意味をもつことになるのかを問うこととする．手順として，①水道普及率の変化とその地図化，②下水道普及率の変化とその地図化，③両普及率の変化が地域の水環境におよぼす影響，について考察する．

1. 水道普及率の地図化
（1）方法

　用語：水道普及率とは，「水道統計」に従い，上水道，簡易水道，専用水道を合わせた給水人口を総人口で除した値（％）とする．

　資料：日本水道協会の「水道統計」を使用した．

　地図化：素図として，「昭和60年国勢調査市町村界素図1：1,500,000」（総務庁統計局，1986）を用い，これに全国約3,200の市町村別の水道普及率を次の区分・色別に表示した．

- a. 0.0%　　　　無色 without colour
- b. 0.1〜10.0%　茶 brown　　c. 10.1〜20.0%　紫 violet
- d. 20.1〜30.0　青 blue　　　e. 30.1〜40.0　水色 light blue
- f. 40.1〜50.0　緑 green　　 g. 50.1〜60.0　黄緑 light green
- h. 60.1〜70.0　黄色 yellow　i. 70.1〜80.0　橙色 orange
- j. 80.1〜90.0　桃色 pink　　k. 90.1〜100.0 赤 red

図化した年次：1965（昭和40）年と1985（昭和60）年（資料は年度統計）の2カ年である（図6.4，図6.5）．

（2）結果

　水道普及率：1965年の図には普及率の小さい寒系色が目立ち，1985年の図には普及率の大きい暖系色が目立つ．総じてこの20年間に普及率がいかに増大したか，そのようすが両図の色調の変化から読み取れる．

　都道府県別の普及率変動パターン（1965〜1985年）：1965年，1985年別に各都道府県ごとの普及率を「高い」値から「低い」値まで下のように区分し，都道府県別の普及率変動パターンを Aa 形から Dc 形までの8通りに類型化した．

　1965年の普及率：「高い」（A）80%以上，「中位の上」（B）65%以上80%未満，「中位の下」（C）50%以上65%未満，「低い」（D）50%未満

　1985年の普及率：「高い」（a）90%以上，「中位」（b）80%以上90%未満，「低い」（c）80%未満

結果は次の通りである．

- Aa：東京，神奈川，愛知，京都，兵庫
- Ba：群馬，新潟，山梨，長野，静岡，奈良，鳥取，長崎，日本全国
- Bc：岐阜，福岡
- Ca：北海道，青森，宮城，山形，埼玉，石川，福井，三重，滋賀，和歌山，岡山，香川，鹿児島
- Cb：千葉，富山，島根，山口，徳島，愛知，高知，佐賀，大分
- Cc：秋田
- Db：福島，栃木，宮崎
- Dc：岩手，茨城，熊本

（沖縄は1965年の数値がなく，1985年は90%以上）

　ここで，20年間に最も大きく変動したのは Ca 型であり，Aa 型は高い状態で，また Dc 型は低い状態で推移したといえる．また水道普及率ゼロの市町村は，全国で1965年に337，1985年に50を数える．

2. 下水道普及率の地図化
（1）方法

　用語：本報告で使用する下水道とは，下記の「下水道統計」が採用している"公共下水道"とした．また，下水道普及率とは，1965年度の場合には，排水設備施設済人口を市街地人口で除した値であり，1985年度の場合には，処理区域人口を行政区域人口で除した値である．この違いは，統計の記載様式が異なっているためである．

　資料：日本下水道協会の「下水道統計」を使用した．

　地図化：素図，下水道普及率の区分・色別表示，地図化した年次は，いずれも水道普及率の地図化の手法と同じである（図6.6，図6.7）．

（2）結果

　下水道普及率：2葉の分布図から次の点が読み取れる．第1に，1965年の場合には，全国的に見て下水道の普及する範囲は小さい．都市部でも普及していない地区が目立つ．特に，福島，茨城，滋賀，島根，佐賀などでその傾向が顕著である．普及率の点では，40%以下の地域が国土の大部分を占めている．第2に，1985年の場合には，三大都市圏を中心に普及範囲が広がった．また，都道府県庁所在地の都市は，普及率の大小はあるにせよ，いずれも下水道を所持するに至った．地方都市にも普及した範囲が入りこむ．しかし，普及率の点では，大部分が50%以下であり，紫・青・水色の色調が目立つ．第3に，以上の通り，1965年と85年の両分布図で比べるかぎり，この間の下水道普及率の変化はけっして大きくはない．同じ期間に水道の普及率が大きく変化したのとは対照的である．

　下水道普及率段階区分別の市町村数の分布：下水道の普及率が，（イ）1965年および1985年の時点でどのような状態にあったのか，さらに，（ロ）この20年間にどのように変動したのか，これらの点を概観すること，および先の2葉の分布図を補完することを目的に，地方別に下水道普及率段階区分別の市町村数の分布表（1965年，1985年）を作製した（平成4年度総合報告書所収）．これによると，第1に，全国的に見て，下水道の普及率は1965年，85年ともに小さい．普及率0%の市町村数の比率は，1965年で約96%，85年で約85%におよぶ．つまり，日本の下水道普及率は，この20年間，低い値のままで推移し，大きな進展はなかった．第2に，その中でも普及率を比較的高めたのは，関東，近畿，中部の3地方である．この3地方だけは，0.1〜50%の普及率をもつ市町村数の割合（%）が1桁台から2桁台に増大した．すなわち，関東地方で1965年の6.3%から85年の25.8%に，近畿地方で6.0%から14.0%に，中部地方で2.5%から11.6%にそれぞれ増大した．他の地方では，さほど顕著な変化は現れていない．

3. 上下水道の普及と地域の水環境

　人間が生活用水として水を「使う」ときには，必ずそれに前後して「取る（取水）」と「捨てる（排水）」の行為をともなう．これらの行為には，人間が自然に対峙して直接的に行動を起こす場合と，ある種の施設・装置を通して間接的に行う場合の，違いがある．この中で，彼らは，最終的には水道を通して水を自然界から間接的に「取り」，下水道を通して水を自然界に間接的に「捨てる」方法を採った．このような方法を採るに至った経緯は，主に日本の近代化の過程を基軸に考えると，大略次の3段階に類型化される（1992年に実施したアンケート調査による）．

　第1段階：川の水，地下水などを直接「取り」，使用後の水を川や地面などに直接「捨てて」いた段階．おおよそ1940年代まで．第2段階：水道を通して水を間接的に「取り」，使用後の水を川，用排水路，側溝などに直接「捨てて」いた段階．1950年代から1990年代初頭の現在に至る（一部の大都市を除く）．第3段階：水道を通して水を間接的に「取り」，使用後の水を主として川に間接的に「捨てる」に至る段階．1970〜80年代から．都市域に限る．

　上の3つの類型の経緯を見て明らかな通り，上下水道が入る以前には，人間は，自然の流出系にある水を自らの手で直接的に取り，自らの手で水を流出系に直接的に捨てていた．これが，上下水道が入ることによって，自然の流出系にある水を上水道を通して間接的に取り，下水道を通して流出系に間接的に捨てることになった．

　第1段階の頃の人々は，自然に直接ふれていたことにより，自然の保全に対する意識を個人的にも，地域社会の規範としてもおのずと持ち続けざるをえなかった．生活用水源に当てられていた用水路にショウベンなどをした子供達は，誰かれかまわず，地域の大人達から"制裁"が加えられた．地域ぐるみの"水環境教育"が維持されていたのである．自然と人間の結びつきが，直接的なものから間接的なものへ移るに従い，つまり水利用に関していえば，上の第1段階から第3段階に移るに従い，地域ぐるみの"水環境教育"は，薄らぎ，消滅した．

［肥田 登］

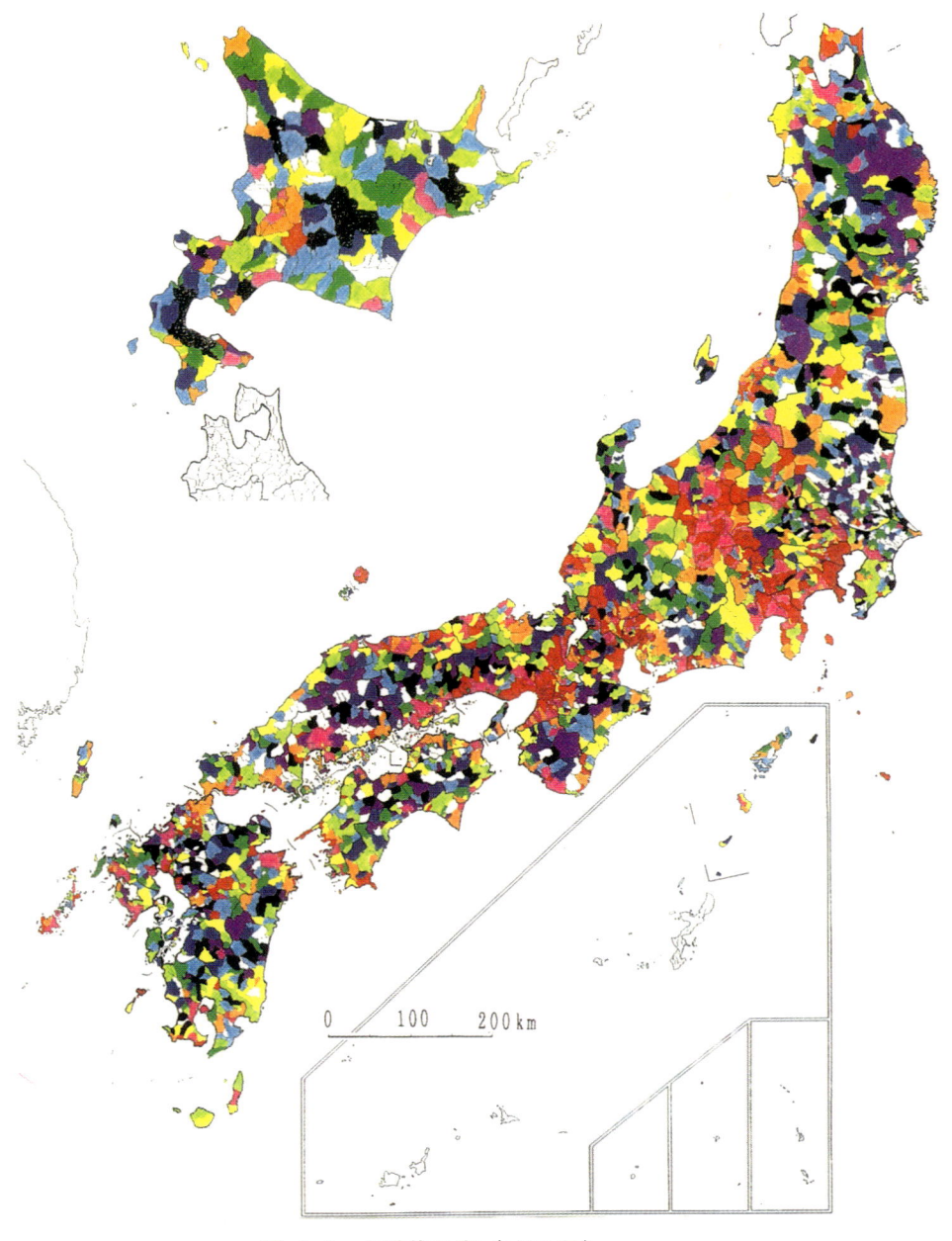

図 6.4 水道普及率（1965 年）
Fig. 6.4 Municipal Water Supply in 1965

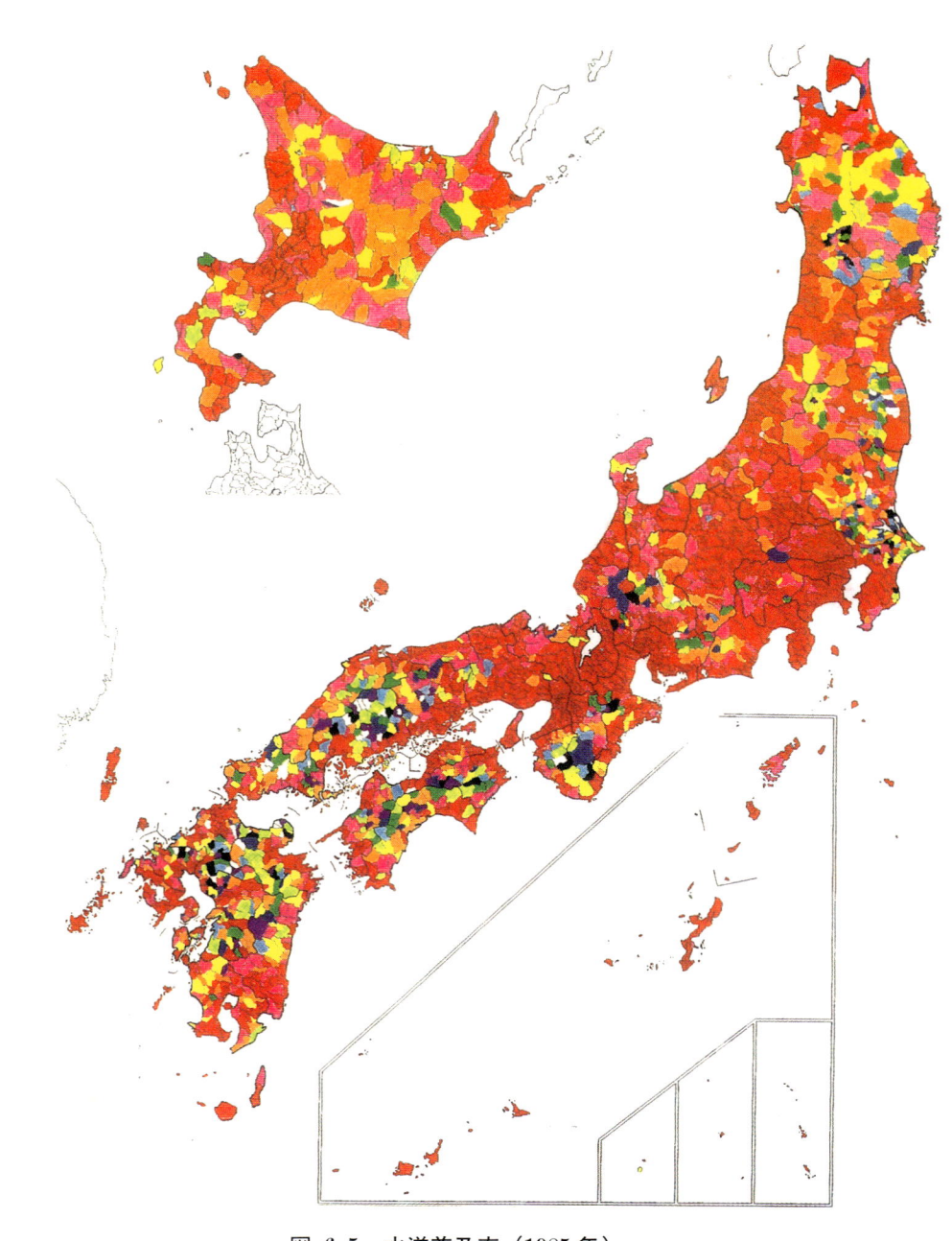

図 6.5 水道普及率（1985 年）
Fig. 6.5 Municipal Water Supply in 1985

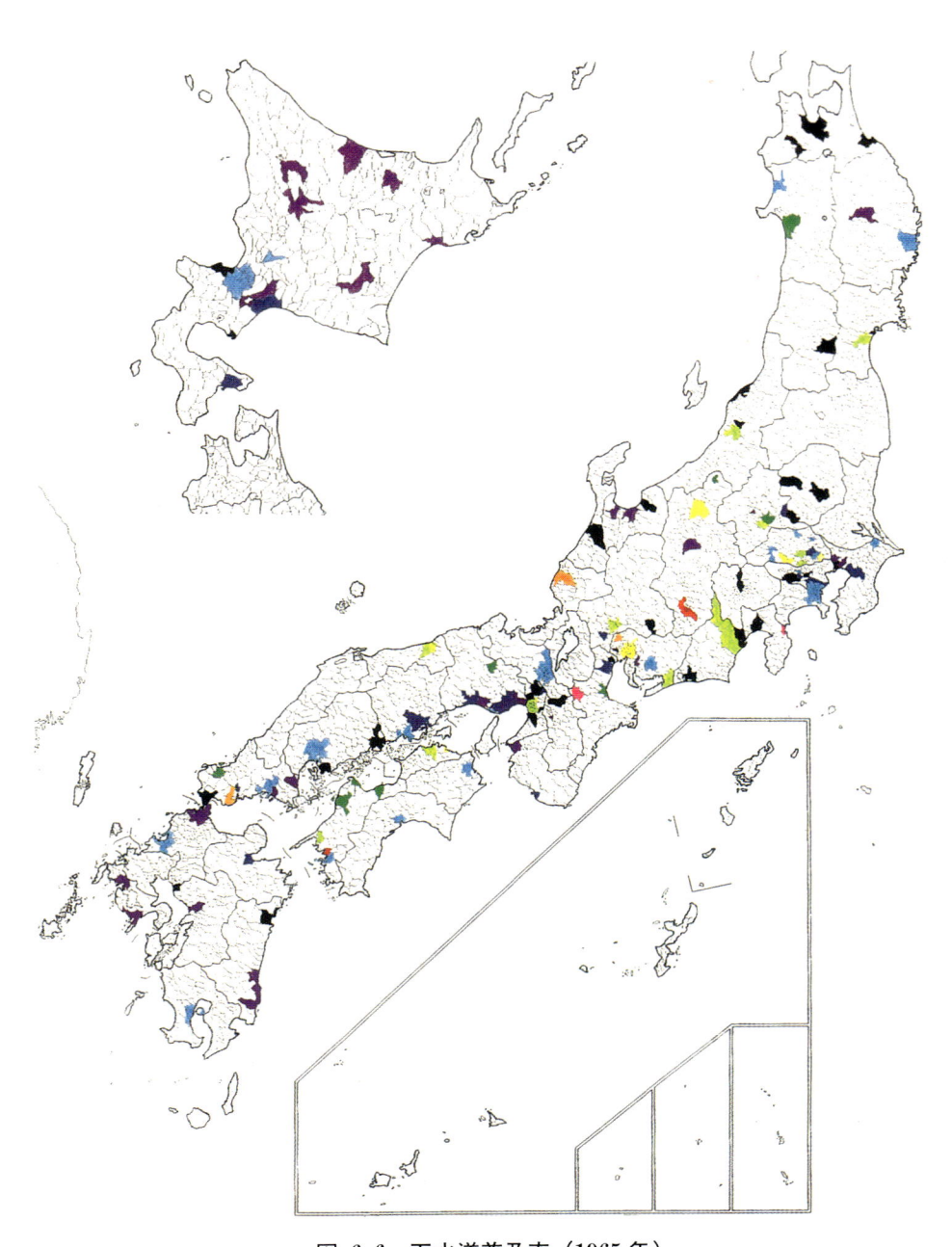

図 6.6 下水道普及率（1965 年）
Fig. 6.6 Sewerage in 1965

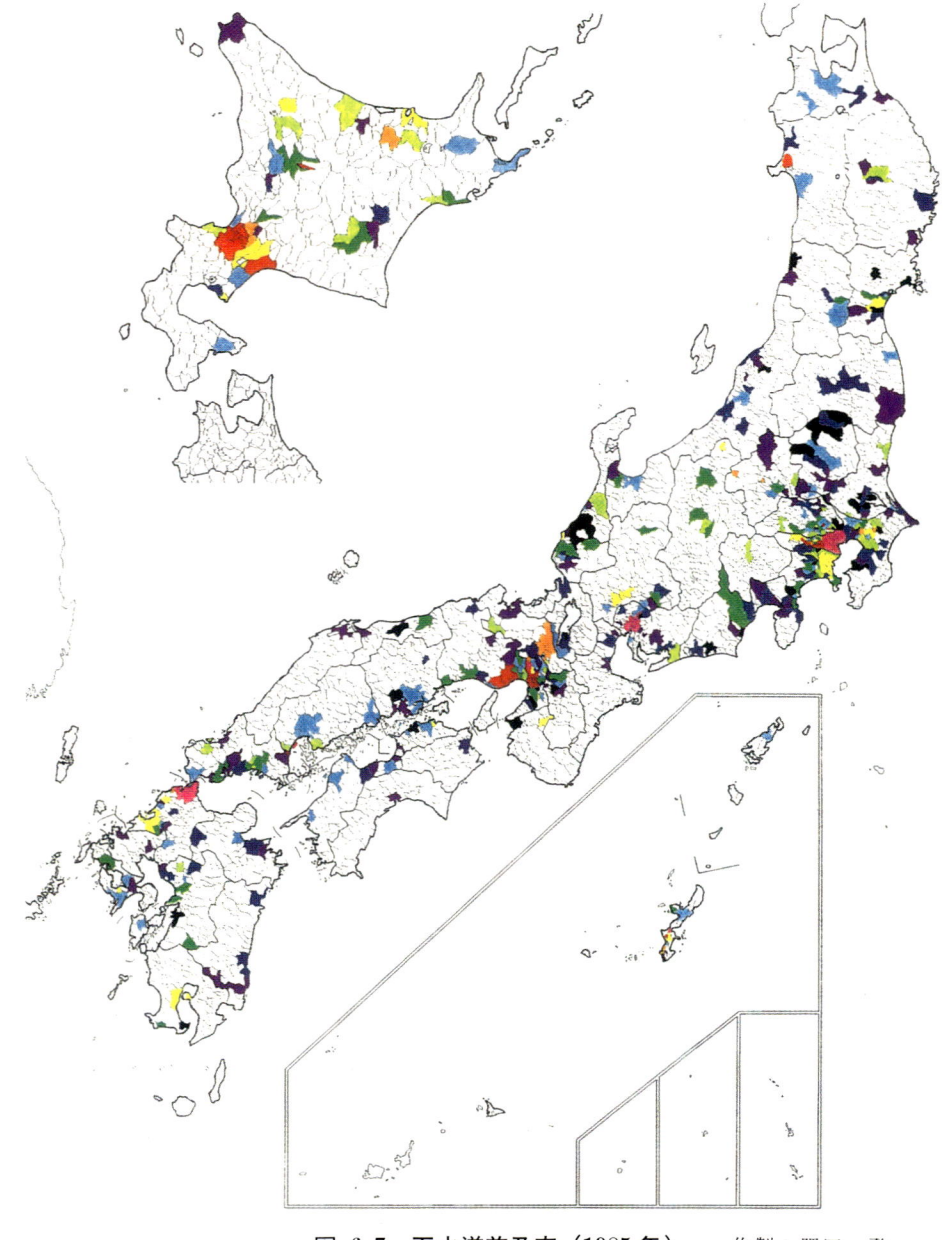

図 6.7 下水道普及率（1985 年）
Fig. 6.7 Sewerage in 1985

作製：肥田 登
Produced by N. Hida

6.3 関東地方の海岸環境の変化
Change in Coastal Environment in the Kanto Region

1. 海岸の分類

わが国の海岸は，その性状により3つのタイプに分類できる（図6.8中の挿図）：砂質海岸（beach），岩石海岸（rocky coast）と複合海岸（compound coast）である．砂質海岸は未固結の堆積物で構成されている海岸で，ここでは礫浜や泥浜を包含する．岩石海岸は，海食台（挿図中の(a)），波食棚(b)あるいは急崖(c)の地形で特徴づけられるような固結した物質からなる海岸である．複合海岸は，岩石海岸の前面に幅広い砂浜が発達している海岸をいう．図6.8は，わが国の海岸をこれら3つのタイプに分類した結果を示す．海岸線の総延長約34,000km（「理科年表」による）の約60％は岩石海岸，25％が砂質海岸，残りの5％が複合海岸である．

2. 関東地方の海岸の変化

関東地方（一都三県，ただし伊豆・小笠原諸島を除く）をくわしく調べた結果[1]を取りまとめて図6.9に示す．最近の海岸環境については1992年に現地調査を行い，①人間の手が入っていない海岸を"natural"，②護岸（seawall），防波堤（breakwater），離岸堤（detached breakwater），突堤（groin），河口導流堤（jetty），あるいはこれらの組合せ，などの人工構造物が設置してある海岸を"protected"，③人工的に埋め立てられた海岸を"reclaimed"，とした．結果は，都県ごとに左右一対の円グラフで図中に示されている．左の円グラフは，自然状態の海岸タイプ（砂質，岩石，複合）の占める割合を，右の円グラフは現在（1992年）の海岸環境を示す．

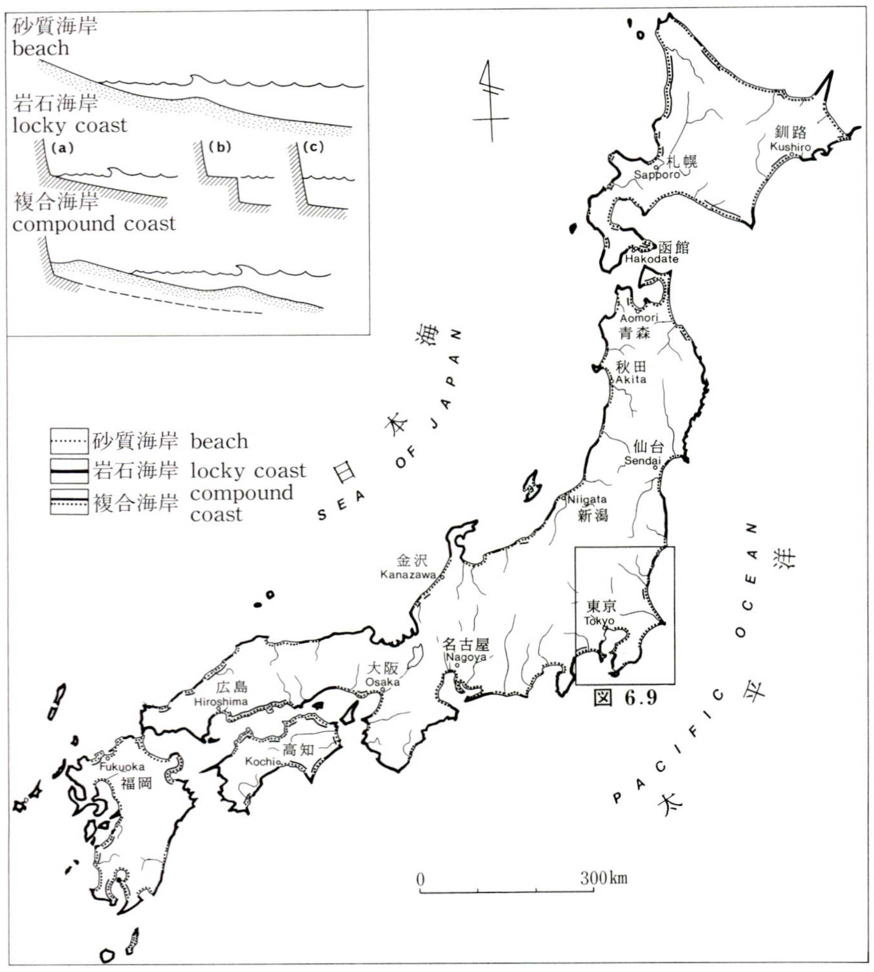

茨城県における現在の環境は，砂質海岸ではその約50％が人工構造物で占められており，20％が埋立地で，30％が自然海浜である．岩石海岸においてもこれらの比率はほぼ同じであるが，複合海岸では全域にわたり構造物（護岸）が設置されている．千葉県では，砂質海岸の42％は人工構造物のある海岸で，32％は埋め立てられており（ほとんどが東京湾沿岸域），残りの26％に自然状態が保たれている．岩石海岸の50％は構造物設置海岸で，埋立地はほとんどなく残りの約50％が自然海岸となっている．複合海岸は自然状態のままである．東京都の海岸線はすべて砂質海岸である．江戸時代より埋め立てが進められており現在では全域が埋立地で，自然の海岸は全く存在しない．神奈川県の砂質海岸では，20％が人工構造物のある海岸，50％が埋め立てられた海岸，残り30％が自然の状態にある．岩石海岸では16％が構造物設置海岸，39％が埋立地，45％が自然海岸である．砂質海岸や岩石海岸における埋め立ては，そのほとんどが東京湾沿岸域で行われている．複合海岸の75％には構造物（道路護岸）が設置されている．

図6.10に示されるように，東京都では第二次世界大戦直後までにすでに62％が埋め立てられている．東京都に次いで海岸線の開発が早くから進んだ神奈川県では，大戦直後で砂質海岸の26％，岩石海岸の8％が埋め立てられているにすぎず，かなり自然の海岸が存在していたことになる．開発が遅れた茨城・千葉の両県では戦前まで自然の海岸環境がよく保持されていたことがわかる．東京都を除くと，劇的な環境変化は戦後の約45年の間に生じているといえる．この間の変化状況を千葉県九十九里海岸域を例にとって図示したものが図6.11である．「列島改造」が叫ばれた1970年代の初頭からの変化がきわめて顕著であり，1990年の時点ではこの地域の海岸線の約52％がすでに人工構造物で占められている．このような速さで構造物の設置が今後も続くとすると，21世紀の初頭にはこの地域から自然の海岸が喪失するであろうことが予測される[2]．

［砂村継夫］

図 6.8 わが国における海岸のタイプ
Fig. 6.8 Coastal Types in Japan

□参考資料
1) Sunamura, T. (1993) : Changes in coastal environment of Kanto district. In : O. Nishikawa (ed.) "Environmental Changes due to Modernization and Geographical Information System", Report submitted to the Ministry of Education, Science and Culture, for the Grant-in-Aid for Scientific Research, pp. 179-186.
2) 砂村継夫（1993）：千葉県九十九里地域における海岸環境の変貌．日本地理学会予稿集，44，pp. 188-189．

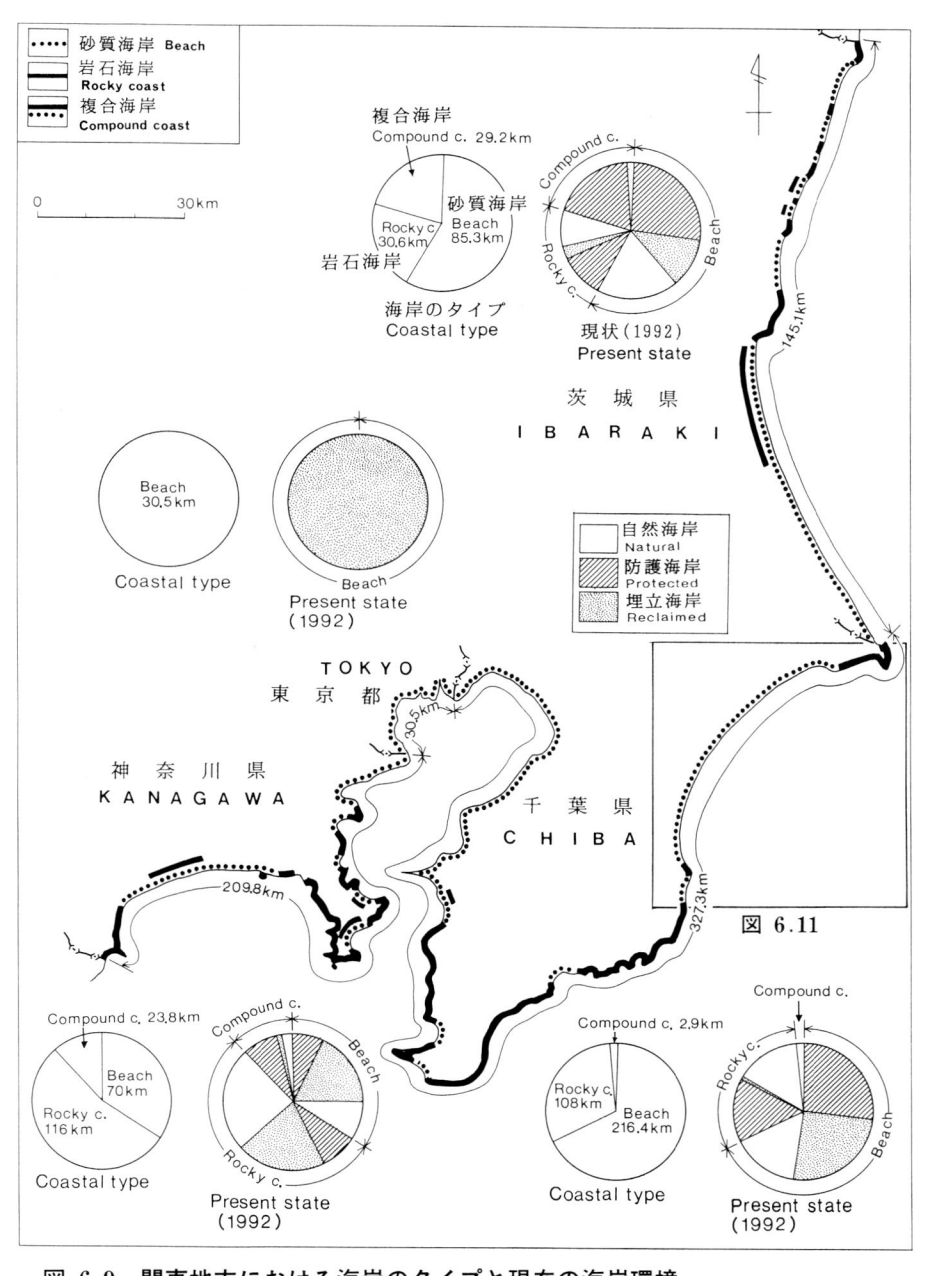

図 6.9 関東地方における海岸のタイプと現在の海岸環境
Fig. 6.9 Coastal Types and Present Coastal Environment in the Kanto Region

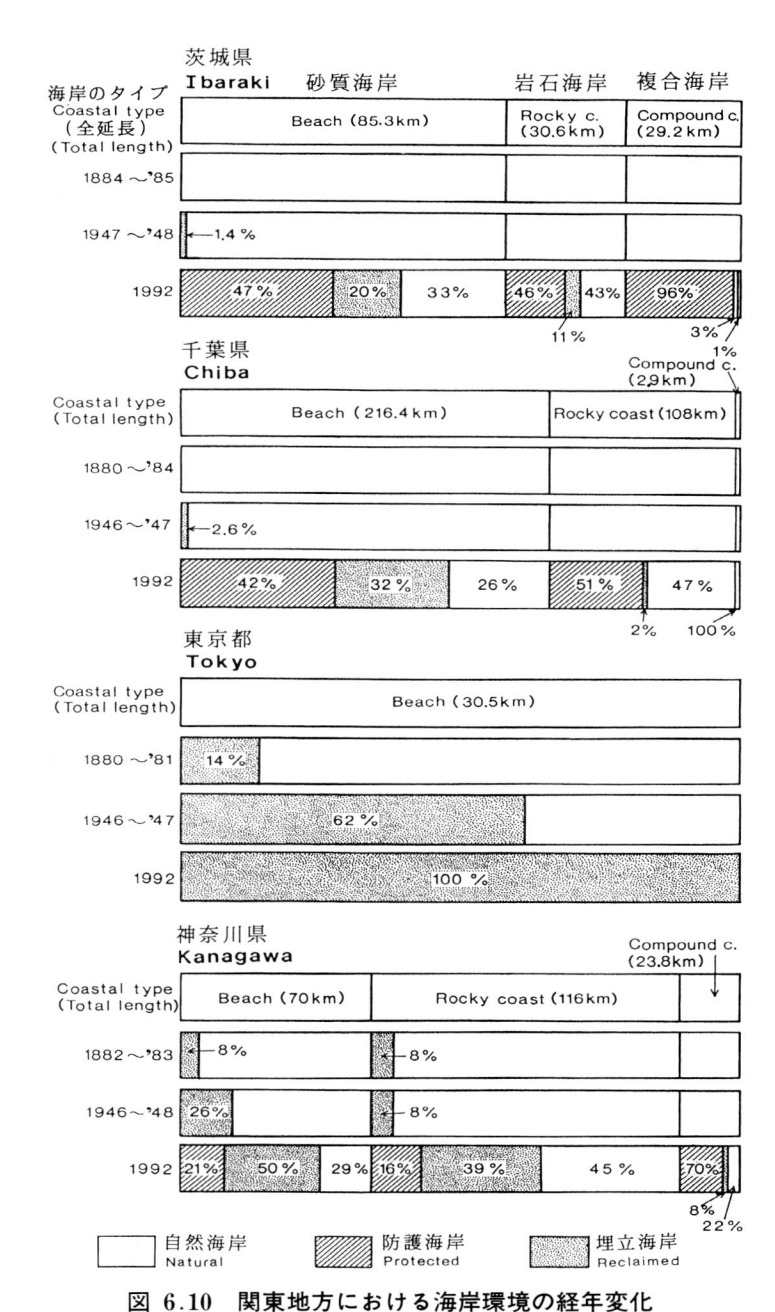

図 6.10 関東地方における海岸環境の経年変化
Fig. 6.10 Temporal Change in Coastal Environment in the Kanto Region

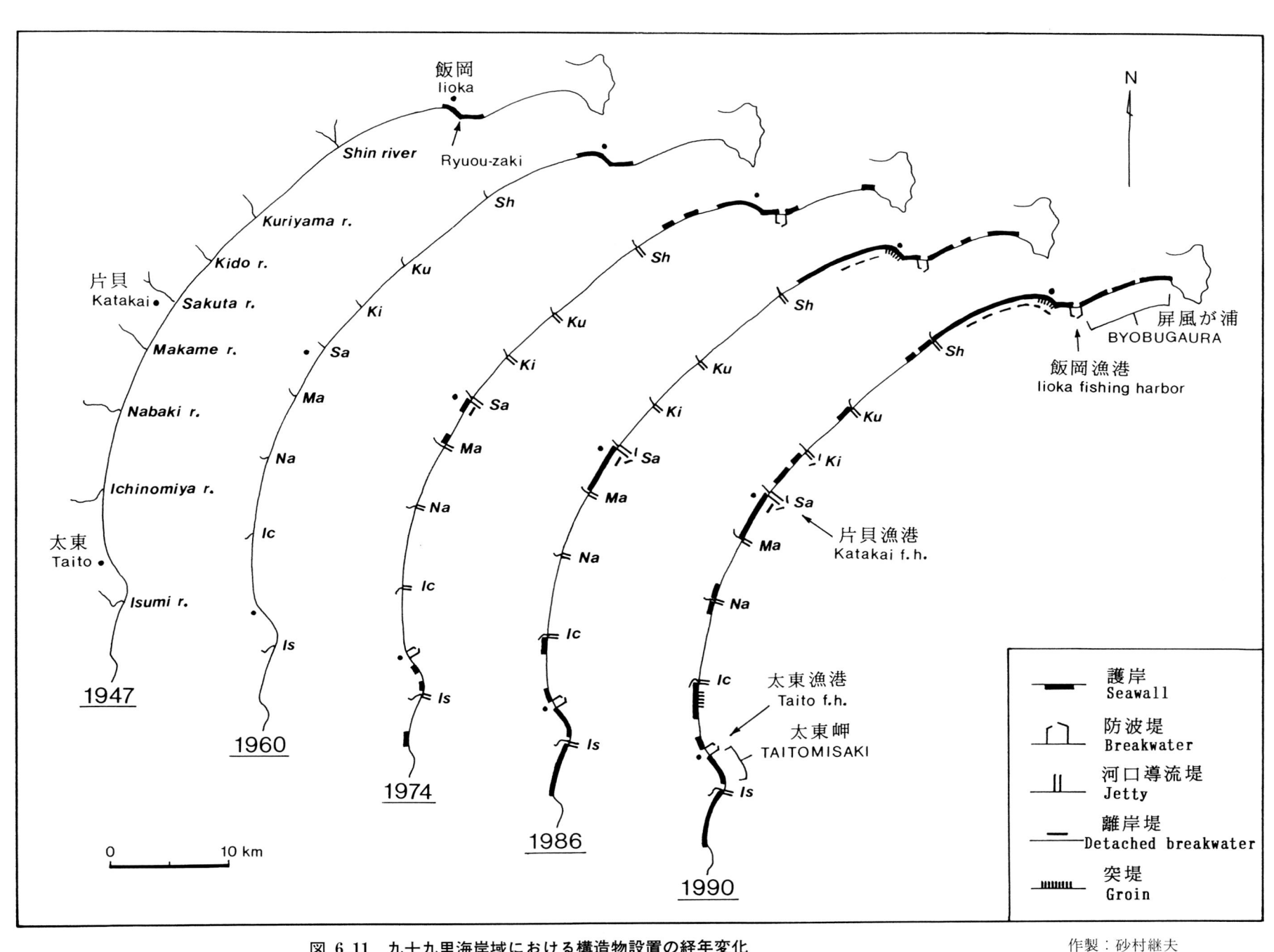

図 6.11 九十九里海岸域における構造物設置の経年変化
Fig. 6.11 History of Construction of Engineering Structures in Kujyukuri Coastal Area

作製：砂村継夫
Produced by T. Sunamura

6.4 東京低地の水域・地形環境の変化
Change in Topographical and Hydrological Environment in the Tokyo Lowland

1. 作製目的・方法

日本最大の平野である関東平野南部に位置し、さらに首都東京の立地する東京低地は、後氷期のグローバルな海水準変化と河川の沖積作用の影響下に形成され、最近数千年間、最もアクティブな地形変化の場であった所である。さらに、日本の政治的中心となった近世以降は、河川の改変、低湿地や沿岸部の干拓・埋め立てなどの地形の大規模な人工改変が行われ、現在に至っている。

このような地形変化の過程を明らかにするためには、平野形成に関わった河川や海岸の作用を面的にとらえる必要がある。さらに、人工改変の行われた範囲やその土地条件などを表現する際、平野全体における位置づけが必要である。これらを満たすには、微地形データによるアプローチが最も有効である。

そこで、東京低地の地形・水文環境を表現する微地形分布図を作製し、これをベースとして、考古学や歴史資料を利用しながら海岸線や水系の変化を追い、自然環境と人間との関わりを考えることとした。

作製にあたっては、1940年代に撮影された縮尺約4万分の1および2万分の1の空中写真を用いて東京低地全域の微地形分布を明らかにし、合わせて旧版地形図・迅速図、既往資料より河川改修・埋め立てなどの人工改変地形をもとの地形と合わせて表現し、水域環境に関わる人工改変の行われた状況がわかるように彩色・注記を行った（図6.12）。

2. 東京低地の微地形

東京低地は北を大宮台地、東を下総台地、西を武蔵野台地に限られ、北からは利根川水系の江戸川・中川、北西からは荒川が流れ込む。近世に大規模な河川改修が行われるまで、東京低地は利根川・荒川水系の最下流部に形成された平野であった。本地域には隅田川、荒川、中川、江戸川など複数の河川のほか、放水路や運河が分布し、広大なゼロメートル地帯を含むうえ、盛土地・埋立地などの人工改変地が大部分を占める。

東京埼玉都県境の小合溜付近を境に、中川低地では江戸時代まで二郷半沼、潮止沼など広大な沼沢地があった。これらは後背湿地が泥炭地となっていたものである。このように、小合溜から上流は自然堤防-後背湿帯で、下流側はデルタ地域と理解することができる。荒川低地側では足立区西部より下流側がデルタ地域に相当する。

以上のように東京低地は低平なデルタ平野であるが、台地の縁辺などに見られる砂州や河川に沿う自然堤防などの微高地が分布する。台地縁辺の砂州は、武蔵野台地沿いの赤羽から上野の台地に沿って連続するもの、上野台地から北東へ三ノ輪まで分岐するもの、東京駅をのせる旧江戸前島などがある。下総台地沿いでは松戸砂州、市川砂州などがある。このほか、浅草砂州、江戸川河口部の砂州などがある。河川に沿うものには、松戸から下流の江戸川や、中川沿いに発達する自然堤防がある。このほか、毛長川、小合溜、古隅田川などに沿って見られる微高地もある。これらの砂州や自然堤防は、旧海岸線や河道変遷を知る手がかりとなる。

東京低地のもう1つの地形の特徴は、広域におよぶ地形の人工改変である。現在の東京低地は、上述の微高地がほとんど判別できないほど盛土が行われ、河川や水路が縦横にめぐらされ、海岸部は沖合いまで埋立地が広がっている。また、広大なゼロメートル地帯が形成され、河川や海岸は堤防によって限られている。東京低地はおそらく世界で最も人工改変が進んだ平野であろう。

3. 水域・地形の変遷と人工改変

東京低地における地形の人工改変はほぼ全域におよぶが、水域と関連する主な変化を図示した。

1) 海岸線

微地形分布と旧版地形図、歴史、考古史料などにもとづき、6～8世紀、15世紀頃、1600（慶長5）年頃、1880（明治13）年頃、1945（昭和20）年、1990（平成2）年の海岸線を示した。

古代の海岸線は東京低地中央部において現在よりかなり内陸側にあったが、東部では利根川-荒川河口デルタが広がり、集落も早くから成立していた。中世末には日比谷入江や江戸前島の砂州などが記録に見られ、近世以降は江戸前島などの砂州を利用した小規模な埋め立てや、利根川-荒川河口部の干潟を利用した干拓が進んだ。

明治期以降、隅田川河口左岸は産業用地としての埋め立てが進み、埋め立て対象は干潟から浅海へと拡大した。この地域は近世以降、最も埋め立てが進んだ地域である。

2) 大河川

東京低地は利根川-荒川水系の河口デルタとして成立し、江戸川、中川、隅田川などは、古代～中世は利根川および荒川の派川として位置づけられていた。近世初期、利根川・荒川水系中流部では大規模な「付け替え」が行われ、利根川は銚子へ、荒川は隅田川へと連絡したが、東京低地では在来の水路が利用され、平野には遊水機能が備えられていた。

1910（明治43）年の大洪水以降、それまでの舟運中心の低水工事から治水目的の高水工事に河川事業が転換され、大正末には荒川放水路、江戸川放水路などが完成した。これにより東京低地の治水は連続堤防・放水路と排水機による強制排水のシステムが採用され、氾濫は許容されなくなった。

3) 小河川

東京低地南部では隅田川と江戸川を結ぶ小名木川や新川などの運河網が整備された。また、見沼代用水、葛西用水などの農業用水路や綾瀬川などの排水路は河川と並行して設定された。これらの小河川・水路の中には、都市化による流域の変遷を経て、治水上の問題が生じて「総合治水」の対象となったもの（綾瀬川）や、廃川となった後ウォーターフロント事業により再生されたもの（葛西用水など）もある。

4) 干潟・湿地

沿岸部の砂州や旧利根川河口に発達した干潟は、干拓・埋め立て事業に良好な土地を提供した。近世以降、干拓地は農業用地あるいは塩田として利用されたが、東京の拡大にともない産業・居住用地とされた。内陸部では中川低地に発達する広大な後背湿地が、近世の排水事業により農業開発の対象となったが、近年の急速な都市化により遊水機能が低下し、新たな内水害対策が必要とされている。

5) ゼロメートル地帯の形成・拡大

以上のほか、地下水の過剰揚水などによる地盤沈下が東京低地のゼロメートル地帯を拡大したことは、特筆すべき出来事である。　　［久保純子］

□参考資料

1) アーバンクボタ No.19「利根川」(1981).
2) 大野一敏・大野敏夫 (1986)：東京湾で魚を追ふ（第4刷）, 草思社.
3) 大矢雅彦 (1988)：「水とかつしか」専門調査報告書, 葛飾区教育委員会（付図；大矢雅彦・春山成子「葛飾区周辺水害地形分類図」）.
4) 科学技術庁資源局 (1961)：中川流域低湿地の地形分類と土地利用.
5) 久保純子 (1992)：河川・水路の変遷と水害史. 三郷市史　自然編, 三郷市史編纂委員会.
6) 久保純子 (1994)：東京低地の水域・地形の変遷と人間活動. 防災と環境保全のための応用地理学, 大矢雅彦編, 古今書院.
7) 国土地理院 (1989)：1:50,000地盤高図「東京」.
8) 千葉県開発局 (1969)：京葉工業地帯の地盤.

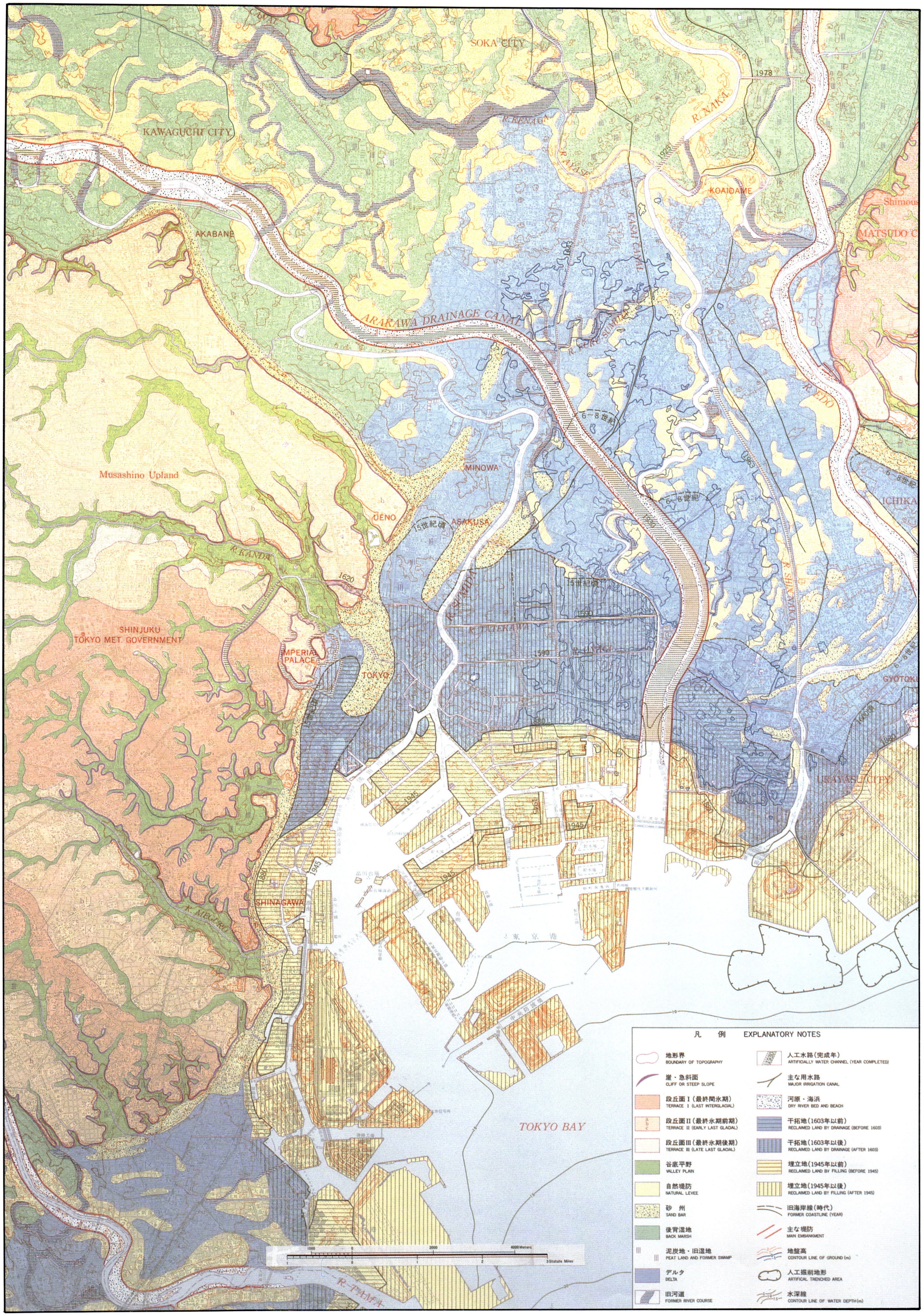

図 6.12 東京低地水域環境地形分類図（縮尺5万分の1，カラーA1判の原図の一部を縮小）
Fig. 6.12 Geomorphological Map of Tokyo Lowland Showing Environmental Changes of Water-space (a part)

作製：久保純子
Produced by S. Kubo

6.5 東京の水文環境の変化
Change in Hydrological Environment in Tokyo

1. 水と都市

明治以降，東京付近では新しく生まれた放水路などの河川があるかたわら，多くの中小河川や水路が姿を消した．江戸時代以来行われてきた海岸の埋め立ては速度を上げ，東京の地図は大きく変わった．河川・水路が減少する一方で上下水道の整備が進み，東京の水の流れの大半は，地上の河川から地下の人工水路へと切り替わった．どの都市でも，町に流入する物資のうちで最も質量が大きいのは水で，生鮮食料品や建築資材などの合計重量の数倍以上である[1]．したがって，都市の水文環境の変化を明らかにするためには，海岸線や河川・水路・池などの目に見える部分のみではなく，上下水道による水の移動も考えなければならない．都市の水環境の変化は，この両者の組合せで成り立つ．

2. 水域の変化

東京の河川・水路，海岸線の歴史的な変化をたどる資料としては，国土地理院の地形図が適当である．1887(明治20)年頃の迅速図以来，1909(明治42)年頃，1921(大正10)年頃，1935(昭和10)年頃，昭和30年代，昭和60年代の2万5千分の1(2万分の1を含む)を中心として，河川・水路の位置を読み取った．ところが明治時代の地形図では，河川・水路の位置が座標上では必ずしも正確ではないことがわかったため，すべて現在の2万5千分の1地形図に転記した．転記に際して誤差が生じるが，かつての小水路の跡地は現在の道路となっている場合が多いので，大きな誤りはないと考えられる．河川・水路の復原は，上記の6年代について行ったが，図6.13では1910年代，1950年代，1980年代の3年代のみを示した．

この図を見てまず気がつくことは，河川・水路の消滅である．1910年代は，山の手や武蔵野台地の水路密度が最も高かった頃と考えられる．武蔵野台地の水路の多くは玉川上水の分水路で，この上水が江戸の水道のみでなく武蔵野の開発にも大きな意義をもっていたことが，地図からも読み取れる．いうまでもなく下町でも水路網が発達していた．この時代には，下町でも山の手でも武蔵野の農村でも，水路を中心にした生活が営まれていたことが想像できる．しかし，この頃にも市内の一部の水路は暗渠化されつつあった．大正時代以降，下水道が普及し始め，これにともなって排水路化した河川・水路の暗渠化が進み，市内から水域が消えていく．上水道は下水道よりもはるかに先行して普及地域を拡大してきたので，下水道敷設が上水道に追いつかなかった地域では，排水を河川に放流していたことになる．これは現在までも続いている．

1923(大正12)年の関東大震災後，下町では一部の運河の改修が行われ，水の都の景観を保っていた．しかし，山の手や武蔵野台地では宅地化が進み，農業用水路，特に末端の水路は宅地からの排水路になり，本来の使命を終えて地図の上から消えた．

昭和10年頃から第二次世界大戦後までの間，上下水道普及地域はほとんど拡大していない．この間，都心部では戦災の瓦礫を運河に投入し処理したこともあり，多くの水域が消えた．1950(昭和25)年頃の図では都心部の河川・水路の空白がはっきりしている．運河の消滅の原因としては，明治以降進められてきた水運から陸上輸送への転換が大きな要素である．高度経済成長期以降では鉄道から自動車への切り替えが進行し，川岸に立地した貨物駅も姿を消し，都会の中からは生産，流通に結びつく水辺はほとんど見られなくなった．それに代わって，観光的要素をもったウォーターフロントが台頭してきた．

3. 地下水の変化

東京オリンピックの前後になると，道路の建設のほか中小河川を下水道幹線とする政策がとられ，河川・水路は急速に姿を消した．宅地化が進行した武蔵野台地でも，水路は農業用水補給の役目を終えた．武蔵野台地の宅地化は，地下水の枯渇を招いた．揚水は豊富な地下水を保ってきた武蔵野礫層の地下水位を低下させ，神田川などの中小河川の水源を断ち切った．地面を家やコンクリートで覆う宅地化は雨水の浸透を妨げ，これによって地下水位の低下が進行した．水源を失い，排水で汚濁した川は邪魔者扱いにされ，積極的に地下水路に転換された．現在，井の頭公園や三宝寺池などの池は常に水をたたえ，あたかも自然の池であるように見えるが，この水源は井戸からのポンプ揚水である[2]．中小河川でも，自然の湧水からの水源はほとんどないのが現状である[3]．現在，東京では上水道はほぼ100%普及し，下水道も急速に普及した．この結果が1980年代の地図である．

4. 上下水道と未処理水

すでにのべたように，都市は莫大な量の水を消費する．東京に近代水道が開設されたのは明治末期であるが，特に昼間人口の都心集中によって，都心部の水道使用水量は莫大なものになった．昭和40年，50年頃の都心の年間使用水量をそれぞれの区の面積で割り，水深(高さ)に換算すると，6,000mmないし7,000mm，すなわち6mないし7mにも達していた．東京の年降水量がおよそ1,500mmであるから，雨量の4倍以上の水が輸送され使われていたことになる．現在のところ消費量は若干減少したが，それでも都心3区では6,000mmに近い．世田谷などの住宅地区でも2,000mmに近い消費があり，東京の水収支の中では水道が最も大きな比率を占めていることがわかる．

下水道が完全に普及していれば，排水が河川を汚濁することはないが，下水道が不完全な状態では河川に負荷がかかる．図6.14は各区市単位に未処理水高(mで表す)を推定したものである．計算方法は上水道給水量に水道用以外の地下水用水量を加えて使用水量の合計とし，これに下水道未普及率を掛けて未処理水量を求め，この値を各区市の面積で割り未処理水高(年間)とした．なお，上水道からの漏水は10%以上とされているが，ここではこの値を考慮せず，処理されずに河川あるいは地中に放流される全水量を対象とした．1955(昭和30)年の段階では，都心部は下水道が普及し未処理水高は少ないが，周辺区は1m以上の値が見られ，これが河川を汚濁していたことが読み取れる．市部，すなわち当時の三多摩郡部で値が小さいのは，人口がまだ少なかったためである．1985(昭和60)年になると，都心部を核に値が低い地域が拡大したが，周辺区部では高い値が見られ，環境整備の遅れを示している．図は示さないが，未処理水が多い地域では河川のBODも高くなっている．

5. 水辺の変化

図6.15は，東京低地の海岸線・河川の変遷の概略である[4]．この図には図6.13に示されているような小さな水路は省略されているが，荒川や中川を中心とした大規模な改変が表されている．さらに，いわゆるゼロメートル地帯が形成され，水辺景観も大きく変化したことが読み取れる．

東京の水辺の変化を地図で追跡すると，現在残された水辺がいかに少なく，貴重なものであるかが理解できる．この利用と保全は市民にとっても，行政においても重要な課題である．

[新井 正]

□参考資料
1) 半谷高久，安部喜也(1966)：社会地球科学，紀ノ国屋新書，202 p.
2) 新井 正(1980)：日本の水―その風土の科学―，三省堂，278 p.
3) 新井 正ほか(1987)：東京における河川環境と湧水．地域研究，28(2)，pp.1-16.
4) 久保純子(1993)：東京低地の水域の変化と人間活動．近代化による環境変化の地理情報システム，平成3年度報告書(I)，pp.201-208.

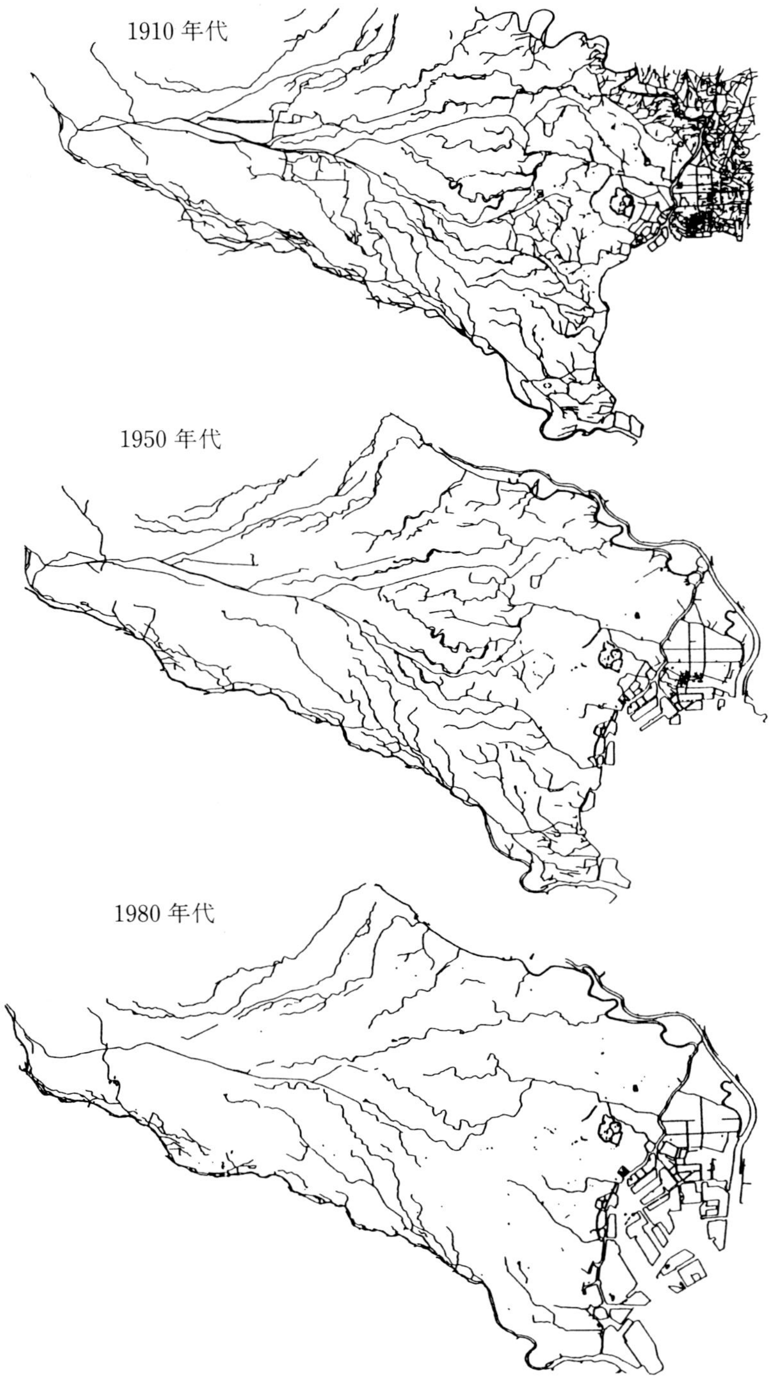

図 6.13 東京の河川・水路の変遷
Fig. 6.13 Changes in Rivers and Aqueducts in Tokyo

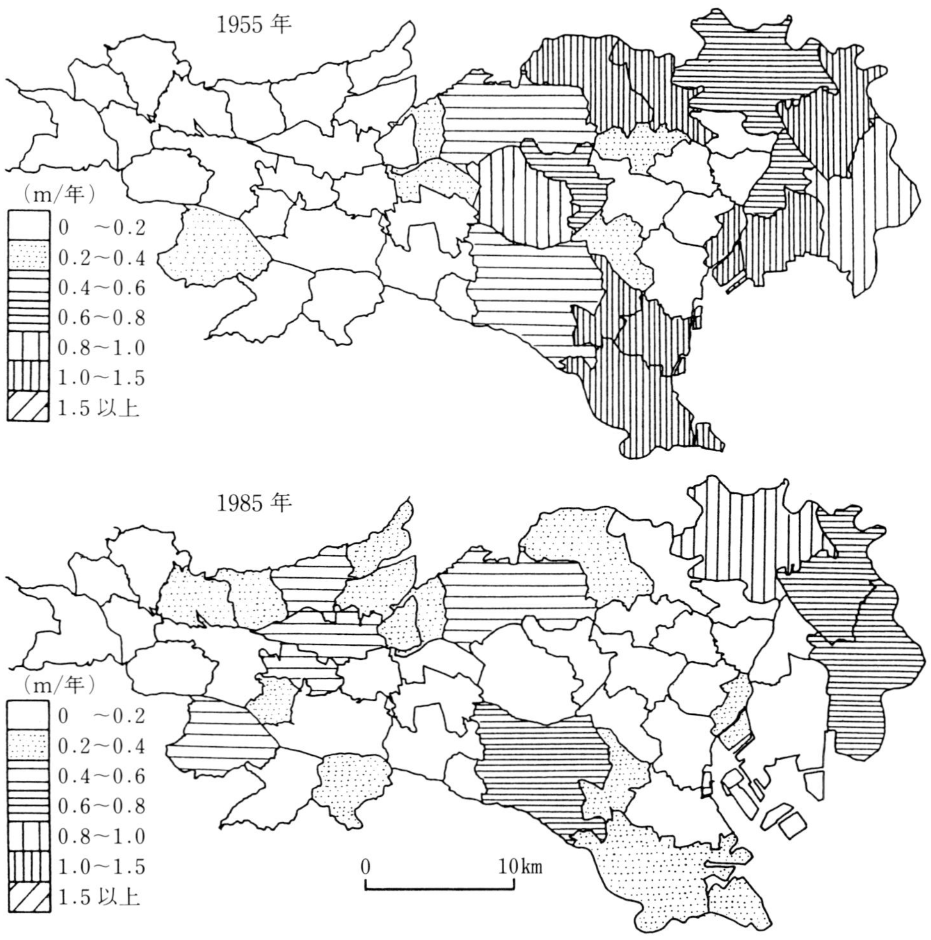

図 6.14 東京の区，市（山間部を除く）における未処理水量（高：m/年）
Fig. 6.14 Amount of Untreated Water in Wards and Cities in Tokyo MZ (excluding mountain regions) (meter/year)

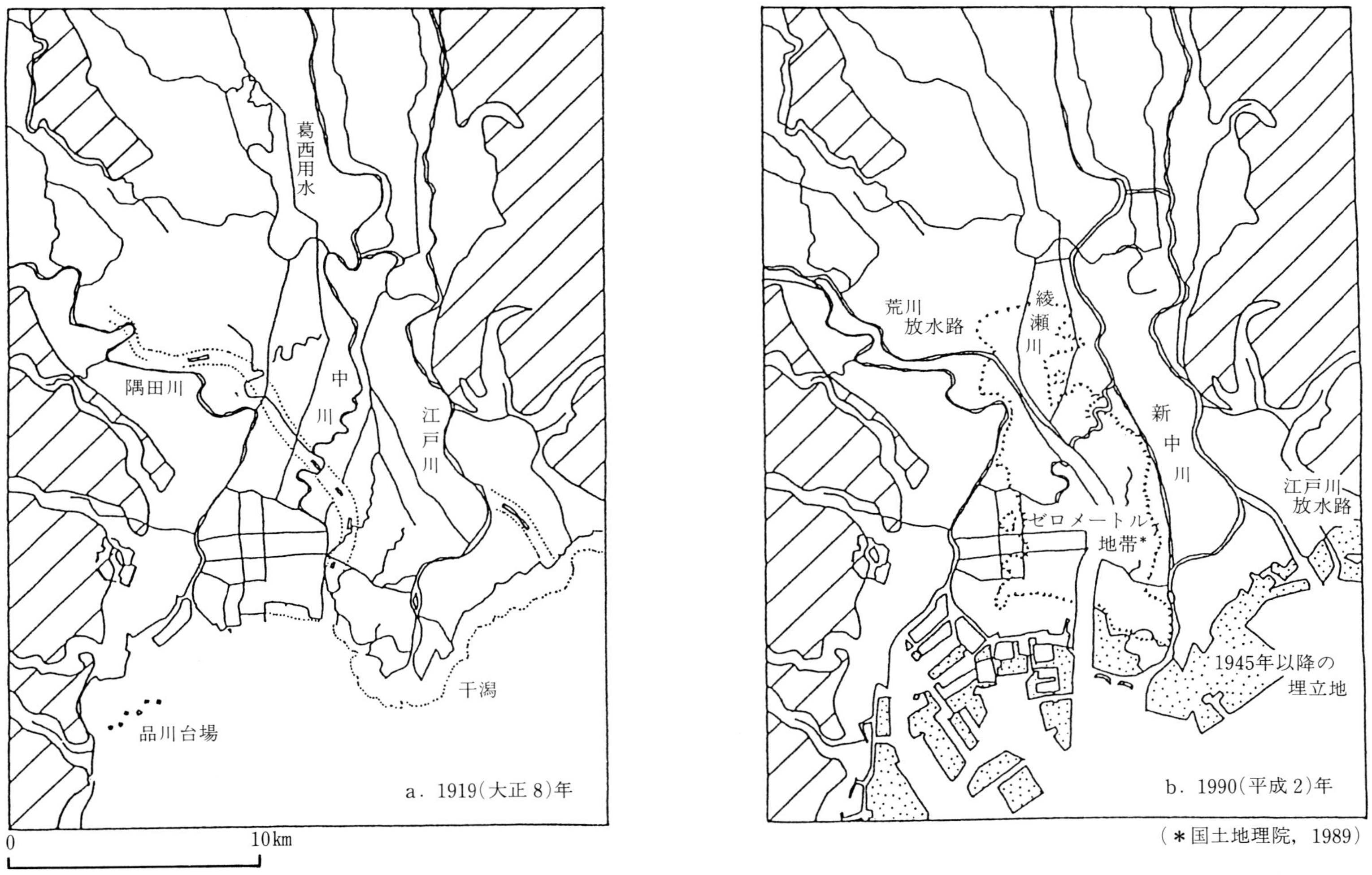

図 6.15 東京低地の水域と地形の変化（久保，1993による）
Fig. 6.15 Changes in Water-Space and Landform in the Tokyo Lowland (after Kubo, 1993)

作製：新井 正
Produced by T. Arai

6.6 濃尾平野の水域の変化
Change in Aquatic Environment in the Nobi Plain

近代化にともない河川・水路・海岸線の変化，不透水性地表の拡大など濃尾平野の水域は大きく変化した．その中で，特に地表の水の有り様に関係の深い水系，不透水性地表，また熱収支にも深く関わる地表面アルベドの変化やその分布について地図化を行った．水系図は5万分の1地形図をもとに，不透水性地表は2万5千分の1地形図，土地利用図をもとに作製した．地表面アルベドはランドサットMSSデータより求めた．

1. 水系の変化

図6.16は，1900（明治33）年（一部1913（大正2）年）と1990（平成2）年（一部1988（昭和63）年）の濃尾平野およびその周辺の水系・海岸線・池の分布を示すものである．両者を比較すると，海岸線が変化したことがわかる．この変化は，特に1957（昭和32）年以降大きく進行した．河川・水路に関しても同様で，昭和32年以降に地上から姿を消す水系，流路の直線化などの例が著しくなっている．池の数も減少している．名古屋市の例で見ると，水空間面積は，水路に関しては1891（明治24）年が111.5ha，1920（大正9）年に151.0，1935（昭和10）年前後が125.2，昭和30年代前半が150.3，現在（昭和60年）は62.9haである．中小河川はそれぞれ，1,290.4，1,379.3，1,197.6，1,177.6，1,105.9haの値をとっている．また，ため池・貯水場は昭和30年代前半が396.5haであるのに対し，現在は214.6haに減少した．この図から木曽川，長良川，揖斐川といった大河川も大きく改修されてきたことが読み取れる．

2. 不透水性地表の拡大

近代化は，水系の変化とともに不透水性地表の著しい拡大を促す．不透水性地表の拡大は，降水の地下への浸透を抑え，蒸発を減らす一方で，表面流出を増大させる．したがって，その拡大は直接的に水収支を変えることになる．図6.17は，1923（大正12）年と1980（昭和55）年の名古屋市周辺の不透水性面積率の出現頻度を比較したものである．大正12年には，1～10％の不透水性面積率が最多で，0％の所も数多く出現している．0％および1～10％が全体の76％を占める．一方，昭和55年には，81～90％の面積率の出現が最も多い．100％の所も出現し，61～100％で全体の75％を占めている．なお，ここでは，不透水性地表は簡便的な方法で求めた．昭和55年の場合は，2万5千分の1土地利用図を，大正12年の場合には，2万5千分の1地形図を用いた．地形図上に5mmメッシュをかけ，その交点上の土地利用から求めた．昭和55年の場合は道路，住宅，商業，業務，工業地区の交点は不透水性地表としたが，大正12年の場合は上記の地区でも建物が交点上にある場合，あるいは主要道路上にある場合のみ不透水性地表とした．値は1km²で表示した．

不透水性面積率の空間分布を1kmメッシュで示したものが図6.18である（黒丸は名古屋駅）．大正12年には，61％以上の不透水性面積率の地域が，名古屋市街地と対応する．その郊外は1～20％がとり囲み，まさに市街地は「不透水性地表の島」を形成していた．東部の丘陵地帯では，0％の値も多数出現している．一方，都市化の進展にともない，昭和55年では，著しく不透水性面積率が増大した．名古屋市街地は，ほぼ81％以上の地域に対応し，名古屋駅東の中区丸の内，錦には100％の所も出現する．大正12年には0％であった東部丘陵地帯でも，大半で41％を上まわる値を示している．

3. 地表面アルベドの分布

地表面アルベドは，熱収支のパラメータであるが，蒸発に関係し，広い意味で水域に関わるものである．地表面アルベドは，フロッピーディスク版ランドサットMSSデータを用いて，縦（ほぼ南北）22km，横（ほぼ東西）24kmの領域について算出した．その方法は，中川・大井（1992）がくわしくのべている[1]．1kmメッシュを作製し，各メッシュのアルベドのヒストグラムからモード，平均値を算出し，モードをそのメッシュ値とした．

地表面アルベドは，土地利用と関係が深い．図6.19は，岐阜における市街地，水田，畑地，果樹園（カキ）の1kmメッシュ内のアルベドのヒストグラムである．縦軸はピクセル数である．岐阜市街地はアルベド14％に，水田は19％に，畑地は18％，果樹園は16％にモードが見られる．中・小都市が分布し，また，さまざまな農業的土地利用が展開する岐阜周辺のアルベドの空間分布を，1kmメッシュマップの形で図6.20に示すが，それぞれの土地利用に応じてモザイク模様を呈している．なお，図中の右の黒丸は岐阜駅を，左側は大垣駅を示し，1987（昭和62）年11月11日のものである．都市的土地利用の進んだ地域は，周囲に比べ数％低いアルベドの値をとる．これは都市の構成物質よりは，その幾何学的形状によると考えられている．名古屋市周辺のアルベドの分布では，市街地の中で特に高層化の進んだ丸の内，錦，栄で小さな値を示している（黒丸は名古屋駅）．高層ビル群による日射に対する多重反射の効果によるものであろう．

不透水性地表と地表面アルベドとの間には負の相関がある．この関係を用いると，現在の名古屋の市街地では過去60年間にアルベドが8％も低下したことが予想される．これは，およそ50W/m²の地表面日射吸収量の増加を意味する．

［野元世紀］

□参考資料
1) 中川清隆・大井祐成（1992）：新潟県長岡市街地およびその周辺におけるLANDSAT/MSS波長域地表面アルベドの分布とその季節変化．地理学評論，65 (Ser. A), pp. 769-790.

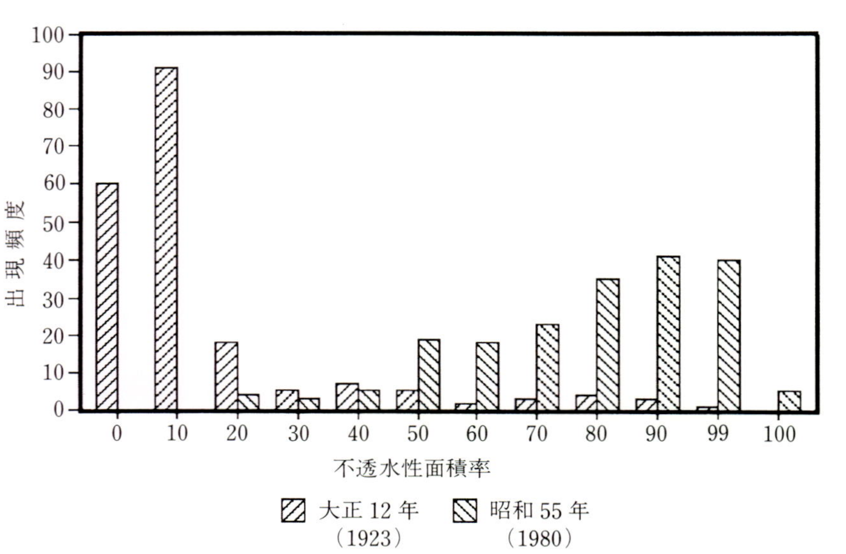

図 6.17 不透性地表の出現頻度
Fig. 6.17 Frequency of Occurrence of Impermeable Surface

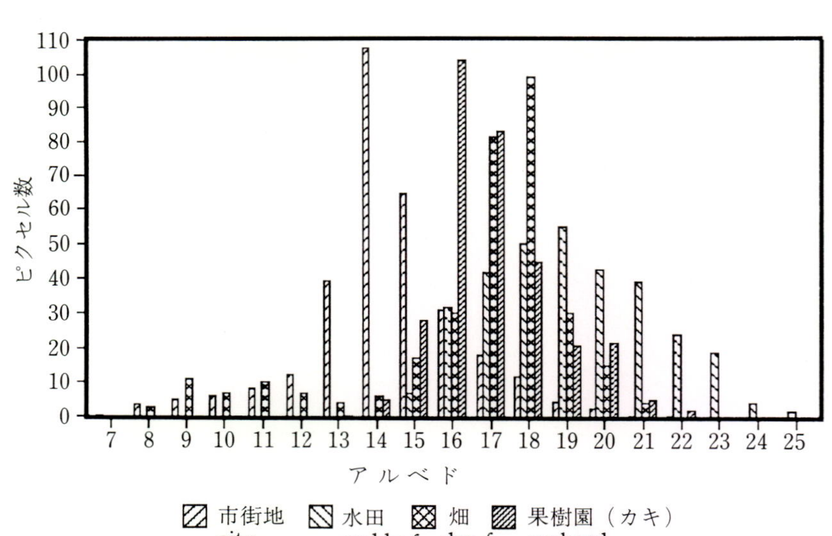

図 6.19 アルベドの出現頻度
Fig. 6.19 Frequency of Occurrence of Albedo

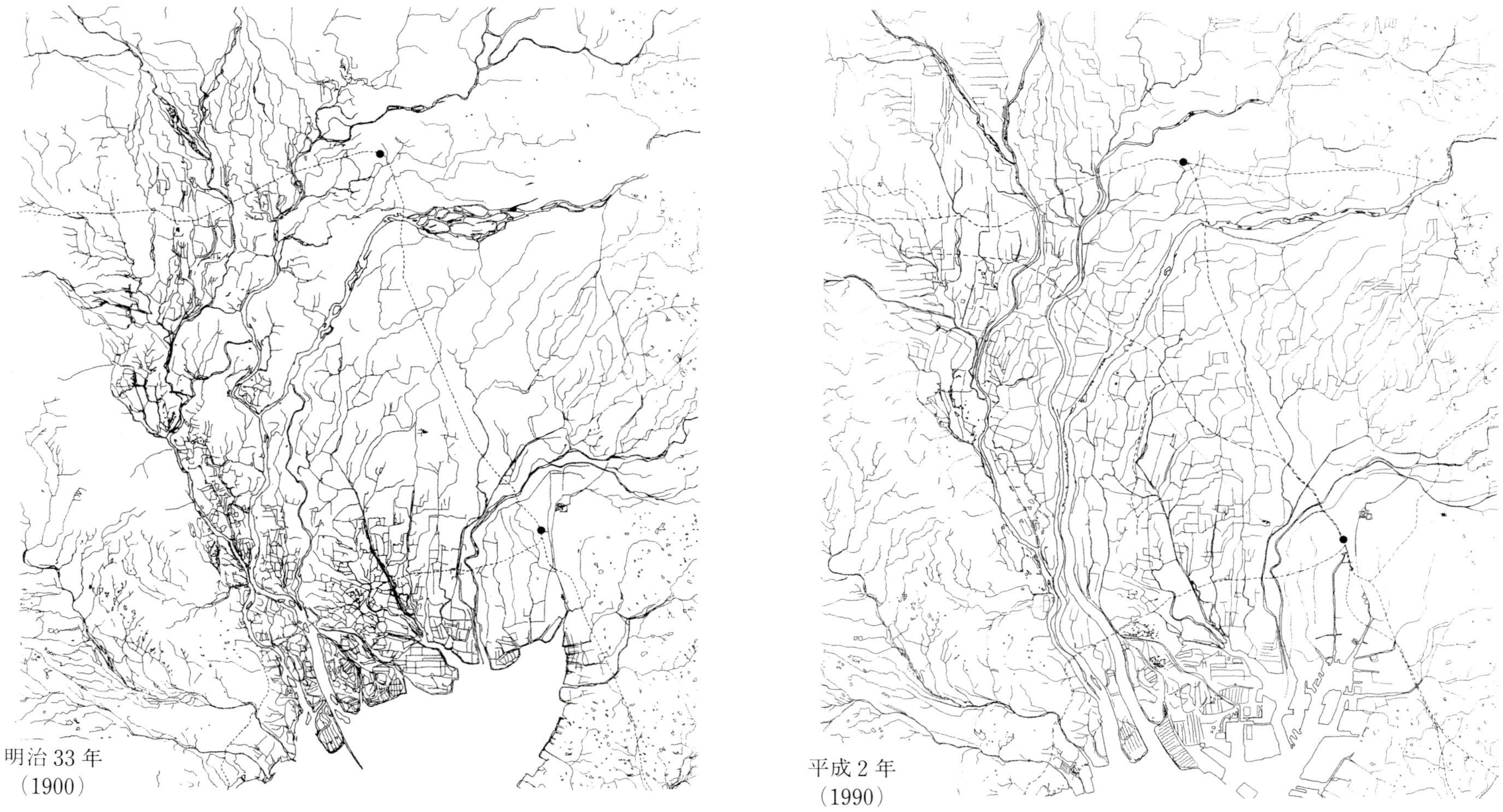

明治33年
(1900)

平成2年
(1990)

図 6.16 濃尾平野の河川・水路の変遷
Fig. 6.16 Change of Rivers and Aqueducts in the Nobi Plain

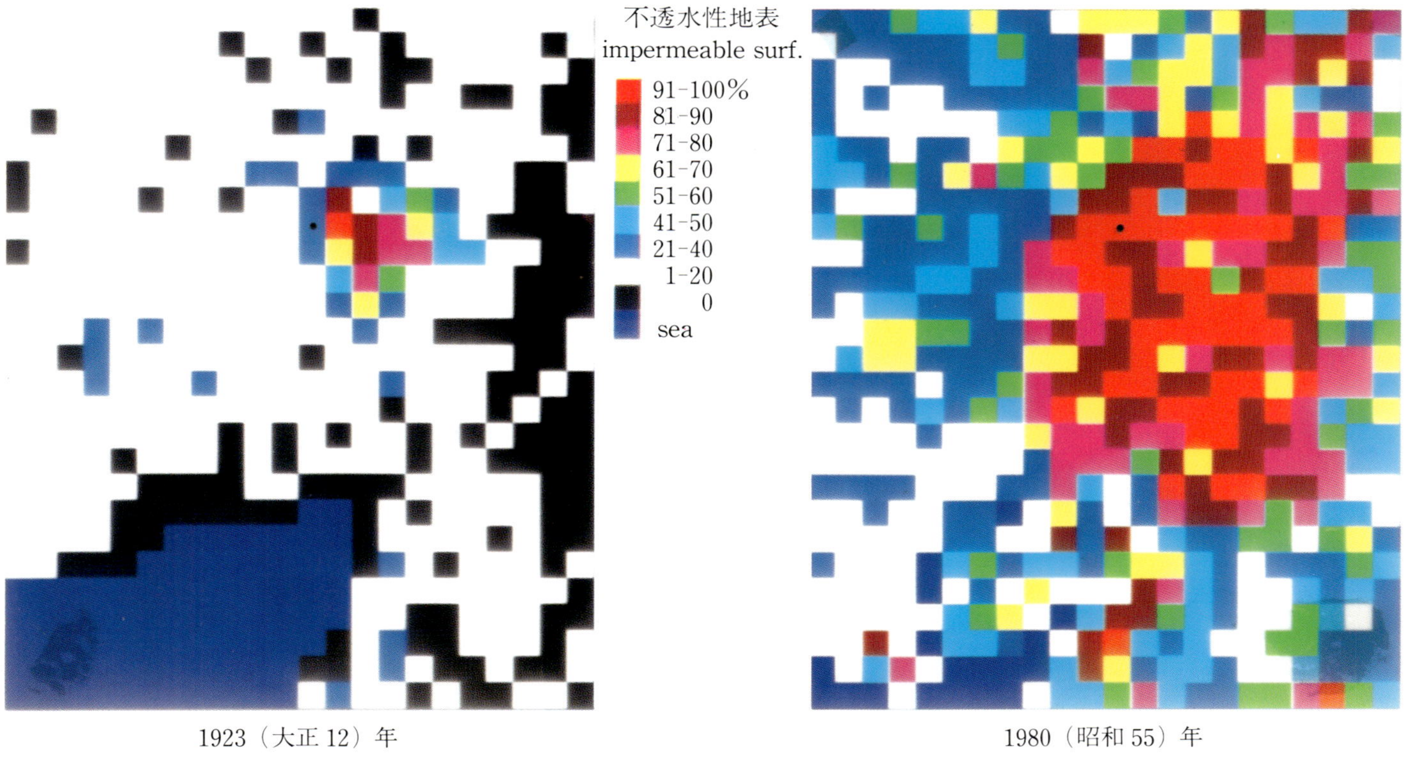

不透水性地表
impermeable surf.
91-100%
81-90
71-80
61-70
51-60
41-50
21-40
1-20
0
sea

1923(大正12)年

1980(昭和55)年

図 6.18 名古屋における不透水性地表の分布
Fig. 6.18 Distribution of Impermeable Surface in Nagoya

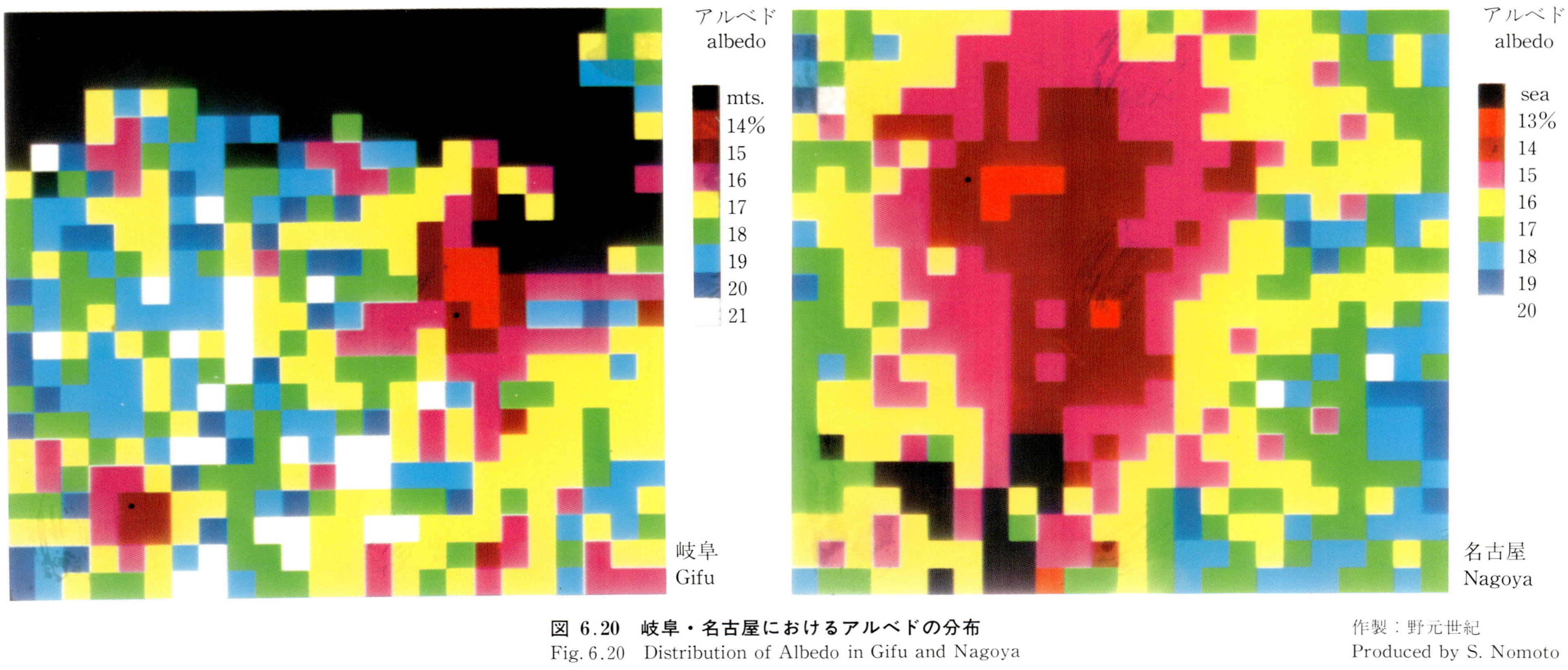

アルベド
albedo
mts.
14%
15
16
17
18
19
20
21

岐阜
Gifu

アルベド
albedo
sea
13%
14
15
16
17
18
19
20

名古屋
Nagoya

図 6.20 岐阜・名古屋におけるアルベドの分布
Fig. 6.20 Distribution of Albedo in Gifu and Nagoya

作製：野元世紀
Produced by S. Nomoto

7 人口分布の変化

CHANGE IN THE DISTRIBUTION OF POPULATION

　明治初期に約3,500万人であった日本の人口は，第1回国勢調査が実施された1920（大正9）年には約5,600万人に達し，現在1億2千万人を突破している．わずか120余年で3.5倍になった．

　人口は地域ごとに異なった伸びを示し，全国一律に増加したわけではない．人口の変動は，地域の産業構造の変化と密接な関係があった．本章では，人口の分布と変動をなるべく詳細な地域単位でとらえる．まず，明治期以降の市郡別人口を時系列的に考察する（7.1節）．次いで現在の人口分布（7.2節）と近年の人口変化（7.3節）を検討する．さらに，明治期以降，一貫して人口流入が続いている首都圏を取り上げ，人口集中の過程を空間的に追尾する（7.4節）．地図はいずれもGISを援用して作製されており，詳細な各種地域別統計を導出したり，地図上の色彩や階級区分の変更を自由に行えるよう設計されている．

　7.1節は，近代移行期における地域人口の変動を示す．1882～1930年の約50年間を5時期に区分し，人口数と1世帯当たり人数を市郡別に地図化した．通時的考察が可能なように，単位地域の境界は5時期とも1930（昭和5）年の市郡の境界に一致させてある．明治初期においては，藩政期の後を受け，人口分布の地域間格差は比較的小さかったが，第一次産業革命期（明治20年代）には，農山村地域から太平洋沿岸諸都市への大規模な人口移動が起こった．特に東京と大阪への人口流入は著しかった．第二次産業革命期（明治30年代）にはこの傾向が一段と強まり，人口高密な都市と人口低密な農村という空間的コントラストがしだいに明確になっていった．

　7.2節は，国勢調査をデータとして，1990（平成2）年の人口分布をGISで地図化したものである．東京，名古屋，大阪の三大都市圏に人口が集中しているのが見てとれる．海岸部や交通ネットワークに沿って人口密集地区が分布していることも指摘しておかなければならない．

　7.3節は，1975年から90年にかけての人口変動を示す．三大都市圏で人口増加が広範に認められるが，増加が特に著しいのは各大都市圏周辺部の都市化前線地帯である．東京大都市圏の場合，都心から20～50kmのエリアである．三大都市圏のいずれにおいても，中心部では人口停滞ないし減少が認められる．

　7.4節は，国勢調査の人口メッシュデータが整備される以前の時代を対象に，市町村別統計値と地形図を用いて人口の遡及推計を行い，人口メッシュデータを作製する手法を提示している．メッシュ人口データを復原することにより，都市化の進展と都市圏の空間的拡大の実体を視覚的および数量的に把握できる．データの検索および図化にあたってはGISを利用しているので，数量的データにもとづいて任意の基準が設定でき，人口分布の変化や都市化の進展を多様な視点から分析することが可能である．

［村山祐司］

7.1 人口分布の変化（1882～1930年）
Change in the Distribution of Population, 1882-1930

近代移行期における地域人口の変動を考察するために，1882（明治15）～1930（昭和5）年の50年間においてほぼ10年間隔の5時点をとり，市郡別の人口分布図（図7.1），ならびに1世帯当たりの市郡別人口分布図（図7.2）を作製した．

従来，1920（大正9）年に始まる国勢調査以降については，地域人口の変動に関する人口地理学の研究成果がある．また，江戸時代の人口変動については，歴史人口学の分野から研究が進められている．一方，明治大正期における地域人口の変動に関する研究は，井上修次，岸本実，大友篤，速水融の研究などがある[1～6]．これらの研究によって，1898（明治31）年と1925（大正14）年の2時点における人口変動，1872（明治5）～1970（昭和45）年までの人口比重や人口密度の国別分析，1886（明治19）年における都市人口比率，有配偶率，結婚年齢の地域差などの成果が得られている．これらの研究成果をふまえ，従来の府県別や国別よりも，より詳細な地域人口の変動を示す市郡別アトラスを作製することにした．明治大正期は市郡界がしばしば変更されているが，第二次世界大戦以前における市郡界がおおよそ確定した1930（昭和5）年の市郡界をベースマップとし，各年次の人口・戸数を集計し直し，これをGISによって作図した．

1. 人口統計について

近代の人口統計は，1872（明治5）年「日本全国戸籍表」から始まる．この人口統計は国別集計であり，総人口3,311万人という数値は実際より過少と見られ，現在では明治初期の総人口は約3,500万人と推定されている．このように，国勢調査以前の人口統計は，必ずしも信頼がおけないとの見方もあるが，内務省戸籍局は1880（明治13）年調べ「日本全国人口表」から市郡別の本籍人口を掲載するようになり，これ以後は精度が高まったと考えられる．

そこで，国勢調査以前の市郡別アトラス作製にあたっては，1882（明治15）年1月1日調べ「日本全国戸口表」，ならびに1890（明治23）年と1906（明治39）年調べの「徴発物件一覧表」を資料とした．徴発物件一覧表の人口数値は内務省戸籍局の数値をもとにしているが，誤植などがあるため，双方の数値を照合した．この結果，北海道と沖縄における双方の数値は異同が多く，特に沖縄は疑問が多いために割愛することにした．また，1882年の日本全国戸口表においても誤植などがあり，例えば山口県玖珂郡の戸数14,409は，30,697の誤りである．以上のように，統計数値の吟味を行ってはいるが，今後さらに検討を必要とするものも残されている．

2. 市郡別人口分布とその変動（図7.1）

19世紀末から20世紀前半にかけて，人口は約2倍の6,000万人を超えた．この間の人口増加率は年1％である．これを地方別に見ると，北陸・東山・中国・四国地方が停滞ないし減少したのに対して，関東・近畿・九州・北海道の増加率が高く，続いて東海・東北地方が増加傾向を示している（図7.3）．

図7.1によれば，1882年から1930年にかけて，海岸部の主要都市とそれに隣接する市郡の一貫した人口増加によって，大局的には人口規模の面的な拡大傾向を読み取ることができる．この一方で，東京・大阪・名古屋など都市部への人口集中が顕著に見られ，また九州北部や北海道の炭鉱地域への人口移動が確認される．さらに，明治初期には人口が少なかった東北地方北部，北海道全域，九州南部においても，人口の増加が顕著である．

3. 1世帯当たりの市郡別分布とその変動（図7.2）

図7.2によれば，1890年から1930年にかけて，全国的には世帯規模の縮小が急速に進行した．大局的に見ると，フォッサ・マグナを境に，西南日本の世帯規模は小さく，東北日本のそれは大きいと見ることもできる．しかし，世帯規模の縮小化は，近畿・中国・四国地方がより早く進み，続いて関東・中部地方，最も遅いのは東北地方と九州地方北部であった．

ところで，世帯規模の大小は世帯構造と密接な関係がある．世帯規模が大きい理由は，二世代あるいは三世代家族の同居がまず考えられ，加えて隷属農民と傍系親族の同居といった問題が含まれる．一般に，16・17世紀は，傍系親族と隷属農民の独立や消滅によって，世帯規模の縮小が進行した時代と考えられている．このような世帯規模の縮小は，19世紀に入っても進行していたと考えられ，1890年の分布図に見られるように，東北地方の一部の地域では1世帯当たり8～9人と高い比率を維持しており，その進行には地域的な差異が著しく生じていたことがわかる．

［村山祐司・小野寺淳］

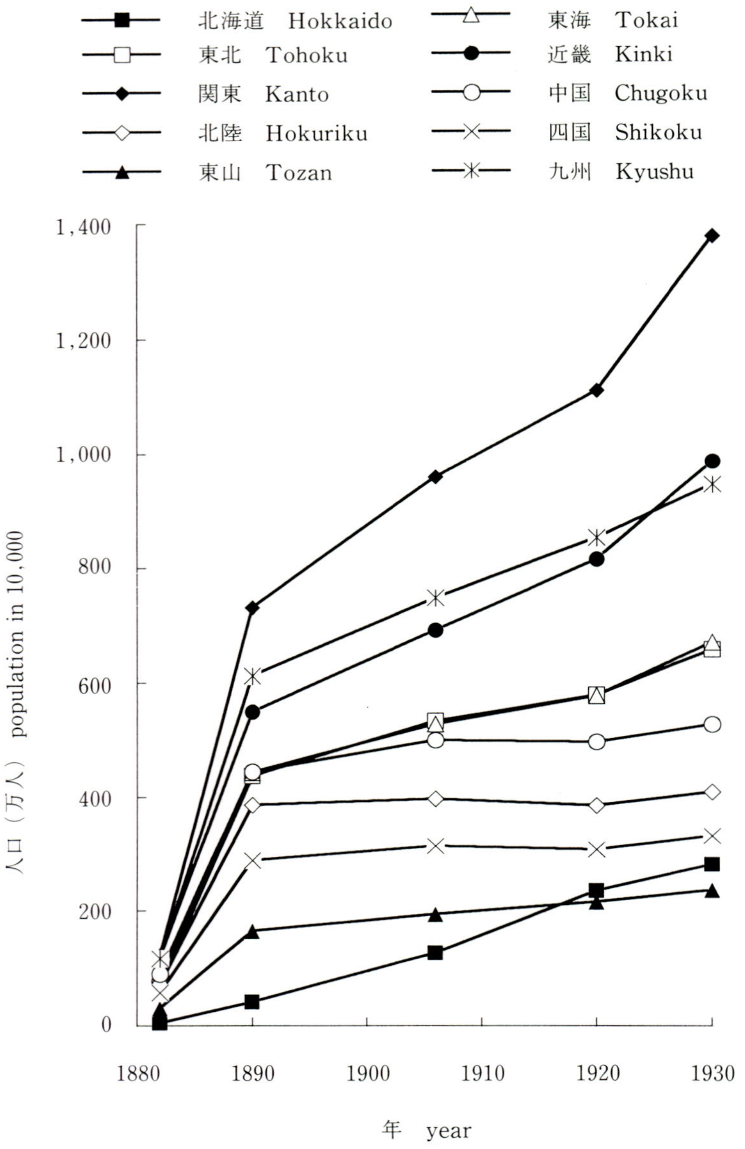

図7.3 近代移行期における地方別人口の変化
Fig.7.3 Change in the Number of Population, 1882-1930

□参考資料
1) 井上修次（1932）：本邦人口増加率概観並びに人口増加率と人口密度との関係に就いて．地理学評論，9-11．
2) 井上修次（1934）：本邦人口増加形態に就いて(1),(2)．地理学評論，10-1, 10-2．
3) 岸本 実（1971）：人口地理学，大明堂．
4) 大友 篤（1979）：日本都市人口分布論，大明堂．
5) 速水 融（1989）：明治前期統計にみる有配偶率と平均結婚年齢―もうひとつのフォッサ・マグナ―．三田学会雑誌，79-3．
6) 速水 融監修・解題（1992）：国勢調査以前日本人口統計集成1，原書房．

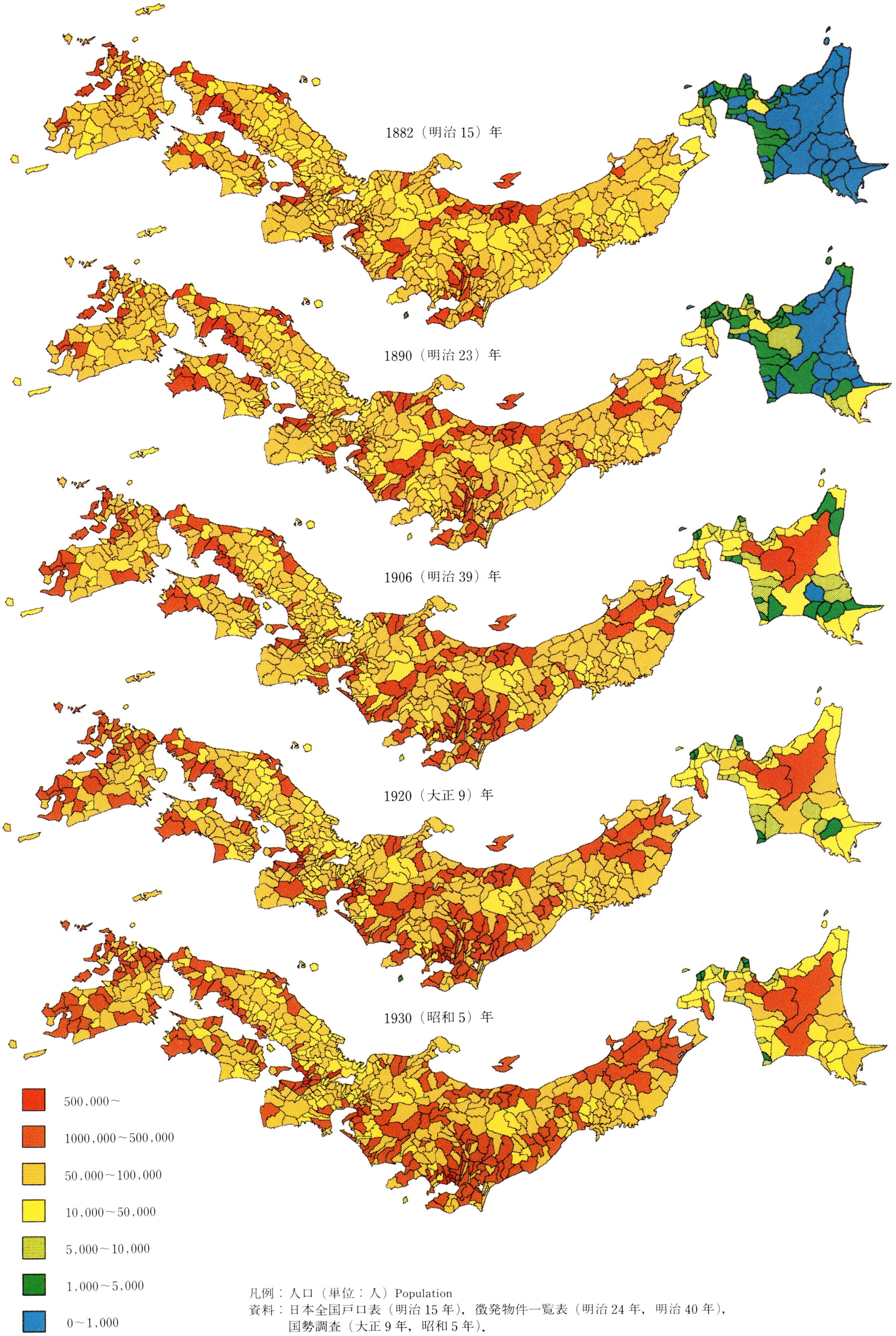

1882（明治15）年

1890（明治23）年

1906（明治39）年

1920（大正9）年

1930（昭和5）年

凡例：人口（単位：人）Population
500,000～
100,000～500,000
50,000～100,000
10,000～50,000
5,000～10,000
1,000～5,000
0～1,000

資料：日本全国戸口表（明治15年），徴発物件一覧表（明治24年，明治40年），
国勢調査（大正9年，昭和5年）．

図 7.1　近代移行期における人口分布とその変化　　　作製：村山祐司，小野寺淳
Fig. 7.1　Distribution of Population, 1882-1930　　Produced by Y. Murayama and A. Onodera

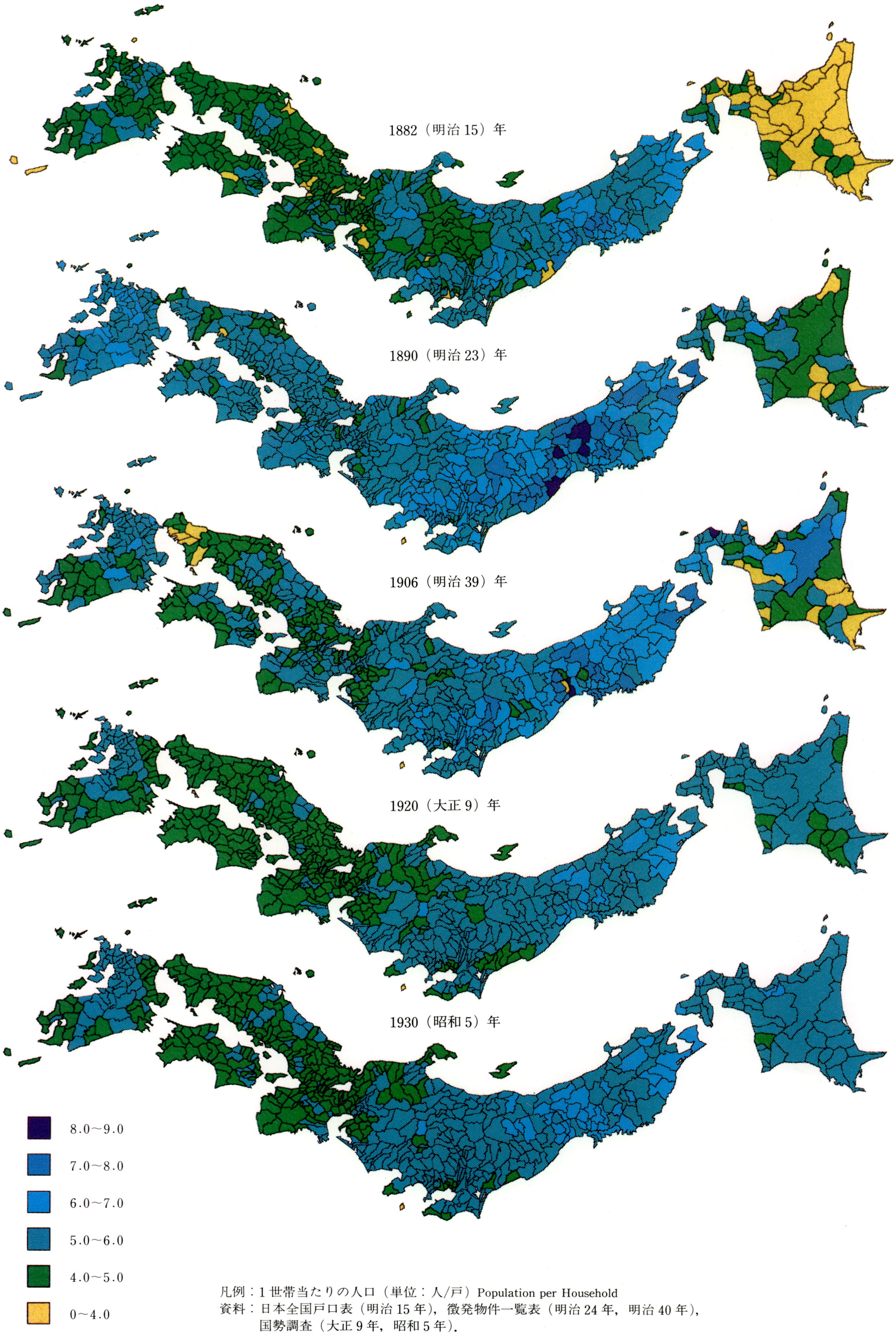

1882（明治15）年

1890（明治23）年

1906（明治39）年

1920（大正9）年

1930（昭和5）年

- 8.0〜9.0
- 7.0〜8.0
- 6.0〜7.0
- 5.0〜6.0
- 4.0〜5.0
- 0〜4.0

凡例：1世帯当たりの人口（単位：人/戸）Population per Household
資料：日本全国戸口表（明治15年），徴発物件一覧表（明治24年，明治40年），
　　　国勢調査（大正9年，昭和5年）．

図 7.2　近代移行期における1世帯当たり人口分布とその変化　　　作製：村山祐司，小野寺淳
Fig. 7.2　Distribution of the Number of Household Members, 1882-1930　　Produced by Y. Murayama and A. Onodera

7.2 人口分布の変化（1975〜1990年）
Change in the Distribution of Population, 1975-1990

Legend 凡例 — 人口密度比 (population ratio in %)

- 0-49
- 50-74
- 75-89 （decrease）
- 90-99
- 100 (no population or no change)
- 101-109
- 110-124
- 125-149
- 150-199 （increase）
- 200-299
- 300-499
- 500-999
- 1000-

1:4,080,000

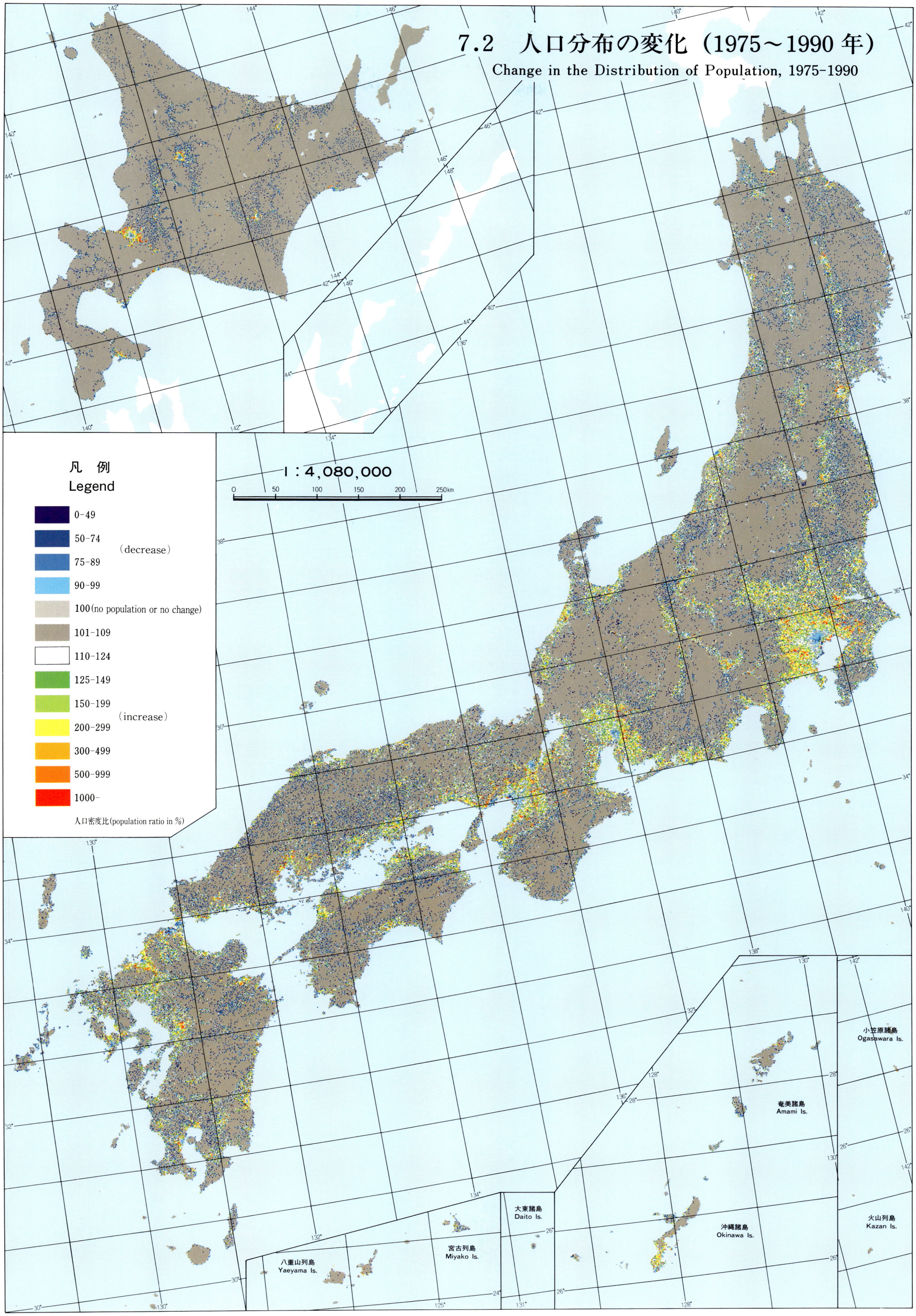

図 7.4 人口分布の変化（1975〜1990年）
Fig. 7.4 Change in the Distribution of Population, 1975-1990

［野上道男］

7.3 首都圏の人口分布の変化
Change in the Distribution of Population in the Tokyo Metropolitan Area

ここでは，国勢調査の人口メッシュデータが整備される以前の時代の人口の分布について，市町村別統計値と地形図を用いて遡及推計を行い，人口メッシュデータを作製して都市地域の拡大プロセスを明らかにする．

1. 遡及推計による人口メッシュデータの作製

人口は原資料の段階でその構成が最も明確な情報である．しかしながらこれを地理情報として取り扱う場合，行政的な地域単位を対象とする統計値であるということが大きな問題となる．すなわち，そのままでは厳密な意味での「地理的位置」の情報をもたないからである．

これを解決する方法としては，その統計地域（市区町村）の境界線の座標を地図上で連続的に読み取り，ベクトルデータとして記録する方法や，統計地域の空間的な中心，なんらかの意味のある地点（役場，中心駅）などを選び，その位置を代表点として座標を読み取る方法などがある．

より詳細な人口の分布を得るためには，重ねたメッシュの格子上に市町村単位の人口を配分し，組み変える方法がとられる．総務庁統計局の「地域メッシュ統計」ではこれを自動処理しているが，面積が小さい「調査区単位」のデータからの変換であり，一般的にメッシュの格子より大きい市区町村単位の場合には，地形図上での集落の分布などに依拠して人口を配分する専門的な推計が必要である．

ここでは，最近年次の人口メッシュデータとの比較を含めた地域の細かい変動をとらえること，緑被や事業所分布といった他のデータとの関連を分析することなどを考え，市区町村・人口集中地区別人口データから3番目の手法で標準地域メッシュ方式のデータを作製することとした．

作業は，1908（明治41）年，1935（昭和10）年および1960（昭和35）年のデータについて，東京から北関東主要部にかけての，東経139度〜140度15分，北緯35度10分〜36度40分の範囲で，5万分の1地形図の「烏山」を北東端，「大多喜」を南東端，「小田原」を南西端，「沼田」を北西端とする計45図幅の範囲を対象として行った．

まず，1955（昭和30）年，1960年，1965（昭和40）年のセンサス・データから，各市区町村を人口集中地区（DID）と非人口集中地区に区分し，また可能なかぎり合併前の旧市町村に分け，対応するメッシュを画定した．また，1960年のDID，その後の新DID，さらに非DIDでも，都市化による人口増加が相対的に著しい地域と，農村的性格を保持して人口増加率が低

い水準で安定している地域とに分類した．

こうして区分したカテゴリー別に，1960〜1965年の人口増加率を推定し，これと1965年，1970（昭和45）年のメッシュ人口分布とから，1960年のメッシュ人口を推計した．

また，1935年の推計においては，地形図の読図によって1935〜1960年の各メッシュにおける景観的変化をきめ細かく判定することにより，1960年の推計で得られたメッシュデータをできるかぎり生かして推計し，1908年の推計においても，地形図の読図による1935年との比較を重視した．

2. 分布図の作製と考察

作製したメッシュのうち，人口密度8,000人以上および4,000人以上の市街地メッシュ，さらにこれらに準ずる人口密度2,000人以上のメッシュの数は表7.1の通りである．各期のメッシュ増加数を比較すると1960〜1985（昭和60）年が最も多いが，増加率（倍率）の点では，1960年以前における急速な市街地の拡大にも注目すべきであろう．

図7.5〜図7.8は，推計結果にもとづく人口分布の概要である．また，図7.9は1935年から1960年までの，図7.10は1960年から1985年までのメッシュ別人口増減を示している．

図7.5〜図7.8に例示したように，メッシュ人口データの復原により，都市化の進展と都市圏の空間的拡大の実態を視覚的，数量的に把握することができる．単に市街地の拡大を視覚的に見るだけであれば，地形図を比較しても一応の目的は達せられるが，メッシュ人口分布の復原により，人口密度として数量的にとらえることが可能となり，土地利用，植生の変化など他の事象とのクロス分析にも利用できるのである．

市街地や都市化の定義は，人口密度にかぎっても一定してはいないが，逆に，特定の定義を固定的に用いるのではなく，数量的データにもとづいて任意の基準によって人口分布の変化や都市化の進展を多様な視点から分析することが可能である．例えば図7.5〜図7.8では，2,000人，8,000人で区切って表示しているが，これはあくまで例示であり，DIDにおける人口密度4,000人を基準に，その1/2および2倍で区切ってみたにすぎない．密集市街地の高い人口密度とその変化を重視するなら，4,000人以上あるいは8,000人以上をさらに区分すべきであろうし，農村地域に関しては1,000人未満についても細かく見る必要があるだろう．地形図との対比では，2,000人のメッシュも，市街地の一部を含むなど，おおむね市街地に対応している．ただし1,000人のメッシュでは，明らかに市街地の一部に相当するもののほかに，密集した農村集落も含まれる．また，土地利用の点では明らかに都市的であっても，工場など施設の性格により人口密度が著しく低いことがあることはいうまでもない．もともと都市や市街地の定義は複合的なものであり，人口密度はその一側面にすぎないのであるから，これは当然のことであろう．したがって，都市や市街地を性急に定義するよりも，市街地と非市街地との中間的な地域の存在を認知して，連続的にとらえるべきである．そのような視点から都市化を歴史的に分析するには，今回のようなデータの推計が一定の役割を果たすであろう．

なお，データの検索および図化にあたっては，文部省科学研究費重点領域研究「近代化による環境変化と地理情報システム」A05班で開発したソフトウエア「GIS-A05」を使用した． ［谷内 達・寄藤 昂］

表7.1 人口密度2,000人以上のメッシュ数
Table 7.1 Grid-Squares by Population Density

		8,000人以上	4,000人以上（累計）	2,000人以上（累計）
実数	1908年	117	187	339
	1935	329	509	755
	1960	651	1,011	1,506
	1985	1,345	2,692	3,835
増加数	1908〜35	212	322	416
	1935〜60	322	502	751
	1960〜85	694	1,681	2,329
倍率	1908〜35	2.81	2.72	2.23
	1935〜60	1.98	1.99	1.99
	1960〜85	2.07	2.66	2.55

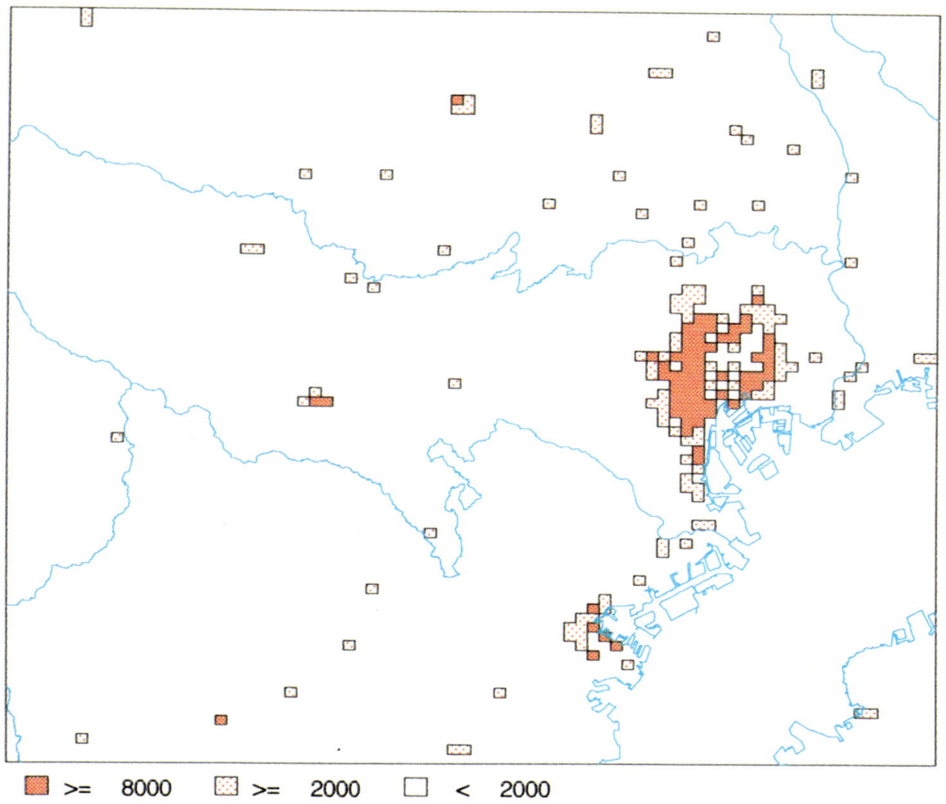

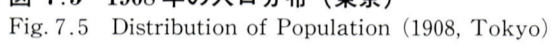

図 7.5　1908年の人口分布（東京）
Fig. 7.5　Distribution of Population (1908, Tokyo)

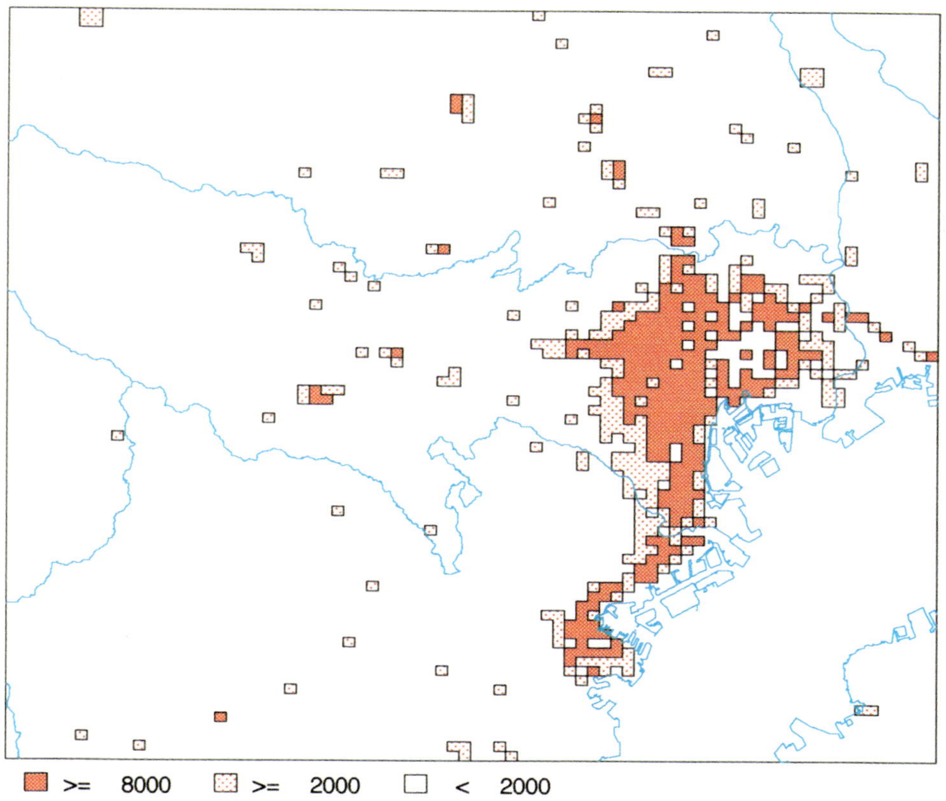

図 7.6　1935年の人口分布（東京）
Fig. 7.6　Distribution of Population (1935, Tokyo)

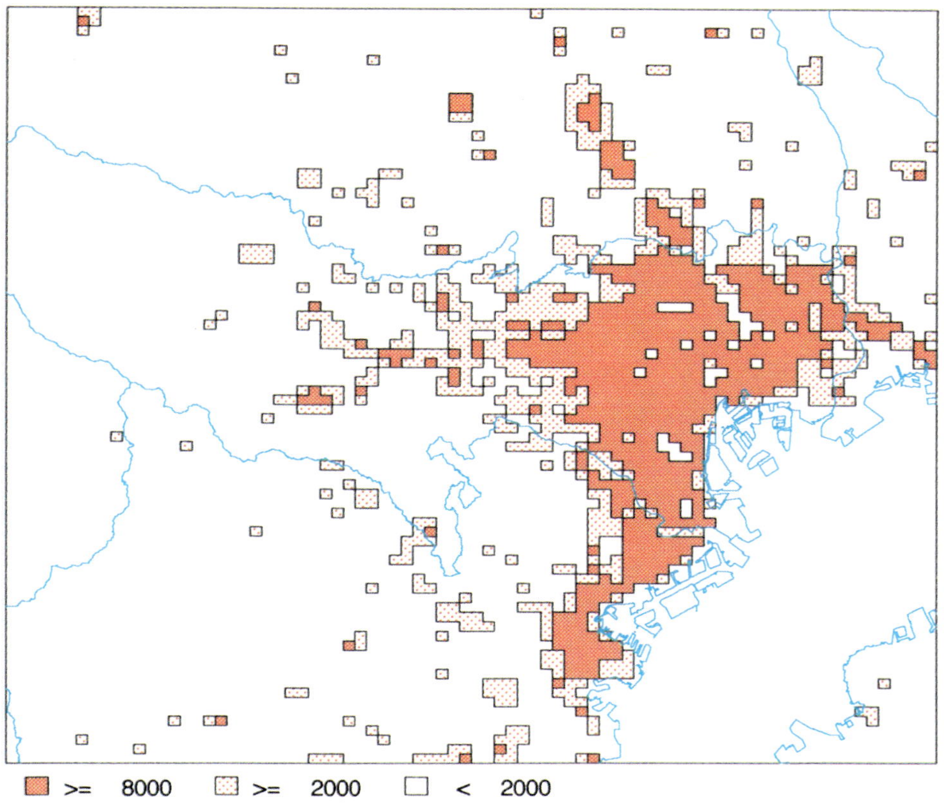

図 7.7　1960年の人口分布（東京）
Fig. 7.7　Distribution of Population (1960, Tokyo)

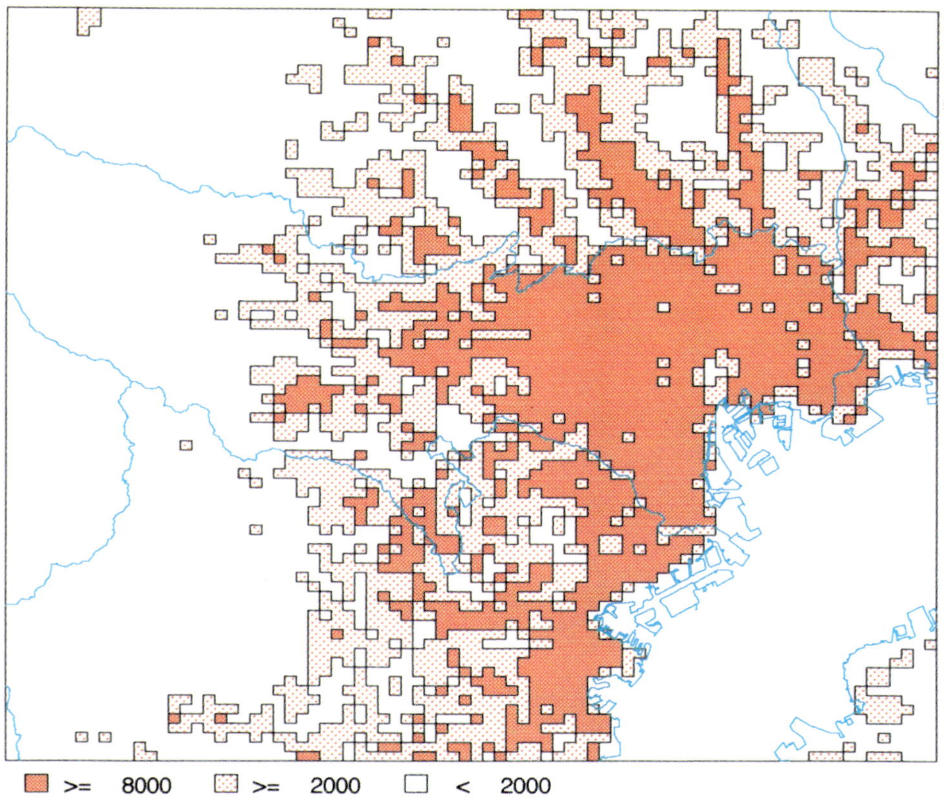

図 7.8　1985年の人口分布（東京）
Fig. 7.8　Distribution of Population (1985, Tokyo)

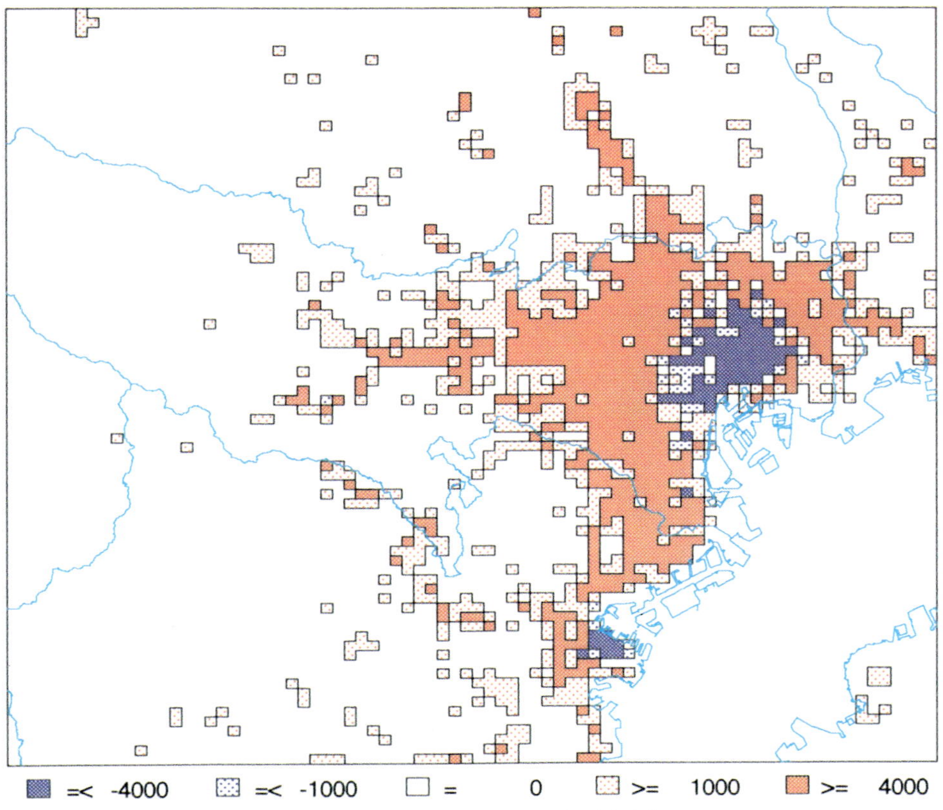

図 7.9　1935～1960年の人口増減（東京）
Fig. 7.9　Change in Population (1935-1960, Tokyo)

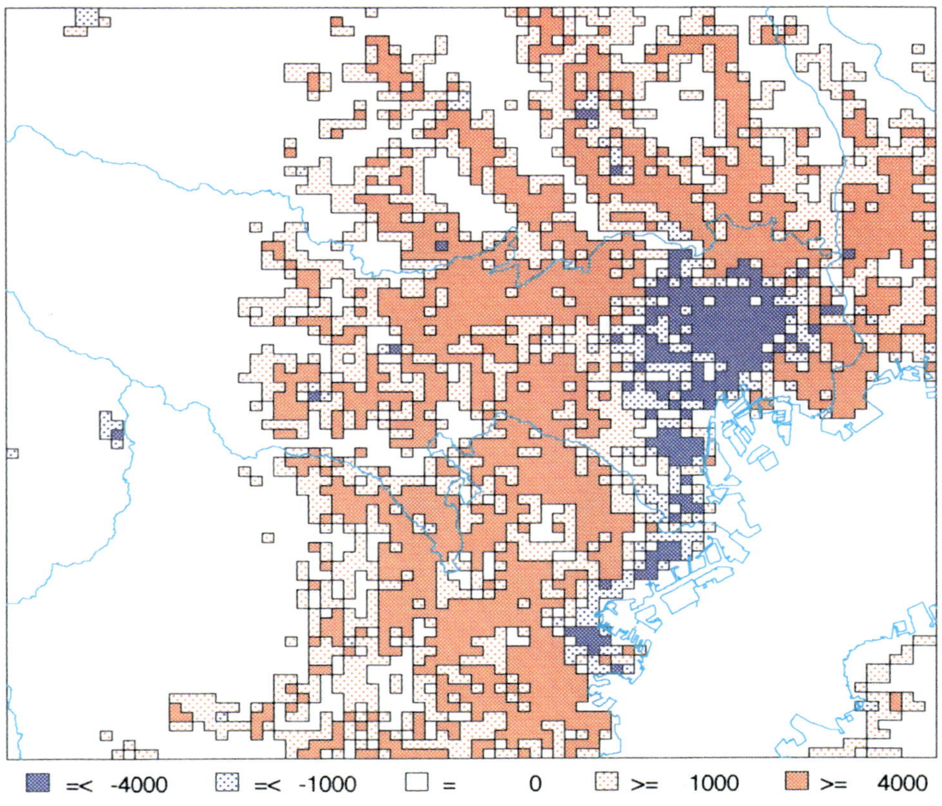

図 7.10　1960～1985年の人口増減（東京）
Fig. 7.10　Change in Population (1960-1985, Tokyo)

作製：谷内　達，寄藤　昂
Produced by S. Taniuchi, T. Yorifuji

7.4 1990年の人口分布
Distribution of Population in 1990

1 : 4,080,000

凡 例 / Legend

- 0
- 1-9
- 10-99
- 100-249
- 250-499
- 500-749
- 750-999
- 1000-2499
- 2500-4999
- 5000-7499
- 7500-9999
- 10000-19999
- 20000-29999
- 30000-

人口 (population)

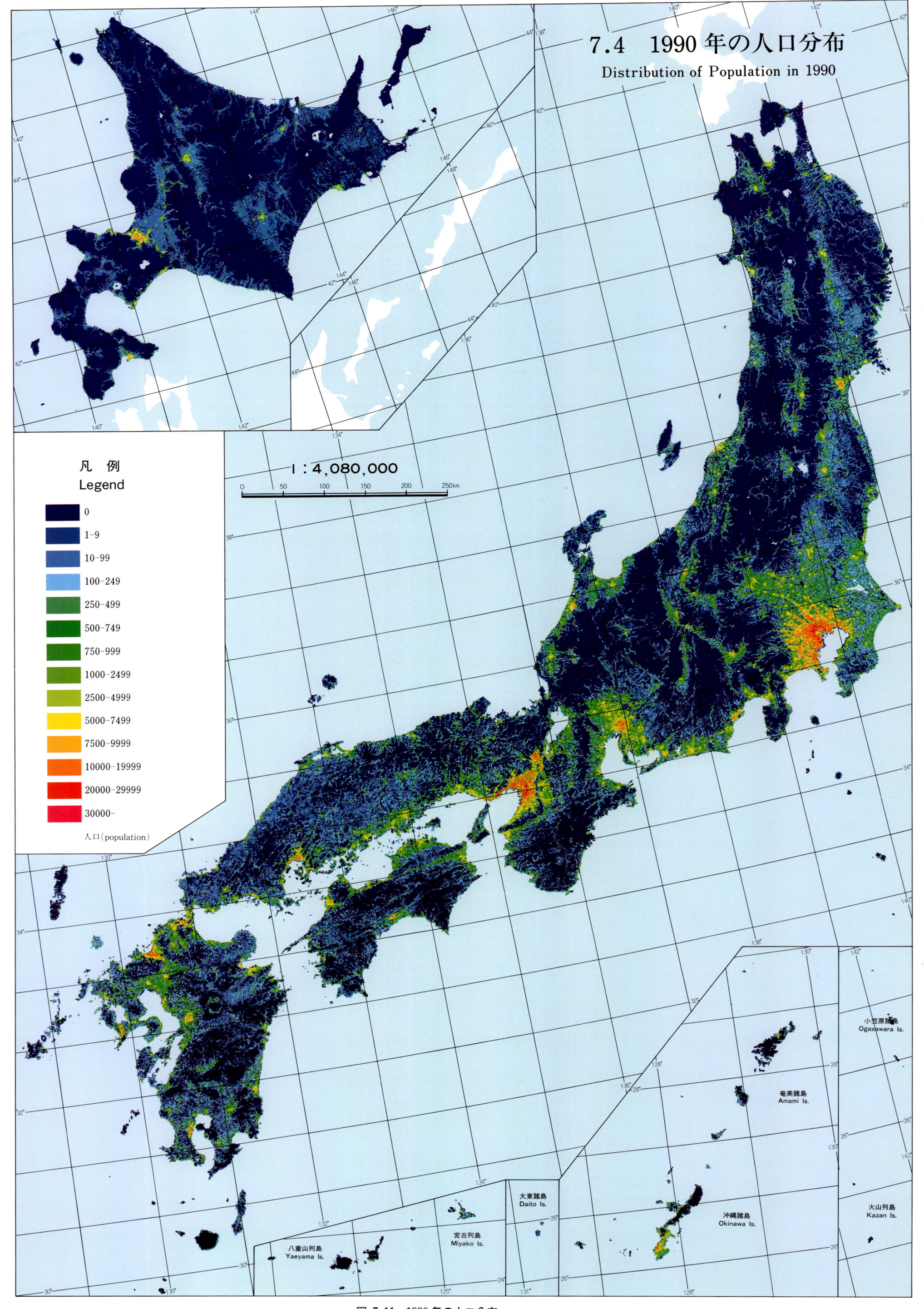

図 7.11 1990年の人口分布
Fig. 7.11 Distribution of Population in 1990

[野上道男]

第2部 ▮ 産業・社会・自然的基盤の変化

8

鉱工業の発達

CHANGES IN MINING AND MANUFACTURING INDUSTRIES

　日本では，近代鉱工業が発達する以前の江戸時代においても，金・銀・銅・硫黄・石炭などの鉱山開発が幕府や藩の手で行われてきた．また，藩領経済を支える産業として，今日に伝わる漆器・陶磁器・家具・製糸・織物・鍛治などの伝統産業や在来工業が各地に発達し，生活を豊かにし，地域文化を創造していた．こうした産業技術は，特定地域で育成されるとともに，国内各地へ伝播され，日本の技術水準を高めた．このような背景が，明治以降の産業近代化の中で，日本が飛躍的な鉱工業の発展をした要因の1つとなっている．

　明治維新前後より，手工業中心であった日本の産業に，産業革命で一歩先んじた欧米先進国から新しい技術が導入され始めた．それは，明治新政府の殖産興業・富国強兵政策と結びつき，その後急速に進展する．すなわち，官営富岡製糸工場（1872年）などのモデル工場の設立，日清戦争を契機とする第一次産業革命(軽工業)，そして日露戦争を契機とする重化学工業中心の第二次産業革命がそれである．こうして日本の近代鉱工業は，政策や日本人の勤勉さとあいまって，第二次世界大戦による壊滅的打撃を受けたにもかかわらず，今日見るように，常なる技術革新をしつつ発展してきている．

　しかし，明治以降，今日に至る約100年間における鉱工業の発達は，必ずしも順調であったわけではない．江戸時代にも鉱山における鉱毒問題は発生していたものの，その規模は小さかった．また手工業中心の伝統産業は，自然資源の一次的利用・加工が多く，いわば自然と共生する形での生産形態であった．だが，産業の近代化により鉱工業生産の質的・量的な変化は，資源の枯渇，大規模な改変や海岸線の変更など大きな環境変化を生み出し，公害問題をも発生させた．鉱工業，とりわけ製造業の飛躍的な発展により国力を増強させた日本では，鉱工業の近代化と環境変化との間に密接な関係があるといえる．

　過去約100年間に工場が飛躍的に増加したことは，全国スケールの2期にわたる工場分布図の比較から知られる（8.1節）．この分布形態は同時期の市街地分布に対応しており，工業化が日本の都市化に果たした役割の大きさを示している．また，関東から北九州にかけての太平洋岸に大規模工場地帯が形成されてきたことも，2期にわたる工場分布図から知られる．なお，明治大正期には水車動力が全国的に利用されていたが，今日では電力や他の動力に転換されている．それらの一端もそれらの分布図から知ることができよう．

　日本の近代化の過程，特に大正期において，鉱業地域と工業地域の空間的分離ならびに在来工業部門と近代工業部門の空間的断絶が見られた（8.2節）．また，日本の近代化の中で，全体としては今日まで鉱工業は発展してきた．しかし，エネルギー革命，技術革新，鉱害問題や海外資源との価格競争に負けて閉山する鉱山が相次いだ．鉱山の消長は，その地域の経済のみならず人文・自然環境に多大な影響を与えている（8.3節）．他方で，地域レベルで見ると工業立地も，例えば東京など大都市地域から高度経済成長期を通じて大都市外縁部へと中心が移動しつつある（8.4，8.5節）．

　本章では，以上の鉱工業の発達を全国レベル（8.6節）・地域レベルで見る中で，日本の近代化を支えた産業と環境変化について考えてみたい．

［戸所　隆］

PART 2 ▮ CHANGES IN INDUSTRIAL, SOCIAL AND NATURAL CONDITIONS

8.1 工場分布の変化
Change in Industrial Land Use

（1） 明治大正期（1900年頃）の工場分布
Distribution of Factories circa 1900

1. データと作図方法（図8.1）

データと作図方法は，2.1節（市街地の発達）と同様である．工場（製造所）の表現は規模により3段階で示した．地形図上での工場表示は，工場の敷地と建物を描く大規模工場と工場記号のみの中小規模工場に分かれる．前者で，メッシュ内の1/4以上（6ha以上）が工場の場合を工場A（黒）とし，メッシュ内の工場が1/4以下の場合を工場B（赤）とした．また，工場記号の場合は工場C（青）としている．

2. 市街地に対応した工場の分布

明治大正期の工場分布を全国的視野で見ると，次の特徴がある．第1に，市街地の発達（2.1節）に対応した工場の分布が見られる．ただし，東京の市街地は大阪の数倍の規模であるが，工場分布はほぼ同規模である．また京浜より京阪神に大規模工場が多く，経済的には京阪神が優位に立っていた．なお，名古屋のデータは軍事的理由で地形図から欠落している．

第2の特徴は，今日に比べ，相対的に海岸部より内陸地域に工場が多い．東京・大阪の場合，海岸部にも多数の工場が立地するが，他の地域では，山間部や平野部でも山地との傾斜変換地域に立地する例が多い．この時代の工場の中心は繊維や食品加工，それに鉱山に付設された工場であり，輸入原料に依存する大都市部を除いて国内の原料地域への立地が一般的であった．そのため，山間部や農業地域への工場立地が多くなっている．

第3に，平野部での河川や海岸に沿う集中立地に対し，山間部では分散立地が目立つ．工場の絶対量は平野部に多いが，山間部にも製糸工場や鉱山の精錬所などかなりの規模の工場立地が見られる．

第4に，工場集積地域として京浜と京阪神が圧倒的である．次いで北関東から長野へかけての内陸地域に多く，他は分散的である．北九州，中京地域の集積が少ないが，これは軍事上の理由から地形図へのデータ記載が不完全なことによる．しかし，他のデータから，明治大正期にその後の四大工業地域体制の骨格ができていたといえる．なお，四大工業地域など海岸部では輸入原料を主体とした重化学工業へ傾斜しつつあったが，内陸部では軽工業を中心とした工業集積をみた．その典型が北関東である．

北関東は繭生産をバックに製糸業が古くから発達していた．特に明治以降は，絹糸が主要輸出品となり，急速に製糸工場が集積しその機械化も進んだ．また全国有数の麦生産地域をかかえ，大規模な製粉工場をはじめ，食品加工業が立地し，山間地域での葉タバコの生産からタバコ製造業も発達した．他方で，関連産業として繊維機械の生産工場の創業や，精密機械や各種機械工場も発生してきている．かかる変化が，本節（2）の現代の工場分布および今日の工業地域形成にも影響している．

第5は，内陸部の工場と水車の分布に相関関係が見られることである．

3. 水車の役割とその立地分布

水車は現代ではほとんど見られないが，明治大正期には図8.2，図8.3に見るように全国にかなり多くの水車が存在した（白点が水車の存在するメッシュ）．それらは，電力や内燃機関による動力が十分に発達していなかった時代における貴重な動力源であった．

水車は利根川や淀川など川幅の広い大きな河川には設置できない．適当な川幅と傾斜，豊富な水量，そして水量の変化の少ないことが水車の設置には必要である．平野部の水車の多くは，河川沿いに線上に並ぶか，市街地をとり囲む形で市街地に流入する何本もの小河川沿いに立地する．他方，山間部では，おおむね標高500mまでの地域に立地をみる．

全国的な水車の立地分布は，盆地や山間部の谷底平野の傾斜変換線近くに多い．北上・会津・諏訪・上田・佐久・長野・松本・伊那・甲府・近江・京都・奈良の各盆地などでその典型が見られた．

水車は平野部や海岸部にはほとんどなく，平野部では平野から山間へと変化する地域に多い．関東平野をとり囲むように多くの水車が分布するのはその典型である．また，大阪平野を囲むように近畿の水車分布が見られる．同様なことが三本木原・新潟・富山・砺波・播磨・岡山・高知・筑紫・熊本の各平野でもいえる．なお，海岸に近い伊勢平野の西側に多くの水車分布が見られるのは，養老山地や鈴鹿山脈が海岸に近いことによる．

水車動力の使用目的は，工業用，農業用，その他，に分けられる．工業用の水車は，現在の東大阪市枚岡地域で見られた伸線工業や京都白川での金箔工業などの金属加工業，また，全国各地における製糸業の動力源などに広く利用された．さらに，農村や都市縁辺地域での精米・製粉工業にも多くの水車が使用されていた．

農業用としては，水位の低い水路から水田へ揚水するための灌漑用の水車が代表的である．

工業用は，都市周辺部に立地するものが多く，京都市や大阪市周辺などにその典型が見られる．また，製糸業地域の北関東や南東北，長野県にも多い．これらの地域に製糸業が発達した要因の1つに，水車動力の利用しやすさがあったともいえよう．また，明治大正期での房総半島の工業化や都市化が北関東に遅れた要因の1つとして，その歴史性とともに水車動力の欠如も関係したのではないかとも考えられる．

［戸所 隆］

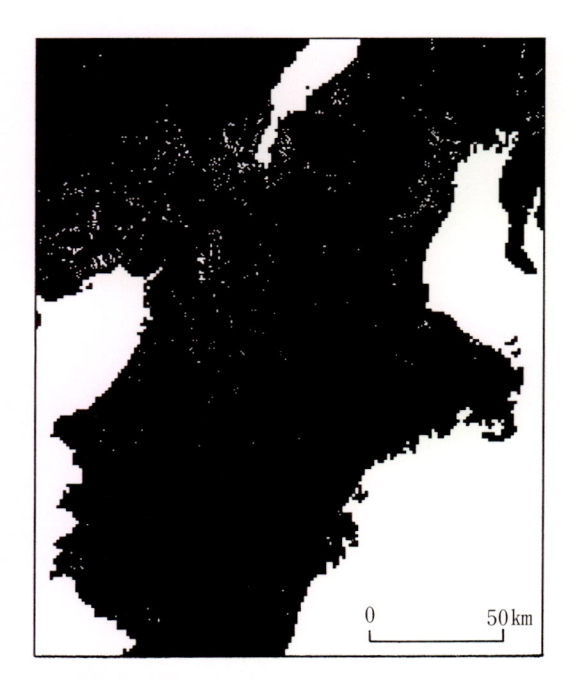

図8.2 近畿の水車分布（明治大正期）
Fig. 8.2 Distribution of Mills circa 1900 in the Kinki Region

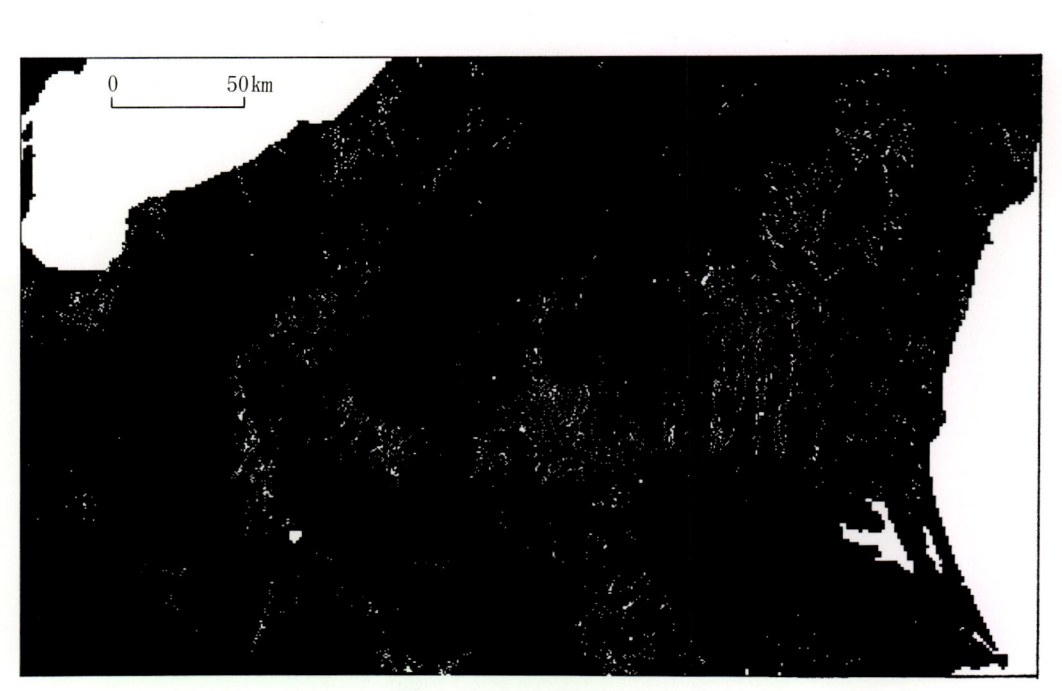

図8.3 本州中央部の水車分布（明治大正期）
Fig. 8.3 Distribution of Mills circa 1900 in Central Japan

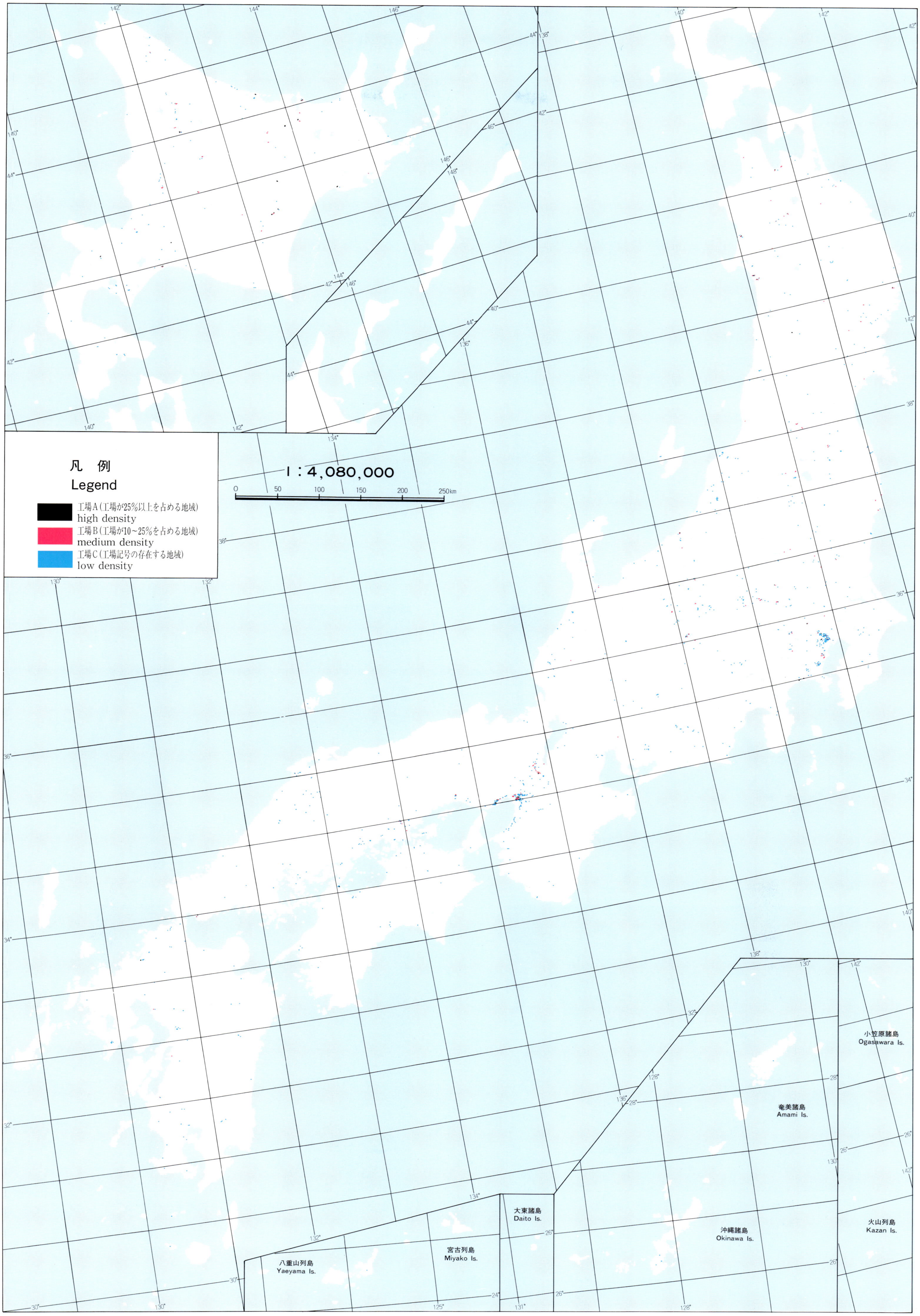

図 8.1 明治大正期の工場分布
Fig. 8.1 Distribution of Factories circa 1900

作製：戸所　隆
Produced by T. Todokoro

（2） 現代（1985年頃）の工場分布
Distribution of Factories circa 1985

1. 市街地の広がりに対応する工場分布

現代の工場分布は，2.1節(2)の現代の市街地の広がりに似ている（図8.4）．これは，都市化には多様な側面があるが，つい最近まで，日本では工業化が都市化の最も大きな原動力であったことによる．すなわち，農地などの農村的土地利用が工場の立地で都市的土地利用に変化すると，新しい雇用が生まれ，工場の周辺は住宅や店舗の建設で市街地化し，都市的土地利用が増加してきた．こうした市街地形成パターンが全国的に，特に高度経済成長期に多く見られたのである．

比較的小規模な工場である工場Cは，以上のことを証明するがごとく，日本列島の主要な人間活動空間としての平野部や谷底平野に分布する．すなわち，四国では吉野川に沿う徳島平野や高知平野，本州中央部では甲府盆地と諏訪湖を結ぶ谷や伊那谷の谷底平野および松本平と諏訪湖への谷筋が明瞭にわかる．また，濃尾平野などの各平野の形も工場分布から読み取れ，日本の近代化における工業化の重要性が知られる．

ところで，工場分布を詳細に見ると，大都市では高層建築物の集積する中心市街地に工場はほとんど立地せず，その周辺から郊外に多く立地する．右図では判読できないが，同様なことが中小都市でも見られる．全国スケールでの工場分布は市街地と対応するが，都市スケールで見ると，大都市の郊外や地方都市周辺への立地指向が強い．

2. 四大工業地域と瀬戸内・関東内陸に多い大規模工場

規模の大きな工場Aと工場Bは，規模の小さな工場Cの分布とは異なり，特定地域に集中した分布形態を示す．その立地場所は，海岸部と内陸の2つのタイプに分けられる．

海岸部における工場の多くは，埋立地を中心にした大規模な敷地をもつ重化学工業を主体とする．それらは，原材料を国外に依存する関係で大型船が接岸可能な港をもつ地域に立地している．京浜や名古屋，阪神，北九州は高度経済成長期以前からそうした大規模工業地域を形成した．高度経済成長期以降は，地方都市でも海岸域埋め立てを大規模に進める形で，かかる工業地帯の拡大が進展した．茨城県鹿島，姫路・倉敷（水島）・福山など瀬戸内地域，大分などの新興工業地域はその例である．

工業立地政策は全国的規模で行われ，太平洋岸のみでなく日本海岸でも多くの新産業都市が建設された．しかし，結果として，大規模な工場の集積は太平洋岸，それも関東から西の地域に集中している．

内陸部での大規模工場の立地は，関東平野，濃尾平野，それに近畿の内陸に多く見られる．しかし，海岸部と異なり，分散型である．この理由として次のことがあげられる．すなわち，海岸部の埋立地のようなまとまった大規模な敷地を内陸部で得るのが困難であること，また，海岸部のような重厚長大型産業の立地は少なく，どちらかといえば軽薄短小な工場が多いこと，さらに，それらは重厚長大型工業のコンビナートのように必ずしも近接して関連産業を立地させなくてもよいこと，などである．

軽薄短小型の大工場は，知識集積型の工業が多い．そのため，先に見たように東京や名古屋，京阪神など大学や研究所の集積する大都市圏エリアに多く立地している．

3. 工場分布や人口分布に対応する発電所・変電所の分布

産業や市民生活全体のエネルギーを生み出す発電所・変電所は，日本経済の発展とともに急増している．その結果，明治大正期の産業発展に力をもった水車は，その役割を終えた．なお，発電所に比べ，変電所が圧倒的に多いため，これらの分布は，人口や産業の集積地に立地をみる（図8.5，図8.6の白点が発電所・変電所の存在するメッシュ）．

［戸所　隆］

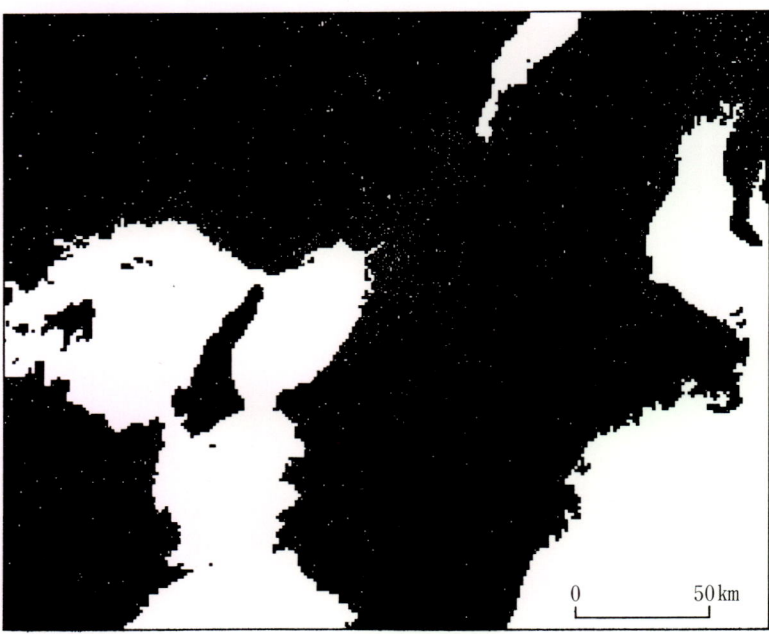

図 8.5　近畿および周辺の発電所・変電所の分布
（上：明治大正期，下：現代）
Fig. 8.5　Distribution of Power Stations and Substations in the Kinki Region (upper: circa 1900, lower: circa 1985)

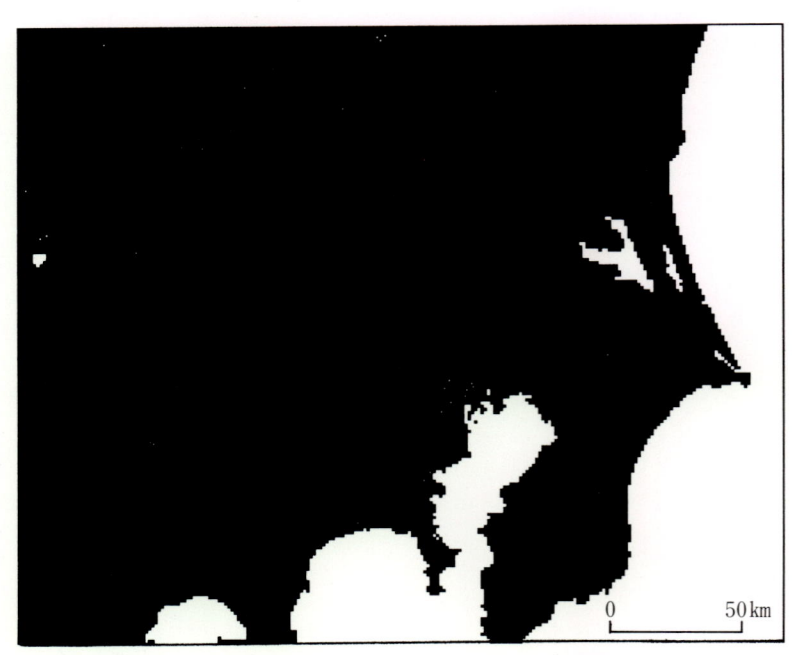

図 8.6　関東および周辺の発電所・変電所の分布
（上：明治大正期，下：現代）
Fig. 8.6　Distribution of Power Stations and Substations in the Kanto Region (upper: circa 1900, lower: circa 1985)

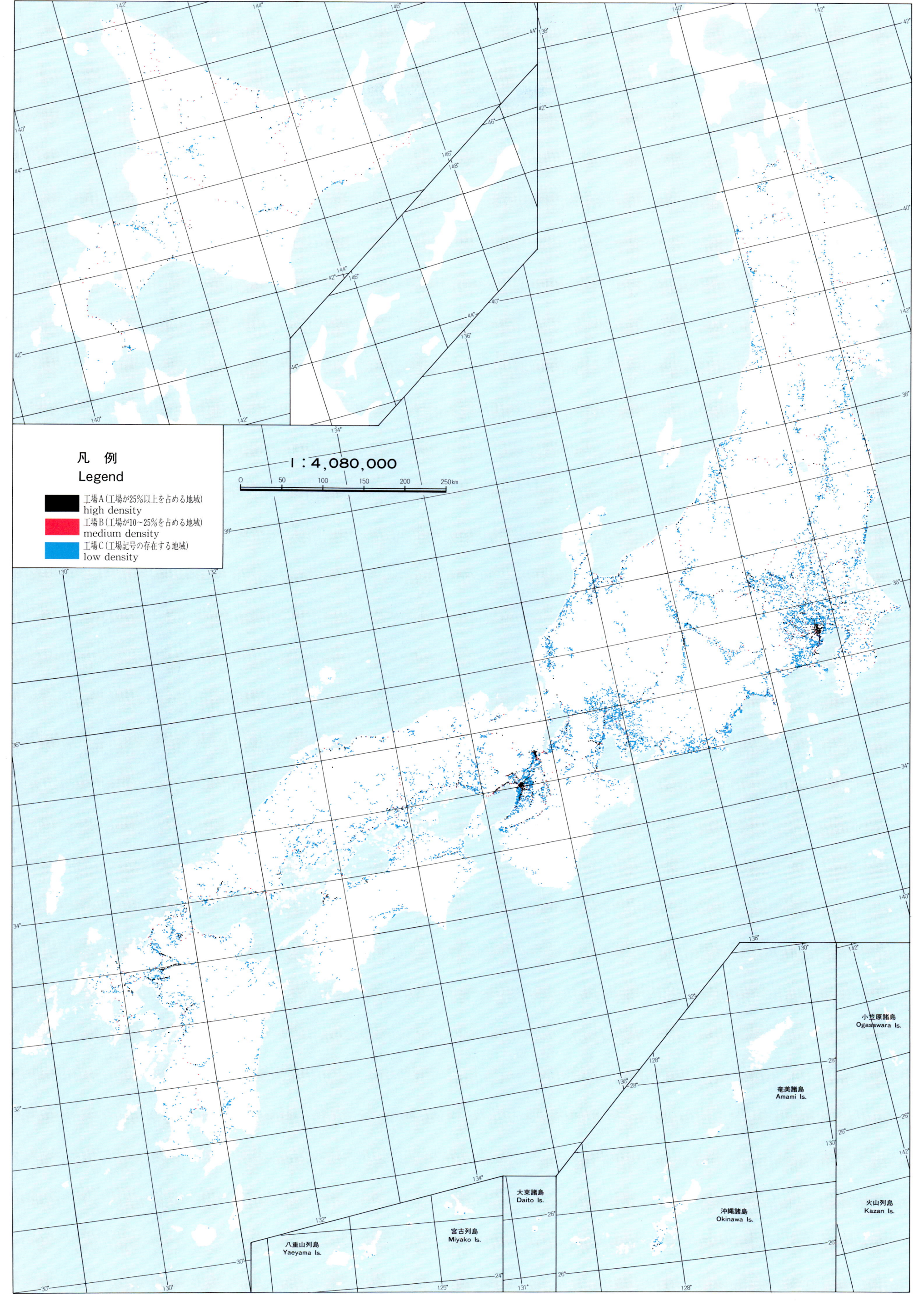

図 8.4　現代の工場分布
Fig. 8.4　Distribution of Factories circa 1985

作製：戸所　隆
Produced by T. Todokoro

8.2 大正期（1920年頃）の鉱工業
Distribution of Mining and Manufacturing Industries circa 1920

1. 鉱工業に関するデータベースの作製

わが国の産業は，農業を基幹産業とする時代につくられた産業発展の地域差を基礎としながら，近代になって，新たな地域的展開を見せた．日本の近代における鉱工業の発展に見られる地域差は著しく，そのために，同じように，国民生活への影響とはいいながらも，産業の発展は，それぞれの地方に異なる度合いと深さをもって，影響をおよぼした．

産業の発展とその地域的展開が，国内の各地域の住民にどのような影響を与えているのか，また，産業の発展が，国内の諸地域をどのように再編成することになったのか，といった問題は，地理学の分野において検討すべき課題である．近代化の過程で新たに生じてくるこうした地域的な変化を明らかにするためには，日本の近代化の過程における鉱工業の発展とその地域的展開に関する，全国的なスケールでのデータベースの作製が必要となる．

以下に示した地図は，一定規模以上の鉱山と工場を網羅している基本資料に依拠して，作製したものである．これらの地図は，わが国の近代化過程における鉱山業と工業生産活動との空間的な分離を，また，工業生産活動の地域的な偏りを，さらにまた，在来の工業部門と，多くを輸入に依存していた工業部門との間に見られる空間的な不一致を明らかにしてくれる．

2. 鉱業生産活動の地理的分布

図8.7は，『本邦重要鉱山要覧』（農商務省鉱山局編）を基礎資料として，1917（大正6）年における日本国内の主要鉱山の所在地とその鉱産額を示したものである．鉱山の数は，規模の大きいものから小さいものまで含めるときわめて多くなるので，主要鉱山は，統計のうえでは，「重要鉱山」として特別に取り扱われている．これらの鉱山についてのくわしい情報は，1905（明治38）年から1912（大正元）年にかけては，『本邦鉱業一斑』に記録されている．『本邦重要鉱山要覧』は，この資料を継承した官庁資料で，大正期の「重要鉱山」に関するほとんど唯一の資料である．大正期を迎えると，ようやく近代になって開拓が進められた北海道においても鉱山の開発が積極的に行われるようになるので，この図は，日本の近代における鉱業生産活動の分布状況を示しているといってよいだろう．鉱産額においては，小坂，日立，足尾，別子，佐賀関，三池といった鉱山の大きさが注目されるが，地域として見ると，「重要鉱山」は，九州地方と東北地方に集積している．これらの地方に北海道と北関東と中四国地方を加えると，日本の鉱山の大部分がそこに集中していることになる．この日本国内の「重要鉱山」の分布状況を，工業の分布パターンと対比すると，日本の近代化の過程においては，鉱業地域と工業地域が空間的に分離している，という事実が浮かび上がってくる．

3. 工業生産活動の地理的分布

図8.8は，10人以上の職工を雇って生産を行っている民間の工場に関する資料であるところの『工場通覧』（農商務省工務局編集）を基礎資料として，1920（大正9）年の日本の「機械器具製造業」の地理的分布を示したものである．集計は，当時の市町村を単位として行い，地図上には，合計して300人以上の職工数に達している主要生産地のみを表現している．実際には，このほかに，「官営工場」の所在地を考慮に入れる必要があることはいうまでもない．それにしても，日本の機械器具製造業の地理的分布はきわめて偏っている．機械器具製造業は，もともと，その性格からして，工業はもちろんのこと，その他のあらゆる産業部門とも深い関連をもちうる工業部門であるが，日本におけるこの産業部門の京浜，阪神，九州への，なかんずく，東京と大阪への集中は異常なまでに顕著である．周知のように，機械器具製造業は，大正中期においてもなお海外からの輸入に依存するところが大きかった部門であり，国内の工業生産全体に占める割合も繊維工業に遠くおよばない存在であったが，その地理的分布は極端な偏りを示す．機械器具製造業と鉱山業の分布パターンは，北九州を例外として，明らかに分離している．鉱業との空間的関係の希薄さは，ここには図を提示していないが，「金属製錬業」との関係においても同様に認められる．鉱業生産活動と，それを基盤として成立する金属製錬業と機械器具製造業とのこうした関係は，日本の近代における工業地域形成の特色である．

図8.9は，わが国の近代化の過程においてきわめて重要な役割を担った産業である「製糸業」の地理的分布を示したものである．日本の主要製糸業地域が，長野県の諏訪地方を中心として中部日本と関東地方の西部にあること，また愛知県東南部において産地が形成されていること，さらには諏訪地方の製糸家や京都府下の綾部を拠点とした郡是製糸株式会社による全国展開もあいまって，工場生産が，全国的に普及していることがわかる．日本の近代化過程において，工業生産全体の中できわめて大きな割合を占めた製糸業の主要生産地域と，その発展を支える立場にあるはずの機械器具製造業の主要生産地域は，全くといってよいほど乖離している．農業・農村を基盤として発展した製糸業と，都市や港を基盤として発展した機械器具製造業との間には鋭い分布上のギャップが存在する．この事実は，日本の製糸業の発展とその地域的展開が，各地方における機械器具製造業の発展を刺激し，それを媒介として，製糸業がさらに一層の発展を遂げるといった産業連関をともなうものではなかったということを意味している．

図8.10は，「製糸業」と並んで顕著な発展を見せた「紡績業」の地理的分布を示したものである．製糸業と対照的に，紡績業の分布は，内陸部ではなく，海岸部に見られる．大阪とその隣接地を一大中心地として，中京地区が国内で第2の中心地を形成している．瀬戸内沿岸地方における紡績工業の立地も特徴的である．全体として見ると，日本国内の伝統的な棉作地帯とされた地方において，近代的大工場生産の形態をとった紡績業の集積が認められる．西日本とは対照的に，東日本には，東京と静岡県東部を例外として，特に目立った産地は認められない．すでに合併と合同を通じて中小の紡績会社の多くは消滅しており，東洋紡績，大日本紡績，鐘淵紡績，倉敷紡績といった有力紡績会社が出現しているが，これらの大紡績会社は，最新鋭の機械設備をもった数多くの大規模工場を傘下におさめている．

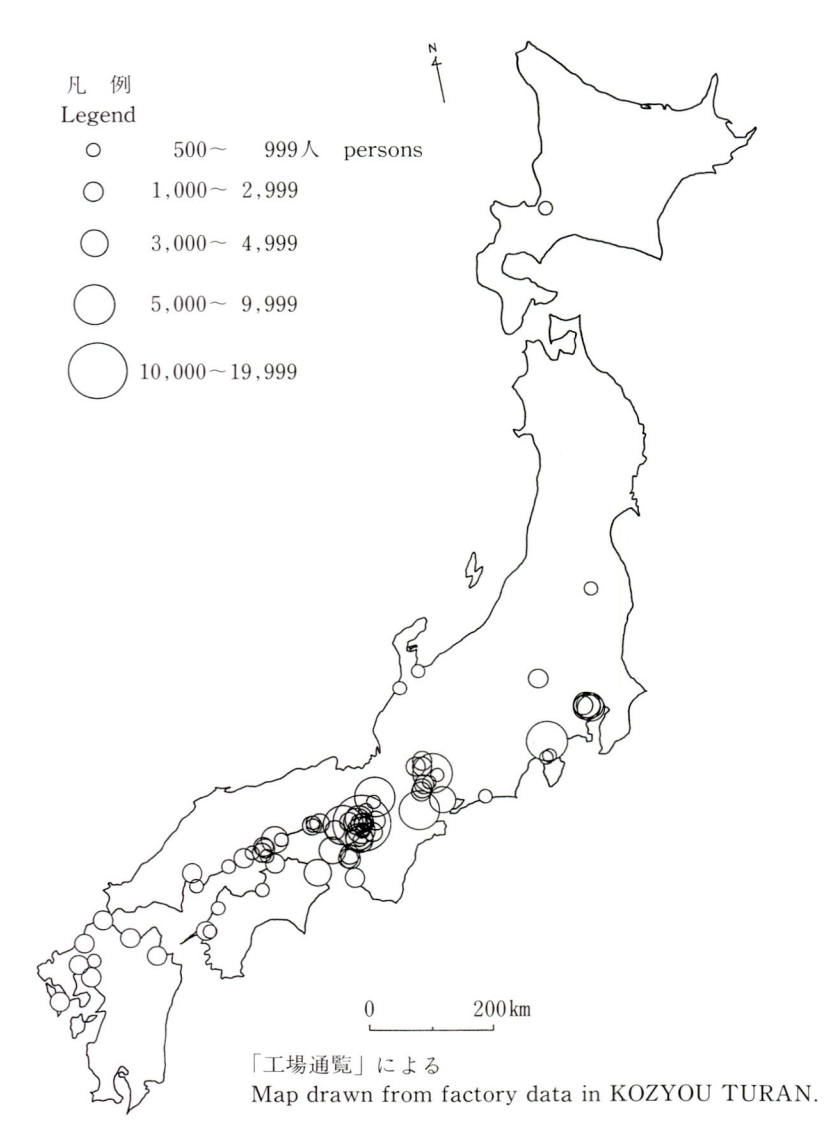

［葛西大和］

凡例 Legend
- ○ 500～999人 persons
- ○ 1,000～2,999
- ○ 3,000～4,999
- ○ 5,000～9,999
- ○ 10,000～19,999

「工場通覧」による
Map drawn from factory data in KOZYOU TURAN.

図8.10 工場職工数の分布から見た主要紡績業地域（大正9年）
Fig. 8.10 Persons at Work in Spinning Factories by Municipality, 1920

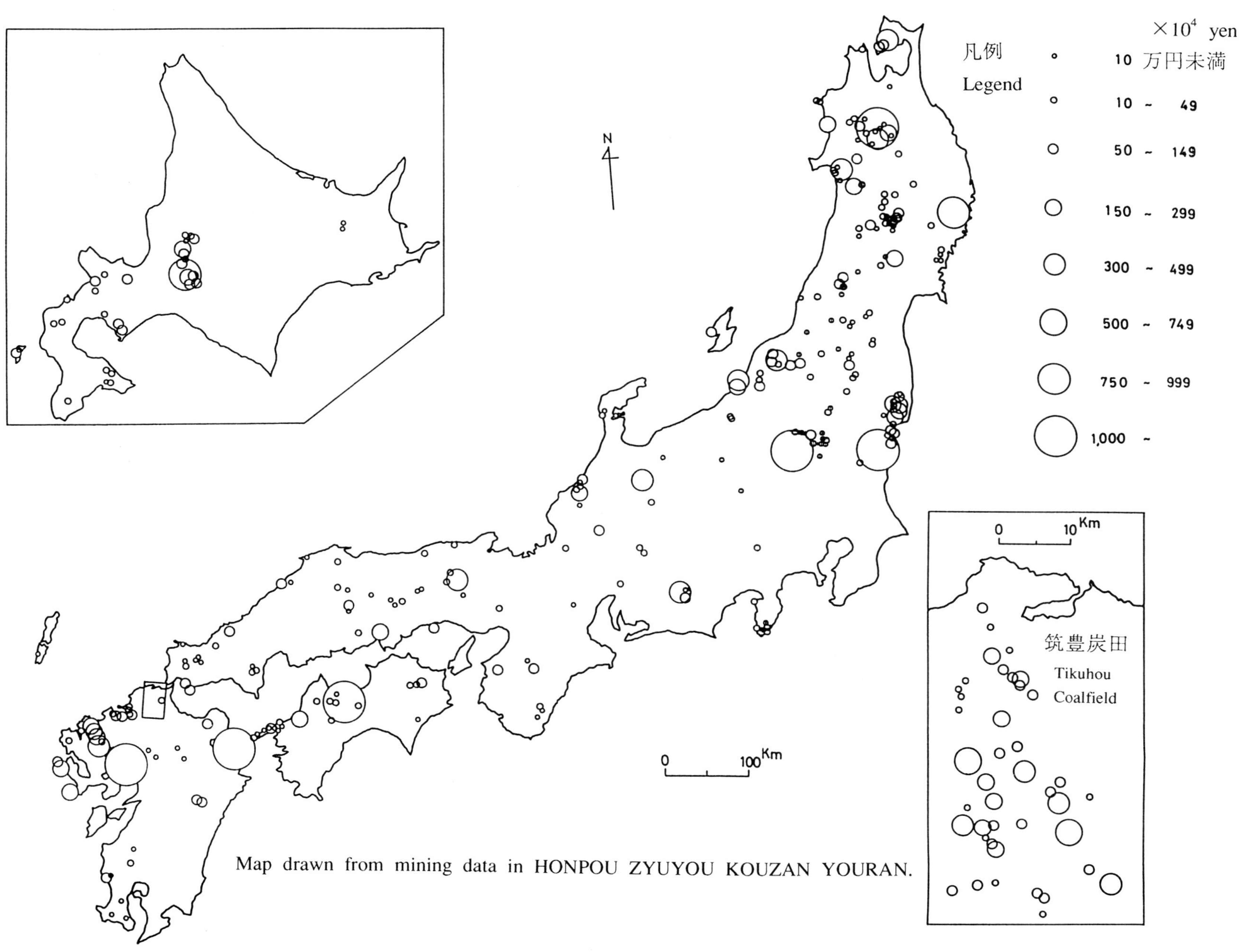

図 8.7 主要鉱山の鉱産額（大正6年）
Fig. 8.7 Output of Important Mines, 1917

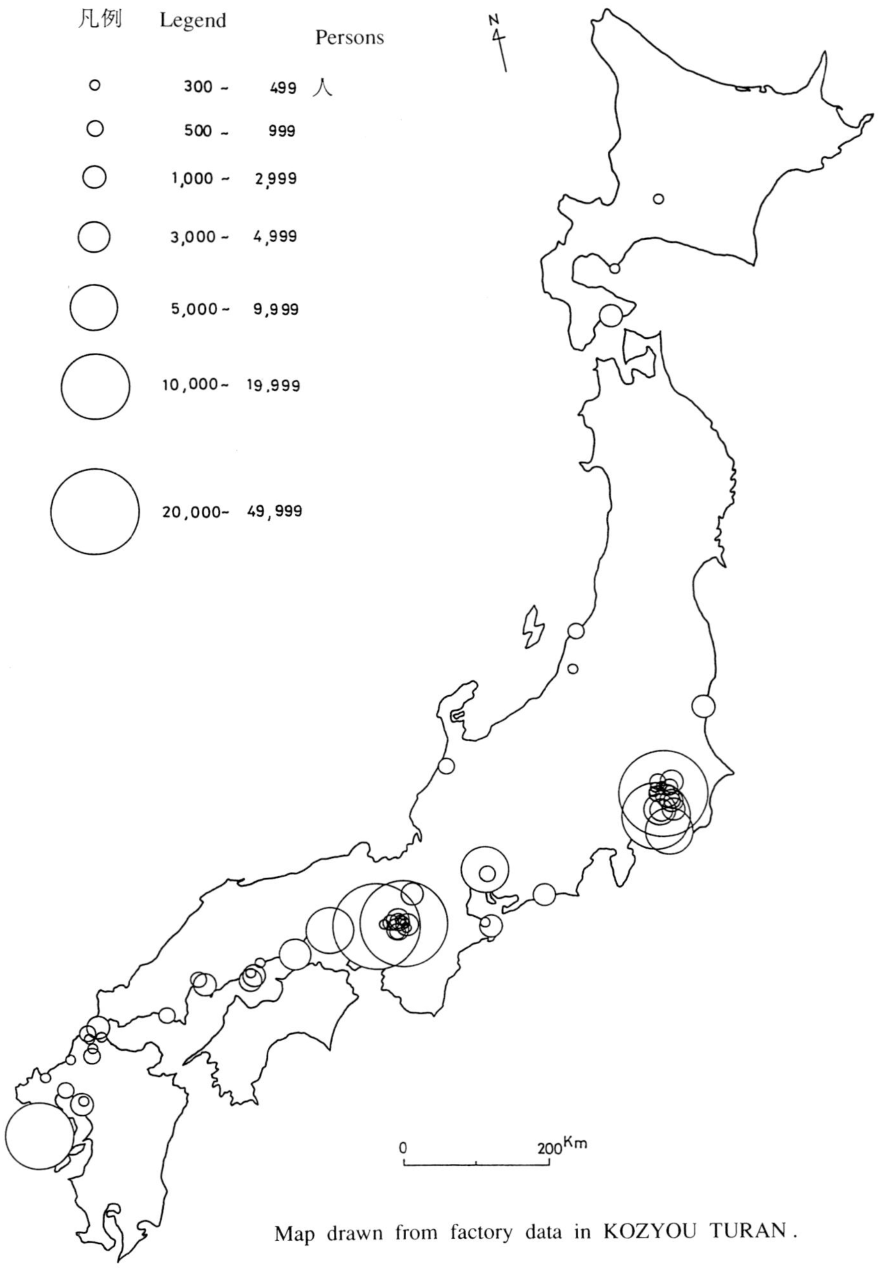

図 8.8 工場職工数の分布から見た主要機械工業地域（大正9年）
Fig. 8.8 Persons at Work in Engineering Factories by Municipality, 1920

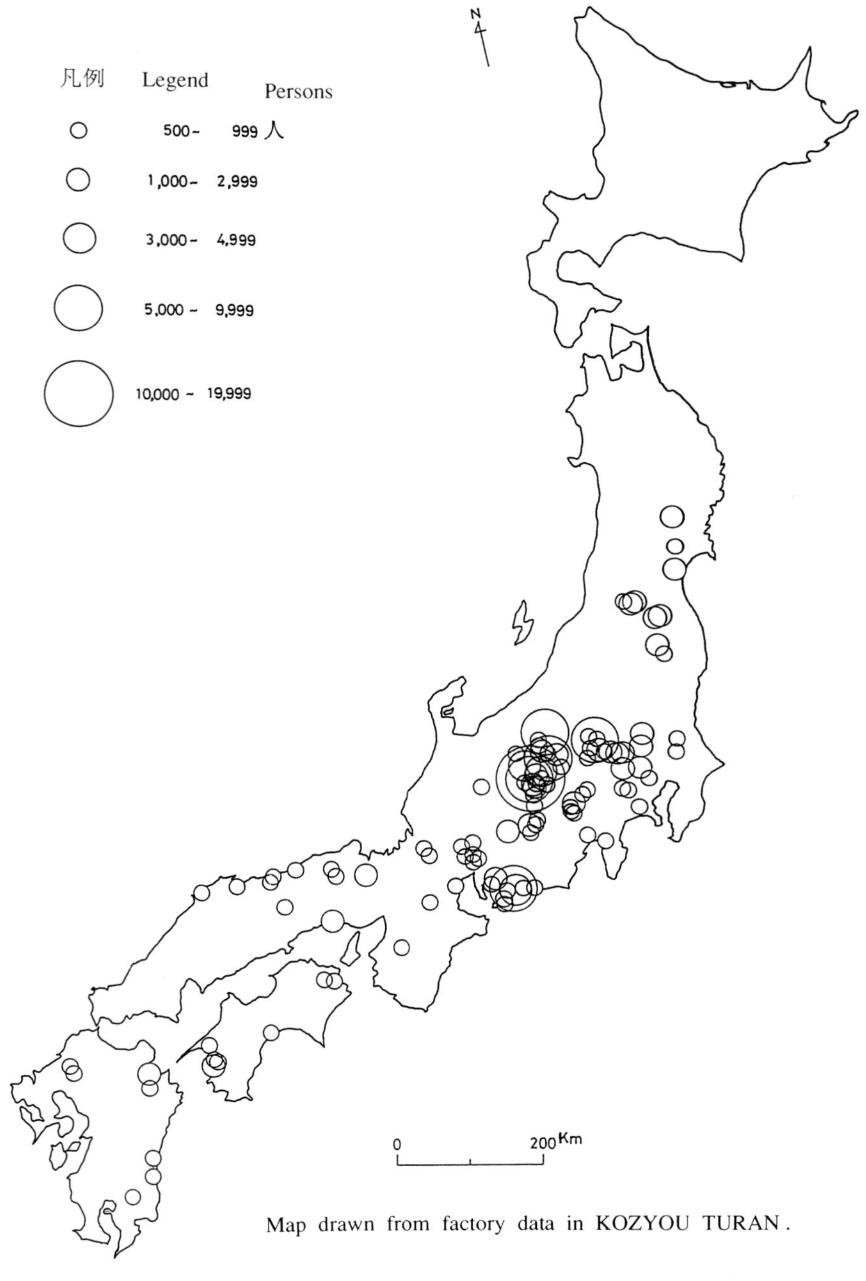

図 8.9 工場職工数の分布から見た主要製糸業地域（大正9年）
Fig. 8.9 Persons at Work in Silk-reeling Factories by Municipality, 1920

作製：葛西大和
Produced by Y. Kasai

8.3 鉱山の消長にともなう環境変化
Environmental Degradation Related to Mining Industry

1. はじめに

近代化の過程で鉱山開発は，自然環境に対して多大な影響をおよぼし，大きな環境変化をもたらした．第二次世界大戦後は，エネルギー革命，技術革新，鉱害問題の顕在化などが生じ，さらに海外資源との価格競争に巻き込まれ，国内の鉱山は，軒並み閉山に追い込まれていった．本節では，わが国最初の洋式採炭方式が導入された長崎県の離島，高島炭鉱と，わが国最大の硫黄鉱山であった岩手県の松尾鉱山を取り上げ，鉱山開発による地理的環境変遷の過程を，社会・経済的な情勢と自然環境の変化とを重ねてみる立場から復原した．その際，鉱山の生産量，新技術の導入，坑口の変遷から把握される鉱山の活動時期ごとに，地理的環境の変遷を，企業の意志決定・開発行動，わが国全体の社会経済的背景，環境を変化させる営力の変遷と関連づけた．なお，環境復原の資料として藩絵図，地形図，空中写真，社史，町史を主に用い，さらに現地調査，聞き取り調査も行った．

2. 高島炭鉱と地理的環境の変遷

(1) 明治時代

江戸時代には，肥前藩により「狸掘り」の方法で採炭が細々と行われたが，1868 (明治元) 年，トーマス＝グラバーと鍋島藩との共同事業によって，本村西隣に位置する北渓井坑 (深さ45m) から本格的な石炭採掘が開始される．その後，官有化・後藤象二郎への払い下げを経て，1881 (明治14) 年，三菱の所有に移り，島の東部の「南洋井坑 (深さ42m)・尾浜横坑」から石炭の採掘が進められた．三菱所有後10年間は，年出炭量 (高島のみ．中ノ島・端島を含まない．以下同じ) が24万トンにおよび，明治時代・大正時代を通じてピークを記録している．1884(明治17)年には，人口3,315人，坑夫約2,000人を数えた．その後，陸地部炭層の採掘条件が悪化し (この時期の立坑は深さ182mに達していた)，1901 (明治34) 年には年出炭量が6万トン，人口3,632人，坑夫数1,140人にまで落ち込んだ．

(2) 大正時代・昭和時代前期

高島と南方の中ノ島との間の海底炭層を採炭するため，坑口は二子斜坑 (海面下359m)・蛎瀬立坑 (深さ187m) が主力となり，1921 (大正10) 年には年出炭量19万5千トン，人口7,176人，坑夫3,900人を記録している．埋め立てで上・下二子島は1つの島となるとともに，高島本島と築堤によってつながり，陸繋島となった．立坑・坑場が二子島に移り，坑夫住宅も新しく建設された．島の面積 (二子島を含む．以下同じ) は，0.82km² と拡大している．役場・郵便局が本村から坑場近くに移転した (図8.11A)．昭和に入って，立坑・坑場が二子地区に展開した．1942年当時，年出炭量39万トン，坑夫数約3,000人，人口約6,000人を数えた．1945年頃には，二子島と高島の間はボタで埋め尽くされ，完全に1つの島となった．

(3) 昭和時代後期

政府の第一次石炭政策によって1963 (昭和38) 年に高島炭鉱がビルド鉱に指定される．坑口は蛎瀬 (深さ375m)・二子 (深さ965m) の2地区となる．最新鋭のドラムカッター，自走枠，油圧鉄柱が導入され，1965 (昭和40) 年の出炭量127万トン，人口16,745人，鉱員2,940人となり，最盛期を迎えた．蛎瀬立坑は，1950 (昭和25) 年より鉱員の入昇降に使用されたため，近代的な鉱員アパートが1957(昭和32) 年以降，立坑に近い蛎瀬・山手・緑ケ丘に建設される．一方，二子地区では，社宅が取り払われて，鉱業施設が立地する．坑口の移動にともない役場・郵便局も移転し，港が光町地区に整備され，炭鉱が効率よく運営されるための住宅地・施設の配置となった．三菱の所有地は，高島全体の80％にもおよび，役場・郵便局・小学校・主要道路さえも所有地内にあり，島の面積は1.13km²に拡大した (図8.11B)．

(4) 平成時代 (炭鉱閉山)

1986 (昭和61) 年に三菱高島炭鉱が閉山し，高島は唯一の基幹産業を失った．蛎瀬・山手・緑ケ丘地区の鉱員アパートはすべて閉鎖され，高島港・役場・買物市場に近い光町地区と本町 (村) 地区への居住地再編成が行われる．面積は1.14km²である．人口は閉山直前の5,500人から，閉山5年後の時点で1,248人，65歳以上の高齢者比率は30.0％にも達した．

高島では，120年間で半農半漁の村が高度に産業化された地域へと変化し，島の面積も1.9倍となった．しかし，炭鉱の撤退後，土地を再利用可能な状態に戻すだけでも，多大な費用と長い年月を必要とする．そして，土地の多くが，依然として三菱の所有であるため，町・三菱間の取り決めによって，高島町が自由に土地を再利用できない．

3. 松尾硫黄鉱業と地理的環境の変遷

(1) 明治時代・大正時代

松尾鉱山は，八幡平火山群の南東麓に位置し，火山性堆積物を切って発達する10km²にもおよぶ巨大な地すべり地形が形成されていた場所にあった．硫黄鉱床は厚い地すべり堆積物の下に胚胎されていたと想定される．松尾鉱山は，1888 (明治21) 年に農商務省に鉱区の設定と試掘願いが出され，実質的な硫黄鉱山としての生産が開始される．1914 (明治3) 年，中村房次郎の時代になると，一山一社の松尾鉱業が設立され，元山 (緑が丘) と屋敷台 (柏台) 間の道路開通，製錬ガマの設置，削岩機の導入など大々的な設備投資が行われ，東雲坑 (後の148m坑) などの掘削で富鉱に達し，松尾鉱山発展の基礎が築かれた．

(2) 昭和時代前期

この時期には松尾鉱山の事業拡大と鉱山町としての社会環境施設の拡充が図られ，これにともなって地域環境の改変が顕在化した．それまで年間2万トン前後だった硫黄生産量は，1938 (昭和13) 年には6万4千トン，下請けを含めた従業員数は4,500人にまで増加し，硫化鉱の生産も急増した．しかし，その後戦況の悪化などから人員は漸次減少し，1942(昭和17)年には露天掘りが試みられたが，生産量は1/10にまで低下している．

地形の改変は，地すべり地主滑落崖脚部に設けられた元山の坑口付近を大規模に切りとって，人工法面をつくり，さらにその上部を一部剥土して露天掘りを試み，採掘土砂は赤川右岸南東部を中心に盛り土し，そこに選鉱場・製錬場を設けた (図8.12A)．ズリはすべり地移動体の微起伏を埋め，さらにそれを平坦地化して鉱山集落が形成された．植生の改変はより広範囲におよんだ．吉岡邦二らの報告[5]によれば，鉱山周辺は本来ブナを主体とする自然林であったが，製錬や生活用の薪炭材の確保，精錬所からの煙害などにより，伐採跡やササ草地，裸地などが拡大した．

(3) 昭和時代中期

戦後の復興期にあたるこの時期は，1951 (昭和26) 年までに人員，生産量ともに戦前のピークまで回復し，1962 (昭和37) 年まで人員数は4,000人前後を保った．また，機械化や鉱害処理などの設備が拡充され，1951年に本格導入された積み込み機械のスクレーパーは，構内積み込み能力を倍増させ，1957 (昭和32) 年時点で製錬ガマは117基に達した．この一方で，石油化学産業の隆盛にともなう回収硫黄の生産が増加し，ばい煙排出規制など鉱山経営に困難がともない始めた．1970年代初頭の空中写真では植被の劣悪化が拡大し，図8.12Bのそれと似た状態に達している．

(4) 閉山期以降

回収硫黄との価格競争，鉱害対策など厳しい経営状況のもとで，1970(昭和45) 年閉山を迎えた．この時期は，経営状態が悪化の一途をたどるにもかかわらず，露天掘りなどの大規模な採掘法の採用，新鋭の大規模精錬施設の建設など大幅な設備投資を行っていることが注目される．閉山後は金属鉱業事業団が汚染水の浄化や植被の回復事業を実施している．この一方，鉱山周辺の斜面では，新たな陥没地形や大規模な亀裂の出現が見られ，荒廃した植生の復原も一部地域にとどまっている (図8.12B)．

[宮城豊彦・西原　純・大丸裕武]

□参考資料
1) 今川俊明ほか (1991)：松尾硫黄鉱山跡地における植生動態，門村　浩編「荒廃景観の比較研究―平成2年度科研費報告書」，pp. 95-103.
2) 西原　純(1990)：産業構造の転換と単一企業地域の崩壊，田中・山中編『高齢化・国際化と地域開発』，中央経済社，pp. 107-127.
3) 松尾兼治 (1949)：高島町文化史，116 p.
4) 三菱鉱業セメント (1989)：高島鉱業史，535 p.
5) 吉岡邦二 (1976)：八幡平松尾鉱山跡地の荒廃植生とその人工による回復の見通し，東北学院大学東北文化研究所紀要，No. 7, pp. 45-51.

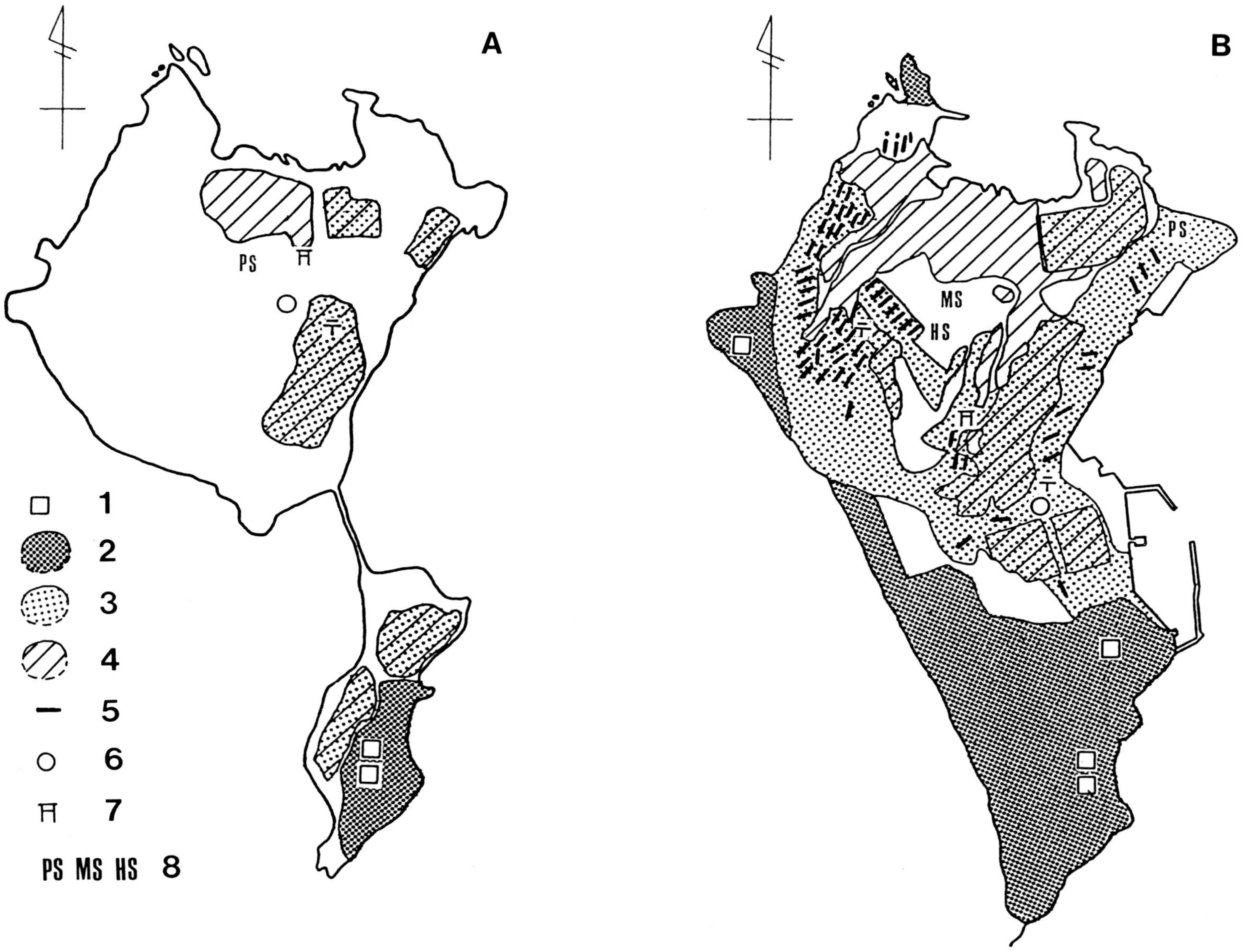

図 8.11　高島炭鉱と地理的環境の変遷
Fig. 8.11　Change in Geographical Environment in Takashima Coal Mining Area
　A：大正時代　Taisho era　B：昭和時代後期　late Showa era
　凡例　1：抗口，2：鉱業用地，3：三菱所有地，4：居住地区，5：鉄筋アパート，6：役場，7：神社，8：学校
　Legend　1：mining station, 2：mining area, 3：areas owned by Mitsubishi Company,
　　4：residential areas, 5：tall building for miner's residence,
　　6：administrative office, 7：shrine, 8：school.

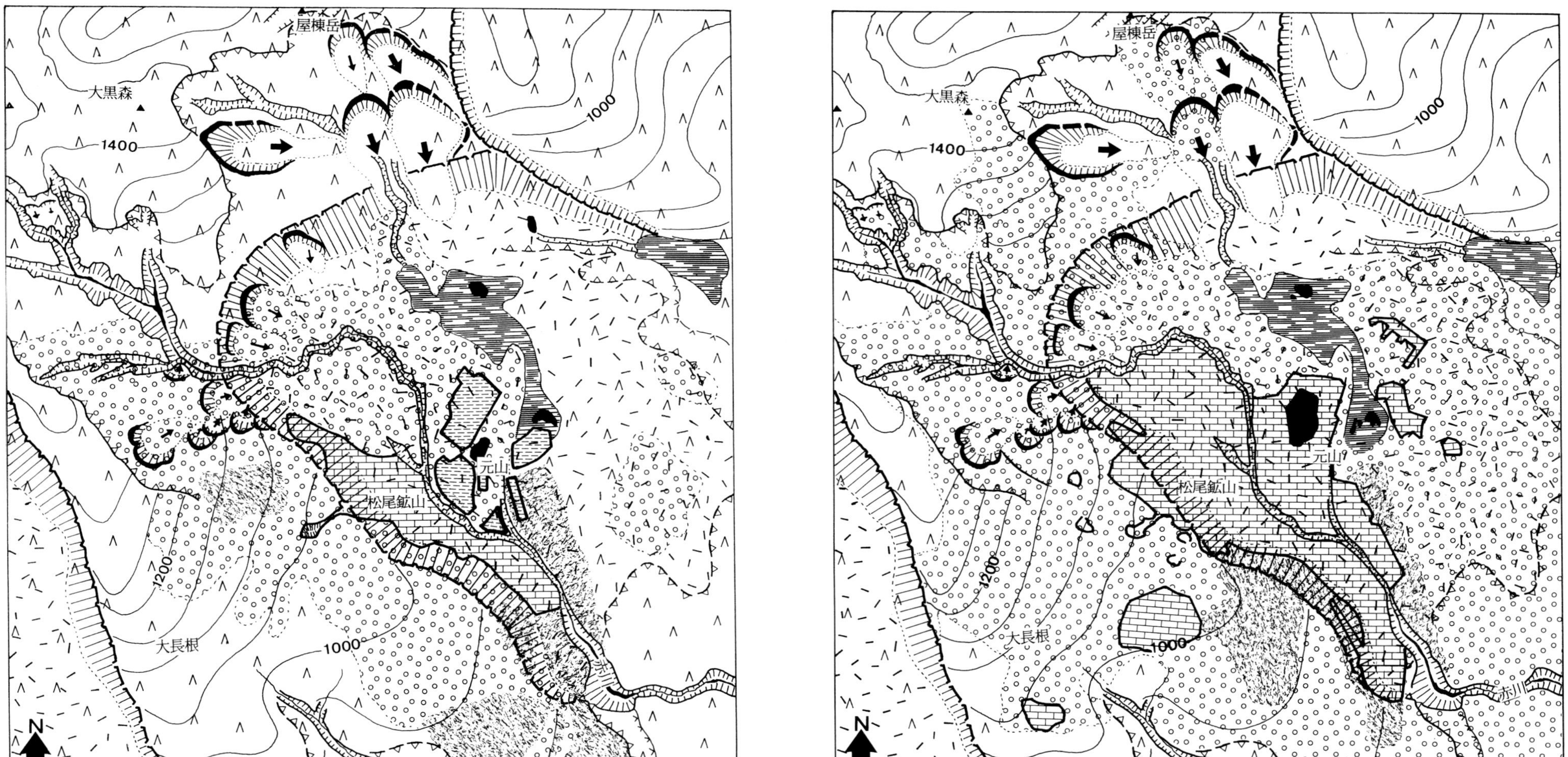

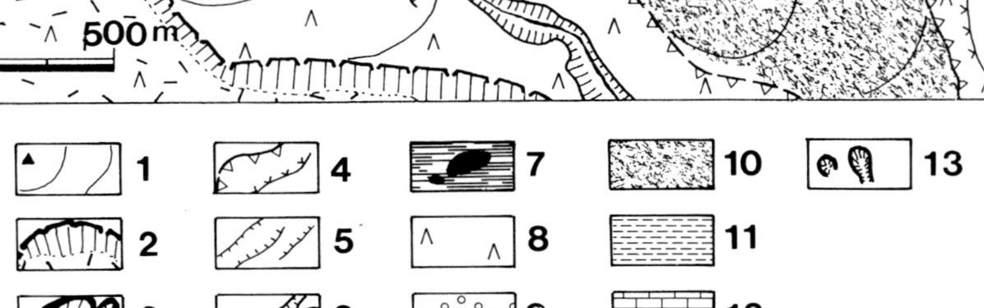

A：昭和時代前期（1948年）　early Showa era
B：閉山期以降（1985年）　after the mining company's closure
凡例　1：主な山頂と溶岩流堆積面，2：大規模な地すべり地形（主滑落崖と移動体），
　　3：中小規模の地すべり地形，4：顕著な遷急線と遷緩線，5：微小崖，6：水路・ガリー，
　　7：湿原・池，8：自然植生（主に亜高山帯の針葉樹林），9：ササ草地，10：裸地，
　　11：小規模な切盛り地，12：大規模な切盛り地，13：陥没地．

図 8.12　松尾鉱山とその周辺における土地条件と地理的環境変化　　作製：宮城豊彦，西原　純
Fig. 8.12　Change in Geographical Environment in Matsuo Sulfar Mining Area　Produced by T. Miyagi, J. Nishihara

8.4 首都圏の事業所分布の変化
Decentralization of Establishments in the Tokyo Metropolitan Area

産業活動，特に工業生産活動の展開は，「近代化と環境変化」に正・負両面において大きな役割を果たしてきた．工業生産活動の基礎的な単位である工場に関する情報を，地理情報としてシステム化することによって，工業生産の地域的展開を明らかにすることができる．

1. 工業に関する地理情報データベースの構築

基礎資料として，「事業所統計」の名簿に依拠して作製された『会社事業所（企業）名鑑』（以下『名鑑』とする）を使用した．『名鑑』には記載事項が調査年次により若干変更されていること，さらに「生産品目（製品名）」が産業小分類基準でしかとらえられないこと，といった問題点があるが，情報項目数が最も豊富であることから使用することとした．また，『名鑑』では，産業分類上の製造業に属する企業については本社や営業所なども掲載されているが，ここでは生産部門の立地と環境との関係に主眼を置いていることから，これらの事業所は一括して除外した．さらに「工業統計調査」の名簿にもとづいて作製された『全国工場通覧』を併せて資料として用い，具体的な生産品目（製品名）について補足することとした．

対象調査年次は，高度経済成長開始当時の1960（昭和35）年を基準に，10年間隔に1970（昭和45）年，1980（昭和55）年，そして最新年次1986（昭和61）年の4時点をとることにした．

『名鑑』は1970年，1980年をそれぞれ1969年，1981年の調査年次のもので代えることとし，補助資料である『全国工場通覧』は1970年，1980年を対応させることにした．補完項目が製品名であることから，大きなくいちがいは生じないものと考えられる．

業種については，1960年代以降，各時代の主導部門に相当するものとして，「繊維」「基礎素材」「電機」の3つの部門で見ることとし，「繊維」については産業中分類の"繊維，衣服"の2業種，「基礎素材」として"化学，石油・石炭，鉄鋼，非鉄"の4業種，「電機」は"電機"の計7業種を取り上げることとした．これらの3部門は，それぞれ高度経済成長以前，高度成長期，それ以後の主導部門に相当することになる．

対象工場の規模については，一律に限定することには問題があると思われたが，とりあえず従業者規模100人以上とした．これにより，対象事業所数は，1986（昭和61）年の「工業統計表」で繊維部門が約1,500事業所，基礎素材部門が約1,700事業所，電機が約3,200事業所，7業種計6,400事業所である．各部門の4人以上の全事業所数に対する割合を見ると，繊維部門2.3%，基礎素材部門9.8%，電機部門0.9%，7業種計3.5%にすぎないが，出荷額で見るとその割合はそれぞれ29.2%，78.2%，85.0%，65.9%となっている．作業の現実的な可能性を考えれば，繊維部門を除いてほぼ有効と考えられる．

データベース作製の第1段階では，まず各対象年次の『名鑑』より，該当する業種・規模の事業所を抽出し，データベースソフトを利用して，該当する業種・規模の事業所のデータ項目を分担入力した．

第2段階の作業となる「位置情報」の入力では，細かな位置をある程度無視してメッシュデータのような統計値として扱うか，それとも位置の情報を重視して座標点として扱うかという問題が生じたが，ここでは地理学的分析の基礎資料とすることをめざす立場から，後者の方法，つまり座標点による測定を選択した．

測定は，地形図図幅の左下を原点とするXY座標にもとづいて工場位置のXY座標値（mm）を測定し，次に，図幅ごとに異なる座標系となっている位置情報を統一して扱えるものとするため，国土数値情報の作製に用いられる「正規化手法」を応用して，XY座標値を経緯度に変換した．最後に，既存の項目に経緯度（度，分〈小数点以下2ケタまで〉）を追加したものを，新たな工場ファイルとして出力した．

2. 分布図の作製と考察

作製したデータベースの特徴は工場の位置を「点」として特定できることにあるが，ここでは標準メッシュ単位で集計した図を用いて考察する．

図8.13，図8.14は，20万分の1「宇都宮」の図幅について，1960年，1986年の各年次の電機関係の事業所の分布を，標準メッシュ単位で集計・図示したものである．また図8.15，図8.16は，同じく20万分の1「東京」の図幅について，1960年，1986年の各年次の電機関係の事業所の分布を集計・図示したものである．さらに，20万分の1「東京」の図幅で各年次の基礎素材関係の事業所の分布を図示したのが，図8.17，図8.18である．

これらのデータの検索および図化にあたっては，文部省科学研究費重点領域研究「近代化による環境変化と地理情報システム」A05班で開発したソフトウエア「GIS-A 05」を使用した．

今回改めて実証できた点は，明瞭な分散傾向，中でも1970年代にそれが顕著であることである．ここでは，すべての成果図を示すことはできないが，電機工業の場合を例にとると，以下のような点が明らかとなった．

電機工業の立地は，1960年代が神奈川・埼玉および北関東3県，1970年代になると南東北，1980年代には，北東北を加えた東北全域への分散に重点が移りつつあり，分散の主体は部品工業である．逆に，東京を中心に南関東は大幅に割合を低下させ，1960～1986年にはその比率が1960年当時のおよそ半分に落ち込んでいる．東京の中でも電機工業のかつての核心地域である品川・大田両区を中心とするいわゆる城南地区での減少が顕著である．埼玉・神奈川の両県でも1969年以降は低下している．北関東は絶対数の増加は多いが，相対的には1969年以降伸び悩んでいる．

さらに，このデータベースは地図情報としてばかりでなく，クロス集計や県別集計にも利用することができる．図8.19，図8.20は電機工業の産業小分類，本社・支社・単独事業所別と東京からの距離帯とをクロス集計した結果をグラフにしたものである．　　　　　　［松橋公治・富樫幸一・寄藤　昂］

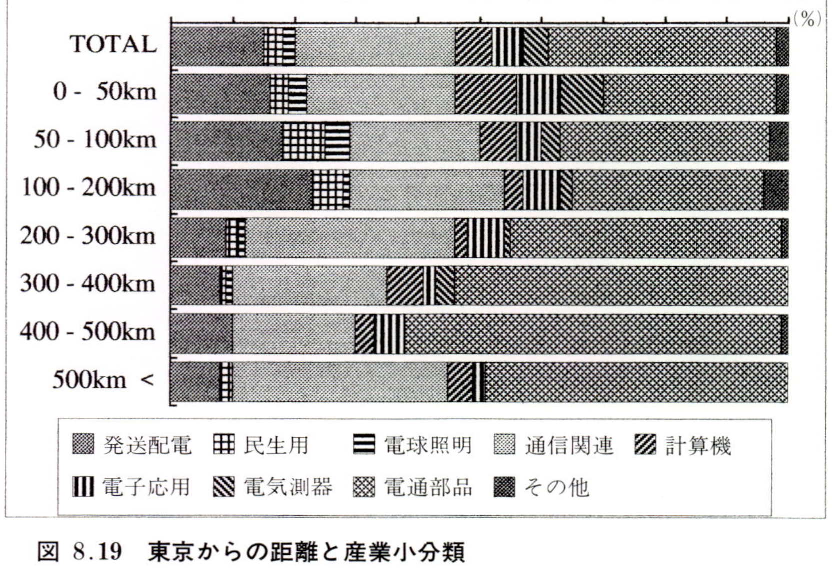

図 8.19　東京からの距離と産業小分類
Fig. 8.19　Distance from Tokyo and Types of Manufacturing Industry

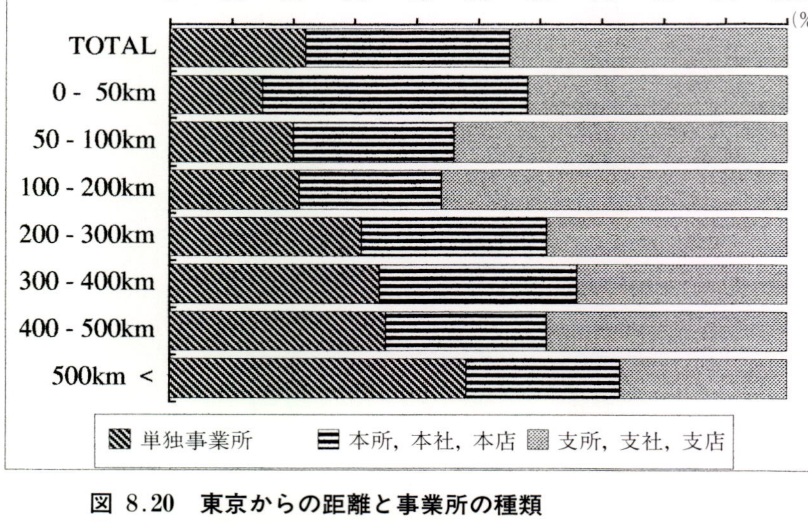

図 8.20　東京からの距離と事業所の種類
Fig. 8.20　Distance from Tokyo and Types of Establishment

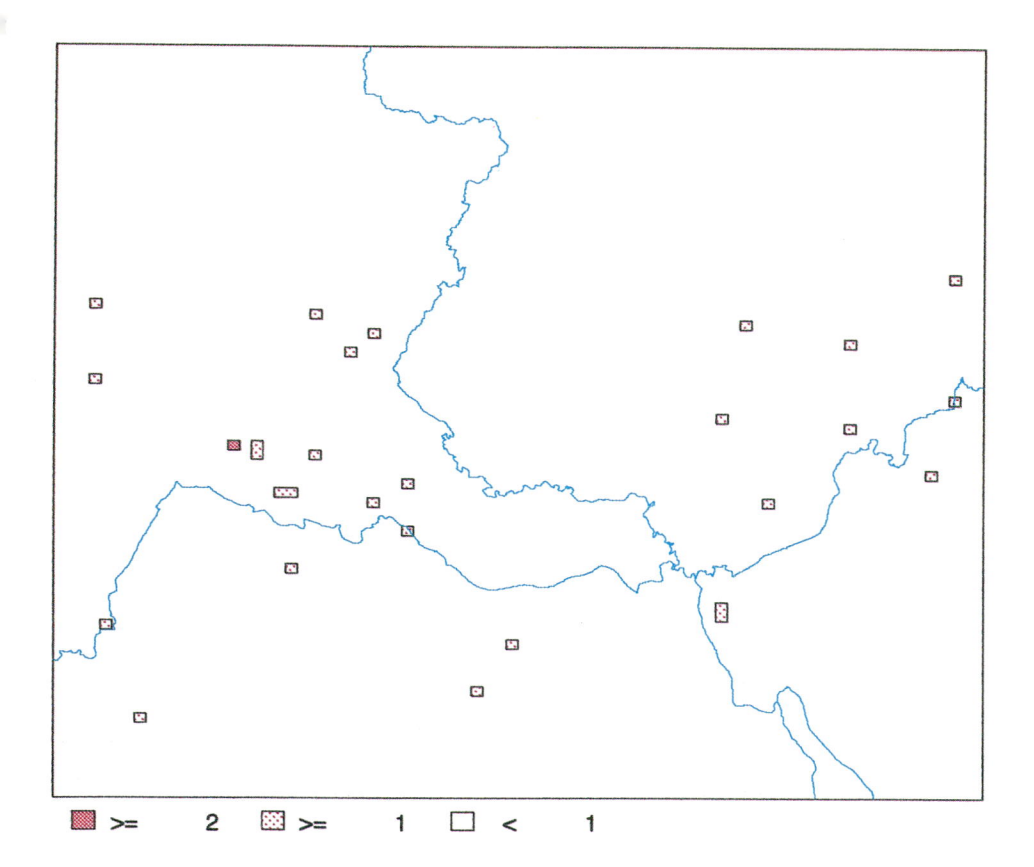

図 8.13　1960年の電機工場の分布（宇都宮）
Fig. 8.13　Distribution of Electrical Machinery Factories (1960, Utsunomiya)

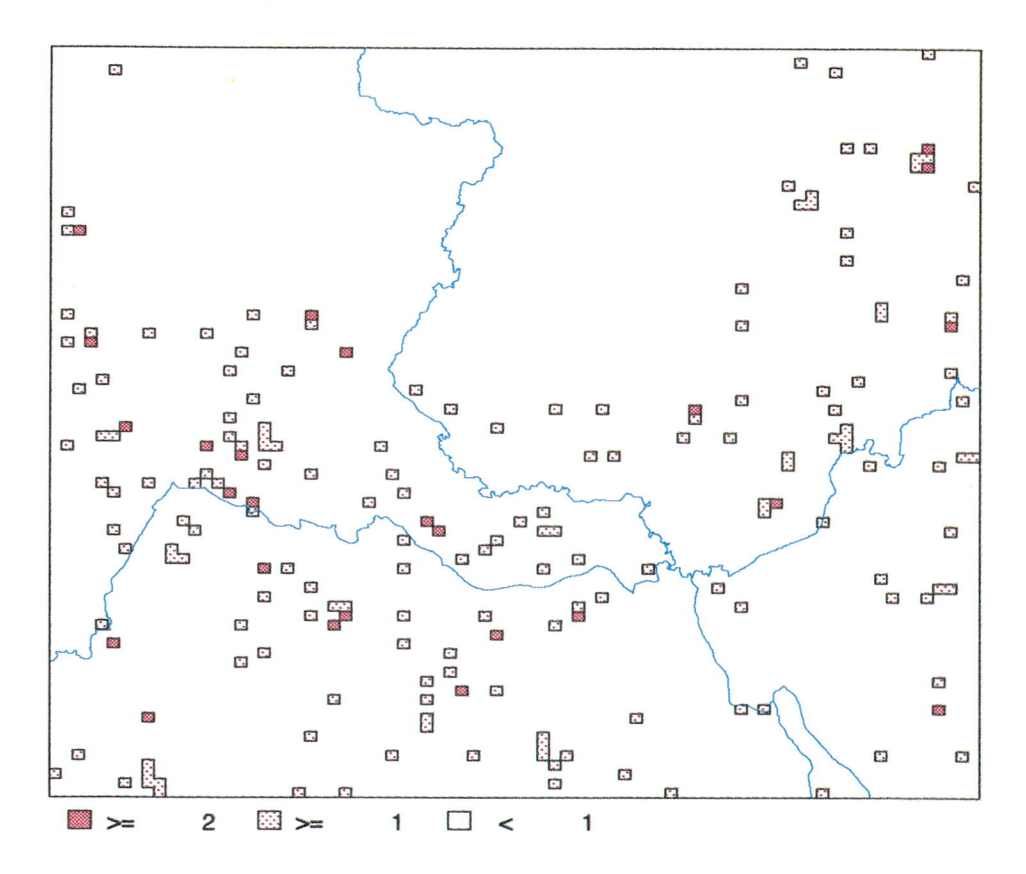

図 8.14　1986年の電機工場の分布（宇都宮）
Fig. 8.14　Distribution of Electrical Machinery Factories (1986, Utsunomiya)

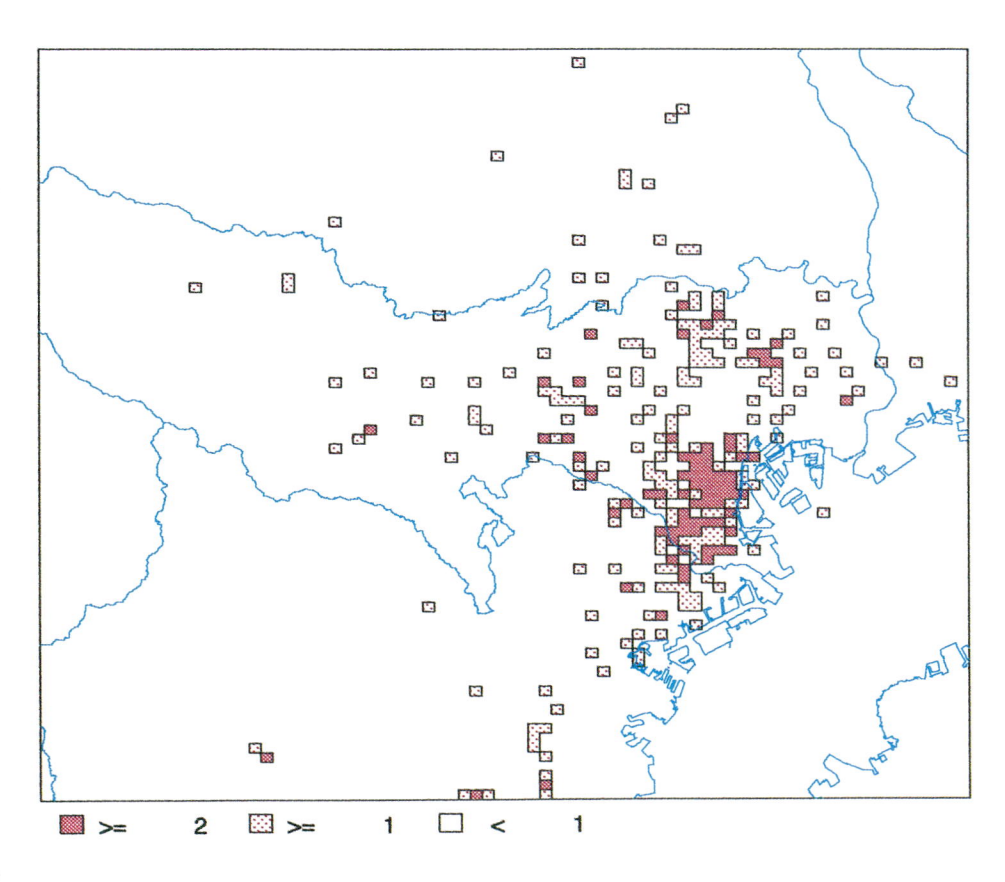

図 8.15　1960年の電機工場の分布（東京）
Fig. 8.15　Distribution of Electrical Machinery Factories (1960, Tokyo)

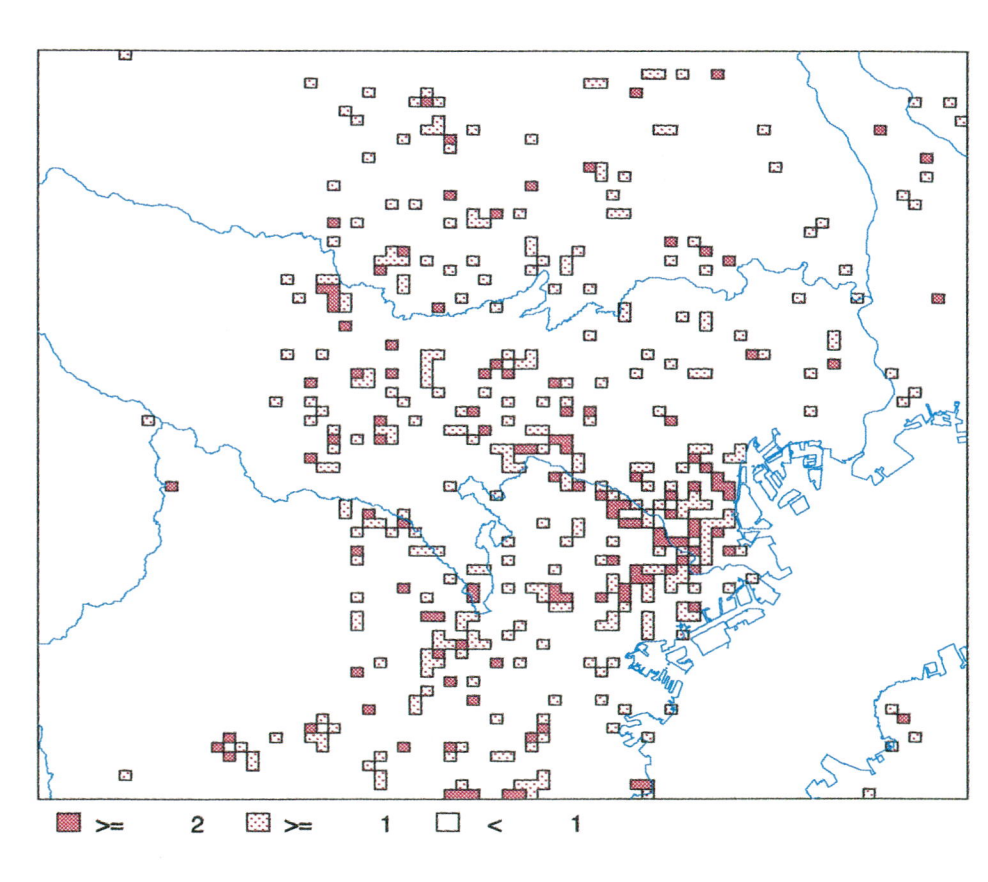

図 8.16　1986年の電機工場の分布（東京）
Fig. 8.16　Distribution of Electrical Machinery Factories (1986, Tokyo)

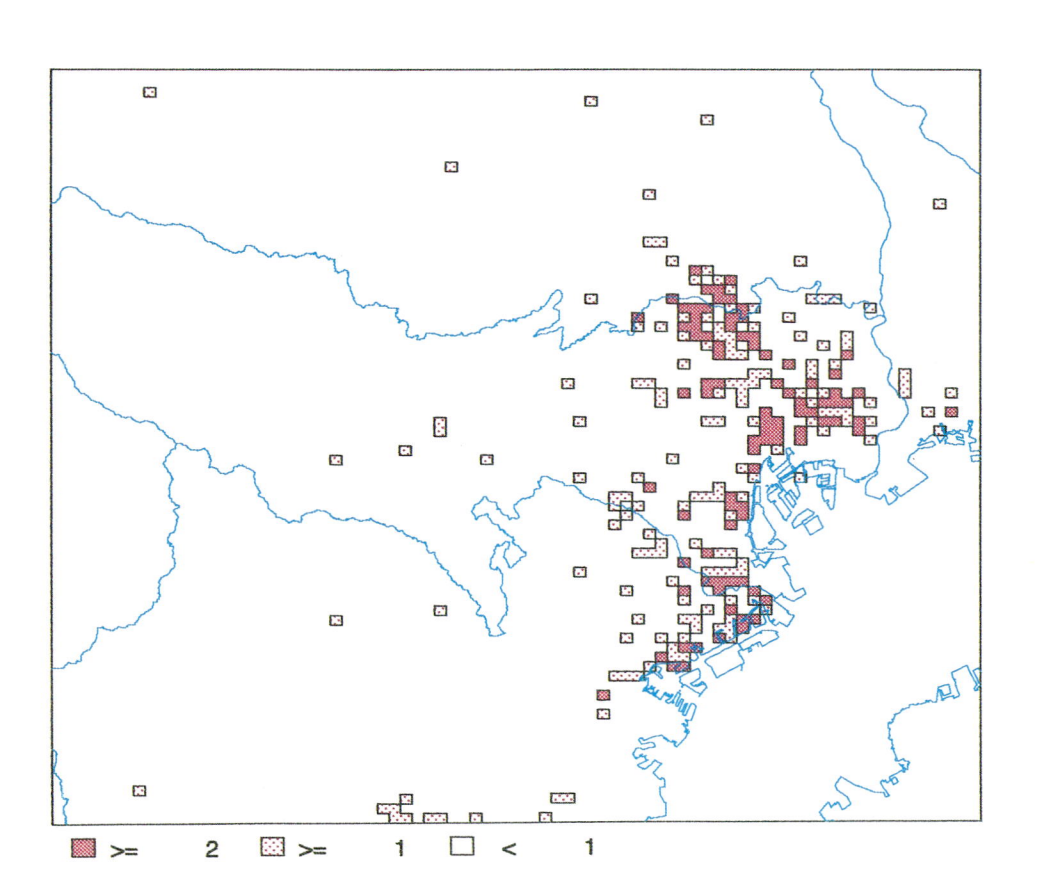

図 8.17　1960年の基礎素材工場の分布（東京）
Fig. 8.17　Distribution of Basic Material Factories (1960, Tokyo)

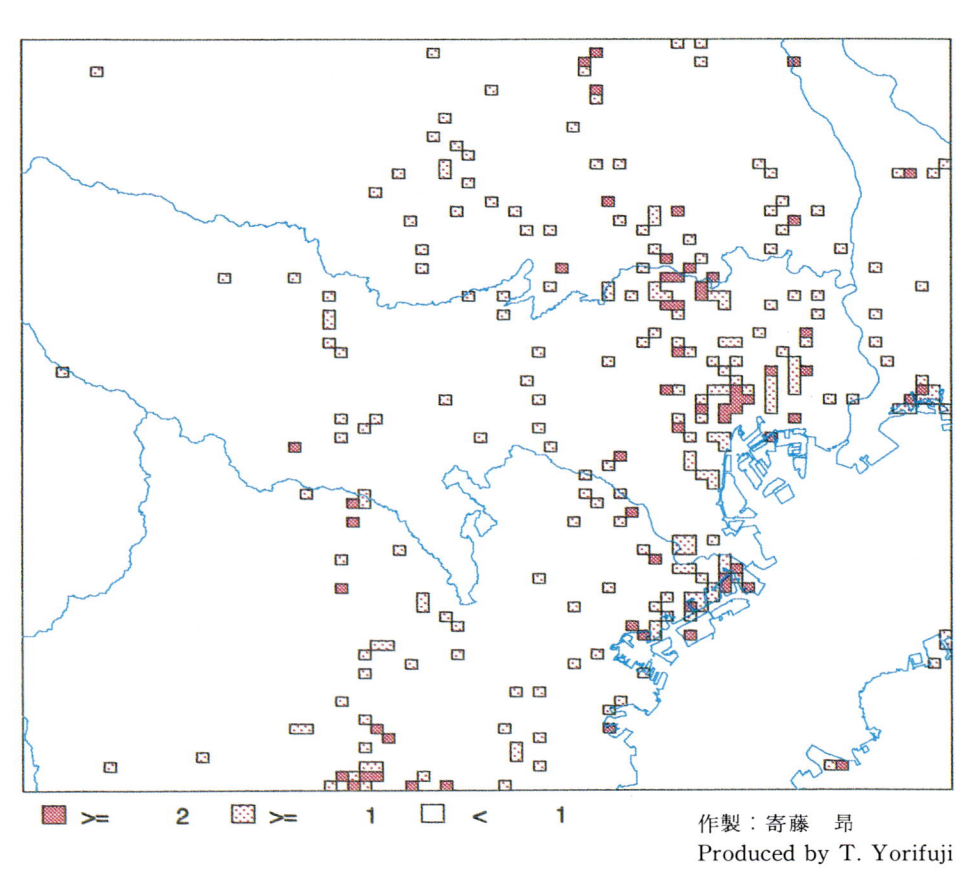

作製：寄藤　昂
Produced by T. Yorifuji

図 8.18　1986年の基礎素材工場の分布（東京）
Fig. 8.18　Distribution of Basic Material Factories (1986, Tokyo)

8.5 関東地方の事業所
Establishments in the Kanto Region

近代化は都市的環境の拡充と拡散過程をともなうが，その過程は交通路の開発や事業所の立地展開などによって促進される．

図8.21は，関東地方の市町村ごとに，1966（昭和41）年7月1日現在の事業所の規模と1960（昭和35）年に対する増減率とを示すものである．各直方体の底面積は，当該市町村の全事業所数に，またその高さは平均従業者数に比例させてある．

したがって，直方体の体積は当該市町村における事業所全体の従業者数になる．次に色分けであるが，底面は事業所数の増減率を，両側面は従業者数の増減率を表す．この色別立体表現法は，1つの事項を分析的かつ動態的に考察するのに適している．図8.21は手描きであるが，コンピュータグラフィックスによる表現法の参考になると思われる．

次に，本分布図から何を読み取れるか，以下にその概要を示す．

① 東京23区，横浜，川崎はもとより，比較的大きな市を見ると事業所数は多いが，従業者数の平均規模は小さい．つまり，大都市には大規模な事業所よりも，小・零細規模の方がはるかに多い．

② 1960年から1966年にかけては，わが国の経済の急成長期にあたるが，その間における事業所の急増地帯は，都心3区から25〜40km圏であり，その圏域から外方へは，幹線の鉄道と道路に沿って増加率の高い小さな市や町なども点在している．その反面では，京浜・京葉地区への接近性に劣る周辺地帯における減少と低成長性が目立つ．

③ 人口の小さな自治体には，しばしば赤色系の細長い直方体が立っている．これは，少数ではあるが，比較的大きな従業者規模の事業所が，地価の安い広い敷地と地元の労働力をもとめて立地したり，あるいは，比較的人口希薄な地区にやむなく立地した施設であろう．

次に，図8.21のもとになった事業所統計調査報告書（昭和35年と41年の各都道府県編）をもちいて，若干の補足的分析を行った．これによると，502（1960年）にのぼる関東地方全市町村の事業所数と従業者数の平均増加率と標準偏差は，事業所数が26.3%と33.7%，従業者数は67.8%と81.3%であるが，事業所数増加率の最高値は鎌ケ谷市（千葉県）で227%，従業者数では綾瀬市（神奈川県）の722%である．なお事業所数に関する基準値1.0以上の市町村数は54位の船橋市までである．従業者数では，基準値1.0以上の市町村数は第9位の上福岡市までにすぎない．県庁所在市は，事業所数の増加率の順位が比較的低く，千葉の60位を筆頭にして，横浜の112位，浦和が130位，前橋が142位，東京23区が181位，宇都宮が201位，水戸が231位である．

北関東3県と南関東4都県とを比較すると，事業所数の増加率平均では，前者が17.3%であるのに対して後者は33.3%と大きな差が見られる．なお，1960〜1969年，および1966年から1981年に至る3年ごとの関東各都県の事業所数と従業者数との増加率は，表8.1の通りである．

なお，関東地方における事業所数および従業者数の増加率（1960〜1966年）のグラフ図8.22が示すように，事業所数の増加率では，神奈川県が最高の40.1%，一方，従業者数の最高は千葉県の71.9%，これらに対して東京都の従業者数の伸び率は最低値を示し，全国平均値よりも低い点が注目される．この傾向は，1966年から1981年にかけてもほぼ同じように続き，オイルショックをはさむ1972年から1975年にかけての東京都の事業所従業者数の増加率は0.6%にとどまり，関東都県のうち最低値を示した．

それと関連して，1966年から1981年にかけて東京都における1事業所当たりの従業者数は10.6人から9.6人へ，同じく神奈川県は10.8人から9.2人へと低下，これに対して茨城県は6.2人から7.8人へと上昇している．つまり，京浜地区においては，事務所機能の合理化による人員削減と併せて，小・零細企業の増加などの理由によって，1事業所当たりの従業者数が減少したと推測される．

関東地方が全国に占める事業所数と従業者数の構成比は，1960年において，それぞれ24%と28%，それに対して，1981年には，それぞれ28%と31%で数%の伸びを示すが，これは南関東4都県の増加に負うところ大であるとはいえ，東京都自体は，同期間に事業所数では微増したものの，従業者数の対全国シェアは16.4%から14.7%へと微減した．俗に言う東京一極集中とは，東京圏の一極集中ではあっても，東京都はかすかながらも空洞化の傾向を見せ始めているように思われる．

［西川 治］

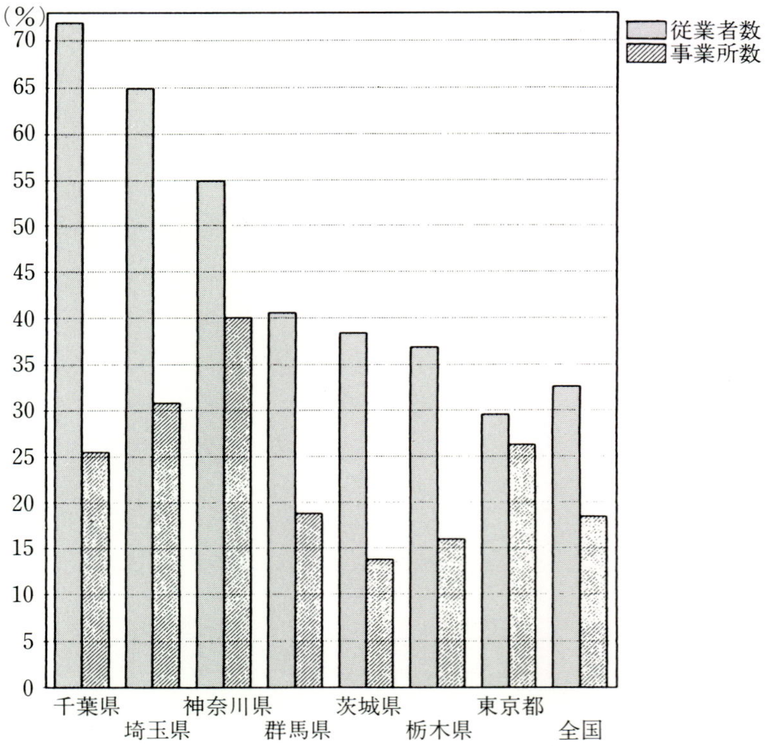

図 8.22 関東地方における事業所数・従業者数の増加率
Fig. 8.22 Increase in the Number of Establishments and Their Employees in the Kanto Region, 1960-1966
資料：「昭和35（1960）年事業所統計調査報告　都道府県編」
　　　「昭和41（1966）年事業所統計調査報告　都道府県編」

表 8.1 関東地方における事業所数・従業者数の増加率（%）
Table 8.1 Increase in the Number of Establishments and Their Employees in the Kanto Region

	1960〜1969年[1]		1966〜1969年[2]		1969〜1972年[3]		1972〜1975年[4]		1975〜1978年[5]		1978〜1981年[6]	
	事業所数	従業者数	事業所数	従業者数	事業所数	従業者数	事業所数	従業者数	事業所数	従業者数	事業所数	従業者数
茨城県	21.3	61.6	6.8	16.9	8.3	15.0	6.2	8.5	9.3	11.3	11.0	13.2
栃木県	25.3	59.0	8.2	16.1	8.1	14.5	4.8	4.9	6.8	5.9	8.4	9.6
群馬県	29.7	58.0	9.3	12.3	6.2	8.0	3.8	1.2	7.7	8.5	7.5	8.3
埼玉県	55.5	101.2	19.2	22.1	18.8	18.4	12.9	8.0	13.5	12.9	13.5	14.8
千葉県	41.8	111.9	13.1	23.4	12.6	16.8	9.5	10.2	14.9	14.6	14.0	13.5
東京都	40.5	42.2	11.3	9.7	11.4	8.8	6.2	0.6	8.7	5.2	6.4	5.7
神奈川県	65.2	84.1	18.0	18.9	20.2	11.5	8.6	1.3	11.9	6.6	8.5	8.6
全国	30.3	48.4	9.9	11.9	9.7	10.3	5.3	2.4	8.4	6.3	7.1	7.5

1), 2)：『昭和44(1969)年事業所統計調査報告　第1巻　全国編』
3), 4)：『昭和50(1975)年事業所統計調査報告　第1巻　全国編』
5), 6)：『昭和56(1981)年事業所統計調査報告　第1巻　全国編』
数値は小数点第2位以下切り捨て．

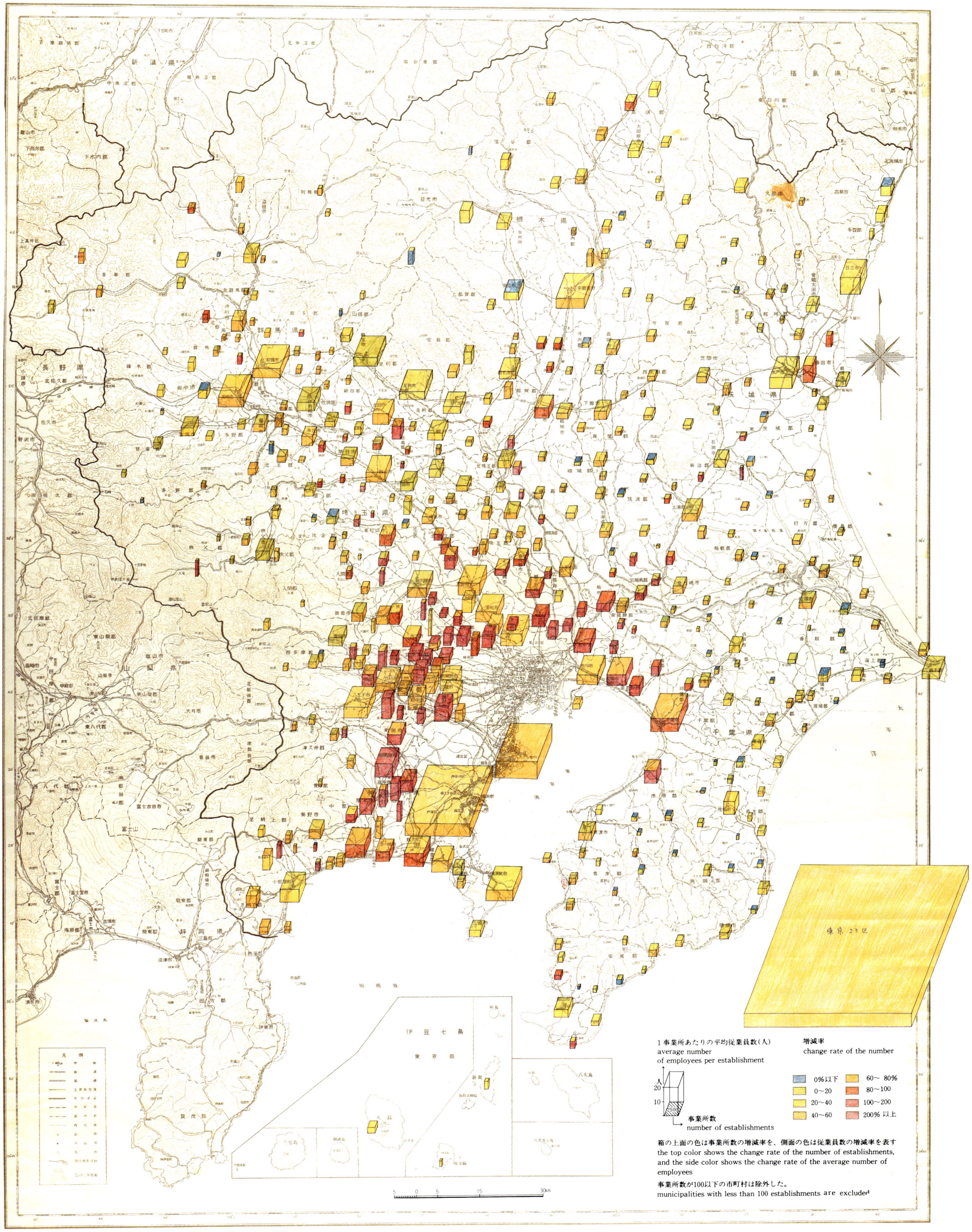

図 8.21　市町村別に見た関東地方の事業所と従業員の増減（昭和38〜41年）（昭和35年，41年総理府統計局事業所統計調査の報告による）

Fig. 8.21　Number of Establishments and Average Number of Employees in Each Municipality in the Kanto Region, 1960-1966（after 1960 and 1966 reports of Department of Statistics）

作製：西川　治
Produced by O. Nishikawa

8.6 日本の工業領域とその変化
Change in Manufacturing Areas

1. 工業の発展

日本の経済は1960(昭和35)年頃より毎年驚異的な高度経済成長を続け，1967(昭和42)年度の実質国民総生産は1960年度の約2倍となり，1968(昭和43)年度は西ドイツを抜いて，合衆国に次ぎ自由世界第2位の規模に達した．それを支える鉱工業の生産もまた，1960～1967年間に倍加し，1968年度は前年度に対して17.2%の増加を記録し，その後も成長の勢いは衰えを見せていない．特に，重化学工業の発展はめざましく，鉄鋼・機械・化学・石油・石炭・製品などの部門は工業全体のそれを上まわる．そして，わが国の輸出総額は世界全体の4.8%(1967年)に達し，その内容は鉄鋼などの金属・金属製品，自動車・電気機械などの機械額を中心とする重化学工業製品が総額の68%を占め，1966(昭和41)年には工作機械の輸出は輸入を上まわった．

工業経営においては，中小企業(資本金5,000万円以下，従業者300人以下)の占める割合が欧米の先進国に比べてかなり高く，会社数では98.5%，従業者数では61.3%であるが，出荷額では39.2%(1956年)にとどまる．一方，大企業数は1.5%にすぎないが，工業生産における大企業の役割は一層大きくなる傾向にあり，上位3社で，それぞれ全生産高に占める割合が50%を超える製品は，板ガラス・ビール・アルミ地金・レーヨン長繊維・ナイロン・乗用車・電気銅・銑鉄・トラックなどである．

2. 工業地域の動向

このような工業の著しい発展は，地域的にはどのように展開しているのであろうか．まずいえることは，工業は集積効果を求めて同種あるいは，関連企業が地区的に集中する傾向をもつが，特に社会資本が比較的充実し，市場に近く，また質のよい労働力や各種の情報・資本などが得やすい大都市地域のなるべく内部に立地しようとする．出版・印刷などの情報産業，食品・衣料をはじめとする各種の消費財工業は特に顕著であるが，最近では製鉄所でさえ，東京・大阪・名古屋の付近に新増設されている．また，自動車工場や主要なコンビナートも，太平洋ベルトに分布している．このような理由で，四大工業地帯の工業製品出荷額の対全国比は54.7%，京浜(東京都・神奈川県)のみで23.9%(1966年)に達した．しかし，1965(昭和40)年以後は，四大工業地帯のそれぞれの占有率はやや低下の兆しを見せ始め，中でも北九州は，1955(昭和30)年の4.9%から1966年には3.1%とかなり減少し，都道府県別の順位では，静岡・埼玉両県にもおよばず全国で8位に転落した．1963(昭和38)年の工業統計表にもとづき分析したところ，全国の工業粗付加価値額(＝生産額－原材料など使用額－製造品出荷額に含まれる内国消費税)8兆6,289億円に対して，その0.1%以上のシェアをもつ市町村数は167におよび，この大部分は，いわゆる東海・山陽メガロポリスに分布している．これら市町村全体の粗付加価値額の対全国比は77.5%に達し，従業者数でも67.2%であるが，その反面，面積比はわずかに6.6%，人口比は46.5%であって，工業の比重が高い．

このような動きの中で，15カ所の新産業都市はどのような役割をもっているであろうか．まずその位置は，岡山県南地区や東予地区を除けば，太平洋ベルトからはずれており，各地区は1962(昭和37)年に策定された全国総合開発計画の開発地域において，すでにある程度の工業があり，地方の開発拠点になるような比較的有力な都市を中核とする，かなりの数の市町村から構成されている．その総面積は27,741 km²，総人口は1960年において1,001万人(対全国比10.7%)で，同年の総工業出荷額は1兆2,382億円(対全国比約8%)であり，面積・人口の割には工業出荷額が少なかった．1967年の工業出荷額は3兆3,396億円で，対全国比は10%に達せず，ようやく神奈川県の水準に近づいている．このように新産業都市は，工業発展の積極的な担い手としては力量不足ではあるが，経済発展の中進的地帯における相対的な衰退をくいとめる役割を果たしてきたし，今後の開発しだいによっては，地方経済の推進力となることも期待される．

これに対して，6地区の工業整備特別地域(鹿島・東駿河湾・東三河・播磨・備後・周南)は，いずれも太平洋ベルトに位置し，総面積7,565 km²，総人口は351万人，総工業出荷額は9,448億円(1960年)であったが，1970年の目標は3兆6,080億円におよび，新産業都市全体の5兆3,260億円の70%近くに達する予定である．とりわけ鹿島地区では，大規模な掘り込み式港湾が建設され，すでに製鉄所をはじめいくつかの工場が操業を開始し，やがてはその年間貨物取扱量は，横浜港をしのぐようになるといわれていた．このほか，1961年に公布施行された低開発地域工業開発促進法にもとづいて指定された地区数は96カ所におよび，1965年における総面積・地区面積の対全国比はそれぞれ19.7%，14%であるが，工業出荷額は5.9%とかなり低い水準にとどまる．

なお，図8.23は，1963年から1975年に至る間に生じた工業領域の変化を示す．これを裏づける表8.2によると，工業粗付加価値額の対全国シェアで0.5%以上を占める市町村数には，ほとんど変化がなかった．それに対して，0.1～0.5%の市町村数は144から179へ，0.01～0.1%の市町村数は518から708へと著しい増加が見られる．

また，表8.3における1%以上の市合計のシェアは，1963年の40.5%から1975年の24.1%へと激減し，東京区部をはじめ当該市のシェアは，いずれも年々減少し続けた(表8.4)．これに対して，0.1～0.5%と0.01～0.1%階級は，それぞれかなりの増加を示す．

このように，日本経済の高度成長期において，工業領域は，1963年までに形成された中軸地帯から周辺に向かって拡大しながら発展し，その影響を受けた市町村が増加したことになる．

[西川 治]

表8.2 工場粗付加価値額の対全国比階級別市町村数(0.01%以上)
Table 8.2 Number of Cities and Towns in Different Ranks of Manufacturing Output (added value)

階級＼年次	1963	1966	1969	1972	1975
1%以上	9	10	11	11	9
0.5～1.0	14	11	17	11	14
0.1～0.5	144	151	157	170	179
0.01～0.1	518	572	596	688	708
(計)	685	744	781	880	910

表8.3 市町村工業粗付加価値額の対全国比(%)階級別合計
Table 8.3 Cumulative Percentages of Manufacturing Output (added value) in Different Ranks

階級＼年次	1963	1966	1969	1972	1975
1%以上	40.46	36.94	33.69	29.88	24.06
0.5～1.0	9.16	7.40	10.79	7.72	10.16
0.1～0.5	28.04	31.69	31.27	32.44	34.92
0.01～0.1	15.29	16.20	17.60	22.01	22.46
(計)	92.95	92.23	93.35	92.05	91.60
0.1%以上	77.66	76.03	75.75	70.04	69.14
全国粗付加価値額(億円)	86,288	122,495	214,228	312,813	449,689

表8.4 工業粗付加価値額が対全国比1%以上の市名と%
Table 8.4 Cities with Over 1% of National Manufacturing Output (added value)

市名＼年次	1963	1966	1969	1972	1975
東京区部	15.60	13.42	11.14	9.14	8.53
大阪市	7.34	6.30	5.45	4.88	3.47
名古屋	3.65	3.33	2.82	2.33	2.17
川崎	3.53	3.21	2.76	2.53	2.36
横浜	3.49	3.10	3.08	3.28	2.63
京都	1.87	1.70	1.59	1.47	1.39
北九州	1.84	1.65	1.51	1.22	——
神戸	1.67	1.71	1.67	1.57	1.40
尼崎	1.47	1.46	1.21	1.05	1.03
豊田			1.28	1.26	1.08
堺	——	1.06	1.17	1.15	——
(計)	40.46	36.94	33.69	29.88	24.06

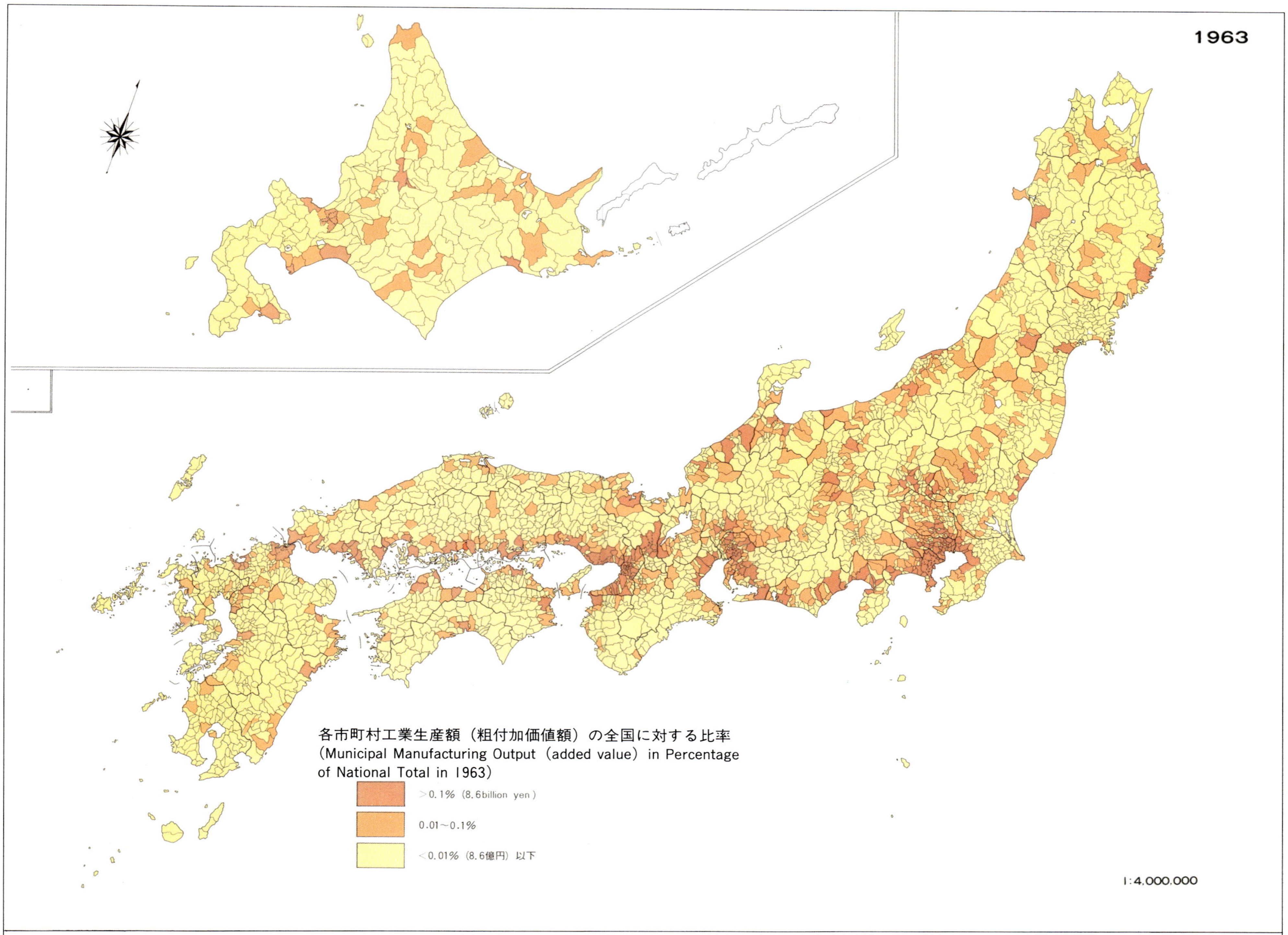

1963

各市町村工業生産額（粗付加価値額）の全国に対する比率
(Municipal Manufacturing Output (added value) in Percentage of National Total in 1963)

- >0.1% (8.6 billion yen)
- 0.01～0.1%
- <0.01% (8.6億円) 以下

1:4,000,000

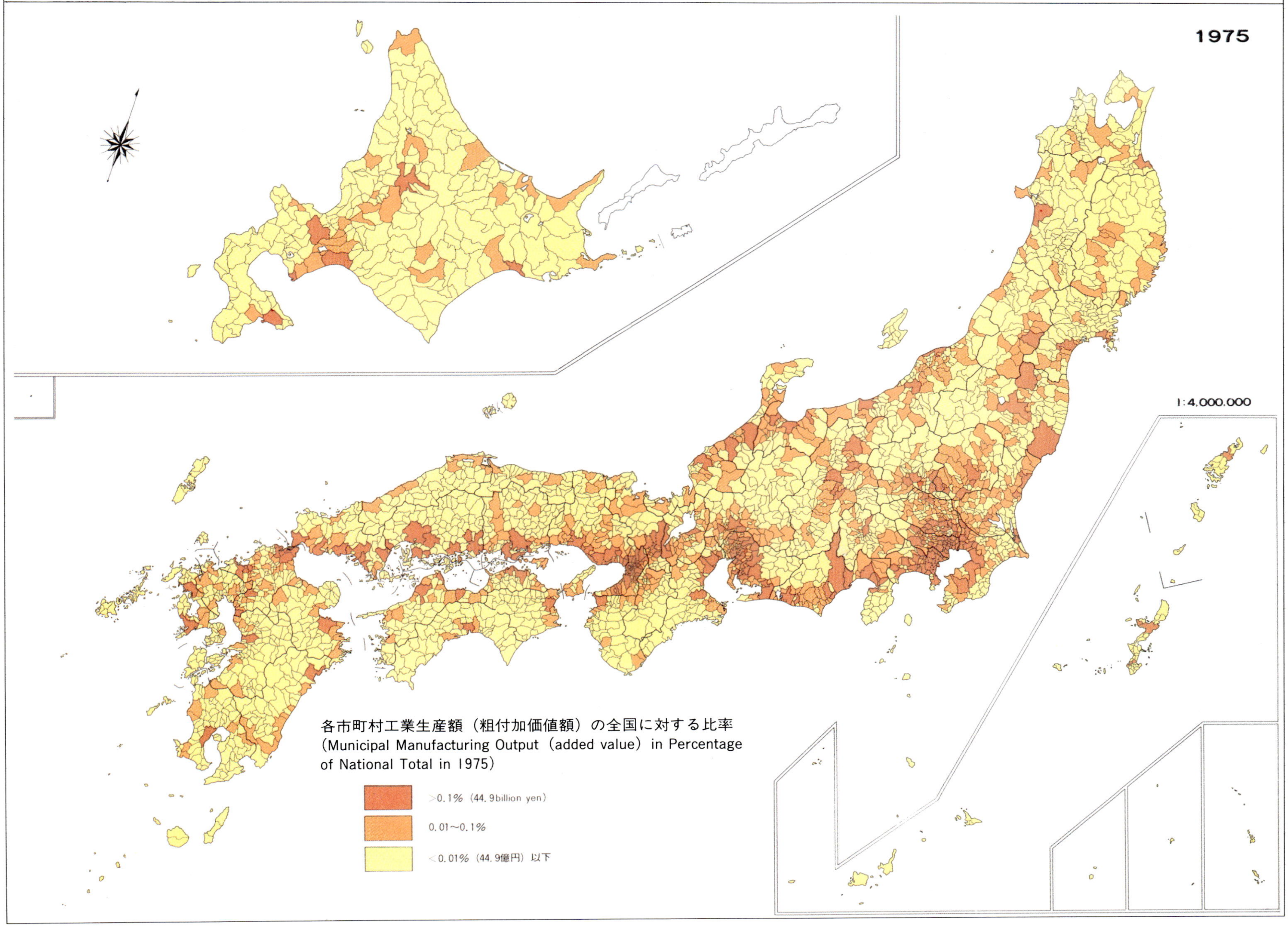

1975

各市町村工業生産額（粗付加価値額）の全国に対する比率
(Municipal Manufacturing Output (added value) in Percentage of National Total in 1975)

- >0.1% (44.9 billion yen)
- 0.01～0.1%
- <0.01% (44.9億円) 以下

1:4,000,000

図 8.23 日本の工業領域とその変化（1963～1975年）
Fig. 8.23 Change in Manufacturing Areas, 1963-1975

作製：西川 治
Produced by O. Nishikawa

第2部 産業・社会・自然的基盤の変化

9

公共機関の発達

CHANGE IN THE DISTRIBUTION OF PUBLIC INSTITUTIONS

　現代の日本には多彩な公共機関が数多く存在し，市民生活を豊かなものにしている．しかし，江戸時代においては，例えば江戸の南町・北町奉行所が裁判から一般行政まで市民生活のほとんどすべてを統轄していたように，その機能は未分化であった．明治以降の日本の近代化は，公共機関の面から見ると，近代市民社会を構築するためのさまざまな公共機関の創出と，その大量立地による市民生活の充実の歴史であったといえよう．

　以上のことから，ひとくちに公共機関といっても多種多様であるが，機能的に見ると，政治・行政（統治）基盤（9.1節），教育・文化基盤（9.2節），生活関連基盤（9.3節）などに分けられる．政治・行政（統治）基盤は，都道府県庁や市町村役場，警察・税務・法務関係機関などである．これらの機関は，近代国家として成立する基盤として，近代化初期の段階で整備が進められている．ただし，福利厚生関係や経済関係の諸統治機関の設立の多くは，時代の変化に対応して第二次世界大戦後に見られる．

　教育・文化基盤は，明治以降の近代化にあたり，学校教育の充実を日本政府が重視したため，初等教育機関の設置充実は早期に行われている．またエリート育成の中等教育ならびに高等教育機関の設置も早い．しかし，後期中等教育ならびに高等教育機関の大衆化は，第二次大戦後の高度経済成長期まで待たねばならなかった．

　大学・短大・高等専門学校などの高等教育機関が多く設置され，国民の多くが高等教育を受け，所得も向上するにつれて，図書館や文化ホール，博物館・美術館などの文化施設が各地に設置されるようになった．こうした教育・文化基盤の充実が，多くの人々に自らの周囲の変化に関心をもたせ，近代化と環境変化の関係へと思考を向けさせる役割を果たしているともいえよう．

　生活関連基盤は，郵便局・電信電話局・病院などである．生活関連基盤は所得の向上，技術革新などによって多種多彩な機関が創設されてきており，その立地変化も近年とみに著しい．

　公共機関は，どの地域にも同じように立地するものと，特定の地域に立地するものとがある．例えば，郵便局は人口分布に応じてかなり密に立地し，その変化も著しいが，税務署は主要都市にのみ立地し，その増減もほとんどない．このように公共機関の種類によって，その立地分布密度が異なる．

　他方で，同種の公共機関であってもその質的差異によって立地分布密度が異なるものがある．例えば学校の場合，義務教育の小中学校は人口分布に対応して立地するものの，大学はその数も少なく，大都市集中傾向を示す．こうした関係は，同じ郵便局であっても中央郵便局と特定郵便局の関係や各種文化施設などにも見られる．

　明治大正期の生活に密着した原初的な公共機関は，役場・小学校・郵便局・警察署（駐在所）のセットであり，やや大きな集落に病院がつく．今日では，それらに集落規模に応じて前述のさまざまな公共機関が付加されてきている．

　本章では，データとして利用した地形図の関係から，明治大正期から現在までの比較が行いやすい市区町村役場・学校・郵便局の分布変化を中心に取り上げた．また，補完的に警察署・病院・官公署の変化も見ている．全体として，広域行政化の中で町村役場数が減少する一方で，多様な公共機関の充実が図られていることが理解できよう．

［戸所　隆］

9.1 市区町村役場の分布の変化
Change in the Distribution of Municipal and Village Offices in the 20th Century

1. データと作図方法

データと作図方法は 2.1 節と同様である．図 9.1 の表現は，明治大正期に存在し，現在はない市区町村役場を黒，明治大正期も現在もある市区町村役場を赤，現在にのみある市区町村役場を青で示した．

2. 地図表現における明治大正期と現代の市区町村役場分布の意味

日本政府は，1889（明治 22）年に近代的な自治組織をもつ市町村制を施行した．図 9.1 における明治大正期の市区町村役場（黒と赤）は，その市町村制後の状態で，昭和前期や第二次世界大戦後（1955 年前後）に大幅に進んだ市町村合併前の状況である．また，合併後の現代の市区町村役場（赤と青）の数は減るが，その位置は明治大正期とほとんど変わらない．

3. 明治大正期における市区町村役場の分布

現代に比べ明治大正期にはかなりの市区町村役場があるが，全国的に見ると，北海道の市区町村数が極端に少ない．北海道以外の地域では，明治以前から開発が進んでおり，平地など人口可住地域にはすでに多くの人々が居住し，多くの都市的集落や自然村が存在していた．そのため明治以降の市区町村は，それらを合体する形で多数存在した．他方，この時期の北海道は，市区町村役場が開拓前線として重要な位置を占めており，本州などの市区町村役場とはその位置づけも異なっていた．

北海道以外の市区町村役場は，ほぼ人口分布に対応して立地した．明治大正期の都市域は，ほぼ市街地部分に限られ，今日に比べ非常に小さく，大都市周辺には数多くの自治体が存在した．そのため，平野部での市区町村役場の立地密度は高く，山間部では谷底平野や盆地を除いて，その立地密度は低くなっている．また，平野部においても現代の大都市地域での立地密度が他に比べて高い．なお，東日本の山間部に比べ，準平原の広がる中国山地には均一的な市区町村役場の立地分布が見られる．

4. 現代の市区町村役場と官公署の立地

現代の市区町村役場は，その分布構造においては明治大正期と変わらないものの，広域行政を目的とする合併により数が全体として減少した．また，明治大正期には少なかった市制施行都市が増加した．特に大都市近郊での衛星都市の発達で，三大都市圏における市役所の増加が著しい（図 9.2，白点が市役所の分布するメッシュ）．

一般の官公署の分布（白点が官公署のあるメッシュ）は，明治大正期の関東では東京に集中的に見られるほかは，主要都市に点在するだけであった．しかし現在は，東京とその周辺に多く立地するものの，多様な官公署が関東平野一帯に広く分布し，行政サービスシステムが整ってきていることが知られる（図 9.4，図 9.5）．

現在の保健所の分布は，法的には人口 10 万に 1 カ所設置することになっている．しかし，現実には必ずしもそうはならず，市役所の分布構造と類似の立地分布が見られる（図 9.3）．

[戸所 隆]

図 9.2 関東および周辺の市役所（現代）
Fig. 9.2 Distribution of City Offices in the Kanto Region circa 1985

図 9.3 関東および周辺の保健所（現代）
Fig. 9.3 Distribution of Public Health Centers in the Kanto Region circa 1985

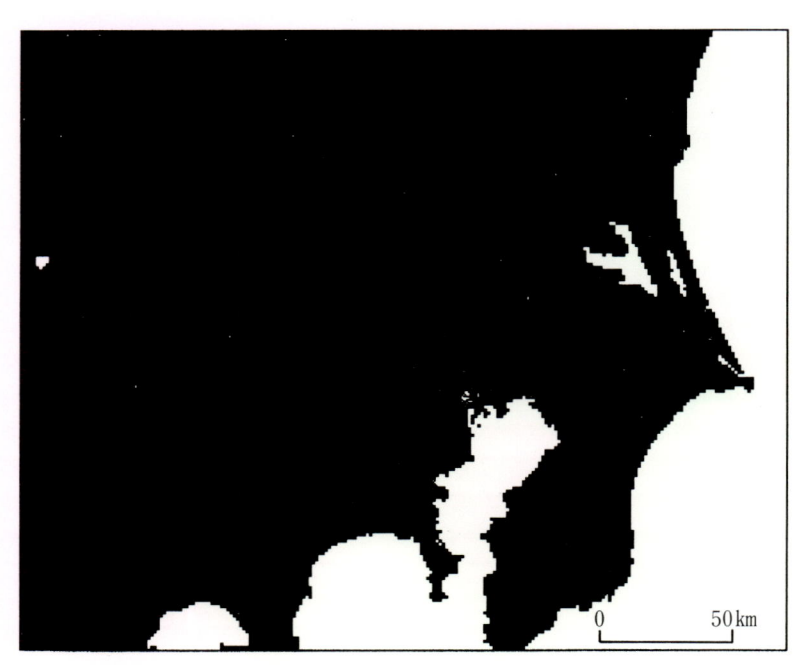

図 9.4 関東および周辺の官公署（明治大正期）
Fig. 9.4 Distribution of Government Offices in the Kanto Region circa 1900

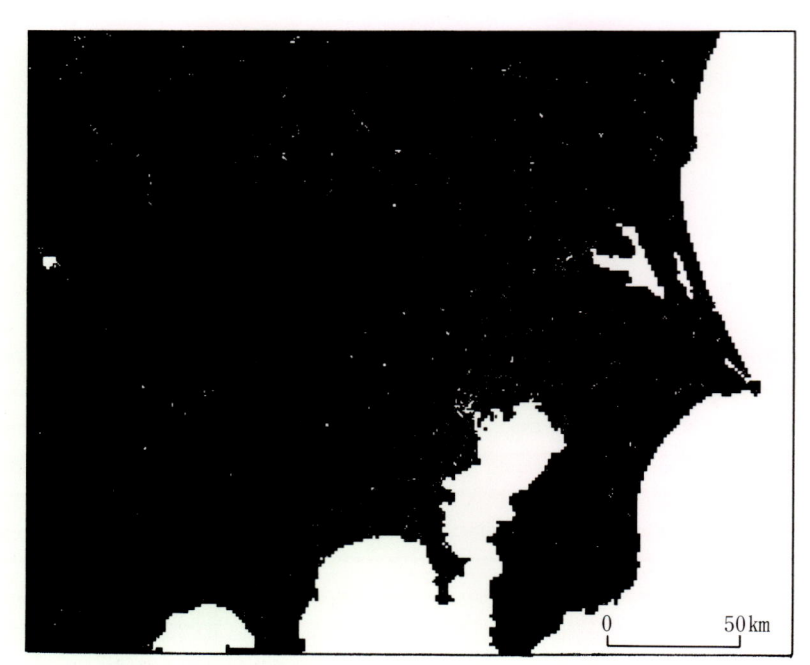

図 9.5 関東および周辺の官公署（現代）
Fig. 9.5 Distribution of Government Offices in the Kanto Region circa 1985

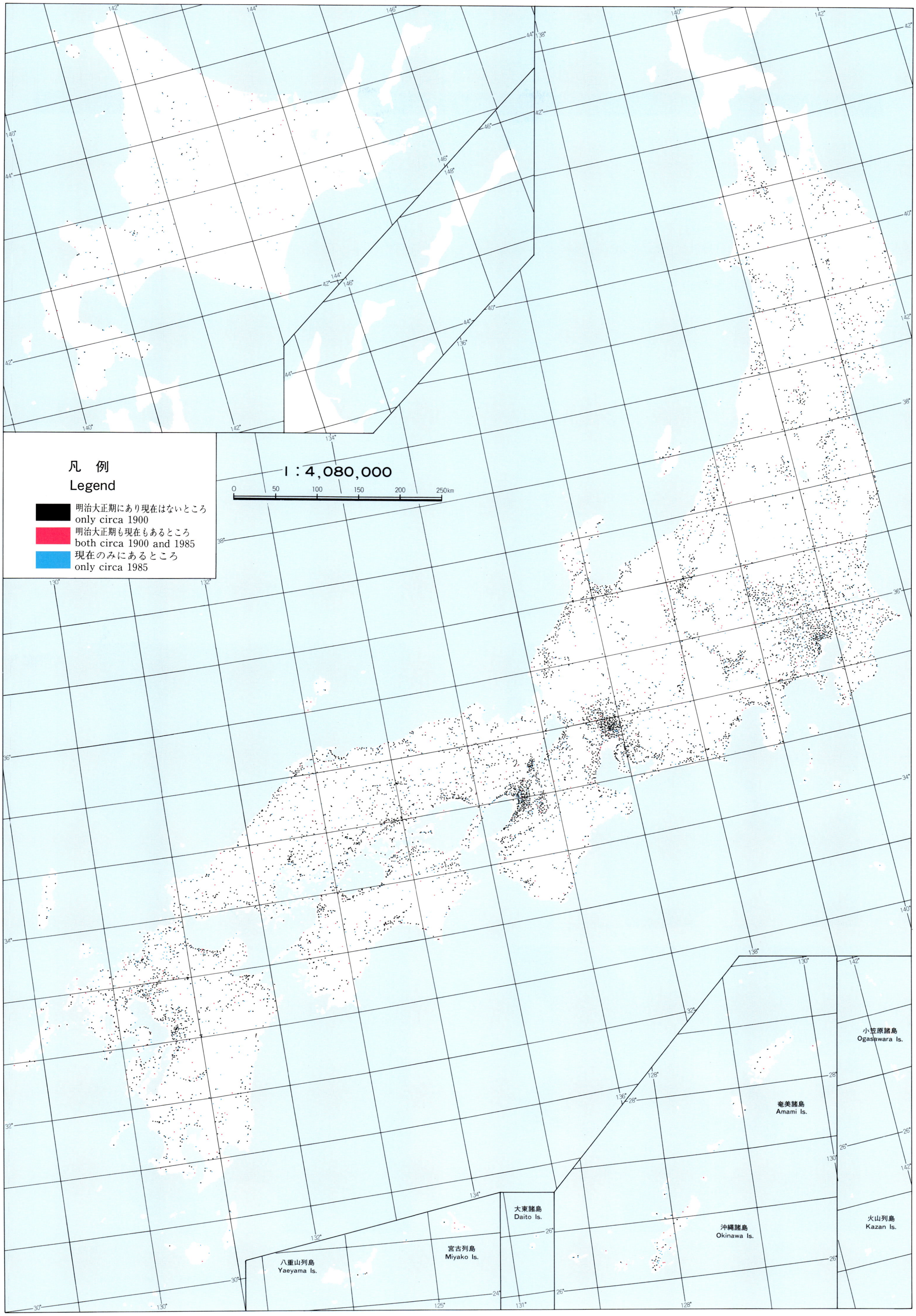

凡 例
Legend

■ 明治大正期にあり現在はないところ
only circa 1900

■ 明治大正期も現在もあるところ
both circa 1900 and 1985

■ 現在のみにあるところ
only circa 1985

1 : 4,080,000

図 9.1　市区町村役場の分布の変化
Fig. 9.1　Change in the Distribution of Municipal and Village offices in the 20th Century

作製：戸所　隆
Produced by T. Todokoro

9.2　学校の分布の変化
Change in the Distribution of Schools in the 20th Century

1. データと作図資料

図9.6のデータと作図方法は2.1節と同様である．

明治大正期の学校は，データの制約から小中高校や大学の区別はなく一括したものである．しかし，高等学校や大学の数は非常に少なく，旧制中学校も中規模県に10校前後にすぎず，ほとんどが義務教育の小学校と見なせる．したがって，現代の小中学校と資料的には対応する．なお，同一メッシュ内の場合，学校が1つでも複数あっても同じ表現となっている．

地図表現は，明治大正期の学校を黒，現代を青とし，両時期を通して存在する学校は赤とした．そのため，明治大正期には黒と赤が存在し，現代は赤と青が存在することになる．また，黒は，明治大正期にあって今日はなく，青は新しくできた学校を示す．

2. 明治大正期の学校

日本は明治以降の近代化にあたり，まず学校教育を重視した．中学校は全国的に地域中心都市に，専門学校は県庁所在都市クラスに，高等学校，大学は大都市に立地させたがその数は少なく，エリート教育を行った．しかし，他方で，小学校は全国くまなく配置し，国民全体の教育レベルの向上に努めた．そのことが，識字率が高く勤勉で優秀な国民を育成し，その後の急速な工業化など日本の近代化に大きな役割を果たしている．

以上のことから，明治大正期の学校は都市部はもちろん，農山漁村部にあっても，生活空間全体に分布した．また，東京・京都・大阪など大都市部での立地密度は高いが，他の平野部をはじめ人口可住地域ではほぼ等距離に分布する．この分布構造は，明治大正期の市区町村役場の分布よりやや密度が高いものの，その分布構造に似ている．このことは，町村役場と小学校が一体となって立地したところが多いことを示すものである．

なお，名古屋近辺や山陰地域では学校記号の地形図への記載が少ない．地図作製時になんらかの事情があったのであろうが，不自然さが残る．

3. 現代の学校分布

現代の小中学校の分布は，人口の都市集中と市街地拡大に対応して，明治大正期に比べ都市部で増加した．農山漁村部の分布は，過疎化による廃校もあるが，全体的に，明治大正期とさほど変わらない．

明治大正期から今日まで，農村部にあっても人口増減の変化があった．また，義務教育に中学校が加わり，全国的に学校数が急増した．それにもかかわらず，都市部を除いて学校の存在を示すメッシュ数に大きな変化がみられない理由として次のことが考えられる．第1の理由は，人口増減に学校の規模の拡大・縮小で対処したことによる．第2の理由として，新制中学校を小学校に近接立地させたため，両者が同一メッシュ内に収まったところが多かったことによる．なお，準平原の広がる中国山地では，山間部といえども，中部山岳地域と異なり，均質的な小中学校の分布が見られる．

図9.7，図9.8の高等学校の分布（白点が高等学校の存在するメッシュ）は，都市部に集中して見られる．なお，大都市域では面的に分布するが，地方都市では都市分布に対応して分散的な立地分布となる．

大学・短大・高専の分布（白点）は，東京・京都など大都市に集中的に立地する．また東京の場合，八王子方面など西部への分布も多い．大都市以外では，県庁所在都市を中心に分散的立地が一般的である．　［戸所　隆］

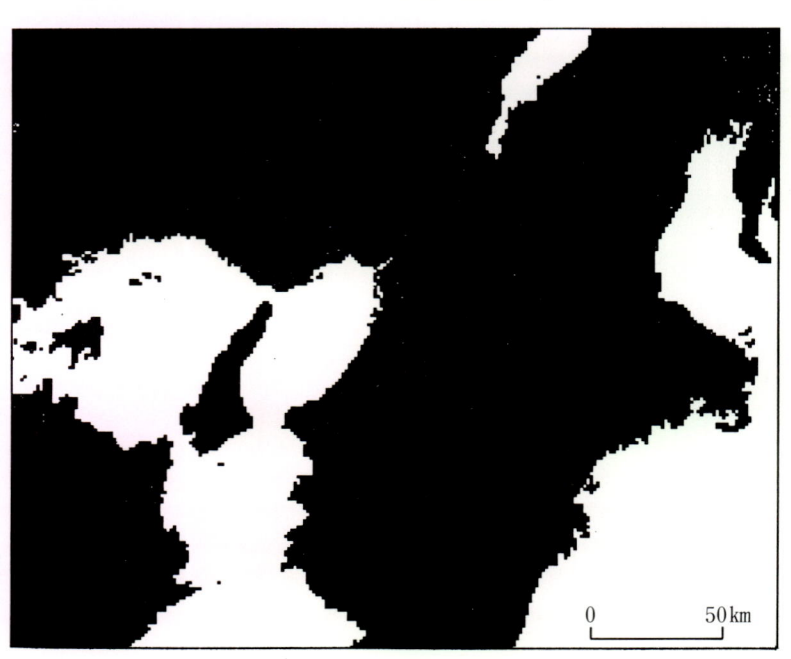

図 9.7　近畿および周辺の高等学校（上）と大学・短大・高専（下）（現代）

Fig. 9.7 Distribution of High Schools (upper) and Universities (lower) in the Kinki Region circa 1985

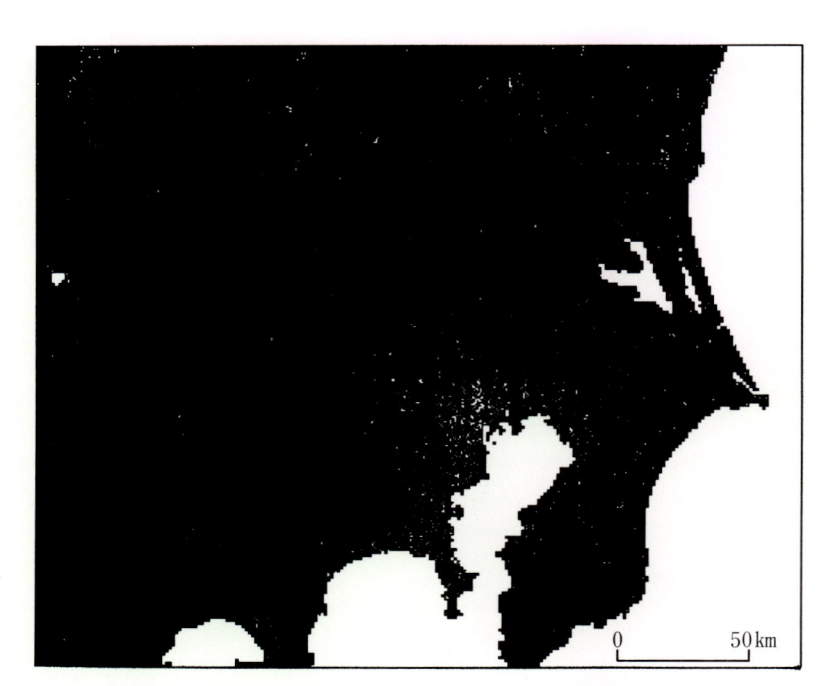

図 9.8　関東および周辺の高等学校（上）と大学・短大・高専（下）（現代）

Fig. 9.8 Distribution of High Schools (upper) and Universities (lower) in the Kanto Region circa 1985

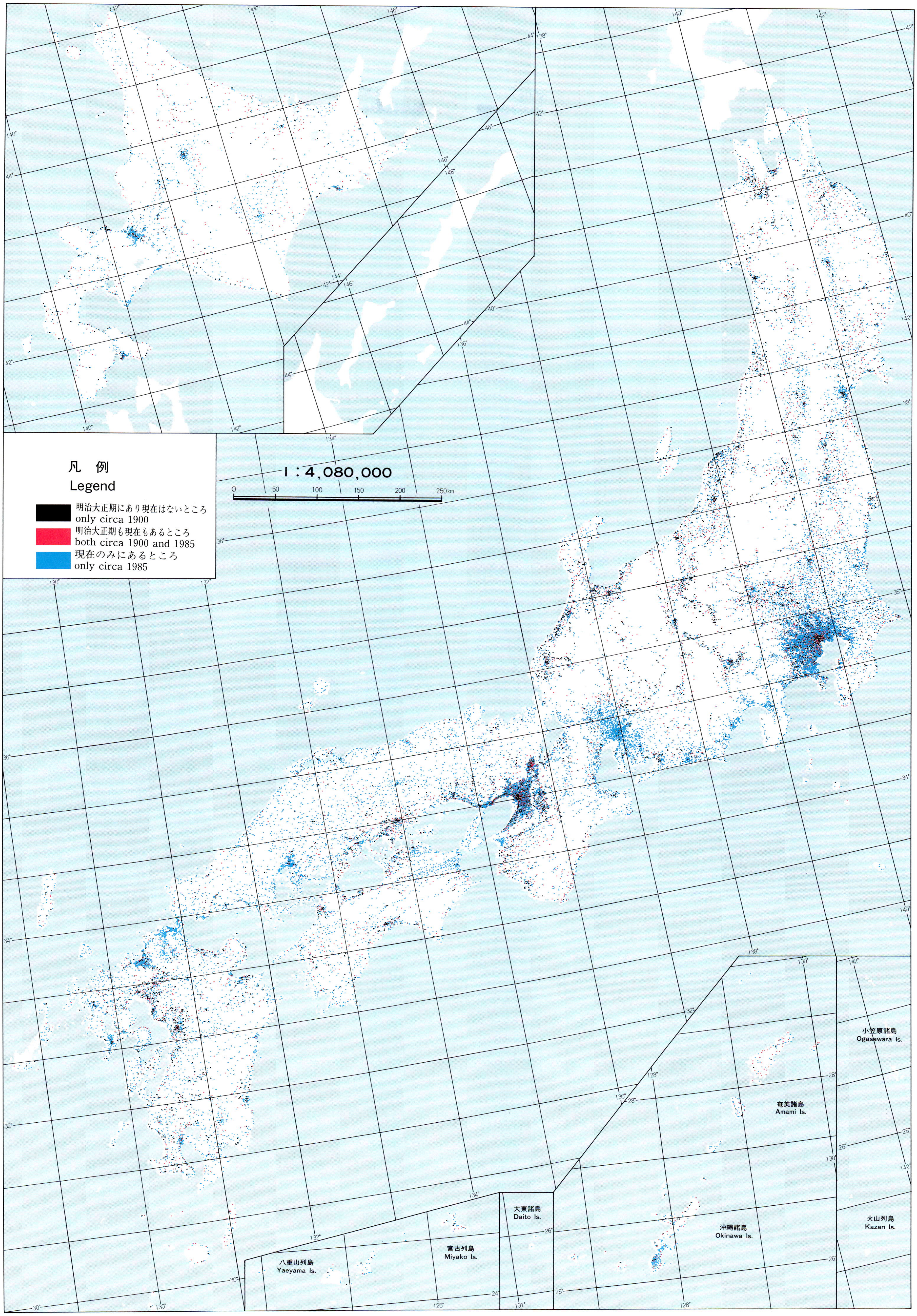

図 9.6 学校の分布の変化
Fig. 9.6 Change in the Distribution of Schools in the 20th Century

作製：戸所 隆
Produced by T. Todokoro

9.3 郵便局の分布の変化

Change in the Distribution of Post Offices in the 20th Century

1. データと作図資料

図9.9のデータと作図方法は2.1節と同様である．

ここでいう郵便局は，現代では中央郵便局などの集配局以外に特定郵便局も含む．明治大正期においても同様に，郵便業務にたずさわるすべての事業所を指す．なお，北九州，長崎，鹿児島，横須賀，函館，室蘭などの都市の明治大正期に関するデータは地形図から欠落している．

2. 明治大正期の郵便局

郵便制度およびそれを支えた郵便局の立地は，情報伝達システムの形成として学校や工場立地などと同様に，明治以降の日本の近代化に大きな役割を果たした．郵便局の立地範囲は，当時の市街地にほぼ一致しており，大都市部にはかなり稠密に立地していたことが知られる．

他方，その他の地域でも，郵便局は全国的な広がりで人口可住地域に分布を見る．その分布構造は，明治大正期の市区町村役場の立地と類似するが，その分布密度は約1/3である．当時はさまざまな等級の郵便局があり，それらが都市・集落規模に対応して立地した．また，郵便局間の距離は人口集積によって長短はあるものの，一定のエリア内ではほぼ等間隔に立地しており，中心地構造に対応した情報通信システム形成が知られる．

3. 現代の郵便局

現代の郵便局の分布は，特定郵便局を含むため，人口増加に対応した立地分布を示す．また，明治大正期の分布構造を踏襲しつつも，情報の都市集中を示す分布パターンに変化してきている．その結果，大都市のみならず地方中核都市においても集中立地するところが多くなった．

以上の理由によって，明治大正期の郵便局立地の特色の1つであった距離的に均一な構造に加え，現代の郵便局立地は，情報の流れる幹線を示すように主要交通幹線に沿う立地分布構造も生じてきている．

4. 警察署・税務署・病院の分布

図9.10～図9.12には，郵便局と同様の生活関係公共機関である警察署・税務署・病院の分布図を表す（白点が機関の存在するメッシュ）．現代における警察署の立地は，東京を除き，ほぼ9.1節で見た都市（市役所）の分布に対応した分布構造をもつ．東京の場合，市街地拡大や中心機能の集積に対応して，明治大正期よりも数が増加している．また，東京周辺では，必ずしも1都市1警察署でなく，警察署間の距離や人口・都市機能の集積量によってバランスのよい配置が見られる（図9.10）．

東京およびその周辺以外の警察署は，明治大正期と現代の分布構造にはとんど変わりがない．同様なことが税務署の分布構造にも見られる（図9.11）．このことは，近代化過程の比較的早い時期に近代国家体制の根幹に関わる治安維持・徴税機関の立地システムが完成していたことを示す．それが今日の都市システム形成にも影響をもったと考えられる．

明治大正期の病院は小規模のものも含まれるのに対し，現代のそれは比較的規模の大きな病院の立地である．全体として房総半島の都市化の遅れと大都市域の利便性の高さが知られる（図9.12）．

［戸所　隆］

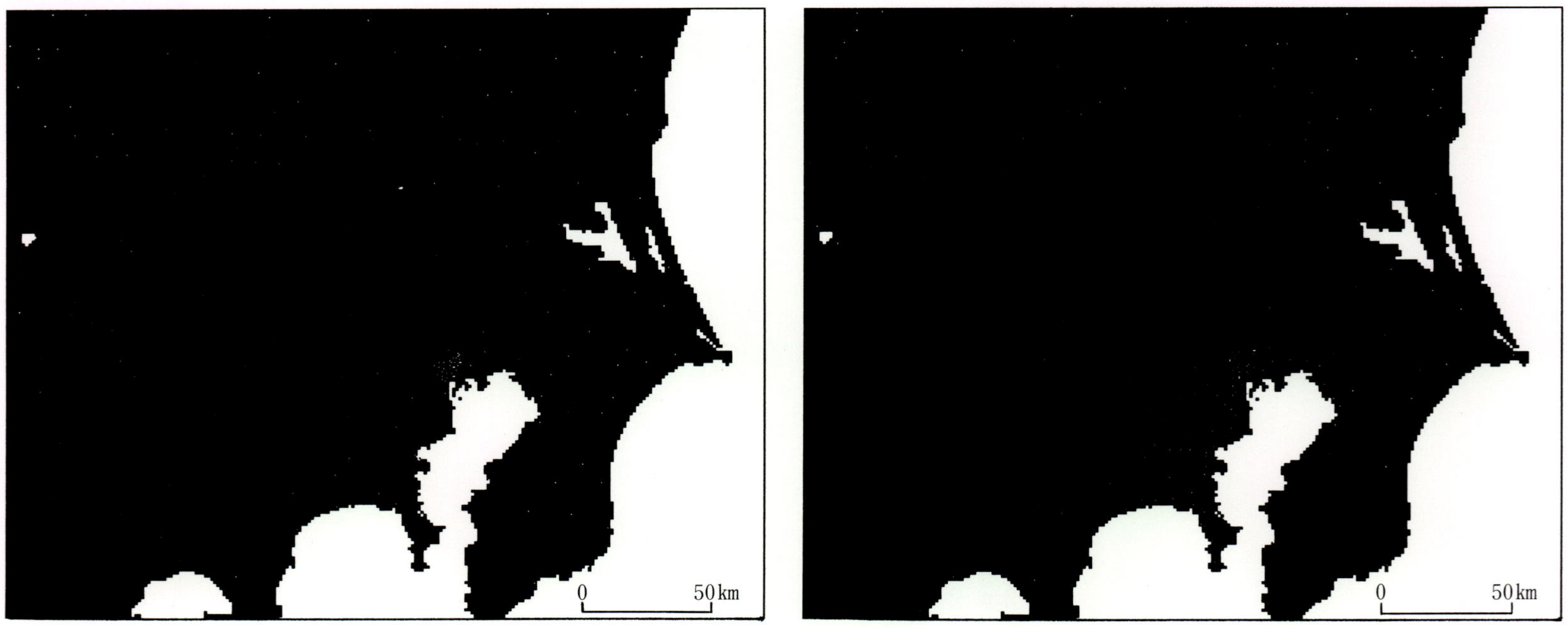

図9.10　関東の警察署（左：明治大正期，右：現代）
Fig. 9.10　Distribution of Police Stations in the Kanto Region circa 1900 (left) and circa 1985 (right)

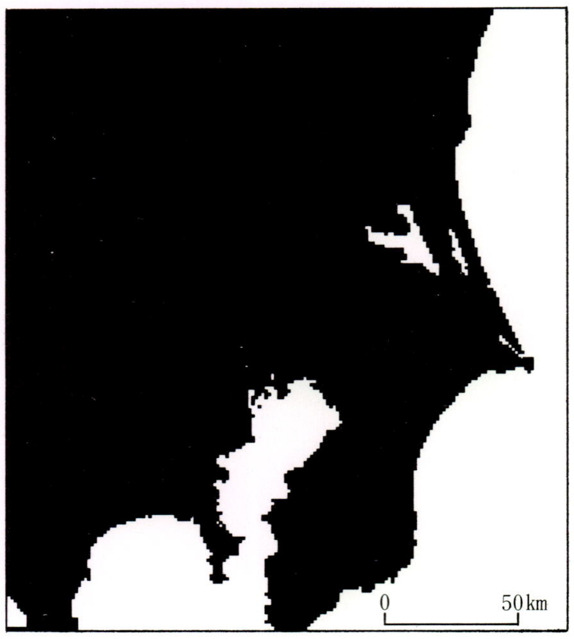

図9.11　関東の税務署（現代）
Fig. 9.11　Distribution of Tax Offices in the Kanto Region circa 1985

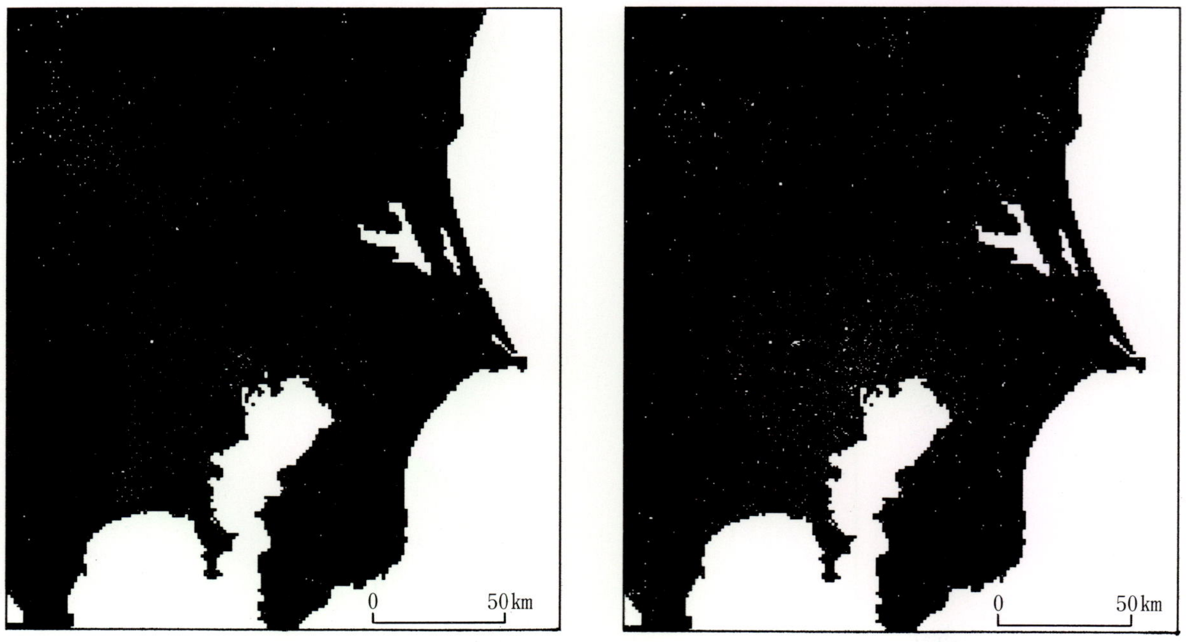

図9.12　関東の病院（左：明治大正期，右：現代）
Fig. 9.12　Distribution of Hospitals in the Kanto Region circa 1900 (left) and circa 1985 (right)

凡例 / Legend

- ■ 明治大正期にあり現在はないところ / only circa 1900
- ● 明治大正期も現在もあるところ / both circa 1900 and 1985
- ● 現在のみにあるところ / only circa 1985

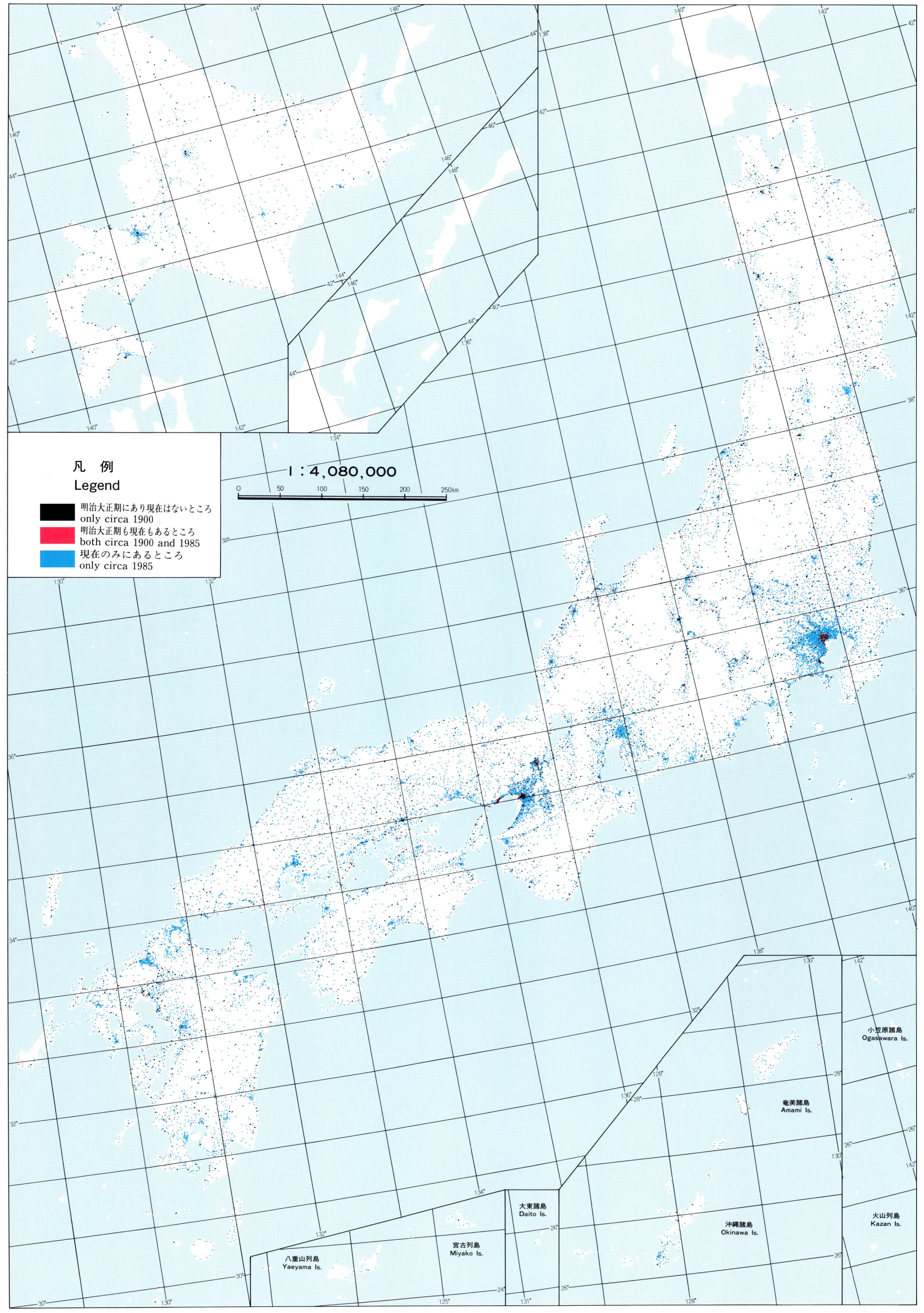

1:4,080,000

図9.9 郵便局の分布の変化
Fig. 9.9 Change in the Distribution of Post Offices in the 20th Century

作製：戸所 隆
Produced by T. Todokoro

小笠原諸島 / Ogasawara Is.
奄美諸島 / Amami Is.
大東諸島 / Daito Is.
宮古列島 / Miyako Is.
八重山列島 / Yaeyama Is.
沖縄諸島 / Okinawa Is.
火山列島 / Kazan Is.

10 近代化初期の交通の変化

CHANGE IN TRANSPORTATION IN THE EARLY MODERNIZATION PERIOD

　近代化期以前の物資輸送は船舶が中心であった．人馬や荷車と比べて，大口の荷物を安い運賃で運べたからである．船舶は，積み替え回数が少なく，荷痛みも少なかった．内陸地域の産物は小舟で河川中流部まで運ばれ，そこで規模の大きい川船に，さらに河口で廻船に積み替えられ，消費地に長距離輸送された．東北・北陸・山陰の特産物を大坂や江戸に送る西廻り海運(日本海沿岸を西南に廻る)と東北の産物を太平洋岸沿いに江戸に輸送する東廻り海運が，幹線航路として賑わいを見せた．

　明治時代に入ると，従来から利用されてきた大和(日本)型帆船が1873(明治6)年をピークに漸減していき，代わって西洋型帆船が急速な発展を遂げる(10.1節)．1880年代後半になると汽船が就航し，輸送時間を驚異的に縮めた．例えば，酒田から江戸まで米を運ぶのに，大和型帆船を利用すると80日から90日必要であったが，汽船ではわずか4, 5日で可能になったという．ともあれ明治中期までは，船舶(内航海運と内陸水運のいずれも)は，物資の輸送に大きな役割を演じた．しかし，輸送能力面で大幅に改善したにもかかわらず，1890年代になると，内陸水運は鉄道と競合するようになり，中短距離の物資輸送はシェアを鉄道に奪われ始めた(10.2節)．1900年代に入ると，長距離輸送において従来圧倒的シェアを占めていた内航海運にも翳りが見え始め，鉄道の優位性は動かしがたいものになった．これ以降，船舶交通は衰退の道をたどることになる．迅速さ，運賃の安さ，積み替えの容易さ，荷痛みなどの面で鉄道が勝るようになったのである．

　日本最初の鉄道は1872(明治5)年9月に開業し，新橋—横浜間29kmを53分で結んだ．人力車や駕籠と比べて移動時間は約1/5に短縮し，東京—横浜間の日帰りが可能となった．開業1年後の1873年には貨物輸送も始まった．これ以後，鉄道は明治政府の殖産興業政策の担い手となり，全国各地に敷設されていく．1874(明治7)年には神戸—大阪間が，1883(明治16)年には上野—熊谷間が開通する．1880年代後半までは，鉄道建設は関東や京阪神など一部の都市化地域に限定され，鉄道は船舶交通の補助的役割を果たすにすぎなかったが，1880年代後半以降，めざましい発展を遂げる(10.3節)．1889(明治22)年4月には東海道線が神戸まで延び，新橋と神戸を20時間5分で結ぶ．1891(明治24)年には日本鉄道上野—青森間が，1893(明治26)年には上野—直江津間が開業する．1892(明治25)年に成立した鉄道敷設法は，政府主導による鉄道網の全国展開に道を開いた．

　多くの物資が，船舶ではなく鉄道で輸送されるようになった．例えば，東海道線の開通により，静岡産の茶は鉄道輸送に切り替わり，青森や長野のリンゴは東京に鉄道で直接輸送されるようになった．鉄道は労働力，原料，生産品の大量かつ円滑な広域移動を可能にさせ，産業革命の原動力となった．鉄道網の内陸地域への拡大にともない，内陸都市も発展し，古くから栄えてきた港湾都市との経済的結びつきを強めていった(10.4節)．従来，経済的に孤立していた地域への鉄道の敷設は，新しい鉱山や農産物の産地の形成に寄与し，交通アクセシビリティの向上によって地方中小都市も全国規模の市場経済に組み込まれるようになった．1890年代は，鉄道建設によって国土発展の基礎が築かれた時期である．日露戦争(1904〜1905年)前後の重工業発展期には，原料と製品の大量輸送に中心的役割を担った．1906(明治39)年には，鉄道国有法が公布され，政府が全国に広がる官設鉄道ネットワークを統括することになった．鉄道国有法は全国鉄道網の拡充と貨物・旅客の輸送量増大をもたらし(10.5節)，鉄道の地位を不動のものとした．

　鉄道はまさに近代化の牽引車であった．

[村山祐司]

10.1 水上輸送の変化
Change in Water Transportation

　国有鉄道の貨物輸送力が内航海運および内陸水運の輸送力を超えるのは明治40年代からである．したがって，鉄道網の形成以後もしばらくの間は，内航海運および内陸水運が国内輸送の主体であり，船舶による大量輸送が日本の近代化を支えてきた．そこで，近代化初期の水上輸送の変化を考察するため，船籍地別船舶数の変化をGISによって作図した．

　明治期における内航海運の転換期は，西洋型帆船の積載量が日本型帆船のそれを上まわった，明治30年代初頭である（図10.4，資料『日本帝国統計年鑑』）．従来の研究では，船舶数の変化を主要港湾あるいは都道府県単位で示してきたが，船舶輸送力の地域的な差異を明瞭に示すため，「徴発物件一覧表」より船舶数を市郡別に集計した．

　図10.1には，転換期前後の2時点，すなわち1890（明治23）年と1906（明治39）年における市郡別の輸送用船舶数を対人口比で示し，図10.2には輸送用小型船・渡船・農船など，ならびに漁船の分布を対人口比で示した．また，これらの図では内陸水運における輸送力の変化が判別しがたいため，図10.3には1886（明治19）年の「日本形船舶表」と1899（明治32）年の「土木局第10回統計年報」より，河川水系別に1里当たりの積載量を算出したデータを図示した．

1. 輸送用船舶の市郡別分布とその変化

（1）明治23年における日本型船舶（帆船）50石以上の船舶数は21,809艘，これに対して明治39年におけるそれは25,439艘であり，16%の増加にとどまっている．一方，23年における西洋型船舶20トン以上・未満の船舶数は574艘にすぎなかったが，39年における5トン以上のそれは4,481艘にも達した．すなわち，日本の船舶輸送は，明治中期に日本型帆船から西洋型の帆船や蒸気船の利用へと急激に転換したことが明らかである．

（2）これを市郡別に見ていくと，以下のような点が特記される．明治23年では北前船の寄港地である日本海沿岸や瀬戸内海，大阪—東京間の紀伊半島，伊勢湾など，江戸時代以来の主要港湾に日本型船舶が数多く分布していた．しかし，明治39年になると，北海道札幌郡などの開拓地，滋賀県滋賀郡・蒲生郡など琵琶湖沿岸で顕著な増加が見られるが，人口との割合で見ると相対的に減少した市郡がほとんどである．一方，西洋型船舶は，明治39年になると，現在の東京23区にあたる市郡の合計が899艘，横浜・川崎の橘樹郡が268艘と，東京湾における西洋型船舶の増加が顕著であり，明治前期からの主要港湾，軍港において一律に増加の傾向が認められる．

2. 小型船舶の市郡別分布とその変化

（1）統計の集計基準の変更により，明治23年と39年のデータを直接対比することはできない．明治23年における50石未満の日本型船舶は漁船の占める割合が高く，輸送用船舶の分布を直接反映したものとはいえないが，20トン未満の西洋型船舶は東京湾，大阪湾，長崎湾以外に，有明海沿岸や三陸沿岸にいち早く導入されたことが注目される．明治39年については，小船（日本型50石未満＋西洋型5トン未満）の分布が図10.1に示した同年の日本型船舶50石以上の分布と近似している．また明治39年の漁船の分布は，23年の日本型船舶50石未満の分布と近似しており，人口比のうえで北海道沿岸にきわめて比率が高いことが明らかである．

（2）これら小型船舶は，明治23年から明治39年にかけて内陸部の郡部で減少傾向が顕著である．これは内陸水運の衰退が進行していることを示唆している．ただし，図10.3に示したように利根川水系，木曽川水系，豊川，淀川水系，遠賀川などではむしろ輸送力が増加する傾向を示し，これらの河川交通ならびに琵琶湖や霞ヶ浦の水運は，鉄道との補完関係によってなお重要な輸送手段として機能していたことが明らかである．

［小野寺淳］

□参考資料
1) 日通総合研究所編（1971）：日本輸送史，日本評論社．
2) 運輸経済研究センター（1979）：近代日本輸送史—論考・年表・統計—，成山堂．
3) 梅村又次・高松信清・伊藤　繁（1983）：地域経済統計，東洋経済新報社．
4) 小野寺淳（1988）：河川交通に関する明治期統計資料の検討．歴史人類，16．
5) 小野寺淳（1992）：近代移行期における船舶の分布とその輸送力．人文地理学研究，16．

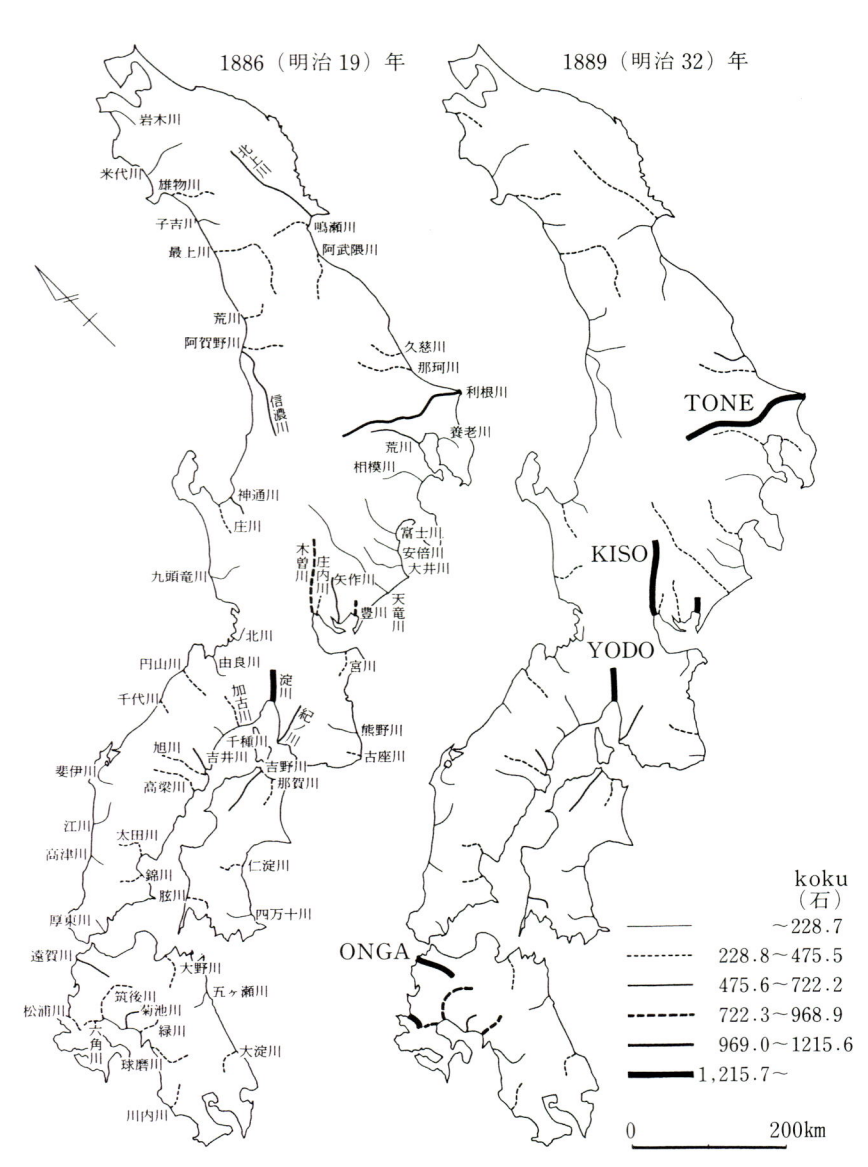

図10.3　近代移行期における河川交通の輸送力の変化
Fig. 10.3　Change in the Capacity of River Transportation, 1886 and 1899

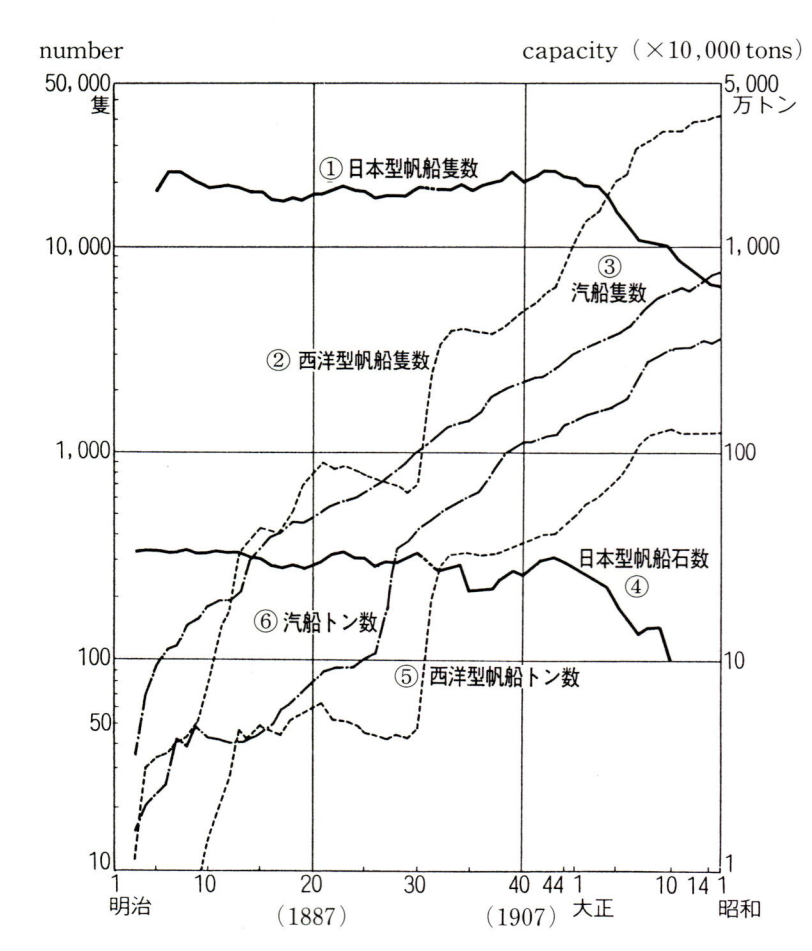

図10.4　近代移行期における船舶数とその積載量の変化
Fig. 10.4　Change in the Number and the Capacity of Ships, 1867-1926
number:
① Japanese-style sailing vessels
② Western-style sailing vessels
③ steam vessels
capacity:
④ Japanese-style sailing vessels
⑤ Western-style sailing vessels
⑥ steam vessels

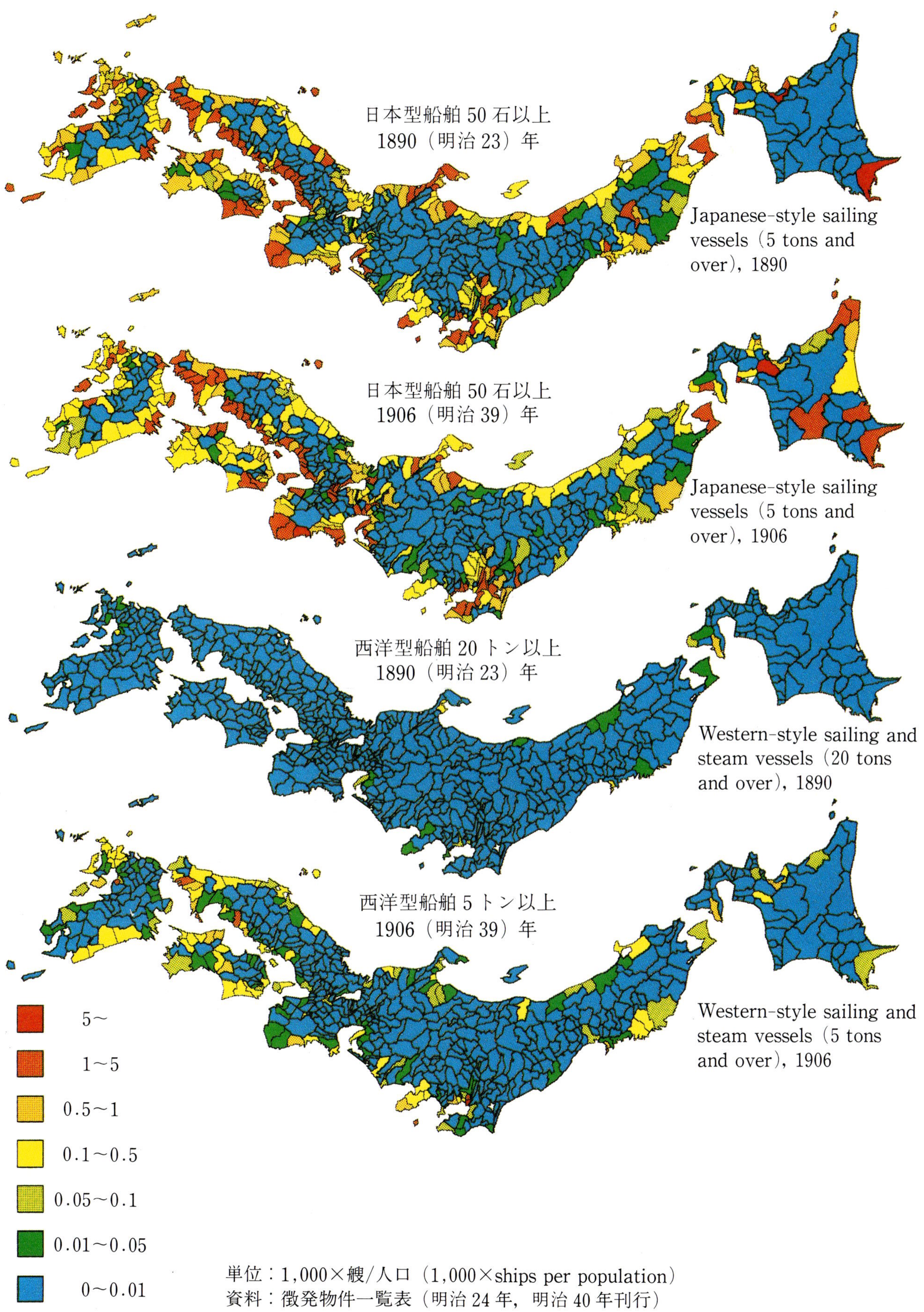

図 10.1 近代移行期における輸送用船舶の市郡別分布とその変化
Fig. 10.1 Distribution of Ships in the Meiji Period

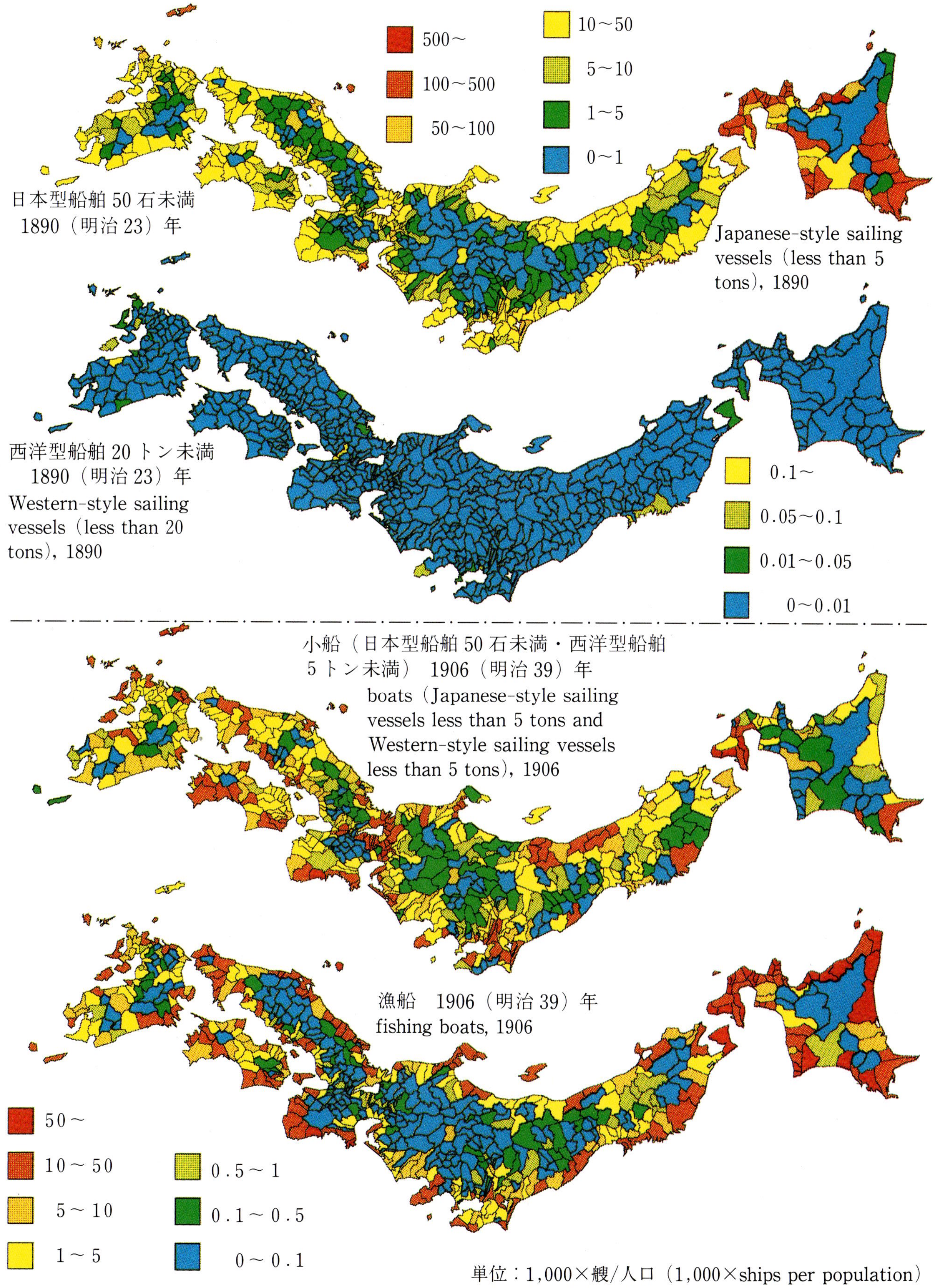

単位：1,000×艘／人口（1,000×ships per population）
資料：徴発物件一覧表（明治 24 年、明治 40 年刊行）

図 10.2 近代移行期における小型船舶の市郡別分布とその変化
Fig. 10.2 Distribution of Boats in the Meiji Period

単位：1,000×艘／人口（1,000×ships per population）
資料：徴発物件一覧表（明治 24 年、明治 40 年刊行）

作製：小野寺淳
Produced by A. Onodera

10.2 陸上輸送の変化
Change in Land Transportation

1. 近代化初期の輸送手段

陸上交通において鉄道輸送が本格化するのは明治後期以降であり，それ以前は畜力，人力による交通用具が重要な役割を演じた．これら交通用具のうち，乗用馬車，荷馬車，牛車，人力車，荷車の5つを取り上げ，人口1人当たり台数の分布を示したのが図10.5（市郡をベースに全国619地域，1890（明治23）年と1906（明治39）年）である．これらは短距離，少量輸送という特性をもつが，地域内交通にはなくてはならないものであった．また，図10.6は，各輸送用具の台数の経年変化を示している．荷馬車と荷車の伸びは著しい．

(1) **乗用馬車** 乗用馬車は，居留地の外国人によって持ち込まれた．明治中期になると，乗合方式による定期路線が都市内だけでなく都市間でも普及していった．台数は，全国で2,714（明治23年）から6,390（明治39年）に3倍近く増えた．人口1人当たりの馬車台数は，明治23年には中部地方，東北地方北部，北海道の一部で高い値を示したが，明治39年になるとこれらの地域を核として周辺へと普及していった．

(2) **荷馬車** 明治23年には中部から東北地方にかけての太平洋岸で密度が高い一方，日本海側や西日本ではほとんど分布が見られなかった．明治39年になると四国や近畿・中国地方の一部を除いて全国的に台数が増えた．特に北海道で急速に増加した．

(3) **牛車** 牛車の分布はきわめて局所的で，近畿，四国北部，九州南部に集中し，中央日本，東北，北海道の各地方では分布密度が両年次とも低い．明治39年には明治23年の高密度地域を核にその周辺に普及した．

(4) **人力車** 人力車は1869（明治2）年に和泉要助らによって考案され，その便利さからまたたく間に全国に広がった．人力車の台数は，明治23年には169,883，明治39年には160,674である．1900（明治33）年の205,717をピークに減少に転じた．図を見ても明らかであるが，両年次の分布パターンの差異は小さい．両年次とも，都市部で人口1人当たりの台数が多く，農村部で少ない．特に北海道や九州南部では普及度が低かった．

(5) **荷車** 荷車は，荷物を積んで人力または畜力で引く両輪か四輪の木製の車である．荷車は他の輸送用具と比べて両年次とも台数が最も多い．明治23年には720,078，そして明治39年には1,266,076であった．両年次とも，日本列島中央部で密度が高く，縁辺部で低いという分布パターンを示す．

2. 鉄道輸送の発達

日本における鉄道輸送は1872（明治5）年に始まり，横浜と新橋間29キロを53分で結んだ．従来，乗用馬車を利用して4時間かかっていたから，所要時間は1/5になった．1880（明治13）年には営業キロ数は158.3キロに達し，1889（明治22）年には官設鉄道新橋―神戸間（のちの東海道線）が，その2年後には日本鉄道上野―青森間が全通した．日清戦争（明治27～28年）・日露戦争（明治37～38年）を経て，日本経済は飛躍的に発展した．鉄道はその牽引力としての役割を担った．1905（明治38）年には営業距離は7,793.7キロに延び，大正初期には現在の鉄道網の骨格ができ上がった．前述した乗用馬車，牛車，人力車など人力・畜力による輸送用具の使用は，鉄道輸送が盛んになるにつれて減少していったのである．中距離輸送を担当した河川交通も衰退の道をたどることになる．

図10.7は，明治24年以降の(a)旅客輸送量の変化，と(b)旅客輸送人・キロの変化，を国鉄と民鉄に分けて示したものである．(a)では，民鉄の占める割合が大きいが，(b)では国鉄の割合の方が大きい．このことは，長距離輸送においては，国鉄が重要な役割を演じてきたことを表している．昭和20年前後（1940年代）における凸凹は，第二次世界大戦の影響である．

[村山祐司]

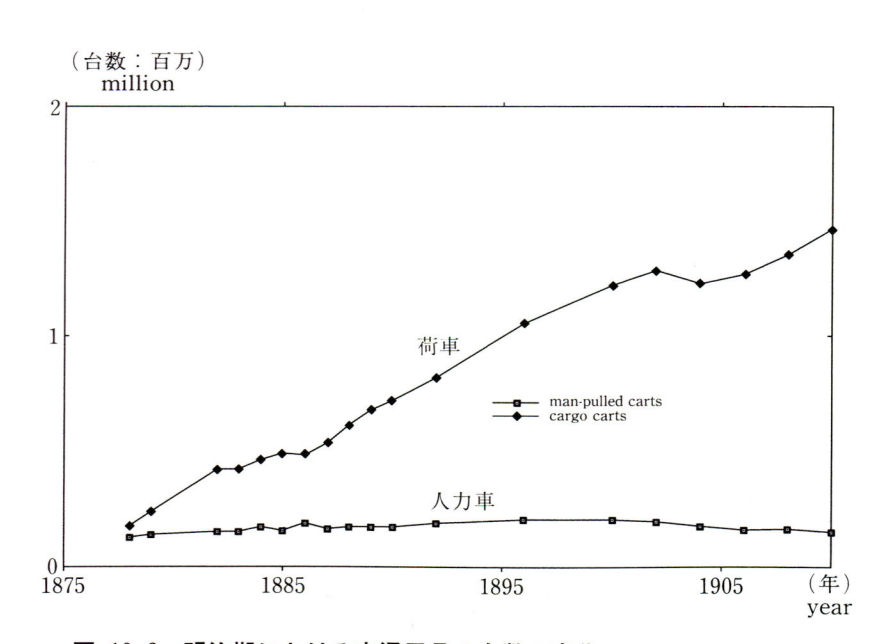

図 10.6 明治期における交通用具の台数の変化
Fig. 10.6 Change in the Transportation Means in the Meiji Period
資料：徴発物件一覧表ほか

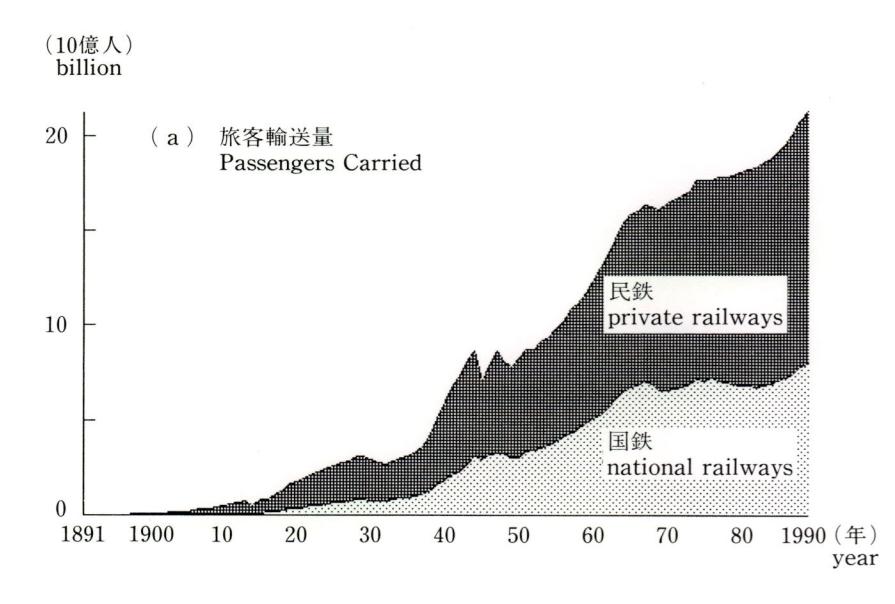

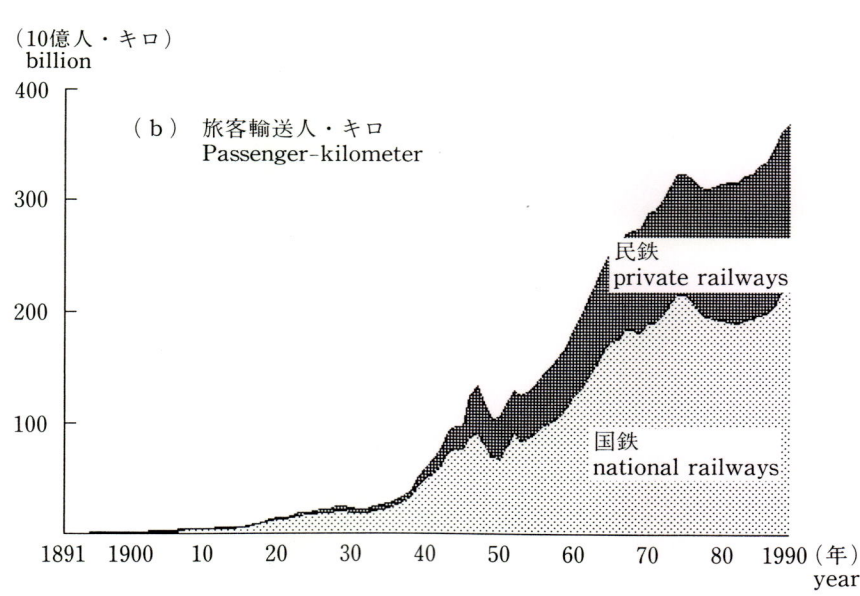

図 10.7 鉄道輸送の経年変化
Fig. 10.7 Development of Railway Transportation
資料：鉄道要覧，鉄道統計年報ほか

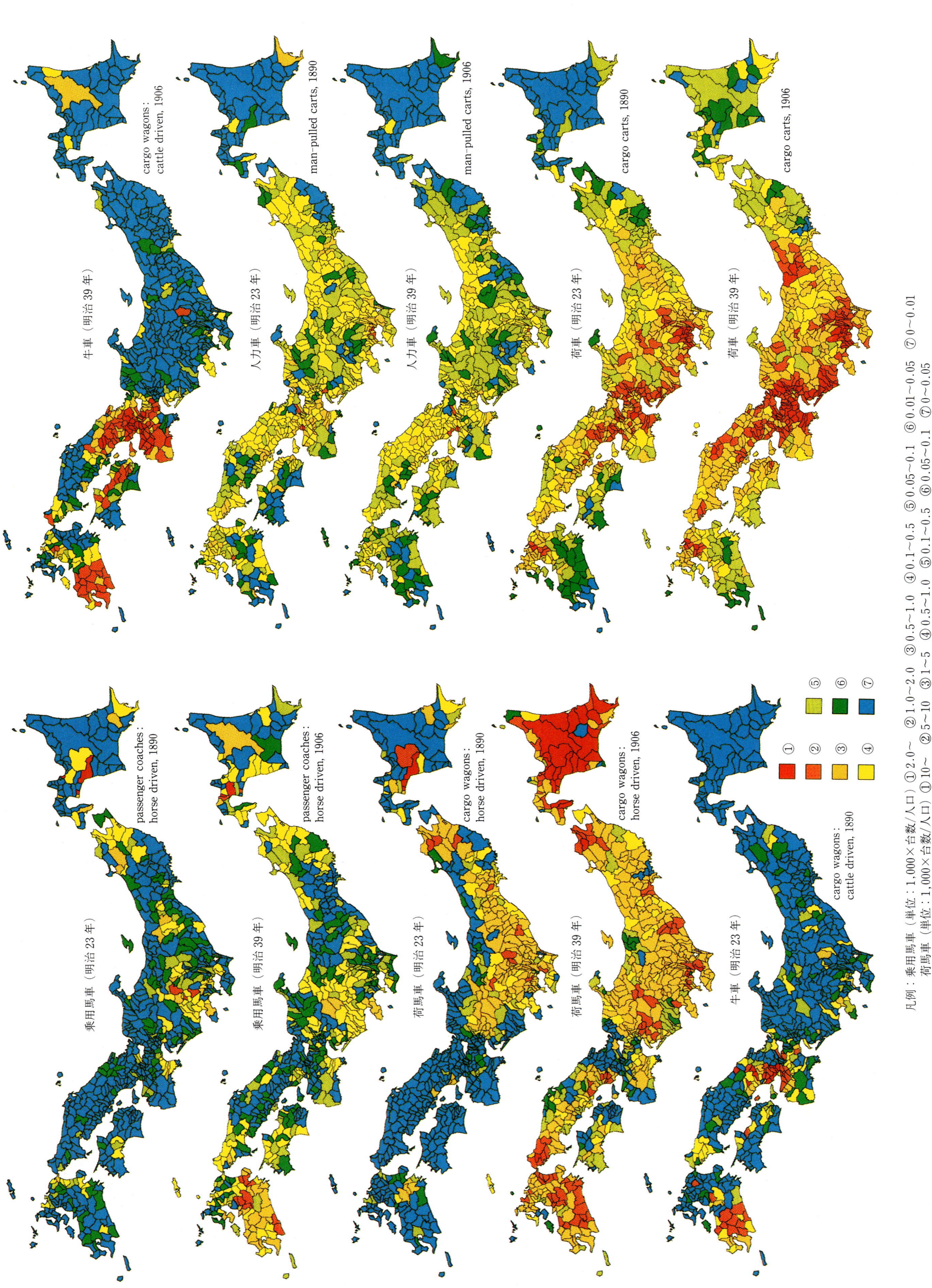

乗用馬車（明治23年） passenger coaches: horse driven, 1890
乗用馬車（明治39年） passenger coaches: horse driven, 1906
荷馬車（明治23年） cargo wagons: horse driven, 1890
荷馬車（明治39年） cargo wagons: horse driven, 1906
牛車（明治23年） cargo wagons: cattle driven, 1890
牛車（明治39年） cargo wagons: cattle driven, 1906
人力車（明治23年） man-pulled carts, 1890
人力車（明治39年） man-pulled carts, 1906
荷車（明治23年） cargo carts, 1890
荷車（明治39年） cargo carts, 1906

凡例：乗用馬車（単位：1,000×台数／人口）①2.0〜 ②1.0〜2.0 ③0.5〜1.0 ④0.1〜0.5 ⑤0.05〜0.1 ⑥0.01〜0.05 ⑦0〜0.01
荷馬車（単位：1,000×台数／人口）①10〜 ②5〜10 ③1〜5 ④0.5〜1.0 ⑤0.1〜0.5 ⑥0.05〜0.1 ⑦0〜0.05
牛車（単位：1,000×台数／人口）①5.0〜 ②1.0〜5.0 ③0.5〜1.0 ④0.1〜0.5 ⑤0.05〜0.1 ⑥0.01〜0.05 ⑦0〜0.01
人力車（単位：1,000×台数／人口）①20〜 ②10〜20 ③5〜10 ④2〜5 ⑤1〜2 ⑥0.5〜1.0 ⑦0〜0.5
荷車（単位：1,000×台数／人口）①50〜 ②30〜50 ③10〜30 ④5〜10 ⑤1〜5 ⑥0.1〜1.0 ⑦0〜0.1
資料：徴発物件一覧表（明治24年，明治40年）

図10.5 近代移行期における陸上交通用具の分布とその変化
Fig. 10.5 Distribution of Land Transportation in the Meiji Period

作製：村山祐司
Produced by Y. Murayama

10.3 鉄道時間距離の変化
Change in Accessibility by Railway

図10.8は，1898（明治31）年，1904（明治37）年，1915（大正4）年，1934（昭和9）年，1961（昭和36）年，1990（平成2）年の鉄道による都市間移動最短時間を示したものである．対象は59都市（県庁所在都市，北海道13支庁，ただし那覇は除く）で，各年の時刻表から所要時間を求めた（注：2都市間の時間距離が他の別の都市を経由した時間距離より長い場合には，その2都市間の時間距離は図に書き込まないようにした．したがって，前時期に存在したルートが次の時期に消えている場合があるが，それは必ずしも路線の廃止を意味しているわけではない）．時期を追うごとに所要時間は短くなっているが，1898年と比べて1990年には，時間距離から見た日本列島は約1/5に縮小した．都市間時間距離を大幅に短縮させたのは新幹線の開通であり，東海道・山陽新幹線，東北新幹線，上越新幹線で結ばれた都市群は，近接性を強めた．

図10.9は，都市間時間距離列（59行59列）に最短パス操作法を適用して，各都市の累積近接性（アクセシビリティ）A_i を図化したものである．

$$A_i = \sum_{j=1}^{n} t_{ij} \quad (ただし\ i \neq j)$$

ここで，n は都市数，t_{ij} は i から j への最短時間である．

例えば，1990年の東京の値335（図10.9 f）は，東京から全58都市へ移動するのに，累計で335時間必要なことを意味する．したがって値が小さい都市ほど，相対的に見て日本列島内を移動するうえでより便利であるといえる．

累積近接性値は，1898年(a)には，横浜と静岡が最も小さい値をもち，旭川が最も大きな値を有する．日本列島中央部に位置する都市は近接性が高く，周辺部に向かうにつれて近接性が低いというパターンを示す．1915年(c)になると，それまで低かった西日本諸都市の近接性が相対的に高まった．特に近畿地方諸都市の近接性が急速に向上した．1934年(d)になると日本海地域の都市の近接性が向上した．1961年(e)の近接性を見ると，列島中央部から縁辺部に向かってなだらかに等値線が引かれ，日本列島の歪みが以前と比べて少なくなった．1990年(f)になると，東京は3つの新幹線の起点となり近接性が飛躍的に増加した．また，新幹線の開通は東日本よりは西日本の近接性をより高める方向に働いた．それに引きずられる形で，北海道の諸都市より九州の諸都市の方が近接性の向上は著しかった．

6時期を通して見ると，等値線の本数が少なくなってきており，近接性に関する都市間格差は徐々に縮小してきている．これは時間の経過とともに鉄道網が日本の隅々まではりめぐらされ，しかもフリークウェント・サービスが浸透するようになったからである．また近接性面の形状は明治期には細長い楕円状を示したが，1934年と1961年にはそれがより丸い形状へと変化した．しかし，1990年には新幹線の開通によりこの形状が崩れ，新幹線に沿ってリニア状に都市群が並ぶことになった（詳細は，Murayama (1994) を参照されたい[1]．図表とも当論文より転載）． ［村山祐司］

表 10.1　東京からの鉄道時間距離の変化
Table 10.1　Change in the Travel Time by Railway from Tokyo

年	大阪	福岡	札幌
1898	15時間35分	42時間45分	56時間40分
1904	12時間38分	42時間59分	50時間47分
1915	12時間33分	30時間39分	36時間00分
1934	8時間00分	20時間43分	26時間14分
1961	6時間30分	16時間55分	19時間55分
1990	2時間52分	5時間52分	10時間52分

時刻表をもとに作成．1904年の福岡は，ダイヤが軍事輸送中心に編成されたため，所要時間が1898年よりも伸びている．

□参考資料
1) Y. Murayama (1994): The impact of railways on accessibility in the Japanese urban system. *Journal of Transport Geography*, 2(2), pp. 87-100.

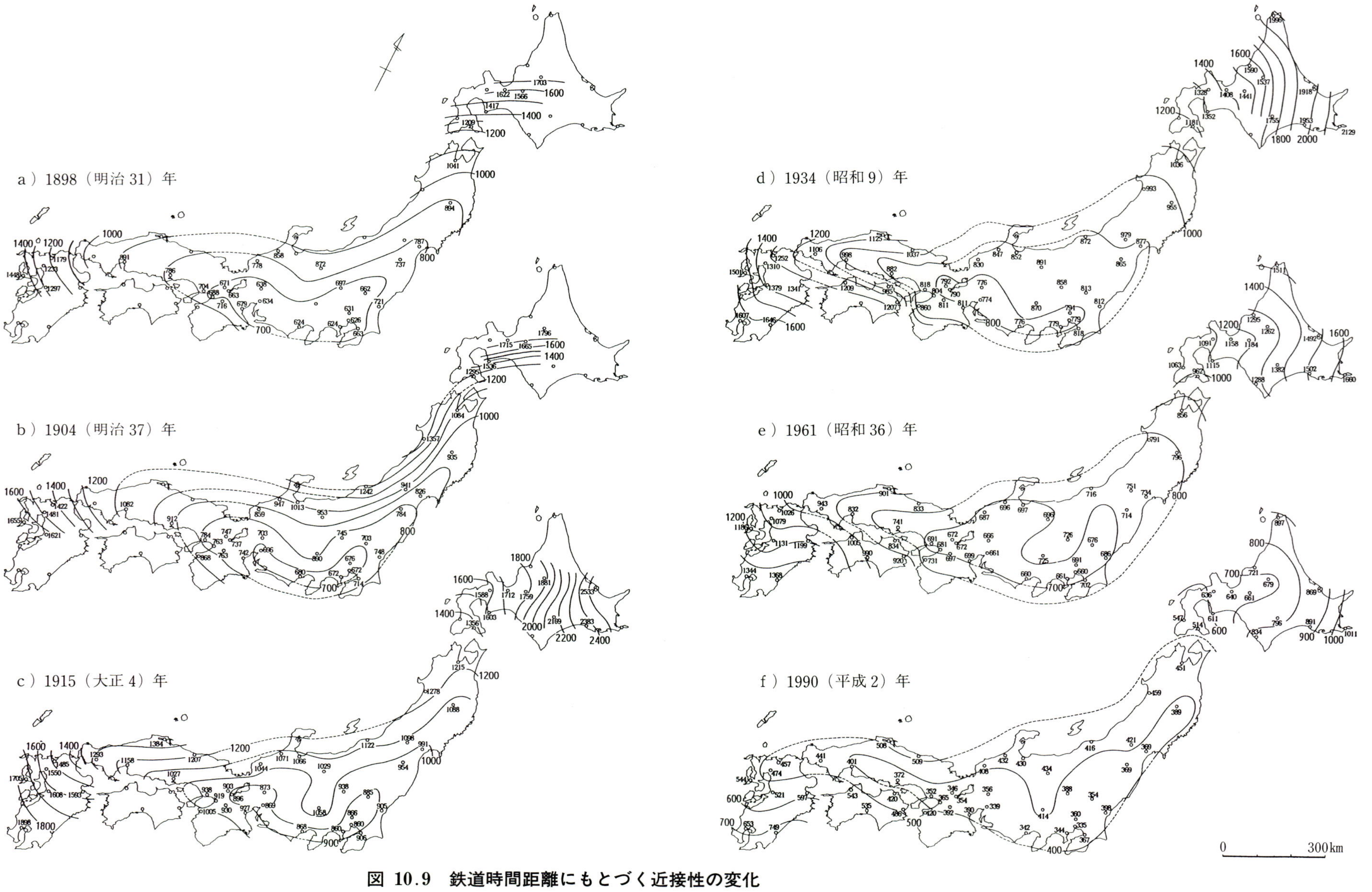

a) 1898（明治31）年
b) 1904（明治37）年
c) 1915（大正4）年
d) 1934（昭和9）年
e) 1961（昭和36）年
f) 1990（平成2）年

図 10.9　鉄道時間距離にもとづく近接性の変化
Fig. 10.9　Change in Accessibility Space Based on Travel Time by Railways

図 10.8 鉄道時間距離の変化
Fig. 10.8 Change in Travel Time by Railways
注：図中の数字，例えば10：54は，10時間54分を示す．破線はフェリーによる連絡を示す．

作製：村山祐司
Produced by Y. Murayama

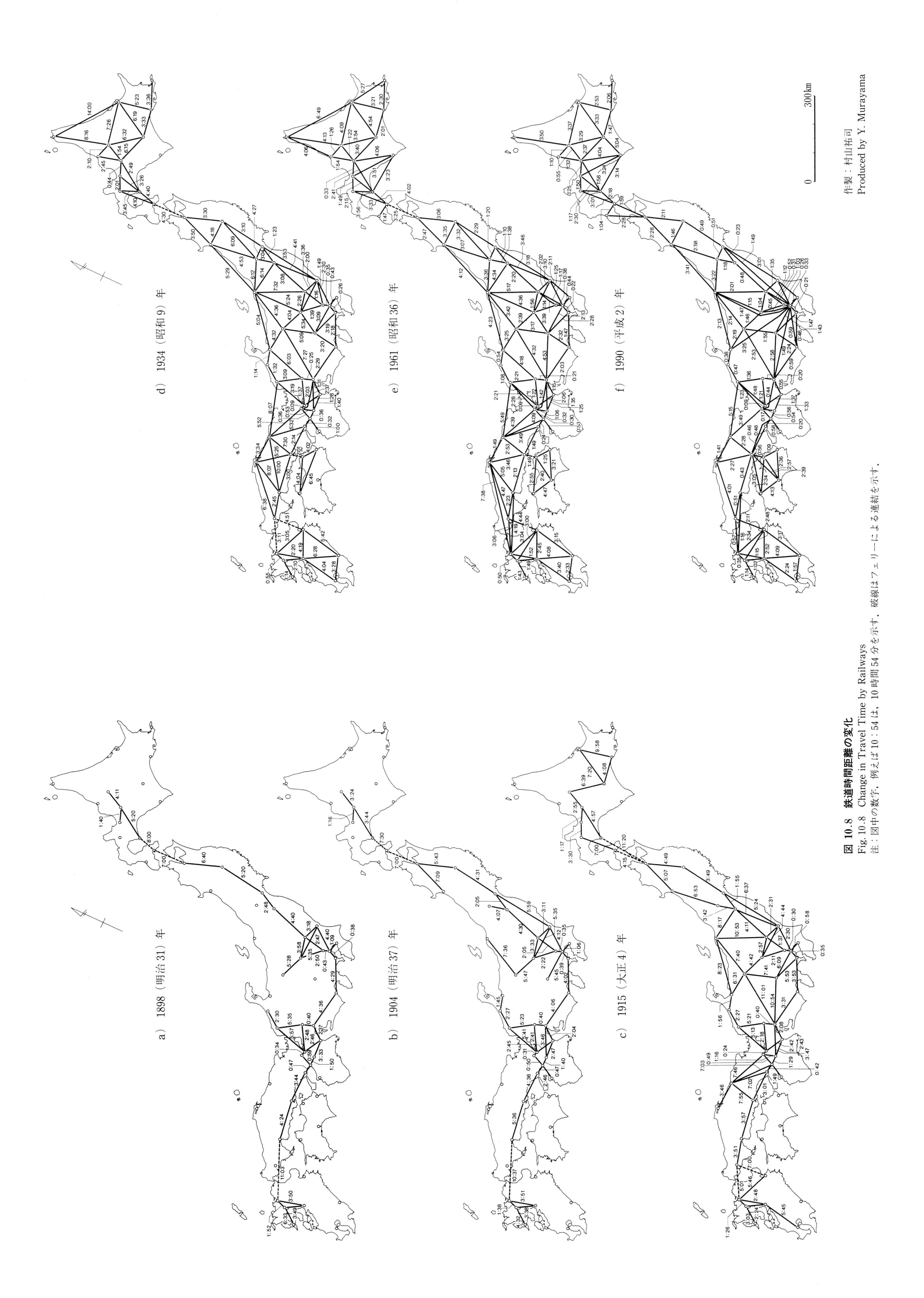

10.4　鉄道駅の分布の変化
Change in the Distribution of Railway Stations in the 20th Century

1. データと作図資料

図10.10のデータと作図方法は2.1節と同様である．

鉄道駅は，路面軌道を除き，馬車鉄道・軽便鉄道・JR線・私鉄線・地下鉄・新交通システムの駅をすべて同格で扱った．馬車鉄道や軽便鉄道から今日のJR線・私鉄線になるなど，現代と明治大正期の変化をみるのによいと判断したからである．なお，一部路面軌道でも，専用軌道が大半のものは鉄道駅として扱った．

鉄道駅を取り上げたのは，駅の連続性からほぼ鉄道網の発達状況が把握でき，都市的土地利用の拡大と鉄道駅との関係も考えられるためである．

2. 明治大正期の鉄道駅

軽便鉄道と国鉄などレベルの異なる駅が混在し，駅間距離は長短さまざまである．また，明治大正期は鉄道網の建設期にあたり，地形図の作製年度で鉄道駅の存在有無にかなりの表現誤差があることに注意を要する．

東京・大阪地域における都市内および周辺都市間のネットワークは，明治大正期までにかなり整備されている．しかし，他の地域では東北や奥羽，中央，信越，山陽，鹿児島の各本線がようやく完成した時期である．この図はおおむね1900（明治33）年前後の状況を示しており，初めて鉄道が開通してから約30年後の姿である．名神高速道路開通以来30年の歴史をもつ今日の全国高速道路網に似たパターンが見られる．東京・大阪の都市高速道路網を含め，鉄道網形成と高速道路網形成の類似性が面白い．

市街地の発達と鉄道との関係は，北海道とそれ以外の日本で大きく異なる．北海道では，市街地の中心に駅が位置する．これは主要道路に先立ち鉄道が整備され，開拓拠点としての駅およびその周辺から市街化が始まった歴史による．他方，北海道以外では，旧来の市街地縁辺部に鉄道駅が設置された．そのため，駅周辺の市街地形成は遅れ，その中心性も低いところが多い．なお，市街地に関係なく存在する鉄道駅がある．その多くは軍用か鉱山関係の鉄道である．また，九州には炭鉱関係の鉄道支線が多い．ただしそれらには駅がないため，図に表示していない．

3. 現代の鉄道駅

鉄道網は，現代までに全国的に密になった．また，大都市圏内部での鉄道網整備が目立つ．同時に，主要幹線を含め，人口集中地域で駅が増設され，利便性を高めている．構造的に大都市圏の鉄道駅の増加と市街地形成が対応する一方で，都市間輸送としての新幹線が登場してきた．

鉄道駅と市街地の関係では，北海道を除き鉄道駅周辺の新市街地と旧市街地の連坦化が進んでいる．なお，東北では鉄道駅周辺に必ずしもまとまった市街地が存在せず，鉄道駅と関係をもたない市街地発達も多数認められる．鉄道駅周辺にまとまった市街地をもつ北海道と異なる景観である．

4. 橋の分布変化（図10.11，図10.12）

実幅50m以上の河川に架かる橋で，鉄道橋は除いた．河川は都市に水を供給したり，水運をもたらす一方で，市街地拡大の阻害要因でもあった．しかし，今日までに広幅河川にも橋が架けられ，都市間交通の発達や市街地拡大が進展してきている．明治大正期に比べ現代では，河川流路がおおむね判読できるほどの密度で橋が存在することから，それらは知られる（白点が橋の分布するメッシュ）．

［戸所　隆］

図10.11　近畿および周辺の橋の分布（上：明治大正期，下：現代）
Fig. 10.11　Distribution of Long Bridges in the Kinki Region circa 1900 (upper) and circa 1985 (lower)

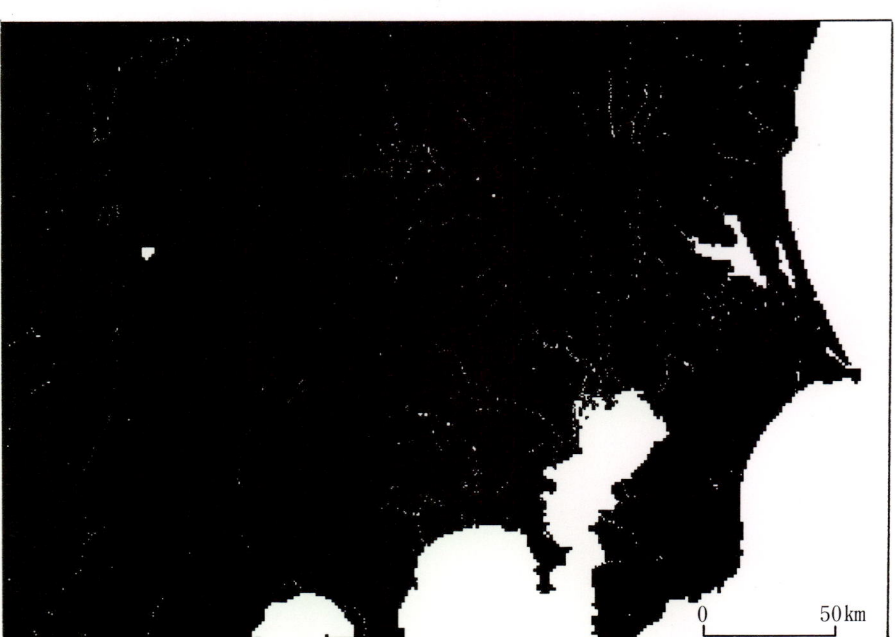

図10.12　関東および周辺の橋の分布（上：明治大正期，下：現代）
Fig. 10.12　Distribution of Long Bridges in the Kanto Region circa 1900 (upper) and circa 1985 (lower)

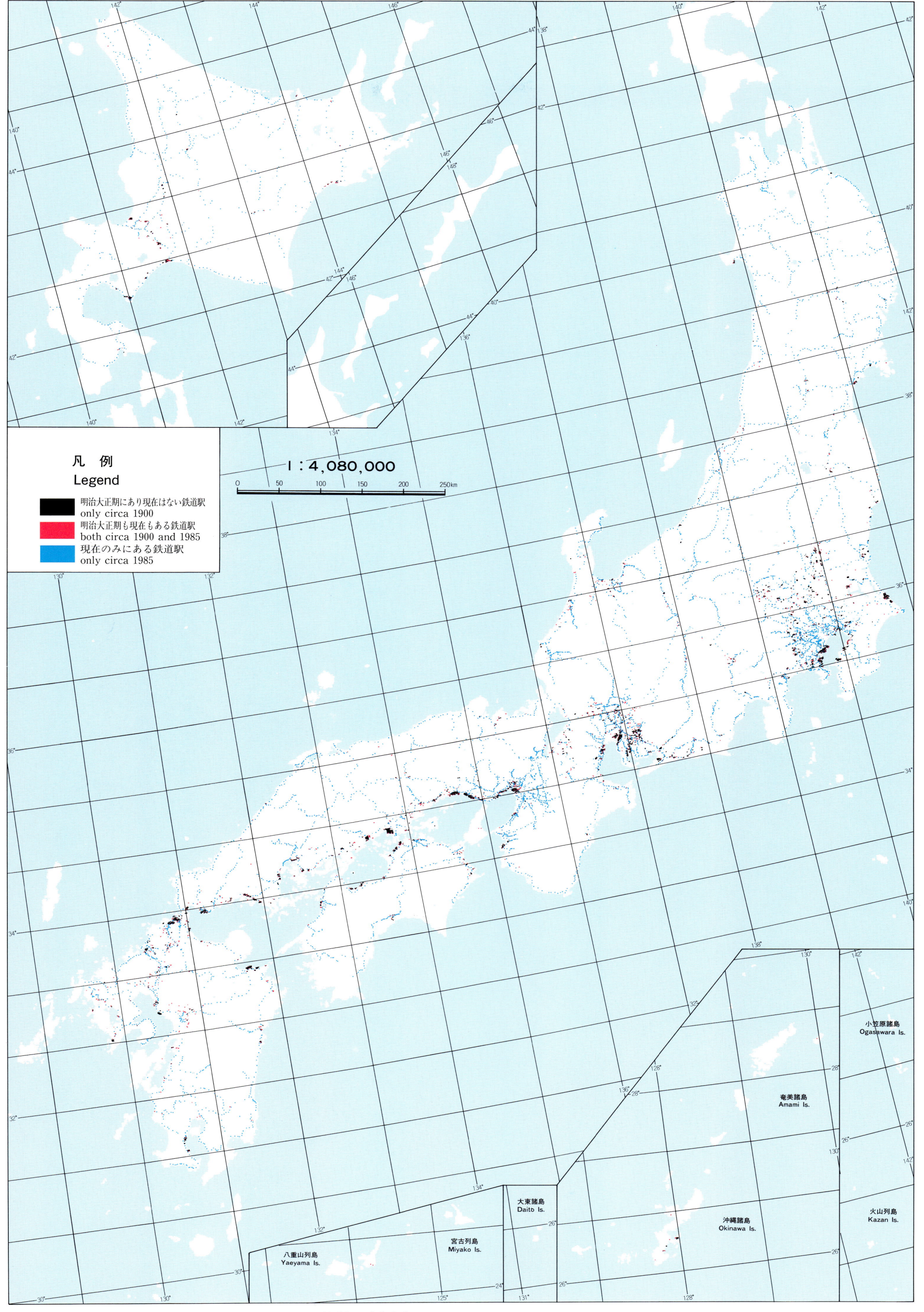

図 10.10 鉄道駅の分布変化
Fig. 10.10 Change in the Distribution of Railway Stations in the 20th Century

作製：戸所 隆
Produced by T. Todokoro

Legend 凡例
- only circa 1900 — 明治大正期にあり現在はない鉄道駅
- both circa 1900 and 1985 — 明治大正期も現在もある鉄道駅
- only circa 1985 — 現在のみにある鉄道駅

1 : 4,080,000

10.5　大正期の貨物流動
Commodity Flows in 1919

　図10.13は，1919（大正11）年における鉄道貨物の地域間流動パターンを示したものである．大正中後期は，第一次世界大戦によって，日本の重工業が発展し，物資の流動も活発になった時期であった．鉄道網は全国にはりめぐらされ，鉄道は中・長距離輸送において大きなシェアを占めるようになった．この時期，鉄道のもつ大量輸送機能が原料・製品の輸送の大量化を可能にし，それが生産量の増加に結びつくという相乗作用をもたらした[2]．本節では，この経済成長期に，各種の鉄道貨物が日本国内をどのように流れていたかを把握する．

　用いた資料は，鉄道省運輸局が作製した『鉄道輸送主要貨物数量』（大正11年）である．主要貨物70品目の地域間発着数量（沖縄を除く46都道府県）が起終点行列の形で記載されている．ここでは，このうち流動量が極端に少ない特殊貨物や，流動が特定の狭い地域に片寄った貨物を除外して，40品目を取り上げ，次の手順によって空間的流動を地図化した．まずA地域からB地域への流動リンクが，全地域間流動量（自地域内流動を除く）の何％を占めるかを計算した．次に，流動リンクの％が高い順に集計し，累積が50％になるまでの流動リンクを取り上げ地図化した．したがって，流動リンクの本数が少ない品目ほど，その品目の発地と着地は少数の地域群で占められることになる．流動リンクは3段階（0〜1％，1〜5％，5％以上）に区分し，地図化してある．

　最初の流動図（総貨物）は，すべての貨物（70品目）を総計したものである．東京が物資の集散する最大の拠点で，次いで大阪，名古屋，福岡の順に規模が大きいことがわかる．各品目の流動パターンは，大まかに見ると，次のように類型化ができよう．①流動リンクの本数が少ない貨物（藁工品，薪，石炭，銅，綿糸，絹織物類，石灰）．これらの貨物は発地と着地が少数の地域に限定される．②流動距離が長い貨物（果物・野菜，雑穀，石油類，鉄・鋼，塩乾魚）．③流動距離が短い貨物（薪，石材，綿，煉瓦，陶磁器および土器，石灰）．重量当たりの単価が低く，しかも重量のある貨物が多い．④発地は広く分散して分布するが，着地が少数の地域に限定される貨物（木材類，木炭，薪，石材，繭，生糸，紙）．⑤着地は広く分散して分布するが，発地が少数の地域に限定される貨物（生甘藷，大豆，雑穀，石油類，石炭，コークス，塩）．

［村山祐司］

□参考資料
1) Y. Murayama (1991): Japanese commodity flows in the mid-Taisho period, Ann. Rep., Inst. Geosci., Univ. of Tsukuba, 17, pp. 13-19.
2) 原田勝正（1991）：日本の鉄道，吉川弘文館．

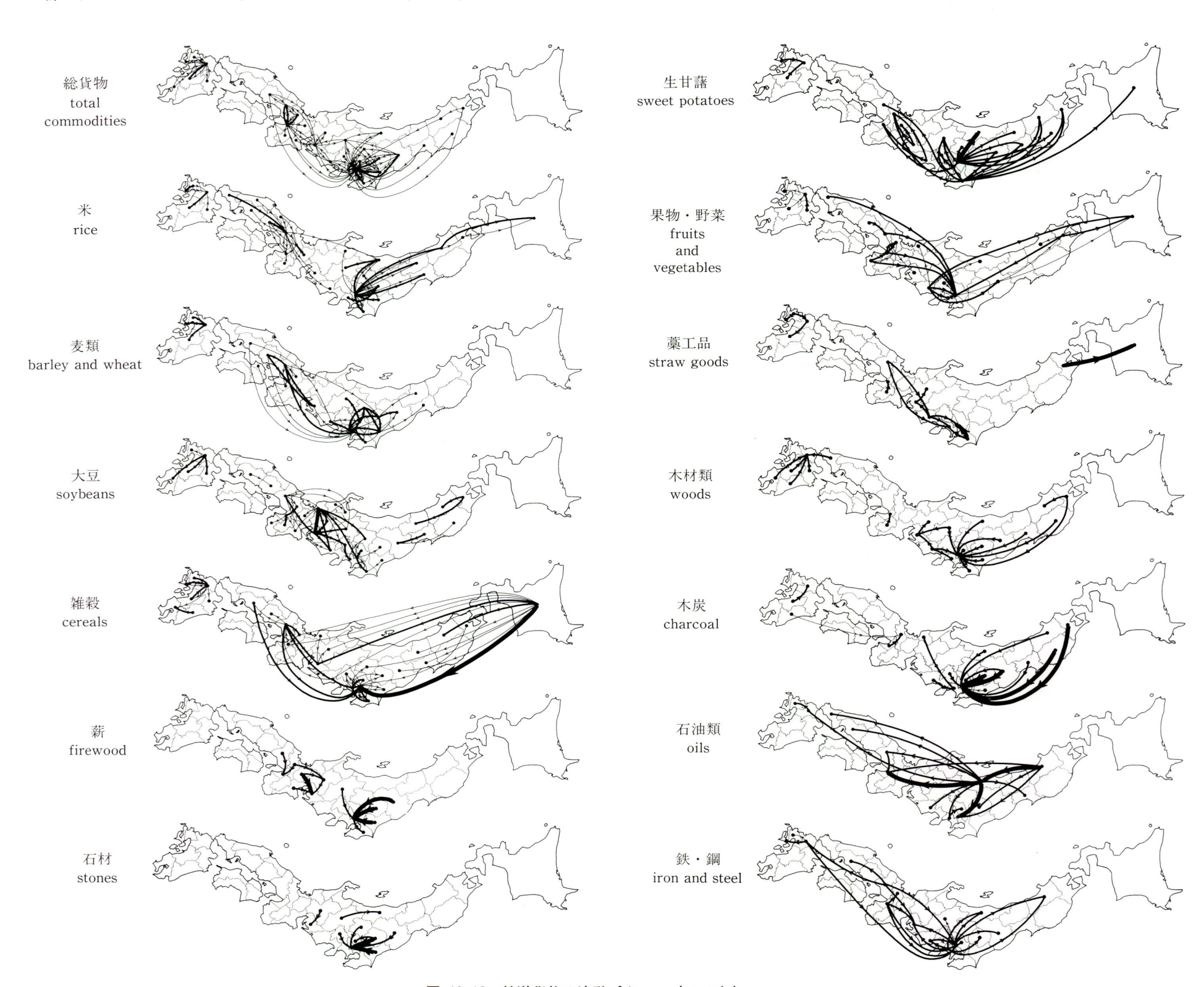

図10.13　鉄道貨物の流動パターン（1919年）
Fig. 10.13　Commodity Flow Pattern by Railway in 1919
資料：鉄道輸送主要貨物数量（大正11年，鉄道省運輸局）

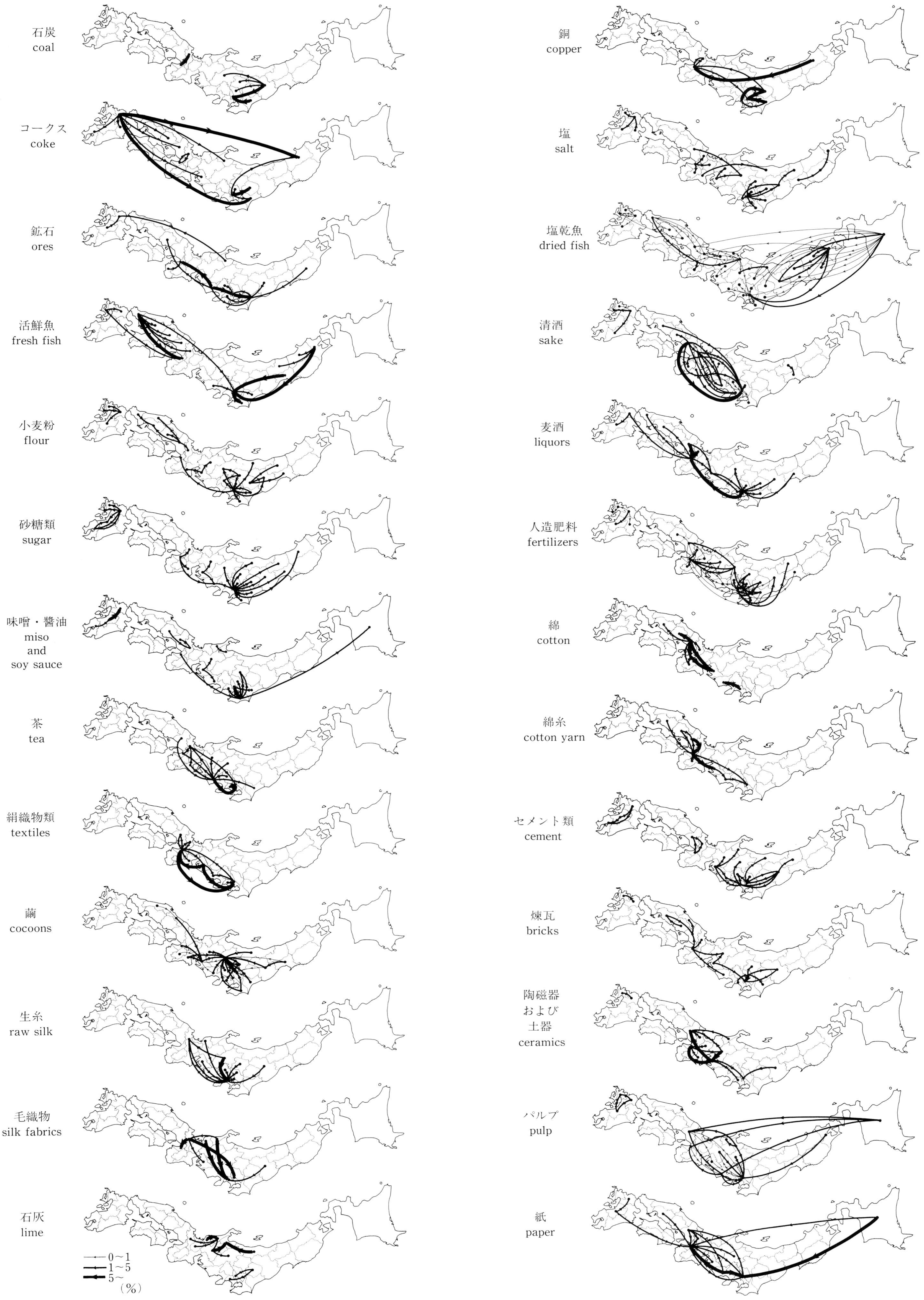

図 10.13 鉄道貨物の流動パターン（1919年）
Fig. 10.13 Commodity Flow Pattern by Railway in 1919
資料：鉄道輸送主要貨物数量（大正11年，鉄道省運輸局）

作製：村山祐司
Produced by Y. Murayama

11 数値地図でとらえる日本列島の自然と人口

NATURE AND POPULATION IN THE JAPANESE ISLANDS VIEWED THROUGH DIGITAL MAPS

　国土地理院・気象庁/国土庁，総理府，環境庁，地質調査所などによってラスタ型数値地図が整備されている．これらは標高（DEM）や土地分類（地形分類・地質分類・土地利用），気候（気温・降水量・積雪），人口，植生，地質区分などのデータである．日本全土を覆うデータの空間分解能としては3次メッシュ（格子間隔：約$1×1km^2$）が標準であるが，標高と地質区分はその1/4細分メッシュ，土地利用は1/10細分メッシュの分解能のデータが利用可能である．

　これらの地理情報が印刷地図や統計書などをメディアとする従来型のデータと根本的に異なる点は，コンピュータでの処理を前提としている点であり，ソフトウエアがなければ，目で見ることさえできないものである．このアトラスに収録されたすべての地図がそうであるように，印刷地図は作製者によって与えられるものである．ところが，数値化された地理情報はその可視化を利用者に任せている．作製者と利用者の受け持ち範囲が大きく移動したのである．

　数値地図がもつ価値のうちで最も重要なのは，異種の数値地図を組み合わせて，新しい情報を引き出せるということである．2枚の印刷地図を比較しても，空間的相関を読み取ることはできるであろう．しかしそれ以上の観察は無理であり，数量的な関係を得ることはもちろんできない．このようなことは，数値地図であればごく簡単なことである．

　重点領域研究［原環境の復元］班では，既存の数値地図を加工し組み合わせて，各種地形計測値，暖かさの指数や各種農業気象指標，積雪量，蒸発散量，流出量，降水水量などの新しい数値地図を作製した．そして，植生や土壌，農業的土地利用の分布を規制する条件を，これら数値地図を使って統計的に明らかにした．さらにこの関係をもとに，原環境を復原し，地球温暖化が植物や土地利用の分布に与える影響についてもシミュレーションを行った．

　このアトラスに収録された地図や集計表は，この研究の過程で作製された数値地図のほんの一部である．しかも，眺めるだけの画像となったり集計表にまとめられたときから，数値地図は本来の価値を失っていることに注意したい．この重点領域研究グループが作製した数値地図（メディアはCD-ROMとMO）や上述の諸官庁の元のデータ（MTまたはFD）を高度に利用した研究の進展を望みたい．そしてGISがそのためのツールであることはいうまでもない．

［野上道男］

11.1 日本の自然と人口分布
Nature and Human Occupation in the Japanese Islands

日本の面積は37万7,801 km²であるとされているが(理科年表)、この数値は北方四島(4,996 km²)と竹島(0.2 km²)を含み、湖の面積もすべて算入されている。北方四島を除く部分について、国土地理院の標高の数値地図(DEM)で計測すると37万130 km²となった(11.2節)。これは内水面を含む陸地である3次メッシュの面積(1.0 km²に近い値であるが緯度によって変わる)の合計値である。ある3次メッシュが陸地であるか海であるかの判定は、1/4細分DEMで3次メッシュ内の25の格子点のうち、13点以上が陸地であればそれを陸地の3次メッシュとしている。以後、この3次メッシュと面積値を用いることにする。

日本列島の平均標高は383 mである(11.2節、以下省略)。日本は山がちではあるが、世界の陸地の平均標高が841 mであるから(ETOP 5というアメリカ政府作製の全球5′メッシュのDEMによる計測)、その半分にも達しない。

気象庁の3次メッシュの気候データを用いて計算すると、日本の平均気温は10.7℃である。これは日本全土についての面積平均値であるから、人口の多い平野部だけをとれば、もう2℃ほど高くなるであろう。また、日本の年降水量は1,911 mmである。したがって、日本には1年間に707 km³の降水があることになる。年蒸発散量(ソーンスウェイト法)は681 mmであるので、その分を差し引くと、455 km³が河川から海へ流出していることになる。これが日本で利用可能な流量(水資源)の上限である。

環境庁の緑の国勢調査(3次メッシュ、ただし1×1 km²の中心部の直径250 mの円を対象としたポイントサンプリングに近い方法による)のデータから集計すると、日本の自然林の面積は21.9%である。主として北海道と中部地方までの山岳地帯に残っている。日本は植物の生育期間(夏)に十分な降水があるので、特殊な条件のところを除いて、潜在的に森林植生が成立する。自然林を伐採しても、放置すれば再び森林(二次林)になる。コナラ林やアカマツ林などからなる二次林の面積は19.2%である。またスギやヒノキ、カラマツなどの植林地の面積は25.1%となっており、合計すれば日本の面積のちょうど2/3が森林であり、日本は森林を多く残したまま近代化に成功した国であるといえる。ただし、大量の外国材の輸入も忘れてはならない。

農業用地としては、水田が11.8%、畑(桑・茶などを含む)が5.7%、常緑果樹園(柑橘類)が0.8%、落葉果樹園(ナシ・ブドウ・モモなど)が0.5%である。草地は2.5%であるが、元のデータで区分していないので、農業用地とゴルフ場の区別はできない。集落・市街地・工場地帯などは5.7%である。

国土地理院の3次メッシュの土地分類(地形区分、サンプリングは卓越区分)のデータから計算すると、日本の面積の62.4%は山地であり、人間が利用しやすい低地や台地は25.6%にすぎない。そして、そのほとんどすべてが、農業用地や集落・市街地などとして利用されている。

総理府の1990年国勢調査データ(集計単位を3次メッシュに変換)を地形区分のデータと組み合わせてみると、じつに人口の80%が国土面積の1/4の低地と台地に住んでおり、農業用地が集落・市街地・工場地帯に転用されてきた理由がわかる。さらに人口データと緑の国勢調査データを組み合わせてみると次のことがわかる。人口の59.3%は集落・市街地・工場地帯に住んでおり、田園的な環境の所、すなわち畑や水田の多い所に住んでいる人口は26.7%、森林の多い所に住んでいる人口は10.2%である。海浜は集計に入れていない。

日本の重心は東経137°59′、北緯37°34′(能登半島珠洲岬沖)にあるが、1990年の人口の重心は東経137°04′、北緯35°38′(岐阜県袋坂峠付近)にあり、日本の人口が南西に偏って多いことを示している(11.4節)。なお日本の平均標高は前述のように383 mであるのに対して、人口の重心の標高は68 mであり、人口が低地に偏っていることが示される。

以上の記述は日本を全体として扱った場合である。日本列島は南北に細長く延びており、大きな起伏をもつ山脈が走っている。したがって、気候や植生などの自然環境は南北で大きな差があり、さらに地形に応じて局地的な差違はさらに著しい。その地域差のすべてをここでのべることはできないが、11.4節には地方差を表すものとして都道府県別の集計を掲載した。この集計はすべて(人口も)ラスタ型数値地図に依っているので、海岸線や境にかかるメッシュの判別のしかたによって、若干の誤差が生じている可能性がある。

[野上道男]

図11.1 陰影図
Fig. 11.1 Shaded Relief Map

□参考資料

重点領域研究[原環境の復元]班の諸報告のほかに、以下のものをあげる。

1) 原環境の復元班(1993):[近代化による環境変化の地理情報システム]に関するシンポジウム講演記録[原環境の復元]. 地理学評論, 66(8), pp. 498-501.
2) 野上道男(1990):暖かさの指数と流域蒸発散量—気候値メッシュデータによる解析—. 地学雑誌, 99(6), pp. 144-156.
3) 野上道男・大場秀章(1991):暖かさの指数から見た日本の植生. 科学, 61(1), pp. 36-49.
4) 野上道男(1992):地球温暖化が農業的土地利用に与える影響の予測. 地学雑誌, 101(6), pp. 506-513.
5) 野上道男(1994):森林植生分布の温度条件と潜在分布の推定. 地学雑誌, 103(7), pp. 886-897.
6) 津沢正晴(1990):自然環境保全基礎調査(緑の国勢調査). 地学雑誌, 99(6), pp. 64-71.
7) 矢口彰(1990):国土数値情報の整備とその発展. 地学雑誌, 99(6), pp. 3-16.

11.2 都道府県別に見た各種自然条件

Major Environmental Attributes by Prefecture

	面積 (km²)	平均標高 (m)	平均気温 (℃)	暖かさの指数 (deg./day)	降水深 (mm)	降水総量 (km³)	蒸発散量 (mm)	流出総量 (km³)	三角州	扇状地	台地	丘陵	小中起伏山地	大起伏山地	火山	完新世	更新世末期	更新世中期	更新世前期	新第三紀	古第三紀	中古生代	付加体	火山岩類	第四紀火山	深成岩	変成岩	ハイマツ雪田風衝植生	針葉樹・カンバ混交林	落葉広葉樹林	常緑ブナ林	コナラ林	シイ・カシ林	アカマツ・クロマツ林	スギ等植林	カラマツ植林	常緑果樹園	落葉果樹園	畑(茶・桑)	草地ゴルフ場	水田	市街集落工場	その他	
北海道	78,084	308	5.2	53	1,354	105.76	538	63.74	42	82	197	155	428	44	53	109	44	34	33	198	44	65	112	160	118	19	17	6	183	51	237	27	19	0	0	95	74	0	1	81	88	36	20	81	北海道
青森	9,552	227	9.0	73	1,537	14.69	621	8.75	53	75	192	166	312	24	179	100	80	115	6	144	3	0	19	270	198	7	5	1	6	8	215	99	48	0	11	280	18	0	37	51	26	123	44	39	青森
岩手	15,261	424	8.6	71	1,488	22.71	610	13.41	5	78	58	136	556	109	57	36	39	29	3	75	104	3	291	146	109	154	5	2	6	6	35	63	298	0	29	208	88	0	0	71	19	116	15	42	岩手
宮城	7,234	218	10.8	85	1,455	10.53	669	5.69	66	177	88	370	192	31	76	215	35	18	3	189	0	138	0	211	129	48	2	2	2	4	4	78	250	0	3	261	8	0	0	45	14	232	64	32	宮城
秋田	11,599	301	9.3	77	2,036	23.61	635	16.24	36	176	61	141	446	40	100	135	34	13	26	258	0	0	7	353	121	40	0	1	4	5	30	142	201	0	3	321	10	0	4	18	8	161	30	60	秋田
山形	9,334	437	9.6	78	2,196	20.50	637	14.55	55	94	83	90	481	114	82	137	65	14	15	249	4	0	23	268	84	137	2	0	3	15	83	164	230	0	16	155	10	0	18	24	6	154	42	77	山形
福島	13,746	539	10.0	80	1,569	21.56	645	12.70	36	69	82	51	636	67	60	94	38	3	3	196	9	7	61	122	122	290	48	0	10	1	71	78	265	0	81	138	18	0	9	58	6	125	35	105	福島
茨城	6,072	94	13.7	108	1,381	8.39	764	3.75	243	35	399	75	245	0	0	254	355	45	0	87	10	17	94	0	0	91	22	0	6	0	0	0	75	1	2	303	0	0	7	216	8	226	130	27	茨城
栃木	6,402	457	11.4	90	1,554	9.95	693	5.51	8	101	256	95	351	100	79	170	182	50	6	57	0	0	240	130	125	57	0	0	23	4	46	26	192	0	59	197	24	0	3	68	15	227	65	46	栃木
群馬	6,363	759	10.2	82	1,463	9.31	654	5.15	5	7	103	29	326	194	249	97	18	29	11	84	0	30	126	201	282	60	21	2	3	9	13	76	298	0	1	215	111	0	3	136	8	166	64	37	群馬
埼玉	3,794	249	13.4	107	1,330	5.05	762	2.16	92	63	238	61	197	130	0	97	253	6	11	84	2	14	255	0	282	7	56	2	36	25	13	76	197	3	1	146	6	0	0	155	15	239	77	54	埼玉
千葉	5,105	45	14.9	120	1,646	8.41	806	4.29	285	0	328	310	76	0	0	282	332	61	185	57	2	85	10	0	152	7	2	0	40	20	26	78	103	0	21	176	6	0	4	136	17	266	194	68	千葉
東京	2,110	241	14.1	110	1,737	3.55	781	1.96	9	35	402	157	200	108	127	173	257	18	80	25	6	19	247	9	176	137	2	1	3	0	20	164	76	1	6	180	12	0	13	31	17	8	454	150	東京
神奈川	2,374	243	14.0	111	1,898	4.51	772	2.67	163	80	208	173	157	83	93	94	154	58	147	8	9	70	70	198	122	290	48	0	10	1	24	78	209	0	81	140	18	0	9	58	6	125	384	82	神奈川
新潟	12,597	391	10.7	86	2,691	33.90	673	25.43	74	147	39	92	438	169	41	198	20	17	44	307	1	17	76	114	50	142	8	3	6	10	153	90	209	1	11	111	3	0	2	20	3	207	58	113	新潟
富山	4,266	666	10.1	82	2,999	12.79	655	10.00	72	201	46	37	252	373	19	198	61	21	13	78	0	74	48	149	10	226	76	5	23	64	133	131	120	3	5	119	4	0	1	9	2	232	50	90	富山
石川	4,197	294	12.0	95	2,725	11.44	709	8.46	84	69	103	29	308	109	16	125	14	30	16	282	0	50	0	426	16	60	19	2	3	13	38	83	293	0	1	156	6	0	3	22	7	166	64	60	石川
福井	4,202	371	12.2	98	2,806	11.79	720	8.77	188	35	29	61	590	71	64	147	10	1	3	29	2	73	330	273	26	7	0	1	3	9	127	36	230	8	121	230	6	3	1	8	2	159	50	29	福井
山梨	4,465	990	10.2	81	1,697	7.58	650	4.67	18	60	55	0	235	452	174	51	50	1	4	0	0	127	212	207	152	182	0	0	40	20	75	36	275	0	0	190	112	0	36	61	4	41	45	98	山梨
長野	13,590	1,129	8.4	69	1,830	24.87	599	16.73	0	50	86	7	357	162	162	78	18	14	5	130	0	0	172	308	176	226	59	2	88	20	75	24	203	0	76	265	13	0	0	14	4	37	84	37	長野
岐阜	10,585	713	10.8	88	2,481	26.26	675	19.11	39	72	20	88	463	240	78	79	5	2	4	44	2	23	305	72	59	133	33	4	23	9	107	78	175	0	101	180	6	0	2	14	3	81	58	60	岐阜
静岡	7,666	493	13.3	106	2,521	19.33	748	13.59	53	108	43	48	284	272	192	109	33	20	5	19	5	97	372	35	213	6	41	3	24	5	46	23	128	0	2	403	42	0	2	66	8	86	77	90	静岡
愛知	5,079	206	14.3	116	1,900	9.65	796	5.61	163	63	231	125	390	29	1	249	126	36	1	122	0	30	32	0	0	231	140	0	2	0	11	7	43	0	72	337	11	0	5	71	7	202	207	29	愛知
三重	5,713	260	14.2	113	2,486	14.20	782	9.74	39	140	100	75	460	186	0	122	58	16	12	127	0	0	269	93	0	162	117	2	6	16	0	0	31	133	39	481	0	9	0	36	3	146	75	32	三重
滋賀	4,013	281	13.1	104	2,098	8.42	748	5.42	136	118	59	111	487	89	2	237	61	21	27	78	0	7	371	44	19	131	76	3	23	30	10	15	167	1	248	123	0	0	1	8	6	231	97	74	滋賀
京都	4,610	258	13.4	106	1,976	9.11	758	5.61	52	127	40	94	684	1	2	88	14	75	19	39	61	90	523	63	28	152	13	2	9	3	1	83	270	3	91	175	0	0	0	11	4	115	72	21	京都
大阪	1,857	142	15.0	122	1,529	2.84	826	1.30	175	151	127	371	109	16	15	291	162	66	8	68	0	97	103	0	47	139	13	2	0	9	1	3	151	3	190	115	0	25	0	32	4	174	411	76	大阪
兵庫	8,337	262	13.4	107	1,871	15.60	760	9.26	39	154	64	162	520	46	64	110	20	75	28	68	4	91	122	388	0	99	0	0	1	3	4	0	46	7	2	190	56	2	14	70	13	144	79	107	兵庫
奈良	3,696	568	12.5	98	2,268	8.38	721	5.72	29	45	18	101	430	377	0	66	14	20	41	30	0	7	530	44	0	204	3	0	2	0	113	10	47	18	59	322	0	25	9	10	3	100	59	43	奈良
和歌山	4,678	317	14.4	115	2,645	12.37	787	8.69	30	37	37	83	708	105	0	34	25	7	6	132	17	67	587	33	3	1	92	0	0	8	6	7	50	181	48	514	0	58	10	7	2	48	42	33	和歌山
鳥取	3,506	375	12.4	98	2,216	7.77	720	5.24	65	52	22	0	614	90	176	87	17	17	12	29	0	0	11	240	180	310	99	0	9	16	21	30	206	1	40	425	0	1	0	36	3	140	41	29	鳥取
島根	6,666	299	13.0	103	2,090	13.93	741	9.00	39	37	196	181	698	33	11	31	1	1	27	64	0	156	62	425	19	301	57	0	23	13	10	3	396	76	65	241	0	1	3	13	6	129	97	30	島根
岡山	7,035	310	13.1	104	1,600	11.26	748	5.99	69	93	12	96	675	19	0	93	5	4	19	45	0	101	103	237	7	264	107	2	3	1	5	3	187	1	300	115	0	0	13	32	2	174	47	116	岡山
広島	8,413	384	12.7	101	1,757	14.78	731	8.63	33	44	25	162	797	46	1	47	10	8	6	45	0	33	104	358	0	399	0	1	9	3	8	34	123	2	450	56	0	0	36	70	13	159	36	107	広島
山口	6,039	224	14.0	107	2,075	12.53	774	7.86	20	57	41	213	642	16	11	78	10	7	5	25	17	103	137	287	3	208	135	0	0	8	12	93	12	35	536	165	0	0	12	6	7	137	69	19	山口
徳島	4,125	458	13.5	107	2,435	10.04	755	6.93	119	17	22	35	439	368	0	108	8	4	5	6	0	156	412	125	3	224	0	1	0	1	29	0	70	45	190	412	0	0	16	40	2	105	26	60	徳島
香川	1,853	170	14.8	119	1,385	2.57	812	1.06	186	72	196	45	475	27	0	223	74	15	0	6	216	191	0	170	58	367	294	0	0	0	10	0	53	0	12	367	53	0	4	17	2	261	107	101	香川
愛媛	5,638	408	13.8	110	2,055	11.59	766	7.27	26	72	12	61	584	246	27	69	37	7	11	7	0	63	365	36	143	116	285	3	3	9	15	3	73	25	136	480	72	0	13	31	4	97	39	26	愛媛
高知	7,058	427	14.1	113	3,015	21.28	774	15.82	40	33	25	72	577	281	0	33	19	166	0	102	4	30	775	0	7	6	126	0	0	6	19	1	49	229	77	498	0	0	12	22	1	61	16	17	高知
福岡	4,936	166	15.0	122	2,032	10.03	819	5.99	195	53	163	105	429	37	17	234	72	23	6	6	92	23	42	125	3	224	157	2	0	0	19	32	70	81	26	339	0	1	16	12	10	213	187	49	福岡
佐賀	2,426	175	15.0	121	2,199	5.33	816	3.35	173	95	31	183	430	19	69	171	65	7	9	157	216	72	5	170	58	254	22	1	0	6	12	2	53	124	12	367	57	0	4	21	2	289	77	17	佐賀
長崎	4,018	134	15.5	126	2,135	8.58	827	5.25	31	55	169	96	475	19	260	14	7	2	8	8	181	75	216	313	143	14	79	2	5	5	35	62	330	17	205	401	0	0	36	97	4	110	72	42	長崎
熊本	7,372	392	14.2	114	2,518	18.56	784	12.78	67	62	75	28	332	93	345	108	55	11	2	22	0	33	173	278	283	38	38	1	5	4	19	12	61	123	34	401	36	0	4	70	13	159	43	72	熊本
大分	6,334	349	14.0	112	2,063	13.07	772	8.18	2	93	32	75	355	26	411	47	37	12	9	22	37	73	603	47	364	99	30	2	0	8	12	93	107	107	46	377	0	0	36	32	7	100	43	109	大分
宮崎	7,715	397	14.8	120	2,791	21.53	796	15.39	97	21	84	83	505	194	36	41	19	17	5	6	3	37	132	47	132	11	0	0	7	2	35	43	49	0	46	480	0	0	15	66	1	78	36	98	宮崎
鹿児島	8,825	225	16.6	139	2,706	22.26	869	15.10	79	72	209	191	250	77	190	42	72	166	11	11	2	4	257	123	367	100	285	1	0	0	19	15	2	158	210	498	60	0	3	156	7	72	62	119	鹿児島
沖縄	2,192	83	22.3	207	2,299	5.00	1,168	2.46	40	24	352	336	247	0	1	29	72	166	7	102	4	71	299	31	367	9	17	0	0	0	19	109	43	0	0	12	0	0	0	291	27	61	16	254	沖縄
全国	370,130	383	10.7	89	1,911	707.16	681	455.01	62	78	116	120	441	106	76	115	54	23	19	118	18	50	177	171	102	105	39	1	46	15	86	35	124	34	68	218	33	8	5	57	25	118	57	67	全国

[野上道男]

11.3　気温・降水量・蒸発散量・流出量の都道府県別面積累積値

Values of Air Temperature, Precipitation, Evapotranspiration and Surface Run-off by Prefecture

	気温(℃)									年降水量(mm)								
北海道	−0.2	2.1	3.1	4.4	5.3	6.1	7.0	7.6	8.6	790	910	1,000	1,150	1,330	1,520	1,700	1,810	2,050
青森	4.8	6.6	7.3	8.5	9.4	9.8	10.1	10.3	10.7	1,000	1,040	1,100	1,330	1,520	1,740	1,890	1,990	2,230
岩手	4.2	5.6	6.4	7.5	8.7	9.7	10.5	10.8	11.4	1,000	1,080	1,150	1,250	1,400	1,600	2,030	2,210	2,420
宮城	5.8	7.8	8.8	10.2	11.3	11.6	12.1	12.2	12.4	1,080	1,120	1,170	1,240	1,370	1,580	1,910	2,040	2,170
秋田	4.5	6.3	7.1	8.4	9.7	10.4	10.9	11.1	11.7	1,500	1,610	1,660	1,810	2,020	2,220	2,400	2,500	2,700
山形	4.0	6.1	7.1	8.6	9.9	10.7	11.5	11.9	12.2	1,080	1,260	1,400	1,750	2,240	2,630	2,900	3,000	3,150
福島	4.2	6.3	7.2	8.8	10.0	11.4	12.3	12.7	13.3	1,030	1,110	1,190	1,350	1,490	1,700	1,980	2,270	2,780
茨城	9.7	11.4	12.2	13.3	13.9	14.2	14.4	14.6	15.1	1,160	1,190	1,230	1,290	1,360	1,430	1,530	1,620	1,780
栃木	3.3	5.7	7.2	10.2	12.5	13.2	13.8	14.1	14.4	1,170	1,240	1,280	1,360	1,490	1,710	1,900	2,000	2,140
群馬	3.4	4.8	5.8	7.9	10.3	12.9	14.3	14.4	14.5	1,000	1,100	1,140	1,210	1,410	1,610	1,790	1,960	2,640
埼玉	5.6	8.4	10.3	13.0	14.3	14.5	14.6	14.7	15.0	1,060	1,110	1,140	1,200	1,280	1,400	1,550	1,700	1,910
千葉	14.2	14.3	14.4	14.6	14.8	15.1	15.4	15.6	15.9	1,270	1,360	1,390	1,460	1,570	1,820	1,990	2,040	2,170
東京	7.0	9.7	11.2	13.6	14.5	15.2	15.9	17.1	18.4	1,350	1,380	1,410	1,460	1,560	1,710	2,650	3,010	3,150
神奈川	8.6	10.2	11.2	13.2	14.7	15.1	15.3	15.5	15.8	1,460	1,520	1,560	1,630	1,700	2,110	2,480	2,680	2,860
新潟	3.9	6.1	7.6	9.4	11.0	12.6	13.1	13.3	13.5	1,790	2,030	2,160	2,380	2,740	2,950	3,120	3,250	3,620
富山	0.7	2.6	4.5	7.8	10.9	13.2	13.7	13.8	13.9	2,380	2,490	2,540	2,630	2,820	3,300	3,740	3,910	4,150
石川	4.7	7.8	9.2	11.0	12.5	13.5	13.9	14.1	14.2	1,960	2,070	2,170	2,400	2,630	3,070	3,390	3,470	3,590
福井	7.1	8.4	9.2	10.8	12.5	13.9	14.3	14.4	14.7	2,170	2,350	2,400	2,550	2,820	3,020	3,170	3,280	3,430
山梨	1.8	4.6	6.2	8.4	10.4	12.6	14.0	14.3	14.8	890	1,030	1,130	1,370	1,650	1,980	2,280	2,440	2,760
長野	1.1	3.4	4.6	6.7	8.7	10.3	11.4	12.0	12.7	800	1,000	1,120	1,390	1,770	2,240	2,590	2,730	3,060
岐阜	2.6	5.7	6.9	8.6	11.0	13.1	14.6	15.1	15.3	1,660	1,830	1,900	2,110	2,450	2,850	3,080	3,190	3,340
静岡	1.7	6.3	8.9	12.1	14.3	15.6	16.0	16.2	16.4	1,770	1,900	2,010	2,230	2,480	2,810	3,030	3,150	3,340
愛知	9.6	10.9	11.8	13.5	14.9	15.5	15.7	15.8	15.9	1,450	1,500	1,530	1,620	1,760	2,120	2,520	2,610	2,710
三重	9.3	11.4	12.2	13.3	14.4	15.2	15.8	16.1	16.6	1,550	1,720	1,800	1,990	2,350	2,930	3,380	3,570	3,900
滋賀	8.8	9.9	10.6	11.8	13.2	14.0	14.4	14.6	14.9	1,600	1,640	1,680	1,760	1,960	2,390	2,610	2,780	3,180
京都	10.2	11.0	11.6	12.6	13.5	14.2	14.7	15.0	15.4	1,440	1,590	1,680	1,770	1,930	2,130	2,370	2,440	2,560
大阪	11.4	12.5	13.1	14.4	15.3	15.8	16.0	16.1	16.3	1,240	1,270	1,300	1,350	1,450	1,690	1,830	1,880	1,990
兵庫	8.8	10.4	11.3	12.6	13.6	14.4	15.1	15.6	15.9	1,280	1,340	1,410	1,560	1,810	2,110	2,430	2,550	2,650
奈良	7.7	9.3	10.1	11.3	12.5	13.8	14.8	15.1	15.3	1,320	1,410	1,520	1,670	2,050	2,900	3,210	3,320	3,570
和歌山	10.4	11.6	12.2	13.4	14.5	15.5	16.2	16.4	16.8	1,440	1,550	1,680	2,010	2,550	3,310	3,620	3,740	3,930
鳥取	7.8	9.0	9.8	11.0	12.6	13.9	14.4	14.6	14.8	1,860	1,910	1,980	2,070	2,180	2,340	2,470	2,540	2,670
島根	9.2	10.4	11.0	12.0	13.2	14.0	14.6	14.8	15.1	1,670	1,830	1,880	1,960	2,070	2,190	2,310	2,400	2,520
岡山	8.8	9.8	10.6	12.1	13.3	14.1	15.0	15.3	15.5	1,170	1,210	1,250	1,380	1,510	1,760	2,080	2,180	2,360
広島	8.7	9.8	10.4	11.6	12.6	13.8	15.0	15.3	15.6	1,190	1,300	1,400	1,540	1,680	1,940	2,190	2,370	2,520
山口	10.7	11.9	12.4	13.2	14.0	14.9	15.3	15.5	16.0	1,640	1,730	1,790	1,930	2,080	2,210	2,320	2,380	2,460
徳島	7.5	9.1	10.2	12.1	13.9	15.3	15.8	16.0	16.5	1,380	1,450	1,490	1,680	2,350	3,100	3,460	3,670	4,010
香川	11.6	12.5	13.2	14.2	15.2	15.5	15.7	15.9	16.1	1,180	1,210	1,220	1,260	1,330	1,460	1,590	1,670	1,870
愛媛	7.9	9.7	10.8	12.5	14.2	15.4	15.9	16.1	16.6	1,280	1,370	1,440	1,750	2,030	2,320	2,640	2,770	3,000
高知	8.5	10.1	11.1	12.9	14.5	15.7	16.4	16.6	17.0	2,290	2,490	2,630	2,800	2,970	3,170	3,390	3,680	4,060
福岡	11.7	12.7	13.3	14.4	15.3	15.8	16.0	16.2	16.4	1,590	1,690	1,750	1,830	1,970	2,160	2,400	2,530	2,850
佐賀	11.2	12.1	12.7	14.4	15.4	15.8	16.1	16.2	16.3	1,770	1,880	1,910	1,970	2,130	2,410	2,560	2,610	2,710
長崎	12.4	13.6	14.0	14.7	15.8	16.2	16.5	16.7	16.9	1,660	1,770	1,830	1,970	2,120	2,240	2,400	2,570	2,890
熊本	9.0	10.6	11.3	12.7	14.8	15.8	16.4	16.6	16.9	1,810	1,890	1,930	2,120	2,490	2,880	3,100	3,200	3,380
大分	9.5	11.2	12.0	13.2	14.2	15.0	15.6	15.9	16.3	1,470	1,590	1,650	1,780	1,990	2,280	2,560	2,800	3,040
宮崎	9.1	10.9	11.9	13.6	15.2	16.2	16.9	17.2	17.6	2,230	2,390	2,460	2,580	2,760	2,970	3,150	3,240	3,490
鹿児島	11.8	14.1	14.9	15.7	16.6	17.8	20.2	20.9	21.7	2,120	2,250	2,320	2,450	2,610	2,840	3,140	3,510	4,140
沖縄	20.2	20.5	21.0	21.6	22.1	23.0	23.5	23.9	24.2	1,720	1,840	1,930	2,040	2,190	2,520	2,830	2,980	3,130
全国	1.7	4.1	5.0	7.3	11.2	14.0	15.4	16.0	19.0	900	1,100	1,190	1,410	1,780	2,320	2,820	3,060	3,500
累積%	1.0	5.0	10.0	25.0	50.0	75.0	90.0	95.0	99.0	1.0	5.0	10.0	25.0	50.0	75.0	90.0	95.0	99.0

	年蒸発散量(mm)									年流出量(mm)									
北海道	415	455	480	515	540	560	575	590	605	230	360	450	600	800	990	1,180	1,290	1,550	北海道
青森	510	550	570	595	625	640	655	660	670	350	390	460	690	890	1,140	1,300	1,410	1,710	青森
岩手	495	530	550	575	605	635	665	675	690	360	450	510	620	790	1,010	1,440	1,650	1,840	岩手
宮城	525	575	600	645	680	695	705	710	720	380	420	460	530	690	930	1,300	1,450	1,610	宮城
秋田	505	545	565	605	640	665	680	685	700	860	940	1,000	1,150	1,380	1,610	1,790	1,880	2,090	秋田
山形	480	535	560	600	640	675	700	710	720	390	580	730	1,110	1,590	2,030	2,280	2,400	2,560	山形
福島	485	540	560	605	640	690	710	725	740	320	400	490	660	840	1,090	1,390	1,690	2,200	福島
茨城	620	680	710	750	770	785	795	800	810	360	400	440	510	590	670	790	920	1,140	茨城
栃木	460	515	550	635	720	750	775	785	800	370	450	500	610	780	1,070	1,340	1,450	1,610	栃木
群馬	465	495	520	570	645	735	790	800	805	290	340	360	480	770	1,020	1,250	1,430	2,110	群馬
埼玉	510	585	640	735	795	800	810	810	825	290	330	360	400	490	630	860	1,100	1,360	埼玉
千葉	775	780	785	795	800	810	820	825	835	470	560	590	650	770	1,000	1,180	1,240	1,380	千葉
東京	540	620	665	755	795	825	835	865	925	530	560	580	640	810	990	1,820	2,120	2,320	東京
神奈川	580	630	660	735	795	810	820	825	830	640	700	740	820	900	1,390	1,790	1,990	2,200	神奈川
新潟	475	530	565	620	680	730	755	760	765	1,070	1,330	1,450	1,690	2,060	2,290	2,480	2,630	3,050	新潟
富山	400	440	485	570	665	755	775	775	780	1,600	1,720	1,780	1,900	2,170	2,700	3,190	3,370	3,650	富山
石川	495	570	615	660	720	760	780	785	790	1,210	1,320	1,420	1,640	1,910	2,430	2,760	2,850	2,950	石川
福井	555	590	610	665	725	775	795	800	810	1,390	1,570	1,630	1,770	2,080	2,370	2,530	2,620	2,780	福井
山梨	415	485	520	580	645	720	780	795	810	100	270	390	690	1,020	1,380	1,690	1,840	2,110	山梨
長野	405	460	495	545	600	655	690	710	740	100	320	450	770	1,190	1,670	2,040	2,220	2,530	長野
岐阜	440	520	550	595	670	745	810	830	840	860	1,060	1,160	1,410	1,780	2,200	2,440	2,540	2,680	岐阜
静岡	415	525	590	690	770	825	850	855	865	920	1,040	1,160	1,430	1,750	2,110	2,350	2,480	2,670	静岡
愛知	615	660	690	755	820	840	850	855	860	620	660	690	780	930	1,360	1,800	1,930	2,040	愛知
三重	605	670	700	740	785	825	845	855	875	780	910	990	1,180	1,580	2,170	2,610	2,800	3,120	三重
滋賀	600	635	660	705	765	790	805	810	820	810	850	890	980	1,180	1,690	1,940	2,100	2,530	滋賀
京都	640	665	685	720	760	790	810	825	850	620	760	880	990	1,180	1,420	1,620	1,690	1,840	京都
大阪	675	715	740	790	840	860	870	880	885	370	410	430	480	600	910	1,070	1,130	1,300	大阪
兵庫	600	645	675	725	765	795	825	840	865	450	510	580	770	1,050	1,390	1,710	1,830	1,970	兵庫
奈良	555	605	630	670	715	765	820	835	845	480	580	710	920	1,360	2,230	2,520	2,630	2,870	奈良
和歌山	640	675	700	745	790	830	860	870	880	580	710	860	1,200	1,780	2,530	2,850	2,790	3,130	和歌山
鳥取	575	605	630	670	725	770	790	800	805	1,090	1,160	1,210	1,310	1,460	1,640	1,810	1,900	2,070	鳥取
島根	610	645	665	700	745	775	795	805	815	890	1,040	1,090	1,180	1,320	1,480	1,620	1,730	1,900	島根
岡山	595	630	655	705	750	785	825	830	840	340	380	420	600	750	1,040	1,420	1,530	1,750	岡山
広島	595	625	645	685	725	770	820	830	840	360	480	610	800	930	1,230	1,540	1,730	1,910	広島
山口	650	690	710	740	770	805	825	835	850	810	890	970	1,120	1,300	1,460	1,590	1,670	1,780	山口
徳島	550	600	630	695	760	820	850	855	870	570	620	670	900	1,630	2,380	2,720	2,930	3,210	徳島
香川	680	715	740	780	825	840	840	855	865	320	350	370	430	510	680	830	930	1,080	香川
愛媛	565	615	650	710	775	825	850	860	870	440	520	600	940	1,260	1,600	1,970	2,090	2,330	愛媛
高知	575	625	660	720	780	830	860	870	885	1,430	1,650	1,810	2,020	2,210	2,420	2,640	2,930	3,340	高知
福岡	680	720	740	785	830	850	865	870	880	740	830	900	990	1,120	1,370	1,640	1,800	2,120	福岡
佐賀	665	695	720	785	830	855	870	875	880	900	1,010	1,040	1,120	1,290	1,610	1,830	1,900	1,990	佐賀
長崎	705	750	765	790	835	855	870	875	885	820	940	1,010	1,140	1,270	1,420	1,590	1,790	2,130	長崎
熊本	590	640	665	715	795	850	875	880	895	930	1,010	1,060	1,260	1,710	2,150	2,400	2,530	2,750	熊本
大分	610	665	690	735	775	805	835	845	860	620	760	850	980	1,200	1,520	1,850	2,110	2,380	大分
宮崎	595	650	680	740	805	850	885	895	915	1,400	1,530	1,610	1,750	1,950	2,190	2,410	2,550	2,840	宮崎
鹿児島	665	750	785	820	860	900	960	1,000	1,120	1,150	1,310	1,400	1,550	1,740	1,990	2,330	2,670	3,420	鹿児島
沖縄	995	1,035	1,065	1,115	1,155	1,225	1,270	1,295	1,330	460	570	670	840	1,030	1,370	1,710	1,900	2,060	沖縄
全国	445	500	530	575	675	775	830	850	915	310	450	540	760	1,090	1,610	2,120	2,370	2,810	全国
累積%	1.0	5.0	10.0	25.0	50.0	75.0	90.0	95.0	99.0	1.0	5.0	10.0	25.0	50.0	75.0	90.0	95.0	99.0	累積%

注）この表の読み方：気温を例にとると，全国の面積の5.0％は平均気温4.1℃以下であり，同じく10.0％（累積で90.0％）は，15.4℃以上となる．

［野上道男］

11.4 人口に関する都道府県別集計表

Demographic Statistics by Prefecture

	面積の中心		1990年人口分布重心			人口密度(人/km²)	
	経度	緯度	経度	緯度	標高(m)	1990	1985
北海道	142°33′	43°23′	141°57′	43°07′	55	71	71
青森	140°49′	40°47′	140°54′	40°43′	35	152	155
岩手	141°21′	39°36′	141°19′	39°31′	133	92	93
宮城	140°55′	38°27′	140°58′	38°22′	38	307	297
秋田	140°24′	39°45′	140°17′	39°43′	55	106	108
山形	140°06′	38°27′	140°09′	38°26′	133	135	135
福島	140°13′	37°23′	140°27′	37°25′	199	153	152
茨城	140°19′	36°19′	140°17′	36°14′	28	480	459
栃木	139°49′	36°42′	139°49′	36°32′	129	303	292
群馬	138°59′	36°31′	139°08′	36°22′	161	309	301
埼玉	139°20′	36°00′	139°34′	35°56′	31	1,689	1,547
千葉	140°12′	35°31′	140°05′	35°40′	18	1,074	994
東京	139°30′	35°18′	139°38′	35°41′	41	5,524	5,517
神奈川	139°20′	35°25′	139°30′	35°27′	42	3,314	3,084
新潟	138°55′	37°31′	138°53′	37°37′	45	194	194
富山	137°16′	36°38′	137°09′	36°43′	40	256	255
石川	136°46′	36°46′	136°39′	36°39′	31	272	268
福井	136°13′	35°51′	136°10′	35°57′	50	194	193
山梨	138°36′	35°37′	138°37′	35°37′	411	191	187
長野	138°02′	36°08′	138°07′	36°16′	601	159	157
岐阜	137°03′	35°47′	136°54′	35°29′	141	195	192
静岡	138°20′	35°02′	138°19′	34°56′	60	470	457
愛知	137°13′	35°02′	137°00′	35°05′	27	1,306	1,259
三重	136°22′	34°31′	136°31′	34°44′	53	304	296
滋賀	136°08′	35°12′	136°05′	35°08′	124	359	339
京都	135°26′	35°15′	135°40′	35°02′	57	563	560
大阪	135°30′	34°38′	135°32′	34°40′	24	4,692	4,658
兵庫	134°49′	35°03′	135°04′	34°48′	60	639	624
奈良	135°52′	34°19′	135°47′	34°35′	115	371	352
和歌山	135°30′	33°55′	135°19′	34°06′	53	222	224
鳥取	133°51′	35°22′	133°47′	35°27′	60	172	172
島根	132°33′	35°04′	132°42′	35°15′	80	116	118
岡山	133°49′	34°55′	133°51′	34°42′	65	270	268
広島	132°47′	34°37′	132°44′	34°26′	86	329	325
山口	131°34′	34°12′	131°30′	34°05′	43	250	254
徳島	134°14′	33°55′	134°26′	34°02′	56	198	198
香川	134°00′	34°15′	133°58′	34°17′	36	542	541
愛媛	132°51′	33°38′	132°52′	33°47′	61	258	260
高知	133°22′	33°26′	133°27′	33°27′	68	112	114
福岡	130°40′	33°32′	130°36′	33°36′	30	963	946
佐賀	130°07′	33°17′	130°10′	33°17′	36	357	357
長崎	129°37′	33°14′	129°49′	32°58′	62	363	368
熊本	130°45′	32°37′	130°41′	32°43′	76	244	243
大分	131°26′	33°12′	131°31′	33°16′	91	191	193
宮崎	131°18′	32°12′	131°21′	32°02′	82	150	151
鹿児島	130°32′	31°19′	130°31′	31°28′	71	189	191
沖縄	126°40′	25°46′	127°32′	26°10′	39	530	514
全国	137°59′	37°34′	137°04′	35°38′	68	330	323

	人口密度40人以下の過疎地				人口密度4,000人以上の集中地			
	面積の割合(%)		人口の割合(%)		面積の割合(%)		人口の割合(%)	
	1990	1985	1990	1985	1990	1985	1990	1985
北海道	92.0	91.0	3.912	3.145	0.51	0.51	47.7	48.0
青森	75.2	75.1	0.427	0.241	0.76	0.80	29.3	31.2
岩手	72.1	70.4	3.126	3.184	0.25	0.28	14.8	16.6
宮城	55.1	57.0	0.347	0.231	1.91	1.74	41.0	39.9
秋田	74.4	73.7	0.900	0.468	0.35	0.37	18.2	18.8
山形	71.9	71.6	0.702	0.531	0.57	0.56	22.3	22.7
福島	64.5	64.3	1.249	0.907	0.56	0.56	19.0	19.6
茨城	22.1	20.6	0.312	0.216	1.58	1.58	17.1	17.9
栃木	44.6	43.8	0.618	0.389	1.09	1.07	19.3	19.9
群馬	62.8	61.6	0.354	0.284	1.13	1.11	19.3	20.2
埼玉	24.4	25.0	0.041	0.016	15.23	13.67	67.8	64.4
千葉	18.5	16.2	0.132	0.125	8.14	7.49	59.8	57.8
東京	32.8	32.7	0.008	0.005	43.33	42.80	95.1	95.2
神奈川	29.4	30.0	0.014	0.006	32.19	30.16	83.8	82.0
新潟	68.3	66.0	0.363	0.316	0.90	0.88	27.6	27.7
富山	64.0	62.8	0.345	0.416	1.04	1.04	21.2	22.4
石川	61.8	61.2	0.548	0.476	1.56	1.44	34.8	33.0
福井	66.0	64.5	0.332	0.217	0.68	0.73	20.7	22.8
山梨	71.5	71.1	0.323	0.335	0.64	0.68	19.0	21.2
長野	71.4	71.3	0.647	0.542	0.41	0.44	13.7	15.3
岐阜	71.1	69.7	1.030	0.834	0.72	0.67	21.2	21.4
静岡	57.6	56.6	0.276	0.232	2.93	2.83	37.2	37.2
愛知	33.3	32.3	0.124	0.126	10.98	10.01	56.4	54.3
三重	55.2	55.7	0.361	0.272	1.16	1.14	19.7	20.4
滋賀	53.9	55.3	0.231	0.179	1.23	1.17	19.0	19.0
京都	61.1	60.6	0.231	0.124	4.59	4.50	70.3	70.5
大阪	23.4	23.0	0.015	0.011	41.13	40.61	89.9	90.1
兵庫	52.6	51.9	0.097	0.069	4.55	4.35	62.8	62.7
奈良	65.1	64.1	0.533	0.461	2.72	2.44	41.6	39.4
和歌山	67.8	66.6	1.247	0.850	1.09	1.11	29.7	31.2
鳥取	62.6	64.2	0.574	0.384	0.45	0.54	14.8	17.6
島根	64.0	61.3	5.086	3.473	0.24	0.30	9.6	12.0
岡山	49.2	49.0	1.271	0.884	1.25	1.16	24.5	23.6
広島	58.7	58.3	1.178	0.829	2.07	2.05	43.6	43.8
山口	57.7	56.2	1.957	1.847	1.06	1.06	23.0	23.3
徳島	65.4	62.7	1.489	1.032	0.57	0.62	17.2	18.3
香川	34.5	34.0	0.449	0.196	1.96	2.20	21.1	23.4
愛媛	61.2	59.8	0.872	0.590	1.43	1.33	32.2	30.5
高知	74.2	73.6	2.640	1.806	0.48	0.48	27.7	27.8
福岡	34.2	34.7	0.089	0.043	6.99	6.62	51.9	50.6
佐賀	35.6	32.5	0.422	0.374	0.98	1.11	15.1	16.7
長崎	43.3	42.9	0.427	0.323	1.88	1.85	33.4	34.4
熊本	56.2	56.5	0.819	0.590	1.06	1.01	27.3	26.5
大分	56.5	55.0	2.024	1.852	0.99	1.04	29.2	30.3
宮崎	69.5	67.1	1.812	1.504	0.58	0.59	20.0	21.5
鹿児島	56.8	56.2	1.410	0.933	0.68	0.68	24.5	25.0
沖縄	60.7	61.7	0.186	0.100	3.79	3.32	52.3	50.2
全国	66.2	65.4	0.622	0.495	2.12	2.05	50.9	50.4

	15歳未満人口の割合(%)				65歳以上人口の割合(%)			
	過疎地		集中地		過疎地		集中地	
	1990	1985	1990	1985	1990	1985	1990	1985
北海道	17.2	10.2	18.1	21.3	17.5	8.1	10.1	8.3
青森	16.5	15.7	18.8	21.6	15.5	9.9	11.3	9.0
岩手	16.7	16.5	17.8	20.5	18.8	12.9	11.9	9.8
宮城	17.1	16.7	18.5	21.6	17.7	14.6	9.4	7.8
秋田	15.5	15.3	17.6	19.7	17.7	14.2	12.4	10.3
山形	15.3	13.3	17.3	19.7	20.0	14.0	15.3	12.2
福島	17.3	16.6	19.6	21.8	18.8	14.3	11.9	10.1
茨城	14.3	14.4	18.9	22.8	20.2	16.6	10.5	9.3
栃木	17.0	17.6	17.9	21.1	17.6	14.0	11.5	10.3
群馬	13.0	15.1	16.8	19.7	17.6	13.7	14.1	12.4
埼玉	13.2	10.8	18.3	23.3	22.2	16.4	7.4	6.4
千葉	13.9	15.8	18.5	23.4	19.9	16.2	7.1	6.1
東京	9.8	8.6	14.4	17.7	37.6	16.7	10.5	8.9
神奈川	11.0	6.6	17.0	21.2	15.3	8.8	8.6	7.4
新潟	10.6	11.2	17.6	20.8	23.1	17.2	13.3	11.1
富山	9.5	11.0	16.1	19.7	19.2	13.5	15.5	13.2
石川	10.9	11.7	17.8	20.9	23.5	17.3	12.3	11.0
福井	12.1	10.9	16.9	19.6	21.8	16.9	15.2	12.9
山梨	8.6	10.6	16.5	19.7	24.4	17.2	14.1	11.7
長野	11.6	11.7	16.7	19.5	24.1	17.7	15.2	12.8
岐阜	14.9	14.6	16.8	19.6	20.8	16.2	13.3	11.5
静岡	12.8	12.0	18.0	21.2	21.8	15.9	11.6	9.9
愛知	14.1	15.0	18.1	21.5	20.5	16.6	9.7	8.5
三重	10.6	10.5	17.2	19.9	24.4	19.7	13.4	12.2
滋賀	9.0	10.5	19.5	23.6	21.4	18.0	10.2	9.0
京都	11.3	10.9	16.5	20.2	23.8	19.2	11.8	10.6
大阪	12.0	10.5	17.1	21.2	13.0	8.8	9.6	8.2
兵庫	12.4	12.9	17.6	21.2	18.8	15.7	10.7	9.3
奈良	12.2	12.2	18.9	22.8	24.9	19.5	9.8	8.7
和歌山	9.6	10.2	16.8	19.9	29.1	21.6	14.0	11.9
鳥取	13.4	12.5	17.8	20.3	24.9	20.6	15.4	13.0
島根	13.7	12.5	17.4	19.8	26.6	19.6	15.8	13.6
岡山	12.6	12.2	18.6	21.2	27.1	21.1	11.7	10.8
広島	12.1	10.7	18.3	21.6	27.5	19.9	10.9	9.5
山口	11.4	11.7	17.5	20.6	26.2	18.8	14.2	11.8
徳島	9.7	10.0	17.4	19.8	26.6	18.8	12.6	10.8
香川	10.8	10.6	17.5	20.4	24.6	19.0	13.7	11.9
愛媛	9.8	10.8	18.6	20.9	26.9	20.4	12.4	10.9
高知	11.2	11.4	17.3	20.1	28.0	20.4	13.8	11.8
福岡	13.5	14.6	18.5	21.6	19.3	17.2	10.7	9.1
佐賀	17.6	17.3	19.3	21.7	18.9	16.3	12.8	11.3
長崎	16.5	17.9	18.8	21.6	18.3	14.2	13.4	10.8
熊本	15.2	15.4	19.2	21.3	21.1	15.6	11.7	10.3
大分	12.8	13.8	19.8	22.6	23.4	18.8	11.2	9.7
宮崎	15.6	14.7	20.4	23.1	21.7	14.9	11.4	9.5
鹿児島	11.4	12.2	19.8	22.2	25.0	19.4	11.2	9.4
沖縄	17.9	13.8	23.8	26.9	15.8	13.3	8.4	7.2
全国	14.5	12.4	17.2	20.8	21.4	14.4	10.1	8.8

	居住地の地形条件(%)					居住地周辺の土地利用(%)				
	海岸平野	扇状地	台地	丘陵	山地	森林	畑など	水田	市街集落	その他
北海道	25.1	33.0	31.9	4.2	5.9	7.0	15.1	4.7	68.8	4.4
青森	18.6	36.0	32.0	9.4	4.0	8.8	14.6	20.6	53.4	2.5
岩手	1.6	41.2	17.4	14.5	25.2	21.3	13.4	31.9	31.8	1.5
宮城	21.9	28.9	21.7	25.0	2.4	13.3	7.1	23.1	54.1	2.4
秋田	20.8	44.5	23.5	6.0	5.3	14.5	4.5	34.1	44.1	2.8
山形	18.5	48.4	19.7	3.6	9.8	10.5	9.5	32.7	45.0	2.2
福島	18.2	20.5	34.8	6.7	19.9	18.8	13.0	26.7	39.1	2.4
茨城	29.1	5.3	58.2	3.1	4.3	13.6	21.7	20.2	42.3	2.2
栃木	3.1	18.7	64.9	4.8	8.5	13.9	11.2	31.4	40.5	2.9
群馬	30.8	3.1	46.6	3.2	16.3	8.3	25.7	19.6	43.0	3.5
埼玉	44.7	4.3	47.0	2.2	1.8	3.7	17.0	16.7	58.9	3.7
千葉	38.1	0.0	54.1	7.4	0.4	8.9	12.1	12.6	57.6	8.7
東京	23.0	4.5	68.5	3.2	0.7	1.6	2.1	0.3	92.6	3.4
神奈川	27.1	16.4	30.4	24.3	1.8	7.1	5.8	3.3	79.2	4.5
新潟	38.0	43.7	5.3	5.8	7.2	10.6	4.4	31.7	48.4	4.8
富山	13.1	70.2	7.5	5.8	3.3	4.9	2.0	49.4	39.8	3.9
石川	32.5	34.8	14.5	12.5	5.7	11.6	3.7	29.5	49.1	6.1
福井	71.1	8.8	7.6	2.5	9.9	15.4	1.5	35.5	46.0	1.5
山梨	15.9	41.7	10.7	1.5	30.2	13.2	27.4	15.5	40.8	3.1
長野	2.4	34.2	36.6	1.2	25.7	15.0	15.0	28.2	40.0	1.7
岐阜	27.4	36.3	10.5	14.4	11.4	17.8	6.1	23.7	48.5	3.8
静岡	20.0	47.7	9.7	3.2	19.4	9.8	17.4	19.6	49.2	4.0
愛知	31.4	8.8	45.6	11.8	2.4	5.1	7.8	20.6	64.4	2.2
三重	18.3	36.5	24.4	8.0	12.8	16.6	8.0	26.5	44.6	4.3
滋賀	45.9	23.0	11.6	11.9	7.5	11.8	1.3	38.0	44.6	4.2
京都	25.7	41.0	15.5	11.0	6.7	11.2	1.5	13.1	71.0	3.2
大阪	38.4	27.0	22.0	10.1	2.5	1.8	0.9	14.3	79.6	3.4
兵庫	18.9	42.1	19.1	12.9	6.9	12.7	1.1	22.4	61.0	2.7
奈良	18.9	30.2	10.0	30.9	10.1	13.5	1.7	33.1	48.7	3.0
和歌山	39.4	16.2	14.4	11.0	19.0	16.6	14.3	17.0	45.6	6.5
鳥取	50.8	16.7	0.8	0.0	31.7	18.1	11.3	25.4	40.6	4.6
島根	31.7	11.6	1.1	30.4	25.2	30.4	4.5	27.4	32.8	5.0
岡山	45.2	21.4	0.8	17.3	15.2	19.5	4.9	35.7	37.0	2.9
広島	30.4	17.5	1.0	18.2	32.8	21.6	6.7	24.9	41.7	5.1
山口	15.4	16.9	15.7	33.4	18.5	21.6	2.9	17.3	55.4	2.7
徳島	67.4	6.1	5.8	3.4	17.3	17.1	7.9	40.6	28.1	6.1
香川	45.4	19.7	21.1	3.2	10.6	6.6	5.2	41.1	39.5	7.5
愛媛	16.2	49.3	3.7	9.1	21.7	12.4	14.8	25.7	44.4	2.7
高知	19.2	30.5	11.0	20.0	19.3	28.6	6.7	22.1	39.3	3.3
福岡	40.8	7.5	30.6	11.7	9.5	8.8	3.1	17.3	67.4	3.4
佐賀	43.2	22.3	5.1	12.0	17.3	14.4	7.6	39.2	36.5	2.2
長崎	9.7	18.7	14.0	7.3	50.2	23.9	14.2	13.1	46.6	2.3
熊本	24.8	14.1	35.9	3.5	21.6	14.0	17.2	29.1	37.0	2.7
大分	0.7	43.0	20.8	3.3	32.2	20.2	8.5	21.8	41.5	8.0
宮崎	54.5	0.1	22.5	10.2	12.7	16.1	11.3	22.8	41.8	8.0
鹿児島	35.7	1.2	27.9	22.2	13.0	24.7	17.3	12.7	40.4	4.9
沖縄	8.3	4.2	38.8	48.5	0.2	0.7	29.0	0.0	61.0	9.3
全国	28.2	21.2	31.1	10.3	9.2	10.2	8.6	18.1	59.3	3.8

［野上道男］

11.5 地形と地質
Landform and Geology

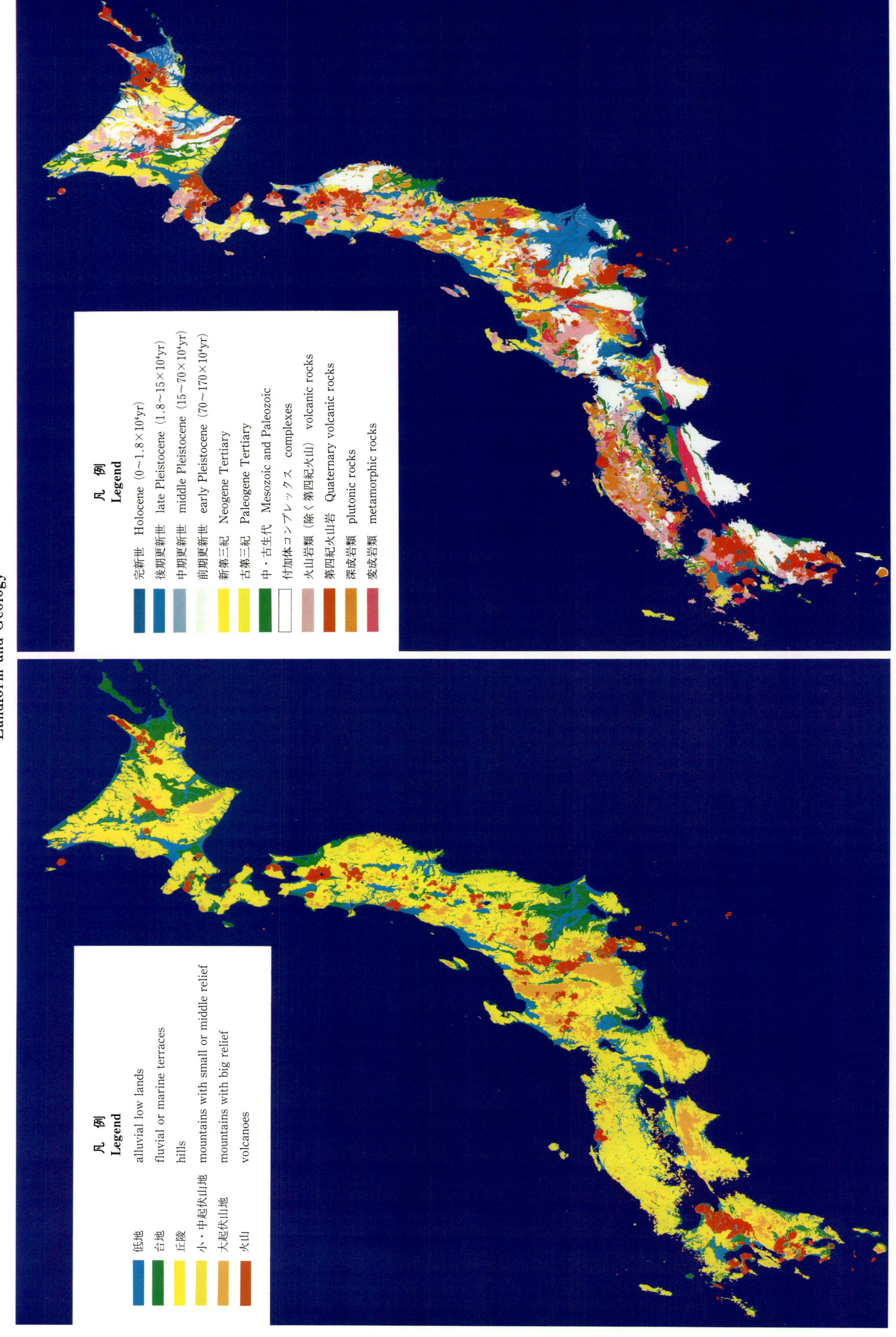

図 11.2 地形（資料：国土地理院）
Fig. 11.2 Landform (original data : Geographical Survey Institute)

凡 例 Legend
- 低地　alluvial low lands
- 台地　fluvial or marine terraces
- 丘陵　hills
- 小・中起伏山地　mountains with small or middle relief
- 大起伏山地　mountains with big relief
- 火山　volcanoes

図 11.3 地質（資料：地質調査所）
Fig. 11.3 Geology (original data : Geological Survey of Japan)

凡 例 Legend
- 完新世　Holocene ($0 \sim 1.8 \times 10^4$ yr)
- 後期更新世　late Pleistocene ($1.8 \sim 15 \times 10^4$ yr)
- 中期更新世　middle Pleistocene ($15 \sim 70 \times 10^4$ yr)
- 前期更新世　early Pleistocene ($70 \sim 170 \times 10^4$ yr)
- 新第三紀　Neogene Tertiary
- 古第三紀　Paleogene Tertiary
- 中・古生代　Mesozoic and Paleozoic
- 付加体コンプレックス　complexes
- 火山岩類（除く第四紀火山）　volcanic rocks
- 第四紀火山岩　Quaternary volcanic rocks
- 深成岩類　plutonic rocks
- 変成岩類　metamorphic rocks

[野上道男]

11.6 気候
Climate

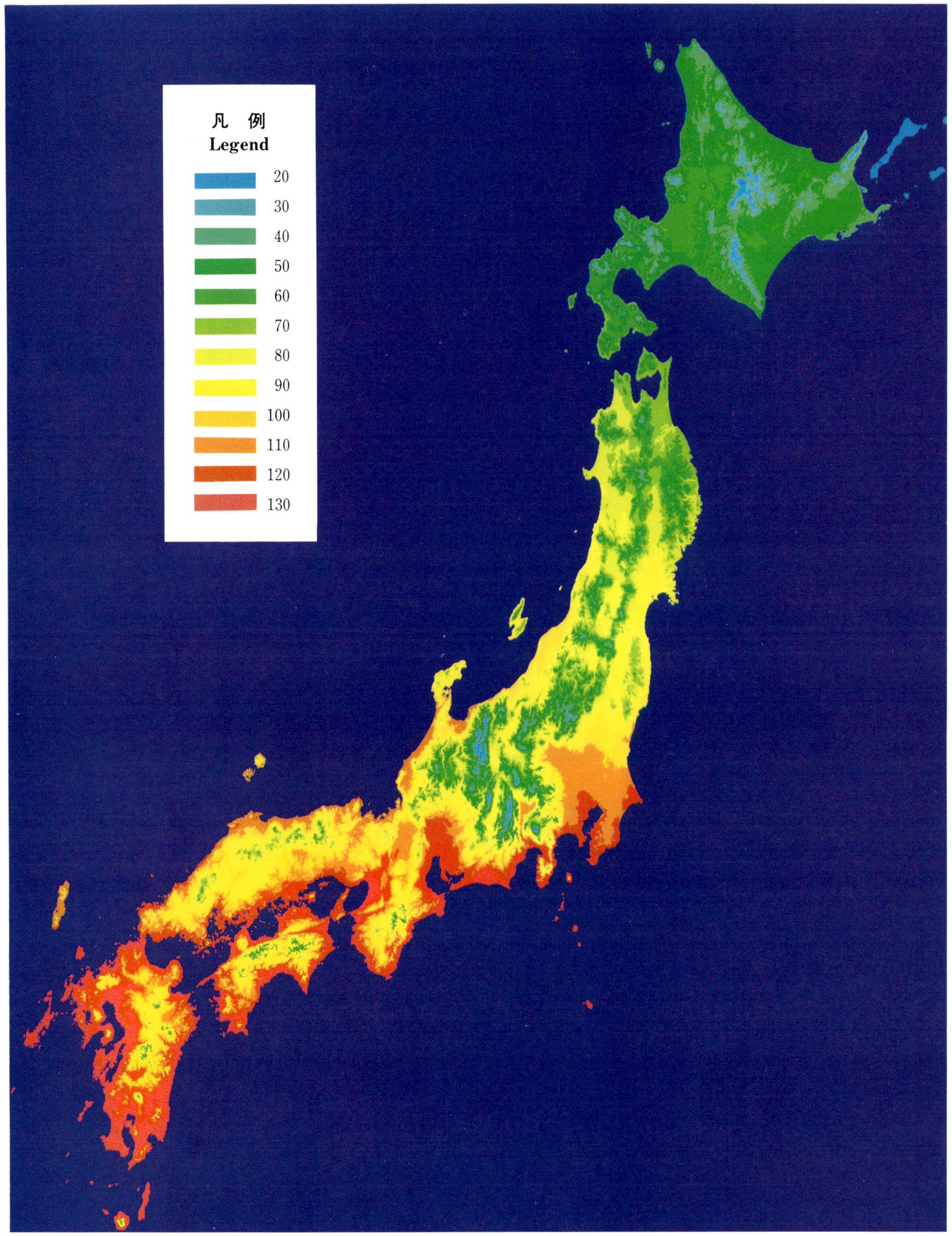

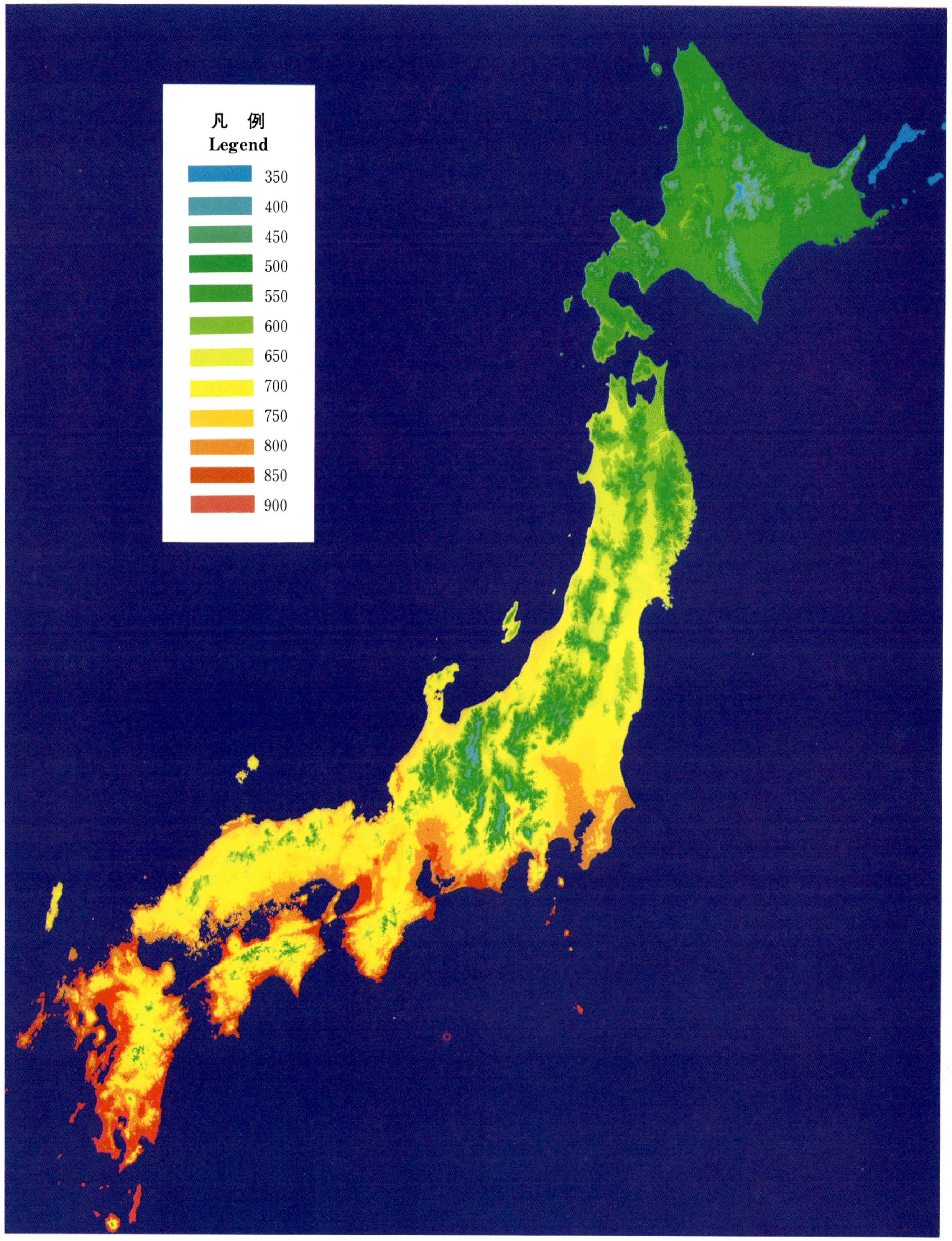

図 11.5 年蒸発散量（資料：気象庁）
Fig. 11.5 Annual Evapotranspiration (mm, original data : Japan Meteorological Agency)

図 11.4 暖かさの指数（資料：気象庁）
Fig. 11.4 Warmth Index (degree·month, original data : Japan Meteorological Agency)

［野上道男］

11.7 土地被覆
Land Cover and Land Use

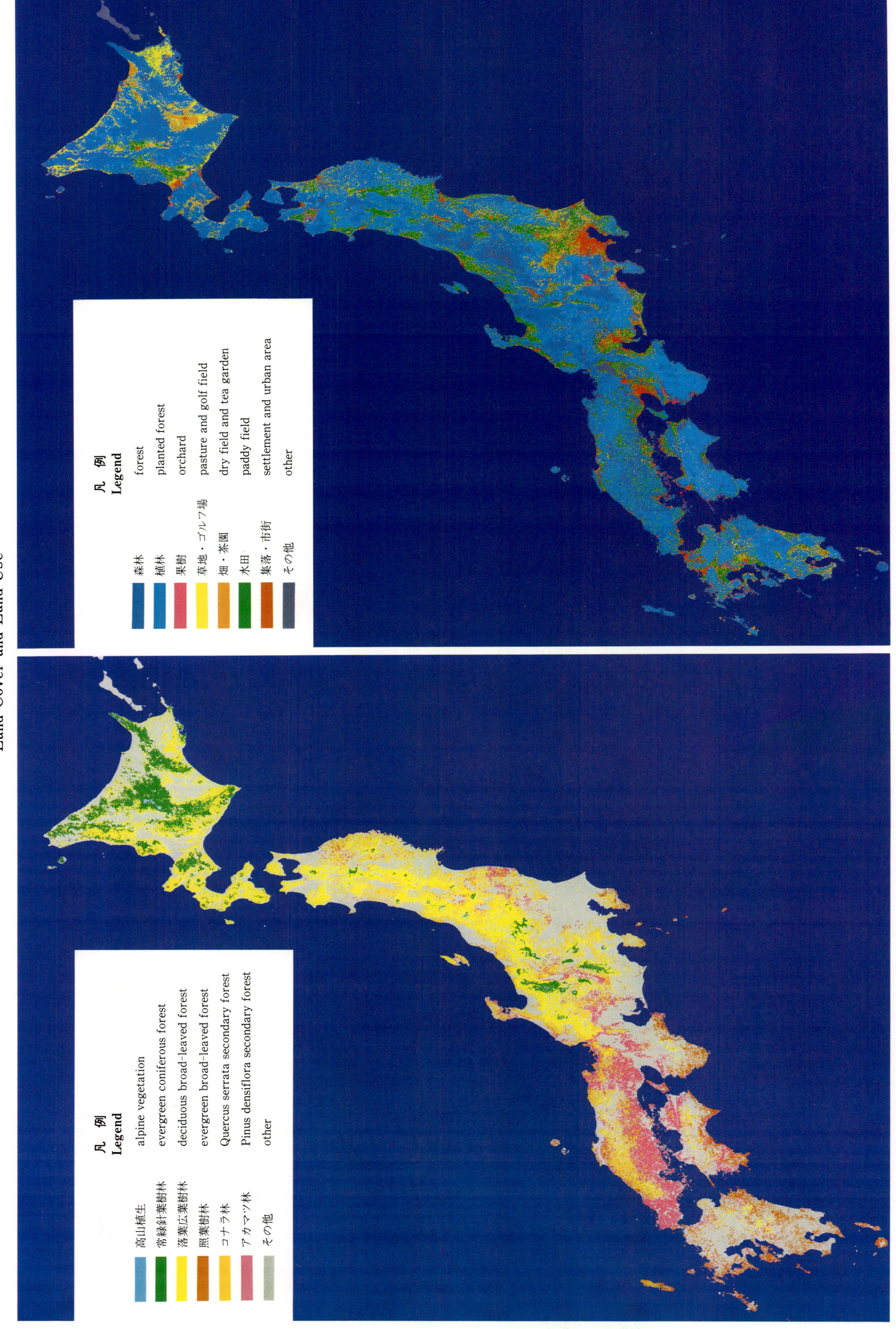

凡 例 Legend

高山植生	alpine vegetation
常緑針葉樹林	evergreen coniferous forest
落葉広葉樹林	deciduous broad-leaved forest
照葉樹林	evergreen broad-leaved forest
コナラ林	Quercus serrata secondary forest
アカマツ林	Pinus densiflora secondary forest
その他	other

図 11.6 現存自然植生（資料：環境庁）
Fig. 11.6 Present Natural Forest Vegetation (original data : Environment Agency)

凡 例 Legend

森林	forest
植林	planted forest
果樹	orchard
草地・ゴルフ場	pasture and golf field
畑・茶園	dry field and tea garden
水田	paddy field
集落・市街	settlement and urban area
その他	other

図 11.7 土地利用（資料：環境庁）
Fig. 11.7 Land Use (original data : Environment Agency)

[野上道男]

11.8 植 生 帯
Vegetation Zones, Present and Glacial Times

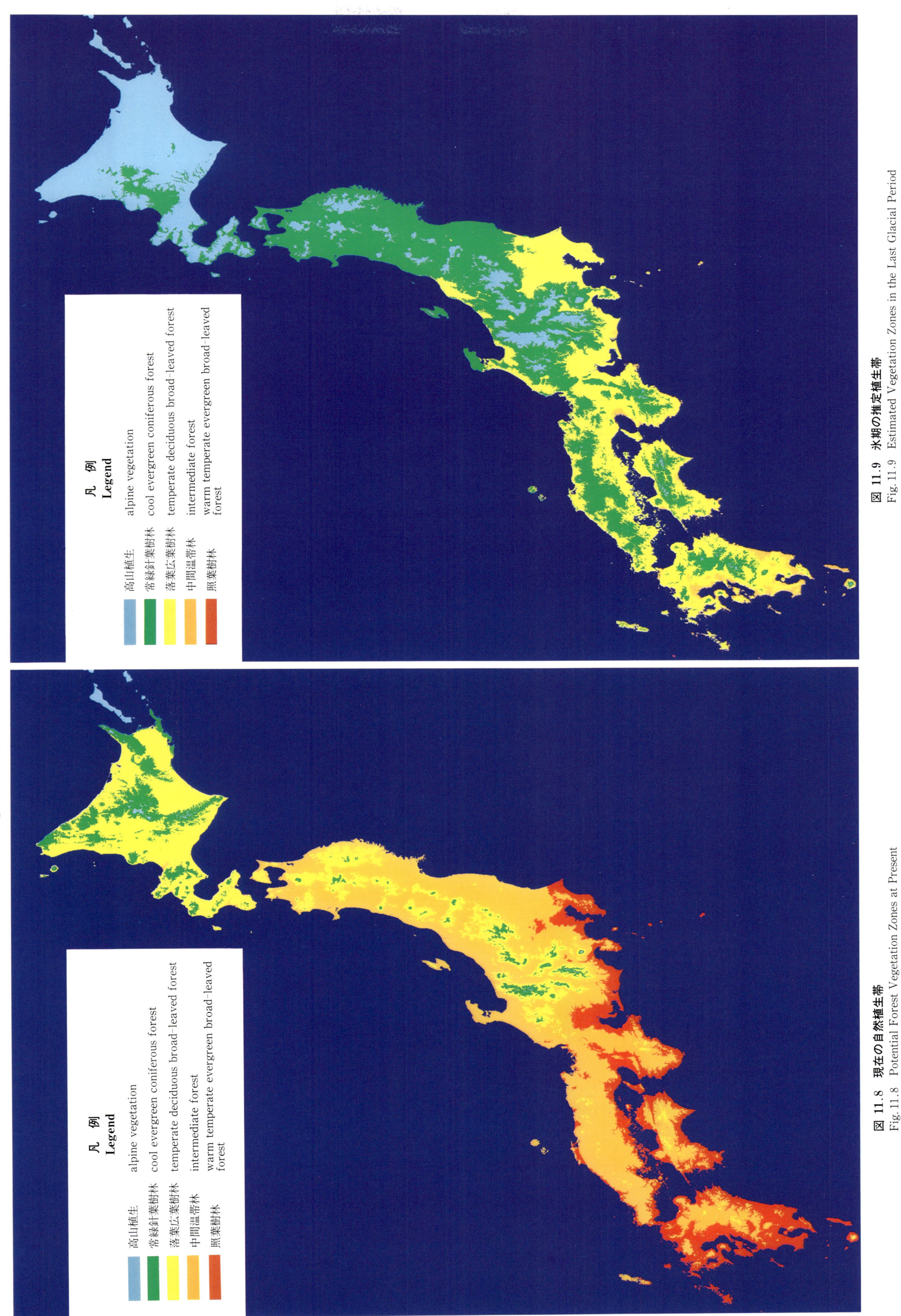

凡 例 / Legend
- 高山植生 / alpine vegetation
- 常緑針葉樹林 / cool evergreen coniferous forest
- 落葉広葉樹林 / temperate deciduous broad-leaved forest
- 中間温帯林 / intermediate forest
- 照葉樹林 / warm temperate evergreen broad-leaved forest

図 11.8 現在の自然植生帯
Fig. 11.8 Potential Forest Vegetation Zones at Present

図 11.9 氷期の推定植生帯
Fig. 11.9 Estimated Vegetation Zones in the Last Glacial Period

[野上道男]

アトラス｜日本列島の環境変化

付　録
APPENDIX

1. 都道府県別に見た土地利用
   Land Use in Each Prefecture

2. 年　表
   Chronological Table

3. アトラス歴史抄
   History of National Atlases

4. 国土利用変化データベースの作製に使用した地形図の測図・修正年次
   Years of Survey of the Maps Used for the Production of the Land Use Change Data Base

5. 本文用語解説
   Glossary

ATLAS｜ENVIRONMENTAL CHANGE IN MODERN JAPAN

付表1 都道府県別に見た明治大正期（1900年頃）の土地利用（×km²）
Table 1 Land Use in Each Prefecture circa 1900

	都市的 urban	都市	道路	鉄道	農業的 agricultural	田	畑	桑畑	茶畑	果樹園	他樹木畑	森林 forest	広葉	針葉	混交	竹林	その他 other	荒れ地	湿地	水面	ゴルフ	その他	計 total	
北海道	981	116	775	90	8,865	839	7,992	0	0	34	0	60,294	28,499	2,474	27,475	1,847	8,333	5,559	1,334	1,418	0	23	78,472	北海道
青森	399	78	305	16	1,486	766	622	8	0	82	8	5,769	2,892	578	2,169	129	1,967	1,678	58	219	0	12	9,620	青森
岩手①	413	72	326	16	1,600	721	775	84	0	0	20	10,732	6,320	786	3,598	28	2,516	2,353	0	139	0	24	15,261	岩手①
宮城	412	121	287	8	1,708	1,183	352	149	13	0	24	3,647	2,134	243	1,263	8	1,481	1,300	52	109	0	20	7,248	宮城
秋田①	369	80	282	8	1,587	1,326	217	28	0	8	8	7,252	3,874	708	2,615	55	2,447	2,028	4	388	0	28	11,655	秋田①
山形	367	121	230	16	1,457	1,021	226	206	0	4	0	6,512	5,089	359	1,019	44	976	863	4	97	0	16	9,312	山形
福島	504	155	336	12	1,912	1,204	443	262	0	0	4	9,331	5,344	868	3,090	29	2,024	1,668	4	315	0	37	13,771	福島
茨城	645	291	337	17	2,051	990	1,023	33	4	0	0	2,648	641	1,464	542	0	719	340	21	358	0	0	6,062	茨城
栃木	368	149	215	4	1,383	754	605	17	4	4	4	4,157	1,813	554	1,753	37	492	409	8	70	0	4	6,400	栃木
群馬	378	133	241	4	1,034	378	228	419	0	4	4	4,014	1,931	452	1,611	21	945	887	4	54	0	0	6,370	群馬
埼玉	597	338	250	8	1,560	751	584	204	13	8	0	1,502	438	338	726	0	163	67	0	83	0	13	3,821	埼玉
千葉	524	243	247	34	1,845	1,137	662	34	0	8	4	2,154	256	1,426	459	13	521	362	17	142	0	0	5,045	千葉
東京	327	252	67	8	563	184	283	96	0	4	0	1,008	421	201	381	4	158	141	0	17	0	0	2,056	東京
神奈川	202	80	118	4	769	235	340	181	0	13	0	1,076	458	219	295	4	269	219	0	50	0	0	2,315	神奈川
新潟	686	294	380	12	2,711	2,216	336	118	8	24	8	8,380	4,648	457	3,242	33	847	577	21	249	0	21	12,624	新潟
富山	211	116	87	8	1,042	951	62	25	0	0	0	2,835	1,565	211	1,043	16	178	120	0	58	0	0	4,265	富山
石川	235	103	132	8	822	653	148	12	4	4	8	2,954	1,294	523	1,108	29	165	82	0	83	0	0	4,176	石川
福井	142	83	50	8	735	635	67	21	4	0	8	3,140	1,810	259	1,070	0	184	109	0	75	0	0	4,200	福井
山梨	256	113	142	0	574	243	201	130	0	0	0	2,821	906	557	1,354	4	818	713	0	105	0	0	4,468	山梨
長野	380	161	211	8	1,590	910	432	537	0	4	0	9,344	2,543	2,227	4,512	62	1,887	1,716	4	166	0	4	13,592	長野
岐阜	281	130	147	4	1,048	709	222	118	0	0	0	8,675	4,139	1,392	3,103	42	658	503	0	155	0	0	10,662	岐阜
静岡	448	229	216	4	1,226	655	401	51	80	13	25	4,605	1,554	1,120	1,910	21	1,486	1,296	4	173	0	0	7,765	静岡
愛知	473	338	131	4	1,587	1,110	228	237	0	13	0	2,550	455	1,360	735	0	464	359	0	106	0	13	5,074	愛知
三重	373	191	174	8	962	746	76	136	4	0	0	3,788	881	1,541	1,361	4	565	488	4	76	0	0	5,688	三重
滋賀	206	126	76	4	826	733	42	50	17	0	0	2,030	635	840	551	4	935	181	0	754	0	4	3,997	滋賀
京都	194	118	71	4	573	472	42	34	4	8	0	3,486	438	1,142	1,872	34	362	324	0	34	0	0	4,615	京都
大阪	149	115	34	0	806	670	89	0	0	47	0	760	59	475	217	8	136	76	0	59	0	4	1,850	大阪
兵庫	380	161	211	8	1,590	1,361	178	38	0	8	4	5,182	1,509	2,013	1,652	8	1,203	1,063	0	131	0	8	8,354	兵庫
奈良	115	42	68	4	471	403	55	4	0	8	0	2,927	255	979	1,684	8	196	166	0	30	0	0	3,709	奈良
和歌山	141	56	86	0	551	419	39	13	0	81	0	3,527	411	740	2,372	4	530	457	0	73	0	0	4,750	和歌山
鳥取②	130	50	76	4	487	391	84	8	0	0	4	2,061	1,321	324	416	0	841	773	4	59	0	4	3,520	鳥取②
島根②	202	55	143	4	762	632	130	0	0	0	0	4,989	1,492	1,194	2,291	13	701	528	0	160	0	13	6,655	島根②
岡山	419	148	267	4	1,245	919	309	8	4	4	0	3,932	1,228	1,944	748	13	1,414	1,279	0	127	0	8	7,011	岡山
広島	229	85	144	0	1,151	892	242	0	4	13	17	6,454	1,665	3,610	1,178	13	509	411	0	93	0	4	8,343	広島
山口	286	90	188	8	1,067	870	192	0	0	0	0	3,044	285	1,596	1,125	38	1,654	1,598	0	55	0	0	6,051	山口
徳島	214	90	124	0	568	248	316	0	4	0	0	2,944	1,010	786	1,131	17	394	317	0	77	0	0	4,120	徳島
香川	158	64	94	0	520	426	85	4	4	9	0	959	119	750	81	9	239	154	0	81	0	4	1,875	香川
愛媛	137	69	69	0	1,021	596	344	34	4	13	30	3,507	798	1,094	1,598	17	1,053	1,002	4	43	0	4	5,719	愛媛
高知	142	64	78	0	787	465	241	4	4	0	73	4,968	1,326	727	2,899	17	1,177	1,078	0	99	0	0	7,075	高知
福岡	357	202	138	17	1,436	1,208	168	26	0	0	34	2,106	241	821	998	47	1,001	928	0	73	0	0	4,900	福岡
佐賀	164	69	73	22	759	595	155	0	4	4	4	901	112	392	362	34	556	539	0	17	0	4	2,379	佐賀
長崎	156	82	65	9	930	411	493	26	0	0	0	2,514	694	493	1,302	26	596	570	0	22	0	4	4,196	長崎
熊本	417	191	222	4	1,510	707	746	43	4	0	9	3,903	792	1,021	1,991	100	1,566	1,449	9	100	0	9	7,396	熊本
大分	250	121	129	0	1,061	621	358	17	4	0	60	3,133	678	866	1,494	95	1,859	1,760	0	86	0	13	6,303	大分
宮崎	358	140	218	0	844	455	367	9	13	0	0	5,132	1,203	529	3,347	52	1,367	1,262	0	83	0	22	7,701	宮崎
鹿児島	533	251	281	0	2,093	739	1,350	4	0	0	0	4,609	1,635	1,238	1,639	97	1,927	1,799	4	84	0	44	9,161	鹿児島
沖縄	79	46	32	0	747	65	682	0	0	0	0	1,225	749	208	254	14	256	247	0	9	0	0	2,307	沖縄
全国	15,483	6,451	8,622	410	62,216	34,615	23,233	3,425	165	403	375	243,479	98,561	44,098	97,732	3,088	50,900	41,797	1,524	7,223	0	356	372,077	全国

注1）面積の算出方法および精度については、本文第1章を参照のこと。
2）①十和田湖、②中海を除く。ただし、全国には①、②を含む。

作製：木見山幸夫
Produced by Y. Himiyama

付表 2 都道府県別に見た昭和中期 (1950 年頃) の土地利用 (×km²)
Table 2 Land Use in Each Prefecture circa 1950

	都市的 urban	都市	道路	鉄道	農業的 agricultural	田	畑	桑畑	茶畑	果樹畑	他樹木畑	森林 forest	広葉	針葉	混交	竹林	その他 other	荒れ地	湿地	水面	ゴルフ	その他	計 total	
北海道	1,767	311	1,266	190	11,135	2,411	8,667	0	0	56	0	59,192	31,443	4,241	21,704	1,804	6,263	3,919	874	1,467	0	4	78,357	北海道
青森	512	109	375	27	1,794	934	688	4	0	168	0	5,975	2,558	469	2,866	82	1,316	1,121	19	176	0	0	9,597	青森①
岩手	620	112	477	32	1,607	821	710	72	0	4	0	10,863	6,489	822	3,540	12	2,178	2,063	0	115	0	0	15,269	岩手
宮城	505	174	315	16	1,680	1,300	267	113	0	0	0	3,857	2,161	210	1,482	16	1,207	1,078	12	113	0	4	7,248	宮城
秋田	492	95	381	16	1,737	1,448	257	16	0	16	0	7,548	3,766	684	3,075	24	1,873	1,469	4	400	0	0	11,655	秋田①
山形	529	149	359	20	1,489	1,122	161	198	0	8	0	6,641	4,731	238	1,651	20	665	581	8	85	0	0	9,324	山形
福島	696	176	500	20	1,826	1,212	393	217	0	4	0	9,572	5,861	823	2,855	33	1,672	1,410	0	250	0	4	13,767	福島
茨城	815	449	354	12	1,960	1,011	853	92	4	0	0	2,642	447	1,114	1,082	0	645	245	21	379	0	0	6,062	茨城
栃木	563	319	223	21	1,354	820	501	29	0	0	4	4,078	1,523	306	2,228	21	405	273	17	116	0	0	6,400	栃木
群馬	461	199	253	8	1,071	365	208	498	0	0	0	4,212	2,059	389	1,748	16	626	539	8	79	0	0	6,370	群馬
埼玉	780	476	263	42	1,431	713	396	304	0	8	8	1,448	405	200	839	4	163	79	4	79	0	0	3,821	埼玉
千葉	704	386	302	17	1,820	1,137	612	63	0	8	0	2,176	105	1,322	745	4	331	189	8	134	0	4	5,032	千葉
東京	704	553	139	17	316	88	191	38	0	0	0	952	377	126	449	0	142	121	0	17	0	0	2,115	東京
神奈川	471	286	168	17	609	198	252	130	0	29	0	1,097	92	248	748	8	160	122	0	38	0	4	2,336	神奈川
新潟	821	343	441	37	2,915	2,518	262	114	4	16	0	8,208	5,039	380	2,752	37	692	492	0	200	0	0	12,636	新潟
富山	269	120	136	12	1,038	976	37	17	8	0	0	2,814	1,353	190	1,258	12	137	95	17	41	0	0	4,257	富山
石川	326	144	177	4	805	702	87	17	8	0	0	2,900	1,174	379	1,302	45	152	95	8	58	0	0	4,184	石川
福井	200	138	58	4	676	605	46	21	4	0	0	3,177	1,626	184	1,367	0	134	67	4	67	0	0	4,187	福井
山梨	310	147	163	0	494	214	96	180	0	4	0	3,345	528	511	2,298	8	319	272	8	46	0	0	4,468	山梨
長野	620	283	304	33	1,858	935	349	558	0	17	0	9,597	2,400	1,897	5,267	33	1,517	1,317	0	196	4	17	13,592	長野
岐阜	470	197	251	21	982	705	205	63	8	0	4	8,520	3,785	1,262	3,427	46	691	498	0	193	0	0	10,662	岐阜
静岡	634	313	296	25	1,175	546	418	72	110	30	0	5,027	727	1,284	3,000	17	946	747	0	194	0	4	7,782	静岡
愛知	722	426	291	4	1,495	1,000	300	177	0	17	0	2,427	380	1,309	739	0	439	325	0	114	0	0	5,083	愛知
三重	471	233	212	25	970	742	89	131	8	0	0	3,742	873	1,431	1,429	8	505	387	0	119	0	0	5,688	三重
滋賀	278	126	139	13	788	691	51	38	8	0	0	2,013	538	751	715	8	918	173	0	745	0	0	3,997	滋賀
京都	333	181	135	17	628	480	93	34	8	13	0	3,275	374	1,045	1,835	21	383	320	0	63	0	0	4,619	京都
大阪	378	238	123	17	624	454	123	0	0	47	0	747	68	454	216	8	119	76	0	42	0	0	1,867	大阪
兵庫	769	393	346	30	1,298	1,095	165	29	0	8	0	5,405	1,306	1,933	2,158	8	878	709	0	152	0	17	8,350	兵庫
奈良	170	72	85	13	408	310	60	4	8	25	0	2,931	345	1,034	1,552	0	200	153	0	47	0	0	3,709	奈良
和歌山	235	98	128	9	530	372	30	4	0	124	0	3,557	476	783	2,299	0	415	338	0	77	0	0	4,737	和歌山
鳥取	210	80	114	17	483	387	71	25	0	0	0	2,280	1,275	315	685	4	542	471	4	71	0	4	3,515	鳥取
島根	333	105	202	25	767	636	113	17	0	0	0	5,057	1,040	958	3,050	8	524	355	0	168	0	13	6,680	島根②
岡山	482	173	296	13	1,241	1,008	216	13	4	0	0	4,034	1,181	1,884	956	13	1,292	1,148	0	106	0	4	7,049	岡山
広島	501	145	357	0	1,134	879	230	9	0	17	0	6,458	1,122	3,173	2,160	0	280	195	34	85	0	0	8,373	広島
山口	375	132	222	21	960	798	162	0	0	0	0	3,876	213	1,809	1,816	38	865	796	0	68	0	0	6,077	山口
徳島	261	111	133	17	483	286	141	51	0	4	0	3,120	604	705	1,807	4	261	163	4	90	0	4	4,125	徳島
香川	226	106	115	4	511	422	89	0	0	0	0	1,036	47	448	642	26	94	34	0	47	0	13	1,867	香川
愛媛	279	107	163	9	974	498	365	43	0	43	26	4,096	421	215	2,800	9	359	279	0	51	0	0	5,680	愛媛
高知	310	138	159	13	706	400	206	17	0	4	77	5,663	465	593	4,605	0	404	293	0	112	0	0	7,083	高知
福岡	512	284	211	17	1,384	1,191	150	13	0	26	4	2,557	82	1,061	1,372	43	460	382	4	77	0	0	4,913	福岡
佐賀	194	86	99	9	759	647	103	0	0	0	9	1,155	39	448	642	26	293	263	0	30	0	0	2,401	佐賀
長崎	281	143	121	17	947	432	515	0	0	0	0	2,588	421	614	1,544	9	359	333	0	26	0	0	4,174	長崎
熊本	538	234	299	4	1,432	768	594	52	0	17	0	4,155	805	1,017	2,251	82	1,284	1,184	0	100	0	0	7,409	熊本
大分	341	138	190	13	918	612	272	56	0	9	0	3,526	708	1,151	1,619	47	1,518	1,423	0	95	0	0	6,303	大分
宮崎	446	166	275	4	914	512	389	13	0	0	0	5,237	1,220	564	3,427	26	1,113	1,039	0	74	0	0	7,710	宮崎
鹿児島	616	278	316	22	2,155	752	1,385	13	0	43	0	4,898	1,711	1,409	1,716	62	1,469	1,381	0	70	0	18	9,138	鹿児島
沖縄	162	79	84	0	748	74	674	0	0	0	0	1,169	679	254	217	18	168	158	0	9	0	0	2,247	沖縄
全国	22,692	9,753	12,017	921	63,028	36,227	22,243	3,524	143	757	133	248,847	94,836	43,766	107,565	2,681	37,505	29,168	1,014	7,242	0	77	372,071	全国

注 1) 面積の算出方法および精度については、本文第 1 章を参照のこと.
2) ①十和田湖, ②中海を除く. ただし, 全国には①, ②を含む.

作製：氷見山幸夫
Produced by Y. Himiyama

付表 3 都道府県別に見た現代 (1985年頃) の土地利用 (×km²)
Table 3 Land Use in Each Prefecture circa 1985

都道府県	都市的 urban	都市	道路	鉄道	農業的 agricultural	田	畑	桑畑	茶畑	果樹園	他樹木畑	森林 forest	広葉	針葉	混交	竹林	その他 other	荒れ地	湿地	水面	ゴルフ	その他	計 total
北海道	3,287	1,466	1,691	131	13,186	2,703	10,401	0	0	71	11	55,932	15,941	3,891	32,108	3,993	5,990	3,740	629	1,571	49	0	78,395
青森①	809	305	468	35	1,946	977	633	4	0	325	8	6,222	2,126	1,078	2,974	43	609	425	16	168	0	0	9,585
岩手	883	338	521	24	2,076	1,264	698	28	0	75	12	11,558	3,597	1,671	6,267	24	795	632	0	155	8	0	15,313
宮城	917	473	432	12	1,748	1,364	331	24	0	28	0	4,216	977	460	2,771	8	392	283	0	105	4	0	7,273
秋田①	816	246	563	8	2,031	1,659	325	0	0	48	0	8,047	2,802	1,440	3,778	28	736	518	12	206	0	0	11,631
山形	694	295	392	8	1,679	1,271	161	65	0	178	4	6,479	2,743	358	3,349	28	440	343	0	97	0	0	9,292
福島	1,060	442	594	25	2,444	1,626	541	188	0	90	0	9,607	3,338	927	5,326	16	667	409	16	242	0	0	13,779
茨城	1,177	749	416	12	2,384	1,311	961	46	4	62	4	1,981	91	740	1,146	4	558	149	8	367	33	0	6,099
栃木	857	439	397	21	1,531	1,080	414	17	0	21	0	3,660	882	512	2,241	25	352	182	21	128	21	0	6,400
群馬	834	394	423	17	1,058	378	357	320	0	4	0	4,187	773	518	2,847	50	286	145	4	120	17	0	6,366
埼玉	1,210	805	375	29	1,080	575	330	133	13	13	17	1,318	146	146	1,026	0	213	83	0	96	33	0	3,821
千葉	1,367	860	491	17	1,942	1,154	721	13	0	38	17	1,535	114	482	926	13	319	168	0	96	55	0	5,162
東京	964	767	159	38	164	0	143	8	0	0	4	828	283	121	423	0	185	143	0	29	13	0	2,141
神奈川	1,101	853	223	25	324	63	193	0	0	59	0	849	101	114	634	0	151	76	0	55	21	0	2,425
新潟	1,164	547	576	41	2,629	2,269	307	12	0	37	4	8,261	4,673	614	2,933	41	532	356	4	168	4	0	12,587
富山	517	182	323	12	876	827	33	4	4	8	0	2,678	1,262	203	1,205	8	182	103	0	75	4	0	4,253
石川	479	182	273	5	709	590	83	4	0	33	0	2,804	790	449	1,537	29	186	108	0	75	4	0	4,180
福井	355	159	179	17	568	522	38	0	0	8	0	3,056	907	75	2,074	0	192	88	0	100	4	0	4,171
山梨	394	214	180	0	432	168	46	105	0	113	0	3,471	369	398	2,704	0	172	113	0	55	4	0	4,468
長野	1,218	416	765	37	1,668	878	387	204	0	195	4	10,162	1,185	2,447	6,488	42	544	345	8	187	4	0	13,592
岐阜	784	353	419	13	923	755	67	55	4	38	4	8,449	1,181	1,092	6,151	25	506	247	0	234	25	0	10,662
静岡	1,031	499	524	8	1,163	461	237	0	216	249	0	5,073	270	1,486	3,308	8	532	283	0	199	51	0	7,799
愛知	1,448	1,017	384	46	1,107	790	224	8	4	76	4	2,305	30	1,073	1,194	8	291	110	0	177	4	0	5,150
三重	623	318	276	30	1,035	788	127	21	34	60	4	3,835	119	965	2,738	13	259	106	0	131	21	0	5,752
滋賀	341	194	139	8	767	695	63	0	0	4	4	2,093	143	473	1,461	17	796	72	0	724	0	0	3,997
京都	548	346	185	17	510	400	59	0	30	17	4	3,409	159	333	2,870	46	160	88	0	59	13	0	4,627
大阪	827	641	174	13	318	199	68	0	0	51	0	590	9	298	280	4	136	51	0	68	17	0	1,871
兵庫	1,121	719	381	21	1,103	990	84	4	0	17	8	5,724	114	673	4,917	21	435	207	0	161	68	0	8,384
奈良	463	276	183	4	293	221	38	0	0	34	0	2,817	102	762	1,948	4	136	43	0	77	17	0	3,709
和歌山	440	265	167	9	504	192	13	0	0	299	0	3,562	244	680	2,629	9	197	98	0	77	21	0	4,703
鳥取②	286	147	135	4	593	366	139	13	0	76	0	2,515	93	320	2,074	29	130	59	0	55	17	0	3,524
島根②	468	236	232	0	678	560	97	13	0	4	4	5,193	833	374	3,947	38	303	144	0	160	0	0	6,642
岡山	767	420	334	13	1,232	927	216	8	0	81	0	4,771	372	1,497	2,868	34	347	182	0	148	17	0	7,117
広島	935	468	438	30	968	717	136	0	4	106	4	6,088	584	1,721	3,737	47	408	293	0	106	9	0	8,398
山口	615	363	239	13	828	678	47	0	0	103	0	4,314	247	1,019	2,963	85	346	247	0	72	26	0	6,102
徳島	338	175	154	9	509	325	107	4	0	68	0	3,116	214	1,113	1,771	17	171	85	0	81	4	0	4,133
香川	345	183	149	13	563	409	47	0	0	107	0	874	55	401	413	4	111	47	0	51	13	0	1,892
愛媛	420	244	167	9	978	442	69	22	0	446	0	3,960	189	1,280	2,474	17	339	271	0	56	13	0	5,697
高知	349	164	168	17	564	388	86	13	9	69	0	5,719	427	1,016	4,250	26	491	384	0	107	0	0	7,122
福岡	1,207	842	331	34	1,304	976	69	4	17	215	22	2,132	155	830	1,074	73	318	176	0	107	34	0	4,960
佐賀	297	164	116	17	940	616	39	0	26	259	0	1,064	147	246	659	13	112	73	0	39	0	0	2,414
長崎	506	359	138	9	865	372	238	9	4	238	4	2,468	985	225	1,241	17	237	224	0	13	13	0	4,075
熊本	746	373	365	9	1,601	968	304	61	26	243	0	4,403	725	916	2,722	39	659	524	0	130	4	0	7,409
大分	643	336	293	13	905	629	134	22	0	121	0	4,290	272	1,001	3,004	13	492	384	0	103	4	0	6,329
宮崎	620	275	340	4	1,014	459	459	4	9	83	0	5,752	835	708	4,170	39	362	231	0	118	13	0	7,749
鹿児島	953	542	403	9	1,933	695	1,067	13	88	70	0	5,816	889	1,280	3,524	124	509	412	4	79	13	0	9,210
沖縄	445	273	172	0	496	33	459	0	5	0	0	999	643	115	240	0	302	274	5	23	0	0	2,242
全国	37,671	20,322	16,445	904	64,167	35,731	21,790	1,453	496	4,539	158	248,181	53,136	38,538	151,384	5,123	22,736	13,724	728	7,601	682	0	372,754

注 1) 面積の算出方法および精度については，本文第1章を参照のこと．
2) ①十和田湖，②中海を除く．ただし，全国には①，②を含む．

作製：氷見山幸夫
Produced by Y. Himiyama

付表 4　年　表
Table 4 Chronological Table

年　代	政治・法律・経済・事件	交通・通信	年　代	社会・文化・教育	自然環境関連・災害
1868 (慶応 4／明治元)	廃藩置県の詔書，戸籍法公布	大阪—神戸間小蒸気船就航	1868 (慶応 4／明治元)		
1869		横浜—東京間電信開業，人力車発明，関所を廃止	1869		
1870		郵便創業	1870		
1871	廃藩置県の詔書，戸籍法公布		1871	最初の日刊紙「横浜毎日新聞」創刊，物価騰貴で一揆，打ち壊し頻発	
1872 (明治 5)	富岡製糸場開業，国立銀行条例制定	新橋—横浜間鉄道開業	1872 (明治 5)	太陽暦採用，学制を公布	阿蘇山噴火
1873	徴兵令布告，地租改正条例布告	新橋—横浜間鉄道の貨物営業開始	1873		
1874	医制発布	神戸—大阪間鉄道開業	1874		福岡大風雨，高潮 (778 人死亡)
1875	ロシアと樺太千島交換条約調印，江華島事件発生		1875		東北大風雨，洪水 (宮城 41 人死亡)
1876	廃刀令布告	大阪—京都間鉄道開業	1876		
1877 (明治 10)	西南戦争開始，万国郵便連合条約に加入調印	京都—神戸間鉄道開業	1877 (明治 10)	モース大森貝塚発見，コレラ長崎に上陸	
1878	三新法を制定，竹橋事件，東京株式取引所開業		1878	パリ万国博覧会に参加	奈良大雪
1879			1879	学制廃止，教育令制定	和歌山船難儀 (115 人死亡)
1880	官営工場払下概則制定	北海道開拓使官有物払下	1880		関東・近畿大風雨
1881	農商務省設置，松方財政始まる	日本鉄道会社設立	1881		東京大火
1882 (明治 15)	日本統計年鑑創刊，日本銀行条例制定	東京馬車鉄道開業	1882 (明治 15)	全国でコレラ流行	
1883			1883	東京気象台天気図を毎日作製	
1884	加波山事件，秩父事件		1884	弥生式土器を発見	
1885	屯田兵条例制定，裁判整理による不況 (松方デフレ)	日本鉄道 (上野—一ノ関間) 開業，郵便条例施行	1885		近畿・中国・九州暴風雨 (岡山 655 人死亡)
1886	東京電灯会社開業	日本鉄道 (上野—前橋間) 全通	1886	東経 135 度の子午線時を標準時と定める	
1887 (明治 20)	電信局，海外電報の取扱いを開始	私鉄鉄道条例公布	1887 (明治 20)		
1888	市制・町村制公布	第一次私鉄熱 (〜1890 年)	1888		磐梯山噴火
1889	この年より経済恐慌始まる，大日本帝国憲法公布	東海道線全通 (新橋—神戸間)	1889		四国・近畿暴風雨 (奈良 249 人，和歌山 11,221 死亡)
1890	府県制・郡制公布	利根運河，琵琶湖疎水運河開通	1890	富山で米騒動起こる	関東大風雨
1891	東京手形交換所開業	日本鉄道 (上野—青森間) 開通	1891		濃尾地震
1892 (明治 25)		鉄道敷設法公布，小包郵便の取扱い開始	1892 (明治 25)	関東を中心に天然痘流行	
1893		河川法公布	1893		
1894	日清戦争起こる，日英新通商航海条約調印，東京商品取引所創立		1894		
1895	日清講和条約		1895	コレラ大流行死者 4 万	三陸地震津波，陸羽地震
1896	日本勧業銀行法・農工銀行法・銀行合併法公布		1896		
1897 (明治 30)	貨幣法公布 (金本位制)		1897 (明治 30)		
1898	東京・京都・大阪の特例廃止，一般の市制施行		1898	東北・北陸中心に米騒動	
1899	不動産登記法公布	東京—大阪間に長距離電話	1899		
1900	治安警察法公布	自動車輸入開始，電信法公布	1900	上野・新橋駅に初めて公衆電話開設	四国台風
1901	漁業法公布，八幡製鉄所開業式	関門海底連絡船就航	1901		
1902 (明治 35)	国勢調査に関する法律公布，日英同盟公布	東京市街鉄道設立	1902 (明治 35)		
1903		笹子トンネル開通	1903	小学校の教科書国定化決定，日比谷公園開園	
1904	日露戦争起こる，第一次日韓協約調印		1904		
1905	日露講和条約，胸結核予防令公布，日露協約調印		1905		
1906	塩専売法公布，鉱業法公布，関東都督府官制公布	鉄道国有化法	1906	帝国図書館 (上野) 開館	
1907 (明治 40)	医師法・歯科医師法公布	私鉄の国有化完了	1907 (明治 40)	小学校令改正 (義務教育 6 年制)	台風による船遭難で長崎 600 人，鹿児島 700 人死亡
1908	夕張炭坑大爆発	青函連絡船就航	1908	第 1 回ブラジル移民 783 人出発	北海道低気圧により 115 人死亡
1909	移民問題の日米紳士協約，水利組合法公布	山手線電化	1909	国技館完成	姶川地震
1910	新聞紙法公布	軽便鉄道法公布	1910		
1911	韓国併合に関する日韓協約調印，工場法公布		1911		
1912 (明治 45／大正元)	関税自主権確立，工場法公布	特別急行列車運転開始 (新橋—下関間)	1912 (明治 45／大正元)	米価騰貴で下層民の生活困窮	児島湾干拓の第 1 期工事完成
1913		運河法公布	1913	上野で大正博覧会開催	桜島噴火 (村落埋没，58 人死亡)
1914	第一次世界大戦に参戦 (ドイツに宣戦布告)		1914		
1915	中国政府に対華 21 カ条要求，東京株式市場暴騰		1915		
1916 (大正 5)	工場法施行，汽船会社多数設立	最初の国産電気機関車運転	1916 (大正 5)		北海道船難儀 163 人死亡，東京湾奥で高潮発生
1917	金輸出禁止		1917	富山県で米騒動勃発，大学令・高等学校令公布	西日本に台風 120 人死亡
1918	軍需工業動員法，シベリア出兵宣言		1918		

年　代	政治・法律・経済・事件	交通・通信	社会・文化・教育	年　代	自然環境関連・災害
1919	パリ講和会議、都市計画法(旧)公布	地方鉄道法公布		1919	九州中心に台風(鹿児島110人死亡)
1920	株式価格大暴落(戦後恐慌始まる)	鉄道省設置、道路法施行	第1回国勢調査	1920	
1921(大正10)	ワシントン会議で日米仏4カ国条約調印、足尾銅山争議	軌道法公布	東京博物館設立	1921(大正10)	
1922	日本農民組合結成(神戸)、東京市政調査会設立	港湾協会設立		1922	
1923	中央卸売市場法公布	日本航空協会設立		1923	関東大地震
1924	日ソ基本条約調印、治安維持法修正可決	東京市営バス開業	メートル法使用開始	1924	丹沢地震
1925			東京放送局試験放送開始	1925	
1926(大正15)(昭和元)	労働争議調停法		東京で汎太平洋学術会議開催	1926(大正15)(昭和元)	十勝岳噴火(村落埋没、144人死亡)
1927	金融恐慌、南京事件起こる	東京地下鉄道開業		1927	北丹後地震、近畿・九州台風、島原沿岸高潮で423人死亡
1928	日ソ漁業条約調印	無線電話制度設けられ、ラジオの全国中継網完成		1928	
1929	金解禁の大蔵省令公布			1929	
1930(昭和5)	労働争議901件、失業者数32万、昭和恐慌	清水トンネル開通	日本図書館協会設立	1930(昭和5)	北伊豆地震(272人死亡)
1931	満州事件、重要産業統制法公布、金輸出再禁止、海運不況深刻化			1931	
1932	リットン調査団来日、満州国建国宣言、5・15事件		東京市隣接5郡82市町村合併、世界第2位の都市になる	1932	
1933	国際連盟脱退、滝川事件、日本製鉄会社法公布	自動車交通事業法施行		1933	三陸地震、津波
1934	帝人事件、石油業法	丹那トンネル開通		1934	室戸台風、北陸豪雨(119人死亡)
1935(昭和10)		鉄道統制法施行		1935(昭和10)	全国各地台風(関東317人死亡)
1936	2・26事件	小運送業法公布		1936	西日本中心に台風(60人死亡)
1937	日中戦争開始、保健所法・防空法公布		文化勲章を制定	1937	梅雨前線による豪雨(708人死亡)
1938	国家総動員法公布、国民健康保険法公布、電力国家管理法	陸上交通事業調整法公布		1938	
1939	映画法公布、宗教団体法公布、国民徴用令公布、賃金統制令、価格統制令			1939	静岡5,121戸焼失
1940(昭和15)	日独伊3国同盟	陸運統制令・海運統制令施行	国民学校令、アメリカ映画上映禁止	1940(昭和15)	
1941	対米実戦布告	東京港開港		1941	西日本風水害(891人死亡)
1942	ミッドウェイ海戦	関門海底トンネル開通		1942	西日本風水害(1,083人死亡)、西日本風水害(393人死亡)
1943	改正府県制・市町村制施行、出陣学徒壮行大会	運輸通信省発足		1943	鳥取地震(台風13号水害1,327、不明202人)
1944			新聞の夕刊停止	1944	東南海地震、津波(998人死亡)
1945(昭和20)	広島に原子爆弾投下、ポツダム宣言受諾、財閥解体、第一次農地改革	運輸省発足	東京大空襲	1945(昭和20)	三河地震(1,961人死亡)、枕崎台風
1946	労働関係調整法公布、日本国憲法公布、物価統制令公布、第二次農地改革		食糧メーデー	1946	南海地震
1947	地方自治法公布、労働基準法公布	船舶公団法公布、郵便貯金法公布、郵便法公布	学校給食始まる、教育基本法・学校教育法公布	1947	カスリーン台風
1948	帝銀事件、昭和電工事件、政令201号公布、日本学術会議法公布	道路運送法施行、海上運送法公布、海上保安庁設置	一万円札発行、東京タワー竣工	1948	福井地震(3,895人死亡)、アイオン台風(512人死亡)
1949	家庭裁判所全国49カ所に設置、シャウプ税制勧告、行政機関職員定員法公布	日本国有鉄道発足		1949	キティ台風による高潮、東京湾西岸に来襲
1950(昭和25)	住宅金融公庫設立、生活保護法公布、文化財保護法公布、特需景気	造船法・港湾法公布	児童憲章制定宣言	1950(昭和25)	ジェーン台風により高潮発生
1951	日米安全保障条約調印、日本出版労組行国大会		血のメーデー事件	1951	
1952	町村合併促進法公布	第一次道路整備5ヶ年計画閣議決定	NHKテレビ本放送開始	1952	十勝沖地震(28人死亡)、鳥取5,228戸焼失
1953	防衛庁、自衛隊発足		天気予報サービス試行	1953	房総沖地震、台風13号水害(393人死亡)
1954				1954	洞爺丸台風、青函連絡船が転覆(死者1,327、不明371人)
1955(昭和30)	日本住宅公団設立			1955(昭和30)	
1956	国連加盟承認される、政令指定都市制度公布	東海道本線全線電化完成、日本道路公団法	水俣病患者発生、売春防止法	1956	海岸法公布
1957	首都圏整備法公布、なべ底不況(57年下期まで)	国土開発縦貫自動車道建設法、名神高速道路着工	NHK、FM放送開始、南極観測隊昭和基地を設営	1957	九州水害(856人死亡)
1958		首都高速道路公団設立	一万円札発行、東京タワー竣工	1958	阿蘇山噴火、全国的凍霜害・雪害、狩野川台風(死者874、不明283人)
1959	最低賃金法、岩戸景気			1959	伊勢湾台風(死者4,700、高潮(119人死亡)、第2室戸台風(194人死亡)
1960(昭和35)	国民所得倍増計画決定(高度成長政策)	東海道新幹線起工	カラーテレビ本放送、この年電気冷蔵庫普及	1960(昭和35)	チリ地震、津波(119人死亡)、第2室戸台風(194人死亡)
1961	千里ニュータウン着工、国民年金制度発足、農業基本法	北陸トンネル開通、阪神道路公団設立、第一次港湾整備5ヶ年計画	国民皆年金制度発足	1961	
1962	水資源開発公団発足、国産第1号研究用原子炉火入れ、第一次全国総合開発計画	東京モノレール開通、東海道新幹線(東京―新大阪間)開業		1962	
1963	新産業都市13ヶ所指定		教科書無償措置法公布	1963	豪雪(92人死亡)
1964	多摩ニュータウン着工、貿易・為替自由化、OECDに加盟		東京オリンピック開催、海外旅行自由化	1964	新潟地震(26人死亡)
1965(昭和40)	赤字国債発行	東海道本線全線電化完成	教科書検定第一次訴訟	1965(昭和40)	
1966	国際反戦デー、いざなぎ景気(70年7月まで)、資本取引自由化	世界最大のタンカー東京丸進水	3Cブーム(自動車・カラーテレビ・エアコン)	1966	
1967	公害対策基本法制定		四日市ぜんそく訴訟	1967	
1968	都市計画法(新)、小笠原諸島返還日米協定調印、文化庁設置、霞ヶ関ビル完成	新清水トンネル開通	カネミ油症事件、騒音規制法	1968	十勝沖地震(49人死亡)
1969	好景気連続43ヶ月(いざなぎ景気)、同和対策事業特別措置法公布	東名高速道路(東京―小牧間)全通、日本初の原子力船むつ進水	交通事故死者史上最高	1969	

年代	政治・法律・経済・事件	交通・通信	年代	社会・文化・教育	自然環境関連・災害
1970(昭和45)	新日本製鉄正式発足	全国新幹線鉄道整備法施行	1970(昭和45)	大阪市で万国博覧会開催	環境庁発足
1971	ドルショック、沖縄返還協定調印		1971	多摩ニュータウン入居開始	瀬戸内海に大規模な赤潮発生、自然環境保全法、国連環境計画発足
1972	日本列島改造論、沖縄の施政権返還	新幹線(新大阪—岡山間)開業	1972		
1973	第一次オイルショック、石油需給適正化法・国民生活安定緊急措置法公布	オイルショックにより内航海運打撃受ける、海上交通安全法施行	1973		
1974	国土利用計画法公布、戦後初のマイナス成長		1974		伊豆半島沖地震(死者・不明29人)、国立公害研究所発足
1975(昭和50)	南極条約加盟12ヵ国会議、宅地開発公団発足	山陽新幹線全通	1975(昭和50)		酒田火災(1,774戸焼失)
1976	第三次全国総合開発計画、工業再配置計画	第五次港湾整備計画決定	1976		全国的に雪害、凍害
1977	日中平和友好条約調印		1977	日本初の静止気象衛星ひまわり打ち上げ	伊豆大島近海地震(25人死亡)
1978	第二次オイルショック		1978		第1回世界気候会議(ジュネーブ)
1979			1979		
1980(昭和55)	都市・住宅整備公団発足、第二次臨時行政調査会発足	国鉄経営再建促進特別措置法公布	1980(昭和55)	老人医療費無料化	
1981	老人保健法施行、マイナスシーリングを決定	東北・北陸新幹線開通、中央自動車道全通	1981	神戸市ポートアイランド完成	環境アセスメント法案国会に提出
1982	テクノポリス法	日本初の実用通信衛星打ち上げ、中国自動車道全通	1982	老人医療有料化	浅間山中噴火
1983			1983	国立歴史民俗博物館開館	浅間山噴火、三宅島で大噴火、日本海中部地震発生
1984			1984		硫黄島で海底火山爆発
1985(昭和60)	男女雇用機会均等法制定、プラザ合意円高	国鉄改革関連8法律公布	1985(昭和60)		三原山の外輪山で噴火、島民1万人避難
1986	連合結成	日本国有鉄道廃止、分割・民営化実施	1986		関西国際空港の建設に着手
1987	新工業再配置計画	青函トンネル完成、瀬戸大橋完成	1987		
1988	土地基本法		1988		
1989(昭和64/平成元)		第六次空港整備5ヵ年計画	1989(昭和64/平成元)	吉野ヶ里遺跡発掘	第2回世界気候会議(ジュネーブ)、雲仙普賢岳噴火
1990	バブル崩壊	山形新幹線開通	1990		台風通過、野菜・果物大被害
1991	不況深刻化		1991		地球サミット(リオデジャネイロ)、環境庁「環境基本法」策定作業着手
1992			1992		
1993(平成5)			1993(平成5)		

参考資料
1) 文部省科学研究費(1990~93):重点領域研究、近代化と環境変化ニュースレター.
2) 山本正三編(1986):交通・運輸の発達と技術革新、東京大学出版会、pp.254-262.
3) 桑田忠親・村上 直監修(1989):日本史分類年表、東京書籍、594p.
4) 歴史学研究会編(1984):新版日本史年表、岩波書店、389p.
5) 東京学芸大日本史研究室編(1987):日本史年表、東京堂出版、526p.

作製:村山祐司
Produced by Y. Murayama

アトラス歴史抄
History of National Atlases

1. 地図とアトラス

　生活環境を形成する人文と自然との地理は，その範囲が拡大するにつれて，しだいに視覚による識別と全体像の把握が困難になる．そこで，生活空間を地区的に細分して，一目で見分けうるサイズに縮小した図面に，必要に応じて取捨選択した地物や景体を点や線，図形や文字などの記号や色彩などによって表現した地図が生まれた．それは科学的地図と，それ以外の絵図，あるいは"マップ"に分けられる．地表の地理的事象を一定の約束に従って図形などで表示した地図は，地理情報の最も代表的なものであり，自然・人文両面にわたる諸事象を，それぞれ互いの位置関係において総合的に考察するためにも，不可欠の手段である．

　地図の歴史は，人類が地球上に展開し，さまざまな民族が繰り広げてきた活劇と舞台のアルバムである．生活技術と社会経済が発達し，政治行政圏が拡大するにつれて，ついには意識空間はグローバルに広がり，人文地域の模様はますます複雑になるので，その全貌を一枚の地図で表現するのは困難になる．そこで広域を一定の大きさの図葉に分けて，同一地区も分布事象ごとに何枚もの図幅によって表し，それらを体系的に編集して書物の形にまとめ，地図帳（アトラス）が作られるようになった．

　地図帳の歴史の中で最も初期のものは，プトレマイオス（Ptolemaeus, 90-168）が著した『地理書』の第8巻で，27図からなるコスモグラフィアである．これは，古代のギリシア・ローマ時代の地理的知識を集大成したものであり，近世初頭にヨーロッパで復活し，コロンブスの世界像にも影響をおよぼした．その15世紀の写本は，日本語にも訳され出版されている．

　コロンブス以後百年足らずのうちに，世界各地からヨーロッパにもたらされた地理的知識は尨大な量にのぼり，世界図における大陸の形状や海陸の位置関係などもしだいに正確さをましていく．早くも1570年には，オランダの地図出版者，オルテリウス（A. Ortelius, 1527-1598）によって最初の近代的世界地図帳『地球の舞台』が刊行された．この初版本は53図幅，70図からなり，世界図とアジア図には，それぞれ違う形のヤーパンが描かれている．世界図の解説には，大プリニウス（Plinius, 23-79）の『博物誌』から，「これ程多くの部分から成る世界，（中略），宇宙の点にすぎない世界は，我々の栄光の源泉であり，在処である（後略）」と引用されている．

　このオルテリウスの友人で，その当時のプトレマイオスとよばれたメルカトル（G. Mercator, 1512-1594）の世界地図帳は，逝去の翌年に出版された．全107図からなる書名は，『アトラス，または世界の創造と，創造された形状に関するコスモグラファーの考察』であり，その後，アトラスは地図帳の代名詞としても使用されるようになった．ただし"アトラス"は，ギリシア神話の巨人ではなく，リビアの伝説的な王様であり優れた天文・地理学者でもある偉人の名前にもとづく．メルカトルは単なる地図・地理学者にとどまらず，熱烈なキリスト教徒，神学者であり，そのアトラス製作の真意は，旧約聖書の創世記と地理学的世界像との折衷と調和を図ることにあった．地理学や地図学の発達史には，世界観的な深い思想的根源もあることを忘れてはならない．

　その後，世界中で作製されてきた地図，アトラスの類は，一大文化知層を形成し，アトラスの目録だけでも部厚い本が多数出版されている．

2. アトラスの種類

　アトラスの分類は，まずその扱う地域の広狭によって，世界地図帳と，大陸別・国別・地方別などの地域アトラスとが区別される．しかし，より本質的な分類は，その包含する地図の種類に即してなされ，一般アトラス，主題アトラス，複合アトラスに三分される．

　① 一般アトラス．これは地勢（山地・平野・河川・湖沼など），政治・行政界，集落，交通路などを記載した基本図を主とするもので，残念ながら，一般には地名を探すだけに使われる場合が多いようである．

　② 主題アトラス．地域の実体は自然と人文の両界にわたる事物・事象からなる高度の複合系であるから，森羅万象を一枚の地図で代表させるのは不可能である．

　そこで，地域をさまざまな要素面の重層構造とみなして，主要要素ないしは，いくつかの複合ごとの抽象的な地図，例えば地形図，気候図，植生図，人口分布図，土地利用図などを作製する．これらの層別図（layer）を重ね合わせることによって，現実の地域により近い全体像が構成される．これらの層別図が，同一のメッシュにもとづく数値情報を用いたコンピュータマップであれば，各要素間の空間的関係をある程度まで統計的に推測することも可能になる．

　一定の使用目的に応じて関係主題図を体系的に束ねたものが主題アトラスであり，単一主題からなるものと，複数の事象からなる複合アトラスとがある．前者の例としては，『日本気候図』（気象庁編，日本気象協会，1980年），『日本地質アトラス』（地質調査所編，第2版，朝倉書店，1992年），『アトラス水害地形分類図』（大矢雅彦著，早稲田大学出版部，1993年）などがある．複合アトラスのうち最も総合的なものは，ナショナルアトラス（国勢地図帳）であり，フィンランド（1899年）をはじめとして，すでに70カ国以上が刊行している．

　③ 複合アトラス．一般図や主題図のほかに空中・地上写真，リモートセンシング画像，図表，解説などを組み合わせて，地域の景観と実態をより理解しやすく編集された地図帳である．

　『江戸東京大地図』（正井泰夫監修，平凡社，1993年）や『京都歴史アトラス』（足利健亮編，中央公論社，1994年）などがその例である．

3. 日本の主題アトラス

　江戸時代後期には，国絵図をまとめた地図帳が刊行された．明治以降では，地理教育用の全国地図帳や府県別の地図帳も作製されたが，教科書のものは付図扱いであり，主として地名探しに使用された．昭和10年代の学校用地図帳には，本図（地勢図）の裏図などに少数ではあるが，人口分布図や土地利用図なども掲載されていた．

　第二次世界大戦後の社会科地図帳は，多くの主題図を含むようになった．しかし，欧米諸国の優れた学校用アトラス，例えば『ディールケ世界アトラス』と比べれば，判型も内容も見劣りするし，大学生用のアトラスも存在しない（帝国書院から一時出版されたことがある）．

　わが国のナショナルアトラスは，1976年に国土地理院によって刊行されたが，世界では76番目であった．しかし，これに先立つこと23年，敗戦後から10年足らずの1954年3月には，全国教育図書株式会社から『日本経済地図』が出版された．監修者は安藝皎一・田中薫・都留重人・木内信蔵，編集者は奥田亨・鹿野龍俊・木村三郎・延井敬治・本田武夫・村上昌俊，主任は石堂清俊である．執筆・構成参画者は50人にのぼる．タブロイド判，本図は多色刷の見開きで61図，世界における日本の位置，自然条件，産業構造，農林業，鉱工業，交通通信，貿易，金融，財政，国土開発にわたり，さらに各面と裏面には実に多数の関連・補足図を載せてあり，本図の裏面には1,200字程度の説明，巻末には166頁におよぶ解説と統計表とを付している．

　この立派なアトラスの作製の意図は，監修者，田中・木内の言葉にあるように，「戦後の困難な日本経済に，国民が自立・自活の道を求めて国土の経済的な姿を，もっと精密に，総合的に見つめて，その血路を，見出そうとする社会的欲求からきている」のであった．

　この画期的な国民版アトラスの13年後には，2つの浩瀚な総合アトラスが刊行された．その1つは，国際分県地図株式会社から出版された『新日本経済地図』（再版は1972年，人文社）である．監修者は大来佐武郎・美濃部亮吉，編集委員は浅香幸雄・及川昭伍・籠瀬良明・白井和徳・高崎正義・松尾俊郎．タブロイド判，64図からなり，各図は本図と補足のAとB図を含む．日本経済の発展とともに十数年間の地図資料の増大と地図表現の進歩が認められる．

　他の1つは，財団法人日本地域開発センターが1967年に刊行した『日本列島の地域構造図集』である．木内信蔵・丹下健三編，採録図の候補リストは西川治と渡辺定夫を中心にまとめられた．

　1970年には，財団法人国際教育情報センターから英語版，"Atlas of Japan —— Physical, Economical and Social ——"が出版された．これは，外国の地理教科書における日本の扱いが時代遅れであったり，粗略であるのを憂いて，その是正を求めたものである．

　今われわれが世界に提示する，このアトラスも，上述した国民アトラスの歴史を飾る精華であると確信している．

［西川　治］

(a) 明治大正期

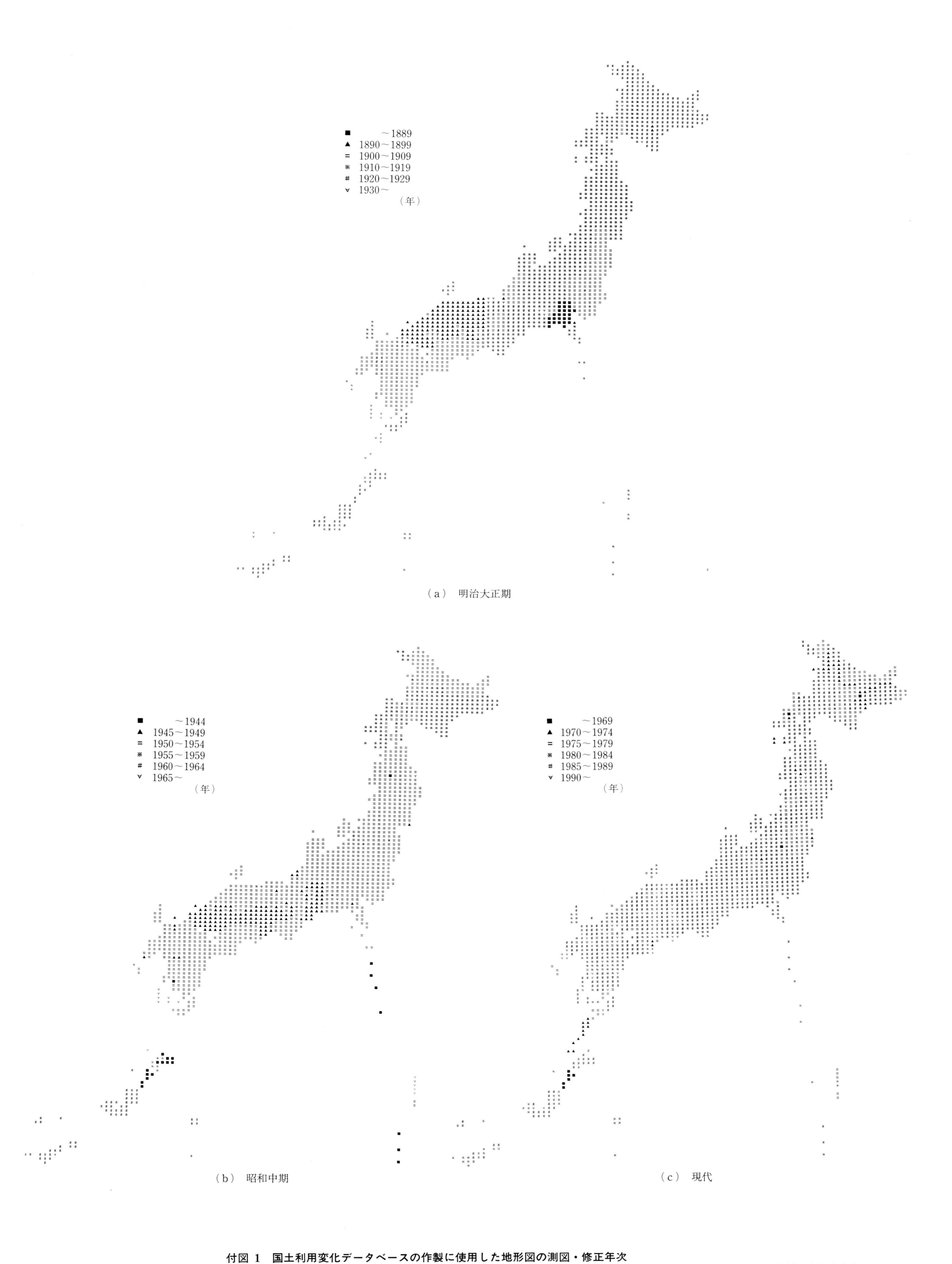

■ ～1889
▲ 1890～1899
= 1900～1909
※ 1910～1919
1920～1929
▽ 1930～
（年）

(b) 昭和中期

■ ～1944
▲ 1945～1949
= 1950～1954
※ 1955～1959
1960～1964
▽ 1965～
（年）

(c) 現代

■ ～1969
▲ 1970～1974
= 1975～1979
※ 1980～1984
1985～1989
▽ 1990～
（年）

付図 1　国土利用変化データベースの作製に使用した地形図の測図・修正年次
Fig. 1　Years of Survey of the Maps Used for the Production of the Land Use Change Data Base
注　東西の幅が 15′ を超える地形図の場合，はみ出し部分は独立した図として扱った．

作製：氷見山幸夫
Produced by Y. Himiyama

本文用語解説
Glossary

暖かさの指数： 温量指数ともいう．1年の各月の平均気温から5を引き，その値が正であれば加算する，という方法で計算される．生物の生育期間の暖かさの程度を示す量で，富士山の山頂で0，九州の南の島で200くらいの値となる．吉良竜夫が日本の植生帯の分布を説明する気候値として考案した． (野上道男)

入会林野： 複数の農家，農民が採草や薪炭材採取などの目的で利用できた林野．元来，領主や地主の林野をオープン化させたケースが多い．しかし利用が進むと，利用期限や道具，量などの規制も見られるような入会林野慣行も生まれた． (藤田佳久)

応急修正： 1948（昭和23）～1953（昭和28）年に米軍撮影の空中写真をもとに行われた5万分の1地形図の修正．道路，鉄道，土地利用，地名，行政界などの修正が主で，地形の修正は一部に限られた．北海道を除く全国で行われ，戦後の国土計画の貴重な資料となった． (氷見山幸夫)

海跡湖： かつての海域が砂州，砂嘴のほか砂丘や段丘，浜堤やデルタの発達，大規模な構造運動や地域的な地殻変動などにより，外海から隔てられて形成された海岸の湖沼．潟よりも広い意味で用いられる．湖盆は平坦で浅いものが多く，湖岸浅所の湖棚がよく発達する． (平井幸弘)

基準地域メッシュ： 国土数値情報における地区情報数値化の地区単位の1つ．2万5千分の1地形図を縦横10等分して得られる区画で，大きさは約1×1km²である．標準地域メッシュの1つで，第三次メッシュともよばれる． (氷見山幸夫)

基本測図： 三角点，水準点に準拠して所定の方法で行われる測図．5万分の1地形図の測図は1895（明治28）年に始められたが，当初は正式測図とよばれ，基本測図の呼び名が使われ始めたのは1898（明治31）年である． (氷見山幸夫)

減反政策： 1971（昭和46）年に始められた米の生産調整政策のこと．第二次世界大戦後，コメの生産が増大する一方で食生活の変化により消費が伸びず，1960年代末には政府は大量の余剰米を抱えることとなった．そのため，作付け制限と転作により，コメの生産を抑制しようとしたものである． (氷見山幸夫)

高度経済成長： 日本で1960年代初頭から1970年代前半にかけて続いた急速な経済成長．著しい技術革新や生活水準の向上が見られた反面，物価の上昇，いわゆる過密過疎問題，公害などの歪みももたらしたとされる． (氷見山幸夫)

国土数値情報： 国土情報整備事業の一環として，国土庁と国土地理院が1974（昭和49）年から整備を進めている，国土の自然や土地利用などの地理的数値情報．通常，磁気テープに収録され，行政や学術研究に用いられているが，近年磁気ディスクによる市販も一部行われている． (氷見山幸夫)

5万分の1地形図： 1895（明治28）年に整備が始められ，今日に至るまで修正・発行が続けられている，わが国で最も古い歴史をもつ基本図．土地利用情報も克明に記されているため，土地利用の長期的変化を知るための資料としてもしばしば用いられている． (氷見山幸夫)

米の生産調整： 米の需給調整のための生産抑制政策．1969（昭和44）年と70年に緊急対策，1971年以降は本格的に実施．内容は稲作転換対策（1971～75年），水田総合利用対策（1976，77年），水田利用再編対策（1978～86年），水田農業確立対策（1987～92年），水田営農活性化対策（1993～95年）と推移してきた． (元木 靖)

御料林： 明治政府は，地租改正とともに林野の官民有区分を行ったが，その際，旧幕藩直轄林のほか，農民の入会山の多くも官林にした．それらの林野が農民から返還要求が出ると，優れた森林地に皇室林を創設して御料林とした．戦前までこの広大な御料林を有した皇室が，最大の土地所有者であった． (藤田佳久)

酸性雨： 化石燃料の燃焼などで放出された硫黄酸化物や窒素酸化物などが，大気中で反応して生じた酸性降下物のことで，一般にpH（水素イオン濃度指数）が5.6以下の雨を指す．土壌や湖沼の酸性化，それにともなう生態系や建造物への影響が欧米を中心に顕在化し，問題になっている． (鈴木裕一)

自然環境保全基礎調査： 環境庁自然保護局によって，自然環境の総合的な把握とその保全を目的に，1973（昭和48）年以降，おおむね5年ごとに実施されている基礎調査．植生，動植物分布，地形，地質に関する陸域の調査，河川，湖沼，海岸などの水域を対象とした調査がある．通称「緑の国勢調査」とよばれている． (鈴木裕一)

自然林： 人為的影響を受けていない森林．かつての薪炭生産などにより人為的影響を受けた森林で，天然更新によって森林の植生が根本的に変化していない森林は，天然林という． (西野寿章・牧田 肇)

柴山： 農民によって採草地や薪炭林，建築用材の利用がなされた林野をいう．化学肥料が普及する前は，もっぱら農用の採草地としての利用が卓越したが，燃料や建築用材を採取する部分も維持された．村持山や入会山として利用されたケースが多い． (藤田佳久)

照葉樹林： 温暖帯の，気温が高く降水量の十分な地域に成立する常緑広葉樹林．東アジアに広く分布する．日本では，海岸の沖積低地のタブ林，沿岸部と内陸のやや乾燥した斜面のシイ林，山地の大部分を占めるカシ林の森林型があり，西南日本で典型的な発達を見せている． (西野寿章・牧田 肇)

植生図： 地表をカバーしている草木の分布を示した図．植生は環境に応じ，また自らの成長に応じて変化するため，分布を時系列で調べると遷移状況がわかる．また今日の林野は人工植生が多いが，環境条件から判断して，潜在的な植生図を描く工夫もできる． (藤田佳久)

新産業都市： 大都市への人口と産業の集中を是正するために，1962（昭和37）年公布の「新産業都市建設促進法」にもとづき地方に設けられた，工業開発の拠点都市のこと．1966（昭和41）年までに15地区が指定された．企業誘致の不調などで，期待された成果をあげていないものも多い． (氷見山幸夫)

迅速図： 正確には迅速測図とよぶ．明治期に正式測図に先立って略式の方法によって測量した地形図のこと．1880（明治13）～1886（明治19）年に関東平野一帯で作製された，240余面の「第1師管地方2万分の1迅速測図」が特に有名である． (氷見山幸夫)

森林基本図： 日本の森林の所在地，所有者などを示し，土地台帳となる地図．縮尺5千分の1．永久的な土地区画として「林班界」と，森林の種類により一時的な区画として「小班界」が必ず描かれている．5年ごとに現状に合うよう改訂される．都道府県の林務課あるいは営林局で購入できる． (木平勇吉)

森林図： 森林の現状を描いた地図の総称．目的ごとに縮尺や記載内容が決まる．森林基本図は土地台帳で最も詳細で正確．森林計画図は将来5年間の伐採，植林などの作業計画が記載されている．国有林や公有林の管理に使われるのが森林事業図や管内図で，縮尺は2万～5万分の1．購入できる． (木平勇吉)

森林簿： 森林基本図で区画された「林小班」ごとに，森林の内容を記録したノート．面積，所有者，樹種，材積，土地利用の制約条件などが書かれている．5年ごとに現状調査にもとづき改訂される．民有林は都道府県，国有林は営林局で閲覧できる．個人の財産台帳でもあるので，取扱いには注意がいる． (木平勇吉)

水田利用再編対策： 1978（昭和53）～86（昭和61）年に実施された米の生産調整政策．米の計画的生産，米以外の作物の自給力向上，農業生産構造の再編成の3点を重点目標として，第1期（1978～80年），第2期（1981～83年），第3期（1984～86年）に分けて進められた．野菜などの特産地形成にも影響をおよぼした． (元木 靖)

水利組合： 灌漑用水の取得や分配にともなう統制と施設の管理を行う水利集団．1890（明治23）年の水利組合条例を引き継いだ1908（明治41）年の水利組合法にもとづき，普通水利組合と水害予防組合とが設置された．前者は，1949（昭和24）年の土地改良法によって土地改良区に改組された． (西川 治)

スポット画像： フランスが1986年（一号機）に打ち上げた地球観測衛星（SPOT；Systeme Probatoir d'Observation de la Terra）によって撮像されたデータで，3バンドからなるマルチスペクトラル画像は20m，

単バンドの白黒画像は 10m の高分解能をもつ. （安仁屋政武）

世界遺産条約： 世界の貴重な自然や文化遺産の保護を目的として, 1972 年, ユネスコの総会で採択された条約. 126 カ国が加盟し, 日本は 1992 年に批准した. 加盟国では, 指定地の保全に努め, 拠出した「世界遺産基金」で遺産を修復するなどしている. （西野寿章）

全国総合開発計画： 1950（昭和25）年公布の国土総合開発法にもとづき, 閣議決定される国土開発のための計画. 1962（昭和37）年の第一次計画に始まり, 現在は第四次計画の半ばである. 計画の内容はその時々の情勢により大きく変化してきており, 現計画では多極分散型国土の建設が強調されている. （氷見山幸夫）

地籍図： 土地の1筆ごとの境界, 地番を示す地図. おおむね字か大字ごとに作製されている. 1873（明治6）年の地租改正にともなって作製が始められたが, 当初は精度が低かった. 第二次世界大戦後, 国土調査法にもとづいて地籍調査が行われるようになり, 精度も向上している. （西野寿章）

中心地理論： ドイツの地理学者クリスタラーらによって発展させられた, 都市の数, 規模, 分布についての理論. 中心地は地域の中心となる都市を意味する. 中心地には階層性があり, 上位階層の中心地ほど数が少なく, 広い地域を代表することが知られている. （氷見山幸夫）

地理情報システム（GIS）： Geographic Information Systems の訳で, 一般に「ある目的のために, 空間（地理）的に位置づけられたデータを収集, 管理, 操作, 解析, 変換, モデル化, 表示するように設計された一連の（コンピュータ）ソフトウエア, ハードウエアとその手順」と定義される. （安仁屋政武）

挺水植物群落： 湖沼の沿岸帯や河岸に見られる水生植物のうち, 水深約 1m 以内の部分に生育するヨシ, マコモ, ガマ, ツルヨシ, オモダカなど, 水底に根を張り茎の下部が水面下にあって, 茎の上部および葉の部分が水面より上方に伸びる植物がつくる群落. 抽水植物群落ともいう. （平井幸弘）

出作り： 中心集落から離れた山間部に居住して農林業を営む, ほぼ自給自足の生業形態で, 白山西麓では夏期のみ移住して耕作する「季節出作り」と1年中生活している「永久出作り」の2形態があった. （安仁屋政武）

天然更新： 自然生の森林の下種によって森林の再生を図る方法. 日光が当たりやすくするために立木を伐採したりして, 下種の芽生えを容易にしたりする. 人手による植栽方式よりは粗放的であるが, かつて薪炭林については, 適当な伐採によって, 天然更新がスムーズに進むように管理された. （藤田佳久）

都市気候： 都市の経済活動や建造物によって, 都市外地域と異なった都市固有の気候が生じること. 大気汚染による日射量の減少と微雨の増加, 開放水面の減少による乾燥化, 高層建築物の増加にともなう風速の減少と人工熱の残留（いわゆるヒートアイランド現象）などが特徴である. （小長谷一之）

土地区画整理： ある一定範囲の土地をまとめて, 道路, 区画形状, 公共施設を整えた計画を行うこと. 土地所有者は整備のため面積の一部を提供（減歩）し, 割り当てられた代替地（換地）は減歩分減っているが, 資産価値が上がっているので利益がある. 1954（昭和29）年の「土地区画整理法」が基礎. （小長谷一之）

土地台帳： 地籍図に対応して, 土地の1筆ごとの地番, 地目, 地積, 地租, 所有者および地目変更, 所有者変更に関する沿革が記載された公簿. 地租改正にともない作製された. 固定資産税を徴収する資料. 現在は多くの市町村で土地台帳の電算化が進んでいる. （西野寿章）

20万分の1地勢図： 現行の国土地理院作製のものは1図幅が経度幅1度, 緯度幅40分で, 全国を119図幅でカバーしている. 等高線により地形が読み取れるほか, 土地利用の表現も比較的くわしい. （氷見山幸夫）

2万5千分の1地形図： 作製の歴史は古く, 明治末期にさかのぼるが, 事業として本格的に取り組まれたのは1964（昭和39）年以降である. 一定の内容・精度で国土全体をカバーする地図としては, 現在日本で最もくわしい地図である. 地形だけでなく, 土地利用や植生などもかなりくわしく表現されている. （氷見山幸夫）

農書： 近世に記された農業技術書. 新田開発による面積拡大がピークを越え, 単位面積当たりの農業生産性を上げる必要性が生じた近世中・後期に, 各地の篤農家や老農などにより, 特殊的あるいは啓蒙的に記録され, その内容は栽培技術にとどまらないものもあり, 多岐にわたる. （藤田佳久）

農地改革： 第二次世界大戦後, GHQ の指導により, それまでの地主小作制を解体するために, 不在地主の農地および一定面積以上の耕地を所有する農家の農地を, 耕作中の小作農民のために買収し売却した. これによって日本の農家は自作化し, 水田を中心に生産力を上昇させ, 農村市場を発展させた. （藤田佳久）

農地基盤整備： 圃場整備事業のこと. 1963（昭和38）年より土地改良法の一部改正にともなって, 圃場（水田・畑）条件の整備のために必要な事業, 例えば圃場の区画整理, 農道の整備, 用・排水路の整備, 土層改良, 客土・床締, 暗渠排水, 土壌保全工事などを一体的に行えるようになった. （西川 治）

パイロットファーム： 北海道の根釧台地で 1956（昭和31）年から建設が進められた酪農実験地区のこと. 1952（昭和27）年に始まった第1期北海道総合開発計画の一部として, 世界銀行の融資を受けて推進された. 当時としてはかなり大規模な経営が行われたが, 経営不振などで離農するものが多かった. （氷見山幸夫）

百姓山： 江戸時代の林野の多くは, 幕府や藩の支配下に置かれるケースが多かったが, そのような中で農民が比較的自由に採草や薪炭材の採取をすることのできた林野をいう. 各藩によって呼称は多様であり, その利用に規制が加えられる場合もあった. （藤田佳久）

標準地域メッシュ： 土地についての情報を数値化する際に用いる国土の分割システムの1つであり, 1973（昭和48）年に定められた. 基準となるメッシュは, 20万分の1地勢図1図幅の範囲に相当する第一次地域区画, それを細分してできる第二次地域区画と第三次地域区画とからなる. （氷見山幸夫）

ブナ帯： 月平均気温 10°C 以上の月が 4～6 カ月続く地域にブナ林を主とする植生が発達し, その分布域は北海道の渡島半島から九州の大隅半島までと広い. 林床植生との組合せで, 日本海側はチシマザサ-ブナ林, 太平洋側はスズタケ-ブナ林となる. （安仁屋政武）

分収林： 育成林の伐採時に, 収益を土地所有者, 造林者の間で折半したり, 一定の比率で配分する方法. これによって, 土地所有者は資金がなくても造林でき, 山を持たぬ農民も造林による収益の一部を手にすることができる. 江戸時代後期にはすでに見られ, 今日では公社造林や公団造林がその中心. （藤田佳久）

保安林： 水源の涵養, 防災, 公衆の保健など, 森林の公益的機能を維持するため, 1951（昭和26）年に制定された森林法にもとづいて国（農林水産大臣）が指定した森林. 保安林の伐採は都道府県知事の許可が必要で, 伐採跡地には植林が義務づけられている. （西野寿章）

吉野林業方式： 18世紀頃から奈良県吉野川中・上流域に成立した密植と多間伐を特徴とする育林経営の方法. 1ha に1万本以上を最初に植栽し, 最終伐期は百年目で, 残った数百本を樽材として利用. 大量の苗を育てる実生方式を生み, 明治以降この方式は全国へ拡大した. （藤田佳久）

ランドサット画像： アメリカの非軍事用地球観測衛星ランドサットによって撮像されたデータ. ランドサットは 1972 年から 1984 年までに打ち上げられた5個が現在, 太陽同期軌道上にある. フランスの衛星スポットに比べ, 分解能では劣るが, 観測幅は広い. （氷見山幸夫）

林業構造改善事業： 林業の安定的発展と林業従事者の所得の増大を図るために, 林業基本法にもとづいて, 1964（昭和39）年度に発足した事業. 1980（昭和55）年以降は, 新林業構造改善事業が実施され, 地域林業の組織化活動の推進, 林業の生産基盤の整備などが進められている. （西野寿章）

列島改造： 1972（昭和47）年に首相に就任した田中角栄が掲げた「日本列島改造論」に触発された大開発ブーム. 本来, 過密過疎の是正や高速交通網の整備などをめざすものであったが, 地価高騰や狂乱物価, 乱開発などを招いたとして, 否定的評価を受けることも多い. （氷見山幸夫）

ARC/INFO： アメリカの ESRI（Environmental Systems Research Institute）社が開発したベクタデータ（始点と終点の座標で定義される線分の集合）を扱う地理情報システムのソフトウエアの1つ. （安仁屋政武）

SPSS： Statistical Package for the Social Sciences（社会科学のための統計パッケージ）の略称. 世界初の組織的な統計プログラムパッケージで, 社会科学分野だけでなく, 広く統計計算に利用されている. （岡本次郎）

索　引
INDEX

あ 行

会津盆地　128
赤石山脈　82, 98
阿賀野川　38, 50, 64
安積疏水　6, 48, 50
朝日山地　78
阿蘇山麓　94
暖かさの指数　166
阿武隈川　46, 50
阿武隈山地　61, 76, 82, 84, 100
奄美諸島　102
荒川　64, 84, 112
有明海　6, 46, 48, 50, 61, 152
有田川　48
荒れ地　2, 4, 6, 8, 10, 12, 14, 26, 34, 36, 38, 48, 50, 72, 78, 80, 82, 88, 94

育成林業　76, 84, 86
石狩川　6, 48, 61
石狩平野　56, 61, 70
伊豆諸島　6
伊豆半島　70, 76, 84
伊勢平野　128
伊勢湾　50
1万分の1地形図　28
一極集中　10, 18, 22, 138
伊那盆地　72, 128
猪苗代湖　48, 50
揖斐川　116
入会採草地　78
入会山　76
入会林野　80, 82, 86
岩手山麓　64
印旛沼　106
インフラストラクチャー　2

上田盆地　128
ウォーターフロント開発　112, 114
海　4
埋め立て　2, 22, 28, 36, 40, 42, 64, 73, 102, 106, 110, 112, 130, 134, 140
裏磐梯　50
運輸施設　28

ARC/INFO　90
衛星都市　20, 144
SPSS　60
江戸川　112
エネルギー革命→燃料革命
エネルギー転換→燃料転換
塩田　2, 4, 14, 42, 50, 78, 80, 112

オイルショック　40
応急修正　3, 52
近江盆地　64, 128
大井川扇状地　72
大阪平野　64, 100
大阪湾　50, 152
大宮大地　112
小笠原諸島　6, 102
岡山平野　128
小川原湖　106
沖縄　4, 12, 46, 48, 50, 73, 102
渡島半島　46, 70
遠賀川　152

か 行

海岸　4, 26, 42, 73, 80, 102, 110, 112, 114, 116, 128, 132
開墾　6, 50, 61, 64, 92, 94
海跡湖　106
開拓　6, 18, 58, 61, 73, 80
開田　58, 64, 70
開畑　64
拡大造林　86, 92, 98
花崗岩地域　100
火山灰台地　46
果樹園　2, 4, 6, 8, 10, 12, 14, 26, 36, 46, 48, 52, 54, 56, 72, 116, 164, 167
霞ヶ浦　106, 152
河川　4, 26, 34, 36, 38, 73, 80, 100, 108, 112, 114, 116
過疎化　60, 94, 98
学校　4, 8, 22, 38, 134, 146
金川扇状地　72
上川盆地　48, 56
過密化　73
過密過疎問題　10
河北潟　106
萱山　78, 86
灌漑　6, 46, 50, 64, 70
灌漑排水事業　64
環境庁　14, 98, 100, 106, 164
環境保全　98
観光開発　2
官公署施設　34, 144
岩石海岸　110
干拓　2, 6, 14, 36, 42, 48, 50, 64, 106, 112
官庁　22, 34
乾田　38
乾田化　38
関東大震災　22, 114
関東地方　6, 46, 48, 50, 52, 56, 58, 61, 68, 70, 98, 106, 108, 110, 120, 132, 136, 138, 144, 146
関東平野　18, 20, 22, 100, 112, 128, 130
関東ローム　46
官林　88

紀伊山地　78, 82
紀伊半島　64, 98
気候　166
技術革新　134
基準地域メッシュ　32
木曽川　6, 64, 116, 152
木曽山脈　98
木曽森林　88
北浦　106
北上川　61, 64
北上川特定開発　54
北上山地　64, 76, 78, 82, 84, 98
北上盆地　128
吉備高原　64
規模拡大→農業の規模拡大
客土　64
休耕地　14
九州　6, 48, 52, 58, 61, 68, 76, 80, 82, 98, 120, 132, 154
九州山地　76, 78, 82, 84, 86
教育機関　28
行政機関　28
京都盆地　128
業務施設　34
業務地区　116
近畿地方　46, 48, 58, 61, 64, 68, 80, 82, 100, 108, 120, 128, 146, 154, 156
近代化　8, 12, 22, 42, 58, 108, 116, 130, 132

空港　2, 38, 102
空地　4, 14, 36
空中写真　52, 90, 112, 134
区画整理　64, 68
九十九里海岸　110
熊本平野　128
桑畑　4, 6, 8, 10, 12, 14, 26, 36, 46, 48, 50, 52, 54, 56, 72, 92
黒部川扇状地　72
軍事施設　22, 72
軍用地　28

軽工業　28
警察署　148
競馬場　38
京阪神大都市圏　20, 28, 80, 130
京阪奈地域　32
下水道　2, 106, 108, 114
研究学園都市　20, 22
原生林　80, 98
建造物コーホート法　30
減反政策　60, 106
原野　2, 8, 73, 92

港湾施設　28
広域中心都市　20
公園　14, 22, 26, 38, 106
郊外化　20
鉱害問題　134
鉱業　132
工業　140
工業化　12, 20, 26, 60, 82, 86, 92, 128
工業開発　140
公共施設　36, 106
工業施設　8, 34
工業整備特別地域　140
工業地区　116
工業地帯　22, 42, 130, 140
工業都市　42
工業用地　2, 20, 38, 40, 72
工業領域　140
合口事業　64
耕作放棄　58, 48
鉱山　2, 132, 134
高山植生　168
工場　22, 26, 28, 128, 130, 132, 136, 164
降水量　100
高層化　30, 116
高速道路　158
耕地　4, 46, 48, 50, 58, 60, 61, 73, 100
耕地化　73
耕地整理　64
高知平野　128
耕地面積調査　60
高度経済成長　8, 10, 20, 28, 30, 34, 36, 40, 42, 54, 60, 61, 76, 82, 86, 94, 130, 136, 140
甲府盆地　70, 72, 128
公有林　76
広葉樹林　4, 6, 8, 10, 12, 26, 36, 46, 48, 50, 72, 78, 90, 98, 167, 168
高齢化　76, 98
高冷地野菜栽培地域　61
港湾施設　2, 102
郡山盆地　50
国勢調査　120, 126
国土軸　18, 20
国土数値情報　14, 26, 100, 136
国土庁　14, 100
国土地理院　2, 14, 18, 26, 28, 34, 36, 38, 42, 102, 114, 164
国土保全　76
国土利用　2, 4, 6, 8, 10, 12, 14, 52, 54, 56, 70
国有林　76, 88, 98
国立公園　98
児島湾　6, 48, 50
湖沼　4, 14, 34, 36, 50, 100, 106
コナーベーション　20, 72
5万分の1地形図　2, 4, 6, 8, 10, 18, 26, 38, 48, 50, 54, 56, 72, 78, 82, 90, 116, 144, 146, 148, 158
娯楽施設　34
御料林　76, 88
ゴルフ場　8, 10, 12, 14, 26, 73, 76, 86, 94, 98, 106, 167
混交樹林　4, 6, 8, 10, 12, 36, 50, 78
根釧台地　12, 70

さ 行

再開発→都市再開発
採取林業　76
採石場　14
採草地　80, 82, 86, 92, 94
佐賀平野　100

作付面積調査　60
佐久盆地　128
砂質海岸　110
里山　4, 48, 50, 76, 78, 80, 82, 86, 92
讃岐平野　64
狭山丘陵　70
砂れき地　4
山陰　18, 146
山間地域　58, 78, 80, 86
山間農業地域　61
産業開発　42
珊瑚礁　102
蚕糸業　92
酸性雨　100
酸性化　100
山村　28, 84, 86
山地開発　73
三本木原台地　128
山陽　18, 140
三陸　152
山林　2, 8, 14, 34, 36, 48, 50, 73, 76, 92, 94

寺院　4, 8, 22, 38
市街化区域　36
市街化調整区域　36
市街地　4, 14, 18, 20, 22, 26, 28, 34, 36, 38, 48, 50, 70, 73, 102, 106, 116, 126, 128, 130, 144, 148, 158, 164, 167
市街地区画　34
事業所　136, 138
四国　18, 46, 48, 64, 76, 98, 100, 120, 130, 132, 154
四国山地　48, 78, 82, 84, 86
地すべり地　90
地すべり分布図　90
施設園芸　2
自然海岸　110
自然環境保全基礎調査　14, 98, 100, 102
自然湖岸　106
自然植生　4, 14, 46, 78, 167
自然保護　26, 98
自然林　98, 134, 164
湿地　4, 6, 8, 10, 12, 34, 38
湿田　46
信濃川　38, 64
しの地　8, 10, 12, 26
柴山（柴草山）　78, 80, 82, 86
地盤沈下　112
司法機関　28
下総台地　70, 112
下北半島　106
社会的空白地域　76
市役所　144
積丹半島　70
斜面傾斜図　90
斜面方位図　90
重化学工業　28, 42, 140
重厚長大型産業　42, 130
十三湖　106
住宅（用）地　18, 40, 88, 116
住宅地化　32, 38, 92
住宅用地開発　40
集落　4, 6, 8, 10, 12, 14, 18, 38, 46, 72, 73, 92, 106, 126, 134, 144, 164, 167

私有林　74
宿場町　18, 22
首都圏　12, 26, 126, 136
樹木畑　4, 6, 8, 10, 12, 14, 36, 46, 48, 72
樹林地　26
シュロ科樹林　4, 36
城下町　18, 36
商業地区　116
上水道　2, 108, 114
沼沢地　112
照葉樹林　50, 98, 167, 168
昭和大恐慌　92
植生図　4, 26, 86, 90
植生帯　168
植林　12, 14, 90, 92, 94, 167
処理施設　2
白神山地　98
シラス　64
知床半島　98
新安積疏水　54, 64
新幹線　156
新規開田抑制　106
人口　2, 10, 12, 20, 22, 26, 34, 36, 73, 120, 123, 124, 126, 144, 148, 152, 160, 164
人工湖岸　106
人口集中地区（DID）　126
人口統計　120
人口流出　76, 82, 86, 92
人工林　2, 76, 88, 92, 98
新産業都市　42, 130, 140
宍道湖　106
神社　4, 8, 22, 38
迅速図　112, 114
薪炭林　2, 76, 78
新田　42, 46, 76, 78, 82
針葉樹林　4, 6, 8, 10, 12, 26, 36, 72, 78, 80, 98, 100, 167, 168
新酪農村　70
森林　2, 6, 8, 10, 12, 14, 26, 50, 61, 73, 76, 78, 80, 88, 92, 164, 167
森林基本図　88
森林図　88
森林簿　88
森林保護　76

水域利用　106
水系図　90, 116
水質汚染　102, 106
水車　128
水上輸送　152
水田　2, 4, 6, 14, 26, 34, 36, 38, 50, 64, 70, 72, 73, 78, 82, 92, 94, 106, 116, 164
水田化　48, 52, 60
水田開発　2, 50, 52, 54
水田造成　61, 64
水田放棄　94
水田利用再編対策　58
水道　2, 108
水道統計　108
水面　8, 10, 12, 14, 26, 50, 61, 106, 164
水文環境　114
水利組合　64
数値地図　164
スキー場　14, 86, 98
スプロール　20, 22, 36, 73

スポット画像　90
隅田川　22, 112
駿河湾　48
諏訪湖　130
諏訪盆地　128

製塩　2
生産調整　58, 70, 106
正式地形図　28
製糸業　128, 132
製造業　132
生態系　98, 106
税務署　148
政令指定都市　22, 34
世界遺産条約　98
世界恐慌　52
石油化学産業　134
石油関連施設　2
瀬戸内海　50, 58, 130, 132
漸移的の土地利用　14
全国総合開発計画　140
潜在植生　78
戦災復興　22
船舶輸送　152

雑木林　92
造成地　14, 42
造船所　28
草地　4, 46, 73, 167
草地化　73
草地改良　94
草地酪農　61
総理府統計局　14, 108, 126
造林　26, 76, 80, 84, 86, 88, 94, 98

た　行

田　6, 8, 10, 12, 14, 42, 46, 48, 52, 54, 56, 60, 61, 70, 164, 167
第一次世界大戦　160
第二次世界大戦　22, 52, 73, 76, 84, 86, 98, 154
大雪山系　98
大東諸島　6, 48
大都市圏　20, 22, 28, 54, 72, 76, 108, 130, 144
太平洋ベルト地帯　18, 140
大名屋敷　22
高島炭鉱　134
高梁川　42
宅地化　2, 34, 36, 38, 64, 114
宅地開発　28
宅地造成　40
田倉川　94
種子島　102
多摩丘陵　70
溜池　50, 64, 92
炭鉱　2

地下水　100, 114
地下鉄　34
筑後川　48
畜産団地　73
竹林　4, 6, 8, 10, 12, 26, 36, 72
地形　100, 165
地形改変　40, 78, 106, 112, 134
治山治水　80, 82, 84
地質　100, 165

地質図　90
地籍図　92
地租改正　76
秩父山地　78
地表面アルベド　116
地方中心都市　6, 20
地方都市圏　34
茶園→茶畑
茶畑　4, 6, 8, 10, 12, 14, 26, 36, 46, 48, 52, 54, 56, 72, 167
中間農業地域　61
中京地域　128
中国山地　46, 76, 78, 84, 86, 146
中国地方　4, 18, 58, 64, 98, 120, 132
中心地理論　20
中部地方　46, 48, 58, 64, 68, 72, 76, 98, 108, 154, 164
朝鮮戦争　73, 98
貯水池　2
地理情報システム（GIS）　2, 88, 90, 120

津軽半島　106
津軽平野　48
筑紫平野　128

挺水植物群落　106
データベース　2, 10, 12, 26, 52, 56, 60, 70, 132, 136
泥炭地　34, 61, 64, 112
手賀沼　106
出作り　90
鉄道　2, 4, 6, 8, 10, 12, 22, 32, 38, 152, 154, 156, 158, 160
鉄道駅　158
電機産業　136
転作　2
天然（下種）更新　78, 82, 98
天然林　12, 76, 88, 90, 98
店舗施設　34
天竜川　72, 84

東海地方　61, 78, 82, 86, 98, 120
洞海湾　42
東京大都市圏　20, 22, 80, 130, 138
東京低地　112, 114, 116, 134
東京湾　152
東北地方　6, 18, 46, 48, 52, 58, 61, 64, 76, 80, 82, 86, 98, 100, 120, 132, 136, 154
道路　2, 4, 6, 8, 10, 12, 34, 38, 90, 92
十勝川　48
十勝平野　12, 70
トカラ諸島　102
徳島平野　130
常呂川　48
都市　2, 4, 6, 8, 10, 12, 18, 20, 22, 28, 30, 61, 72, 86, 106, 114, 126, 144, 156, 158, 160
都市化　2, 6, 8, 10, 12, 18, 22, 26, 28, 48, 52, 54, 56, 60, 61, 64, 72, 86, 106, 112, 116, 126, 130
都市開発　2, 12
都市気候　30
都市近郊農業地域　50
都市圏　40
都市計画　22

都市計画法　36
都市再開発　2
都市システム　20
都市的土地利用　4, 6, 8, 10, 12, 14, 18, 20, 22, 30, 34, 36, 106, 130, 158
土砂流出　102
土壌　100
土壌図　90
土地改良　38, 60, 64
土地区画整理　28, 36
土地台帳　94
土地被覆　42, 90, 167
土地利用　2, 3, 4, 6, 8, 10, 12, 14, 26, 28, 30, 34, 36, 38, 40, 46, 50, 72, 73, 82, 90, 92, 94, 100, 106, 167
土地利用図　4, 6, 10, 34, 36, 38, 60, 72, 116
砺波平野　128
利根川　48, 50, 64, 92, 112, 152
富山平野　46, 128

な行

内航海運　152
内陸水運　152
苗木畑　4
中海　106
長崎湾　152
長野盆地　70, 72, 128
長良川　116
名古屋大都市圏　20, 130
名寄盆地　56, 70
奈良盆地　46, 64, 128
南西諸島　6, 46, 48, 102

新潟平野　38, 128
20万分の1地勢図　3, 14, 26
二次林　88, 164
日露戦争　76, 80, 82, 84, 154
日清戦争　76, 80, 154
2万5千分の1地形図　28, 32, 34, 36, 90, 114, 116

沼田　4

燃料革命　40, 134
燃料転換　42, 86

農家
　——の兼業化　92
　——の脱業化　92
農業　12, 52, 54, 60, 73, 94, 106, 132
　——の機械化　68
　——の規模拡大　2, 92
農業開発　61, 112
農業基盤整備事業　112
農業協同組合　64
農業センサス　14
農業的土地利用　8, 10, 12, 14, 34, 36, 52, 54, 60, 72, 116, 130
農業用水路　72, 112
農書　78
農村　8, 28, 73, 82, 86, 126, 132, 160
農村集落　18
農村的土地利用→農業的土地利用
農(用)地　2, 6, 10, 34, 36, 38, 40, 48, 52, 54, 56, 58, 60, 64, 70, 73, 88, 92, 106, 164
農地改革　86
農(用)地開発　2, 8, 12, 48, 50, 54, 70
農地基盤整備　64
農(用)地造成　2, 60, 64
農地転用　20, 34, 36, 58, 60
農地利用　46, 48, 52, 54, 56, 60, 64, 70, 73
濃尾平野　46, 64, 100, 116, 130
農林業センサス　70
農林水産省　46, 60, 64, 106
農林統計協会　14
能登半島　102

は行

排水事業　112
ハイマツ地　36
パイロットファーム　70
白山山地　78
禿げ山　78, 82, 92
函館平野　50
橋　158
畑　4, 6, 8, 10, 12, 14, 26, 34, 36, 38, 42, 46, 48, 50, 52, 54, 56, 60, 61, 70, 72, 73, 78, 90, 92, 94, 116, 164, 167
畑地化　73
畑地開発　46, 48, 70
八郎潟　64, 106
発電所　130
浜名湖　106
藩有林　88

飛行場　14
飛騨山地　84
日野川　94
響灘　42
百姓山　76
病院　22, 148

標高分布図　90
標準地域メッシュ　14, 26, 126, 136
琵琶湖　82, 106, 152
品種改良　58

富栄養化　106
複合海岸　110
福島盆地　70
富国強兵政策　80
富士山麓　48
不透水性地表　116
ブナ原生林　98
ブナ帯　90
文教施設　34
分収造林　84, 86

平地農業地域　61

保安林　94, 98
紡績業　132
房総半島　61, 102
牧草地　2, 12, 14, 26, 36, 52, 54, 56, 60, 70, 72, 100
牧野　80, 94
北陸地方　18, 46, 48, 52, 61, 66, 84, 120
保健所　144
圃場整備　38
北海道　4, 6, 10, 12, 18, 34, 46, 50, 52, 54, 58, 64, 80, 98, 100, 106, 120, 132, 144, 152, 154, 156, 164

ま行

町屋　22
松尾鉱山　134
松本盆地　70, 128

三浦半島　70
水島　42
緑の国勢調査　164
港　36, 38
港町　18
南アルプス→赤石山脈
美濃山地　76
宮古島　48

武蔵野台地　56, 70, 112, 114

モータリゼーション　10, 73

や行

八重山諸島　48, 102
焼畑　48, 76, 78, 80, 82, 84, 86, 92, 94

役場(所)　4, 126, 134, 144, 148
屋敷林　6
八代海　50
野草地　2
山形盆地　48
大和用水　64

郵便局　134, 148

養蚕　6, 46, 48, 50, 94
用水施設　2, 64
羊蹄山麓　70
用排水事業　64
用排水路　108, 116
吉野川　46, 48, 64, 84, 130
吉野林業方式　80, 84
ヨットハーバー　106
淀川　152
米代川　98

ら行

落葉樹林　100
ランドサット画像　42, 116

陸上輸送　154
陸田　64
リゾート開発　73
リゾート法　98
リモートセンシング　90
琉球諸島　6
緑被　26, 126
臨海工業地帯　28
林業　2, 76, 92, 94
林業構造改善事業　94
林種転換　76, 84
林地　72, 73
林道　98
林野　4, 48, 78, 80, 82, 84, 86
林野利用　76, 78, 80, 82, 86, 92, 94

歴史都市　18
レクリエーション施設　2
レジャー用施設　86
列島改造　110

わ行

矮松地　4, 78, 82
輪中　64
渡良瀬川　64

アトラス　日本列島の環境変化
(普及版)

定価は外函に表示

1995年11月25日　　初　版第1刷
2006年 2月20日　　普及版第1刷

監 修 者	西川　治
編 集 者	氷見山幸夫
	新井　正
	太田　勇
	久保幸夫
	田村俊和
	野上道男
	村山祐司
	寄藤　昂
発 行 者	朝倉邦造
発 行 所	株式会社朝倉書店
	郵便番号　162-8707
	東京都新宿区新小川町6-29
	電話　03-3260-0141
	FAX　03-3260-0180
(検印省略)	http://www.asakura.co.jp
印　　刷	中央印刷株式会社
製　　本	渡辺製本株式会社
本文用紙	三菱製紙株式会社

Ⓒ1995（無断複写・転載を禁ず）
ISBN 4-254-16346-0　C3025
Printed in Japan